DIETER OBERNDÖRFER / KARL SCHMITT (Hrsg.)

**Parteien und regionale politische Traditionen
in der Bundesrepublik Deutschland**

Ordo Politicus
Veröffentlichungen des Arnold-Bergstraesser-Instituts, Freiburg i. Br.
Herausgegeben von Prof. Dr. Dieter Oberndörfer

Band 28

Parteien und regionale politische Traditionen in der Bundesrepublik Deutschland

Herausgegeben von

Prof. Dr. Dieter Oberndörfer
und Prof. Dr. Karl Schmitt

Duncker & Humblot · Berlin

Gedruckt mit Unterstützung der Fritz Thyssen Stiftung und des
Ministeriums für Wissenschaft und Kunst Baden-Württemberg

CIP-Titelaufnahme der Deutschen Bibliothek

Parteien und regionale politische Traditionen in der Bundesrepublik Deutschland / hrsg. von Dieter Oberndörfer und Karl Schmitt. – Berlin: Duncker und Humblot, 1991
  (Ordo Politicus; Bd. 28)
  ISBN 3-428-07026-7
NE: Oberndörfer, Dieter [Hrsg.]; GT

Alle Rechte, auch die des auszugsweisen Nachdrucks, der fotomechanischen
Wiedergabe und der Übersetzung, für sämtliche Beiträge vorbehalten
© 1991 Duncker & Humblot GmbH, Berlin 41
Satz: Hagedornsatz, Berlin 46
Druck: Berliner Buchdruckerei Union GmbH, Berlin 61
Printed in Germany

ISSN 0474-3385
ISBN 3-428-07026-7

Vorwort der Herausgeber

In der Parteienforschung der Bundesrepublik dominierte in den vergangenen Jahrzehnten die Betrachtung „von oben": Die „Bonn-Fixierung" (Haungs/ Jesse) der Betrachter ließ sie vornehmlich die gesamtstaatliche Ebene der Parteien in den Blick nehmen. Der für die Bundesrepublik charakteristische Aufgabenzuwachs der Parteien, ihre „Verstaatlichung", wurde vielfach stillschweigend mit ihrer „Nationalisierung" gleichgesetzt. Die Ende der siebziger Jahre im Alltagsbewußtsein einsetzende Wiederentdeckung der Regionen, die inzwischen akkumulierten Ergebnisse der Erforschung historischer Landschaften und nicht zuletzt die zunehmende Infragestellung des monolithisch interpretierten Volksparteikonzepts legen es jedoch nahe, die auf gesamtstaatliche Gestalt und Funktion der Parteien gerichtete Sicht durch eine Perspektive zu ergänzen, die die räumliche Differenzierung und die regionale Verankerung der Parteien angemessen berücksichtigt. Erst eine Verbindung *beider* Perspektiven verspricht eine befriedigende Antwort auf die Frage, wie die trotz unablässig wiederholter Krisendiagnosen beachtliche Erfolgsbilanz der deutschen Parteien zu erklären ist.

Der Blick auf die regionale Wirklichkeit der bundesdeutschen Parteien war Ziel einer Arbeitstagung, die vom 8. bis 10. Juni 1988 im Arnold-Bergstraesser-Institut in Freiburg stattfand. An ihrer Vorbereitung war neben den Herausgebern auch Gerd Mielke wesentlich beteiligt. Der vorliegende Sammelband enthält die überarbeiteten Beiträge dieser Tagung. Zusätzlich aufgenommen wurden der Aufsatz von Heinrich Best über historische Kontinuitäten der politischen Regionen sowie die Fallstudie von Eike Hennig und Manfred Kieserling über die Frankfurter Kommunalwahl 1989.

Die Tagung wurde von der Fritz-Thyssen-Stiftung gefördert, die auch, ebenso wie das Ministerium für Wissenschaft und Kunst Baden-Württemberg, die Veröffentlichung dieses Bandes durch einen Zuschuß zu den Druckkosten ermöglicht hat. Beiden Institutionen sei für ihre großzügige Förderung gedankt.

Der Band erscheint nach der Wiederherstellung der Einheit Deutschlands und nach dem Ende der 1946 vollzogenen Spaltung des deutschen Parteiensystems, Ereignisse, die während der Freiburger Tagung jenseits der Vorstellungskraft der Teilnehmer lagen. Es gehört dagegen wenig Mut zu der Voraussage, daß diese Ereignisse den Blick für die regionalen Differenzen der deutschen Parteien schärfen werden.

Freiburg/Köln im Herbst 1990 *Dieter Oberndörfer*
Karl Schmitt

Inhaltsverzeichnis

Karl Schmitt

    Parteien und regionale politische Traditionen. Eine Einführung 5

I. Grundfragen

Karl Rohe

    Regionale (politische) Kultur: Ein sinnvolles Konzept für die Wahl- und Parteienforschung? 17

Heinrich Best

    Politische Regionen in Deutschland: Historische (Dis-) Kontinuitäten 39

Helmut Jung

    Regionale politische Kulturen und die Umfrageforschung: Offene Fragen, Lösungsmöglichkeiten und Grenzen 65

II. Die deutschen Parteien im Spannungsfeld zwischen nationaler Ausrichtung und regionaler Verankerung

Andreas Engel

    Regionale politische Traditionen und die Entwicklung der CDU/CSU 89

Alf Mintzel

    Regionale politische Traditionen und CSU-Hegemonie in Bayern 125

Ursula Feist/Klaus Liepelt

    Volksparteien auf dem Prüfstand: Die SPD und ihre regionalen politischen Traditionen 181

Karl-Heinz Naßmacher

    Die FDP als Regionalpartei 207

Helmut Fogt

    Die Grünen in den Bundesländern. Das regionale Erscheinungsbild der Partei und ihrer Wählerschaft 1979–1988 231

III. Fallstudien zur Bedeutung regionaler Traditionen für Entwicklung und Struktur des Parteiensystems

Jürgen W. Falter/Hartmut Bömermann

Die unterschiedlichen Wahlerfolge der NSDAP in Baden und Württemberg: Ergebnis differierender Sozialstruktur oder regionalspezifischer Faktoren? .. 283

Gerd Mielke

Alter und neuer Regionalismus: Sozialstruktur, politische Traditionen und Parteiensystem in Baden-Württemberg 299

Wolfgang Bick/Konrad Schacht

Alte und neue Wachstumsregionen: Indikatoren zum Vergleich der politischen Entwicklung in Duisburg und Frankfurt 315

Eike Hennig/Manfred Kieserling

Eine Stadt – viele Welten: Urbane Probleme im Brennspiegel der Frankfurter Kommunalwahl vom 12.3.1989 333

Oscar W. Gabriel

Das lokale Parteiensystem zwischen Wettbewerbs- und Konsensdemokratie: Eine empirische Analyse am Beispiel von 49 Städten in Rheinland-Pfalz ... 371

Die Autoren und Herausgeber 397

Parteien und regionale politische Traditionen
Eine Einführung

Von *Karl Schmitt*

I

Von den zugespitzten Formeln über die Charakteristika des politischen Systems der Bundesrepublik beschreibt die These vom „Parteienstaat" wohl eines der langfristig bedeutsamsten Merkmale. Im Gegensatz zur Erfahrung der Weimarer Republik haben sich die westdeutschen Parteien auf allen Ebenen des politischen Systems als die zentralen Instrumente politischer Partizipation und demokratischer Herrschaft etabliert.

Das sprunghafte Anwachsen der Staatsaufgaben hat die Parteien vor neue Herausforderungen gestellt und zu einer deutlichen Verschiebung ihrer politischen Funktionen geführt. Die Konzentration auf den exekutiven Bereich des Daseinsvorsorgestaates begann, traditionelle Funktionen der Parteien wie die soziale und politische Integration ihrer Anhänger und die zielstrebige Artikulation von deren Interessen zu überlagern. In ihrer organisatorischen Struktur haben sich die Parteien der Verlagerung ihrer funktionalen Schwerpunkte angepaßt und sich so zu nationalen Großorganisationen mit differenziertem Aufbau und professionellem Apparat entwickelt. Das seit den fünfziger Jahren stetig ausgebaute System der Parteienfinanzierung aus öffentlichen Mitteln ist nur ein besonders sinnfälliges Indiz für den damit verbundenen Trend zu ihrer „Verstaatlichung". Dieser Wandel im Charakter und im Selbstverständnis der westdeutschen Parteien war von einem Wandel des Verhältnisses zu den traditionellen Wählergruppen begleitet. Die Parteien lockerten ihre bislang engen Bindungen an ihre angestammten sozialen Milieus und wiesen schließlich ein im Vergleich zu Weimar weit weniger scharfes ideologisches und soziales Profil auf.

Das Ergebnis dieses Wandels: Funktionsverlagerung zur gouvernementalen Seite, Abschwächung der programmatischen und sozialen Profile, verbunden mit einer Konzentration des Parteiensystems auf drei die gesamte Fläche abdeckende Großformationen, wurde von der Parteienforschung auf den Begriff der „Volkspartei" gebracht. Die Übernahme dieser griffigen Formel als dominantes Interpretationsraster hat jedoch eine Reihe von Blickverengungen mit sich gebracht, von denen der „Zentralisierungsmythos"[1] eine der wichtigsten ist. Die Parteien erscheinen in dieser Optik im wesentlichen als monolithische Gebilde ohne regionale Differenzierung.²

Erleichtert durch den Umstand, daß es in der Bundesrepublik erstmalig gelungen war, die in Deutschland traditionell konfliktreichen Beziehungen zwischen Zentralstaat und Einzelstaaten zu entdramatisieren, wurde die „Verstaatlichung" der Parteien stillschweigend mit ihrer „Nationalisierung" gleichgesetzt. Ähnliche Folgen zeitigte das Volkspartei-Konzept für die Wahrnehmung von Unterschieden in der regionalen Verwurzelung der Parteien. Die Neigung, die Angleichungstendenzen der Parteien für das „Eigentliche" zu halten und die nach wie vor bestehenden Divergenzen der sozialen Profile als vernachlässigbare Reste vergangener Zeiten zu behandeln, ließ zugleich das Interesse an regionalen Disparitäten irrelevant erscheinen.³

Es verwundert angesichts dieser Fixierung auf die nationale Ebene nicht, daß die großen theoretischen Debatten, ob sie nun wie in den sechziger und siebziger Jahren um eine angenommene „Omnipotenz" oder wie in den achtziger Jahren um eine vermeintliche „Impotenz" der Volksparteien⁴ kreisten, ohne einen Bezug auf die regionale Realität der Parteien geführt wurde. Allerdings gilt dies auch für die empirisch-quantitativ arbeitende Parteienforschung, die sich bislang vornehmlich auf generalisierbare Aussagen über Gesamtparteien konzentriert hat.⁵

Auch die deutsche Wahlsoziologie als für die Frage der sozialstrukturellen Verwurzelung der Parteien wichtigster Daten- und Argumentationslieferant hat in ihrer bisherigen Praxis die nationale Verengung des Blickwinkels eher

---

¹ Peter *Haungs:* Bilanz zur Parteiendemokratie in der Bundesrepublik: Mehr Stärken als Schwächen, in: Ders. und Eckhard Jesse (Hrsg.): Parteien in der Krise?, Köln 1987, S. 93. Gerhard *Lehmbruch* spricht in seinem Vorwort zu Josef *Schmid:* Die CDU. Organisationsstrukturen, Politiken und Funktionsweisen einer Partei im Föderalismus, Opladen 1990, S. 7, von einem „Zentralisierungsklischee", das in seiner Anwendung auf die CDU „Entwicklungslinien und Einflußstrukturen erheblich verzeichnet" habe, ein Befund, den er auch für die SPD vermutet.

² Vgl. *Schmid:* a.a.O., S. 14: „Abweichungen vom monolithischen Bild der Parteien werden allenfalls als horizontale Fragmentierungen (d.h. an der Spitze der Partei) wahrgenommen".

³ Vgl. Karl-Heinz *Naßmacher:* Parteien im Abstieg, Opladen 1989, S. 3, der darüber hinaus eine Neigung der Parteihistoriographie konstatiert, auch retrospektiv dort Einheit zu sehen, wo keine war, so etwa in der Gründungsphase der Parteien nach 1945.

⁴ So pointiert die Zusammenfassung des Verlaufs der Debatten bei Alf *Mintzel:* Großparteien im Parteienstaat der Bundesrepublik, in: Aus Politik und Zeitgeschichte 39 (1989), B 11/89, S. 4ff.

⁵ So werden bei Untersuchungen von Parteimitgliedern oder Parteieliten in der Regel Aggregate von Mitgliedern/Eliten und solche der Bevölkerung/Wählerschaft miteinander ohne regionalen Bezug verglichen. Neueres Beispiel: Hermann *Schmitt:* Neue Politik in alten Parteien, Opladen 1987. Auch bei räumlich begrenzter Datenbasis interessiert der regionale Bezug meist nicht. Neueres Beispiel: Oskar *Niedermayer:* Innerparteiliche Partizipation, Opladen 1989.

gefördert.⁶ Die mit Aggregatdaten arbeitende Wahlforschung betrachtet die räumliche Verteilung ihrer Einheiten in der Regel lediglich als Möglichkeit zur Maximierung der Varianz der abhängigen und unabhängigen Variablen bei der Erklärung nationaler Wahlergebnisse. Eine kleinräumig gegliederte und zugleich flächendeckende, in ihren Indikatoren differenzierte und kartographisch dokumentierte wahlsoziologische Landvermessung, wie sie die französische Wahlgeographie immer wieder hervorbringt,⁷ sucht man in der Bundesrepublik vergeblich. Das Interesse an regionalen Eigentümlichkeiten wird der historischen Wahlforschung überlassen und findet sich kaum in den Analysen der Nachkriegswahlen.⁸

Ähnliches gilt für die mit Umfragedaten arbeitende Wahlforschung. Die Konzentration auf die individuelle Wahlabsicht und die Parteiidentifikation als abhängige Variable bzw. auf deren Bedingungsfaktoren leistet einer Sichtweise Vorschub, bei der die Parteien in erster Linie als auf das Gesamtsystem ausgerichtet erscheinen und in der die regionale Verwurzelung keine konzeptuelle Rolle spielt. Die jeweils regionalspezifisch gegebene organisatorische, programmatische und personelle Erscheinungsform der einzelnen Parteien (wie auch der jeweiligen Parteienkonstellationen insgesamt) wird damit schon vom Ansatz her als Bezugsrahmen individueller Wahlentscheidung aus dem Blickfeld ausgeblendet. Umfragen sind daher in aller Regel als nationale Repräsentativerhebungen angelegt und erlauben demgemäß allein vom Stichprobenumfang statistisch abgesicherte Aussagen über subnationale Einheiten nur in Ausnahmefällen. Der unbestreitbare Fortschritt des Datenerhebungsinstrumentariums wurde also mit Einbußen an raumbezogener Aussagekraft erkauft.

II

Den Autoren der in diesem Band enthaltenen Beiträge ist die Auffassung gemeinsam, daß die Dominanz der gesamtstaatlichen Perspektive der Parteienforschung einer Korrektur bedarf. Dabei geht es jedoch nicht um die Ersetzung

---

⁶ „Die Provinz als Barometer" — so der (ungeachtet der Berechtigung in der Sache) für diese Optik charakteristische Titel eines Aufsatzes von Werner *Kaltefleiter* in: Transfer. Wahlforschung. Sonden im politischen Markt, Opladen 1976, S. 68-73.

⁷ Neuere Beispiele: Hervé *Le Bras*/Emmanuel *Todd*: L'invention de la France. Atlas anthropologique et politique, Paris 1981; Frédéric *Bon*/Jean-Paul *Cheylan*: La France qui vote, Paris 1988 sowie das monumentale Werk von Yves *Lacoste* (Hrsg.): Géopolitiques des régions françaises, 3 Bde., Paris 1986.

⁸ Zu den Ausnahmen zählen Hans-Dieter *Klingemann*: Bestimmungsgründe der Wahlentscheidung, Meisenheim 1969; Heinz *Sahner*: Politische Tradition, Sozialstruktur und Parteiensystem in Schleswig-Holstein, Meisenheim 1972 sowie Alf *Mintzel*: Die CSU. Anatomie einer konservativen Partei, 2. Aufl. Opladen 1978; Herbert *Kühr* (Hrsg.): Vom Milieu zur Volkspartei, Königstein 1979.

des Blicks „von oben" durch einen Blick „von unten", sondern um eine Verbindung beider Perspektiven mit dem Ziel einer angemessenen Erfassung des Charakters und der Funktionsweise der deutschen Parteien. Dies bedeutet, daß nicht die Herausarbeitung regionaler Besonderheiten um ihrer selbst willen das Ziel sein kann, so legitim ein solches Interesse für die individuelle oder kollektive Selbstvergewisserung und Sinnstiftung sein mag.

Die Berechtigung der Forderung nach einer Regionalisierung der Parteienforschung kann allein auf dem Nachweis beruhen, daß regionale Faktoren für Entstehung, Aufstieg, oder Untergang von Parteien, für das Handeln ihrer Funktionsträger auf den verschiedenen Ebenen, oder für das Ausmaß von Wählerunterstützung eine eigenständige Rolle spielen. Daß ein solcher Nachweis überhaupt geführt werden kann, setzt zum einen voraus, daß politisierte oder politisierbare *regionale Disparitäten* tatsächlich bestehen, zum anderen, daß zentrale, mit dem *Volkspartei-Konzept* verbundene Annahmen infragegestellt werden können.

Daß *regionale Disparitäten* bestehen, kann aufgrund der vorliegenden Ergebnisse regionalgeschichtlicher, wahlhistorischer sowie der Forschung zur regionalen politischen Kultur als gesichert angesehen werden.[9] Sie beruhen auf der ungleichen räumlichen Verteilung sozialstrukturell definierter Gruppen, auf der unterschiedlichen Weise und Intensität ihrer Integration zu Milieus sowie darauf, daß bestimmte Konstellationen (Homogenität, Fragmentierung, Rivalität, Dominanz, Fehlen einzelner Milieus) innerhalb politisch-administrativer Einheiten (Entscheidungsebenen des politischen Systems) oder siedlungsgeographisch abgegrenzter Räume regional unterschiedliche Frontstellungen hervorbringen und gemeinsam mit regionalspezifischen historischen Erfahrungen die Ausprägung und Verteilung politischer Weltbilder und politischer Einstellungsmuster prägen. Schließlich ist auf das Regionalbewußtsein zu verweisen, das sich auf einzelne Bundesländer oder mehr oder weniger großräumige historische Landschaften bezieht. Die Umstände, unter denen die Länder der ehemaligen DDR fast vierzig Jahre nach ihrer Auflösung wieder erstanden, sind ein deutliches Indiz für die Dauerhaftigkeit regionaler Identifikationen.[10] In diesen Zusammenhang gehören auch die Bemühungen der Regierungen einiger Bundesländer, in Anlehnung an das bayerische Modell ein Landesbewußtsein zu

---

[9] Vgl. Wolfgang *Lipp:* Industriegesellschaft und Regionalkultur, Köln etc. 1984; Peter *Steinbach:* Territorial- oder Regionalgeschichte: Wege der modernen Landesgeschichte, in: Geschichte und Gesellschaft 11 (1985), S. 528-540; Dirk *Berg-Schlosser* und Jakob *Schissler* (Hrsg.): Politische Kultur in Deutschland, Opladen 1987; Hans-Georg *Wehling* (Hrsg.): Regionale politische Kultur, Köln etc. 1985.

[10] Die Wiedererrichtung der Länder entsprach nicht nur dem Erfordernis eines föderalen Aufbaus, wie er aus dem Beitritt folgte und und ist ebensowenig als bloßer Rückzug in politische „Behelfsheime" (Heuß) nach dem Zusammenbruch der alten Ordnung zu deuten. Die heftigen Auseinandersetzungen um die Landeszugehörigkeit in den davon betroffenen Kreisen zeigen vielmehr den Fortbestand starker landsmannschaftlicher Bindungen.

fördern („Wir in Nordrhein-Westfalen"; „Hessen vorn").[11] Kurz: es ist davon auszugehen, daß — selbst wenn man die fundamentalen Differenzen zwischen den alten und den neuen Bundesländern außer Betracht läßt — die deutsche politische Landschaft keineswegs homogen ist, daß vielmehr die auf gesamtstaatlicher Ebene dominanten Konfliktstrukturen sich auf regionaler und lokaler Ebene nur gebrochen wiederfinden.

Mit der generellen Infragestellung des *Volkspartei-Konzepts* in den achtziger Jahren ist sowohl der „Zentralisierungsmythos" als auch die Angleichungsthese erschüttert worden. In einer Zusammenfassung der vorliegenden empirischen Befunde charakterisiert Mintzel die Organisationswirklichkeit der heutigen bundesdeutschen Großparteien als „komplexen Mischtypus" aus Strukturelementen verschiedener Parteitypen: „An der Basis sind sie hier und dort möglicherweise spezifische Milieuparteien, in Teilgebieten möglicherweise populistische Regionalparteien, auf höherer Ebene der demokratischen Herrschaftsorganisation möglicherweise hochtechnisierte Apparatparteien."[12] Die Grenzen der Gültigkeit der Angleichungsthese sind sowohl auf der Ebene der Politikgestaltung als auch auf der der Wähler- und Mitgliederbasis demonstriert worden.[13] Die Parteien sind somit weder zu geistig und sozial „entorteten kontextlosen Superstrukturen" (Hennis) geworden, noch sind sie in ihrer politischen Orientierung verwechselbar.

---

[11] Aus diesem Impetus entstanden mit Unterstützung der Landeszentralen für politische Bildung Bestandsaufnahmen für die Parteien einiger Bundesländer. Beispielhaft: Paul-Ludwig *Weinacht* (Hrsg.): Die CDU in Baden-Württemberg und ihre Geschichte, Stuttgart etc. 1978; Jörg *Schadt*/Wolfgang *Schmierer* (Hrsg.): Die SPD in Baden-Württemberg und ihre Geschichte, Stuttgart etc. 1979; Ulrich von *Alemann* (Hrsg.): Parteien und Wahlen in Nordrhein-Westfalen, Köln 1985. — Den Parteien ist generell die Bedeutung der Beherrschung einzelner Regionen wohl bewußt. Dies gilt auch — wie nicht zuletzt die Umstände der Neuformierung des Parteiensystems auf dem Gebiet der untergehenden DDR gezeigt haben — für die Parteien der Bundesrepublik. Es leuchtet daher ein, daß die französische Regionalforschung zur Betonung des Raumbezugs parteipolitischer Strategien den Begriff der „Geopolitik" wieder aufgenommen hat und zwischen „äußerer" und „innerer Geopolitik" (als Gesamtheit der Auseinandersetzungen um die politische Kontrolle einzelner Territorien) unterscheidet; vgl. den Titel des Werkes von Yves *Lacoste,* oben Anm. 7. Im deutschen Sprachraum dagegen scheint die Instrumentalisierung der „Geopolitik" im Zeichen deutscher Großmachtpolitik bis 1945 den Begriff dauerhaft zu tabuisieren. Vgl. das Themenheft „Historical Studies in German Political Geography", in: Political Geography Quarterly 8 (1989), S. 311-404, hier insbesondere den Beitrag von Jürgen *Ossenbrügge.*

[12] *Mintzel:* Großparteien, S. 11. *Schmid* (a.a.O., S. 12) gelangt in seiner Untersuchung der CDU-Landesverbände zu einem differenzierten Bild der innerorganisatorischen Strukturen und Entscheidungsprozesse mit dem Ergebnis, „daß es ‚die' CDU gar nicht gibt."

[13] Vgl. etwa Manfred G. *Schmidt:* CDU und SPD an der Regierung. Ein Vergleich der Politik in den Ländern, Frankfurt/New York 1980; Franz Urban *Pappi:* Das Wahlverhalten sozialer Gruppen bei Bundestagswahlen im Zeitvergleich, in: Hans-Dieter *Klingemann* und Max *Kaase* (Hrsg.): Wahlen und politischer Prozeß, Opladen 1986, S. 369-383; Karl *Schmitt:* Konfession und Wahlverhalten in der Bundesrepublik Deutschland, Berlin 1989.

Dieser Diskussionsstand macht eine Regionalisierung der Parteienforschung nicht nur möglich, er fordert sie geradezu heraus. Wenn die Großparteien der Bundesrepublik hochkomplexe Mischtypen sind, und „deshalb als Vehikel für sehr verschiedene Umweltbedingungen und Anforderungen fungieren können",[14] und wenn in dieser Tatsache möglicherweise eine Erklärung für ihre (allen Krisendiagnosen zum Trotz) beachtliche Integrationskapazität liegt, dann folgt daraus die Notwendigkeit, die jeweils relevanten „Umweltbedingungen" und die damit verbundenen „Anforderungen" auch regional zu verorten.

III

Ein Forschungsprogramm mit dem Ziel, Art und Umfang der regionalen Verwurzelung und regionalen Prägung der Parteien herauszuarbeiten, kann sich auf Konzepte stützen, die zur Beschreibung und Erklärung des Zusammenhangs zwischen Parteiensystem und Sozialstruktur auf nationalstaatlicher Ebene entwickelt worden sind und die von demjenigen Teil der Parteienforschung, der sich außerhalb des „mainstreams" mit regionalen Aspekten befaßt hat, für dieses Feld bereits erprobt werden konnten. Ihre Schlüsselbegriffe heißen „Spannungslinien" (cleavages) und „Milieus"[15]. In dieser Sicht ruht das deutsche Parteiensystem auf gesellschaftlichen Großgruppen (Milieus), die die im Verlauf der Demokratisierung und Massenpolitisierung dominanten politischen Konflikte institutionalisieren. Eine Dauerhaftigkeit dieser Konstellation kann dann angenommen werden, wenn vier Bedingungen erfüllt sind: (1) Kontinuität von Parteinamen und -organisationen; (2) dauerhafte Rekrutierung derselben Kernwählerschaft; (3) Existenz von „parteibezogenen gesellschaftlichen Wertorientierungen auf der Wählerebene" und (4) „Programmkontinuität der Parteien".[16]

Die regionale Verankerung der deutschen Parteien zu untersuchen, bedeutet nichts anderes, als diese für die *zeitliche* Persistenz der Spannungslinien entwickelten Kriterien auch auf die *räumliche* Dimension anzuwenden: (1) Ist der regionale Organisationstyp derselben Partei überall der gleiche? (2)

---

[14] *Mintzel:* Großparteien, S. 11.

[15] Seymour Martin *Lipset* und Stein *Rokkan* (Hrsg.): Party Systems and Voter Alignments, New York/London 1967; M. Rainer *Lepsius:* Parteiensystem und Sozialstruktur. Zum Problem der Demokratisierung der deutschen Gesellschaft, in: Gerhard A. Ritter (Hrsg.): Die deutschen Parteien vor 1918, Köln 1973, S. 56-80. Eine detaillierte Auseinandersetzung mit dieser Forschungstradition aus der Perspektive einer regionalen Parteienforschung findet sich bei Andreas *Engel:* Wahlen und Parteien im lokalen Kontext, Frankfurt etc. 1988, S. 55ff.

[16] Franz Urban *Pappi:* Sozialstruktur, gesellschaftliche Wertorientierungen und Wahlabsicht, in: PVS 18 (1977), S. 196f.

Rekrutiert dieselbe Partei überall die gleiche Klientel? (3) Sind die dominanten gesellschaftlichen Wertorientierungen der Wählerschaft einer Partei überall dieselben? (4) Ist das programmatische Profil derselben Partei überall gleich bzw. wird es als gleich wahrgenommen, oder steht die gleiche Partei je nach Region für verschiedene Programmpositionen?

Die Vorzüge des Kriterienkatalogs, nämlich einerseits ein komplexes Bild von Sozialstruktur vorauszusetzen (Milieu-Konzept), andererseits neben der bloßen Zugehörigkeit zu Milieus auch den Sinnbezug der Koalitionen (gesellschaftliche Wertorientierungen) einzubeziehen, stellen eine regional orientierte Parteienforschung vor die Herausforderung, die einzelnen Kriterien inhaltlich sinnvoll und operationalisierbar auszufüllen. Der Schwierigkeitsgrad dieser Aufgabe und der Stand der Vorarbeiten sind jeweils verschieden. Zu leisten ist noch die Entwicklung eines brauchbaren Milieubegriffs, der Binnenstruktur, Integration und Reichweite erfaßt. Naßmachers Unterscheidung „organisationszentrierter" und „personalintegrierter" Milieus[17] ist hierfür ein geeigneter Ausgangspunkt. Der Milieubegriff ist unverzichtbar; Vorschläge, ihn fallen zu lassen, kapitulieren vor den Schwierigkeiten statt sie zu überwinden.[18] Demgegenüber kann die Erfassung von Organisationsmerkmalen der Parteien sowie von Verhaltensmustern mittlerer Parteieliten (Kriterium 1) auf die Ergebnisse neuerer Untersuchungen zurückgreifen.[19] Ähnliches gilt für die inhaltliche Umschreibung der gesellschaftlichen Wertorientierungen (Kriterium 3) und des programmatischen Profils der Parteien[20] (Kriterium 4).

Das wichtigste Verfahren zur Erfassung der regionalen Verankerung der Parteien ist der Vergleich. Vergleiche sind anzustellen zunächst *innerhalb einer Partei:* Finden sich soziale und ideologische Schwerpunkte und Polarisierungen der regionalen Milieus auch in der regionalen Parteiorganisation (Mitglieder und regionale Parteieliten)? Sodann Vergleiche *zwischen Parteien:* Ist das Maß an Übereinstimmung bzw. Diskrepanz zwischen Wählern, Mitgliedern und Führungsgruppen in allen Parteien das gleiche? In welchen Einstellungsdimensionen zeigen sich die deutlichsten Gegensätze zwischen den Parteien? Weiterhin

---

[17] Karl-Heinz *Naßmacher:* Zerfall einer liberalen Subkultur. Kontinuität und Wandel des Parteiensystems in der Region Oldenburg, in: Herbert Kühr (Hrsg.): Vom Milieu zur Volkspartei, S. 30-134.

[18] Zum Diskussionsstand Heinrich *Best:* Politische Eliten, Wahlverhalten und Sozialstruktur, in: Ders. (Hrsg.): Politik und Milieu, St. Katharinen 1989, S. 12f.

[19] Vor allem *Engel,* a.a.O.; Ders.: Wählerkontext und Handlungsdispositionen lokaler Parteiakteure, in: Karl Schmitt (Hrsg.): Wahlen, Parteieliten, politische Einstellungen, Frankfurt etc. 1990, S. 135-173.

[20] Vgl. *Pappi:* Sozialstruktur; und H. *Schmitt:* a.a.O. — Ein in der Tadition von *Almond* und *Verba* stehender Begriff von „politischer Kultur" ist hier wenig brauchbar, da es Almond/Verba um die Funktionsbedingungen politischer Systeme als ganzer ging. Ansatzpunkte für die inhaltliche Füllung des Begriffs „regionaler politischer Kultur" müssen die programmatischen Positionen von Parteien und Milieus sein. *Pappi* spricht deshalb zu Recht von „*parteibezogenen* gesellschaftlichen Wertorientierungen".

Vergleiche *zwischen Regionen:* Vertreten die Parteien in den einzelnen Regionen jeweils die gleiche Klientel oder sind sie „Dachverbände unterschiedlicher Milieus" (Naßmacher)? Gibt es Unterschiede in der personellen Verflechtung mit Milieuorganisationen (Gewerkschaften, Kirchen)? Gibt es Zusammenhänge zwischen der dominanten Stellung einer Partei in einer Region und der Beziehung zwischen Milieus und regionalen Parteiorganisationen? Schließlich Vergleiche *über die Zeit:* Sind die in den genannten Vergleichsdimensionen ermittelten Befunde stabil? Lösen sich regionale Milieus auf? Nimmt das Maß der regionalen Verankerung der Parteien ab?

Die Durchführbarkeit solcher Vergleiche setzt voraus, daß Untersuchungsmaterialien sehr unterschiedlicher Provenienz systematisch aufeinander bezogen werden. Hierzu gehören u. a. Aggregatdaten (Wahlstatistik, Volkszählungsdaten, Parteimitgliedschafts-, Kirchen-, Verbandsstatistik), Umfragedaten (Bevölkerung, Parteimitglieder, regionale Parteieliten) und Archivmaterialien. Es liegt auf der Hand, daß — abgesehen von Problemen der interdisziplinären Zusammenarbeit — eine flächendeckende Untersuchung für das Gebiet der Bundesrepublik als Ganzes die Möglichkeiten einzelner Forschungsgruppen erheblich übersteigen, also das Format eines „NASA-Programms" (Mintzel) annehmen würde und daher undurchführbar ist. Das hier umrissene Programm wird sich deshalb nur in der Konzentration auf die Erforschung kleinräumiger Regionen realisieren lassen.

Unter diesen Umständen könnte aus der Not unterschiedlicher Arbeitsweisen der einzelnen Disziplinen die Tugend einer Arbeitsteilung werden. Beispielsweise könnte die mit Aggregatdaten arbeitende Wahlsoziologie in großräumigen „politisch-soziologischen Landvermessungen" (Mintzel) solche Regionen identifizieren, die für eine in die Tiefe gehende Bearbeitung wichtige Aufschlüsse versprechen.[21] Die Voraussetzungen für eine flächendeckende wie auch historische Tiefe ermöglichende „Landvermessung" sind in den letzten Jahren erheblich verbessert worden. Inzwischen liegen für das Kaiserreich, die Weimarer Republik und die Bundesrepublik[22] Datensätze vor, die die Wahlstatistik und wichtige Sozialstrukturmerkmale auf jeweils einheitlichem Gebietsstand umfassen. Eine Verknüpfung der drei Datensätze, Voraussetzung für eine regionalbezogene Analyse über die Zäsuren der deutschen Geschichte hinweg, ist allerdings noch zu leisten.

---

[21] Vgl. die Schlußbemerkungen des Beitrags von *Falter/Bömermann* in diesem Band.

[22] Der Datensatz für die Bundesrepublik stand für die Untersuchung von *Engel* in diesem Band noch nicht zur Verfügung. Vgl. die Bemerkungen zur Datenlage am Ende seines Beitrages.

IV

Die in diesem Band enthaltenen Beiträge spiegeln die Zielsetzung der Freiburger Tagung wider, eine Zwischenbilanz der bislang vorliegenden Ergebnisse regional orientierter Parteienforschung zu ziehen. Dabei galt es zunächst, die Tragfähigkeit der bisherigen Konzepte zu prüfen (Rohe), die Entwicklung der deutschen historischen Landschaften in eine langfristige Perspektive zu stellen (Best) und nach der Verwendbarkeit gebräuchlicher Datenerhebungsinstrumente für regionale Untersuchungen zu fragen (Jung). An die Darstellung der regionalen Verankerung der einzelnen Parteien der Bundesrepublik (Engel, Mintzel, Feist/Liepelt, Naßmacher, Fogt) gingen die Autoren in verschiedener Weise heran. Der Überblick dokumentiert somit die Breite der Verfahrensweisen der Parteienforschung, andererseits den für die einzelnen Parteien sehr unterschiedlichen Forschungsstand. Die Fallstudien schließlich zeigen die spezifischen Möglichkeiten und Perspektiven, die jeweils auf Länder (Falter/Bömermann, Mielke) oder auf Kommunen (Bick/Schacht, Hennig/Kieserling, Gabriel) bezogene Untersuchungen bieten.

I. Grundfragen

Regionale (politische) Kultur: Ein sinnvolles Konzept für die Wahl- und Parteienforschung?

Von *Karl Rohe*

1. Regionale politische Kultur und politische Partei: Einige begriffliche Klärungen

Eine englische Wahlstudie aus jüngster Zeit kommt zu dem Ergebnis, „that it is the fit between the general character of a party and the voters own general ideology which, we believe, best accounts for electoral choice"[1]. Grundannahme ist also, daß es auf die Übereinstimmung zwischen dem „allgemeinen Charakter" einer Partei, d. h. dem, wofür sie grundsätzlich steht, und der in Interessenlagen fundierten, aber nicht auf sie reduzierbaren „general ideology" der Wähler ankommt. Der Wähler wird also als ein sich im Normalfall rational im Sinne seiner „general ideology" verhaltendes Wesen begriffen, der über Wahlverhalten keine blinde Gruppen- und Parteibindung ausdrückt. Andererseits ist er aber auch kein bloßer politischer Konsument, der Parteien und ihre Politiken nach kurzfristigen individuellen Nutzenkalkülen beurteilt.

Solche Grundannahmen über den Zusammenhang von Partei und Wählerschaft stellen einen sinnvollen Ausgangspunkt für die folgenden Überlegungen dar, die freilich den Begriff „general ideology" durch „(politische) Kultur" ersetzen. Damit sind einige Modifikationen verbunden, die der Erörterung bedürfen. Politische Kulturen sind für uns aus kognitiven, normativen und ästhetischen Vorstellungen, nicht Einstellungen bestehende mental verankerte politische „Weltbilder" im Sinne von Max Webers vielzitierter Formulierung über den Zusammenhang von „Ideen" und „Interessen"[2], die einen sichtbaren Ausdruck gefunden haben und über Kommunikationsprozesse ständig reproduziert werden müssen. Mögliche Ausdrucksformen von politischer Kultur sind politische Lebensweisen, politische Symbole und politische Ideologien. Konkrete politische Kulturen können sich also nicht nur hinsichtlich ihrer Inhalte, sondern auch darin unterscheiden, wie sie sich vorrangig äußerlich manifestieren.

Von einem solchen Kulturbegriff her ergibt sich auch eine sinnvolle Konzeptualisierung von Milieu. Denn Milieu ist im Kern nichts anderes als eine zu einem spezifischen „way of life", also zu bestimmten Denk-, Gefühls-, Sprech-

---

[1] Anthony *Heath* u.a.: How Britain Votes, Oxford etc. 1985, S. 99.

[2] Max *Weber*: Gesammelte Aufsätze zur Religionssoziologie, Bd. 1, Tübingen 1920, S. 252.

und Verhaltensgewohnheiten auskristallisierte Kultur. Milieu ist also nicht nur ein im „Oberbau" angesiedelter Satz von Denkbildern und Wertvorstellungen, sondern eine in die „gesellschaftliche Basis" eingelassene Lebensweise, mit der ideelle Interessenlagen verbunden sind. Wenn sich Kulturen zu Milieus auskristallisiert haben, dann ist ein Kulturkampf, wie ihn beispielsweise die Katholiken im Kaiserreich zu führen hatten, stets nicht nur ein Kampf um vergleichsweise abstrakte „Ideen", sondern stets auch ein Kampf um „ideelle Interessen", die, eine Unterscheidung von Max Weber aufgreifend und zugleich modifizierend, ihre Grundlage nicht in Lebenslagen, sondern in Lebensweisen und Lebensführungen besitzen[3]. Lebensweisen besitzen zwar stets auch ein materielles Fundament, und die Zerstörung dieses materiellen Fundaments kann dazu führen (deutlich zu machen etwa am Sozialverhalten der Arbeitslosen in der Weimarer Republik, die häufig aus ihren angestammten Milieus herausfielen), daß auch die gemeinsame Lebensweise zerbricht. Grundlegend ist jedoch, daß Milieu in letzter Instanz als ein soziokulturelles Phänomen zu begreifen ist. Materielle Interessenlagen liegen gleichsam nicht mehr nackt und jederzeit abrufbereit vor, sondern in ideell überformter Gestalt. Eben darauf beruht die Stabilität und Verläßlichkeit von Milieus.

Milieu und Ideologie sind also zwei unterschiedliche Manifestationen von (politischer) Kultur. Milieu spiegelt in der Regel kleinräumigere Verhältnisse wider und ist in seinem Weltbild mehr implizit als explizit. Ideologie dagegen ist eine „modernere" raumübergreifendere Form gesellschaftlicher und politischer Integration, die unterschiedliche Verhaltenskulturen unter ihrem Dach vereinigen kann[4]. Allerdings darf man die Möglichkeit nicht außer Acht lassen, daß es auf Grund ähnlicher gesellschaftlicher Lagen und damit verknüpfter Sozialisationserfahrungen auch großräumig zur Ausbildung gleicher oder doch ähnlicher Verhaltenskulturen kommt, auch wenn die Akteure keinem gemeinsamen Verkehrskreis angehören. Es kann demnach einen guten Sinn geben, von einem nationalen Milieu oder einem katholischen Milieu in einem raumübergreifenden Sinn zu sprechen, dann nämlich, wenn sich in der Tat gemeinsame Verhaltenskulturen ausgebildet haben. Ob das der Fall ist, ob man beispielsweise statt von einem übergreifenden katholischen Milieu lieber von einem mehr durch gemeinsame Weltanschauung zusammengehaltenem katholischem Lager sprechen soll, hinter der sich sozial und/oder regional sehr unterschiedliche Milieus verbergen, ist eine letztlich nur empirisch zu klärende Frage. Theoretisch ist es jedoch nicht sinnvoll, den Milieubegriff auf kleinräumige und durch Interaktion gekennzeichnete Verhaltenskulturen zu beschränken. Art und Grad der kulturellen Überformung der Umwelt, auf die Parteien sich einzulassen haben, kann

---

[3] Vgl. Karl *Rohe*: Vom alten Revier zum heutigen Ruhrgebiet. Die Entwicklung einer regionalen politischen Gesellschaft im Spiegel der Wahlen, in: Karl Rohe/Herbert Kühr (Hrsg.): Politik und Gesellschaft im Ruhrgebiet. Beiträge zur regionalen Politikforschung, Meisenheim a.G. 1979, S. 8f.

[4] Vgl. Karl *Rohe*: Wahlanalyse im historischen Kontext. Zu Kontinuität und Wandel von Wahlverhalten, in: Historische Zeitschrift 234 (1982), S. 337-357.

also sehr unterschiedlich sein. Es kann sich um ausgeprägte, selbstbewußte und in sich ruhende Milieus, um diffuse Mentalitäten, oder um durch Organisationen aus dem politischen Vorfeld, also beispielsweise Gewerkschaften, vorgeprägte gesellschaftliche Ideologien handeln, gegebenenfalls aber auch um kulturell noch weithin ungeformte materielle Interessenlagen. Letzteres ist jedoch ein Extremfall. Die Normalannahme soll lauten, daß Parteien auf bereits in welcher Form auch immer kulturell geformte Umwelten stoßen.

Wie politisch ist nun jene Kultur, von der wir annehmen, daß das Maß an Übereinstimmung zwischen ihr und dem „allgemeinen Charakter" von Parteien für die Langfristigkeit und Dauerhaftigkeit von Parteibindungen entscheidend ist? Von politischer Kultur und nicht nur von Kultur zu sprechen, impliziert ja, daß ein gewisses Maß an politischer Vorprägung unterstellt wird, auch wenn man von sehr unterschiedlichen Politisierungsgraden vorgefundener Kulturen ausgehen muß. Theoretisch kann es zwar Milieus geben, die politisch noch so unschuldig sind, daß sie, von welchem Prinzen auch immer, politisch wachgeküßt werden können. Das sind jedoch Grenzfälle, da wir in aller Regel unterstellen können, daß die politischen Optionen eines Milieus selbst bei großer Politikferne auf Grund seiner gesellschaftlichen Lagerung nicht völlig beliebig sind, auch wenn sie keineswegs zwangsläufig in eine bestimmte parteipolitische Richtung verweisen. Die meisten Milieus sind im Verlauf ihrer Geschichte zumindest ansatzweise „anpolitisiert" worden und befinden sich nicht mehr im Status völliger politischer Unschuld. In diesem Sinne läßt sich in der Tat nicht nur von sozialmoralischen, sondern bereits von politisch-sozialen Milieus reden, auch wenn damit noch keine parteipolitische Anbindung eines Milieus gemeint ist. Namentlich heutige politische Parteien haben sich auf einem Feld zurecht zu finden, das seit mehr als hundert Jahren nicht zuletzt auch von politischen Parteien selbst politisch-kulturell bestellt worden ist, mag es sich dabei um eigene Vorgängerparteien handeln oder auch um Parteien, die einer anderen Parteifamilie zugehören.

Politische Parteien müssen sich also gegebenenfalls, wenn sie politisch erfolgreich sein wollen, auf ein politisch-kulturelles „Erbe" einlassen, das außerhalb ihrer bewußt und als wertvoll reflektierten „Traditionen" liegt, gleichwohl aber für die politische Tagespraxis weitaus bedeutsamer sein kann als das offiziell gepflegte Selbstverständnis, das sich in der Regel durch Organisationszentriertheit und einen vergleichsweise naiven Kontinuitätsglauben auszeichnet. Um solche Tiefendimensionen von Parteien zu erfassen, wäre es — das sei nebenbei angemerkt — in der Tat erforderlich, in der Parteienforschung eine Wendung nachzuholen, wie sie beispielsweise in der Sozialgeschichtsschreibung mit dem Wandel von einer Geschichte der Arbeiterbewegung zu einer Geschichte der Arbeiterschaft vollzogen wurde.

Parteien und Parteiensysteme werden nicht nur durch vorgefundene Milieus, Mentalitäten und Ideologien geprägt, sondern gehören umgekehrt auch selbst zu den häufig in ihrer Bedeutung unterschätzten politisch-kulturellen Prägekräften einer Gesellschaft. Daraus folgt, daß die oben angesprochene Übereinstimmung zwischen vorgefundener Kultur auf der einen und dem „allgemeinen Charakter" der Parteien grundsätzlich auf zweierlei Art erreicht und bewahrt werden kann: einmal dadurch, daß sich Parteien ihrer kulturellen Umwelt, gegebenenfalls auch einer sich verändernden kulturellen Umwelt anpassen, oder aber dadurch, daß eine Partei sukzessive ihre Wähler erzieht, d. h. die eigene kulturelle Umwelt aktiv zu verändern sucht. Wie historische Beispiele zeigen, sind Parteien auch dann, wenn sie keinen Zugriff auf die Staatsmacht besitzen, sehr wohl in der Lage, kulturprägend zu wirken und damit in gewisser Weise Wählerpotentiale selbst zu schaffen, die zum eigenen „general character" „passen". Das kann einmal dadurch geschehen, daß man via Medien, die von örtlichen Honoratioren bis hin zu modernen Massenmedien reichen, die politischen Weltbilder der Wähler zu prägen und zu formen versucht, oder dadurch, daß man über ein Netz von „Vorfeldorganisationen" parteinahe Milieus aufbaut und damit Lebensweisen und Verhaltenskulturen der potentiellen Wähler und Anhänger verändert. Die historische deutsche Sozialdemokratie — in anderer Weise auch das Zentrum — ist das vielleicht eindrucksvollste Beispiel einer solchen „Kultivierungspartei", die sich gerade nicht damit begnügte, sich an vorgefundene Mentalitäten der Arbeiterschaft anzupassen, sondern als umfassende Kulturbewegung aktiv bemüht war, neue Weltbilder, neue Symbole und neue Lebensweisen zu schaffen und vorgefundene Mentalitäten zu „kultivieren".

Freilich zeigen sich gerade auch an diesem klassischen Beispiel, namentlich an der Nicht-Deckungsgleichheit von „Arbeiterbewegungskultur" auf der einen und „Arbeiterkultur" auf der anderen Seite, Grenzen einer „Kultivierungspartei". „Kultivierungspartei" und „Anpassungspartei" bilden im Grunde nur die beiden Eckpunkte eines Kontinuums, zwischen denen sich das reale Leben von politischen Parteien in der Auseinandersetzung mit ihrer sozialkulturellen und politisch zumeist bereits überformten Umgebung abspielt, von der Übernahme und Anpassung an vorgefundene Symbole und Verhaltensmuster über deren politische Reinterpretation bis hin zur Schaffung neuer Symbole und Verhaltensweisen. Die Beziehung zwischen (politischer) Kultur und politischen Parteien ist also nicht einseitig, sondern wechselseitig zu sehen. Parteien und Parteiensysteme sind Ausdruck und Gestalter von (politischen) Kulturen. Auch die Cleavages, die eine politische Gesellschaft durchziehen, sind keine gesellschaftlichen „Naturtatsachen", sondern stets auch durch politische Eliten selbst „gemacht" worden.[5]

Von regionaler politischer Kultur sprechen, heißt nun, von der Annahme auszugehen, daß die komplexen, wechselseitigen Prozesse des Abstimmens und des Zueinanderkommens von (politischer) Kultur einerseits und politischen

---

[5] William *Claggett* u.a.: Political Leadership and the Development of Political Cleavages: Imperial Germany, 1871-1912, in: American Journal of Political Science 26 (1982), S. 643-663.

Parteien andererseits ohne Berücksichtigung der regionalen Ebene nicht hinreichend verstanden werden können. Was freilich Region und Regionalität gestern wie heute konkret bedeuten, ist eine ungemein schwierig zu beantwortende Frage. Grundsätzlich ist von einer doppelten Historizität auszugehen. Einmal geht es um die Historizität von Regionalität selbst, d.h. um die unterschiedliche Bedeutung des regionalen Faktors in Raum und Zeit, zum anderen um die Historizität von konkreten Regionen, d.h. um die Tatsache, daß Grenzen und Charakter von Regionen nicht ahistorisch ein für allemal festgelegt werden können. Regionen kommen und vergehen. Durch Überlagerung, Verschmelzung, Abspaltung und Zusammenlegung können alte Regionalitäten zerstört und neue Regionalitäten aufgebaut werden[6]. In gewisser Weise empfiehlt es sich also, auf die Frage: Was ist Region? ähnlich zu antworten, wie A. J. P. Taylor es unlängst tat, als er gefragt wurde: „What is European History?": „Whatever the historians want it to be".

Diese auf den ersten Blick zynisch wirkende Antwort gibt ihren guten Sinn. Für die Zwecke der folgenden Überlegungen empfiehlt es sich jedenfalls, den Regionbegriff flexibel zu verwenden und als regionale Ebene potentiell alle Politikebenen anzusehen, die unterhalb der nationalen und oberhalb der lokalen Ebene angesiedelt sind, wobei gegebenenfalls sogar lokale und regionale Ebene sich decken können. Als regionale Bezugsgrößen für gegenwartsbezogene Analysen bieten sich dabei entweder heutige Bundesländer oder Kommunen an, also Raumeinheiten, die über ein eigenes politisch-administratives System verfügen, oder aber historische Landschaften, die in der Vergangenheit spezifischen politischen und gesellschaftlichen Einflüssen ausgesetzt waren. Aus forschungspragmatischen, teilweise aber auch aus sachlichen Überlegungen heraus bieten sich als Bezugsgrößen für solche Analysen frühere selbständige Staaten, preußische Regierungsbezirke, aber auch wegen der spezifischen verfassungsrechtlichen und wahlrechtlichen Gegebenheiten des Kaiserreichs die Reichstagswahlkreise der Jahre 1867 (1871)-1918 an.

Was kann und soll nun regionale politische Kultur meinen? Der Begriff ist nur sinnvoll, wenn wir unterstellen können, daß sich auf einer wie immer konkret zu bestimmenden regionalen Ebene politisch relevante kulturelle Besonderheiten, sei es auf der Ebene der „Weltbilder" und Mentalitäten, sei es auf der Ebene des Denk-, Sprech-, Gefühl- und Verhaltensgewohnheiten, sei es auf der Ebene der Symbole und expliziten Ideologien herausgebildet haben. Erforderlich ist nicht, daß sich auf allen Dimensionen von politischer Kultur regionale Besonderheiten ausgebildet haben. Regionalkultur setzt zum Beispiel nicht notwendigerweise ein regionales Identitätsbewußtsein, geschweige denn eine regionalistische

---

[6] Vgl. Karl *Rohe:* Regionalkultur, regionale Identität und Regionalismus im Ruhrgebiet. Empirische Sachverhalte und theoretische Überlegungen, in: Wolfgang Lipp (Hrsg.): Industriegesellschaft und Regionalkultur. Untersuchungen für Europa, Köln etc. 1984, S. 123-153; Dirk *Gerdes:* Regionalismus als soziale Bewegung. Westeuropa, Frankreich, Korsika: Vom Vergleich zur Kontextanalyse, Frankfurt/New York 1985.

Bewegung voraus. Grundsätzlich ist durchaus vorstellbar, daß sich Grundverständnisse über die politische Welt regionalspezifisch auskristallisiert haben, ohne daß daraus notwendiger Weise auch ein besonderes regionales Identitätsgefühl erwachsen ist. Das heißt konkret, daß die regionalkulturellen Besonderheiten zwar für den mit einem Vergleichsblick ausgestatteten außenstehenden Beobachter erkennbar, den sozialen Trägern der Regionalkultur jedoch gar nicht bewußt sind.

Das Fehlen regionaler Besonderheiten schließt selbstverständlich nicht aus, räumliche Einheiten unterhalb der nationalen und oberhalb der lokalen Ebene als Untersuchungsfeld zu wählen, um den Zusammenhang von Parteiensystem und politisch-kultureller Umwelt zu studieren. Nur muß man sich darüber klar sein, daß es sich eigentlich nicht um Analysen von Regionalkultur, sondern um Untersuchungen zur allgemeinen politischen Kultur an einem regionalen Material handelt. Dafür gibt es einige vorzügliche Beispiele[7]. Der Begriff regionale politische Kultur im strengeren Sinn impliziert jedoch, daß es regionale Unterschiede gibt und daß diese für das politische Leben einer Gesellschaft bedeutsam sind. Wie sinnvoll war und ist es, davon in Deutschland auszugehen und wie identifiziert man sie?

2. Regionalität und regionale politische Kultur — gestern

Ausgangspunkt der Überlegungen soll die unterschiedliche regionale Verankerung der politischen Parteien und das regional stark unterschiedliche Wahlverhalten zur Zeit des Kaiserreichs sein, wobei aus pragmatischen Gründen Region und Reichstagswahlkreis mehr oder minder gleichgesetzt werden. Die Frage lautet, ob das unterschiedliche Wahlverhalten schon eo ipso auf Unterschiede regionaler politischer Kulturen verweist oder ob von der Wirksamkeit eines regional-kulturellen Faktors nur dann zweifelsfrei ausgegangen werden kann, wenn nach der Kontrolle der üblichen Sozialstrukturvariablen ein „regionales Residuum" verbleibt.

Es wurde bewußt eine raum-zeitlich verortbare politische Gesellschaft als Ausgangspunkt genommen und nicht auf einer abstrakten Ebene angesetzt. Denn reichsweit gültige Zusammenhangsmaße für Wahl- und Sozialstrukturdaten als Bezugs- und Vergleichspunkt zu nehmen, ist, wenn überhaupt, so will es scheinen, nur vor dem Hintergrund bestimmter, zumeist wenig reflektierter Realitätsannahmen vertretbar, nämlich dann, wenn wir es mit integrierten politischen Gesellschaften zu tun haben. Das ist jedoch für die politische Gesellschaft des Kaiserreichs nur sehr bedingt eine sinnvolle Annahme. Das Parteiensystem des Kaiserreichs dürfte zumindest in seiner Anfangsphase mehr strukturelle Ähnlichkeiten mit dem heutigen westeuropäischen Parteiensystem

---

[7] Siehe etwa Eberhard *Holtmann*: Politik und Nichtpolitik. Lokale Erscheinungsformen Politischer Kultur im frühen Nachkriegsdeutschland. Das Beispiel Unna und Kamen, Opladen 1989.

besitzen als mit dem Parteiensystem eines integrierten Nationalstaates. Daraus folgt: So wenig man sinnvoller Weise die Existenz eines nationalkulturellen Faktors im westeuropäischen Parteiensystem nur für jene Fälle unterstellen kann, in denen eine Abweichung vom westeuropäischen Durchschnitt vorliegt, so wenig ist für das Kaiserreich die Wirksamkeit eines regionalen Faktors nur dann anzunehmen, wenn nach Kontrolle der üblichen Sozialstrukturvariablen eine „Restgröße" verbleibt. Denn die Ausgangsprämisse eines solchen Verfahrens, daß die Variablen überall grundsätzlich eine gleiche Wirkung entfalten und daß — noch grundlegender — von einer Identität der Parteien im Raum ausgegangen werden kann, ist für wenig integrierte Gesellschaften wenig plausibel.

Welche Sozialstrukturvariablen soll man im übrigen kontrollieren? In unterschiedlichen europäischen Ländern werden bekanntlich höchst unterschiedliche Sozialstrukturgrößen zur „Erklärung" bzw. Prognose des Wahlverhaltens herangezogen, in Großbritannien beispielsweise vornehmlich *class* und *housing*[8], in der Bundesrepublik Deutschland vor allem Konfession und Klassen(Berufs)zugehörigkeit. Auch das Kaiserreich ist von heute aus gesehen eine fremde Gesellschaft, auf die nicht ohne weiteres die heute „üblichen" Sozialstrukturvariablen passen. Um es an einem Beispiel aus dem historischen Ruhrgebiet von 1914 zu demonstrieren: der Faktor Arbeiteranteil an der Wohnbevölkerung besitzt vor 1914 so gut wie keine „Erklärungs"- bzw. Prognosekraft für das Wahlverhalten, wohl dagegen der Katholikenfaktor und, von einem bestimmten Zeitpunkt an, der Bergarbeiterfaktor, sowie einige andere Faktoren wie Ortsgröße und konfessionelle Mischung.

Daraus ist für das hier angesprochene Problem zunächst einmal zu folgern, daß eine Wahl-, Kultur- und Parteienanalyse, wenn sie nicht zu einem abstrakten Glasperlenspiel geraten soll, im „historischen Kontext"[9] betrieben werden muß und sowohl ihre bewußten/unbewußten Realitätsannahmen als auch ihre methodologischen Zugänge und Instrumente auf ihre historische Plausibilität hin zu überprüfen und somit zu historisieren hat. Das gilt auch für Gegenwartsanalysen. Denn auch die Gegenwart ist schließlich nichts anderes als ein bestimmter historischer Kontext; eine politische Gesellschaft, deren Wahlverhalten sich mit Hilfe der Variablen Konfession und Klasse leidlich prognostizieren läßt, ist ein raumzeitlich gebundenes historisches Phänomen, das wie alle historischen Phänomene kommt und vergeht.

Aber ganz abgesehen vom Problem der Historizität politischer Gesellschaften ist grundsätzlich zu fragen, wie plausibel es überhaupt ist, (regional) kulturelle Variablen nur dann zur Erklärung heranzuziehen, wenn Sozialstrukturva-

---

[8] Vgl. Anthony *Heath,* a.a.O.
[9] Rainer Olaf *Schultze:* Wahlanalyse im historischen Kontext, in: Otto Büsch (Hrsg.): Wählerbewegung in der europäischen Geschichte, Berlin 1980, S. 60-96; Karl *Rohe:* Wahlanalyse im historischen Kontext. Zu Kontinuität und Wandel von Wahlverhalten, in: Historische Zeitschrift 234 (1982), S. 337-357.

riablen keine hinreichende Erklärung mehr bieten. Ist — um ein analoges Beispiel zu wählen — ein Faktor wie Kirchgangshäufigkeit, der als Indikator für Eingebundensein in das Leben einer kirchlichen Parochia stehen soll, nur verhaltenswirksam, wenn die Größe Konfessionszugehörigkeit allein nicht mehr hinreichend erklärt oder ist er generell wirksam? Sichtbarkeit und Wirksamkeit einer Variable sind offenbar ebenso wie Prognosekraft und Erklärungskraft eines Faktors zweierlei Ding.

Allerdings gibt es auch umgekehrt keinen zwingenden Anlaß, überhaupt auf Regionalkultur zu rekurrieren und ihre Wirksamkeit zu unterstellen, wenn nach Kontrolle der üblichen Sozialstrukturvariablen noch regionale Unterschiede im Wahlverhalten verbleiben. Die „Restgröße" ließe sich im Prinzip auch auf bislang noch nicht berücksichtigte Sozialstrukturvariablen oder auf regional unterschiedlich streuende Kulturvariablen wie beispielsweise ein Bergarbeitermilieu, ein über Kirchgangshäufigkeit meßbares kirchliches Gemeinschaftsleben, dörfliche Lebensweise etc. zurückführen. Letztere sind zwar ganz ohne Zweifel verhaltenswirksame sozialkulturelle Größen, aber nicht automatisch auch regionalkulturelle Größen. Wie bei den Sozialstrukturvariablen Klasse und Konfession ließe sich deshalb argumentieren, daß es sich um nichts anderes als um besondere räumliche Konzentrationen von bestimmten sozialkulturellen Merkmalen handelt, die prinzipiell überall dort, wo sie gegeben sind, die gleiche politische Verhaltenswirksamkeit entfalten. Von Regionalkultur ließe sich erst dann sprechen, wenn auch nach Kontrolle all dieser Variablen noch ein „regionales Residuum" verbliebe.

Spätestens an dieser Stelle wird deutlich, daß eine Konzeptualisierung von regionaler politischer Kultur als „Restgröße", die dann heranzuziehen ist, wenn die üblichen Variablen in ihrer Erklärungskraft erschöpft sind, das Phänomen geradezu systematisch verfehlen muß. Es empfiehlt sich deshalb, die „Brille" zu wechseln, um der Phänomene überhaupt erst einmal ansichtig zu werden. Bereits Heberle war sich der unterschiedlichen Forschungslogiken bewußt, die sozialstrukturellen Ansätzen und regionalen Ansätzen zugrunde liegen.[10] Man kann Regionalstudien zwar sehr wohl, wie Eckstein es formuliert, als „disciplined — configurative studies" anlegen[11], die Besonderheiten mit möglichst allgemeinen Faktoren zu erklären versuchen und potentiell auch einen hohen theoretischen Ertrag einbringen. Aber man darf sie nicht als „Restansatz", sondern muß sie als alternativen Ansatz begreifen, wenn man ihr Erkenntnispotential nicht von vornherein verschütten will.

Gerade für Analysen auf Aggregatdatenbasis liegt eine solche Betrachtungsweise nahe. Denn Sozialstrukturdaten auf Aggregatebene müssen ja als

---

[10] Rudolf *Heberle:* Regionalism: Some Critical Observations, in: Social Forces 21 (1943), S. 281 f.

[11] Harry *Eckstein:* Case Study and Theory in Political Science, in: Fred I. Greenstein/Nelson W. Polsby (Hrsg.): Strategies of Inquiry, Reading/Mass. etc. 1975, S. 99.

Indikatoren für Kontexte mit Kulturrelevanz[12] gelesen werden, zumindest — über die Einschränkung wird noch zu reden sein — als Kontexte mit potentieller Kulturrelevanz, innerhalb derer Menschen zu agieren haben. Dabei ist zu bedenken, daß eine Sozialstrukturvariable auf Aggregatebene wie beispielsweise der Katholikenanteil an der Bevölkerung Kontexte beschreibt, die nicht nur, wie viele historische Beispiele zeigen, für die Katholiken, sondern auch für die Nichtkatholiken eines bestimmten Raumes verhaltensrelevant sind. Für die politische Kultur eines Raumes insgesamt (nicht nur für die dort wohnenden Katholiken oder Arbeiter) macht es einen erheblichen Unterschied, ob in ihm 10%, 50% oder 80% Katholiken oder Arbeiter wohnen, ob sie dort schon lange in sozialräumlicher Nachbarschaft mit anderen Gruppen existiert haben und ob es sich dabei um konfessionsbewußte Katholiken bzw. klassenbewußte Arbeiter handelt oder nicht. Die Einbeziehung der historischen Dimension ist deshalb unerläßlich, weil Kultur stets, namentlich wenn sie sich zu Milieus auskristallisiert hat, ein soziales Phänomen ist, das wie alle Gemeinschaftsphänome nicht über Nacht entsteht. Insofern muß man in der Tat stets die „Großväter" kennen, muß man beispielsweise wissen, welche Variante von Protestantismus über Jahrhunderte hinweg die Menschen eines bestimmten Raumes geprägt hat, ob es eine katholische Aufklärung im 18. oder eine katholische Erneuerungsbewegung im 19. Jahrhundert gegeben hat, ja gegebenenfalls sogar wissen, unter welchen Bedingungen sich die Gegenreformation in einer Region durchgesetzt hat, wenn man die politische Potentialität eines Raumes in der Phase der Auskristallisierung des deutschen Parteiensystems genauer einschätzen will. Davon gingen stets nicht nur Auswirkungen auf die jeweils betroffene Sozialgruppe aus, sondern zumindest indirekt auch auf alle anderen Gruppen, mit denen sie im gleichen Raume koexistierten.

Ungemein schwierig ist freilich die Frage zu beantworten, welche räumlichen Einheiten zu einem jeweiligen historischen Zeitpunkt tatsächlich in erster Linie denk- und verhaltensrelevant waren. Realistischerweise muß man überdies davon ausgehen, daß für unterschiedliche Bevölkerungsgruppen zu unterschiedlichen Zeiten unterschiedliche Raumbezüge maßgebend sein konnten, daß also „parochial" und „national" Orientierte räumlich und zeitlich koexistierten. Für die Wahl der Reichstagswahlkreise als geeigneten politischen Raum für die Zeit des Kaiserreichs sprechen nicht nur pragmatische Überlegungen. Gleichwohl darf nicht übersehen werden, wie vergleichende Ortsstudien innerhalb des gleichen Wahlkreises vielfach zeigen, daß Wahlverhalten von Arbeitern, Katholiken und Protestanten offensichtlich in nicht geringem Maße vom Integrationsgrad und den Fragmentierungen der lokalen Gesellschaft abhing.

Mit Blick auf solche Gegebenheiten muß deshalb regionale politische Kultur als raumspezifische Anordnung und Verteilung, nicht: Mischung politikrelevanter kultureller Kontexte gedeutet werden, die im Einzelfall zwar beziehungslos

---

[12] Vgl. Wolfgang W. *Veiders:* Großstadt und Umland. Eine Mehrebenenanalyse des Wahlverhaltens im Großraum Köln/Bonn. Phil. Diss., Freiburg 1978, S. 27.

nebeneinander, im Regelfall aber ihrerseits wiederum in Austausch- und Beeinflussungsverhältnissen stehen. Der Begriff regionale politische Kultur impliziert nicht notwendigerweise die Vorstellungen von gemeinsamen Werten, Symbolen und Lebensweisen. Im Extremfall kann sie genauso fragmentiert sein wie nationale Kulturen; auch unter dem Gesichtspunkt der regionalen Parteiensystembildung interessiert ja vor allem ihre Konfliktstruktur, und daher nicht zuletzt die Frage, ob und inwieweit dem regionalen Parteiensystem eine kulturelle Konfliktdimension zugrundeliegt. Eine so verstandene regionale politische Kultur läßt sich mit Hilfe von historisch reflektierten Sozialstrukturmerkmalen, vor allem dann, wenn man Zeitreihen aufstellen kann, sowie mit Hilfe anderer in quantifizierter Form vorliegender Daten in ihrer politischen Potentialität und in ihrer ungefähren Größenordnungen annähernd erfassen. Aber es bleibt natürlich stets ein starkes Moment von historisch-qualitativer Interpretation erhalten, das man nicht ausschalten kann und darf, will man nicht bei historischen Ungereimtheiten landen.

Sehr unterschiedlich konnten nämlich Art und Ausmaß der kulturellen und politischen Überformung der durch Sozialstrukturvariablen erschlossenen Kontexte sein. Variablen wie Katholikenanteil und Arbeiteranteil können für festgefügte konfessionelle Milieus oder Arbeitermilieus mit tief verwurzeltem Konfessionsbewußtsein oder Klassenbewußtsein stehen, gegebenenfalls aber auch auf kulturell weitgehend amorphe Konstellationen verweisen. Letzteres gilt vor allem für den Klassenfaktor. Typischerweise ist dabei von einer höheren Kulturrelevanz und deshalb höheren Aussagekraft des Konfessionsfaktors im Vergleich mit dem Klassenfaktor auszugehen. Auf Grund eines entwicklungsgeschichtlichen Vorsprungs, aber wohl auch als Folge seiner leichteren Reproduzierbarkeit, war die ideelle Überformung des Konfessionsfaktors durchweg stärker als die des Klassenfaktors und deshalb für Lebensführungen weitaus relevanter. Das heißt zugleich, daß die beiden Sozialstrukturvariablen Konfession und Klasse oft auf qualitativ unterschiedliche gesellschaftliche Sachverhalte verweisen.

Von den Sozialstrukturmerkmalen allein, selbst wenn sie in Zeitreihen vorliegen, läßt sich auch nicht der Politisierungsgrad einer vorgefundenen Regionalkultur ablesen. Das gilt nicht zuletzt für die in einer regionalen Gesellschaft angelegten *Cleavages*. Es kann sich um manifeste gesellschaftliche Gegensätze handeln, die kaum noch eines Anstoßes bedurften, um sich auch politisch zu entzünden; es kann sich aber auch um nicht mehr als um gesellschaftliche Unterschiede handeln, die sich zwar grundsätzlich für politische Unternehmer als politisierbare Jagdgründe anboten, von sich aus jedoch keineswegs zur Politisierung drängten, jedenfalls alles andere als politische Selbstläufer waren.

Man wird also die auf regionaler Ebene in quantifizierbarer Form vorliegenden Daten, die von Sozialstrukturmerkmalen bis hin zu Streikstatistiken reichen können, mit einiger Umsicht interpretieren müssen, wenn man sie als Kulturindikatoren verwenden will. Umsomehr drängt sich natürlich die Frage auf, ob man nicht politische Daten im engeren Sinne, also Wahldaten, Daten über die Ausnutzung eines in der Region vorgegebenen politischen Potentials durch politische Parteien und das regionale Parteiensystem selbst als Zugänge zur Bestimmung regionaler politischer Kulturen verwenden kann. Grundsätzlich ist das sehr wohl möglich. Es kommt freilich auf die Fragestellung an. Wer die politisch-kulturelle Ausgangssituation in den deutschen Regionen in der Zeit der Gründung des Deutschen Kaiserreiches bestimmen will, tut in der Tat gut daran, die Wahlergebnisse in der Region während der Revolutionsjahre 1848/49 genauer zu betrachten und darüber hinaus die regionalen Konfliktstrukturen zu untersuchen, die bei den Wahlen zu den Landtagen manifest werden. Insbesonders dürfte ein systematischer Vergleich zwischen den Wahlen zum Norddeutschen Reichstag 1867 und den Reichstagswahlen der frühen 1870er Jahre auf möglichst kleinräumiger Ebene erheblichen Erkenntnisgewinn bringen, weil sich daran vermutlich sehr gut zeigen ließe, mit welchen politisch-kulturellen Grundausstattungen eine Region in das Kaiserreich ging und welch unterschiedliche kulturelle Grundlagen dem Namen nach gleiche Parteien in unterschiedlichen Regionen besitzen konnten. Um es an einem konkreten Beispiel zu demonstrieren: Zwischen den liberalen Hochburgen des Jahres 1867 und denen des Jahres 1871 in den vier Ruhrgebietswahlkreisen, gleichgültig ob es sich um Hochburgen der Nationalliberalen oder der Fortschrittspartei handelt, besteht nur ein äußerst geringes Maß an Identität in der Zeit, vor allem deshalb, weil die Liberalen im Jahre 1871 als Folge der neuen politischen Polarisierung entlang der Konfessionslinie allenthalben zu Erben des an der Ruhr durchaus einflußreichen konservativ-protestantischen Milieus geworden waren[13].

Indirekt ist an diesem Beispiel bereits deutlich geworden, daß das in den 1870er Jahren entstehende und in Wahlen immer wieder neu bestätigte regionale Parteiensystem selbst zumindest kurzfristig nicht einfach als Kulturindikator genommen werden kann. Es muß vielmehr in der Entstehungsphase als das komplexe Resultat von regional vorgefundenen politisch-kulturellen Konstellationen einerseits und strategischen Grundsatzentscheidungen regionaler und nationaler Eliten andererseits interpretiert werden. Längerfristig gingen freilich von der Neugründung politischer Institutionen auf regionaler Ebene, als die sich die Schaffung und Änderung regionaler Parteiensysteme begreifen lassen, erhebliche Rückwirkungen auf regionale politische Kulturen aus. Denn eine der konstitutiven Prägekräfte von politischer Kultur ist ganz ohne Zweifel der langjährige Umgang mit politischen Institutionen, hier mit politischen Parteien und Parteiensystemen.

---

[13] Vgl. Karl *Rohe* u.a.: Politische Gesellschaft und politische Kultur an der Ruhr 1848/49-1987, in: Dietmar Petzina u.a. (Hrsg.) Das Ruhrgebiet im Industriezeitalter, Düsseldorf 1990.

Entsprechend war es von erheblicher (politischer) Kulturbedeutung für eine Region, welche Parteiensysteme sich auf der Grundlage welcher Cleavage-Strukturen in der „Phase der ursprünglichen politischen Akkumulation" regional durchsetzten. Politische Hauptspannungslinien konnten nicht einfach beliebig politisch induziert werden. Die Vorgänge auf nationaler und auf regionaler Ebene zeigen deutlich, daß nur jene Konfliktlinien sich dauerhaft politisch auskristallisierten, die ein gesellschaftliches Fundament besaßen. Aber keineswegs alle grundsätzlich in einer Region vorhandenen Möglichkeiten zur Politisierung von Cleavages müssen auch tatsächlich genutzt werden. Für bestimmte Cleavages waren die regionalen gesellschaftlichen Voraussetzungen so schwach ausgebildet, daß sich eine Politisierung von vornherein verbot. Es gab jedoch auch die Möglichkeit, aus machttaktischen Kalkülen heraus einen bestimmten Cleavage politisch zu dramatisieren und andere zu entdramatisieren. Und es war möglich, auf der zentralinstanzlichen Ebene politisierte Cleavages regionalspezifisch zu variieren. Beispielsweise konnte ein Konflikt wie der Kulturkampf auf regionaler Ebene entweder stärker national als Kampf gegen den „Ultramontanismus" oder stärker liberal als Kampf der „Aufklärung" gegen die „Obskurantismus" akzentuiert werden. In einem Wahlkreis wie Düsseldorf 5 (Essen), einem Wahlkreis mit katholischer Bevölkerungsmehrheit, bot es sich schon aus machttaktischen Gründen an, ihn „national" und nicht „liberal" zu akzentuieren, weil in der protestantischen Bevölkerung ein starkes konservatives Element vorhanden war.

Das Moment der strategischen Entscheidung seitens politischer Eliten so stark zu betonen, heißt in vielen Fällen sicherlich, die Prozesse rationaler darzustellen als sie waren. Manches verlief in der Tat „naturwüchsiger" und „zufälliger" und entsprang weniger dem rationalen Kalkül von Eliten. Entscheidend ist jedoch die Grundeinsicht, daß die Parteien und Cleavage-Systeme, die sich in den 1870er Jahren auf regionaler Ebene etablierten, keineswegs als zwangsläufiges Ergebnis der in einer Region vorhandenen strukturellen und kulturellen Gegebenheiten begriffen werden können.

Es gibt viele Möglichkeiten zur Klassifizierung der auf regionaler Ebene entstandenen Parteisysteme. Grob gesprochen könnte man zwischen regionalistischen, regionalspezifischen und regional angepaßten Parteien- und Cleavage-Systemen unterscheiden. Ein regionalistisches Parteien- und Cleavage-System setzt die Existenz einer tatsächlich oder vermeintlich regionalistischen/separatistischen Partei voraus, gegen die sich dann ein zumeist durch den Nationalliberalismus, gegebenenfalls auch durch die Freikonservativen repräsentiertes „nationales" oder „reichstreues" Lager formiert. Diese Cleavage-Struktur kann es nicht nur in Wahlkreisen mit mehrheitlich nichtdeutscher Bevölkerung oder in den einstigen welfischen Landen[14] geben, sondern grundsätzlich auch, wie das oben erwähnte Essener Beispiel zeigt, in einigen Wahlkreisen, in denen, sei es aus

---

[14] Vgl. Hans-Georg *Aschoff:* Welfische Bewegung und politischer Katholizismus 1866-1918, Düsseldorf 1987.

Überzeugung, sei es aus taktischem Kalkül, der politische Katholizismus als potentiell separatistische Bewegung präsentiert wird.

Als regionalspezifisches Parteien- und Cleavages-System, dessen Ursache und Auslöser sowohl regionsinterne als auch regionsexterne Faktoren sein konnten, wäre ein Parteiensystem zu bezeichnen, das nur Teile des auf der zentralinstanzlichen Ebene vorhandenen Parteien- und Cleavage-Systems regional abbildete und somit regionalspezifische politische Optionen anbot. Als regional angepaßte Parteiensysteme wären Parteiensysteme zu begreifen, in denen die reichsweit operierenden Parteien zwar die auf zentralinstanzlicher Ebene vorhandenen politischen Optionen anboten, aber eben in einer regional angepaßten Art und Weise. Konkret heißt das, daß Parteien neben ihrem Reichscharakter auch einen Regionalcharakter besaßen, der zumindest bei den Liberalen gegebenenfalls so stark entwickelt war, daß sich die Frage der Identität der Partei im Raum ernsthaft stellte.

Die Sinnbezüge, die sich mit dem Votum für eine reichsweit operierende Partei verbanden, konnten deshalb nicht nur individuell, sondern regional sehr stark variieren. Hinter einem Votum für die Liberalen konnte sich beispielsweise primär ein anti-katholisches, ein anti-sozialistisches, ein nationalistisches oder auch ein im engeren Sinne liberales Votum verbergen. So extrem wie bei den Liberalen war die regionale Variationsbreite von Sinn bei einem Votum für die anderen Parteien in der Regel nicht. Aber selbst bei der Sozialdemokratie, die sich funktional gesehen mit einigem Recht als einzige wahrhaft nationale Partei begreifen konnte, ist die Frage nach der Identität der Partei im Raum, blickt man auf Kernklientel und über Agitationsverhalten faßbare ideologische Sinndimension, eine nicht von vornherein müßige und abwegige Frage.[15]

Blickt man auf diese Fülle regionaler Variationsmöglichkeiten, dann wird deutlich, was es heißt, wenn man mit Blick auf das Kaiserreich von einem System regional verankerter Milieuparteien spricht. Ob diese regionalkulturellen Unterschiede längerfristig eher betont oder abgemildert wurden, ist eine keineswegs leicht zu beantwortende Frage. Einerseits ist mit Blick auf die Zunahme der Zählkandidaturen, die Nationalisierung der Wahlkampfthemen und die abnehmenden Vorsprünge der jeweils stärksten Parteien in den einzelnen Regionen von einer wachsenden Nationalisierung der politischen Arena gesprochen worden[16]. Umgekehrt ist die nicht abnehmende sondern eher wachsende regionale Segmentierung der parlamentarischen Führungsgruppen überzeugend herausgearbeitet worden.[17] Festzuhalten ist in jedem Falle, daß die

---

[15] Karl *Rohe* u.a.: Politische Gesellschaft und politische Kultur an der Ruhr 1848/49-1987.

[16] Stefan *Immerfall*/Peter *Steinbach:* Politisierung und Nationalisierung deutscher Regionen im Kaiserreich, in: Dirk Berg-Schlosser/Jakob Schissler (Hrsg.): Politische Kultur in Deutschland. Bilanz und Perspektiven der Forschung, Opladen 1987, S. 68-79.

[17] Heinrich *Best:* Politische Modernisierung und parlamentarische Führungsgruppen in Deutschland 1867-1918, in: Historische Sozialforschung 13 (1988), S. 5-75.

Unterschiede regionaler politischer Kultur zur Zeit des Kaiserreichs nicht einfach verschwanden und daß die regionsspezifischen Konfliktlinien im Zeitalter der Massenpolitisierung oft nicht nur nicht zurückgedrängt, sondern erheblich akzentuiert wurden.

Das ist von einer politisch-kulturellen Fragestellung her deshalb von so großer Bedeutung, weil daraus als begründete Vermutung folgt, daß die politischen Hauptspannungslinien in Deutschland regional sehr unterschiedlich kulturell internalisiert worden sind. Darin dürfte in der Tat die primäre kulturelle Langfristwirkung der hochgradig regionalisierten Parteiensysteme des Kaiserreichs liegen, daß politische Freund-Feind-Bezüge und politische Selbst- und Fremdidentifikationen regional unterschiedlich auskristallisiert und symbolisiert worden sind. Das ist beispielsweise für eine Erklärung der regional und lokal unterschiedlichen Wahlerfolge der Nationalsozialisten nicht ganz ohne Belang, dürfte aber auch, so will es scheinen, selbst für das Verständnis einiger bundesrepublikanischer Vorgänge nicht ganz ohne Bedeutung sein.

Der zweite Aspekt, der aus einer politisch-kulturellen Perspektive wichtig ist, ist die jahrzehntelange vorrangige politische Prägung von Landschaften durch ein politisches Lager. Dreierlei ist dazu anzumerken. Unter dem Gesichtspunkt langfristiger kultureller Prägungen geht es nicht um Parteienidentifikation, sondern, unabhängig von der Frage späterer politischer Besetzungen, um die Prägung von politischen Mentalitäten, Ideologien und Verhaltensformen in unterschiedlichen Regionen. In gewisser Weise gilt ja der Satz, daß die deutschen Parteien das, was sie machtpolitisch entbehrten, politisch-kulturell kompensierten. Ihre systembedingte Unfähigkeit zur politischen Patronage, die, nebenbei gesagt, einer der Gründe für die regionale Fragmentierung ihrer parlamentarischen Führungsgruppen war, akzentuierte ihren Weltanschauungscharakter. Und eben das legt es nahe, sie als kulturprägende Institutionen sui generis neben und eventuell gegen staatliche Institutionen ernst zu nehmen, ernster zu nehmen jedenfalls, als das in der Vergangenheit zumeist der Fall gewesen ist. Das gilt natürlich insbesondere für das Zentrum und für die Sozialdemokratie, oder besser: für das katholische Lager und das sozialistische Lager, wobei in letzterem unter dem Gesichtspunkt langfristiger kultureller Prägungen der Sozialdemokratie in der Regel eine weitaus größere Bedeutung zukommt als den Kommunisten. Zwar muß man realistisch sehen, daß zwischen der Sozialdemokratie als Wahlbewegung und der Sozialdemokratie als Kulturbewegung eine nicht unerhebliche Diskrepanz existierte[18]; dennoch muß man festhalten, daß über die katholischen und sozialistischen Teilkulturen/Subkulturen mit ihren reich ausdifferenzierten Organisations- und Kommunikationssystemen politische Weltbilder und politische Verhaltenskulturen, aber auch politische Ausdrucksformen in verschiedenen Regionen nachhaltig geprägt worden sind.

---

[18] Vgl. Karl *Rohe:* Die Ruhrgebietssozialdemokratie im wilhelminischen Kaiserreich und ihr politischer und kultureller Kontext, in: Gerhard A. Ritter (Hrsg.): Der Aufstieg der sozialistischen Arbeiterorganisationen zur Massenbewegung im deutschen Kaiserreich, München 1990.

3. Regionalität und regionale politische Kultur — heute

Ist nun das, was als historisch-politische Regionalkultur für das Kaiserreich mit einiger Plausibilität nachgezeichnet wurde, in der Bundesrepublik zu einem bloßen „Überhangphänomen" geworden? Handelt es sich also, um es mit dem Titel eines bekannten Buches von Laslett zu sagen, um eine „world we have lost"?[19] Darauf lief im Kern die bekannte These von Lepsius hinaus[20]; auch die Untersuchungen von Naßmacher[21] haben an dieser Perspektive Grundsätzliches nicht geändert, obwohl sie überzeugend nachgewiesen haben, daß die alten regional verankerten Milieuparteien, wenngleich in geschrumpfter Form, nach 1945 noch einmal wieder entstanden sind und zumindest bis in die 1960er Jahre hinein existiert haben.

Der erste Anschein und nicht zuletzt der Kontrast zur politischen Gesellschaft des Kaiserreichs legen eine solche Schlußfolgerung nahe. Regionale Parteien, die nur in einer Region auftraten und spezifisch regionale Interessen gegenüber zentralinstanzlichen Systemen vertraten, sind, von der großen Ausnahme CSU abgesehen, praktisch ohne Bedeutung. Gleiches gilt für den umgekehrten Fall, daß nämlich reichsweit operierende Parteien regional überhaupt nicht präsent sind. Der Kontrast zum Kaiserreich könnte nicht größer sein.

Bereits die Weimarer Republik hatte, auch eine Folge des konsequenten Verhältniswahlrechts, zur Entregionalisierung der politischen Gesellschaft und politischen Kultur in Deutschland beigetragen. Das steht nicht im Widerspruch zur behaupteten starken Fragmentierung der Weimarer politischen Kultur[22], die möglicherweise gerade auch darauf zurückzuführen ist, daß die traditionellen regional, sozial und konfessionell verankerten Lebensweisen als Folge des Ersten Weltkriegs und der mit ihm verbundenen gesellschaftlichen Erschütterungen stark abgeschliffen worden waren[23]. Die nationalsozialistische Ära hatte dann diesen Trend verstärkt, auch wenn man sehen muß, daß sie sich regional unterschiedlich auf Erhalt und Erosion regionaler Milieus ausgewirkt hat.

---

[19] Peter *Laslett:* The World we have lost, 2. Aufl. London etc. 1973.

[20] Rainer M. *Lepsius:* Parteiensystem und Sozialstruktur. Zum Problem der Demokratisierung der deutschen Gesellschaft, in: W. Abel u. a. (Hrsg.): Wirtschaft, Geschichte und Wirtschaftsgeschichte. Festschrift zum 65. Geburtstag von F. Lütge, Stuttgart 1966, S. 371-393.

[21] Karl-Heinz *Naßmacher:* Verfall einer liberalen Subkultur — Kontinuität und Wandel des Parteiensystems in der Region Oldenburg, in: Herbert Kühr (Hrsg.): Vom Milieu zur Volkspartei. Funktionen und Wandlungen der Parteien im kommunalen und regionalen Bereich, Königstein/Ts. 1979, S. 29-134.

[22] Detlef *Lehnert*/Klaus *Megerle:* Identitäts- und Konsensprobleme in einer fragmentierten Gesellschaft. Zur Politischen Kultur in der Weimarer Republik, in: Dirk Berg-Schlosser u. a. (Hrsg.): Politische Kultur in Deutschland. Bilanz und Perspektiven der Forschung, Opladen 1987, S. 80-95

[23] Karl *Rohe:* Das Parteisystem in den preußischen Westprovinzen und in Lippe-Detmold 1877-1933, in: Ulrich von Alemann (Hrsg.): Parteien und Wahlen in Nordrhein-Westfalen, Köln u. a. 1985, S. 22-47, hier S. 33.

Ländliche und periphere regionale Milieus, die sich vorrangig lebensweltlich reproduzierten und weniger auf organisatorische Stützung angewiesen waren, hatten eine weitaus höhere Chance des Überlebens als Großstadtmilieus. Der Großtrend ist jedoch unverkennbar. Obwohl auf Grund der spezifischen Kommunikationsbedingungen unmittelbar nach 1945 lokalen und regionalen Eliten bei der Neugründung der deutschen Parteien eine konstitutive Rolle zukam,[24] wird man generell feststellen können, daß durch die weitere Entwicklung der Bundesrepublik Deregionalisierungstendenzen auf der Ebene der politischen Parteien und der politischen Kultur erheblich verstärkt wurden. Der Kontrast zur politischen Gesellschaft des Kaiserreichs ist evident. Während man für das Kaiserreich feststellen muß, daß es sich bei nationalen Wahlen der Substanz nach oft um regional/lokale Wahlen handelte, hat man mit einiger Berechtigung für die Bundesrepublik die gegenteilige These aufgestellt[25].

Es sind freilich, vom Sonderfall Bayern einmal ganz abgesehen, einige nicht unwesentliche Korrekturen an dem bisher bezeichneten Bild anzubringen. Die erfolgreichste parteipolitische Neugründung der Bundesrepublik, nämlich die CDU, war lange Jahre im Kern nichts anderes als eine Sammlungsbewegung alter regionaler Milieus, die politisch oft sehr unterschiedlicher Herkunft waren. Das zeigt sich etwa daran, daß sie einerseits als Nachfolgepartei des Zentrums auf Milieus aufruhte, die in der Endphase der Weimarer Republik die höchste Resistenz gegenüber der NSDAP an den Tag gelegt hatten[26], andererseits aber in protestantischen Landschaften wie Schleswig-Holstein[27] von ihrer milieuhaften Verankerung fast so etwas wie eine Nachfolgepartei der NSDAP, oder genauer: eine Nachfolgepartei des zeitweilig durch die NSDAP besetzten bürgerlich-nationalen Lagers darstellte. Die CDU der Anfangsjahre besaß also neben ihrem „Bundescharakter" stets auch einen ausgeprägten „Regionalcharakter"; und vielleicht lag ein Stück ihres Erfolges gerade darin, daß sie unter der freilich exzeptionellen Kanzlerschaft Adenauers gemeinsames politisches Handeln garantierte, ohne es mit einem Identitätsverlust für die in die CDU eingesammelten regionalen Milieus bezahlen zu müssen.

---

[24] Vgl. Dieter *Hein:* Zwischen Milieupartei und nationaler Sammlungsbewegung. Gründung, Entwicklung und Struktur der Freien Demokratischen Partei 1945-1949, Düsseldorf 1985.

[25] Paul *Kevenhörster:* Parallelen und Divergenzen zwischen gesamtsystemarem und kommunalem Wahlverhalten, in: Horst Kanitz (Red.): Kommunales Wahlverhalten, Bonn 1976, S. 241-283.

[26] Jürgen W. *Falter*/Hartmut *Bömermann:* Die Stärke der politischen Teilkulturen bei Wahlen und ihre Veränderung 1920-1933, in: Detlef Lehnert/Klaus Megerle (Hrsg.): Politische Identität und politische Gedenktage. Zur politischen Kultur der Weimarer Republik, Opladen 1989, S. 281-305.

[27] Heinz *Sahner:* Politische Traditon, Sozialstruktur und Parteiensystem in Schleswig-Holstein. Ein Beitrag zur Replikation von Rudolf Heberles: Landbevölkerung und Nationalsozialismus, Meisenheim a.G. 1972.

Teile dieser traditionellen Milieus ragen ohne Zweifel bis in die Gegenwart unserer heutigen Parteienlandschaft hinein. So stromlinienförmig sind unsere modernen Volksparteien/Apparateparteien nicht gebaut. Sie sammeln nach wie vor nicht nur isolierte Individuen, sondern auch milieuhaft verdichtete Vergemeinschaftungen ein. Allerdings ist Milieu ganz ohne Zweifel nicht mehr der dominante Nexus der Verbindung zwischen Parteien und Wählerschaften, obwohl es auch nach 1945 vereinzelt noch zu erfolgreichen Milieuneubildungen auf regionaler Grundlage gekommen ist. Ein Musterbeispiel dafür dürfte die Ruhrgebiets-Sozialdemokratie sein. Der Zerfall des an der Ruhr traditionsreichen nationalen Lagers, der Niedergang und das Verbot der hier einst äußerst starken KPD, die durch die NS-Zeit bedingte Schrumpfung und spätere parteipolitische Öffnung des ebenso traditionsreichen katholischen Lagers sowie das Einströmen von Vertriebenen und Neubergleuten in das Ruhrgebiet hatten nach 1945 eine neue Konstellation geschaffen, die von der regionalen SPD zur Neuformation eines um Gewerkschaften, Großbetriebe und kommunale Institutionen zentrierten politisch-sozialen Milieus erfolgreich genutzt wurde.

Bewußt wird von Milieu und nicht bloß von einer gewerkschaftlich abgestützen Gesellschafts- und Wirtschaftsideologie gesprochen, um damit auszudrücken, daß es zumindest in so erheblichem Umfang, daß dadurch politisch-kulturelle Maßstäbe gesetzt wurden, zur Ausbildung einer neuen, auch verhaltensmäßig ausgeprägten, nicht obrigkeitsstaatlichen, aber klientelistischen politischen Kultur kam, die mehr unbewußt als bewußt neben sozialistischen Traditionen politische Bewußtseinsinhalte, Ideologiefragmente, Politikvermittlungsformen und historische Versatzstücke von politisch-sozialen Milieus in sich aufnahm, die einst außerhalb der sozialistischen Tradition im Ruhrgebiet existiert hatten. Ein intertemporaler Vergleich der politischen Sprache und der politischen Vermittlungsformen würde vermutlich sogar ergeben, daß die heutige Ruhrgebiets-Sozialdemokratie in mancherlei Hinsicht mehr Gemeinsamkeiten mit nichtsozialistischen Parteien, beispielsweise mit dem Vorkriegszentrum, aufweist als mit der Vorkriegssozialdemokratie. In der Tat wäre wohl ein herkömmliches sozialistisches Milieu trotz gewandelter Mentalitäten auch nach 1945 an der Ruhr niemals hegemoniefähig gewesen.

Das Ruhrgebietsbeispiel wirft noch einmal in verdichteter Form die bereits eingangs angesprochene Frage nach „Tradition" und „Erbe" auf. Der bewußte Bezug auf als wertvoll reflektierte politische Traditionen und die ebenso bewußte Distanzierung von anderen politischen Traditionen ist ja stets nur die eine Seite der Medaille, die man gewiß nicht einfach als „Überbauphänomen" ideologiekritisch abtun darf, eben weil „Weltbilder" auch durch „Ideen" geformt werden und weil deutsche Parteien, allen voran die SPD, sich stets auch als „Zivilisationsagenturen" verstanden haben. Die andere, häufig übersehene Seite der Medaille ist jedoch die über folkloristische Versatzstücke weit hinausgehende bewußt/unbewußte Anpassung von politischen Parteien an als „Erbe" regional unterschiedlich vorgefundene politische Kulturen.

Daß diese Frage oft mit einem gewissen Tabu versehen ist, mag seinen Grund darin haben, daß Parteien (vor allem mit Blick auf die NS-Zeit) fürchten, einige aus der Art geschlagene Verwandte zu entdecken. Tatsächlich dürften jedoch die historischen Leichen, wenn es denn welche sind, einigermaßen gleichmäßig, regional freilich stark variierend, auf die politischen Parteien verteilt sein.[28] Entscheidender dürfte jedoch sein, daß diese Anpassungsvorgänge regionalen Eliten oft gar nicht bewußt und häufig nicht einmal bewußt zu machen sind, allenfalls auf einer vordergründigen Ebene, beispielsweise als Frage, wieviel ehemalige SS-Mitglieder die SPD- oder CDU-Ratsfraktionen in ihren Reihen haben.

Tatsächlich dürfte jedoch dieser vernachlässigte „Erbe-Aspekt" von großer Bedeutung sein, wenn man regionalen Erfolgen und Mißerfolgen politischer Parteien auf die Spur kommen will. Die Frage enthält freilich viele Facetten und ist deshalb empirisch nicht eben leicht in den Griff zu bekommen, nicht zuletzt weil Regionalität potentiell in der jeweils abhängigen und unabhängigen Variable steckt. Man kann sich Fälle vorstellen, in denen zwischen regionalen politischen Kulturen, die freilich — und das blieb bislang ein wenig unterbelichtet — wie alle politischen Kulturen dem Wandel unterliegen und nicht einfach mit regionalen Traditionsbeständen gleichzusetzen sind, und dem „allgemeinen Charakter" einer Partei eine fast perfekte Übereinstimmung besteht, sowie man umgekehrt genauso mit Fällen rechnen muß, in denen Regionalkulturen sich in Parteien, mit denen sie zeitweilig eine „politische Koalition" eingegangen sind, nicht mehr „wiedererkennen" können. National operierende Parteien fallen gleichsam aus der regionalen politischen Kultur heraus oder bleiben auf einen an Auszehrung- und Bedeutungsverlust leidenden Teilsektor derselben beschränkt. Dafür ließen sich zumindest illustrativ viele Beispiele anführen.

In beiden Fällen wurde unterstellt, daß die Parteien selbst kein ausgeprägtes „regionales Profil" besitzen. Es kann jedoch auch so sein, daß Parteien neben ihrem „Bundescharakter" zusätzlich, sei es mehr bewußt oder mehr unbewußt, einen deutlichen „Regionalcharakter" entwickelt haben, der gerade in kritischen Zeiten als Puffer wirkt und das eigentliche Geheimnis einer dauerhaften und affektiv verankerten regionalen Verwurzelung darstellt. Und umgekehrt dürfte das eigentliche parteipolitische Elend erst dort bestehen, wo eine wie immer bedingte und verursachte politische „Entfremdung" zwischen einer Bundespartei und Teilen ihrer regional verankerten Kernklientel regional nicht mehr aufgefangen werden kann.

---

[28] Ebda; *Naßmacher:* a.a.O.; Gerd *Mielke:* Sozialer Wandel und politische Dominanz in Baden-Württemberg. Eine politikwissenschaftlich-statistische Analyse des Zusammenhangs von Sozialstruktur und Wahlverhalten in einer ländlichen Region, Berlin 1987, S. 114; Karl *Rohe:* Political Alignments and Re-Alignments in the Ruhr 1867-1987. Continuity and Change of Political Traditions in an Industrial Region, in: ders.: Elections, Parties and Political Traditions in Germany 1867-1987, Oxford etc. 1990.

Diese Überlegungen hängen freilich an einigen Prämissen, die nicht selbstverständlich, zum Teil vielleicht sogar eher fragwürdig sind. Gibt es überhaupt (und dann in welcher Form) noch politische Kultur im Sinne langfristig aufrechterhaltender Überzeugungssysteme und Verhaltensmuster, oder ist politische Kultur durch so etwas wie politische Mode abgelöst worden; und falls es sie in einem politisch bedeutungsvollen Sinne noch gibt, gibt es sie dann noch in regionalisierter Form?

Die zuerst gestellte Frage ist zu global, als daß sie hier umfassend aufgegriffen werden könnte. Nur so viel: Die gegenwärtige Popularität des Kulturbegriffs und insbesondere des Terminus politische Kultur muß in der Tat wohl in erster Linie als Mängelindikator gesehen werden. Erosionsprozesse von politischer Kultur schließen jedoch Kulturneubildungsprozesse nicht aus. Im alternativen Feld des politischen Spektrums, aber nicht nur dort, sind solche Prozesse ja unübersehbar. Und das gelegentlich überbordende Reden über politische Kultur scheint zumindest anzudeuten, daß der Mangel noch als Mangel empfunden wird.

Die zweite selbstgestellte Frage, nämlich die Frage nach der Regionalität und Regionalisierbarkeit von politischer Kultur, verlangt eine zweigeteilte Antwort. Auf der einen Seite kann nicht übersehen werden, daß die traditionelle regionale politische Kultur, salopp formuliert, auch nicht mehr das ist, was sie einstmals gewesen ist. Es haben ohne jeden Zweifel Deregionalisierungsprozesse politischer Kultur stattgefunden. Auf der anderen Seite sprechen theoretische Überlegungen und auch einige empirische Befunde dafür, daß langfristige politische Hegemonien einer politischen Partei in einem politischen Raum, mag es sich dabei um Bundesländer oder Kommunen handeln, ähnlich wie einst im Kaiserreich trotz veränderter Kommunikationsbedingungen kulturprägend wirken. Das auf den ersten Blick etwas aufgesetzt und künstlich wirkende Identitätssuchen der meisten Bundesländer, bei denen namentlich in Nordrhein-Westfalen stets Bayern als unausgesprochenes Vorbild figuriert, hat möglicherweise doch mehr an politischer Substanz hinter sich, als man zunächst vermuten möchte. Neben politischen Kontexten[29] könnte für einen solchen neuen politischen Regionalismus die Tatsache bedeutsam werden, daß je mehr eine traditionelle von räumlichen Bedingungen weitgehend abstrahierende Sozialpolitik des Allgemeinen durch eine raumgebundene Sozialpolitik des Besonderen[30] abgelöst wird, sozialräumlich zu definierende gesellschaftliche Lagen tendenziell auf Kosten sozioökonomisch zu definierender Lagen wichtiger werden. Verkürzt formuliert: Wichtiger als die Tatsache, ob man Arbeiter oder Angestellter ist, könnte es unter dem Gesichtspunkt von Lebenschancen werden, ob man in Schleswig-Holstein oder Baden-Württemberg, oder ob man in der Gemeinde X oder in der Gemeinde Y wohnt. Solche sozialräumlich zu definierenden

---

[29] Vgl. *Mielke:* a.a.O.
[30] Vgl. Roman *Schnur:* Politische Entscheidung und räumliche Interessen, in: Die Verwaltung 3 (1970), S. 257–281.

Interessenlagen haben in der Vergangenheit in Zusammenhang mit regionalistischen Bewegungen oft eine wichtige Rolle gespielt. Stets hat es nicht nur herrschende Klassen, sondern auch herrschende Räume gegeben. Das nicht nur Neue, sondern Neuartige der oben skizzierten Phänomene würde allerdings darin bestehen, daß räumliche Besonderheiten und damit verknüpfte Interessen und Identitäten nicht ein politisches „Überhangsphänomen" wären, sondern sich gerade als Konsequenz einer fortschreitenden Fundamentalpolitisierung ergäben.

Es gibt also gesellschaftliche und politische Anknüpfungspunkte für die Ausbildung neuer regionaler politischer Kulturen, vor allem wenn man bedenkt, daß politische Kulturen und politische Traditionen bis zu einem gewissen Grad stets auch von politischen Eliten politisch „gemacht" und „erfunden" werden können. Freilich nur bis zu einem gewissen Grad. Politische Eliten machen zwar, um einen Satz von Marx zu variieren, ihre politischen Kulturen selbst[31], aber sie machen sie nicht aus freien Stücken, sondern auf der Grundlage der in einem Raum vorgefundenen kulturellen Ausstattungen. Und dabei mag sich herausstellen, daß von den traditionellen Regionalkulturen vielleicht doch noch mehr überlebt hat als auf den ersten Blick sichtbar wird.

Dabei ist nicht in erster Linie an regionale Identitäten, sondern an tiefer liegende und zumeist unbewußte kognitive, normative und ästhetische Maximen zur Wahrnehmung und Beurteilung der politischen Welt, also an Grundverständnisse von Staat und Gesellschaft zu denken, die — so die Annahme, die einmal genauer zu prüfen wäre — als Resultat jahrzehntelanger Prägung durch „politischen Konfessionalismus"[32] unterschiedlichster Spielart in gleichsam säkularisierter Form abgelagert worden sind, ohne daß die katholischen, protestantischen oder sozialistischen Ursprünge noch ohne weiteres erkennbar sind. Man muß extrem unsensibel sein, wenn man beispielsweise nicht sieht, daß die katholisch-barocke Prägung Bayerns oder präziser: großer Teile Bayerns eine andere politische Ästhetik hervorgebracht hat als in norddeutschen und westdeutschen Landen. Darin lag, so will es scheinen, ein gutteil der regional unterschiedlichen Perzeption und Bewertung einer politischen Gestalt wie Franz-Josef Strauß begründet. Des weiteren ist ernsthaft zu fragen, ob das weitgehende Fehlen einer staatsidealistischen Tradition in der historischen Teilkultur des deutschen Katholizismus in den durch den Katholizismus geprägten Landschaften wirklich keine kulturellen Spuren hinterlassen hat. Deutsche Katholiken und Protestanten, soweit sie den jeweiligen konfessionell

---

[31] Eric *Hobsbawm* / Terence *Ranger* (Hrsg.): The Invention of Tradition, Cambridge etc. 1983; Alf *Mintzel:* Besonderheiten der politischen Kultur Bayerns — Facetten und Etappen einer politisch-kulturellen Homogenisierung, in: Dirk Berg-Schlosser/Jakob Schissler (Hrsg.): Politische Kultur in Deutschland. Bilanz und Perspektiven der Forschung, Opladen 1987, S. 295-308.

[32] Zum Begriff vgl. Walter D. *Burnham:* Political Immunization and Political Confessionalism. The United States and Weimar Germany, in: Journal of Interdisciplinary History 3 (1972), S. 1-30.

geprägten Kulturen angehörten, unterschieden sich ja nicht nur in ihren konkreten Einstellungen zum Hohenzollernreich oder zur Weimarer Republik, sondern in ihrer Einstellung zum Staat überhaupt. Darauf spielte Josef Göbbels an, wenn er am 11. 3. 1937 in seinem Tagebuch notierte: „Die Katholiken sind immer Gegner der Macht des Staates. Das müssen sie sein kraft ihres Glaubens."

Das alles mag für die Wahl einer der beiden deutschen Großparteien heute keine Rolle mehr spielen, obwohl man vielleicht doch noch einmal sorgfältig über Katholizismus und Protestantismus als (politische) Kultur nachdenken müßte, um das nach wie vor und — so die Prognose — auch künftighin unterschiedliche Wahlverhalten von Katholiken und Protestanten in Deutschland zu verstehen und zu erklären. Ein solches Wissen dürfte jedoch von erheblicher Bedeutung sein, wenn es um die Identifizierung von möglichen parteipolitischen Bruchstellen und möglichen künftigen Verwerfungslinien in der politischen Kultur der Bundesrepublik geht. Darauf zielt wohl auch die nachdenkliche Bemerkung von Richard Löwenthal, daß die Bundesrepublik, kulturell gesehen, eine Mischung aus „westlich-abendländischen, zugleich überwiegend katholischen, und nicht-westeuropäischen, zugleich weitgehend protestantischen Elementen" darstellt.[33]

---

[33] Richard *Löwenthal:* Bonn und Weimar: Zwei deutsche Demokratien, in: Heinrich August Winkler (Hrsg.): Politische Weichenstellungen im Nachkriegsdeutschland 1945-1953, Göttingen 1979, S. 9-25.

Politische Regionen in Deutschland: Historische (Dis-)Kontinuitäten

Von *Heinrich Best*

1. Warum politische Regionen entstehen und überdauern: normative und strukturelle Erklärungen

Auf die Frage, wie räumliche Differenzierungen politischer Orientierungen und Verhaltensweisen zu erklären sind, gibt es eine mit dem Anspruch der herrschenden Lehrmeinung vorgetragene Antwort: Diese Unterschiede seien das Ergebnis historisch geprägter Bewußtseinsformen und Wahrnehmungsmuster, als solche „vorrational", in tieferen mentalen Schichten verankert als Interessenkalküle und selbst religiöse Glaubenssysteme. Von der „Verstrickung" der Menschen in ihren „historischen Landschaften" ist da die Rede, wobei die Begriffe „historische" und „politische Landschaft" wie selbstverständlich als Synonyme gebraucht, „historische Besonderheiten" und „räumliche Vielfalt" zu wechselseitig austauschbaren ontogenetischen Kategorien erhoben werden.[1] Doch kann man regionale Unterschiede politischer Orientierungen tatsächlich nur „historisch erklären"? Von den systematischen Sozialwissenschaften erhalten wir dazu auch andere Antworten, die ohne den Verweis auf historisch-politische Traditionen auskommen.

---

[1] Vgl. etwa Hans-Georg *Wehling:* Regionale politische Kultur in der Bundesrepublik Deutschland, in: Regionale politische Kultur, hrsg. v. d. Landeszentrale für politische Bildung Baden-Württemberg, Stuttgart u. a. 1985, S. 10-14; zum synonymen Gebrauch von „historischer" und „politischer Landschaft" vgl. Heinz *Gollwitzer:* Die politische Landschaft in der deutschen Geschichte des 19./20. Jahrhunderts. Eine Skizze zum deutschen Regionalismus, in: Zeitschrift für bayerische Landesgeschichte 27 (1964), S. 524 u. ö. Vgl. auch Karl-Georg *Faber:* Was ist eine Geschichtslandschaft?, in: Festschrift Ludwig Petry, Teil 1 (Veröffentlichungen des Instituts für geschichtliche Landeskunde an der Universität Mainz, Bd. V), Wiesbaden 1968, S. 1-28; zur neueren Diskussion vgl. u. a. Peter *Steinbach:* Zur Diskussion über den Begriff „Region" — eine Grundsatzfrage der modernen Landesgeschichte, in: Hessisches Jahrbuch für Landesgeschichte 31 (1981), S. 185-210; Jürgen *Kocka:* Fecondità e complessità del concetto di spazio come categoria storiografica, in: Franco Andreucci u. Alessandro Pessarolo: Gli spazi del potere, Florenz 1989, S. 225-229; Otto *Dann:* Die Region als Gegenstand der Geschichtswissenschaft, in: Archiv für Sozialgeschichte 23 (1983), S. 652-661 und die Beiträge in Carl-Hans *Hauptmeyer* (Hrsg.): Landesgeschichte heute, Göttingen 1987 (darin eine nützliche Bibliographie). Kritisch gegenüber den „Mythen und Tautologien" einer mentalitätsgeschichtlich orientierten Regionalgeschichte jüngst Eike *Hennig:* Das sozialmoralische Milieu und seine Ausgestaltung vor Ort: Die historische Wahlanalyse kleiner Gemeinden und Stimmbezirke, in: Heinrich Best (Hrsg.): Politik und Milieu. Wahl- und Elitenforschung im historischen und interkulturellen Vergleich, St. Katharinen 1989, S. 119-154.

In einer kürzlich veröffentlichten Untersuchung über die sozialen Grundlagen des politischen Regionalismus in Frankreich zwischen 1849 und 1981 hat William Brustein eine hier nützliche Unterscheidung eingeführt: Konzepte, die auf „historisch gewachsene" und überformte Werte, Weltbilder und kollektive Erinnerungen rekurrieren, bezeichnet er als „normative Erklärungen". Regionale Lebenswelten werden dabei als Sozialisationsgemeinschaften aufgefaßt, in denen sich spezifische Identitäten und Verhaltensdispositionen ausbilden und über lange Zeit erhalten. W. Brustein grenzt davon „strukturelle Erklärungen" ab, in denen regionale Unterschiede politischer Orientierungen und Loyalitäten lediglich „Epiphänomene" tieferliegender Disparitäten der Wirtschaftsformen und sozialen (Macht-)Ordnungen sind. In seinem breiten Literaturüberblick erweist sich allerdings, daß in Untersuchungen zur politischen Regionalgeschichte Frankreichs beide Konzepte häufig miteinander verbunden werden, wobei die Entstehung regionaler Unterschiede typisch strukturell, ihr Überdauern aber normativ gedeutet wird.[2]

W. Brustein selbst erklärt dagegen die ausgeprägten und in ihrem territorialen Grundmuster seit mindestens 130 Jahren beständigen Hochburgen der Rechten und der Linken in Frankreich durch eine „Theorie regionaler Produktionsweisen": Die räumliche Verteilung der Wählerbasis beider Lager ist danach auf materielle Interessengegensätze zurückzuführen. Dort, wo eine marktorientierte Landwirtschaft von Kleinbesitzern mit einer hohen Bevölkerungsdichte und der Abwesenheit traditionaler Eliten koinzidiere, werde die Linke begünstigt, dort, wo eine subsistenzwirtschaftliche Produktion durch Voll- und Halbpächter mit geringer Bevölkerungskonzentration und der Anwesenheit traditionaler Eliten verbunden sei, die Rechte. Die erste Konstellation überwiege in den französischen Mittelmeerregionen, die zweite im Westen Frankreichs, der Bretagne und den angrenzenden Departments. Gegenüber normativen und mentalistischen Konzepten, wie sie vor allem durch Historiker vertreten werden, nimmt Brustein eine streng nutzentheoretische Position ein: Die Wahlentscheidung werde durch rationale Interessenkalküle bestimmt, die Bindung zwischen Wählergruppen und politischen Parteien — in Frankreich besser: „Tendenzen" — bleibe so lange erhalten, wie beide Seiten durch den Mechanismus der Interessenrepräsentation miteinander verknüpft seien.[3]

Das in den historischen Wahlanalysen notorische Aggregationsproblem „löst" W. Brustein theoretisch, indem er die „regionale Produktionsweise" als sozialstrukturellen Kontext einführt, der auch den Bezugsrahmen für die politischen Präferenzen derjenigen Wähler setzt, die nicht dem Kreis der

---

[2] The Social Origins of Political Regionalism. France, 1849-1981, Berkeley u. a. 1988, S. 7-25; vgl. auch ders.: French Political Regionalism, 1849-1978, in: Michael Hechter (Hrsg.): The Microfoundations of Macrosociology, Philadelphia 1983, S. 115-158. Den besten Überblick sozialwissenschaftlicher Ansätze zur Erforschung des politischen Regionalismus geben noch immer Peter J. *Taylor* und R. J. *Johnston*: Geography of Elections, New York u. a. 1979.

[3] *Brustein*, 1988, S. 26-32 und 123-173.

unmittelbar Interessierten angehören. „Region" wird in diesem Erklärungsgang ohne Bezug auf mentalistische und normative Argumente in ein Ensemble von Gruppenkompositionseffekten aufgelöst, die sich technisch definieren lassen als Kontextmerkmale, die individuelles Verhalten beeinflussen, auch wenn die entsprechenden Individualmerkmale konstant gehalten werden.[4] Bedauerlich ist nur, daß dieser Teil von Brusteins Argument implizit bleibt und vor allem, daß er sich der empirischen Überprüfung entzieht, denn zu einer Identifikation von Kontexteffekten bedarf es Individualdaten, über die die historische Wahlforschung in aller Regel aber nicht verfügt.

Während in „strukturellen Erklärungen" Regionen immerhin noch als Rahmen spezifischer Ausformungen sozialer Beziehungsmuster, im Fall W. Brusteins etwa von „Produktionsweisen", eine eigenständige Bedeutung haben, erweisen sich regionale Unterschiede in vielen Untersuchungen der empirischen Sozialforschung sogar nur als Artefakte der Aggregation bestimmter Individualmerkmale: Der Einfluß des Merkmals „Region" verschwindet bei einer Kontrolle einer oder mehrerer Drittvariablen.[5]

Ist die historisch-politische Region nach alledem also eine Sphinx ohne Geheimnis? Auch wenn es ein Vorzug von Erklärungen sein mag, einfach zu sein, wäre es doch etwas ernüchternd, wenn sich das subtile und vielfacettige Konzept der politischen Region auf einen spröden nutzentheoretischen Kern einschmelzen oder sogar in ein Ensemble scheinkorrelativer Beziehungen auflösen ließe. Damit würde jenen genuin historischen Argumenten die Grundlage entzogen, in denen regionale Besonderheiten die Sedimente verbindender Erfahrungen und Ereignisse in der Vergangenheit sind. Andererseits sollte die im Umgang mit historischer Vielfalt und Besonderheit gebotene Behutsamkeit nicht zum Freibrief für einen Verzicht auf klare Begriffe und systematische empirische Beweisführung werden. Das Postulat der Intersubjektivität verliert auch mit zunehmender historischen Ferne des Untersuchungsgegenstandes und gegenüber komplexen „lebensweltlichen" Zusammenhängen nicht an Gültigkeit. Die historische Sozialforschung hat gezeigt, daß auch in tiefer Vergangenheit formale Verfahren der Messung und Beweisführung angewendet werden können.[6] Die damit verbundene Notwendigkeit einer Begrenzung der Fragestellung und einer Verwendung empirischer Indikatoren dürfte gerade bei einem notorisch unscharfen Konstrukt wie der historischen Region von Vorteil sein.

---

[4] F. U. *Pappi:* Sozialstruktur und politische Konflikte in der Bundesrepublik. Individual- und Kontextanalysen der Wahlentscheidung (unveröffentl. Habilitationsschrift) Köln o.J., S. 249; vgl. jetzt auch Hannes *Alpheis:* Kontextanalyse, Wiesbaden 1988, S. 47-51.

[5] Vgl. u.a. Hartmut *Esser:* Sozialökonomische Stadtforschung und Mehrebenen-Analyse, in: Jürgen Friedrichs: Stadtsoziologie (Sonderheft 29 der Kölner Zeitschrift für Soziologie und Sozialpsychologie) 1988, S. 35-55.

[6] Vgl. u.a. die Beiträge in Jerome *Clubb* und Erwin K. *Scheuch* (Hrsg.): Historical Social Research. The Use of Historical and Process-Produced Data, Stuttgart 1980.

In diesem Beitrag werden Regionen als Elemente der sozialen Morphologie, als Kontexte politischen Handelns betrachtet. Wir folgen insofern einem strukturanalytischen Ansatz. Das Regionalbewußtsein im Sinne einer Wahrnehmung von Grenzen und als System der Selbstdeutung wird dagegen ausgeblendet.[7] Uns interessiert vor allem die räumliche Verteilung von politischen Konfliktgruppen (1848/49) und Parteien (1867-1933). Dabei werden wir den Fragen nachgehen, wie ausgeprägt territoriale Unterschiede waren, ob wir in ihnen nur Ausdrucksformen konfessioneller und sozioökonomischer Disparitäten erkennen können, ob sich in ihnen auch die wechselnden Konstellationen administrativer Zugehörigkeit und konstitutioneller Traditionen im Prozeß der Staatswerdung Deutschlands ausprägten — und nicht zuletzt: wie sich diese Zusammenhänge historisch wandelten. Diese Fragestellung legt es nahe, sich bei der Bestimmung der räumlichen Untersuchungseinheiten an den politisch-administrativen Grenzen zu orientieren. „Regionen" in diesem Sinne sind hier die Einzelstaaten des (Nord-) Deutschen Bundes und des Deutschen Reiches sowie die Provinzen Österreichs, Preußens und Bayerns.

2. Die Geschichte politischer Regionen in Deutschland: Argumente für einen empirischen Zugriff von der Ebene nationaler Eliten

Selbst bei einer solchen Eingrenzung des Untersuchungsgegenstandes stellen sich schwerwiegende Probleme des Datenzugangs und der Stabilität von Untersuchungseinheiten. Nicht zufällig wurde ja Frankreich zum Mutterland der Wahlgeographie und ist noch heute das wichtigste Exerzierfeld der empirischen Forschung zum politischen Regionalismus.[8] Seit fast zweihundert Jahren blieb seine territoriale Binnengliederung im wesentlichen unverändert, zugleich stellt die Statistique de la France ein reiches Angebot an Regionaldaten bereit, die als Korrelate in ökologische Analysen eingeführt werden können. Das paradoxe Phänomen einer Beständigkeit regionaler politischer Strukturen in der „nation une et indivisible", die sich bis in die Mitte des 19. Jahrhunderts, ja in einigen Elementen bis in das Ancien régime zurückverfolgen lassen, hat immer wieder zu Forschungen und Deutungen herausgefordert. Dagegen durchlief Deutschland seit den Revolutionskriegen eine Serie territorialer „Flurbereinigungen", in der die überkomplexe territoriale Gliederung des Alten Reiches in eine rationalere Ordnung überführt wurde, während sich der Zuschnitt der äußeren Grenzen mehrfach dramatisch änderte. Eine flächendeckende amtliche Statistik, annähernd vergleichbar der Statistique de la

---

[7] Hans Dieter *Meier-Dahlach* u.a.: Regionalbewußtsein, soziale Schichtung und Politische Kultur. Forschungsergebnisse und methodologische Aspekte, Informationen zur Raumentwicklung 7/8 (1987), S. 377-393.

[8] Vgl. Xavier *de Planhol*: Géographie historique de la France, Paris 1988, insbes. S. 355-393; Francois *Goguel*: Géographie des élections françaises de 1870 à 1951, Paris 1951; vgl. auch den Literaturüberblick in *Brustein*, 1988.

France, etablierte sich nach Vorläufern in der Zollvereinsstatistik erst mit der Gründung des Deutschen Reiches.[9]

Und doch eröffnet gerade die Instabilität politisch-staatlicher Ordnungen im deutschsprachigen Mitteleuropa wichtige Forschungsmöglichkeiten, etwa im Hinblick auf die Wirkung institutioneller Faktoren auf das Verhältnis von Region und Politik und hier insbesondere auf die Folgen wechselnder Staatsbildungen für die räumliche Differenzierung politischer Orientierungen und Handlungsmuster. Zugleich läßt sich zeigen, daß regionale politische Loyalitäten und die territoriale Parzellierung von Kommunikationsräumen in Deutschland sehr viel weitergehende Konsequenzen hatten als in Frankreich: Sie präfigurierten die Grenzen der staatlichen Konsolidierungen und Sezessionen im deutschsprachigen Mitteleuropa während des 19. und des beginnenden 20. Jahrhunderts.[10]

Regionale politische Traditionen werden hier mit Blick auf die parlamentarischen Führungsgruppen Deutschlands im Zeitraum von 1849 bis 1933 untersucht. Das ist ein „elitistischer" Ansatz, der sich von dem alltags- und mentalitätsgeschichtlichen Zugriff einer politischen Regionalgeschichte „von unten" abhebt, die heute das Forschungsfeld dominiert.[11] Doch sollte man nicht die Möglichkeiten einer historischen Soziologie der politischen Eliten für die Erforschung politischer Regionen unterschätzen. So verwies schon Heinz Gollwitzer in seinem paradigmatischen Aufsatz über die politische Landschaft des 19. und 20. Jahrhunderts auf die „namhaften Männer", die Träger „regionaler Oppositionen" waren.[12] Zugleich betonte er die Prägung politischer Konfliktstrukturen durch regionale Bindungen: „Die historische Landschaft wirkte konstitutiv innerhalb erster Fraktionsbildungen in der Frühzeit des deutschen Parlamentarismus. Sie erzeugte politisches Zusammengehörigkeitsgefühl, das sich in besonderer Treue oder — häufiger — in Opposition zur Regierung des Gesamtstaates äußern konnte".[13] Allgemein gilt: der Blick auf die Eliten eröffnet die „charakteristische Ansicht einer Gesellschaftsstruktur", in der sich ihre Machtorganisation und Kommunikationsmuster abbilden.[14] In

---

[9] Vgl. u. a. den Überblick von Wolfgang *Zorn:* Quellen und Hilfsmittel 1800-1900, in: ders. und Hermann Aubin (Hrsg.): Handbuch der deutschen Wirtschafts- und Sozialgeschichte, Bd. 2, Das 19. und 20. Jahrhundert, Stuttgart 1976, S. 1-8.

[10] Vgl. etwa Peter J. *Katzenstein:* Disjoined Partners. Austria and Germany since 1815, Berkeley u. a. 1976; Heinrich *Best:* Der Ausschluß — Elitenstruktur und kleindeutsche Lösung 1848/49, in: Verband der österreichischen Geschichtsvereine (Hrsg.): Bericht über den 16. österreichischen Historikertag, Krems (Veröffentlichungen des Verbandes österreichischer Geschichtsvereine 24), Wien 1985, S. 609-619.

[11] Vgl. u. a. Peter *Steinbach:* Annäherungen an die Wirklichkeit. Vielfalt der Perspektiven und Methoden als Herausforderung an die historische Forschung im Spiegel eines Literaturberichts, in: Internationale Wissenschaftliche Korrespondenz zur Geschichte der Arbeiterbewegung 2 (1987), S. 213-222.

[12] *Gollwitzer*, 1964, S. 537.

[13] Ebd.

historischen Gesellschaften, vor der Verbreitung von Massenkommunikationsmitteln und einer allgemeinen Alphabetisierung, ist dieses Bild besonders prägnant.

Den historischen Ansatz- und Schwerpunkt der folgenden Untersuchung bilden die Revolutionsjahre 1848/49. Sie waren — im Sinne Stein Rokkans — eine „critical juncture", in der sich soziopolitische Allianzen und Konfliktfronten formierten, die für lange Zeit, zum Teil bis in die Gegenwart, Bestand haben sollten. Die Aufhebung der Beschränkung von Presse-, Versammlungs- und Petitionsfreiheit, die Entfaltung eines politischen Vereins- und wirtschaftlichen Verbandswesens, die Etablierung eines Parlaments und einer Regierung auf nationaler Ebene ließen zum ersten Mal in der deutschen Geschichte Mechanismen der Kommunikation zwischen Elite und Masse entstehen und empirisch faßbar werden, wie sie für repräsentative politische Ordnungen charakteristisch sind. Im Zuge der „Partizipations-Explosion" (Ch. Tilly) der Jahre 1848/49 und der Etablierung einer nationalen Arena politischen Handelns wurden auch seit langem bestehende regionale Disparitäten politisiert und konflikthaft aktualisiert. Das gilt nicht zuletzt für den Konfessionsgegensatz, der in der Folge und bis in die Gegenwart die politische Landkarte Deutschlands koloriert.

In einem zweiten Untersuchungsteil werden wir dann in einer Längsschnittbetrachtung bis 1933 die regionale Komponente politischer Konfliktstrukturen verfolgen. Dabei wird die Frage im Vordergrund stehen, ob die nationale und staatliche Integration Kleindeutschlands nach 1867/71 eine Deregionalisierung politischer Konfliktstrukturen begünstigte.

3. Politische Regionen in der Geburtsstunde der Massendemokratie im deutschsprachigen Mitteleuropa: die Territorialstruktur politischer Konfliktgruppen in der Frankfurter Nationalversammlung

Politische Orientierungen von Abgeordneten lassen sich in historischen Parlamenten, bevor Parteien und Fraktionen ihre rigide Disziplin durchzusetzen vermochten, durch serielle Analysen namentlicher Abstimmungen ermitteln.[15] Wendet man dieses Verfahren auf die Mitglieder der Frankfurter Nationalversammlung an, so erweist sich der Gegensatz zwischen einem linken und einem rechten Flügel als die dominierende Konfliktfront. Dieser Befund wird durch die Klassifikationen zeitgenössischer Betrachter gestützt, die das politische Konfliktfeld in der Paulskirche nach einem differenzierten Rechts-Links-Schema ordneten. Als „linke" Positionen galten die Befürwortung eines gewählten Staatsoberhauptes, die Forderung nach einem allgemeinen Wahlrecht und einer völligen und entschädigungslosen Beseitigung feudaler Relikte,

---

[14] Raymond *Aron:* Social Structure and the Ruling Class, in: The British Journal of Sociology 1 (1950), S. 11.

[15] Vgl. den Forschungsüberblick von Melissa P. *Collie:* Voting Behavior in Legislatures, in: Legislative Studies Quarterly 9 (1984), S. 3-50.

die Verankerung von möglichst detaillierten und weitreichenden Garantien der Vereins- und Versammlungsfreiheit in der Verfassung und die Verteidigung des Anspruches der Nationalversammlung auf die ungeteilte verfassungsgebende Kompetenz. Die Positionen wurden weiter differenziert in die politischen Tendenzen der Rechten, eines in einen rechten und linken Flügel gespaltenen „Zentrums", und der Linken.[16]

Während diese Gliederung eine parlamentarische Mitte mit Eigenprofil suggeriert, zeigt sich allerdings dann im tatsächlichen Abstimmungsverhalten eine Polarisierung der Konfliktstruktur in ein linkes und ein rechtes Lager. Dabei standen sich beide Flügel in weitaus den meisten Abstimmungen als weitgehend geschlossene Blöcke gegenüber. Erst nach der Jahreswende 1848/49, als das Abstimmungsverhalten der Abgeordneten zunehmend unter den Einfluß des großdeutsch-kleindeutschen Konfliktes geriet, löste sich diese prägnante Konfliktstruktur auf und pluralisierten sich die politischen Loyalitäten. Wir werden zeigen, daß damit auch die regionalen Hochburgen der neuen Konfliktgruppen wechselten. Für die Zwecke unserer Untersuchung ergibt sich aus der bis 1849 bestimmenden Konfliktkonstellation jedoch die Möglichkeit, die politischen Orientierungen der Abgeordneten in einfacher Weise auf ein Kartenbild zu übertragen.[17]

Dichotomisiert man die aus den Abstimmungen gebildete links-rechts Skala am Nullpunkt und betrachtet dann die regionale Herkunft rechter und linker Abgeordneter, so erkennen wir eine unvermutet einfache geographische Verteilung der politischen Lager — unvermutet angesichts der Tradition territorialer Parzellierung Deutschlands und der vielfältigen Sonderschicksale seiner Regionen. Die Linke hatte ihre Hochburgen in einem geographisch zusammenhängenden Gürtel, der sich von Südwestdeutschland über das Großherzogtum und das Kurfürstentum Hessen, die thüringischen Staaten, die Königreiche Sachsen und Böhmen bis nach Österreichisch-Schlesien erstreckte. 87% der Abgeordneten gehörten hier der Linken an; 46% der Abgeordneten der Linken waren in diesen Regionen gewählt worden, obwohl sie insgesamt nur 23% der Mitglieder des Paulskirchenparlaments entsandt hatten. Dieses Gebiet wurde gewissermaßen eingekeilt durch die Hochburgen der Rechten: das ostelbische Altpreußen im Nordosten, Altbayern und die deutsch-österreichischen Kernlande im Süden und Südosten. An den Säumen der Kerngebiete des rechten und des linken Lagers gab es Zonen der Überlappung: Schlesien und die neubayerischen Regierungsbezirke Schwaben und Unterfranken. Inhomogen waren auch die parlamentarischen Vertretungen der Rheinprovinz und des überwiegenden Teils der norddeutschen Klein- und Mittelstaaten. Vereinzelte Abweichungen von

---

[16] Manfred *Botzenhart:* Deutscher Parlamentarismus in der Revolutionszeit 1848-1850, Düsseldorf 1977, S. 415-440.

[17] Heinrich *Best:* Die Männer von Bildung und Besitz. Struktur und Handeln parlamentarischer Führungsgruppen in Deutschland und Frankreich 1848/49, Düsseldorf 1990, Kap. 7 und Meth. Anh. II.

≧ 2/3 der Mandate entfielen auf die Rechte

≧ 2/3 der Mandate entfielen auf die Linke

Mittelböhmen: keine Abgeordneten zur Frankfurter Nationalversammlung gewählt

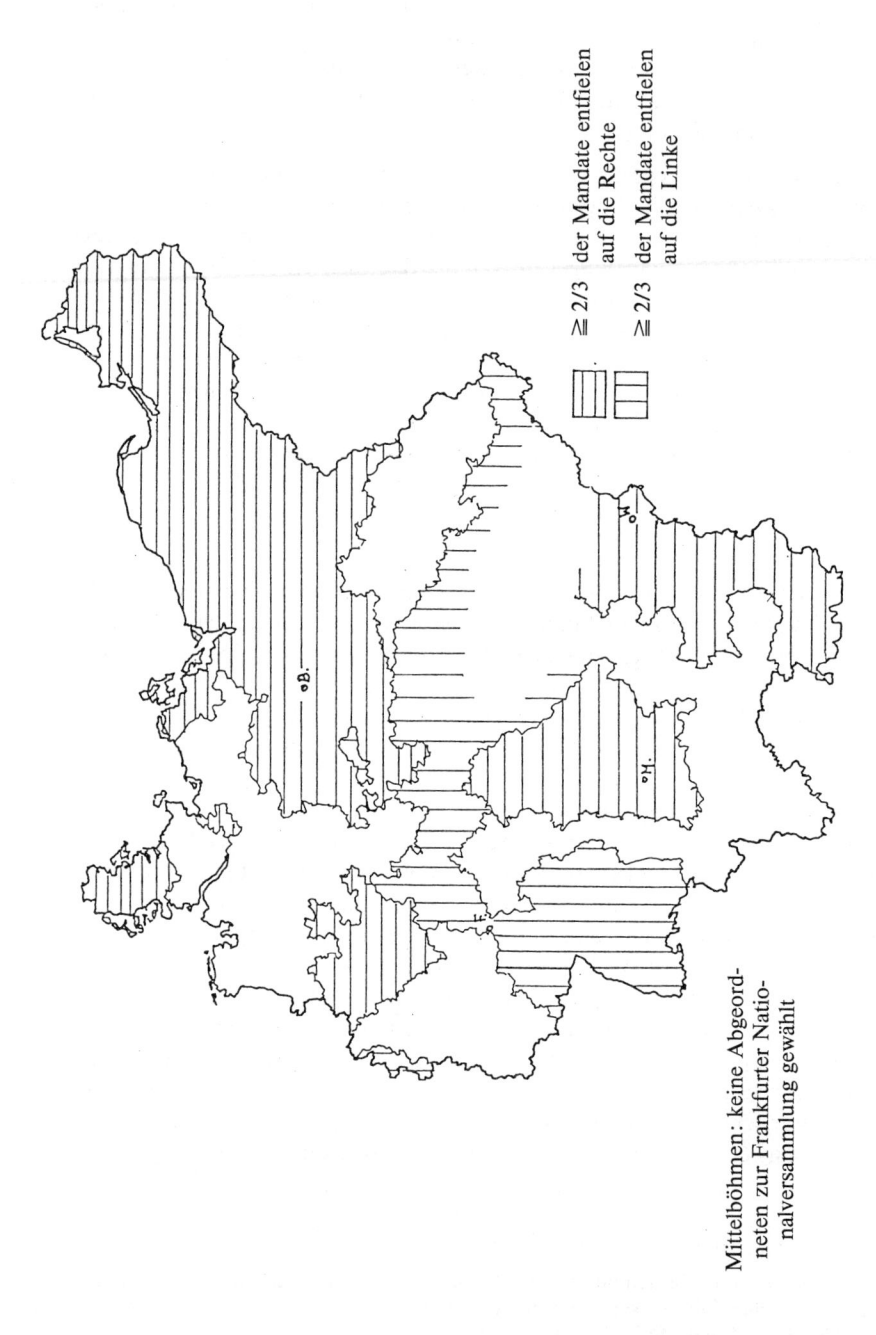

Abb. 1: Die Hochburgen der Rechten und der Linken in der Frankfurter Nationalversammlung

diesem großräumigen Muster regionaler Schwerpunktbildungen, wie etwa Oberösterreich und die preußische Provinz Westfalen, liegen knapp an den jeweiligen Kriteriumsgrenzen, nach denen wir die territoriale Verteilung politischer Lager kartographisch dargestellt haben; im Fall Tirols verringern erst die vier der Linken zugehörigen Abgeordneten italienischer Nationalität den Prozentanteil rechter Abgeordneter unter die 66%-Grenze.

Was wir hier beobachten, läßt sich am besten als eine „sektionale", d.h. Einzelregionen übergreifende Spaltung beschreiben — analog der Situation, für die dieser Begriff ursprünglich gebraucht wurde: dem Konflikt zwischen den amerikanischen Nord- und Südstaaten im zweiten Drittel des 19. Jahrhunderts.[18] Die Analogie trägt übrigens bis zur militärischen „Lösung" des Territorialkonflikts: preußisches und österreichisches Militär intervenierte zwischen 1849 und 1850 in fast allen Gebieten des Gürtels linker Repräsentation; in Sachsen, der Rheinpfalz und in Baden nahm der Konflikt die Formen eines Bürgerkriegs an.

Der bestimmende Einfluß, der von den regionalen Handlungszusammenhängen auf die politischen Orientierungen ausging, bestätigt sich auch, wenn man die Beobachtungsebene der territorialen Kontexte verläßt und die einzelnen Abgeordneten betrachtet. Dann erweist sich, daß die regionale Herkunft (erfaßt durch die Wahlregion) und nicht die Konfessions- oder Klassenzugehörigkeit der entscheidende Faktor bei der Formierung politischer Konfliktgruppen in der Frankfurter Nationalversammlung war.[19] Territoriale Verdichtungen und Segmentationen entwickelten dann auch eine erhebliche elitenstrukturelle Sprengkraft. So folgte 1849 die Spaltung der parlamentarischen Führungsgruppen in rivalisierende „Nachparlamente" den regionalen Bruchlinien der politischen Konfliktkonstellation in der Frankfurter Nationalversammlung; zugleich begünstigte sie den Rückzug der Abgeordneten auf die selbstgenügsame Handlungsebene einzelstaatlicher Politik.[20]

Kartenbilder und Korrelationen geben allerdings keinen Aufschluß über den modus operandi, der zwischen den Eigenschaften der vertretenen Regionen und den politischen Orientierungen der Abgeordneten vermittelte. Dazu bedarf es eines zusätzlichen Erklärungsschrittes. Er führt auf unsicheres Gelände, da in Ermangelung einer flächendeckenden Wirtschafts- und Sozialstatistik für den Deutschen Bund kein systematischer Test mit den Instrumenten ökologischer Datenanalyse durchgeführt werden kann. So bleibt man auf die Verfahren einer „historisch informierten" Deutung des Kartenbildes in den Traditionen der französischen „géographie électorale" verwiesen, wobei man sich im Hinblick auf die Wirkung politisch-institutioneller Faktoren immerhin auf die eindeutige

---

[18] Vgl. u.a. Harald *Thomas:* Das zweite amerikanische Parteiensystem im sektionalen Spannungsfeld, Frankfurt a.M. 1984.

[19] *Best:* Bildung und Besitz, 1990, Kap. 8.

[20] Ebd., Nachwirkungen und Schlußfolgerungen.

Tabelle 1
Die relative Bedeutung von Beruf, Konfession und Region für die politischen Orientierungen der Abgeordneten der Frankfurter Nationalversammlung: Ergebnisse einer Multiplen Klassifikationsanalyse

a) Abhängige Variable: links-rechts Skala[a]

	Wahlregion[b]	Hauptberuf[c]	Konfession[d]
ETA	0,51	0,28	0,03
BETA	0,47	0,22	0,10

$R = 0{,}57$
$R^2 = 0{,}33$

b) Abhängige Variable: großdeutsch-kleindeutsch Skala[e]

	Wahlregion	Hauptberuf	Konfession
ETA	0,68	0,09	0,56
BETA	0,59	0,02	0,25

$R = 0{,}71$
$R^2 = 0{,}50$

[a] Gebildet auf der Grundlage von 98 namentlichen Abstimmungen (zur Skalenkonstruktion vgl. H. Best: Bildung und Besitz, 1990, Meth. Anh.).
[b] Regionen: Altpreußen, Prov. Sachsen u. Schlesien, Rheinpreußen, Deutschösterreich, Böhmen, Altbayern, Franken und Schwaben, Südd. Staaten, Mitteld. Staaten, Nordd. Staaten.
[c] Berufsbereiche: Justiz, Verwaltung, Bildung, Militär, Klerus, Unternehmen, Gutsbesitz, Advokatur, Publizistik, Unterbürgerliche.
[d] Konfessionen: Katholisch, Evangelisch, Sonstige.
[e] Nur Abgeordnete, die nach dem 1.1.1849 Mitglied der Nationalversammlung waren.

Evidenz von Veränderungen des Gebietsstandes und die Daten von Verfassungssetzungen stützen kann.

   Prozesse institioneller Differenzierung im politischen System, wie sie mit der Verfassungsentwicklung verbunden waren, und vor allem die territorialen Veränderungen im Vollzug der Staatsbildungen auf dem Gebiet des Deutschen Bundes hatten tatsächlich einen erkennbaren Einfluß auf die Formierung politischer Regionen. Nur in den Kernzonen ihrer Territorien besaßen ja die deutschen Dynastien um die Mitte des 19. Jahrhunderts in das Mittelalter zurückreichende Herrschaftsrechte. Dagegen hatten sich die Einzelstaaten überwiegend erst im Gefolge der napoleonischen Kriege durch die Säkularisierung der geistlichen Territorien und die Mediatisierung kleinerer Reichsstände arrondiert. Der Wiener Kongreß hatte lediglich manche Territorien erneut, und nun zum Vorteil der Sieger in den napoleonischen Kriegen, umverteilt und die veränderte Situation sanktioniert. So waren beispielsweise rund die Hälfte des bayerischen, württembergischen und großherzoglich-hessischen, in Baden sogar zwei Drittel des Staatsgebiets erst zwischen dem Reichsdeputationshauptschluß (1803) und dem Wiener Kongreß (1815) angegliedert worden. W. H. Riehl nannte diese Gebilde in seinem 1853 erschienenen Buch „Land und Leute" herabsetzend „Zufallsstaaten".[21] 1848 lebte ein großer Teil der Bevölkerung des Deutschen Bundes also in neu erworbenen Gebieten, die erst seit einer Generation unter der Herrschaft von ihnen keineswegs „angestammten" Dynastien standen. War die Angliederung in den absorbierten Territorien mit wirtschaftlichem Rückgang, Einschränkung von Partizipationsrechten, erhöhtem Steuerdruck, geringeren Chancen auf die Übernahme von Staatsämtern und/oder Veränderungen geltender Rechtskodifikationen verbunden, provozierte dies Opposition. Sie war tendenziell „links", weil sie sich gegen die bestehende Staatlichkeit und deren Exponenten richtete.[22] So sah dann auch der konservative Riehl in den „Zufallsstaaten" des deutschen Südwestens den „krankhaft erregtesten, in sich zerrissensten Teil unseres Vaterlandes", wo „die immer noch fortschreitende soziale Zersetzung" ihren eigentlichen Herd gefunden habe.[23] Andererseits waren, wie sich noch im Verlauf der napoleonischen Kriege gezeigt hatte, in den alten Kerngebieten der Einzelstaaten die Bindungen an die Dynastien eine Quelle von Loyalität und Observanz geblieben. Es läßt sich zeigen, daß auch diese territorialen Sonderlagen durch persönliche Bindungen der Abgeordneten, Wiederwahlkalküle und direkte Einflußnahme aus dem Elektorat auf die politischen Orientierungen der Abgeordneten einwirkten.

Markant ist dann auch die Bildung regionaler Schwerpunkte rechter Repräsentation in den Kerngebieten der drei großen deutschen Einzelstaaten: Altbayern, Altpreußen und die deutschen Erblande der Habsburgermonarchie. Mit einigen Einschränkungen kann auch die Provinz Westfalen, die zu großen Teilen schon seit dem 17. und 18. Jahrhundert zu Preußen gehörte, als Altbesitz gelten. Die Hochburgen linker Repräsentation befanden sich dagegen überwiegend in solchen Regionen, die nach 1789 besonders stark von Grenzverschiebungen betroffen waren oder in denen — wie im Fall der thüringischen Staaten — die hochparzellierte Territorialstruktur des Alten Reiches überdauert hatte. Auch die im Vergleich zu den Kerngebieten der beiden deutschen Großstaaten und Bayerns stärkere Vertretung der Linken in Böhmen und Mähren, der Rheinprovinz, Schlesiens und den bayerischen Neuerwerbungen, läßt sich im Rahmen eines institutionellen Ansatzes aus ihrem Status als „Nebenländer" der großen deutschen Einzelstaaten erklären. Die Verteidigung regionalspezifischer Rechtstraditionen und Kommunalverfassungen gegen den Nivellierungsdruck

---

[21] Zitiert nach Theodor *Schieder:* Partikularismus und Nationalbewußtsein im Denken des deutschen Vormärz, in: Werner Conze (Hrsg.): Staat und Gesellschaft im deutschen Vormärz 1815-1848, Stuttgart 1962, S. 14.

[22] *Gollwitzer,* 1964, S. 529 ff.

[23] Zit. nach *Schieder,* 1962, S. 14.

der zentralen Bürokratien, die Abwehr benachteiligender Verwaltungspraktiken und die Vertretung wirtschaftlicher Sonderinteressen waren bevorzugte Ansatzpunkte der bürgerlichen Oppositionsbewegung des Vormärz gewesen. Die Kammern waren wichtige Foren, auf denen diese Anliegen vorgetragen werden konnten, da nach den napoleonischen Kriegen Verfassungen bevorzugt in jenen Einzelstaaten des „Dritten Deutschland" erlassen worden waren, die besonders großen territorialen Veränderungen unterworfen gewesen waren. Auf diese Weise verstärkte die Verbindung verschiedener institutioneller Determinanten die Hochburgenbildung politischer Lager in Deutschland.

Ein weiterer Vermittlungsmechanismus zwischen Region und Politik setzte an der Machtorganisation auf regionaler und lokaler Ebene an: In solchen Regionen, in denen die parlamentarische Repräsentation auf einer Machtstruktur aufruhte, in der die Herrschaftsausübung formal oder informell an die Verfügung weniger Einzelner über Grund und Boden gebunden war — typisch also in den Gebieten mit fortdauernder Gutsherrschaft und vom grundbesitzenden Adel beherrschten Regionalvertretungen — vertraten die Abgeordneten eher rechte Positionen, waren am sozialen und politischen status quo orientiert. Bestimmend waren hier die überlegenen Einflußchancen der großen Grundbesitzer auf die Kandidatenaufstellung und die Wahlen, ferner ihre fortdauernde Sanktionsmacht gegenüber den Vertretern im Parlament — auch und gerade dann, wenn diese nicht selbst Gutsbesitzer, sondern etwa im Staatsdienst abhängig beschäftigt waren.[24] Diese Konstellation war jedoch strukturell instabil. Mit einsetzender Erosion paternalistischer Bindungen und einer damit verbundenen Pluralisierung lokaler Machtstrukturen konnte sich das Interventionspotential der Großgrundbesitzer auflösen. In einer solchen Situation war der plötzliche Durchbruch eines militanten ländlichen Radikalismus möglich. Verbündete sich diese Opposition mit lokalen Sekundäreliten, konnte dies zu einer linken Repräsentation führen. Die strukturelle Instabilität ländlicher Machtstrukturen erklärt auch die gelegentlich beobachtete „gegenläufige" Vertretung von Wahlkreisen in der Berliner und der Frankfurter Nationalversammlung.[25]

Betrachtet man unter dem Blickwinkel dieser Verallgemeinerungen das Kartenbild, dann stellt sich wieder das Problem erheblicher Deutungsspielräume. Doch weisen unsere Beobachtungen darauf hin, daß auch in Deutschland eine Beziehung zwischen Agrarstruktur und politischer Repräsentation bestand: Während die Rechte in den Regionen mit großem Gutsbesitz dominierte, hatte

---

[24] Vgl. etwa Ferdinand *Walter:* Aus meinem Leben, Bonn 1865. Zugleich war in diesen Regionen auch die unmittelbare Repräsentation des Adels deutlich höher. Sie erreichte in Altpreußen 28,3% und in Deutschösterreich 22,2% der Abgeordneten zu der Frankfurter Nationalversammlung, gegenüber nur 5,7% in den süddeutschen Klein- und Mittelstaaten (ohne Bayern). Vgl. *Best:* Bildung und Besitz, 1990, Tab. 2.

[25] Vgl. Donald J. *Mattheisen:* Die Fraktionen der preußischen Nationalversammlung 1848, in: Konrad H. Jarausch (Hrsg.): Quantifizierung in der Geschichtswissenschaft, Düsseldorf 1976, S. 145-167.

die Linke ihre Hochburgen in den Realteilungsgebieten Südwest- und Mitteldeutschlands. Letztere waren zugleich die Regionen mit der größten ländlichen Bevölkerungsdichte. Die Ausbildung von Hochburgen der Rechten war in jenen Regionen besonders ausgeprägt, in denen bis 1848 die an den Großgrundbesitz gebundene Verwaltungs- und Justizhoheit fortbestanden hat, in denen also die soziale Vorrangstellung der großen Grundbesitzer mit Herrschaftsrechten verbunden war, auch wenn diese häufig nur noch residuale Bedeutung hatten. Dies galt vor allen Dingen für das ostelbische Preußen und für Deutschösterreich.[26] Zwar hatten auch in Böhmen und Mähren bei persönlicher Befreiung der Bauern grundherrschaftliche Elemente überdauert, doch war hier die deutsche Bevölkerung, die sich fast ausschließlich an den Wahlen zu der Nationalversammlung beteiligte, weniger als die tschechische in feudale Herrschaftsverhältnisse eingebunden. In Süd- und in Südwestdeutschland, wo sich der bäuerliche Klein- und Mittelbesitz in Gemengelage mit den großen Güterkomplexen vor allem der Landes- und mediatisierten Standesherren befand, waren die herrschaftlichen Prärogativen und wirtschaftlichen Privilegien, der feudal-agrarischen Eliten dagegen noch vor 1848 durch Maßnahmen der Reformbürokratie eingeschränkt worden, nachdem hier bereits unter dem Einfluß der französischen Revolution die Auflösung der traditionellen Agrarverfassung begonnen hatte. Doch gerade das aus partiellen Reformen resultierende Nebeneinander höchst unterschiedlicher Herrschafts- und Rechtslagen der ländlichen Bevölkerung wurde als provozierend illegitim empfunden. Diese Situation bildete die Voraussetzung einer Agrarrevolution, die im März 1848 „wie ein Steppenbrand" ganz Süd- und Südwestdeutschland mit Ausnahme der altbayerischen Kerngebiete erfaßte.[27]

Verdichtet man diese topographischen Betrachtungen und Analysen zu einem Gesamtbild, so zeichnet sich ab, daß die räumliche Verteilung des linken und des rechten Lagers am besten durch das Zusammenwirken von sozialstrukturellen und institutionellen Einflüssen erklärt werden kann: In den Agrarstrukturen begründete Unterschiede der lokalen und regionalen Machtordnungen und die in Sonderschicksalen von Regionen während des Prozesses der Staatsbildung begründeten Konstellationen der Opposition und Observanz gegenüber den zentralen Machtträgern kolorierten die politische Landkarte in den Jahren 1848/49. Die politischen Profile der Regionen wurden in Deutschland durch die Eigenstaatlichkeit der Territorien besonders scharf ausgeprägt.

An diesem Punkt mag es verwundern, daß bislang die Konfessionsspaltung außer Betracht blieb, die seit dem 16. Jahrhundert die territoriale Parzellierung

---

[26] Vgl. u.a. Hannah *Schissler:* Preußische Agrargesellschaft im Wandel, Göttingen 1978; I. *Blum:* Noble Landowners and Agriculture in Austria 1815-1848, Baltimore 1984. Max Weber charakterisierte die Gutsbetriebe als „Dislokation einer politisch herrschenden Klasse über das Land". Gesammelte Aufsätze zur Sozial- und Wirtschaftsgeschichte, Tübingen 1924, S. 471 (hier zitiert nach *Schissler,* 1978, S. 167).

[27] Vgl. jetzt Hans-Ulrich *Wehler:* Deutsche Gesellschaftsgeschichte, Bd. 2, München 1987, S. 665-669.

Deutschlands, die scharfe, oft feindliche Abgrenzung historisch-politischer Regionen förderte. Tatsächlich wirkten konfessionelle Gesichtspunkte kaum auf den Rechts-Links-Gegensatz ein, den wir als die dominante Konfliktfront in der Frankfurter Nationalversammlung erkannt hatten. Beide Lager waren konfessionell heterogen, nur die katholischen Kleriker tendierten eher zum rechten Flügel.[28]

Dieses Bild konfessioneller Indifferenz ändert sich jedoch, wenn wir die zweite Konfliktdimension einbeziehen: Ab dem Januar 1849 wurde die Frage der territorialen Ausdehnung eines künftigen deutschen Nationalstaats zu einem zentralen Thema der Debatten in der Paulskirche und führte zu einer Neuformierung der Konfliktgruppen.[29] Oberflächlich betrachtet war dies eine Verlängerung machtstaatlicher Rivalitäten in das Parlament: Die Frage war hier, welcher der beiden Hegemonialmächte des Deutschen Bundes — Österreich oder Preußen — die Führungsrolle in einem Deutschen Reich zufallen sollte. Erst die staatsrechtliche Abtrennung der Habsburgermonarchie vom übrigen Deutschland hätte — so wurde argumentiert — ein Ende der Zurücksetzung Preußens gegenüber der alten Präsidialmacht des Deutschen Bundes bedeutet. Folgt man dieser Deutung, wäre der Standpunkt der Abgeordneten im großdeutsch-kleindeutschen Konflikt zunächst von ihrer Staatsloyalität und ihren dynastischen Bindungen abhängig gewesen. Bereits dies wäre ein bemerkenswerter Befund, würde er doch erweisen, daß allein die Eigenstaatlichkeit der Territorien des Deutschen Bundes ausreichte, um eine zweite Konfliktfront zu eröffnen, die „quer" zu dem nahezu universellen und bis heute ideologische Grundorientierungen strukturierenden Rechts-links-Gegensatz lag. Allerdings wäre ein solches Ergebnis von eher historischem Belang, denn mit der Ratifikation der kleindeutschen Lösung und der Mediatisierung der Einzelstaaten durch das 1871 gegründete Deutsche Reich verschwanden oder wechselten die Autoritäten, an die sich dynastische und Staatsloyalitäten heften konnten, verloren sie zumindest entschieden an Bedeutung. Für die politische Realität der heutigen Bundesrepublik wäre der großdeutsch-kleindeutsche Gegensatz dann kaum mehr als eine Reminiszenz an eine ferne Vergangenheit.

Unsere besondere Aufmerksamkeit wird jedoch durch den Umstand geweckt, daß uns hier möglicherweise die erste parlamentarische Äußerung des Konfessionskonflikts begegnet, der auf lange Zeit das deutsche Parteiensystem prägte und bis heute im Wahlverhalten untergründig fortwirkt.[30] Dies war eine unter den Zeitgenossen verbreitete Deutung, die auch von heutigen Historikern geteilt wird: „Der preußisch-österreichische Dualismus ... war zwar wesentlich ein

---

[28] *Best:* Bildung und Besitz, 1990, Kap. 8.

[29] Ebd., Kap. 7.

[30] Vgl. zuletzt Karl *Schmitt:* Konfessionelle Konflikte und politisches Verhalten in Deutschland: vom Kaiserreich zur Bundesrepublik, in: Best (Hrsg.): Politik und Milieu, 1989, S. 155-174.

Kampf zweier Mächte um die Hegemonie in Deutschland; darüberhinaus ist er aber immer wieder als Kampf des evangelischen gegen das katholische Deutschland, des rationalistischen und modernen Nordens gegen den barocken und rückständigen Süden, der deutschen gegen eine verfremdete Kultur, der geistigen Freiheit gegen den Autoritarismus... interpretiert worden".[31] Danach belastete und bestimmte die konfessionelle Spaltung Deutschlands seit dem 16. Jahrhundert auch den Prozeß der Nationalstaatsbildung im 19. Jahrhundert. In einer an die Konstellationen des 30jährigen Krieges gemahnenden Weise treten Österreich als die „Schutzmacht des Katholizismus" und Preußen als virtuelle Vormacht eines „evangelischen Kaisertums" des neuen Reiches auf.

Einen empirischen Zugang zu der Frage nach der Bedeutung konfessioneller Loyalitäten für die Regionalisierung politischer Konflikte eröffnet die Betrachtung der Topographie des großdeutschen und des kleindeutschen Lagers in der Frankfurter Nationalversammlung. Das resultierende Kartenbild ist auf eine beeindruckende Weise eindeutig. Das ostelbische Preußen, die Provinz Westfalen, der überwiegende Teil der mitteldeutschen und alle norddeutschen Klein- und Mittelstaaten erscheinen als ein flächendeckend kleindeutscher Block, dem mit den süddeutschen Klein- und Mittelstaaten, Österreich und Altbayern ein ebenso geschlossener Block überwiegend großdeutscher Repräsentation gegenüberstand. Die Mainlinie und die preußische Südgrenze teilten beide Lager. Es ist eine bezeichnende Marginalie, daß im Fall des Großherzogtums Hessen, dessen Territorium auf beiden Seiten des Mains gelegen war, die Abgeordneten aus der nördlichen Landeshälfte eher kleindeutsch, die aus der südlichen eher großdeutsch votierten. Wieder erweist sich also die territoriale Differenzierung als eine sektionale Spaltung. Auch die Grenze zwischen den überwiegend großdeutschen und den überwiegend kleindeutschen Territorien wurde 1866 wieder zur Frontlinie eines militärischen Konflikts.

Wenn man den Sonderfall der niederländischen Provinz Limburg ausklammert, so hatte lediglich in der preußischen Rheinprovinz und in den bayerischen Regierungsbezirken Mittel- und Oberfranken keine der beiden Konfliktgruppen eine klare Mehrheit. Es waren dies die einzigen Regionen, in denen die jeweils minoritäre Konfession der beiden großen gemischtkonfessionellen Einzelstaaten eindeutig überwog: in Nürnberg und in den ehemaligen Markgrafschaften Ansbach und Bayreuth die Protestanten, in der Rheinprovinz die Katholiken. Dennoch gilt, daß die Grenze zwischen den überwiegend kleindeutsch und den großdeutsch geprägten Regionen nur unvollständig der territorialen Konfessionsspaltung folgte. So vertraten etwa 72% der Abgeordneten aus dem überwiegend protestantischen Württemberg großdeutsche Positionen, während zwei Drittel (67%) der Abgeordneten aus dem überwiegend katholischen Schlesien für die kleindeutsch-erbkaiserliche Lösung votierten. Es zeichnet sich

---

[31] Rudolf *Lill:* Großdeutsch und kleindeutsch im Spannungsfeld der Konfessionen, in: Anton Rauscher (Hrsg.): Probleme des Konfessionalismus in Deutschland seit 1800, Paderborn u. a. 1984, S. 32.

1 Rheinprovinz,
  Provinz Limburg
2 Mittelfranken

≧ 2/3 der Abgeordneten vertraten großdeutsche Positionen

≧ 2/3 der Abgeordneten vertraten kleindeutsche Positionen

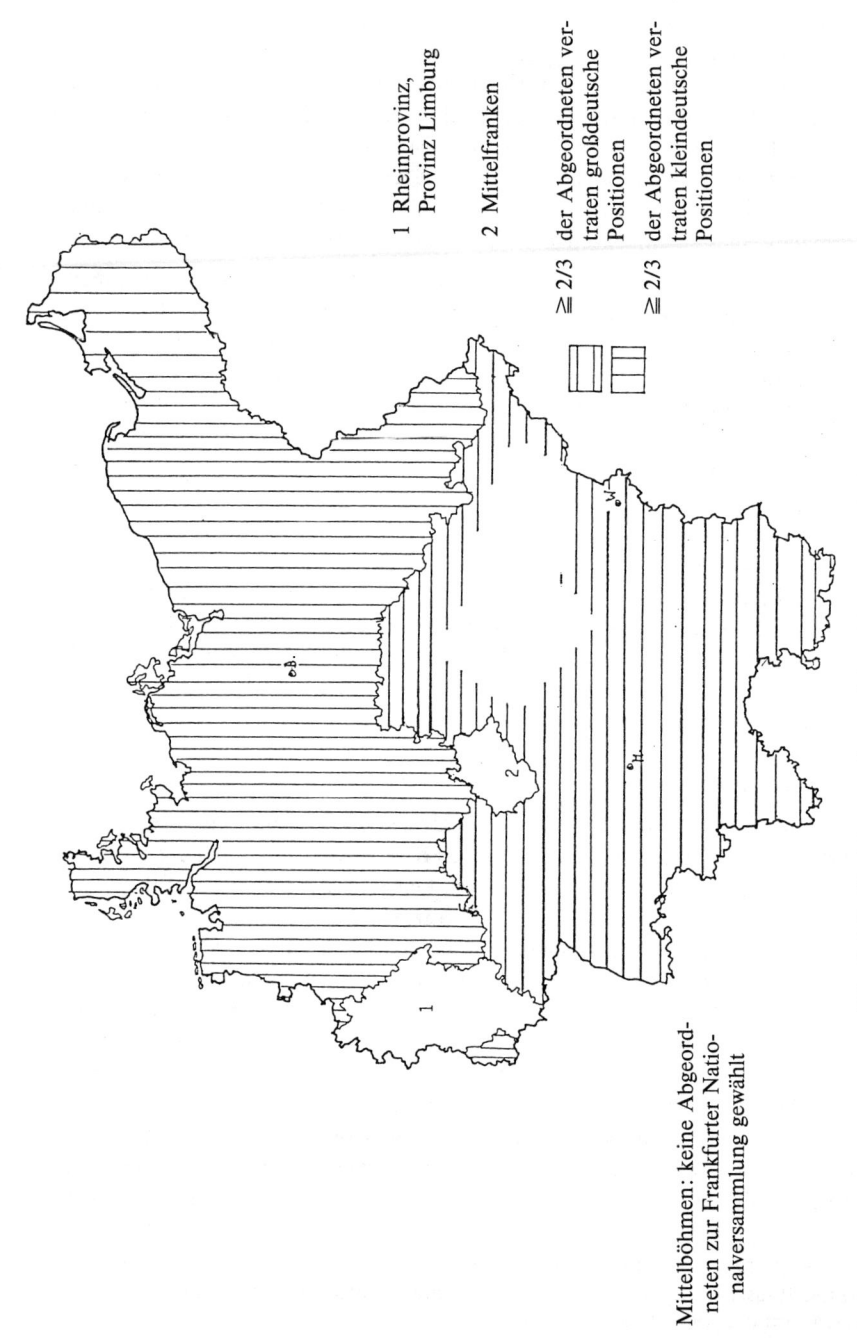

Mittelböhmen: keine Abgeordneten zur Frankfurter Nationalversammlung gewählt

Abb. 2: Die Hochburgen des großdeutschen und des kleindeutschen Lagers

hier eine komplizierte Gemengelage konfessioneller und nichtkonfessioneller Determinanten ab, die sich erst klärt, wenn man die Ebene territorialer Aggregate verläßt und die individuellen Konstellationen konfessioneller und staatlich-dynastischer Loyalitäten in den Blick nimmt. Exemplarisch zugespitzt lautet die Frage, ob ein preußischer Abgeordneter kleindeutsch votierte, weil er Preuße oder weil er Protestant war. Die Antwort liegt bei den preußischen Abgeordneten katholischer Konfession.

Die in Tabelle 1b dargestellten Werte zeigen, daß im großdeutsch-kleindeutschen Konflikt die eindeutig stärksten Wirkungen von den Bindungen der Abgeordneten an ihre Wahlregionen ausgingen. Dies gilt auch nach Berücksichtigung des Einflusses der Konfession.

Die Bedeutung konfessioneller Bindungen tritt zwar deutlich hinter der der Wahlregion zurück, ist jedoch nicht redundant: Katholiken waren eher großdeutsch, Nichtkatholiken — dies waren zu 94% Protestanten — waren eher kleindeutsch orientiert, auch wenn wir die Einflüsse, die unmittelbar von der Wahlregion ausgehen, konstant halten. Damit bestätigt unsere Untersuchung die Vermutung, daß der großdeutsch-kleindeutsche Konflikt eine konfessionelle Komponente hatte.

Tabelle 2
Mittelwertverteilung der großdeutsch-kleindeutsch Skala*⁾ zwischen Wahlregionen (differenziert nach Konfessionsgruppen); Abgeordnete der Frankfurter Nationalversammlung

	Katholiken		Protestanten	
	x̄	(n)	x̄	(n)
Altpreußen	0,25	(8)	0,78	(92)
Prov. Sachsen, Schlesien	0,31	(11)	0,58	(50)
Rheinprovinz	−0,16	(40)	0,85	(23)
Deutschösterreich	−1,29	(89)	−1,62	(3)
Böhmen	−0,87	(46)	−0,07	(3)
Altbayern	−0,79	(34)	−0,70	(7)
Franken, Schwaben	−0,43	(13)	0,39	(15)
Südd. Staaten	−0,52	(20)	−0,15	(56)
Mitteld. Staaten	0,38	(5)	0,24	(65)
Nordd. Staaten	−0,11	(9)	0,61	(70)
Insgesamt	−0,69	(275)	0,50	(384)
ETA	0,54		0,52	

* Positive Werte: Überwiegen kleindeutscher Positionen

Doch kam der Effekt der Konfession in verschiedenen Regionen in unterschiedlichem Grad zur Geltung. Wenn wir die schwach besetzten Kategorien (N < 6) in Tabelle 2 ausklammern, bei denen wenig Vertrauen in die Stabilität der

Skalenwerte besteht, zeichnen sich die „neubayerischen" Territorien in Schwaben und Franken sowie Rheinpreußen als jene beiden Regionen ab, in denen die politischen Orientierungen zwischen den beiden Konfessionsgruppen am stärksten differierten. Während etwa der Mittelwert der katholischen Abgeordneten aus Rheinpreußen deutlich zum großdeutschen Pol hin verschoben war, waren die protestantischen Rheinpreußen „kleindeutscher" als selbst ihre altpreußischen Kollegen. Verallgemeinernd läßt sich formulieren, daß in einer Situation, in der konfessionelle Minderheiten in geschlossenen Siedlungsgebieten einem bestehenden alten Staatskern angegliedert wurden, sich religiöse Bindungen gegenüber dynastischen Loyalitäten durchsetzten. Dies waren die kritischen Zonen, in denen die konfessionelle Spannungslinie nach langer Latenz wieder aufbrach. Hier endete zuerst in dem Prozeß territorialer Aggregation und staatlicher Integration, der zu Beginn des 19. Jahrhunderts eingesetzt hatte, die Segregation der Konfessionsgruppen, die für zwei Jahrhunderte die religiösen Gegensätze in Deutschland befriedet, aber auch konserviert hatte.

4. Die Entwicklung politischer Regionen bis 1933

Die in den Revolutionsjahren ausgeprägte Regionalisierung politischer Konfliktstrukturen ist nicht gleichzusetzen mit der Stabilität von Wählerbindungen und Repräsentationsformen, denn nach 1849 unterlag die politische Topographie Deutschlands größeren Veränderungen, selbst wenn man nur die Zeit und das Territorium staatlicher Einheit Kleindeutschlands überblickt. Dabei mag es auf den ersten Blick als paradox erscheinen, daß in Deutschland der Wandel gerade von jenen Elementen der Territorialstruktur ausging, in denen Traditionen des Alten Reiches bis in das 19. Jahrhundert überlebt hatten: dem einzelstaatlichen Partikularismus und der Konfessionsspaltung.

Während die Rechtstendenz der Abgeordneten aus dem ostelbischen Preußen eine Konstante bildete, wenn man die Großregion Berlin ausklammert, und auch das „rote" Sachsen, in dem die Sozialdemokratie die Tradition der sächsischen Demokraten von 1848/49 fortsetzte, seine politische Identität bis zum Ende der Weimarer Republik behielt, vollzogen sich in den südwestdeutschen Einzelstaaten größere Veränderungen. Hier erodierten die Hochburgen, die die Linke im Vormärz und in den Jahren 1848/49 behauptet hatte, während sie im Norden Deutschlands ihre Stellung verstärkte. Nach 1848/49 hatten ihr nördlich einer Linie, die etwa zwischen Trier und Breslau zu ziehen wäre, nur rund 25% aller Abgeordneten angehört, südlich davon hingegen 53%. Es ist naheliegend, aber nur zum Teil berechtigt, diese Veränderungen der Nivellierung oder Neubildung territorialer Unterschiede infolge sozioökonomischen Wandels zuzuschreiben. Entscheidend war die Formierung des politischen Katholizismus zur Massenpartei, die vor allem in West- und Südwestdeutschland einen erheblichen Anteil des vormals linksliberalen und demokratischen Territoriums besetzt. In den altbayerischen Kerngebieten östlich des Lech und südlich des

Mains vollzog sich eine vergleichbare Entwicklung, nur daß hier der rechte Flügel des Liberalismus betroffen war.

Auch die Veränderung staatlicher Grenzen bewirkte eine Neuformierung politischer Konfliktgruppen auf der Basis territorial gebundener Loyalitäten. So bildeten sich in den nach 1866 von Preußen annektierten Gebieten Regionalparteien und formierte sich in Süddeutschland eine „partikularistische" Opposition mit ausgeprägter antiborussischer Tendenz. Zusammen mit den Vertretern ethnisch-kultureller Minoritäten erreichten diese Gruppen einen Anteil von bis zu 14% der Sitze im Reichstag (1881).[32]

Das einfache Schema des Links–rechts-Gegensatzes reicht offenbar nicht aus, um die politische Konfliktstruktur im Deutschland des 19. Jahrhunderts angemessen zu beschreiben. Die durch den Links-rechts-Konflikt und den großdeutsch-kleindeutschen Gegensatz doppelt gebrochene Ausgangskonstellation in der Frankfurter Nationalversammlung wurde nach 1866 in einem multipolaren Parteiensystem institutionalisiert, in dem sich sozioökonomisch und konfessionell bestimmte Konfliktdimensionen überschnitten. Die Etablierung dieses Parteiensystems war mit erheblichen Veränderungen der Parteistärken verbunden, wobei sich bis 1912 als stetige Unterströmung bei einer Fluktuation der Einzelwerte zwei Tendenzen durchsetzten: Stimmengewinne für die Sozialdemokratie und die Erosion der liberalen, vor allem der nationalliberalen Wählerbasis.[33]

Hier stellt sich die Frage, ob diese Entwicklung von einem Wandel der regionalen Verankerung politischer Konfliktgruppen begleitet war, denn Theorien politischer Modernisierung verbinden mit Staats- und Nationsbildung, sozialer Mobilisierung und wachsender Kommunikation zwischen Regionen eine Erosion lokal begründeter Solidaritäten und deren Ersetzung durch Allianzen zwischen Gruppen oder Individuen in ähnlichen Positionen oder mit ähnlichen Wertorientierungen.[34] Der Aufstieg der Sozialdemokratie als Klassenpartei deutet in diese Richtung.

Bei einer näheren Betrachtung der regionalen Differenzierung des Wahlverhaltens im Kaiserreich bietet sich jedoch zunächst ein widersprüchliches Bild, das nicht mit den einfachen Annahmen von Integrationstheorien vereinbar ist. So zeigen die Abweichungen der Wahlkreisergebnisse von den nationalen Stimmenanteilen der politischen Richtungsgruppen eine zwischen Nationalliberalen und Sozialdemokraten gegenläufige Entwicklung: Während sich die

---

[32] Errechnet nach Gerhard A. *Ritter* und Merith *Niehuss:* Wahlgeschichtliches Arbeitsbuch. Materialien zur Statistik des Kaiserreichs 1871-1918, München 1980, S. 38-43.
[33] Vgl. Heinrich *Best:* Mandat ohne Macht. Strukturprobleme des deutschen Parlamentarismus 1867-1933, in: ders. (Hrsg.): Politik und Milieu, 1989, S. 175-222.
[34] Vgl. Peter *Flora:* Stein Rokkans Makro-Modell der politischen Entwicklung Europas: Ein Rekonstruktionsversuch, in: Kölner Zeitschrift für Soziologie und Sozialpsychologie 33 (1981), S. 397-436.

Tabelle 3: **Regionale Disparitäten des Wahlverhaltens**
(a = Variationskoeffizient[1]; b = normiertes Variationsverhältnis x 100[2])
Basis 397 Wahlkreise (1871: 382)

	Konservative		Rechtsliberale		Linksliberale		Zentrum		Sozialdemokraten		Sonstige	
	a	b	a	b	a	b	a	b	a	b	a	b
1871	118,6	6	85,1	4	200,9	10	156,6	8	268,4	13	231,9	12
1874	150,4	8	93,3	5	214,2	11	130,2	7	184,0	9	241,9	12
1877	131,4	7	87,8	4	196,1	10	133,4	7	167,7	8	258,4	13
1878	97,6	5	100,2	5	226,2	11	134,7	7	199,5	10	260,6	13
1881	98,5	5	134,9	7	112,6	6	139,4	7	216,9	11	254,2	13
1884	115,3	6	124,5	6	105,5	5	146,1	7	178,9	9	259,0	13
1887	115,1	6	126,1	6	124,0	6	153,6	8	160,9	8	258,1	13
1890	174,3	9	93,0	5	101,4	5	150,9	8	110,8	6	233,6	12
1893	116,7	6	145,7	7	121,1	6	150,6	8	91,0	8	149,1	7
1898	110,2	6	146,1	7	122,6	6	141,5	7	84,6	4	168,1	8
1903	112,9	6	127,7	6	135,5	7	134,6	7	75,5	4	180,5	9
1907	128,9	6	136,7	7	144,7	7	135,6	7	76,2	4	164,2	8
1912	131,2	7	116,3	6	120,2	6	154,8	8	67,5	3	161,3	8

[1] Der Variationskoeffizient ist ein Maß, das angibt, wie stark die Einzelwerte um ihren Gesamtmittelwert streuen. In Abhängigkeit vom Schwerpunkt der Verteilung variieren, wird der Variationskoeffizient als Quotient aus Standardabweichung und arithmetischem Mittel (x 100) gebildet. Er ist für den Vergleich von mehreren Datenreihen geeignet, wenn – wie im gegebenen Fall – die Mittelwerte stark voneinander abweichen. Hohe Werte zeigen hier große Abweichungen der Ergebnisse in den Wahlkreisen von dem Gesamtergebnis einer politischen Richtungsgruppe bei den Reichstagswahlen an – also eine ausgeprägte Konzentration der Wählerbasis einer Partei auf regionale Hochburgen.

[2] Das normierte Variationsverhältnis (s|d|) ist an den maximal erreichbaren Wert des Variationskoeffizienten (Vmax = 1/-1) angepaßt. Es variiert zwischen 0 (minimaler Wert) und 1 (maximal erreichbarer Wert).

Wählerbasis der Nationalliberalen zwischen 1871 und 1881 zunehmend auf regionale Hochburgen konzentrierte und dann — mit Ausnahme der Wahl von 1890 — auf einem relativ hohen Niveau der Regionalisierung verharrte, wurden die Sozialdemokraten nach 1881 — was die Verteilung ihrer Wählerbasis angeht — zur Nationalpartei par excellence. Eine Tendenz zur Deregionalisierung ist auch bei den Linksliberalen erkennbar, während im Fall der Konservativen der Variationskoeffizient zwar fluktuierte, sich aber keine eindeutige Veränderungstendenz durchsetzte. Die Wertereihe des Zentrums zeigt schließlich eine hohe und stabile regionale Konzentration seiner Wählerbasis an.

Aggregiert man diese zum Teil gegenläufigen Entwicklungen, veränderte sich der Grad der regionalen Differenzierung politischer Strukturen im Kaiserreich per saldo wenig. Doch verschob sich das Profil der Hochburgenlandschaft und deren Besetzung durch politische Parteien.

Um die Entwicklungslinien des Kaiserreichs weiter in die Weimarer Republik zu verfolgen, ist zunächst wieder ein Wechsel auf die Beobachtungsebene der nationalen Eliten angezeigt, denn zusammenhängende Datenreihen zur Regionalisierung des Wahlverhaltens über die Zäsur der Novemberrevolution hinweg stehen gegenwärtig noch nicht zur Verfügung. Doch läßt sich die regionale Verankerung der parlamentarischen Konfliktgruppen grob durch die Kontingenzkoeffizienten darstellen, die sich ergeben, wenn die Fraktionszugehörigkeit der Reichstagsabgeordneten — hier zusammengefaßt zu 6 (bis 1912) und 7 (ab 1924) Richtungsgruppen — mit der Wahlregion — hier aggregiert zu 11 Großregionen — korreliert werden. Verfolgt man diese Koeffizienten in der Zeit, zeigt die Datenreihe einen im Kaiserreich bis in die 1880er Jahre hinein tendenziell zunehmenden, dann bis 1912 leicht abnehmenden Regionalisierungstrend — ein Verlauf, der mit den Befunden unserer Analysen des Wahlverhaltens kompatibel ist. Auch auf der Ebene der parlamentarischen Führungsgruppen erweist sich dabei die SPD als „Nationalpartei", die zu einer Deregionalisierung der Konfliktstrukturen beitrug: Eliminiert man sie aus den Berechnungen, nimmt die Stärke des Kontingenzkoeffizienten — und das bedeutet: die territoriale Segmentation der Konfliktstruktur — deutlich zu.

Die Novemberrevolution bildete dann eine markante Zäsur, nach der regionale Unterschiede der Verankerung politischer Konfliktgruppen markant abnahmen, eine Tedenz, die sich bis 1933 in einer kontinuierlichen Erosion fortsetzte. Eine jüngst durch Jürgen Falter und Helmut Bömermann durchgeführte Hochburganalyse der Weimarer Parteien kommt mit den Instrumenten der Wahlanalyse zu einem komplementären Ergebnis: Insgesamt war „die Weimarer Hochburgenlandschaft hinsichtlich der parteipolitischen Stärke durch einen deutlichen Abbau ... gekennzeichnet".[35] Diese Daten widersprechen Einschätzungen, daß in der Weimarer Republik das Parteiensystem die

---

[35] Die Entwicklung der Weimarer Parteien in ihren Hochburgen und die Wahlerfolge der NSDAP, in: Best (Hrsg.): Politik und Milieu, 1989, S. 118.

sektionalen Spaltungen einer unvollständig geeinten Nation konserviert habe.[36] Tatsächlich war im Hinblick auf die Regionalisierung wie auf andere Dimensionen politischer Modernisierung die Weimarer Republik „moderner", als es solche Urteile suggerieren. Dazu hat sicherlich der Übergang von einem territorialen Mehrheitswahlrecht zu einem Verhältniswahlrecht beigetragen und — damit verbunden — die Umformung der Honoratiorenparteien in regionenübergreifende Massenorganisationen.

Auch auf der Elitenebene bildet sich der Wandel in der Verknüpfung von Region und Politik ab: Der Anteil der Reichstagsabgeordneten, die ihren Hauptwohnsitz in Großstädten von mehr als 100 000 Einwohnern hatten, wuchs im Übergang vom Kaiserreich zur Weimarer Republik von 30% auf 60%, im Falle von Konservativen und DNVP-Abgeordneten von 10% auf 50%.[37] Doch darf der Abbau territorialer Segmentationen und parochialer Bindungen nicht kurzschlüssig mit einer Stärkung repräsentativer Institutionen gleichgesetzt werden. Darauf verweist die Wertereihe der NSDAP, die nach unseren Befunden seit 1930 zu einer Deregionalisierung der Konfliktstrukturen im Weimarer Reichstag beitrug.

Die fortbestehenden räumlichen Schwerpunkte politischer Konfliktgruppen wurden mehr und mehr zu Ausdrucksformen sozioökonomischer und sozialkultureller Disparitäten zwischen Regionen. Dies zeigen die Ergebnisse einer Korrespondenzanalyse der Konfliktstrukturen in den Reichstagen des Kaiserreichs und der Weimarer Republik. Dabei wurde untersucht, inwieweit die politische Konfliktstruktur (erfaßt durch die Fraktionsmitgliedschaft) und sozialkulturelle Cleavages (erfaßt durch die Variablen Beruf, Adel, Region und Konfession) koinzidierten. Hier werden aus dieser Analyse nur die „Trägheitsgewichte" der Gesamtkonfiguration dargestellt, die angeben, durch welche sozialdemographischen Hintergrundmerkmale die politischen Konfliktstrukturen in welcher Stärke determiniert wurden. Dabei ist zu berücksichtigen, daß die Trägheitsgewichte sich jeweils auf 100% addieren und in dem Merkmal „Konfession" auch die Aufgliederung nach konfessionsgebundenen und „dissidenten" Abgeordneten berücksichtigt wurde.

Der Zeitvergleich erweist, daß konfessionelle Spaltungen im Kaiserreich strukturdominant wurden, während „rein" regionale Disparitäten noch 1871 bestimmend gewesen waren. Deren Einfluß nahm jedoch bis zum Ende der Weimarer Republik kontinuierlich ab. Die multivariate Analyse präzisiert so die bivariaten Zusammenhangsmaße, die bis 1886 einen Regionalisierungstrend ausgewiesen haben. Offenbar handelte es sich um eine indirekte Beziehung: Weil die Konfessionen auf bestimmte Regionen konzentriert waren, suggeriert die Konfessionalisierung der politischen Konfliktstruktur auch eine Regionalisie-

---

[36] Derek W. *Urwin:* Germany: From Geographical Expression to Regional Accommodation, in: ders. und Stein Rokkan (Hrsg.): The Politics of Territorial Identity. Studies in European Regionalism, London u. a. 1982, S. 207.

[37] *Best:* Mandat ohne Macht, 1989, S. 185f.

Tabelle 4
Regionale Spaltungen in den parlamentarischen Führungsgruppen Deutschlands 1867–1933

Reichstage		Assoziation zwischen regionaler Herkunft[b] und Zugehörigkeit zu einer polit. Konfliktgruppe		Trägheitsgewichte einer Korrespondenzanalyse mit der Spaltenvariablen: Zugehörigkeit zu einer pol. Konfliktgruppe[a] (Ergebnisse für die Gesamtkonfiguration)			
		Alle Abg.		Konfession[d]	Beruf[c]	Adelstitel[e]	Region[b]
Konst. Nord. RT	1867	25					
Zollparlament	1868	30					
KRT1	1871	36	Ohne SPD	27,3	22,9	17,5	32,3
KRT2	1874	41	45				
KRT3	1877	44	49				
KRT4	1878	44	49				
KRT5	1881	44	48	33,7	19,8	13,3	33,2
KRT6	1884	45	50				
KRT7	1887	45	51				
KRT8	1890	40	45	43,4	19,8	10,0	26,8
KRT9	1893	34	41				
KRT10	1898	39	43				
KRT11	1903	39	45				
KRT12	1907	34	40				
KRT13	1912	37	45	43,4	25,3	7,2	23,9
WNV	1919	29		62,4	18,0	2,1	17,5
WRT1	1920	24	Ohne NSDAP				
WRT2	1924 A	22	23				
WRT3	1924 B	23	24				
WRT4	1928	23	24	56,9	26,1	3,0	14,5
WRT5	1930	21	25				
WRT6	1932 A	23	30				
WRT7	1932 B	20	25	63,4	22,8	2,7	11,0
WRT8	1933	18	25				

[a] *Politische Konfliktgruppen:*
1867–1918: Konservative, Nationalliberale, Linksliberale („Freisinn" etc.), Zentrum, Sozialdemokraten, Andere (Partikularisten, Ethnische und Splitterparteien); 1919–1933: Deutschnationale, Liberale (DVP, DDP), Kath. Konfessionsparteien (BVP, Zentrum), Sozialisten (SPD, USDP), Kommunisten, Nationalsozialisten, Andere (Splitterparteien).

[b] *Regionale Herkunft:*
Altpreußen (Brandenburg, Ostseeprovinzen), Prov. Sachsen und Schlesien, Nordwestpreußen (Hannover, Schleswig-Holstein), Rheinpreußen, südd., mitteldt. und norddt. Klein- und Mittelstaaten, Altbayern, Franken, Elsaß-Lothringen (1874–1912); nach 1919: Reichswahlvorschlag.

[c] *Hauptberuf bei Mandatsantritt:*
Gutsbesitzer, Unternehmer und Großkaufleute, Handwerker und Kleinhändler, Staatsdienst, Klerus, Partei-, Verbandsjournalisten und -funktionäre, Freie Berufe (Anwälte, Ärzte), Arbeiter und Angestellte.

[d] *Konfessionszugehörigkeit:*
Protestanten, Katholiken, Dissidenten, Juden.

[e] *Adelstitel:*
Hochadel, Adel, Bürgerliche.

rung. Tatsächlich war aber die Politisierung der konfessionellen Spaltungen kausal vorgelagert.

In diese Richtung weisen auch die jüngst von S. Immerfall vorgelegten Befunde zur sozialstrukturellen Basis der Parteien im Kaiserreich. Seine Korrelationsanalysen zeigen noch für den relativ spät ansetzenden Zeitraum zwischen 1893 und 1907, daß sich die Parteien „förmlich in die gesellschaftlichen Spannungslinien eingruben — und das nicht nur in die funktionale (ökonomische), sondern auch und besonders ausgeprägt in die kulturelle (religiöse)".[38]

Die Umformung politischer Konfliktgruppen in Repräsentationen soziokultureller Milieus und die Konsolidierung des nationalen Handlungszusammenhangs unterminierten die Grundlagen für die in älteren konstitutionellen Traditionen und dynastischen Loyalitäten begründeten politischen Regionen, die wir in den Jahren 1848/49 beobachten konnten. Dies bedeutet nicht, daß regionale Unterschiede politischer Orientierungen verschwanden, doch wurden sie immer mehr zu einem Ausdruck sozioökonomischer und sozialkultureller Disparitäten.

Für das Verblassen regionaler politischer Orientierungen, die in der Opposition oder Observanz gegenüber den deutschen Teilstaaten begründet waren, spricht auch der ephemere Charakter der autonomistischen und separatistischen Bewegungen in Rheinpreußen und der Pfalz nach 1918. Hauptmotiv des antiseparatistischen Widerstands war hier andererseits die Bindung an das Deutsche Reich, weniger Loyalität gegenüber einem der Einzelstaaten.[39] Gleichzeitig zeichnet sich ab, daß neue politische Konfliktkonstellationen an den Grenzsäumen des Reiches wieder neue Regionalisierungstendenzen auslösten: Auffällig ist etwa die Dominanz der Rechtsparteien in den an der Ostgrenze gelegenen Wahlkreisen, wobei noch zu prüfen wäre, ob hier ein die Wirkung der sozialkulturell begünstigenden Faktoren übersteigender Stimmenanteil zu beobachten ist; ein analoger Effekt der Grenzlage wird übrigens für die östlichen Departements Frankreichs behauptet.[40] Doch wäre eine solche Regionalisierung aus nationaler Orientierung, für die es ja auch in Franken mit seiner Opposition gegen den altbayerischen Partikularismus Anhaltspunkte gibt, nur eine paradoxe Variante des Prozesses einer Nationalisierung der politischen Geographie Deutschlands, in dem politische Regionen zu mehr oder weniger „reinen" Ausdrucksformen der territorialen Verteilung von Konfessionsgemeinschaften und Wirtschaftssektoren wurden.

---

[38] Stefan *Immerfall:* Wahlverhalten und Parteiensystem im Kaiserreich: einige quantitative Befunde, in: Best (Hrsg.): Politik und Milieu, 1989, S. 56.

[39] Vgl. etwa Fritz *Brüggemann:* Die rheinische Republik. Ein Beitrag zur Geschichte und Kritik der rheinischen Abfallbewegung während des Waffenstillstandes im Jahr 1918/19, Bonn 1919.

[40] Jürgen *Falter* u. a.: Wahlen und Abstimmungen in der Weimarer Republik, München 1986, Karten S. 228-231; Hervé le Bras u Emmanuel Todd: L'invention de la France. Atlas anthropologique et politique, Paris 1981, S. 334.

Diese Entwicklung blieb auch in der Bundesrepublik Deutschland bestimmend: Derek Urwin hat gezeigt, daß eine Kombination der Variablen „Katholikenanteil" und „Anteil der Industriebeschäftigten" die regionalen Wahlergebnisse von CDU und SPD weit überwiegend erklärt. Er kam zu dem Schluß, daß für andere Ursachen regionaler Unterschiede wenig Raum bleibe.[41] Die Nivellierung politischer Regionen in der Bundesrepublik, soweit sie nicht in fortdauernden ökonomischen und kulturellen Disparitäten begründet waren, setzte damit eine Entwicklungslinie fort, die sich bis in das Kaiserreich zurückverfolgen läßt. Hinzu kommt als Folge der territorialen Neuordnung Mitteleuropas nach 1945 eine „Vereinfachung" der politischen Geographie Deutschlands. So wurde das altpreußische Kerngebiet einer „paternalistischen" Repräsentation, das ja in den Hochburgen der Konservativen und der Deutschnationalen eine Fortsetzung hatte, abgetrennt, während die Bundesrepublik die Haupterbin des „Dritten Deutschland" mit seiner frühkonstitutionellen Tradition wurde. Soweit überhaupt noch Residuen dieser fernen Vergangenheit nachwirken, gehören sie mit zu den vielen begünstigenden Umständen der westdeutschen Staatsgründung.

Mit Blick auf die Systematisierungen W. Brusteins läßt sich das Fazit ziehen, daß die wechselvolle Geschichte der politischen Regionen Deutschlands wenig Unterstützung für mentalistische und normative Erklärungen räumlicher Differenzierungen liefert, obwohl sie zugleich die nachhaltige Virulenz historischer Grenzbildungen belegt. In der polychromen Landkarte der politischen Regionen Deutschlands mischten sich drei Grundfarben: die geographische Konfessionsverteilung, die wirtschaftsräumliche Gliederung und die politisch-staatlichen Zugehörigkeiten. Die Längsschnittanalyse zeichnete dann das ambivalente Bild einer weitgehenden Persistenz regionaler Unterschiede bei einer sich wandelnden Geographie der Hochburgenverteilung und deren wechselnder Besetzung durch politische Konfliktgruppen. Als Grundlinie des Wandels erkannten wir eine Verschiebung der Basis politischer Regionen von der Teilstaatlichkeit der Territorien des Deutschen Bundes mit ihren unterschiedlichen Verfassungstraditionen und vielfältigen Konstellationen der Opposition und Observanz gegenüber den „deutschen Partikularregierungen" (P. Pfizer) zu einer sozialstrukturellen Verankerung in Konfessionsgemeinschaften und sozioökonomischen Interessengruppen.

Das Erbe der Geschichte erwies sich eher als ein Ferment des Wandels denn als ein stabilisierender Faktor: Im Gefolge der Entwicklung einer mächtigen Konfessionspartei und der Grenzveränderungen im Zuge der staatlichen Integration Deutschlands wechselten und differenzierten sich nach 1866 die politischen Loyalitäten. Während die partikularistischen und regionalistischen Oppositionen ephemer waren, soweit sie nicht von ethnischen Minderheiten getragen wurden, entwickelte der politische Katholizismus eine bis in die

---

[41] *Urwin*, 1982, S. 231.

Gegenwart nachwirkende Binde- und Prägekraft. Doch wäre es nicht angemessen, in ihm eine Ausdrucksform regionaler Selbstgenügsamkeit zu erkennen. Als Gesinnungsgemeinschaft war der politische Katholizismus universalistisch in seinem Anspruch, als „Ultramontanismus" hatte er eine Orientierung, die selbst über die Grenzen des Nationalstaats ausgriff.

Regionale politische Kulturen und die Umfrageforschung: Offene Fragen, Lösungsmöglichkeiten und Grenzen

Von *Helmut Jung*

1. Politische-Kultur-Forschung in der Bundesrepublik Deutschland

Kontroversen über die Sinnhaftigkeit verschiedenster Konzepte, die in die Wahlsoziologie und die Politikwissenschaft Eingang gefunden haben, sind durchaus normal und fördern überlicherweise den wissenschaftlichen Fortschritt. So haben zum Beispiel die unterschiedlichen Ansätze der ersten amerikanischen Arbeiten zur Erklärung und Analyse des Wahlverhaltens zu fruchtbaren Diskussionen und konzeptionellen Weiterentwicklungen und nicht zu einer Lähmung oder Blockade der Forschungstätigkeit geführt. Ausschlaggebend für diese Entwicklung war, daß die wissenschaftlichen Diskussionen über die Arbeiten der Columbia-Gruppe mit ihrem eher soziologischen Ansatz[1] und über die Untersuchungen des Survey Research Center mit einer eher sozialpsychologischen Ausrichtung[2] im Regelfall nicht in der Art und Weise erfolgten, daß eines der beiden Konzepte grundsätzlich in Frage gestellt worden oder aber zwischen der Richtigkeit des einen im Vergleich zum anderen Ansatz zu entscheiden gewesen wäre. Dies gilt im Prinzip auch für die wissenschaftlichen Debatten über den Stellenwert von Einzelelementen dieser Ansätze. So haben die Diskussionen über den Stellenwert von Issues im Vergleich zu anderen unabhängigen Einflußgrößen[3] oder über die Bedeutung ökonomischer versus nichtökonomischer Issues bei der Erklärung des Wahlverhaltens[4] nicht dazu geführt, daß das Konzept des SRC insgesamt in Frage gestellt wurde.

Ein völlig anderes Bild bietet sich hingegen, wenn man die Diskussionen in der Bundesrepublik um das von Gabriel Almond und Sidney Verba entwickelte

---

[1] Vgl. P. F. *Lazarsfeld*, B. R. *Berelson*, H. *Gaudet:* The Peoples Choice. How the Voter Makes up his Mind in a Presididential Campaign, 2nd edition, New York 1948; B. R. *Berelson*, P. F. *Lazarsfeld*, W. N. *McPhee:* Voting. A Study of Opinion Formation in a Presidential Campaign, Chicago 1954.

[2] Vgl. A. *Campbell*, G. *Gurin*, W. E. *Miller:* The Voter Decides, Evanston 1954; A. *Campbell*, Ph. E. *Converse*, W. E. *Miller*, D. E. *Stokes:* The American Voter, New York 1960.

[3] Für einen Überblick zur Issuedebatte siehe H. *Jung:* Wirtschaftliche Einstellungen und Wahlverhalten in der Bundesrepublik Deutschland, Paderborn/München/Wien/Zürich 1982, S. 43-55.

[4] Ebd., S. 53, sowie H. *Garding:* Ostpolitik und Arbeitsplätze, in: D. Oberndörfer (Hrsg.): Wählerverhalten in der Bundesrepublik Deutschland, Berlin 1978, S. 327-390.

Konzept der politischen Kultur[5] eingehender betrachtet. Das in den USA entwickelte und im englischsprachigen Raum weiterverfolgte Konzept[6] fand im Gegensatz zu den zuvor angesprochenen Ansätzen und Analysen zur Erklärung des Wahlverhaltens bei den Wahlsoziologen und Politikwissenschaftlern in der Bundesrepublik kaum oder nur überwiegend negative Resonanz. Dieser Sachverhalt wurde nicht nur von englischsprachigen Politikwissenschaftlern beklagt[7], sondern auch von Max Kaase in seiner hervorragenden Bestandsaufnahme zum Stand der Erforschung der politischen Kultur in der Bundesrepublik Deutschland[8].

Kaases Bestandsaufnahme der politischen Kultur-Forschung in der Bundesrepublik beschränkt sich keineswegs nur darauf, einige wenige Arbeiten deutscher Politikwissenschaftler zu dieser Thematik positiv zu würdigen[9] und den ansonsten unbefriedigenden Verlauf der Debatte um den politischen Kultur-Ansatz in der Bundesrepublik anhand fehlerhafter Auslegungen des ursprünglichen Konzepts von Almond und Verba zu belegen.[10] Kaase macht vielmehr deutlich, daß bei der theoretischen Grundlegung des Begriffes sowie bei der konzeptionellen und methodischen Umsetzung eine Reihe von Schwierigkeiten bestehen, die durchaus die Frage nach der Sinnhaftigkeit des Konzepts der politischen Kultur provozieren können. Angesichts dieser Sicht wird es verständlich, daß Kaase in dem Untertitel seines Beitrages mit ironischem Unterton von dem Versuch spricht, einen Pudding an die Wand zu nageln. Offenbar spielt er dabei auch auf diejenigen Wissenschaftler in der Bundesrepublik an, die bei der Beschäftigung mit dem Konzept der politischen Kultur entweder wichtige Grundlagen der Arbeit von Almond und Verba nicht berücksichtigten, zu Fehlinterpretationen des Begriffs gelangten oder vor den auf den ersten Blick schier unüberwindbaren methodischen Problemen bei Umsetzungsversuchen kapitulierten und somit zu der Schlußfolgerung gelangten, das politische Kultur-Konzept sei nicht greifbar und das Bemühen einer Umsetzung gleiche dem untauglichen Versuch, einen Pudding an die Wand zu nageln.

Daß die eingehende Beschäftigung mit dem Konzept der politischen Kultur nicht zwangsläufig zum Vergleich mit dem an einer Wand nicht fixierbaren

---

[5] Vgl. G. A. *Almond,* S. *Verba:* The Civic Culture, Princeton 1963.

[6] Vgl. dazu D. J. *Devine:* The Political Culture in the United States, Boston 1972; W. A. *Rosenbaum:* Political Culture, London 1975; D. *Kavanaugh:* Political Culture, London/Basingstoke 1972.

[7] D. P. *Conradt:* Changing German Political Culture, in: G. A. Almond, S. Verba (Hrsg.): The Civic Culture Revisited, Boston 1980, S. 217.

[8] Vgl. M. *Kaase:* Sinn und Unsinn des Konzepts „Politische Kultur" für die vergleichende Politikforschung, oder auch: Der Versuch, einen Pudding an die Wand zu nageln, in: M. Kaase, H.-D. Klingemann (Hrsg.): Wahlen und politisches System. Analysen aus Anlaß der Bundestagswahl 1980, Opladen 1983, S. 144-171.

[9] Ebd., S. 144, Fußnoten 4 und 5.

[10] Ebd., S. 144-150.

Pudding führen muß, belegt Kaase selbst, indem er aus der Kritik des bisherigen Forschungsstandes in der Bundesrepublik Vorschläge zur sinnvollen empirischen Analyse der politischen Kultur in der Bundesrepublik ableitet und unterbreitet[11].

Sowohl die von Kaase vorgebrachte Kritik als auch die daraus abgeleiteten Vorschläge zur empirischen Analyse politischer Kultur sollen hier nicht im Detail nachvollzogen werden. Allerdings erscheint es notwendig, auf die wichtigsten Kritikpunkte und weiterführenden Überlegungen Kaases einzugehen. Diese sind wichtig für die Beurteilung der Frage, ob und inwieweit die Untersuchung regionaler politischer Kulturen überhaupt sinnvoll ist und welche Lösungsmöglichkeiten und Grenzen dabei durch den Einsatz der Umfrageforschung gegeben sind.

Die wichtigsten Kritikpunkte, die aus der Sicht von Kaase zu einem wenig befriedigenden Stand der Forschung in der Bundesrepublik Deutschland geführt haben, sind

1. Mangelnde Kontinuität in der Beschäftigung mit der Thematik.
2. Der normative Bias des politischen Kultur-Begriffs in der Bundesrepublik (Civic Culture meint nicht Bürger- oder Hochkultur).
3. Das Außerachtlassen der Notwendigkeit, politische Kulturforschung grundsätzlich als vergleichende Forschung anzulegen.
4. Das Nichtberücksichtigen der Tatsache, daß politische Kulturforschung als Makroanalyse durchgeführt werden und daß auf dieser Ebene nach Gesetzmäßigkeiten gesucht werden muß (nomologische Theorien).
5. Mangelnde Stringenz in der Definition der unabhängigen Variablen durch unsystematische Anhäufung „relevanter" Variablen.
6. Unreflektierte Einbeziehung von Verhaltensvariablen in den Set der erklärenden Variablen (Verhalten ist nicht Explanans, sondern Explanandum).
7. Keine saubere Trennung und Berücksichtigung der Bereiche Werte, strukturelle, organisatorische Einbindungen und institutionelle Ausgestaltung der Gesellschaft.
8. Beschränkung auf die Zielgruppe Gesamtbevölkerung und Nichtberücksichtigung der Sinnproduzenten für Einstellungen.
9. Verzicht auf Methodenpluralismus.

Diese Hauptmängel der politischen Kultur-Forschung in der Bundesrepublik hält Kaase allerdings für weitgehend behebbar. Er empfiehlt in diesem Zusammenhang zuerst einmal eine theoretische Rückbesinnung und eine stärkere Orientierung an den Arbeiten von Almond und Verba. Dabei denkt er vor allem an den von Almond und Verba entwickelten analytischen Rahmen.

---

[11] Ebd., S. 162-168.

Dieser analytische Rahmen dient dazu, aus den drei Arten der Orientierungen der Bürger (Kognitionen, Gefühle und Bewertungen) sowie den vier Objekten der Orientierung (System allgemein, Input- und Outputstrukturen sowie Selbstbild) diejenigen Dimensionen abzuleiten, die die Klassifikation einzelner politischer Systeme im Hinblick auf ihre politische Kultur zulassen sollen. In diesem Zusammenhang ist es zuerst einmal unerheblich, ob man daraus wie Almond und Verba drei hauptsächliche Typen politischer Kultur ableitet[12] oder zu anderen Lösungen kommt.

Kaases Vorschläge zielen darauf ab, auf der Basis des von Almond und Verba entwickelten analytischen Rahmens die vorhandenen theoretischen Konzepte „in angemessene Forschungsdesigns und in gültige Messungen auf der Grundlage der Operationalisierung dieser Konzepte"[13] zu überführen. Dabei sieht er zum einen einen heilsamen Zwang zur intellektuellen Selbstdisziplin, zum anderen aber auch die Möglichkeit, die zweidimensionale Matrix der Komponenten politischer Kultur in den noch nicht besetzten Zellen systematisch aufzufüllen[14].

Weitere Vorschläge Kaases für die Weiterentwicklung der politischen Kultur-Forschung zielen auf[15]

a) die Einbeziehung der sozialen, kulturellen und politischen Eliten (Sinnproduzenten) in den Forschungsansatz, da diese das Angebot an Ideologien und Situationsdeutungen erzeugen, das mit den individuellen Wertorientierungen und Grundeinstellungen „auf dem offenen Markt der Verhaltenssteuerungen konkurriert",[16]

b) die systematische Unterscheidung der Unterstützung von politischer Gemeinschaft (Nation), politischen Institutionen und Inhabern von Herrschaftspositionen sowie die Untersuchung der wechselseitigen Einflüsse zwischen den drei Bereichen bei den Orientierungen gegenüber dem politischen System,

c) die Berücksichtigung von Information über und Interesse an Politik, von Einbindung in Kommunikationsstrukturen, Bewertung der eigenen Einflußmöglichkeiten, Formen der Partizipation, individuellen politischen Überzeugungssystemen und von politischen Bindungen bei den Orientierungen gegenüber den Inputstrukturen,

d) die Untersuchung der Zuschreibung von Verantwortlichkeit für politische Outputs sowie die Berücksichtigung der Information über Entscheidungsprozesse, der Einschätzung der Effizienz von Entscheidungsprozessen und

---

[12] Vgl. G. A. *Almond*, S. *Verba:* The Civic Culture, Boston 1965, S. 13-16.
[13] Vgl. M. *Kaase:* a.a.O., S. 162.
[14] Ebd., S. 163.
[15] Ebd., S. 163-166.
[16] Ebd., S. 163.

der Qualität von politischen Outputs bei den Orientierungen gegenüber den Outputstrukturen,

e) die Ermittlung von Selbstwertgefühl, Vertrauen in Dritte, interner Kontrolle und politischer Kompetenz bei den Orientierungen gegenüber dem Ego.

Kaases Bestandsaufnahme des Status der politischen Kultur-Forschung endet zwar nicht gerade mit euphorischen Perspektiven für die zukünftig zu erwartenden Fortschritte in diesem Feld politikwissenschaftlicher Forschung. Dessen ungeachtet sieht er Chancen, durch systematische Verknüpfung von Theorie und Empirie weiterzukommen, während sich die Diskussion aus seiner Sicht ohne Einbeziehung der Empirie weiterhin im Kreis bewegen wird[17]. Diese Ansicht untermauert er mit dem Hinweis auf empirische Arbeiten von Conradt[18] sowie Baker, Dalton und Hildebrandt[19], die er als erste Schritte in die richtige Richtung wertet.

Das Votum Kaases für eine systematische Verknüpfung von Theorie und Empirie in der politischen Kultur-Forschung sollte allerdings nun keineswegs so verstanden werden, als ob bei Beachtung dieser Empfehlung alle Forschungsprobleme gelöst seien. Die eingehendere Beschäftigung mit der Bestandsaufnahme Kaases zum Stand der politischen Kultur-Forschung in der Bundesrepublik läßt vielmehr erkennen, daß Kaase in der Einbeziehung der Empirie lediglich eine notwendige, aber keineswegs hinreichende Bedingung für Fortschritte sieht. Das Allheilmittel zur Lösung aller Probleme sieht er demnach in der Empirie ebenfalls nicht, zumal seine Forderung nach systematischer Verknüpfung von Theorie und Empirie mit dem Postulat nach Methoden- und Datenpluralismus einhergeht.

2. Offene Fragen und Probleme bei der Analyse politischer Kulturen: Lösungsangebote und Grenzen der Umfrageforschung

Angesichts des wenig befriedigenden Status der politischen Kultur-Forschung in der Bundesrepublik und in Anbetracht der Tatsache, daß das Konzept der politischen Kultur bisher nicht nur von Vertretern der empirischen Sozialforschung, sondern auch von Wissenschaftlern aus anderen Disziplinen mit sehr unterschiedlichen Methoden angegangen wurde, sollen im folgenden ohne Anspruch auf Vollständigkeit Lösungsangebote und Grenzen der Umfrageforschung für dieses Feld politikwissenschaftlichen Interesses andiskutiert werden. Diese Diskussion erfolgt unter anderem auch mit der Zielsetzung, Vertretern anderer Disziplinen und Methoden erste Anregungen für eine Integration der Umfrageforschung in ihre Forschungsaktivitäten und für die Auswahl eines adäquaten Methodenmix zu geben.

---

[17] Ebd., S. 166.
[18] Vgl. D. P. *Conradt:* a. a. O.
[19] Vgl. K. L. *Baker,* R. J. *Dalton,* K. *Hildebrandt:* Germany Transformed. Political Culture and the New Politics, Cambridge 1981.

Aufbauend auf den Überlegungen Kaases soll in der Form eines iterativen Prozesses für die wichtigsten Probleme und Fragen bei der Erforschung politischer Kulturen und Traditionen überprüft werden, ob bzw. welche Beiträge die empirische Sozialforschung bzw. die Umfrageforschung bei der Lösung des jeweiligen Problems anbieten kann. Bei dieser Überprüfung werden die Möglichkeiten und Grenzen der Umfrageforschung allerdings im Regelfall nicht speziell unter dem Blickwinkel der Analyse regionaler politischer Kulturen und Traditionen diskutiert. Diese Vorgehensweise erscheint deshalb sinnvoll, weil die Probleme der politischen Kultur-Forschung und mögliche Lösungsangebote der Umfrageforschung weitgehend nicht von der jeweils ausgewählten Analyseeinheit abhängen. Sofern sich für die Analyse regionaler politischer Kulturen Besonderheiten ergeben, wird auf diese jedoch eingegangen.

2.1 Politische Kultur als „catch all term"

Der Einsatz der Umfrageforschung zur empirischen Überprüfung eines theoretischen Konzepts setzt voraus, daß die Elemente des Konzepts klar definiert sind. Dies betrifft auch die eindeutige Unterscheidung zwischen Explanans und Explanandum. Die Ende der siebziger Jahre in der Bundesrepublik wieder einsetzende Diskussion über das Konzept der politischen Kultur, die 1979 durch das von Sylvia und Martin Greiffenhagen verfaßte Buch „Ein schwieriges Vaterland"[20] ausgelöst worden sein mag, hat jedoch keineswegs zu größerer theoretischer Klarheit über das Konzept geführt. Die von Sylvia und Martin Greiffenhagen gewählte Vorgehensweise bei der Behandlung dieser Thematik scheint vielmehr auch weitere wissenschaftliche Beiträge in der Bundesrepublik zu dieser Thematik beeinflußt zu haben. Beispielhaft hierfür ist eine Debatte in der „Politischen Vierteljahresschrift" (PVS), die mit einem Beitrag von Peter Reichel begann[21], dem Veröffentlichungen verschiedener anderer Autoren[22] und eine weitere Stellungnahme Reichels folgten[23].

So wird das Konzept der politischen Kultur von Gerstenberger und Reichel nicht nur wegen des vermeintlich normativen Bias des dem Konzept zugrundeliegenden systemtheoretischen Ansatzes in Frage gestellt. Auch wegen des ungeklärten Verhältnisses zwischen einer normativen Sicht des Begriffs politischer Kultur als einem politischen Desiderat und dem Begriff civic culture — im

---

[20] S. *Greiffenhagen, M. Greiffenhagen:* Ein schwieriges Vaterland, München 1979.

[21] Vgl. P. *Reichel:* Politische Kultur — mehr als ein Schlagwort?, in: PVS 21 (1980), S. 382-399.

[22] Vgl. D. *Berg-Schlosser:* Forum „Politische Kultur" der PVS, in: PVS 22 (1981), S. 110-117; H. *Gerstenberger:* Zur Ideologie eines kritischen Begriffes, in: ebd., S. 117-122; K. L. *Shell:* Politische Kultur — Ist der Begriff zu retten?, in: ebd., S. 195-199; J. *Schissler:* Anmerkungen zur deutschen politischen Kultur, in: ebd., S. 199-204; O. W. *Gabriel:* Politische Kultur — zum Schlagwort deformiert, in: ebd., S. 204-209.

[23] Vgl. P. *Reichel:* Politische Kultur zwischen Polemik und Ideologiekritik, in: PVS 22 (1981), S. 415-422.

Sinne einer Bürger- oder Hochkultur verstanden und übersetzt — wird der politische Kultur-Ansatz problematisiert.

Die zuletzt angesprochene Kritik übersieht, daß von politischer Kultur im Sinne des Konzeptes nicht erst dann gesprochen werden kann und soll, wenn alle bzw. die wichtigsten Elemente, die für theoretisch relevant gehalten werden, sich bei einer Überprüfung einer spezifischen politischen Kultur auch tatsächlich als existent erweisen. Kaase verweist in seinem Beitrag völlig zu Recht darauf, daß das Vorhandensein oder Fehlen einzelner Elemente aus dem Gesamtspektrum der theoretisch für bedeutsam gehaltenen Elemente gerade erst den spezifischen Charakter der politischen Kultur eines Landes oder einer Region ausmachen[24]

Bevor die Umfrageforschung bei der Untersuchung politischer Kulturen in wirklich sinnvoller Weise genutzt werden kann, ist es unbedingt erforderlich, den Begriff der politischen Kultur im Sinne des Almond-Verba-Konzepts aus normativen Diskussionszusammenhängen herauszureißen und nicht mehr im Sinne eines politischen Desiderats als Synonym für politische Moral oder demokratische Tugenden zu verwenden.

Die Umfrageforschung dürfte sich nach der Eliminierung jeglicher normativer Bezüge wesentlich leichter darin tun, die theoretisch als grundsätzlich relevant erachteten Einzelelemente für die Erforschung spezifischer politischer Kulturen in adäquater Form in entsprechende Operationalisierungen umzusetzen. Dazu gehört auch, daß bei Wiederholungs- und Vergleichsuntersuchungen die einmal als theoretisch bedeutsam definierten Variablen immer wieder vollständig in das Untersuchungsdesign mit einbezogen werden. Dies gerade auch dann, wenn die Vermutung besteht, daß bestimmte, für theoretisch bedeutsam gehaltene Einzelelemente in einer spezifischen politischen Kultur gar nicht oder nur teilweise empirisch vorfindbar sein werden.

Sofern man die postulierte Loslösung des Politische-Kultur-Konzepts von normativen Bezügen und die theoretische Rückbesinnung auf Almond und Verba akzeptiert, kann die Umfrageforschung bzw. die empirische Sozialforschung durchaus zu ersten schnellen Fortschritten beitragen. Diese sind deshalb möglich, weil theoretisch relevante Einzelelemente des Politische-Kultur-Ansatzes auch in anderen politikwissenschaftlichen Ansätzen auf empirischer Basis eine bedeutsame Rolle spielen. Dies gilt ganz besonders für solche Ansätze, die sich zur Erklärung des Wahlverhaltens der Umfrageforschung bedienen.

Sowohl die universitäre als auch die privatwirtschaftlich betriebene Umfrageforschung bieten bereits heute ein breites Spektrum von Untersuchungen, in denen zumindest teilweise Operationalisierungen von Variablen enthalten sind, die integraler Bestandteil des von Almond und Verba entwickelten analytischen Rahmens mit den drei Arten und den vier Objekten der Orientierung sind.

---

[24] Vgl. M. *Kaase:* a.a.O., S. 146.

Eine Durchsicht der in Betracht kommenden Studien sowie Reanalysen und Sekundäranalysen könnten ein wertvolles Hilfsmittel bei der Rückbesinnung auf das ursprüngliche Konzept sein[25]. Gleichzeitig dürfte bei einer Durchsicht bereits vorhandener empirischer Arbeiten, die Komponenten des Civic-Culture-Konzepts beinhalten, schneller erkennbar werden, welche Einzelelemente des analytischen Rahmenschemas bisher noch nicht in Studien eingeflossen oder im Rahmen von Umfragen operationalisiert worden sind. Dies gilt ganz besonders für die Untersuchung regionaler politischer Kulturen, bei der es im Hinblick auf die Operationalisierung einzelner Variablen des analytischen Rahmenschemas mit Sicherheit einige Besonderheiten geben dürfte.

2.2 Adäquatheit und Notwendigkeit des Vergleichs von Analyseeinheiten

Eine zentrale Frage bei der empirischen Untersuchung politischer Kulturen, die auch Lösungsmöglichkeiten und Grenzen der Umfrageforschung berührt, betrifft zum einen die Adäquatheit der Analyseeinheit, zum anderen aber auch die Notwendigkeit des Vergleichs von Analyseeinheiten.

Bei der Frage nach der Analyseeinheit soll die ansatzweise bereits geführte Diskussion einmal völlig außer Betracht bleiben, ob der Politische-Kultur-Ansatz auch auf sozialistische oder kommunistische Länder übertragbar ist[26]. Neben den allgemein üblichen Schwierigkeiten bei international bzw. interkulturell vergleichender empirischer Sozialforschung dürften hier besondere Probleme zu erwarten sein, da es in diesen Ländern entweder noch gar keine Umfrageforschung gibt oder da diese sich erst im Anfangsstadium ihrer Professionalisierung befindet. Deshalb soll die Diskussion hier auf die Frage beschränkt werden, ob und inwieweit Nationen mit parlamentarisch-demokratischem System oder deren subnationale Gebietseinheiten für die Analyse politischer Kulturen adäquat sind.

Üblicherweise steht bei empirischen politikwissenschaftlichen Untersuchungen meist die Analyseeinheit Nationalstaat im Vordergrund des Interesses. Dies ist eine völlig plausible Vorgehensweise. Der Herrschaftsraum eines Nationalstaats ist durch seine Grenzen klar definiert, seine politische Verfassung im Regelfall über einen längeren Zeitraum stabil, die technischen Rahmenbedingungen zur Durchführung von Forschung in seinem gesamten Hoheitsgebiet identisch. Allerdings ist Kaase zuzustimmen, wenn er darauf hinweist, „daß ‚politische Kultur‘ auch als eine Eigenschaft von transnationalen ... Einheiten

---

[25] Im Zentralarchiv für Empirische Sozialforschung der Universität Köln ist eine große Anzahl verschiedenster empirischer politikwissenschaftlicher Studien archiviert, die zu diesem Zweck genutzt werden könnten. Besonders geeignet erscheinen in diesem Zusammenhang der Nationalsoziale Survey (1980) sowie der Allbus aus den Jahren 1982, 1984, 1986 und 1988.

[26] Vgl. J. J. *Wiatr:* The Civic Culture from a Marxist Sociological Perspective, in: G. A. Almond, S. Verba (Hrsg.): The Civic Culture Revisited, Boston 1980, S. 104-108.

analysiert werden kann."[27] Als typisches Beispiel führt er hier die Bundesrepublik und die DDR an, für die in historischer Perspektive der Begriff Nation eine völlig unterschiedliche Bedeutung besitzt.

Sidney Verba selbst gibt 17 Jahre nach dem Erscheinen von „Civic Culture" aber auch deutliche Hinweise darauf, daß nicht nur transnationale, sondern auch subnationale Einheiten als Gegenstand der Analyse für das Civic-Culture-Konzept sinnvoll sind, zumal sich in subnationalen Einheiten nicht selten ehemalige Nationen bzw. Nationalstaaten wiederfinden lassen[28]. Als typische Beispiele hierfür können u.a. Schottland oder Wales als subnationale Einheiten des United Kingdom angeführt werden.

Darüber hinaus spricht allerdings auch einiges dafür, subnationale Einheiten auch dann als Analyseeinheiten auszuwählen, wenn diese nicht unbedingt mit ehemaligen Nationen identisch sind. Daß z.B. Bayern als ein Teil der Bundesrepublik in diesem Zusammenhang interessant ist, ergibt sich aus einigen Untersuchungen politischer Auftraggeber, die von privatwirtschaftlichen Meinungsforschungsinstituten durchgeführt werden. Allerdings sind die Ergebnisse dieser Untersuchungen, wie in solchen Fällen üblich, nur teilweise publiziert worden. Ferner erscheint es genauso sinnvoll und legitim, auch solche Bundesländer als Analyseeinheit auszuwählen, die in dieser Form erst durch die Gründung der Bundesrepublik entstanden sind.

Sofern man die Analyse politischer Kulturen in subnationalen Gebietseinheiten in Betracht zieht, sollte man über regionale politische Kulturen in der Bundesrepublik aber nicht nur im Zusammenhang mit Bundesländern sprechen. Es gibt genügend Beispiele dafür, daß sich unterhalb der Landesebene in bestimmten Gebieten oder Gemeinden sozialstrukturell bzw. milieubedingte regionale politische Kulturen entwickelt haben, die eigenständige Prädispositionen für politisches Handeln generieren.

Wo kann, soll und muß man nun sinnvollerweise ansetzen? Ein Patentrezept für die Auswahl der Analyseeinheit gibt es mit Sicherheit nicht. Für die verschiedensten Ansätze mit unterschiedlichen Entscheidungen im Hinblick auf die Analyseeinheiten lassen sich viele gute Argumente finden. Entscheidend ist in diesem Zusammenhang nur eines: Politische-Kultur-Forschung ist im Prinzip eigentlich nur als vergleichende Forschung denkbar. Eine Entscheidung für das Konstanthalten der Analyseeinheit bedeutet für die nationale Ebene im Prinzip einen cross-national-approach, für die Länderebene vergleichende Länderforschung.

Allerdings ist auch eine Entscheidung für ein Konstanthalten der Analyseebene keineswegs zwingend. Sowohl im Hinblick auf eine mögliche Forschungsförderung als auch im Hinblick auf die Nutzung konstanter Methoden und

---

[27] Vgl. M. *Kaase:* a.a.O., S. 148.
[28] Vgl. S. *Verba:* On Revisiting the Civic Culture: A Personal Postscript, in: G. A. Almond, S. Verba (Hrsg.): The Civic Culture Revisited, Boston 1980, S. 394-410.

Standards beim Einsatz der Umfrageforschung ist es ausgesprochen reizvoll, innerhalb einer Nation unterschiedliche Gebietseinheiten wie Bundesgebiet, einzelne Bundesländer oder sogar spezifische Regionen innerhalb einzelner Länder als Analyseeinheiten auszuwählen.

Unter pragmatischen Aspekten und wegen der nicht unbeträchtlichen Schwierigkeiten in der Realisierung international vergleichender empirischer Studien, die auch aus teilweise unterschiedlichen Usancen, Philosophien, Methoden und Stichprobenverfahren beim Einsatz der Umfrageforschung in verschiedenen Ländern resultieren, erscheint es durchaus ratsam, vergleichende politische Kulturforschung zuerst einmal innerhalb der Grenzen des eigenen Nationalstaates anzugehen. Diese Vorgehensweise bietet den erheblichen Vorteil, daß beim Einsatz der Umfrageforschung keine größeren forschungstechnischen Probleme auftreten können. Alle größeren Markt- und Meinungsforschungsinstitute, deren Infrastruktur sich bei solchen Vorhaben auch die universitäre Forschung bedienen muß, verfügen über das Personal, das entsprechende Instrumentarium und das Know How, um Ansätze dieser Art relativ problemlos realisieren und dabei auch subnationale Gebietseinheiten und Regionen mit identischen Standards bearbeiten zu können.

2.3 Auswahl der Analyseebene

Zweifellos ist das Politische-Kultur-Konzept ein Makrokonzept, da Aussagen über Nationen, subnationale Gebietseinheiten oder über politische Kulturen in bestimmten Regionen getroffen werden sollen. Gegen den Einsatz der Umfrageforschung in Verbindung mit Makrokonzepten wurden in der wissenschaftlichen Diskussion immer wieder Vorbehalte geltend gemacht.

Die Hauptkritik am Einsatz der Umfrageforschung in Verbindung mit Makrokonzepten zielt darauf ab, daß man wegen der Gefahr des individualistischen Fehlschlusses nicht einfach über die Aggregation individueller Einstellungen und Verhaltensweisen zu Aussagen auf der Makroebene gelangen könne. In diesem Zusammenhang wird auch der Vorwurf erhoben, „die Umfrageforschung mit den üblichen Stichprobenerhebungen verfehle ob ihres atomistischen Charakters die Gesellschaft als ‚organisches' oder strukturelles Ganzes."[29]

Ein weiteres Argument, das zuweilen speziell gegen den Einsatz der Umfrageforschung zur Analyse der politischen Kultur in der Bundesrepublik vorgebracht wird, wird aus der Notwendigkeit abgeleitet, Politische-Kultur-Forschung nicht nur im Hinblick auf Gebietseinheiten, sondern auch unter dem zeitlichen Aspekt grundsätzlich als vergleichende Forschung anzulegen. Da es in

---

[29] Vgl. F. U. *Pappi:* Sozialstruktur und Politische Konflikte in der Bundesrepublik. Habilitationsschrift eingereicht der Hohen Wirtschafts- und Sozialwissenschaftlichen Fakultät der Universität zu Köln o.J., S. 134.

der Bundesrepublik keine langen Zeitreihen auf Individualdatenbasis gebe und somit die historische Tiefe in den Individualdaten fehle, erscheine der Einsatz der Umfrageforschung nicht (mehr) sinnvoll.

Beiden Argumenten gegen die Anwendung der Umfrageforschung zur Analyse der politischen Kultur in der Bundesrepublik läßt sich dadurch begegnen, daß beim Einsatz der Umfrageforschung nicht ausschließlich auf der Basis von Individual- bzw. Umfragedaten gearbeitet wird. Diese Vorgehensweise wurde in ihren ersten Ansätzen bereits in den fünfziger Jahren von Patricia Kendall und Paul F. Lazarsfeld andiskutiert und vorgestellt. Ihr Vorschlag, im Rahmen der Kontextanalyse neben den in Umfragen erhobenen Individualdaten zusätzlich Kontextmerkmale in die Betrachtung mit einzubeziehen, war eine Antwort auf den Vorwurf des atomistischen Charakters der Umfrageforschung[30].

Die Strategie, sich im Rahmen der Politische-Kultur-Forschung nicht allein auf die Umfrageforschung zu verlassen, sondern diese im Rahmen von Kontext- bzw. Mehrebenenanalysen zu nutzen, erscheint nicht nur grundsätzlich sinnvoll, sondern ist in der Bundesrepublik aufgrund der vorhandenen Rahmenbedingungen auch ohne größere Probleme möglich.

Zum einen gibt es zwischenzeitlich verschiedene Aggregatdatensätze, in denen die für eine Mehrebenenanalyse erforderlichen Kontextmerkmale aufbereitet und gespeichert worden sind. So verfügt z. B. das Arnold-Bergsträsser-Institut in Freiburg über eine Aggregatdatenbank der Bundesrepublik, die für den Zeitraum von 1949 bis 1983 für alle Stadt- und Landkreise die Ergebnisse von Land- und Bundestagswahlen, sozialstrukturelle Merkmale, Verbands-, Parteien- und Kirchenstatistiken enthält. Über die amtliche Gemeindekennziffer als Referenzgröße zwischen den Umfrage- und den Aggregatdaten ist es möglich, jeder Einzelperson einer Umfrage zu den von ihr gemachten Angaben (Individualdaten) die Kontextmerkmale der Gebietseinheit hinzuzufügen, in der diese Person lebt. Dieses Verfahren setzt lediglich voraus, daß im Rahmen der Umfrage jedes Interview mit der Gemeindekennziffer als Referenzgröße für das Zusammenspielen der Dateien versehen wird.

Darüber hinaus sind aber sogar auch Datensätze über die Weimarer Republik verfügbar, die für alle Städte und Landkreise des Deutschen Reichs sowie für Gemeinden über 2 000 Einwohner die Ergebnisse der Reichstags- und Reichspräsidentenwahlen sowie ausgewählte Sozialstrukturdaten aus Volkszählungen und anderen Erhebungen enthalten. Auch diese Dateien, die vom Zentralarchiv für empirische Sozialforschung in Köln bezogen werden können, sind grundsätzlich für Mehrebenenanalysen verfügbar.

---

[30] Vgl. P. *Kendall,* P. F. *Lazarsfeld:* The Relation between Individual and Group Characteristics in the American Soldier, in: P. F. Lazarsfeld, M. Rosenberg (Hrsg.): The Language of Social Research, Glencoe, Ill., 1955, S. 290-296.

Zum anderen erleichtern die in der Bundesrepublik in der privatwirtschaftlichen Markt- und Meinungsforschung üblichen Stichprobenverfahren die Durchführung von Mehrebenenanalysen. Franz Urban Pappi weist zu Recht darauf hin, daß die Kontextanalyse eine möglichst starke Klumpung der Befragten innerhalb der Auswahleinheiten der ersten Stufe verlangt[31]. Dieser Forderung werden die von den führenden Umfrageinstituten eingesetzten ADM-Stichproben gerecht. Bei diesem Stichprobensystem handelt es sich um eine mehrstufig geschichtete Zufallsauswahl, bei der in der ersten Auswahlstufe im Rahmen eines Stichprobennetzes z.B. für die gesamte Bundesrepublik insgesamt 210 Sample Points (identisch mit Bundestagswahlbezirken) ausgewählt werden[32]. Diese Sample Points, die sich im Regelfall auf ca. 170 verschiedene Gemeinden der Bundesrepublik verteilen und zu einer nach Ländern, Regierungsbezirken und Gemeindegröße repräsentativen Flächenstichprobe führen, dienen dann zur Zufallsauswahl von Zielhaushalten und Zielpersonen für eine Umfrage. Diese Vorgehensweise hat zur Folge, daß pro Sample Point in einer Umfrage mit einem Stichprobenumfang von 2000 Befragten ca. 9,5 Interviews durchgeführt werden. Der für Mehrebenenanalysen geforderte Klumpungseffekt innerhalb der ersten Auswahleinheiten ist bei diesem Stichprobensystem somit bereits aufgrund seiner methodischen Anlage vorhanden und kann bei Bedarf durch höhere Klumpung pro Sample Point sogar noch vergrößert werden.

Selbstverständlich bringt auch die Verknüpfung von Individual- und Aggregatdaten im Rahmen von Mehrebenenanalysen Probleme und Schwierigkeiten mit sich, die hier nicht ausführlicher diskutiert werden können. Trotz dieser Schwierigkeiten und ungeachtet der oftmals in diesem Zusammenhang beschworenen Gefahr des ökologischen Fehlschlusses[33] erscheint die Umfrageforschung in Verbindung mit Aggregatdaten, die den Individualdaten als Kontextmerkmale hinzugefügt werden, als eine ausgesprochen sinnvolle und erfolgversprechende Methode zur Untersuchung und Analyse politischer Kulturen. Die Verknüpfung von Umfrage- und Aggregatdaten bietet den Vorteil, der Forderung nach Methoden- und Datenpluralismus bei der Analyse politischer Kulturen gerecht zu werden. Darüber hinaus können Vorbehalte gegenüber der Umfrageforschung wegen ihres atomistischen Charakters und ihrer mangelnden Fähigkeit, komplexere Makrostrukturen abbilden zu können, abgebaut werden.

---

[31] Vgl. F. U. *Pappi:* a.a.O., S. 138.

[32] Vgl. Arbeitskreis Deutscher Marktforschungsinstitute, ADM (Hrsg.): Muster-Stichprobenpläne, München 1979, S. 62-90.

[33] Vgl. E. K. *Scheuch:* Entwicklungsrichtungen bei der Analyse sozialwissenschaftlicher Daten, in: R. König (Hrsg.): Handbuch der empirischen Sozialforschung, Band 1, Stuttgart 1973, S. 210-213.

2.4 Bestimmung von Zielgruppen bei der Analyse politischer Kulturen mit Hilfe der Umfrageforschung

Zumindest für westliche Industriegesellschaften demokratischer Prägung ist es weitgehend unbestritten, daß mit Hilfe von Bevölkerungsumfragen — im Regelfall bei der wahlberechtigten Bevölkerung — Rückschlüsse auf die politische Kultur einer Nation oder subnationaler Gebietseinheiten gezogen werden können.

Die entscheidende Frage ist jedoch, inwieweit man sich auch in einer demokratisch verfaßten Gesellschaft wie der Bundesrepublik ausschließlich auf den „Aggregationsmechanismus des one man one vote"[34] verlassen will und kann.

Die konzeptionellen Überlegungen der mit dieser Thematik befaßten Forscher in der Bundesrepublik deuten darauf hin, daß man Aussagen über die politische Kultur des Landes im Regelfall nicht nur auf der Basis von Umfragedaten über die wahlberechtigte Bevölkerung treffen sollte.

So könnte eine Untersuchung regionaler politischer Kultur auch die Befragung von Parteimitgliedern und Parteiführungsgruppen in das Untersuchungskonzept mit einschließen. Allerdings könnte die Konzentration auf diese beiden zusätzlichen Zielgruppen zu restriktiv sein. Wenn man sich der Ansicht Kaases anschließt, „daß die politischen Wert- und Überzeugungssysteme der Bevölkerung über Prozesse der horizontalen Sozialisation in Familie und Schule usw. hinaus auch durch Interaktion mit den kulturellen, sozialen und politischen Eliten — als Sinnproduzenten — vertikal beeinflußt werden"[35], so reicht die Einbeziehung der zusätzlichen Zielgruppen Parteimitglieder und Parteiführungsgruppen in das Untersuchungsdesign wohl alleine nicht aus. Diese Vorgehensweise birgt die Gefahr in sich, daß nur ein Teil der sogenannten Sinnproduzenten vom Untersuchungsdesign erfaßt wird. So lassen es eigene Erfahrungen mit einer Extremismusuntersuchung auf lokaler Ebene[36] z. B. angeraten erscheinen, auch kulturelle und soziale Eliten mit in den Untersuchungsansatz einzubeziehen. Dieser Vorschlag für eine möglichst breite Definition der Zielgruppe der Sinnproduzenten unter Einbeziehung auch von kulturellen und sozialen Eliten stellt natürlich eine Maximalforderung bzw. eine Optimallösung dar. Es soll in diesem Zusammenhang nicht übersehen werden, daß die Problematik der Forschungskosten hier zu Zielkonflikten führen und letztlich Kompromisse oder Beschränkungen erforderlich machen kann.

Um im Rahmen forschungsökonomisch notwendiger Kompromisse und Beschränkungen die richtige Entscheidung treffen zu können, kann die Umfra-

---
[34] Vgl. M. *Kaase:* a.a.O., S. 155.
[35] Ebd., S. 156.
[36] Vgl. H. *Jung,* P. *Jurecka,* G. D. *Radtke:* Rechtsextremismus, Forschungsbericht, Teil 2, Sozialwissenschaftliches Forschungsinstitut der Konrad-Adenauer-Stiftung, Mimeographie, Alfter 1973, S. 307-316.

geforschung ihrerseits wieder Hilfestellungen leisten. Es gibt inzwischen auch für die Bundesrepublik eine Vielzahl von Studien, die sich mit der Thematik der Bedeutung verschiedener Eliten und Meinungsbilder für die Einstellungsbildung bei der Bevölkerung beschäftigen. Eine Überprüfung der dort vorfindbaren Befunde könnte dazu beitragen, bei der Auswahl zusätzlicher Zielgruppen sowohl unter qualitativen als auch quantitativen Aspekten die bestmögliche Entscheidung zu treffen.

Aus der Tatsache, daß es inzwischen in der Bundesrepublik eine Reihe von Untersuchungen bei politischen, sozialen, kulturellen und wirtschaftlichen Eliten gibt, wird andererseits aber auch erkennbar, daß der Einsatz der Methode der Umfrage für die unbedingt in das Untersuchungskonzept mit einzubeziehenden Sinnproduzenten keine grundlegenden Schwierigkeiten mit sich bringt. Dessen ungeachtet gibt es im Rahmen von Umfragen bei den sogenannten „gehobenen Zielgruppen" besondere Probleme. Diese bestehen zum einen in der adäquaten Festlegung der Grundgesamtheit und ihrer Teilgruppen, zum anderen aber auch in der Bildung und Realisierung von Stichproben für diese speziellen Zielgruppen, die ohne entsprechende Kooperation durch Parteien, Wirtschaftsverbände, Kirchen, Gewerkschaften und sonstige Verbände der verschiedensten Art nicht möglich sein dürften.

2.5 Die Adäquatheit der Erhebungsmethode: Umfragen bei der Analyse politischer Kulturen

Bereits in Verbindung mit der Diskussion um die Auswahl der Analyseebene (siehe Kap. 2.3) wurde auf einige Vorbehalte gegenüber der Umfrageforschung als Erhebungsmethode bei der Analyse politischer Kulturen eingegangen. Diese Vorbehalte zielten vor allem darauf ab, in Frage zu stellen, ob es mit Hilfe der Umfrageforschung wegen ihres atomistischen Charakters möglich sei, Aussagen für die Makroebene treffen zu können.

Ein weiterer Einwand gegen den Einsatz der Umfrageforschung bezieht sich darauf, daß Umfragen den Nachteil haben, immer nur eine Momentaufnahme der Einstellungen und Verhaltensweisen der Bevölkerung einer Nation oder einer subnationalen Gebietseinheit zum jeweiligen Erhebungszeitpunkt zu bieten. Dieses Argument ist zwar grundsätzlich richtig, spricht aber keineswegs gegen den Einsatz von Umfragen im Rahmen der Politische-Kultur-Forschung.

Von wenigen Ausnahmen abgesehen wird heute allgemein anerkannt, daß das Instrument der Umfrageforschung in hochentwickelten demokratischen Industriegesellschaften besonders prädestiniert ist, sowohl aktuelle politische Einstellungen als auch politisch relevante Grundüberzeugungen der Bevölkerung zu messen.

Im Hinblick auf die aktuellen, kurzfristig wirksamen politischen Einstellungen besitzt die Umfrageforschung tatsächlich den Nachteil, nur Momentaufnahmen zu liefern, die nach wenigen Tagen, Wochen oder Monaten nicht mehr der Realität entsprechen. Ein besonders typisches Beispiel hierfür sind Wählerumfragen im Vorfeld von Bundes- und Landtagswahlen, denen ein rasches Verfallsdatum attestiert werden muß.

Bei der Analyse politischer Kulturen geht es im Gegensatz zu Wählerumfragen aber nicht um kurzfristig wirksame Einstellungen zu politischen Sachthemen, Parteien und Kandidaten, sondern um Normen, Wertorientierungen, d.h. relativ stabile, eher nur langfristig Veränderungen unterworfene Grundüberzeugungen. Insofern ist der Einwand, daß Meinungsumfragen nur Momentaufnahmen liefern, die nach kurzer Zeit nicht mehr der Realität entsprechen, für dieses spezielle Einsatzgebiet nicht zutreffend.

Eine Vielzahl von Untersuchungen zum Wertewandel auf der Basis von Meinungsumfragen, so z.B. die Arbeit von Dalton belegt, daß die für die Analyse der politischen Kultur relevanten Einstellungen nur einem allmählichen und ausgesprochen langsamen Wandel unterliegen.[37] Das bedeutet, daß mit einer Umfrage zum Thema politische Kultur keineswegs nur eine Momentaufnahme des Erhebungszeitraums geliefert werden kann, die bereits kurze Zeit danach nicht mehr der tatsächlichen Situation entspricht. Ähnlich wie bei Image-Untersuchungen, bei denen es ebenfalls um relativ stabile und verfestigte, d.h. kurzfristig nicht veränderbare Einstellungen geht, dürften Umfragen mit den zur Analyse der politischen Kultur theoretisch bedeutsamen Variablen durchaus zu Ergebnissen führen, die für längere Zeit die Realität adäquat abbilden. Allerdings erscheint es auch in diesen Fällen ratsam, in gewissen zeitlichen Intervallen, z.B. von 5 Jahren, zumindest Teile des Erhebungsprogramms zu wiederholen.

Neben den in diesem Fall unzutreffenden Vorbehalten wegen der großen Kurzlebigkeit von Ergebnissen der Umfrageforschung gibt es aber immer noch die bereits angesprochenen Einwände gegen die alleinige Verwendung der Erhebungsmethode Umfrage, die Max Kaase, sicherlich kein Gegner der Umfrageforschung, wie folgt zusammengefaßt: „Dennoch darf nicht übersehen werden, in welchem Maße die auf repräsentativen Befragungen beruhenden empirischen Forschungen zur politischen Kultur durch die unwiderruflich fehlende historische Tiefe, unzulängliche Zeitreihen, die hohen und immer stärker steigenden Kosten der Umfrageforschung und eine Reihe von methodologischen Problemen, insbesondere der Operationalisierung und funktionalen Äquivalenz bei komparativen Untersuchungen, belastet werden."[38]

Sieht man einmal davon ab, daß das Problem fehlender Zeitreihen in der Bundesrepublik eher vorübergehend und im Laufe der nächsten Jahrzehnte lösbar sein dürfte, so bleibt dennoch eine gewisse Notwendigkeit, die Politische-

---

[37] Vgl. R. J. *Dalton:* Wertewandel oder Wertewende. Die neue Politik und Parteienpolarisierung, in: H.-D. Klingemann, M. Kaase (Hrsg.): Wahlen und politischer Prozeß, Opladen 1986, S. 432-433.

[38] Vgl. M. *Kaase:* a.a.O., S. 157

Kultur-Forschung auf mehrere erhebungsmethodische Beine zu stellen. Methoden- und Datenpluralismus scheinen gerade bei diesem Forschungszweig besonders geboten, um auch der historischen Dimension, die diesem Konzept immanent ist, gerecht werden zu können. Gerade auf lokaler Ebene finden sich hierfür eine Vielzahl von Anknüpfungspunkten. Die in Verbindung mit der Auswahl der Analyseebene angesprochene Möglichkeit der Verknüpfung von Umfrage- mit Aggregatdaten im Rahmen einer Kontextanalyse ist in diesem Zusammenhang sicherlich nicht die einzige, wohl aber eine der attraktivsten Vorgehensweisen.

2.6 Stichproben und Totalerhebung als Alternativen bei Umfragen zur regionalen politischen Kultur

Wenn man sich im Rahmen nationaler oder regionaler politischer Kulturforschung des Instruments der Umfrageforschung bedient, ist zwangsläufig die Frage zu beantworten, wie die jeweils zu untersuchende Grundgesamtheit möglichst präzise abgebildet werden kann. Außer Frage steht, daß auf nationaler Ebene und bei größeren subnationalen Analyseeinheiten hierfür nur Stichprobenerhebungen in Betracht kommen.

Die allseits bekannte Grundsatzdiskussion über die adäquaten Stichprobenverfahren kann hier nur kurz angesprochen werden.[39] Unvermeidbar ist die Diskussion in Verbindung mit der Frage, was die Umfrageforschung zur Erforschung der politischen Kultur leisten kann, allerdings nicht.

Das Votum des Verfassers in diesem Zusammenhang ist eindeutig. Sowohl die Erfahrungen als Auftraggeber mehrerer Institute als auch in der Leitung zweier Meinungsforschungsinstitute verfestigten im Laufe der Jahre die Ansicht, daß die von den führenden privatwirtschaftlichen Instituten verwendeten Random-Stichproben, die auf der Gebietseinheit von Stimmbezirken basieren, zu einer besseren Daten- und zu einer höheren Stichprobenqualität als Quoten-Stichproben führen.[40]

Interviewer neigen nun einmal dazu, beim Quotenverfahren eher die ihrer sozialen Schicht entsprechenden Befragten auszuwählen. Dies führt zu Stichproben, die im Hinblick auf soziodemographische Überprüfungskriterien zwar völlig korrekt sind und mit den jeweils verfügbaren Daten der amtlichen Bevölkerungsstatistik übereinstimmen. Ein latenter, nicht erkennbarer interviewerbedingter Schichtbias der Quotenstichprobe birgt aber die Gefahr in sich,

---

[39] Vgl. G. D. *Radtke*, J. *Zeh:* Random oder Quota?, in: Die politische Meinung, Sonderheft April 1974, S. 124-152; E. K. *Scheuch:* Auswahlverfahren in der Sozialforschung, in: R. König (Hrsg.): Handbuch der empirischen Sozialforschung, Band 3a, Stuttgart 1974, S. 1-96.

[40] Für eine eingehendere Beschreibung des sogenannten ADM-Stichproben-Systems siehe Arbeitskreis Deutscher Marktforschungsinstitute, ADM (Hrsg.): Muster-Stichprobenpläne, München 1979.

daß die Daten im Hinblick auf die theoretisch bedeutsamen Einstellungen keineswegs mehr repräsentativ sind.[41]

Bei Wählerumfragen im Vorfeld von Wahlen kann ein Institut aufgrund jahrelanger Erfahrungen diesen Bias im Hinblick auf die abhängige Variable Wahlabsicht vielleicht noch recht genau quantifizieren und entsprechend eliminieren. Problematisch wird es allerdings, wenn die Umfragedaten dazu dienen, durch Aggregation individueller Werthaltungen und politischer Grundüberzeugungen ein repräsentatives Bild der politischen Kultur einer Nation, eines Landes oder einer Region zu ermitteln. Hier ist die Random-Stichprobe die eindeutig bessere Alternative. Die von Elisabeth Noelle-Neumann in den sechziger Jahren angeführten Argumente zur Verteidigung des Quota- im Vergleich zum Random-Sample[42] mögen vielleicht zum damaligen Zeitpunkt noch eine gewisse Berechtigung gehabt haben. Angesichts der immer größer werdenden Schwierigkeiten bei der Durchführung von Feldarbeiten im Rahmen von Umfragen ist die Zufalls-Stichprobe gerade bei dieser Thematik aber heute diejenige Stichproben-Alternative, die die bessere Datenqualität und höhere Repräsentativität verspricht.

Hinzu kommt, daß das bereits mehrfach angesprochene und von den ADM-Instituten entwickelte System einer mehrstufig geschichteten Zufallsstichprobe ausgesprochen variabel ist und auch die Kumulation von mehreren Stichprobennetzen für ein Bundesland oder gar die Ziehung von Sonderstichproben für kleinere Gebietseinheiten zuläßt. In letztgenanntem Fall wird auf das sogenannte Ziehungsband mit allen Sample Points zurückgegriffen und nach Definition der Kriterien der Stichprobenziehung eine Sonderstichprobe für die zu untersuchende Gebietseinheit gezogen.[43]

Die bisher geäußerten Präferenzen für eine Random-Stichprobe und die Begründungen für die Bevorzugung dieses Stichprobenverfahrens bedeuten allerdings nicht, daß der Einsatz von Quota-Stichproben im Rahmen der Politische-Kultur-Forschung in jedem Falle abzulehnen ist. Die Präferenzen für Random-Stichproben sind zwar grundsätzlicher Natur, lassen sich aber im Rahmen eines komplexeren Untersuchungsansatzes keineswegs für alle Zielgruppen realisieren. Schwierigkeiten zur Realisierung von komplexeren und auch einfacheren Zufallsstichproben dürften sich immer dann ergeben, wenn die sogenannten Sinnproduzenten für Wertorientierungen und Grundüberzeugungen in das Untersuchungsdesign mit einbezogen werden. Für diese speziellen Zielgruppen stellen Quoten-Stichproben oftmals die einzige Alternative der Stichprobenbildung dar, da es keine Unterlagen, Statistiken oder Adresslisten gibt, mit deren Hilfe eine Zufallsstichprobe gezogen werden könnte.

---

[41] Vgl. E. K. *Scheuch:* Auswahlverfahren, S. 16-21 und S. 70-72.

[42] Vgl. E. *Noelle-Neumann:* Umfragen in der Massengesellschaft, Hamburg 1963, S. 146-149.

[43] Vgl. Arbeitskreis Deutscher Marktforschungsinstitute, ADM (Hrsg.): a.a.O., S. 91-103.

Sofern Stichproben zum Einsatz kommen, soll in Verbindung mit der Politische-Kultur-Forschung ein weiterer Aspekt angesprochen werden. Im Vorfeld einer geplanten Umfrage kann z.B. die Vermutung bestehen, daß Teilgruppen der Grundgesamtheit bzw. der Analyseeinheit bei der Erforschung der Thematik von besonderer Bedeutung sind und im Rahmen eines proportionalen Stichprobenansatzes nur mit einer geringen, nicht aussagefähigen Fallzahl vertreten sein dürften. Dieser Tatsache kann durch Bildung einer disproportionalen Stichprobe Rechnung getragen werden. Hierbei handelt es sich um eine Option, die gerade bei der Erforschung regionaler politischer Traditionen und Kulturen besonders sinnvoll sein könnte.

Im Hinblick auf die Diskussion der Stichprobenproblematik gibt es noch einen weiteren Aspekt, der gerade bei der Erforschung regionaler politischer Kulturen und Traditionen Relevanz besitzt. Hierbei handelt es sich um die Frage, ob man bei relativ kleinen Gebietseinheiten nicht sogar auf eine Stichprobenziehung verzichtet und sich zu einer Totalerhebung entschließt.

Daß die Entscheidung für eine Totalerhebung als Alternative zur Stichprobenerhebung eine durchaus sinnvolle Forschungsstrategie bei der Analyse regionaler politischer Kulturen sein kann, belegt das Beispiel einer Totalerhebung in vier NPD-Hochburgen in Baden-Württemberg im Jahr 1972.[44] Im Regelfall bedeutet die Entscheidung für eine Totalerhebung allerdings, daß man bei regionalen Studien nicht mehr die gesamte Analyseeinheit abdecken kann, sondern als pars pro toto typische Teile der Analyseeinheit für die Untersuchung auswählt.

2.7 Analyseintervalle, Einmal- und Wiederholungsbefragungen

Wenn man die Ansicht akzeptiert, daß Politische-Kultur-Forschung grundsätzlich als vergleichende Forschung zu verstehen und zu konzipieren ist, so kann dies nicht nur für die Auswahl der Analyseebene gelten. Auch die zeitliche Dimension ist in diesem Zusammenhang zu berücksichtigen.

Das bedeutet, daß der Einsatz von Umfragen im Rahmen der Analyse politischer Kulturen erst dann Sinn macht, wenn Chancen bestehen, die empirischen Erhebungen in bestimmten zeitlichen Intervallen zu wiederholen. Wegen der mit Umfragen verbundenen hohen Forschungskosten dürfte es nicht immer möglich sein, ein komplexes Forschungsdesign mit verschiedenen Einzeluntersuchungen bei unterschiedlichen Teilzielgruppen komplett in Abständen von fünf bis zehn Jahren zu wiederholen. Allerdings erscheint es unabdingbar, zumindest bei strategisch wichtigen Teilgruppen Wiederholungsuntersuchungen in den genannten Zeitabständen durchzuführen.

In diesem Zusammenhang ist auch die Frage zu diskutieren, ob Wiederholungsuntersuchungen auf der Basis frischer Stichproben oder aber als Wieder-

---

[44] Vgl. H. *Jung*, P. *Jurecka*, G. D. *Radtke*: a.a.O., S. 194-200.

holungsbefragungen (Panel) bei den bereits früher befragten Personen durchgeführt werden sollten. Bereits die ausgesprochen hohen Kosten der Panelpflege, d. h. des Speicherns und Pflegens von Befragtenadressen für Wiederholungsbefragungen mit der erforderlichen Nachverfolgung von Umzügen sprechen gegen einen Panelansatz.

Noch gravierender dürfte allerdings das Argument sein, daß der Einsatz der Umfrageforschung bei der Analyse politischer Kulturen nicht primär dazu dienen soll, Veränderungen theoretisch bedeutsamer Einstellungen auf der Individualebene nachzuverfolgen. Da es in diesem Fall um die Aggregation von Einstellungen von Individuen und sozialen Gruppen geht, um Aussagen auf der Makroebene treffen zu können, ist der von den Kosten her ungleich aufwendigere Panelansatz weder notwendig noch angebracht. Hinzu kommt, daß sich der Panelansatz für Teilgruppen eines komplexeren Untersuchungskonzepts ohnehin verbietet. Als Beispiel seien nur die Funktions- und Mandatsträger von Parteien angeführt, die mehrheitlich in dieser Eigenschaft nur für eine bestimmte Anzahl von Jahren tätig sind und nach Aufgabe ihrer Funktion oder ihres Mandats gar nicht mehr zu dieser spezifischen Teilzielgruppe gehören.

3. Möglichkeiten zur Weiterentwicklung der Politische-Kultur-Forschung mit Hilfe von Umfragen

Die zu Beginn dieses Beitrags durchgeführte Bestandsaufnahme zum Stand der Politische-Kultur-Forschung in der Bundesrepublik Deutschland läßt es aufgrund des insgesamt nicht sonderlich positiven Gesamtbildes ausgesprochen attraktiv erscheinen, sich bei der Weiterverfolgung des Konzepts verstärkt des Mittels der Umfrageforschung zu bedienen.

Vor übertriebener Euphorie und der Erwartung, daß mit Hilfe der Umfrageforschung alle bisherigen Probleme bei der Analyse politischer Kulturen gelöst werden können, ist jedoch zu warnen.

Eine erste Leistung, die bei der Weiterverfolgung des Konzepts der politischen Kultur erbracht werden muß, bevor der Einsatz der Umfrageforschung in sinnvoller Weise erfolgen kann, ist eine theoretische Rückbesinnung auf das von Almond und Verba bereits in den sechziger Jahren entwickelte Konzept und somit auch die Beseitigung des normativen Bias, mit dem der Politische-Kultur-Begriff in der Bundesrepublik fälschlicherweise oft versehen wird.

Erst wenn diese Vorleistung erfolgt ist, bei der zusätzlich Klarheit über die für die Analyse politischer Kulturen theoretisch bedeutsamen Einstellungen gewonnen werden muß, kann der Einsatz der Umfrageforschung gewinnbringend erfolgen. Selbstverständlich kann die Umfrageforschung bereits in diesem Stadium der theoretischen Rückbesinnung und Präzisierung hilfreich sein. Der von der Umfrageforschung ausgehende Zwang, vor der Operationalisierung von Variablen bereits auf theoretischer Ebene größtmögliche Klarheit zu schaffen, die bedeutsamen Variablen zu definieren und dabei zwischen abhängigen und unabhängigen Variablen zu unterscheiden, kann zu einer größeren Selbstdisziplin und Stringenz in dieser Phase führen. In diesem Zusammenhang scheint die Durchsicht und Reanalyse bereits existierender empirischer politikwissenschaftlicher Studien zu verwandten Themenbereichen ausgesprochen hilfreich.

Bei der Auswahl der Analyseeinheiten (Nationen, subnationale Gebietseinheiten, Regionen) kann die Umfrageforschung aufgrund ihrer fortgeschrittenen Professionalisierung und des breiten Spektrums von Möglichkeiten der Stichprobenbildung grundsätzlich bei allen Entscheidungsvarianten Hilfen anbieten. Allerdings ist darauf zu verweisen, daß eine Entscheidung für einen cross-national-approach im Hinblick auf die Einheitlichkeit von Methoden und Standards der Umfrageforschung wesentlich größere Probleme mit sich bringt als die Entscheidung für eine vergleichende Untersuchung innerhalb einer Nation.

Da die Umfrageforschung heutzutage nicht nur für repräsentative Bevölkerungsumfragen, sondern auch für Untersuchungen bei speziellen Zielgruppen genutzt wird, ergeben sich für den Einsatz der Umfrageforschung im Rahmen der Analyse politischer Kulturen keine grundsätzlichen Probleme bei besonderen Teilzielgruppen wie z. B. den Sinnproduzenten für Wertorientierungen und andere theoretisch relevante Grundüberzeugungen.

Hier sind allenfalls im Hinblick auf die Art der Stichprobenziehung Besonderheiten gegeben. Während für Bevölkerungsumfragen eher Zufallsstichproben eingesetzt werden sollten, weil diese eine höhere Repräsentativität und eine bessere Datenqualität gewährleisten, wird es bei speziellen Zielgruppen mitunter notwendig werden, auf das Verfahren der Quota-Stichprobe zurückzugreifen. Bei der Analyse kleinerer Regionen oder Gebietseinheiten sollte darüber hinaus auch die Totalerhebung als Alternative zur Stichprobenziehung in Betracht gezogen werden.

Ungeachtet der Möglichkeiten, die sich aus der Nutzung der Umfrageforschung für die Analyse politischer Kulturen aufgrund ihrer zwischenzeitlich hohen Professionalisierung bieten, gibt es einige ernstzunehmende Vorbehalte. Ohne die entsprechenden theoretischen Vorarbeiten würde der Einsatz der Umfrageforschung zur Analyse politischer Kulturen nur immense Geldmittel verschlingen, ohne wirkliche Fortschritte zu erbringen. Hinzu kommt, daß der Einsatz der Umfrageforschung im Rahmen des Politische-Kultur-Ansatzes wegen fehlender historischer Tiefe, unzulänglichen Zeitreihen und methodologischen Problemen, z. B. auch wegen des Aggregationsmechanismus zur Gewinnung von Aussagen auf der Makroebene, abgelehnt wird. Diese Vorwürfe sind teilweise berechtigt, da die Umfrageforschung wie jede andere Vorgehensweise ihre Stärken aber auch Schwächen hat. Deshalb sollte die Umfrageforschung niemals als die alleinige Methode angesehen werden, Fortschritte in der Politische-Kultur-Forschung herbeizuführen. Im Gegenteil erscheint in diesem

Feld der Forschung ein Methoden- und Datenpluralismus ganz besonders geboten zu sein. In diesem Zusammenhang erscheint die Verknüpfung von Umfrage- und von Kontextdaten im Rahmen einer Mehrebenenanalyse eine besonders attraktive Vorgehensweise, die dazu beitragen könnte, den Wert von Umfragedaten und den Nutzen der Umfrageforschung für die Analyse politischer Kulturen deutlich zu erhöhen. Dies setzt allerdings voraus, daß die Umfrageforschung systematisch und kontinuierlich eingesetzt wird und daß in größeren zeitlichen Abständen Wiederholungsuntersuchungen zur Überprüfung des Status der jeweils zu analysierenden politischen Kultur durchgeführt werden.

II. Die deutschen Parteien im Spannungsfeld zwischen nationaler Ausrichtung und regionaler Verankerung

Regionale politische Traditionen und die Entwicklung der CDU/CSU

Von *Andreas Engel*

1. Einleitung

Lipset/Rokkans These von der Persistenz westlicher Parteiensysteme hat in ihrer zwanzigjährigen Geschichte immer wieder zur kritischen Auseinandersetzung und zu zahlreichen empirischen Arbeiten angeregt. Überwogen noch Ende der sechziger und Anfang der siebziger Jahre Arbeiten, in denen die Stabilität politischer Konfliktstrukturen und das „Einfrieren der Parteiensysteme" bestätigt werden konnte[1], so mehrten sich Ende der siebziger Jahre Studien, in denen die von Lipset/Rokkan konstatierten Ausnahmen in den Mittelpunkt des Interesses rückten. Diese Arbeiten kamen überwiegend zu dem Ergebnis, daß sich die traditionellen Konfliktstrukturen auflösen und die Bindewirkung sozialer Gegensätze für das politische Verhalten nachläßt[2]. Vor allem in international vergleichenden Studien wurde ein sehr differenziertes Bild unterschiedlicher Entwicklungsverläufe gezeichnet, die das gesamte Spektrum möglicher Veränderungstendenzen aufdeckten: von stetig stabiler werdenden Parteiensystemen bis hin zu solchen, in denen der zwischenparteiliche Wähleraustausch in den drei Nachkriegsjahrzehnten kontinuierlich zunahm.

Verglichen mit den sehr detaillierten Kenntnissen über die vergleichende Entwicklungsgeschichte nationaler Parteiensysteme ist das Wissen über den Verlauf der regionalen Entwicklung einzelner Parteien recht dürftig. Dies hat mehrere Gründe: Zum einen haben schon die Pioniere der Cleavagetheorie den regional unterschiedlichen Entwicklungsmustern der Parteiensysteme vergleichsweise wenig Aufmerksamkeit geschenkt. Im Mittelpunkt standen vielmehr regional übergreifende Gegensätze im wirtschaftlichen und konfessionellen Bereich. Zum anderen haben die Ernüchterung über die theoretische

---

[1] Vgl. in erster Linie die im Umfeld von *Lipset/Rokkan* entstandenen Länderstudien sowie Richard *Rose* und Derek *Urwin:* Persistence and Change in Western Party Systems since 1945, in: Political Studies 18 (1970), S. 287-319.

[2] Mogens N. *Pedersen:* The Dynamics of European Party Systems: Changing Patterns of Electoral Volatility, in: European Journal of Political Research 7 (1979), S. 1-26; ders.: Changing Patterns of Electoral Volatility in European Party Systems, 1948-1977: Explorations in Explanation, in: Hans Daalder und Peter Mair (Hrsg.): Western European Party Systems. Continuity and Change, Beverly Hills/London 1983, S. 29-66, und die übrigen Beiträge des Bandes.

Reichweite ökologischer Wahlanalysen und der immer leichtere Zugriff auf immer bessere Wählerbefragungen zur Vernachlässigung von Aggregatdatenanalysen geführt. Damit verlor eine Fragestellung an Beachtung, für die das Aggregatdatum der adäquate Indikator ist — die Analyse der räumlichen Verteilung von Wählergruppen. Dies mag mit ein Grund dafür sein, daß zur Zeit kein maschinenlesbarer Datensatz zur Verfügung steht, mit dem z. B. auf Bundestagswahlkreisebene auf einheitlichem Gebietsstand eine zeitvergleichende Untersuchung des regionalen Wahlverhaltens durchgeführt werden kann, geschweige denn solche auf kleinräumigerer Ebene. Es steht also überhaupt erst einmal die Aufbereitung eines analysefähigen Datensatzes für die Wahlgeschichte der Bundesrepublik an, wie sie mittlerweile für die Weimarer Zeit abgeschlossen ist und zu zahlreichen neuen Wahlanalysen geführt hat[3].

Im vorliegenden Beitrag soll daher auf der Grundlage des vorhandenen Datenmaterials die regionale Wählerentwicklung der CDU/CSU zeitvergleichend und unter dem Aspekt regionaler Traditionsbildungen untersucht werden. Darüber hinaus werden — anknüpfend an die Cleavagetheorie — einige methodische Anmerkungen zur Operationalisierung des Wählerverhaltens auf der Gruppenebene gemacht.

2. Erklärungsansätze für Parteientwicklungen: Die Cleavage- und Sozialmilieutheorie

Als Leitfaden der Sozialstrukturtheorie (Cleavagetheorie) dient die Annahme, daß politische Frontstellungen auf der Parteiensystemebene ein Reflex auf dauerhafte, sozialstrukturell verankerte gesellschaftliche Gruppengegensätze sind[4]. Für die Analyse der regionalen Verankerung von Parteien bietet dieser Erklärungsansatz durch die Unterscheidung zwischen der „territorialen" und „funktionalen" Dimension sozialer Spannungen einen wichtigen Anknüpfungspunkt.

Als funktionale Dimension sozialer Spannungen bezeichnen Lipset/Rokkan in Anlehnung an Parsons die normative Begründungsdimension sozialer

---
[3] Vgl. Jürgen *Falter,* Thomas *Lindenberger,* Siegfried *Schumann:* Wahlen und Abstimmungen in der Weimarer Republik. Materialien zum Wahlverhalten 1919-1933, München 1986.

[4] Vgl. Seymour M. *Lipset* und Stein *Rokkan:* Cleavage Structure, Party Systems, and Voter Alignments: An Introduction, in: Seymour M. Lipset und Stein Rokkan (Hrsg.): Party Systems, and Voter Alignments: Cross-National Perspectives, London 1967, S. 1-64, S. 5; Stein *Rokkan:* Zur entwicklungssoziologischen Analyse von Parteiensystemen: Anmerkungen für ein hypothetisches Modell, in: KZfSS 17 (1965), S. 675-702, S. 675; Douglas W. *Rae* und Michael *Taylor:* The Analysis of Political Cleavages, New Haven/London 1970, S. 13; Franz Urban *Pappi:* Parteisystem und Sozialstruktur in der Bundesrepublik, in: PVS 14 (1973), S. 191-213; ders.: Sozialstruktur, Werteorientierungen und Wahlabsicht, in: PVS 18 (1977), S. 195-229; ders.: Konstanz und Wandel der Hauptspannungslinien in der Bundesrepublik, in: Joachim Matthes (Hrsg.): Sozialer Wandel in Westeuropa, Frankfurt/New York 1979, S. 465-479, S. 467.

Konflikte; sie sprechen auch von der „ideologischen Intensität" sozialer Spannungen. Gemeint sind damit einerseits Interessengegensätze, die — wie z. B. ökonomische Konflikte — im Prinzip durch Verhandlungen und Kompromisse beigelegt werden können. Andererseits sind es gesellschaftliche Gegensätze, die auf widerstreitende Wertvorstellungen zurückgehen und im Grunde unversöhnlich neben- bzw. gegeneinanderstehen. Je kompromißloser und hartnäckiger soziale Auseinandersetzungen als Wertkonflikte ausgetragen werden, desto stärker sind nach den Annahmen der Cleavagetheorie die gruppeninterne Bindung und die externe Abkapslung gegenüber konkurrierenden Interessengruppen.

Mit der territorialen Dimension sozialer Gruppenbildungen wird die räumliche Trennung sozialer Gruppen als Ursache der Parteibildung beschrieben. Sie gibt an, bis zu welchem Grad gesellschaftliche Spannungen durch die regionale Segregation der betreffenden Sozialgruppen hervorgerufen bzw. verstärkt oder vermindert werden. Lipset/Rokkan denken dabei an Widerstände räumlich konzentrierter Sprachgruppen oder ethnischer Minderheiten gegen die Assimilation durch die Mehrheit bzw. an Proteste der Bevölkerung in peripheren Regionen gegen die Bevorzugung der Zentren[5]. Allgemeiner geht es darum, daß soziale Konflikte einerseits innerhalb, andererseits zwischen bestimmten Regionen entstehen. Zum einen führen sie zu räumlich lokalisierbaren Gemeinschaftsbildungen, zum anderen gehen sie „quer durch die territorialen Gliederungen eines Staates". Sie schaffen dann „unabhängig vom Wohnort ... Gemeinsamkeiten zwischen Individuen und Familien in ähnlicher gesellschaftlicher Situation und mit ähnlicher ideologischer Orientierung ..., wodurch die überkommene Solidarität lokaler Gemeinschaften untergraben werden kann."[6].

Auf die Analyse des individuellen Wählerverhaltens übertragen folgt daraus, daß sich zwei politische Orientierungsmuster überlagern: zum einen wählt man „wie die Wohngemeinde und deren politische Führer, gleichgültig in welcher wirtschaftlichen Lage man sich befindet. Im anderen Falle besteht das Kriterium in der Hinwendung zu einer sozialen Klasse und zu deren kollektiven Interessen: man wählt — unabhängig von der Wohngegend — ebenso wie diejenigen, die sich in derselben gesellschaftlichen Lage befinden, und zwar selbst auf die Gefahr hin, daß man dadurch in einen Gegensatz zu seinen Mitbürgern gerät"[7].

Doch der Aspekt der räumlichen Integration von Wählergruppen bleibt in der Analyse von Lipset/Rokkan relativ unklar. Insbesondere wird nicht deutlich, ob sie der territorialen Vermittlungsebene politischer Überzeugungen über die Entstehungsphase des Parteiensystems hinaus eine eigenständige Erklärungskraft bei der Herausbildung und Aufrechterhaltung politischer Frontstellungen beimessen oder ob sie den Zentrum-Peripherie-Konflikt nicht doch nur als eine spezifische Variante von „materiellen" Interessengegensätzen sehen.

---

[5] Vgl. Stein *Rokkan*, a.a.O., S. 680.
[6] Ebda., S. 681.
[7] Ebda., S. 684; Seymour M. *Lipset* und Stein *Rokkan*, a.a.O., S. 13.

Den Aspekt der räumlichen Überlagerung und Verdichtung bestimmter Cleavagestrukturen präzisiert Lepsius in seiner Arbeit zur Milieubildung im deutschen Parteiensystem. Sozialmilieus definiert er als „soziale Einheiten, die durch eine Koinzidenz mehrerer Strukturdimensionen wie Religion, regionale Tradition, wirtschaftliche Lage, kulturelle Orientierung, schichtspezifische Zusammensetzung der intermediären Gruppen gebildet werden. Das Milieu ist ein sozio-kulturelles Gebilde, das durch eine spezifische Zuordnung solcher Dimensionen auf einen bestimmten Bevölkerungsteil bestimmt wird"[8]. In Ergänzung der Thesen von Lipset/Rokkan betont Lepsius, daß der soziale Gruppenbildungsprozeß außer der ideologischen und räumlichen auch noch eine zeitliche Dimension besitzt, die auf der lokalen Ebene an politischen Traditionsbildungen erkennbar ist. Nach ihm entstehen soziale Milieus in einem Prozeß der wechselseitigen Verstärkung von gemeinsamen Einstellungen und Überzeugungen aufgrund der Bevorzugung von Sozialkontakten mit solchen Personen, die ähnliche Erfahrungen und Interessen haben. Naßmacher schließt daraus, daß die Bindung der Wähler an Parteien kollektiven Charakter hat und Parteien „überregionale Dachverbände lokaler Kollektive" sind[9]. Milieus werden hier als lokal begrenzte, relativ stabile soziale Netzwerke aufgefaßt, die durch eine mehr oder weniger starke sozialstrukturelle Homogenität, zeitliche Persistenz sowie eine wettbewerbsmäßige Unter- bzw. Überlegenheit innerhalb der lokalen Gesellschaft gekennzeichnet sind. Ähnliche Interessenlagen und Wertvorstellungen, vor allem aber ein hohes Maß an sozialer Interaktion erzeugen in diesen sozialen Gemeinschaften ein konformes Wahlverhalten.

Gegen die These der fortdauernden Milieuverankerung der Parteien steht die des Nachlassens der „Bindekraft sozialer Konfliktstrukturen"[10] bzw. der Auflösung sozialer Milieus. Hennis[11] geht beispielsweise in seiner Analyse der „Regierbarkeitsprobleme in der Parteiendemokratie" von der Feststellung aus, daß die Nachkriegsentwicklung des westdeutschen Parteiensystems durch einen kontinuierlichen Konzentrationsprozeß und das Auflösen sozialstruktureller Bindungen gekennzeichnet sei. Aufgrund sozialstruktureller Veränderungen in der Wählerschaft seien die Parteien organisatorisch unter Anpassungsdruck geraten und hätten sich vom Typ der „demokratischen Massenintegrationspar-

---

[8] Rainer M. *Lepsius:* Parteiensystem und Sozialstruktur. Zum Problem der Demokratisierung der deutschen Gesellschaft, in: Gerhard A. Ritter (Hrsg.): Deutsche Parteien vor 1918, Köln 1973, S. 56-80, S. 68.

[9] Karl-Heinz *Naßmacher:* Zerfall einer liberalen Subkultur — Kontinuität und Wandel des Parteiensystems in der Region Oldenburg, in: Herbert Kühr (Hrsg.): Vom Milieu zur Volkspartei. Funktionen und Wandlungen der Parteien im kommunalen und regionalen Bereich, Königstein 1979, S. 29-134, S. 93

[10] Jens *Alber:* Modernisierung, neue Spannungslinien und die politischen Chancen der Grünen, in: PVS 26 (1985), S. 211-226, S. 213.

[11] Wilhelm *Hennis:* Parteistruktur und Regierbarkeit, in: Wilhelm Hennis, Peter Graf Kielmannsegg und Ulrich Matz (Hrsg.): Regierbarkeit. Studien zu ihrer Problematisierung, Stuttgart 1977, Bd. 1, S. 150-195.

tei auf Klassen- und Konfessionsbasis"[12] zur „Volkspartei oder weniger euphemistisch: (zur) Allerweltspartei" gewandelt[13]. Ohne die zum Teil überpointierten Prognosen für die Funktionsfähigkeit des politischen Willensbildungsprozesses zu übernehmen, muß doch der Hinweis auf die gravierenden Auswirkungen des sozialen Wandels auf die organisatorische Entwicklung von Parteien als Einwand gegen die Sozialstrukturthese ernstgenommen werden[14].

Der Rückgang des Arbeiter- und des Selbständigenanteils mit seinen Folgen für das Klassenbewußtsein beider Gruppen, die Zunahme der Beschäftigung im Dienstleistungsbereich, insbesondere im öffentlichen Dienst, die gestiegene geographische Mobilität und tiefgreifende Strukturveränderungen im ländlichen Raum aufgrund des Bedeutungsverlusts der Landwirtschaft sowie infrastrukturelle Veränderungen durch die Gebietsreform legen die These nahe, daß traditionelle, sozialstrukturell vermittelte Wahlnormen an Bedeutung verlieren, daß der Anteil der Wechselwähler zunimmt und im ideologischen Spektrum des Cleavagesystems ein „Trend zur Mitte" einsetzt[15].

Auf der regionalen Beschreibungsdimension sozialstruktureller Konflikte entspricht diesem „Trend zur Mitte" die These vom interregionalen Ausgleich der Wählerpotentiale, vom „Abbau der Hochburgen" und dem Ausbau der Parteipositionen in den Diasporagebieten[16].

Um diese Hypothese zu überprüfen, wird im folgenden der Frage nachgegangen, ob sich die regionale Streuung der CDU/CSU-Wahlergebnisse im Zeitverlauf verändert hat, ob also eine Tendenz zum Ausgleich des Wahlverhaltens in den Regionen zu beobachten ist oder ob es aufgrund der Stabilität der regionalen Wählerverankerung Hinweise darauf gibt, daß die für die CDU/CSU bestimmenden Konfliktspaltungen konstant geblieben sind. Gerade nach den milieutheoretischen Hypothesen ist es ein überprüfungsbedürftiger Sachverhalt, ob nicht die regionale Verankerung der Parteien bereits zu einer Ausbildung gebietstypischer regionaler politischer Traditionen geführt hat, die soziale Wandlungsprozesse bis zu einem gewissen Grad überdauern,[17] so daß in

---

[12] Otto *Kirchheimer:* Der Wandel des westeuropäischen Parteiensystems, in: PVS 6 (1965), S. 20-41, S. 26.

[13] Wilhelm *Hennis,* a.a.O., S. 181.

[14] Vgl. auch Franz Urban *Pappi:* Das Wahlverhalten sozialer Gruppen bei Bundestagswahlen im Zeitvergleich, in: Hans-Dieter Klingemann und Max Kaase (Hrsg.): Wahlen und politischer Prozeß. Analysen aus Anlaß der Bundestagswahl 1983, Opladen 1986, S. 369-384, S. 376.

[15] Vgl. Ursula *Feist* und Klaus *Liepelt:* Machtwechsel in Raten: Das Parteiensystem auf dem Weg zur Mitte, in: Transfer 2: Wahlforschung: Sonden im politischen Markt, Opladen 1976, S. 26-56.

[16] Vgl. z. B. Peter *Hoschka* und Hermann *Schunck:* Stabilität regionaler Wählerstrukturen in der Bundesrepublik, in: PVS 18 (1977), S. 279-300.

[17] Hinweise auf die Stichhaltigkeit dieser These finden sich in einer Reihe von Lokalstudien zum Thema „regionale politische Kulturen", in denen von der nationalen

Abwandlung einer These von Lipset/Rokkan behauptet werden kann, daß die regionale Verankerung der Parteien in den fünfziger Jahren das Wahlverhalten auch noch in den achtziger Jahren beeinflußt.

Aus den skizzierten Thesen des cleavage- und milieutheoretischen Erklärungsansatzes sowie den formulierten Einwänden ergeben sich daher für die Analyse der regionalen Wählerentwicklung der CDU/CSU folgende Fragestellungen:

1. Wie hoch ist das Ausmaß der regionalen Konzentration bzw. Variation der CDU/CSU-Wählerunterstützung? Kam es zum Abbau der Hochburgen und der Erweiterung der Wählerbasis in den Diasporagebieten?
2. Können regionalspezifische Muster der Wählerentwicklung festgestellt werden oder dominiert das nationale Entwicklungsmuster auch in den Regionen?
3. Welche Zusammenhänge bestehen zwischen der Sozialstruktur und der CDU/CSU-Wählerunterstützung? Blieb die sozialstrukturelle Determination des CDU/CSU-Wahlergebnisses in den Bundestagswahlkreisen in seinen Grundmustern und seiner Stärke konstant oder erfuhr sie u. U. regionalspezifische Veränderungen?

Der empirische Teil der Arbeit konzentriert sich ausschließlich auf die Analyse des Gruppenwahlverhaltens auf der Ebene der Bundestagswahlkreise durch Auswertungen aggregierter Wahl- und Sozialstrukturdaten[18].

3. Wandlungstendenzen in der CDU/CSU-Wählerschaft unter regionalen Gesichtspunkten

3.1 Nationale Entwicklungstendenzen und regionale Variationen

Die CDU/CSU trat nach dem Krieg als überkonfessionelle, bürgerliche Sammlungsbewegung an, wie es auch im Begriff der „Union" programmatisch zum Ausdruck gebracht wurde. In ihr sollten die „verschiedenen sozialen Interessen, politischen Ziele, konfessionellen Orientierungen und landsmannschaftlichen Traditionen in einer großen politischen Strömung" integriert werden[19].

Gemessen an diesem Anspruch fiel das erste Bundestagswahlergebnis mit nur 24,3% der wahlberechtigten Bevölkerung ernüchternd aus, zumal die Union im

---

Ebene abweichende Strukturmuster der Partei-Wähler-Beziehungen nachgewiesen wurden; vgl. Hans-Georg *Wehling* (Hrsg.): Regionale politische Kultur, Stuttgart etc. 1985.

[18] Zu den Problemen der Datenbeschaffung für eine vergleichende Analyse der Bundestagswahlergebnisse auf Wahlkreisebene vgl. die Ausführungen zur Datengrundlage im Anhang.

[19] Ute *Schmidt:* Die Christlich Demokratische Union Deutschlands, in: Richard Stöss (Hrsg.): Parteien-Handbuch. Die Parteien der Bundesrepublik Deutschland 1945-1980, Opladen 1986, S. 490-660, S. 493.

Vergleich zu den vorausgegangenen Landtagswahlen teilweise empfindliche Einbußen hinnehmen mußte (vgl. Tabelle 1).

Tabelle 1
**Stimmenanteile der Parteien bei den Bundestagswahlen –
bezogen auf die Wahlberechtigten (1949-1987)**

Wahljahr	CDU/CSU %	SPD %	FDP %	Sonstige %
1949	24,28	22,13	9,19	20,55
1953	37,93	23,81	7,87	13,56
1957	42,49	26,47	6,51	9,15
1961	38,60	30,15	10,68	4,83
1965	40,64	33,00	8,00	3,05
1969	39,49	36,15	4,89	4,65
1972	40,64	41,40	7,47	0,84
1976	43,61	38,47	7,14	0,58
1980	38,47	37,95	9,37	0,33
1983	43,00	33,80	6,11	0,46
1987	36,80	31,14	7,54	1,13

N = 248 Bundestagswahlkreise (für 1949 und 1953: N = 244 [ohne Saarland])

Die Stimmenverluste gingen vor allem auf das Konto regionaler Traditionsparteien. Hauptkonkurrenten der CDU/CSU im bürgerlichen Lager waren die Bayernpartei mit ihren Schwerpunkten in Ober- und Niederbayern, die Niedersächsische Landespartei (NLP) bzw. später die Deutsche Partei (DP) als protestantisch-konservative Gruppierung im norddeutschen Raum und die Deutsche Zentrumspartei (DZP) mit ihren Traditionsgebieten am Niederrhein, in Westfalen, Teilen Niedersachsens und Badens. Die Existenz dieser Parteien erklärt zum beträchtlichen Teil die hohe regionale Streuung der Union in der ersten Bundestagswahl mit einer Standardabweichung von 11,29% bzw. einem Variationskoeffizienten von 0,47, das ist die Standardabweichung, bezogen auf den Mittelwert der Wählerunterstützung (vgl. Tabelle 2).

Wie der Anteil von 37,9% der Wahlberechtigten zur Bundestagswahl 1953 dokumentiert, konnte die CDU/CSU ihre Wählerbasis nach nur einer Legislaturperiode auf ein Niveau anheben, das sie erst zur Bundestagwahl 1987 wieder unterschritt.

Schon Conradt[20] und Falter[21] stellten in ihren Wahlanalysen fest, daß es der CDU/CSU in der zweiten Bundestagswahl gelungen war, ihre „Wählerbasis

---

[20] David P. *Conradt:* The West German Party System: An Ecological Analysis of Social Structure and Voting Behavior, 1961-1969, Beverly Hills/London 1972, (2. Aufl.); ders.: Social Structure, Voting Behavior and Party Politics in West Germany. An Ecological Analysis of the 1969 Federal Election, in: Rudolf Wildenmann (Hrsg.): Sozialwissenschaftliches Jahrbuch für Politik 3 (1973), S. 175-229.

Tabelle 2
Regionale Streuung der Parteistimmenanteile in den Bundestagswahlkreisen (1949-1987)

Wahljahr	CDU/CSU		SPD		FDP		Sonstige	
	STD	Variation	STD	Variation	STD	Variation	STD	Variation
1949	11,29	0,47	8,86	0,40	6,55	0,71	11,14	0,54
1953	10,98	0,29	6,77	0,28	4,79	0,60	7,50	0,55
1957	10,71	0,25	7,58	0,29	3,69	0,57	6,27	0,69
1961	10,72	0,28	8,20	0,27	3,58	0,34	2,50	0,52
1965	9,45	0,23	7,98	0,24	2,81	0,35	1,11	0,36
1969	8,86	0,22	8,03	0,22	1,64	0,34	1,28	0,28
1972	9,17	0,23	8,63	0,21	2,45	0,33	0,24	0,29
1976	9,30	0,21	8,72	0,23	2,05	0,29	0,25	0,31
1980	9,19	0,23	8,21	0,22	2,58	0,28	0,13	0,39
1983	8,25	0,19	8,21	0,24	1,66	0,27	0,16	0,35
1987	7,12	0,19	8,17	0,26	2,10	0,28	0,50	0,44

STD = Standardabweichung
Variation = Standardabweichung/Mittelwert

über das katholische Deutschland hinaus auszudehnen"[22] und damit den Grundstein für eine strukturelle Mehrheitsposition im Parteiensystem zu legen. Dieser starke Zuwachs der CDU/CSU berechtigt sogar, die Bundestagswahl von 1953 als „kritische Wahl" einzustufen[23], obwohl die „Umschichtung der Wählerloyalitäten nicht durch ein ‚Realignment' im strengen Sinn des Wortes" zustandekam, sondern „praktisch linear über alle Gruppen hinweg"[24]. Entscheidend ist, daß die „Zugewinne der beiden Unionsparteien ... bemerkenswert stabil blieben und die Machtverschiebung zwischen den Parteien für eineinhalb Jahrzehnte (die Position im Elektorat bis heute — A. E.) festschrieben"[25].

Der 1953 schon durch Stimmenverluste der bürgerlichen Kleinparteien in Gang gekommene Absorptionsprozeß[26] kam insofern bereits 1957 zu einem Abschluß, als außer der FDP keine der anderen bürgerlichen Parteien mehr aus eigener Kraft in den Bundestag einziehen konnte. Die CDU/CSU erreichte damals das erste und einzige Mal die absolute Stimmenmehrheit und 42,5% der Wahlberechtigten. Das Ausmaß der absoluten Wählerzustimmung konnte die Union im Verlauf ihrer Wahlgeschichte sogar noch zweimal übertreffen: 1976 mit 43,6% und 1983 mit 43,0%.

---

[21] Jürgen W. *Falter:* Kontinuität und Neubeginn. Die Bundestagswahl 1949 zwischen Weimar und Bonn, in: PVS 22 (1981), S. 236-263.

[22] Ebda., S. 244.

[23] David P. *Conradt:* The West German Party System, S. 7; ders.: Social Structure, S. 147, 179; Peter *Hoschka* und Hermann *Schunck,* a.a.O., S. 280; Jürgen W. *Falter,* a.a.O., S. 251.

[24] Jürgen W. *Falter,* a.a.O., S. 251.

[25] Ebda.

[26] Heino *Kaack:* Geschichte und Struktur des deutschen Parteiensystems, Opladen 1971, S. 218 ff.

Das herausragende Merkmal der nationalen Wählerentwicklung liegt bei der CDU/CSU in der hohen Stabilität ihres Wählerpotentials. Nach einer kurzen Gründungs- und Konsolidierungsphase, die 1957 als abgeschlossen betrachtet werden kann und in der die bürgerlichen Konkurrenzparteien absorbiert wurden, folgte eine bis in die achtziger Jahre dauernde Stabilitätsphase, die nur durch drei Wahlen mit überdurchschnittlichen Stimmengewinnen unterbrochen wurde (1957, 1976, 1983). Von 1961 bis 1972 — also zwischen den ersten beiden Maxima — variierte die Wählerunterstützung der CDU/CSU nur um 2 Prozentpunkte (zwischen 38,6% und 40,6%). Damit ist mit Bezug auf das Ausmaß der Gewinne und Verluste ein erstes Indiz für die hohe Integration der CDU/CSU-Wählerschaft auf nationaler Ebene gegeben. Indirekt deutet dieses Ergebnis auf die Konstanz der Hauptspannungslinien auf der politischen Ebene hin, soweit dies zumindest die regionale Dimension der Cleavagestruktur betrifft.

Ein zweites Kriterium für die Konstanz der politischen Frontstellungen besteht in der regionalen Streuung der Wählerunterstützung. Die These der nachlassenden Ausstrahlungskraft sozialer Konflikte auf die Entwicklung des Parteiensystems stützt sich ja gerade auf die Behauptung, daß mit der sozialen und geographischen Mobilität auch eine räumliche Vermischung sozialer Gruppen einhergeht, die milieucharakteristische Gruppenbindungen lockert.

Aus Tabelle 2 sind im Hinblick auf die CDU/CSU zwei bemerkenswerte Entwicklungslinien abzulesen. Erstens ist das absolute Ausmaß der durchschnittlichen Abweichungen vom nationalen Mittelwert (Standardabweichungen) höher als bei den anderen Parteien. Aufgrund der regionalen Streuung der Wahlergebnisse kann also mit Bezug auf die CDU/CSU am ehesten von einer „Regionalpartei" gesprochen werden. Die Wahlergebnisse in Hochburgen und Diasporagebieten liegen bei der Union am weitesten auseinander. Angesichts der höheren CDU/CSU-Wähleranteile muß dieses Ergebnis aber nicht verwundern, wenn einer Partei mit einem höheren Niveau der Wählerunterstützung auch automatisch eine größere Bandbreite der Wahlergebnisse zugestanden wird. Betrachtet man die Abweichungen vom Wahlergebnis im Verhältnis zur Höhe der Wählerunterstützung — gemessen als Variationskoeffizient —, dann unterscheiden sich die beiden großen Parteien seit 1961 kaum noch.

Die These vom Rückgang regionaler Determinanten des kollektiven Wahlverhaltens ist nach diesen Ergebnissen zu modifizieren. Etwas differenzierter betrachtet, lassen sich drei Entwicklungsetappen unterscheiden: In der ersten Phase von 1949 bis 1961 liegt das Ausmaß der interregionalen Ergebnisschwankungen zwischen 10,7% und 11,3% am höchsten. Die zweite Phase dauert von 1965 bis 1980 und ist durch mittlere Streuungswerte zwischen 8,9% und 9,6% gekennzeichnet. In diesen beiden ersten Phasen ist also — auf unterschiedlichem Niveau — von einer relativ stabilen regionalen Varianz der Wahlergebnisse und damit von unverändert starken regionalen Einflüssen auf das Wahlverhalten auszugehen. Erst 1983 und 1987 ist im Vergleich zu den vorhergehenden Wahlen

7 Oberndörfer/Schmitt

ein deutliches Angleichen der CDU/CSU-Wählerunterstützung zwischen den Regionen festzustellen. Von einem drastischen Ausgleich der Wählerunterstützung zwischen den Regionen kann also erst in den 80er Jahren die Rede sein.

Im nächsten Analyseschritt soll nun überprüft werden, ob sich hinter der hohen nationalen Stabilität der Wählerunterstützung und der im nationalen Querschnitt lange Zeit konstanten regionalen Wählerverankerung typische regionale Entwicklungsmuster verbergen. Gab es möglicherweise in einigen Regionen unterschiedlich lang dauernde Phasen der Stabilität und des Umbruchs? Vollzog sich die Entwicklung u. U. in mehreren Gebieten in „deutlicher Remanenz" zum nationalen Prozeß, wie es Naßmacher[27] für den Oldenburger Raum festgestellt hat?

Diese Erweiterung der Fragestellung setzt allerdings zuvor eine intensivere Beschäftigung mit den Wähler- und Parteienwettbewerbsstrukturen im Wahlkreiselektorat voraus.

3.2 Konstanz und Wandel der regionalen Wählerunterstützung in Abhängigkeit von regionalen Wettbewerbsbedingungen

Aus der Cleavage- und Milieutheorie können drei Strukturcharakteristika politischer Traditionsgebiete abgeleitet werden:
1. die Dauerhaftigkeit regional abgrenzbarer Wählergruppen, operationalisierbar über die raum-zeitliche Stabilität des Wählerverhaltens (temporale Dimension);
2. die Einbettung einer Wählergruppe in einen spezifischen regionalen Wettbewerbskontext (kompetitive Dimension) als
    a) unterlegene Wählergruppe (deviantes Milieu/Diasporagebiet),
    b) konkurrierende Wählergruppe (konkurrierendes Milieu/umstrittener Wahlkreis),
    c) überlegene Wählergruppe (dominantes Milieu/Hochburg);
3. die Determination des Wählerverhaltens durch die soziale Gruppenkomposition der regionalen Elektorate (soziale Dimension).

Aufbauend auf die globale Beschreibung der Wählerentwicklung im vorangegangenen Kapitel soll im nächsten Analyseschritt der Frage nachgegangen werden, wie die Wählerentwicklung der Union in verschiedenen Wählerkontexten verlief.

Die Frage nach der Wählerentwicklung unter verschiedenen Wettbewerbsbedingungen wirft das Problem auf, wie die kompetitive, temporale und soziale Dimension der Milieubildung mit Aggregatdaten beschrieben werden kann. In der Literatur werden äußerst verschiedene Strategien vorgeschlagen[28]. Am

---

[27] Karl-Heinz *Naßmacher*, a.a.O., S. 99.

populärsten sind Operationalisierungsansätze auf der Basis der Anzahl der Parteien und der prozentualen Wähleranteile, wobei sehr unterschiedlich anspruchsvolle Indices konstruiert werden.

Angesichts der Tatsache, daß auf der Wahlkreisebene die aggregierten Wahlergebnisse annähernd normalverteilt sind, muß immer ein Informationsverlust in Kauf genommen werden, wenn das kontinuierliche Merkmal des prozentualen Wahlerfolgs in ein klassifikatorisches wie z.B. die Einteilung in Hochburgen, mittlere Wahlkreise und Diasporagebiete umgewandelt wird. Der Vorteil dieser Operation liegt natürlich in einem höheren Grad der Anschaulichkeit und erleichtert vergleichende Auswertungsstrategien, weswegen auch hier die Klassifikation nach den drei genannten Strukturtypen vorgenommen wird. Die Vor- und Nachteile der verschiedenen Einteilungskriterien sollen kurz diskutiert werden.

Eine verbreitete Methode der Einteilung von Wahlkreisen besteht darin, eine feste Anzahl von Gebieten mit den höchsten bzw. niedrigsten Stimmenanteilen zu definieren und diese dann als Hochburgen bzw. Diasporagebiete zu klassifizieren[29]. Der Nachteil dieses Verfahrens liegt darin, daß die Anzahl der strukturschwachen bzw. -starken Gebiete immer konstant gehalten wird und die These vom Hochburgenabbau bzw. vom Aufholen in den Diasporagebieten nur über prozentuale Stimmenveränderungen in den jeweiligen Wahlkreisklassen nachweisbar ist.

Bei einer anderen Strategie der Abgrenzung von Gebieten mit hoher und niedriger Wählerunterstützung werden bestimmte prozentuale Schwellenwerte vorgegeben, die über- oder unterschritten werden müssen, damit ein Wahlkreis einem bestimmten Strukturtyp zugeordnet wird[30]. Zwar wird bei dieser Art der Grenzziehung erreicht, daß die Anzahl der Gebiete in den verschiedenen Wahlkreisklassen von Wahl zu Wahl variieren kann, doch dafür geht in die Bestimmung der Klassengrenzen ein willkürliches Entscheidungskriterium ein. Die Anwendung dieses Verfahrens setzt also eine gründliche Kenntnis der Verteilung der zu klassifizierenden Variablen voraus, damit es nicht zu inadäquaten Klassifikationsergebnissen kommt. Das Schwellenwertverfahren ist aber immer dann ein geeignetes Instrument zur Klassenbildung, wenn es sich um eine multimodale Verteilung handelt und aufgrund der Häufigkeitsdichten quasi natürliche Schwellenwerte angegeben werden können.

Wie bereits erwähnt, sind die Wahlergebnisse der CDU/CSU mit relativ geringen Abweichungen normalverteilt. In diesem Fall gibt die Standardabwei-

---

[28] Andreas *Engel:* Wahlen und Parteien im lokalen Kontext. Eine vergleichende Untersuchung des Basisbezugs lokaler Parteiakteure in 24 nordhessischen Kreisparteiorganisationen von CDU, SPD und FDP, Frankfurt etc. 1988, S. 245f.

[29] Peter *Hoschka* und Hermann *Schunck,* a.a.O., S. 284ff.

[30] Vgl. Peter *Schindler:* Datenhandbuch zur Geschichte des Deutschen Bundestages 1949 bis 1982, Bonn 1983, S. 65; Karl-Heinz *Naßmacher,* a.a.O., S. 84ff.; Jürgen W. *Falter,* a.a.O., S. 218ff.

chung ein charakteristisches Maß zur Beschreibung der Streuung und damit zur Abgrenzung der Gebietseinheiten an.

Als „Hochburgen" sollen demnach alle Wahlkreise eingestuft werden, „in denen der Stimmenanteil um mehr als eine Standardabweichung über dem Mittelwert liegt. ... Entsprechend wird ein Diasporagebiet ... definiert als ein Wahlkreis, in dem der Stimmenanteil ... um mehr als eine Standardabweichung unter dem Mittelwert aller Wahlkreisresultate der Partei liegt"[31]. Dieses Verfahren hat den Vorteil, daß es bei symmetrischen Verteilungen die gleiche Anzahl von unterstützungsstarken bzw. unterstützungsschwachen Wahlkreisen abgrenzt, bei asymmetrischen Verteilungen unterschiedliche Anzahlen; und die Zahl der jeweiligen Einheiten ist nicht fixiert.

Tabelle 3
CDU/CSU-Wahlergebnisse in unterschiedlichen Wählerkontexten (1949-1987)

Wahljahr	Wahlkreise mit niedrigen CDU-Wahlergenissen[*]		Wahlkreise mit mittleren CDU-Wahlergebnissen[**]		Wahlkreise mit hohen CDU-Wahlergebnissen[***]		Nationaler Mittelwert
	%	N	%	N	%	N	%
1949	9,10	46	24,28	162	42,68	35	24,07
1953	23,80	43	37,35	161	55,88	39	37,93
1957	27,81	37	40,97	163	58,92	48	42,49
1961	25,57	32	36,54	174	57,04	42	38,60
1965	29,41	42	39,44	165	56,97	41	40,64
1969	28,68	40	38,05	162	53,95	46	39,49
1972	28,30	38	39,25	163	55,46	47	40,64
1976	30,73	39	42,24	160	58,34	49	43,61
1980	27,28	39	38,05	162	54,47	47	39,47
1983	31,76	41	42,09	161	56,24	46	43,00
1987	26,60	39	36,00	162	48,04	47	36,80

[*] CDU-Wahlergebnis $\leq$ (nationaler Mittelwert − Standardabweichung)
[**] CDU-Wahlergebnis $\geq$ (nationaler Mittelwert − Standardabweichung)
[***] CDU-Wahlergebnis = (nationaler Mittelwert +/− Standardabweichung)

Entsprechend variiert auch die Anzahl der nach dieser Methode klassifizierten CDU-Hochburgen und Diasporagebiete; sie liegt zwischen 32 und 46 Wahlkreisen mit geringer CDU/CSU-Unterstützung und zwischen 35 und 49 Wahlkreisen mit hohen CDU/CSU-Wahlergebnissen, wobei die Bundestagswahlen von 1957, 1961 und 1976 die mit dem höchsten Überhang an Hochburgen sind; 1949, 1953 und 1965 gab es mehr Wahlkreise mit „schwachen" CDU/CSU-Ergebnissen. Seit 1969 liegt die Zahl der Hochburgen immer über derjenigen der Diasporagebiete. Da die durchschnittlichen Wähleranteile in beiden Wahlkreisklassen keinen eindeutigen Trend zeigen, muß die These vom

---

[31] Heino *Kaack,* a.a.O., S. 571.

Hochburgenabbau einstweilen als falsifiziert gelten — eher das Gegenteil ist der Fall. Die Zahlenverhältnisse lauten im einzelnen: 1949 bis 1969 schwankte die Zahl der Hochburgen zwischen 35 und 48, 1972 bis 1987 zwischen 46 und 49 Wahlkreisen. Die Zahl der Wahlkreise, in denen die CDU/CSU-Wählerschaft in einer deutlichen Minderheitsposition ist, variierte im Zeitraum von 1949 bis 1969 zwischen 32 und 40 und von 1972 bis 1987 zwischen 38 und 41. Die Anzahl der Diasporagebiete und die der Hochburgen stabilisierte sich demnach in den siebziger und achtziger Jahren gegenüber den beiden Jahrzehnten zuvor.

3.3 Zwischenparteiliche Wählerbewegungen als Kontextmerkmal der CDU/CSU-Wahlerfolge

Die Frage nach der Wettbewerbsposition kann nicht allein über die Höhe des Wahlergebnisses einer Partei bestimmt werden, sondern ist auch abhängig von der Bereitschaft der Wähler, zwischen den Parteien zu wechseln. Zwar können mit Aggregatdaten allein keine soliden Brutto-Wählerwanderungsbilanzen berechnet werden, doch die Berechnung der Netto-Wählerwanderungen von einer Wahl zur anderen gibt einen Hinweis auf die Bereitschaft zum Parteiwechsel im Elektorat. Ergebnisveränderungen sind darüber hinaus ein Gradmesser für die Stabilität der Wettbewerbspositionen im Parteiensystem. Je häufiger und stärker die Kräfteverhältnisse zwischen den Parteien eines Wahlkreises variieren, desto flexibler ist das Wahlkreiselektorat, und desto geringer ist die Einbindung der lokalen Wählerschaft in stabile Parteimilieus. Als Kontextmerkmal der CDU/CSU-Wählerentwicklung in den Wahlkreisen wird im folgenden Pedersens „Volatility"-Koeffizient als Maßzahl für den zwischenparteilichen Wähleraustausch berechnet[32].

Beschreibt p_{it} das prozentuale Stimmenergebnis der Partei i zur Wahl t, und $p_{i(t-1)}$ das derselben Partei zum Zeitpunkt $(t-1)$, dann berechnet sich das Ausmaß der zwischenparteilichen Wählerfluktuationen zwischen sämtlichen Parteien (TNC = Total Net Change) als Differenz ihrer Wahlergebnisse zu zwei aufeinanderfolgenden Wahlen:

$$\text{Total Net Change (TNC}_t) = \sum_{i=t}^{n} | p_{i,t} - p_{i,t-1} |$$

Da der Wertebereich von TNC_t im Intervall von $0 \leq TNC_t \leq 200$ liegt, schlägt Pedersen eine Standardisierung auf den Bereich $0 \leq V_t \leq 100$ vor:

$$\text{Volatility (V}_t) = 1/2 \cdot \sum_{i=t}^{n} | p_{i,t} - p_{i,t-1} |$$

Ein Volatility-Wert von 0 beschreibt absolut gleichbleibende Stärkeverhältnisse zwischen den an zwei Wahlen beteiligten Parteien. Weder die Anzahl der Parteien noch die Wählerzustimmung haben sich in diesem Fall geändert. Mit

---

[32] Mogens N. *Pederson:* The Dynamics of European Party System, S. 4; ders.: Changing Patterns, S. 32f.

den Abweichungen der Parteiergebnisse zu vorhergehenden Wahlen steigt der Wert des Koeffizienten bis maximal $V_t = 100$ für den Extremfall, daß alle Parteien von einer zur anderen Wahl ausgetauscht werden. Im Zwischenbereich beschreibt der Volatility-Koeffizient entsprechend unterschiedliche Grade des Austauschs an Wählerstimmen und damit mehr oder weniger starke Verschiebungen der zwischenparteilichen Kräfteverhältnisse.

Ein Blick auf Tabelle 4 zeigt, daß auf der nationalen Ebene der zwischenparteiliche Wähleraustausch von 1953 bis 1976 stetig abnimmt, und zwar von 13,61% der Wählerstimmen (1953/49) auf 3,41% (1976/72). 1980/83 steigen die zwischenparteilichen Wählerbewegungen dann wieder auf 7,34% an und bleiben 1983/87 mit 6,54% auf einem Niveau, das immerhin um 1-2 Prozentpunkte höher liegt als in den Wahlen der 60er Jahre. Der Anstieg der Volatility-Werte geht wohl in erster Linie auf die Wahlerfolge der Grünen zurück und dokumentiert das Ausmaß der Kräfteverschiebungen, das durch den Aufstieg einer neuen Partei im Parteiensystem ausgelöst wurde.

Tabelle 4
Zwischenparteilicher Wähleraustausch in den Bundestagswahlkreisen (1949-1987)
(Volatility-Koeffizienten)

Wahljahr	Wahlkreise mit niedrigen Wahlergebnissen %	Wahlkreise mit mittleren Wahlergebnissen %	Wahlkreise mit hohen Wahlergebnissen %	Nationaler Mittelwert %	Regionale Streuung %
1953/49	12,34	13,76	14,37	13,61	5,17
1957/53	20,72	9,78	6,39	10,76	21,45
1961/57	10,40	8,72	7,30	8,70	3,43
1965/61	5,00	5,58	4,18	5,25	2,14
1969/65	4,22	4,90	4,32	4,68	1,58
1972/69	-	-	-	-	-*)
1976/72	2,96	3,48	3,54	3,41	1,05
1980/76	4,80	4,70	3,67	4,52	1,02
1983/80	8,47	7,82	4,78	7,36	1,93
1987/83	5,74	6,65	6,82	6,54	1,55

* Die Berechnungen wurden mit drei getrennten Datensätzen auf unterschiedlichem Gebietsstand durchgeführt. Es handelt sich um die Zeiträume 1949-1969, 1972-1976 und 1976-1987. Für Wählerfluktuationen zwischen 1969 und 1972 kann deshalb keine Standardabweichung berechnet werden.

Darüber hinaus können zwei weitere Feststellungen über das Wählerverhalten in den unterschiedlichen Wettbewerbskontexten der CDU/CSU getroffen werden:

1. In den unterstützungsschwachen Gebieten der CDU verlief die zeitliche Entwicklung der Veränderungen im großen und ganzen parallel zum

nationalen Verlauf. D. h., in diesen Gebieten hat sich die strukturelle Unterlegenheit der CDU im Laufe der Zeit verfestigt; der Spielraum für zwischenparteiliche Kräfteverschiebungen wurde bis zur Bundestagswahl 1976 kontinuierlich geringer.

2. Ähnliches gilt für Wahlkreise mit hoher Wählerunterstützung. Auch hier stabilisierte sich die Position der CDU/CSU im Wahlkreiselektorat aufgrund eines deutlichen Rückgangs der zwischenparteilichen Verschiebungen auf dem Wählermarkt.

Die These vom Abbau der Hochburgen und der Angleichung der Wählerpotentiale in den Wahlkreisen muß also noch ein zweites Mal relativiert werden. Nicht nur der Stimmenanteil der CDU/CSU blieb in ihren Hochburgen und Diasporagebieten langfristig relativ stabil, sondern auch der Spielraum für Veränderungen zwischen den Parteien wurde bis Mitte der siebziger Jahre zunehmend geringer.

Wird also die Entwicklung der zwischenparteilichen Wähleraustauschbeziehungen als Kontextmerkmale der CDU/CSU-Wählerunterstützung berücksichtigt, dann muß bis zur Bundestagswahl 1976 von einer stetigen Verfestigung der regionalen Wählerschwerpunkte (und -schwachpunkte) der beiden Unionsparteien gesprochen werden. Erst mit der Bundestagswahl 1980 nehmen die zwischenparteilichen Wählerbewegungen in den Gebieten mit hoher und niedriger Wählerunterstützung wieder zu und vergrößern den Spielraum für den regionalen Ausgleich der Wählerzustimmung[33].

3.4 Parteispezifische Wählerbewegungen bei der CDU/CSU

Mit dem Ausmaß des zwischenparteilichen Wähleraustauschs wurde eine wichtige Randbedingung der parteispezifischen Wählerentwicklung beschrieben, insofern die Chancen für Stimmengewinne einer Partei von der Bereitschaft der Wähler anderer Parteien abhängt, ihr Votum zu ändern. Demgegenüber sagt die Stärke der Parteibindung der eigenen Wähler etwas über die Wahrscheinlichkeit aus, Stimmen an fremde Parteien zu verlieren.

---

[33] Auf einen weiteren Aspekt des kollektiven Wählerverhaltens in unterschiedlichen Wahlen sei am Rande hingewiesen. Tabelle 4 zeigt auch, daß in den elf Bundestagswahlen seit Kriegsende sämtliche Muster des Zusammenhangs zwischen zwischenparteilichen Wählerbewegungen und Wettbewerbskontexten aufgetreten sind. Die Wahlen von 1953, 1976 und 1987 zeichnen sich durch einen zunehmenden Grad der Wählermobilität von unterstützungsschwachen über mittlere zu starken CDU/CSU-Wahlkreisen aus. Das umgekehrte Verhältnis von zwischenparteilichen Wählerbewegungen repräsentieren die Bundestagswahlen von 1957, 1961, 1980 und 1983. Bei diesen Wahlen war der zwischenparteiliche Umschichtungsprozeß zu den schwachen CDU/CSU-Wahlkreisen höher als in den umstrittenen und hohen. Dies wären also Beispiele für Wahlen, in denen die Wählerlandschaft besonders in den einseitig zuungunsten der CDU/CSU wählenden Gebieten in Bewegung geraten ist. Schließlich gab es 1965 und 1969 zwei Wahlen, in denen die stärksten zwischenparteilichen Wählerbewegungen in umstrittenen Gebieten auftraten und in den „extremen" Wahlkreisen der geringste Wähleraustausch stattfand.

Obwohl mit Aggregatdaten — wie schon beim zwischenparteilichen Parteiwechsel — keine befriedigende Operationalisierung des auf der Individualebene angesiedelten Erklärungsbegriffs möglich ist, sagen doch parteispezifische Stimmenschwankungen etwas über die Bilanz der Auswirkungen von Veränderungen der individuellen Parteibindung auf das Parteiensystem im Wahlkreis aus.

Im Unterschied zu der gängigen Art und Weise, Stimmenveränderungen von einer Wahl zur anderen in prozentualen Ergebnisdifferenzen anzugeben, wird hier eine zusätzliche Maßzahl vorgestellt, die den prozentualen Zuwachs an Wählerstimmen ins Verhältnis zum erreichten Stimmenanteil einer Partei setzt (relative Wahlergebnisdifferenzen — (D_r)):

$$D_r = \frac{p_{i,t} - p_{i,(t-1)}}{p_{i,t} + p_{i,(t-1)}}$$

$p_{i,t}$ = prozentualer Wähleranteil der Partei i zur Wahl t.

Die Unterscheidung zwischen Stimmendifferenzen — bezogen auf das Gesamtelektorat — und Stimmendifferenzen — bezogen auf das Niveau der Wählerunterstützung einer Partei — mag auf den ersten Blick unerheblich erscheinen, gewinnt aber an Bedeutung, wenn die Auswirkungen von Stimmengewinnen oder -verlusten auf die externen oder internen Beziehungen einer Wählergruppe betrachtet werden sollen.

Bezogen auf das Gesamtelektorat beschreiben prozentuale Zu- oder Abnahmen an Wählerstimmen eine Zu- oder Abnahme der Wahrscheinlichkeit, im Wahlkreis einen Wähler dieser Partei (unter der Voraussetzung von Zufallskontakten) anzutreffen. Dieser Index sagt also etwas über die Auswirkungen eines Wahlergebnisses auf die Außenkontakte in einem Wahlkreis aus — er beschreibt die Gelegenheitsstruktur der Wählerinteraktionen zwischen den Parteien[34].

Werden die Veränderungen der Parteistärken mit Bezug auf das durchschnittliche Wahlergebnis in zwei Wahlen berechnet, dann sagt der Koeffizient etwas über die Veränderungen der Gelegenheitsstruktur innerhalb einer Wählergruppe aus. In diesem Fall geht in die Berechnung des Indexes die Annahme ein, daß der gleiche Zuwachs (Verlust) an Wählerstimmen für kleinere Wählergruppen eine größere Bedeutung hat als für eine große Wählergruppe. Die Homogenität einer kleineren Gruppe wird durch den gleichen Anteil an Stimmengewinnen nachhaltiger „gestört" als die einer großen Wählergruppe; ein Minderheitsmilieu verliert durch den gleichen Zuwachs an Wählerstimmen schneller seinen ursprünglichen Charakter, und die milieuinterne Interessenlage wird stärker verändert, als wenn sich der gleiche Anteil an Wählern einem zahlenmäßig stärkeren Milieu anschließt. Entsprechendes gilt für das Abspalten bestimmter

---

[34] Zum Begriff der Gelegenheitsstruktur in der Cleavageanalyse vgl. Franz Urban *Pappi:* Sozialstruktur und politische Konflikte in der Bundesrepublik, Individual- und Kontextanalysen der Wahlentscheidung, unveröff. Habilitationsschrift, Köln o. J. (1976), S. 280.

Wähleranteile. Kleinere Wählergruppen sind vom Ausscheiden des gleichen Wähleranteils stärker betroffen als größere.

Wenn also auf die Analyse der parteispezifischen Entwicklung von Wählermilieus abgehoben werden soll, bietet sich eher die Operationalisierung über den parteispezifischen Veränderungsquotienten an; wenn die Wettbewerbsposition einer Partei im Gesamtelektorat betrachtet werden soll, sind gesamtelektoratsbezogene Veränderungswerte anzuwenden.

Die Betrachtung der absoluten (gesamtelektoratsbezogenen) und der relativen (parteibezogenen) Wählerfluktuationen ergibt für die CDU/CSU innerhalb des bereits beschriebenen engen Spielraums ein recht variables Bild (vgl. Tabellen 5 und 6). Im Zeitraum von 1953 bis 1972 wechseln Stimmengewinne und Stimmenverluste von einer Wahl zur anderen ab. Die Wahlergebnisse pendelten sich offenbar auf einen Ergebnisbereich ein, der dem sozialstrukturell erreichbaren Wählerpotential der CDU/CSU entspricht. Abweichungen von diesem Basiswert könnten dann als das Resultat kurzfristiger, wahlspezifischer Erklärungsfaktoren angesehen werden[35].

Tabelle 5
Prozentuale Stimmendifferenzen der CDU/CSU in aufeinanderfolgenden Bundestagswahlen unter unterschiedlichen Wettbewerbsbedingungen (1949-1987)

Wahljahr	Wahlkreise mit niedrigen Wahlergebnissen %	Wahlkreise mit mittleren Wahlergebnissen %	Wahlkreise mit hohen Wahlergebnissen %	Nationaler Mittelwert %	Regionale Streuung %
1953/49	11,99	13,80	16,14	13,86	5,65
1957/53	4,21	4,78	5,57	4,86	3,88
1961/57	-4,09	-4,28	-2,13	-3,89	3,76
1965/61	1,85	2,60	0,00	2,04	3,23
1969/65	-1,60	-0,87	-1,77	-1,15	2,30
1972/69	-0,38	1,20	1,59	1,15	-*)
1976/72	2,28	3,06	3,22	2,97	1,10
1980/76	-4,22	-5,13	-4,40	-4,85	1,28
1983/80	4,14	3,91	1,69	3,54	1,73
1987/83	-5,25	-5,93	-7,93	-6,20	1,79

* Die Berechnungen wurden mit drei getrennten Datensätzen auf unterschiedlichem Gebietsstand durchgeführt. Es handelt sich um die Zeiträume 1949-1969, 1972-1976, 1976-1987. Für Stimmenveränderungen von 1969 auf 1972 kann deshalb keine Standardabweichung berechnet werden.

Die These vom Einpendeln der Wahlergebnisse auf das langfristig stabile Wählerniveau läßt sich auch mit den Ergebnissen aus der Analyse der zwischenparteilichen Wählerfluktuationen erhärten. Denn der Entwicklungs-

---

[35] Vgl. Franz Urban *Pappi*: Wahlverhalten sozialer Gruppen, S. 374f.

verlauf der parteispezifischen und zwischenparteilichen Wählerbewegungen korrespondiert insofern, als dem enger werdenden Spielraum für Veränderungen im politischen Kräfteverhältnis zwischen den Parteien ein immer geringeres Ausschlagen des Pendels bei den Zugewinnen und Verlusten der CDU/CSU entspricht.

In überraschender Übereinstimmung mit einer mikroanalytischen Längsschnittanalyse des Wahlverhaltens kann die Zeit von „1953 bis 1965 (bzw. bis 1972 — A. E.) geradezu als Zeit der Ultrastabilität" bezeichnet werden[36]. Was Lipset/Rokkan für die Parteiensysteme vorhergesagt haben, kann für die Wählerentwicklung der CDU/CSU bis in die siebziger Jahre bestätigt werden: Die Position der CDU/CSU stabilisiert sich stetig, sie „friert" quasi ein. Aus der Sicht des CDU/CSU-Wählerentwicklung entsteht der Eindruck, „that the German three-party system had reached its equilibrium in the mid-sixties, around which the particular election results are oscillating..."[37].

Ab 1976 steigen die Ergebnisschwankungen betragsmäßig wieder auffallend an, und zwar 1976 und 1987 vor allem in den Hochburgen (1976 als Wählergewinne, 1987 als Wählerverluste), 1983 hauptsächlich in den Diasporagebieten (Gewinne) und 1980 in den Wahlkreisen mit mittlerem Ergebnisniveau (Verluste). In der Gesamtwählerschaft gerät die Position der CDU/CSU somit seit Mitte der siebziger Jahre in Bewegung, und zwar uneinheitlich im Ergebnis und in den Regionen. Vom Hochburgenabbau bzw. von dem Ausbau der Position in den unterstützungsschwachen Wahlkreisen kann indes allgemein keine Rede sein.

In den fünfziger und siebziger Jahren — also sowohl in Zeiten der Regierungsverantwortung als auch in der Opposition — sind in den Hochburgen die Stimmengewinne am höchsten und die Stimmenverluste am geringsten. In diesen beiden Phasen findet also tendenziell ein Hochburgenausbau statt, und zur selben Zeit wird die Position der CDU/CSU in den Wahlkreisen mit niedriger Wählerunterstützung schwächer. In den sechziger Jahren schnitt die CDU/CSU am besten in den mittleren Gebieten ab, seit 1980 holt sie in den schwachen Wahlkreisen auf. Die absoluten Stimmendifferenzen sprechen also erst seit den achtziger Jahren und auch vor dem Eintritt in die Regierung für die These des Ausgleichs der Wettbewerbspositionen in einseitig strukturierten Wahlkreisen. Daß die Regierungsverantwortung eine besondere Hypothek bzw. ein Vorteil für die Wählerentwicklung gewesen sein könnte, kann aus diesen Daten nicht abgelesen werden[38].

---

[36] Ebda., S. 378.

[37] Franz Urban *Pappi* und Michael *Terwey:* The German Electorate: Old Cleavages and New Political Conflicts, in: Herbert Döhring und Gordon Smith (Hrsg.): Party Government and Political Culture in West Germany, London 1982, S. 174-196, S. 180.

[38] Vgl. Richard *Rose* und Thomas T. *Mackie:* Incumbency in Government: Asset or Liability? in: Hans Daalder und Peter Mair (Hrsg.): Western European Party System. Continuity and Change, Beverly Hills/London 1983, S. 115-137, S. 116ff.

Regionale politische Traditionen und die Entwicklung der CDU/CSU 107

Tabelle 6
Relative Stimmenveränderungen der CDU/CSU in aufeinanderfolgenden Bundestagswahlen unter unterschiedlichen Wettbewerbsbedingungen (1949-1987)

Wahljahr	Wahlkreise mit niedrigen Wahlergebnissen %	Wahlkreise mit mittleren Wahlergebnissen %	Wahlkreise mit hohen Wahlergebnissen %	Nationaler Mittelwert %	Regionale Streuung %
1953/49	70,36	50,19	35,31	51,37	31,06
1957/53	16,59	13,25	10,38	13,15	10,65
1961/57	-14,38	-10,74	-3,64	-10,01	10,57
1965/61	7,11	7,47	0,17	6,20	9,42
1969/65	-5,28	-2,02	-3,03	-2,74	5,95
1972/69	-1,33	3,11	2,76	2,87	-*)
1976/72	7,73	7,65	5,75	7,29	2,79
1980/76	-14,29	-12,67	-7,79	-12,00	3,56
1983/80	14,13	9,91	3,14	9,35	5,18
1987/83	-18,05	-15,10	-15,24	-15,59	3,58

* Die Berechnungen wurden mit drei getrennten Datensätzen auf unterschiedlichem Gebietsstand durchgeführt. Es handelt sich um die Zeiträume 1949-1969, 1972-1976, 1976-1987. Für Stimmenveränderungen von 1969 auf 1972 kann deshalb keine Standardabweichung berechnet werden.

Die parteibezogenen Ergebnisschwankungen können im Vorzeichen per definitionem nicht von den elektoratsbezogenen abweichen. Auch sie beschreiben bis zur Wahl in 1969 den bekannten zyklischen Verlauf einer gedämpften Schwingung, die ab 1976 heftiger ausschlägt.

Das parteispezifische Ausmaß der Veränderungen ist naturgemäß in den umstrittenen und schwachen Gebieten größer als in den Hochburgen, doch die Differenz zwischen Hochburgen und mittleren Gebieten unterscheidet sich je nach Wahl erheblich. 1961 und 1965 liegen sie bei ungefähr 7 Prozentpunkten, 1969, 1972 und 1976 bei zirka 2 Prozentpunkten und dann wieder bei 5 bzw. 6 Prozentpunkten. Der Verlauf der parteibezogenen Wählerentwicklung zeigt also ebenfalls kein einheitliches Bild, so daß die These von einem Angleichen der Wählerentwicklung nicht vertretbar ist.

3.5 Regionale Wählerbewegungen

Bisher beschränkte sich die Untersuchung im wesentlichen auf die zeitvergleichende Betrachtung von Querschnittsdaten in drei Gruppen von Wahlkreisen (Diasporagebiete, umstrittene Wahlkreise, Hochburgen). Mit dieser Auswertungsstrategie kann nicht überprüft werden, ob unter der Oberfläche einer relativ stabilen Wählerstruktur auf nationaler Ebene regionalspezifische Wählerentwicklungen auf Wahlkreisebene stattgefunden haben. Aus diesem Grund beschäftigt sich der folgende Abschnitt mit der Frage, ob anhand der beschriebenen Indikatoren des kollektiven Wahlverhaltens — prozentualer Wähleranteil, zwischenparteiliche und parteispezifische Wählerfluktuationen — vom nationalen Entwicklungstrend abweichende Wählerbewegungen in einzelnen Stimmregionen nachgewiesen werden können. Auf diese Weise werden zugleich Gebiete identifiziert, die möglicherweise eigenständige politische Traditionen aufweisen, sofern diese sich in einem vom nationalen Querschnitt abweichenden Wählerverhalten ausdrücken.

Wie bereits erwähnt, erlaubt die Datenlage wegen zahlreicher Wahlkreisänderungen zur Zeit keine zeitvergleichende Analyse über die gesamte Nachkriegszeit auf einheitlichem Gebietsstand. Daher beschränken sich die folgenden Auswertungen auf einen Vergleich der Zeiträume von 1949-1969 und von 1976-1987, in denen die Wahlergebnisse auf gleichem Gebietsstand aufbereitet sind. Um die Vergleichbarkeit auch zwischen den beiden Analyseperioden herzustellen, wurden die Wahlkreise außerdem zu Stimmregionen zusammengefaßt, die — ohne daß einzelne Wahlkreise geschnitten werden — auf der Basis einer unterschiedlichen Anzahl von Wahlkreisen ein Höchstmaß an räumlicher Übereinstimmung aufweisen.

Bei der Zusammenfassung zu Stimmregionen waren zwei Gesichtspunkte ausschlaggebend: Ähnlichkeit des Wahlverhaltens und räumliche Nähe der Wahlkreise, was anhand gemeinsamer Wahlkreisgrenzen gemessen wurde. Vor allem der zweite Aspekt schloß aus, daß zur Klassifikation der Wahlkreise auf Standardverfahren der multivariaten Datenanalyse zurückgegriffen werden konnte. Lediglich zur statistischen Unterstützung der Zuordnung „per Hand" wurde eine Hauptkomponentenanalyse herangezogen, aus der die berechneten Hauptkomponentenwerte für Einzelwahlkreise als Kriterium zur Beurteilung der Ähnlichkeit des Wahlverhaltens benutzt wurden. Allerdings wurde im nachhinein die Einteilung der Wahlkreise in Stimmregionen mit einer Diskriminanzanalyse überprüft, in die der durchschnittliche CDU/CSU-Wähleranteil sowie die parteispezifischen und zwischenparteilichen Wählerfluktuationen als unabhängige Variablen eingingen. 95,51% (1949-1969) bzw. 96,63% (1976-1987) der Minderheitswahlkreise und 91,55% (1949-1969) bzw. 82,19% (1976-1987) der Mehrheitswahlkreise konnten mit dieser Methode der „richtigen" Stimmregion zugeordnet werden[39].

Aus den Tabellen 7 und 8 kann die Zuordnung der Wahlkreise zu Stimmregionen getrennt nach Diasporagebieten und Hochburgen entnommen werden. Im linken Abschnitt der Tabelle sind jeweils diejenigen Wahlkreise zusammengefaßt, die zwischen 1953 und 1969 bei mindestens einer Wahl entweder zu den unterstützungsschwächsten oder -stärksten Wahlkreisen zählten. Rechts neben dem Wahlkreisnamen ist für jede Wahl die genaue Einordnung des Wahlkreises

---

[39] Die nach dieser Methode abgegrenzten Stimmregionen stimmen sehr weitgehend mit denen von Kaack überein; vgl. Heino *Kaack*, a.a.O., S. 577ff.

Regionale politische Traditionen und die Entwicklung der CDU/CSU   109

Tabelle 7
Konkordanz der CDU/CSU-Minderheitsgebiete 1953-1969 und 1976-1987

Stimmregion D1: Kiel

WK-Nr.	Wahlkreisname 1969	WK-typ 53-69	WK-typ 76-87	Wahlkreisname 1987	WK-Nr.
6	Kiel		0000	Kiel	5

Stimmregion D2: Hamburg

12	Hbg-Mitte	10000	0000	Hbg-Mitte	12
16	Hbg-Nord III	11010			
13	Hbg-Altona		0001	Hbg-Altona	13
14	Hbg-Elmsbüttel	11110	0001	Hbg-Eimsbüttel	14
17	Hbg-Wandsbek		0001	Hbg-Wandsbek	16
18	Hbg-Bergedorf	10010	0001	Bergedorf	17
19	Hbg-Harburg	00000	0000	Harburg	18

Stimmregion D3: Ostfriesland

			0000	Aurich/Emden	19
21	Wilhelmshaven		0000	Friesland/Wilhmsh.	21
22	Oldenburg	00011	1000	Oldenbg/Ammerland	22
23	Delmenhst/Weserm.	00111	1010	Delmenhst/Weserm.	23

Stimmregion D4: Nordniedersachsen

24	Cuxhafen	00111		Cuxhafen	24
25	Stade	00011		Stade-Rotenburg	25
28	Hoya	00111		Diepholz	28
29	Verden	00111		Verden-Osterholz	29
30	Soltau/Harburg	00111		Soltau-Fallingbostel	30
31	Lünebg./Lüchow-D.	00111		Lüneburg	31
34	Nienburg	00111		Nienburg/Schaumbg	34

Stimmregion D5: Hannover

36	Hannover I	01000	1001	Hannover I	36
37	Hannover II	00000	1000	Hannover II	37
38	Hannover III	00111			

Stimmregion D6: Südniedersachsen

35	Schaumburg	00011		Harburg	38
39	Celle	00111		Celle-Uelzen	39
40	Gifhorn	00111		Gifhorn/Peine	40
41	Hameln/Springe	00011		Hameln/Pyrmont	41
42	Holzminden	00011		Hannover-Land	42
48	Northeim	10111		Northeim-Osterode	48

Stimmregion D7: Bremen

50	Bremen I	00000	0000	Bremen-Ost	50
51	Bremen II	00000	0000	Bremen-West	51
52	Bremen III	00000	0000	Bremerhaven	52

Stimmregion D8: Köln

59	Köln I	11110	0000	Köln I	59
61	Köln III		0000	Köln III	61
62	Köln IV	11110	0000	Köln IV	62

Stimmregion D9: Wuppertal/Düsseldorf II

69	Wuppertal I		1110	Wuppertal I	69
75	Düsseldorf II	11110	1110	Wuppertal II	70

Stimmregion D10: Ruhrgebiet

82	Moers	11110	0000	Wesel II	83
85			0000	Oberhausen	86
86	Mülheim	11100	0000	Mülhcim	87
87	Essen	11110	0000	Essen I	88
88	Essen	11100	0000	Essen II	89
90	Duisburg I	11100	0000	Duisburg I	84
91			0000	Duisburg II	85
97	Gelsenkirchen I	11100	0000	Gelsenkirchen I	93
98	Gelsenkirchen II	11100	0000	Gelsenkirchen II	94
101	Bottrop-Gladbeck		0000	Bottrop-Recklghsn IV	95
105	Detmold-Lippe	00001			
110	W.-Eickel/W'scheid	11100	0000	Recklinghausen II	91
111			0000	Herne	112
112	Ennepe-Ruhr-Kreis	11110	0110	Ennepe-Ruhr	109
114	Dortmund I	11110	0000	Dortmund I	113
115	Dortmund II	11100	0000	Dortmund II	114
116	Dortmund III	11100	0000	Dortmund III	115
117	Bochum	11110	0000	Bochum I	110
118	Bochum-Witten	11100	0000	Bochum II	111
123			0000	Unna I	116

Stimmregion D11: Nord- und Mittelhessen

126	Waldeck	00000		Waldeck	124
127	Kassel	00000	0000	Kassel	125
128	Eschwege	00000	0000	Werra-Meissner	126
129	Fritzlar-Homberg	00001		Schwalm-Eder	127
130	Hersfeld	01111		Hersfeld	128
131	Marburg	01111		Marburg	129
132	Wetzlar	00001		Lahn-Dill	130
133	Gießen	01001		Gießen	131

Stimmregion D12: Südhessen

136	Friedberg	00001	Hochtaunus	133
138	Wiesbaden	01101	Wiesbaden	136
140	Frankfurt I	11100	Frankfurt II	139
141	Frankfurt II	11000	Frankfurt I	138
142	Frankfurt III	11000	Frankfurt III	140
145	Darmstadt	01101	Darmstadt	143

Regionale politische Traditionen und die Entwicklung der CDU/CSU 111

Stimmregion D13: Pfalz

152	Kreuznach	10101		Kreuznach	150
157	Worms	00100		Worms	155
158	Frankenthal	11101		Frankenthal	156
161	Kaiserslautern	11101		Kaiserslautern	159

Stimmregion D14: Großraum Stuttgart

164	Stuttgart I	10001		Stuttgart II	163
165	Stuttgart II	11001		Stuttgart I	162
166	Stuttgart III	11001			
167	Ludwigsburg	01011		Neckar-Zabern	170
168	Heilbronn	00001		Heilbronn	171
169	Leonberg/Vaihingen	11011		Ludwigsburg	169
177	Waiblingen	11011		Waiblingen	168
195	Calw	11011		Calw	184

Stimmregion D15: Mannheim

| 179 | Mannheim I | 01100 | 0100 | Mannheim I | 179 |

Stimmregion D16: München

204	München I	11110	1100	München-Mitte	203
205	München II	01100		München-Nord	204
206	München III	01100		München-Ost	205
207	München IV	01100		München-Süd	206

Stimmregion D17: Oberfranken

| 223 | Bayreuth | 01111 | | Bayreuth | 223 |
| 226 | Hof | 01111 | | Hof | 225 |

Stimmregion D18: Nürnberg

| 231 | Nürnberg-Süd | 01100 | | Nürnberg-Süd | 231 |

Stimmregion D19: südliches Saarland

244	Saarbrücken-Stadt	90111	1100	Saarbrücken I	244
245	Saarbrücken-Land	90111		Saarbrücken II	245
248	St. Ingbert	90111		Homburg	248

Tabelle 8
Konkordanz der CDU/CSU-Hochburgen 1953-1969 und 1976-1987
Stimmregion H1: Emsland

WK-Nr.	Wahlkreisname 1969	WK-typ 53-69	WK-typ 76-87	Wahlkreisname 1987	WK-Nr.
26	Emsland	22222		Unterems	20
27	Cloppenburg	22222	2222	Cloppenburg-Vechta	27
32	Bersenbrück	22222	2122	Mittelems	26

Stimmregion H2: Aachen und linker Niederrhein

53	Aachen-Stadt	12111		Aachen	53
54	Aachen-Land	12111		Kreis Aachen	54
55	Geilenkirch./Heinsbg.	22222	2222	Heinsberg	55
56	Düren	22222		Düren	56
77	Neuss/Grevenbr. I	22211		Neuss I	76
78	Rheydt/Grevenbr. II	12111		Neuss II	77
79	Mönchengladbach	22111		Mönchengladbach	78
81	Kempen-Krefeld	12211		Viersen	80
83	Kleve	22222	2222	Kleve	81

Stimmregion H3: Bonner Umland

57	Bergheim	12211		Euskirchen-Erftkreis	58
63	Bonn	22111		Bonn	63
64	Siegkreis I/Bonn-Ld.	22221	2111	Rhein.-Sieg II	65
66	Rhein.-Berg. Kreis	22111		Rhein.-Berg. I	67

Stimmregion H4: Münsterland, Ostwestfalen-Lippe, Sauerland

92	Ahaus-Bocholt	22222	2222	Borken	96
93	Tecklenburg	11121		Steinfurt II	98
94	Beckum-Warendorf	22222		Warendorf	100
95	Münster	22111		Münster	99
96	Steinfurt-Coesfeld	22222	2222	Coesfeld/Steinfurt	97
102	Höxter	22222		Höxter-Lippe	106
106	Paderb.-Wiedenbrück	22222		Paderborn	107
120	Lippstadt-Brilon	22222		Soest	118
121	Olpe-Meschede	22222	2122	Olpe-Siegen	121
122	Arnsberg-Soest	11211	2222	Hochsauerland	119

Stimmregion H5: Mosel/Eifel

149	Ahrweiler	22222	2222	Ahrweiler	147
151	Cochem	22122	2222	Cochem	149
153	Bitburg	22222	2222	Bitburg	151
154	Trier	22221		Trier	152

Stimmregion H6: Südbaden

186	Konstanz	21111		Konstanz	191
187	Donaueschingen	21111		Schwarzwald/Baar	190
188	Waldshut	21112		Waldshut	192
193	Rastatt	21112		Rastatt	177

Stimmregion H7: Südliches Württemberg-Hohenzollern

			2221	Rottweil/Tuttl.	189
197	Balingen	11112	2222	Zollern-Alb	198
198	Biberach	22222	2222	Biberach	196
199	Ravensburg	22222	2222	Ravensburg	197

Stimmregion H8: Oberbayern

200	Altötting	12222	2222	Altötting	199
202	Ingolstadt	12222	2222	Freising	200
201	Fürstenfeldbruck		1212	Fürstenfeldbruck	201
210	Rosenheim		2222	Rosenheim	209
203	Miesbach		2222	Starnberg	210
211	Traunstein	11122	2222	Traunstein	211
212	Weilheim	11112	2222	Weilheim	212

Stimmregion H9: Niederbayern/Oberpfalz

				Ingolstadt	202
213	Deggendorf	11222	2222	Deggendorf	213
214	Landshut	11222	2222	Landshut	214
215	Passau	12222	2222	Passau	215
216	Straubing	11222	2222	Rottal-Inn	216
217	Pfarrkirchen	12222	2222	Straubing	217
218	Amberg/Neumarkt	22222	2222	Amberg	218
219	Burglengenfeld	22222	2222	Schwandorf	220
220	Regensburg	11112	2221	Regensburg	219
221	Tirschenreuth	12222	2222	Weiden	221

Stimmregion H10: Unterfranken/Oberfranken

134	Fulda	11112	2222	Fulda	132
185	Tauberbischofsheim	22222	2222	Odenwald/Tauber	181
222	Bamberg	12222	2222	Bamberg	222
225	Kulmbach	11211	2222	Kulmbach	226
227	Ansbach		2222	Ansbach	227
232	Weissenburg	22222	2222	Roth	232
233	Aschaffenburg		1212	Aschaffenburg	233
234	Bad Kissingen	22222	2222	Bad Kissingen	234
235	Karlstadt	22222	2222	Main-Spessart	235
236	Schweinfurt	11112	2222	Schweinfurt	236
237	Würzburg		1212	Würzburg	237

Stimmregion H11: Schwaben

174	Aalen-Heidenheim	21111		Aalen-Heidenheim	174
239	Augsburg-Land	12222	2222	Augsburg-Land	239
240	Donauwörth	12222	2222	Donau-Ries	240
241	Neu-Ulm	12122	2222	Neu-Ulm	241
242	Kaufbeuren	22222	2222	Oberallgäu	242
243	Kempten	22112	2222	Ostallgäu	243

in eine der drei Wahlkreisgruppen abzulesen[40]. Im rechten Tabellenteil werden den Wahlkreisen bzw. Wahlregionen von 1949-1969 die entsprechenden von 1976-1987 gegenübergestellt. Striche deuten an, daß Wahlkreise im genannten Zeitraum nicht mehr zur jeweiligen Wahlkreisklasse gehörten. Somit kann

---

[40] „0" steht für Diasporagebiete, „1" für mittlere Wahlergebnisse und „2" für Hochburgen.

schon aus dieser einfachen Gegenüberstellung abgelesen werden, in welchen Regionen das Wahlverhalten über die Zeit konstant blieb und wo es zu deutlichen Veränderungen der CDU/CSU-Position kam.

Über den gesamten Zeitraum betrachtet erhält die CDU/CSU ihre schwächsten Wahlergebnisse in städtischen Industriezentren. Von Nord nach Süd aufgezählt gehören dazu: Hamburg, Bremen, Hannover, die meisten Ruhrgebietsstädte, Köln (die rechte Rheinseite), Kassel, Saarbrücken, Mannheim und München. In überwiegend ländlich geprägten Regionen schneidet die CDU lediglich in Ostfriesland und im nördlichen Hessen schlecht ab.

Einen ersten Überblick über die Kontinuität des regionalen Wählerverhaltens vermittelt die retrospektive Betrachtung des Wählerverhaltens in den Regionen und Wahlkreisen, die zwischen 1976 und 1987 mindestens einmal als Diasporawahlkreise eingestuft worden sind. Von den 45 Wahlkreisen gehörten 33 schon zwischen 1953 und 1969 zu den unterstützungsschwächsten. Insofern unterstreicht die regional differenzierte Analyse die bereits global festgestellten Beharrungstendenzen des Wählerverhaltens in den für die CDU/CSU schwierigen Wählerkontexten. Doch dieser pauschale Vergleich zwischen beiden Analysezeiträumen darf nicht darüber hinwegtäuschen, daß es in der Phase zwischen 1953 und 1969 noch erhebliche Wählerbewegungen in einzelnen Stimmregionen gab.

Mit einigen Abstrichen können vier typische Muster der regionalen Wählerentwicklung in den Diasporawahlkreisen nachgewiesen werden. Zunächst sind diejenigen Wahlkreise bzw. Stimmregionen zu erwähnen, die praktisch über den gesamten Analysezeitraum als unterstützungsschwache Wahlkreise eingestuft werden. Dazu gehören die meisten Hamburger Wahlkreise, Bremen, Hannover und Nordhessen, es können aber im Prinzip auch die ostfriesischen Wahlkreise hinzugerechnet werden, da sie nur einmal zwischenzeitlich bessere Wahlergebnisse aufwiesen.

Demgegenüber stehen jene Wählerregionen, in denen die CDU/CSU lediglich in bestimmten Phasen der Nachkriegsentwicklung erheblich unter dem nationalen Wahlergebnis abschnitt. Dies trifft zum einen auf das nördliche und südliche Niedersachsen zu, wo die CDU bis Mitte der 60er Jahre aufgrund der Konkurrenz zum Zentrum bzw. der Deutschen Partei/Niedersächsischen Landespartei nur schwach in der Wählerschaft verankert war. Seit der Bundestagswahl 1965 gehört kein einziger Wahlkreis mehr aus diesen beiden Regionen zu den Minderheitswahlkreisen. Der Wähleranteil stieg hier von durchschnittlich 22,8% bzw. 24,0% in 1953 auf 41,0% bzw. 37,3% der Wahlberechtigten in 1969 (vgl. Tabelle 9, D4 bzw. D6). Ein ähnlicher Entwicklungsverlauf kann — wenn auch in abgeschwächter Form — für einige mittelhessische, oberfränkische und saarländische Wahlkreise festgehalten werden.

Demgegenüber stehen jene Wahlkreise, in denen die CDU erst im Laufe der 60er Jahre entweder dauerhaft — wie im Ruhrgebiet und Köln — oder temporär

Tabelle 9
Wähleranteile der CDU und CSU in den Minderheitsstimmregionen (BTW 1949–1987)

Stimm-region	BTW 1949	BTW 1953	BTW 1957	BTW 1961	BTW 1965	BTW 1969	BTW 1976	BTW 1980	BTW 1983	BTW 1987
D1	43,77	46,19	41,58	30,96	35,15	32,11	32,35	28,37	33,89	27,42
D2	11,25	30,62	31,97	27,15	31,61	29,12	31,88	26,99	32,62	30,37
D3	9,72	26,32	31,51	28,74	34,25	33,64	35,18	28,40	34,16	28,25
D4	11,72	22,82	26,43	29,43	41,04	41,05	43,12	35,55	40,73	34,74
D5	12,02	25,70	29,95	28,80	31,51	31,51	35,10	30,11	34,15	29,54
D6	10,15	24,02	28,20	28,93	35,69	37,27	41,41	35,42	40,55	35,31
D7	13,52	21,00	26,06	22,73	28,63	27,43	28,93	24,93	29,65	23,41
D8	31,29	40,11	45,84	38,26	36,14	29,62	33,30	29,54	30,00	26,67
D9	13,21	34,19	41,52	33,72	34,11	31,50	37,07	32,25	35,50	29,58
D10	22,80	32,96	37,89	32,66	31,70	29,37	30,42	26,90	30,82	25,88
D11	10,34	22,21	29,51	24,78	28,79	31,09	38,56	34,12	37,34	31,77
D12	12,98	26,02	33,58	27,90	29,59	30,21	40,11	35,23	37,71	33,99
D13	22,80	29,10	32,25	28,68	30,39	31,57	37,72	34,32	37,10	32,99
D14	13,51	26,95	34,26	29,25	28,90	29,25	42,78	37,75	41,18	34,61
D15	15,48	29,58	32,78	26,12	32,33	35,36	34,56	30,69	34,39	29,56
D16	11,65	26,68	34,76	31,34	30,64	29,23	40,04	35,92	36,48	32,21
D17	14,80	24,51	40,16	36,71	36,69	36,86	46,11	43,39	47,17	40,88
D18	11,95	26,75	35,91	31,25	30,27	29,47	35,42	34,82	38,36	34,37
D19	-	-	22,93	35,15	36,25	36,25	40,09	35,57	37,20	32,85

— wie etwa in Südhessen, in der Pfalz oder im Stuttgarter Raum — im Vergleich zu den anderen Wahlkreisen deutlich an Wählerunterstützung verlor. In Köln und im Ruhrgebiet waren die Wählerverluste mit Abstand am stärksten. Hier fiel die Wählerunterstützung von durchschnittlich 37,9% (Ruhrgebiet) bzw. 45,8% (Köln) in 1957 auf einen Stimmenanteil von 29% in 1969 bis schließlich auf 26% in 1987 (vgl. Tabelle 9, D10 bzw. D8).

Bei den Hochburgenwahlkreisen sind im Grunde ebenfalls vier regionalspezifische Entwicklungsphasen zu erkennen, wobei allerdings die Entwicklungen von CDU und CSU genauer zu unterscheiden sind. Stabile CDU-Hochburgen liegen im Emsland und Sauerland, in der Eifel und im südlichen Württemberg-Hohenzollern. Hier erhält die CDU in der Mehrzahl der Wahlkreise in sämtlichen Wahlen überdurchschnittliche Wahlergebnisse.

In vier weiteren Wählerregionen schrumpften die Gebiete mit überdurchschnittlich hoher Wählerunterstützung auf einen Kernbereich von 1-2 Wahlkreisen zusammen: so im Raum Aachen auf den Wahlkreis Heinsberg, im Köln-Bonner-Raum auf den Rhein-Sieg-Kreis, am linken Niederrhein auf Kleve und im Münsterland auf den westlichen Teil mit den Wahlkreisen Borken und Coesfeld/Steinfurt. Teilweise setzte dieser regionalspezifische „Hochburgenabbau" schon in den 60er Jahren ein, wie vor allem am Niederrhein, im Bonner Raum und Teilen Südbadens; teilweise begann er erst in den 70er Jahren, wie in Teilen des Münsterlands und Ostwestfalen-Lippes (vgl. Tabelle 8).

Tabelle 10
Wähleranteile der CDU und CSU in den Mehrheitsstimmregionen (BTW 1949–1987)

Stimm-region	BTW 1949	BTW 1953	BTW 1957	BTW 1961	BTW 1965	BTW 1969	BTW 1976	BTW 1980	BTW 1983	BTW 1987
H1	34,33	60,41	59,45	60,82	62,58	59,19	59,11	51,30	54,62	47,22
H2	39,52	52,20	58,79	52,57	50,46	46,96	48,47	42,85	46,47	39,77
H3	38,51	50,58	56,04	49,90	48,90	42,36	49,76	43,98	46,88	40,15
H4	34,71	54,05	60,08	57,79	56,74	52,79	54,33	48,34	51,64	43,58
H5	51,59	58,77	59,91	54,27	54,78	50,55	54,44	48,67	51,47	44,29
H6	37,14	53,52	49,04	42,88	45,60	46,86	49,56	44,46	49,29	40,32
H7	50,60	62,97	60,58	54,97	56,27	56,74	59,08	53,18	57,21	46,64
H8	20,84	38,51	47,94	48,42	49,91	48,70	58,79	55,15	55,18	48,60
H9	25,35	45,59	54,31	55,38	55,84	53,75	59,96	56,66	56,79	47,49
H10	32,20	46,54	54,29	51,27	51,28	50,86	56,57	52,69	54,54	47,69
H11	30,54	48,87	54,22	48,67	51,12	50,70	57,65	53,65	55,72	47,52

Im südlichen Baden (einschließlich Rastatt) lagen zwischen 1976 und 1987 überhaupt keine Wahlkreise mehr mit überdurchschnittlicher Wählerunterstützung.

In Bayern nahm stattdessen die Zahl der Hochburgenwahlkreise beträchtlich zu, was hauptsächlich auf den Ausbau der CSU-Wählerbasis in Oberbayern und Teilen Unter- und Oberfrankens im Verlauf der 70er Jahre zurückzuführen ist. Im Vergleich der beiden Parteien hat also die CDU Hochburgenwahlkreise „verloren" und die CSU „gewonnen". Während zwischen 1949 und 1969 ungefähr $\frac{2}{5}$ der Wählerhochburgen beider Parteien in Bayern lagen (26 von 65), stieg ihr Anteil zwischen 1976 und 1987 auf $\frac{2}{3}$ (32 von 49). Insofern gab es im Laufe der Nachkriegszeit eine erhebliche regionale Umschichtung der Hochburgengebiete vom westlichen Niederrhein, dem Münsterland und Südbaden nach (Süd-)Bayern.

Zur regionalen Wählerentwicklung der CDU und CSU kann daher abschließend festgehalten werden, daß trotz der im nationalen Querschnitt festgestellten Konstanz sowohl des durchschnittlichen Wähleranteils als auch der regionalen Streuung der Wahlergebnisse die Position der CDU/CSU in einzelnen Wahlkreisen und Stimmregionen noch bis 1969 z. T. erheblich in Bewegung war. Seit 1976 liegt die Zahl der Wahlkreise mit einer extrem schwachen Wählerunterstützung bei 45, wobei in etwa einem Viertel der Fälle die CDU praktisch seit der ersten Bundestagswahl in dieser Position verharrt, in etwa der Hälfte der Wahlkreise — es handelt sich im wesentlichen um die im Ruhrgebiet — fielen die Wähleranteile der CDU erst mit den Bundestagswahlen von 1965 und 1969 auf ein seitdem dauerhaft niedriges Niveau.

Bei den Hochburgenwahlkreisen kam es zu einer regionalen Verlagerung der Gebiete mit überdurchschnittlicher Wählerunterstützung nach Bayern, vor allem hervorgerufen durch den Ausbau der CSU-Position in Oberbayern in den 70er Jahren.

4. Sozialstrukturelle Determinanten des CDU/CSU-Wählerverhaltens in den Bundestagswahlkreisen

Das Parteiensystem der Bundesrepublik wird auf der Gruppenebene hauptsächlich von drei Cleavages geprägt[41]:

1. von dem konfessionellen Gegensatz zwischen Katholiken und Protestanten, dem auf der Ebene der individuellen Werthaltungen die Orientierung an religiösen Werten und eine laizistische Grundhaltung nicht ganz entspricht;
2. durch den Klassenkonflikt, der aus den „gegensätzlichen Interessen von Arbeitern und Unternehmern entstand und heute in arbeitnehmer-gewerkschaftlicher Bindung und wohlfahrtsstaatlicher Orientierung einerseits und marktwirtschaftlich-liberalistischer Ausrichtung andererseits noch vorhanden ist"[42]; regional dürfte dieser Konflikt auch zunehmend zwischen den Standorten „alter" und „neuer" Industrien bzw. zwischen produzierendem Gewerbe und Dienstleistungsbereich ausgetragen werden;
3. durch den Stadt-Land-Gegensatz, der durch „unterschiedliche Interessen der landwirtschaftlich-ländlich und industriell-städtischen Gruppen" aufrechterhalten wird[43].

Eine empirische Analyse der sozialstrukturellen Determination des Gruppenwahlverhaltens stößt allerdings auf einige Datenprobleme und erhebliche meßtheoretische Schwierigkeiten[44].

Meßtheoretisch bestehen die Probleme darin, daß die von der amtlichen Statistik bereitgestellten Daten nicht immer den Ansprüchen einer Sozialstrukturanalyse gerecht werden, in der das Verhalten von interessen- und statusmäßig abgrenzbaren Gruppen untersucht werden soll. Die Berufsstatistik macht beispielsweise keine statusmäßigen Unterschiede zwischen den Berufsgruppen. Andere Informationen wie etwa über die Zusammensetzung der Wohnbevölkerung nach dem Lebensunterhalt aus verschiedenen Wirtschaftsbereichen liegen oft nicht für die Wahlkreisebene vor und werden auch nur in den Volkszählungen flächendeckend erhoben. Diese Erhebungen finden im Prinzip für eine Analyse des sozialen Wandels in zu großen Abständen statt, selbst wenn sie regelmäßig alle 10 Jahre durchgeführt würden.

Damit ist das zweite Problem des Datenbestands angesprochen. Für den hier gewählten Untersuchungsraum stehen für die Wahlkreisebene entweder Daten

---

[41] Vgl. Franz Urban *Pappi:* Sozialstruktur, Wertorientierungen und Wahlabsicht; ders.: Konstanz und Wandel der Hauptspannungslinien; ders.: Wahlverhalten sozialer Gruppen.

[42] Pavel *Uttitz:* Parteipräferenz und Wahlabsicht der Landwirte in der Bundesrepublik Deutschland — Neigen die Landwirte zur Wahlenthaltung? in: ZParl 18 (1987), S. 243-252, S. 244.

[43] Ebda., S. 243.

[44] Andreas *Engel,* a.a.O., S. 212ff.

aus den Volkszählungen von 1961 und 1970 zur Verfügung oder aus neueren Erhebungen aus der Sozialversicherungsstatistik. Zur Operationalisierung der konfessionellen Konfliktlinie greife ich auf Daten zum Katholikenanteil an der Wohnbevölkerung aus den Totalerhebungen von 1961 und 1970 zurück, in der Annahme, daß die Zusammensetzung der Bevölkerung nach dem Konfessionsmerkmal relativ stabil geblieben ist[45].

Zur Operationalisierung des Stadt-Land-Gegensatzes stehen mehrere Variablen zur Verfügung: der Anteil der Selbständigen an der Wohnbevölkerung, der Anteil der Erwerbspersonen im landwirtschaftlichen Gewerbe, die Anzahl der landwirtschaftlichen Betriebe pro 1000 Einwohner und die Bevölkerungsdichte. Ich habe mich für die letzten beiden Variablen entschieden, weil mit ihnen der gesamte Zeitraum abgedeckt werden kann.

Am problematischsten ist zweifellos die präzise Erfassung der sozialen Schichtung. Es bieten sich zwei Operationalisierungsstrategien an: zum einen über den Anteil der Erwerbstätigen nach ihrer Stellung im Beruf als Arbeiter, Angestellte und Beamte oder über den Anteil der Erwerbstätigen nach Wirtschaftsbereichen. Wiederum aus Aktualitätsgründen präferiere ich den Anteil der Erwerbstätigen nach der Beschäftigung in den Wirtschaftsbereichen, beziehe aber den Anteil der Erwerbstätigen nach der Stellung im Beruf mit ein, obwohl die Daten von 1970 stammen.

Die Cleavage- bzw. Milieutheorie geht von der zu prüfenden Annahme aus, daß die soziale Gruppenzugehörigkeit einen langfristig stabilen Einfluß auf das Wahlverhalten hat. Die Stabilität der Wählerunterstützung — wie sie für die CDU/CSU bis Mitte der siebziger Jahre nachgewiesen worden ist — ist allein kein hinreichendes Indiz für die Stabilität von Cleavagestrukturen. Der Verlust von Wählern einer „alten" Cleavagekoalition kann ausgeglichen werden durch den Gewinn von Wählern aus neuen Sozialgruppen, ohne daß sich das Ausmaß der Wählerunterstützung nachdrücklich geändert haben muß. Veränderungen des Zusammenhangs zwischen der Sozialstruktur und dem Wählerverhalten können mindestens drei Ursachen haben:

1. den Wechsel der Parteipräferenzen in bestimmten Sozialgruppen bei gleichbleibender Intensität der sozialen Spannungen zwischen ihnen — ein Milieu wechselt seinen Repräsentanten[46] oder eine Partei wechselt ihre Repräsentierten, sie öffnet sich für neue Sozialgruppen;

2. soziopolitische Gegensätze verlieren an Bedeutung, was zur Lockerung der Parteibindungen führen kann, möglicherweise bestehen die alten Parteibindungen aber auch weiter[47];

---

[45] Vgl. Manfred *Berger* u.a.: Stabilität und Wechsel. Eine Analyse der Bundestagswahl 1980, in: Max Kaase und Hans-Dieter Klingemann (Hrsg.): Wahlen und politisches System. Analysen aus Anlaß der Bundestagswahl 1980, Opladen 1983, S. 12-57, S. 27 mit Bezug auf Mikrozensusdaten.

[46] Karl-Heinz *Naßmacher*, a.a.O., S. 91 ff.

[47] Vgl. Franz Urban *Pappi:* Wahlverhalten sozialer Gruppen, S. 377.

3. sozialstrukturell abgekapselte Gruppierungen ändern ihre Größe, was zu Wählergewinnen oder -verlusten führen kann, ohne daß sich die Konfliktstruktur oder die Intensität der Auseinandersetzungen innerhalb einer Gesellschaft ändern muß („demographische Theorie des sozialen Wandels")[48].

Mit Aggregatdaten kann der Nachweis dieser denkbaren Entwicklungsverläufe nur bedingt geführt werden. Vor allem die Auflösung von langfristigen Parteiloyalitäten bei gleichbleibender Parteipräferenz, wie sie auf der individuellen Ebene nachgewiesen werden kann[49], kann nicht mit ökologischen Wahlanalysen überprüft werden. Mittels Aggregatdaten kann jedoch der Zusammenhang zwischen der räumlichen Verteilung sozialer Gruppen und der Wahlentscheidung in den Regionen untersucht werden, und es kann damit ein Kontextmerkmal beschrieben werden, das die Veränderung von Parteiorientierungen auf der individuellen Ebene nach der Cleavagetheorie zu erklären vermag.

Nach der Cleavagetheorie kann aus der räumlichen Segregation sozialer Gruppen auf die Intensität sozialer Spannungen geschlossen werden[50]. Eine hohe Erklärungskraft der Varianz der Wahlergebnisse einer Partei durch die sozialstrukturelle Zusammensetzung der Wählerschaft in den Teilregionen sagt folglich etwas darüber aus, in welchem Ausmaß bestehende Konfliktlinien durch die räumliche Konzentration der Konfliktparteien verschärft oder abgeschwächt werden. Es sei jedoch ausdrücklich betont, daß ein Bedeutungsverlust der regionalen Determination des Cleavagesystems nicht notwendigerweise auch einen Rückgang der Intensität der Spannungen auf der ideologischen Dimension — und vor allem auch nicht auf der individuellen Ebene — bedingen muß.

In Tabelle 11 sind die Ergebnisse mehrerer multipler Regressionsanalysen für die Bundestagswahlen von 1961 bis 1987 enthalten. In einer auf Aggregatdaten gestützten Untersuchung kann der Einfluß einzelner Konfliktspaltungen auf das Gruppenwahlverhalten durch Änderungen des Betrags und des Vorzeichens der standardisierten Regressionskoeffizienten abgelesen werden. Die Bedeutung der regionalen Dimension sozialer Konflikte insgesamt wird durch das Ausmaß der erklärten Varianz der Wahlergebnisse durch die Sozialstrukturvariablen erfaßt (R^2). Aus dem Determinationskoeffizienten geht hervor, daß die räumliche Verteilung der erfaßten Sozialgruppen bis 1980 insgesamt eine zunehmende Bedeutung für das Wahlergebnis der CDU/CSU hatte, 1983 und 1987 fällt der erklärte Varianzanteil um einige Prozentpunkte zurück.

Dieses Resultat steht im Gegensatz zu den Ergebnissen aus Individualanalysen, die ein Absinken der Anteile der mit sozialstrukturellen Variablen erklärten

---

[48] Franz Urban *Pappi:* Sozialstruktur, Wertorientierungen und Wahlabsicht, S. 200.
[49] Ebda. und ders.: Wahlverhalten sozialer Gruppen.
[50] Vgl. Bernd *Hamm:* Aktuelle Probleme sozialökologischer Analyse, in: KZfSS 36 (1984), S. 277-292, S. 281.

Tabelle 11
Sozialstrukturelle Erklärung der CDU/CSU-Wahlergebnisse in den Bundestagswahlkreisen von 1957 bis 1987 (standardisierte Regressionskoeffizienten)

Wahljahr	R^2	Kath.	EW: Prod.	EW: Dienst	Arbeiter	Angest.	Landw. Betriebe	Bev.-dichte
1961	0,78	0,80	−0,32	−0,30	−0,10	−0,22	−0,33	−0,06
1965	0,74	0,68	−0,51	−0,40	0,06	0,00	−0,06	−0,16
1969	0,77	0,62	−0,55	−0,37	0,22	0,16	0,24	−0,20
1972	0,82	0,49	0,12	−0,11	−0,52	−0,35	–	−0,35
1976	0,82	0,56	0,18	−0,09	−0,31	−0,21	0,17	−0,31
1980	0,83	0,59	0,22	−0,12	−0,31	−0,23	0,17	−0,26
1983	0,80	0,53	0,25	−0,14	−0,27	−0,20	0,16	−0,34
1987	0,76	0,54	0,24	−0,10	−0,31	−0,24	0,07	−0,37

Kath.	= Katholikenanteil (1970)
EW: Prod.	= Erwerbstätige im produzierenden Gewerbe (1985)
EW: Dienst	= Erwerbstätige im Dienstleistungsbereich (1985)
Arbeiter	= Arbeiter/Erwerbstätige (1970)
Angest.	= Angestellte/Erwerbstätige (1970)
Landw. Betriebe	= Landwirtschaftliche Betriebe/Tsd. Einwohner (1985)
Bev.-Dichte	= Bevölkerungsdichte (1985)

Großstädte mit mehreren Bundestagswahlkreisen werden zu einer Untersuchungseinheit zusammengefaßt. Deshalb basieren die Berechnungen auf N=214 für den Zeitraum von 1961 bis 1969 und auf N=218 für 1976 bis 1987. Die Anzahl der landwirtschaftlichen Betriebe konnte für die Bundestagswahl 1972 nicht erhoben werden.

Varianz festgestellt haben[51]. Für die CDU/CSU muß in bezug auf die räumliche Dimension der Cleavagestruktur aber eine steigende Erklärungskraft zumindest bis zur Wahl in 1980 festgehalten werden. Daraus folgt, daß die Entwicklungen auf der individuellen Ebene und auf der Gruppenebene offenbar in entgegengesetzten Richtungen verlaufen, was mit der oben an zweiter Stelle genannten Erklärungsursache über den Wandel des Einflusses der Sozialstruktur auf das Parteiensystem übereinstimmt. Traditionelle Konfliktlinien verlieren auf der individuellen Ebene an Bedeutung, aber die ursprünglichen sozialen Allianzen bleiben erhalten. Im Ergebnis gleiches Wahlverhalten ist „mehr Ausdruck der augenblicklichen Interessenkoalition als der langfristig stabilen Koalition mit einer Partei"[52].

Unter kontexttheoretischen Aspekten kann über den Einfluß einzelner Cleavages auf die CDU/CSU-Wählerentwicklung festgehalten werden, daß die Bedeutung der konfessionellen Spannungslinie — was ihre regionalspezifische Intensität angeht — in den sechziger Jahren bis 1972 abgenommen hat. Danach

---

[51] Vgl. Franz Urban *Pappi:* Sozialstruktur, Wertorientierungen und Wahlabsicht, S. 199f.; Ursula *Feist* und Klaus *Liepelt,* a.a.O., S. 43f.
[52] Franz Urban *Pappi:* Wahlverhalten sozialer Gruppen, S. 369.

stieg ihr Einfluß wieder bis zur Bundestagswahl 1980 an und ging in den darauffolgenden zwei Wahlen wieder zurück.

Dieses Ergebnis stimmt auffallend mit den Resultaten einer Längsschnittanalyse mit Befragtendaten überein, in der ebenfalls für die Periode von 1972 bis 1980 der höchste Einfluß des Konfessionsfaktors nachgewiesen wurde[53]. Pappi erklärt diesen Effekt damit, daß durch die „Koalitionsentscheidungen der Parteien ... die Hauptthematik der politischen Auseinandersetzungen" bestimmt wird. In der sozialliberalen Koalition bestanden große Gemeinsamkeiten in der Rechts- und Innenpolitik, die sich „gegen religiös begründete konservative Vorstellungen der CDU/CSU richteten."[54] Die konfessionelle Konfliktlinie wurde dadurch reaktiviert, nachdem sie in einer Phase der bürgerlichen Koalitionen mit dem Themenschwerpunkt auf materiellen Interessen an Einfluß verloren hatte. Diese Reaktivierung vollzog sich offenbar nicht nur auf der ideologischen Dimension, sondern auch auf der territorialen Dimension der politischen Spannungen.

Eine interessante Entwicklung zeichnet sich auch auf der regionalen Ebene des Klassenkonflikts ab, weil es offenbar zu einem Ausbau der CDU/CSU-Position in Gebieten mit hohen Bevölkerungsanteilen im produzierenden Gewerbe kam. Während in den sechziger Jahren die CDU/CSU mit abnehmender Tendenz im Arbeitermilieu verankert war — also in den Standorten des produzierenden Gewerbes —, breitet sie sich in diesen Gebieten seit 1972 mit steigender Tendenz aus. Diese Entwicklung könnte ebenfalls mit der „Koalitionsthese" zusammenhängen, insofern die Abnahme der Bedeutung materieller Interessen in der politischen Auseinandersetzung es der CDU/CSU erleichterte, in ehemals abgekapselte Arbeitermilieus einzudringen. Doch diese Vermutung kann nicht mit den hier zur Verfügung stehenden Daten belegt werden.

Der negative Zusammenhang zwischen der Bedeutung des Dienstleistungsbereichs im Wahlgebiet und dem CDU/CSU-Anteil ging gleichfalls zurück, wenn er auch nicht wie im Fall des produzierenden Gewerbes das Vorzeichen wechselte. Im ökonomischen Konfliktfeld scheint es in der Zeit der sozialliberalen Koalition — in einer Periode der Betonung ideeller Interessen — zur „Verwerfung der traditionellen Spannungslinien" gekommen zu sein[55]. Dem Wechsel der Parteipräferenzen auf der individuellen Ebene entsprach auf der territorialen Dimension eine Verringerung der sozialen Distanzen zwischen den Hauptkonfliktgruppen und der CDU/CSU-Wählerschaft.

Anders scheint es sich beim Arbeiter- bzw. Angestellten- und Beamtenanteil zu verhalten. Die räumliche Verteilung der Hauptberufsgruppe steht nach wie vor in einem nahezu konstant negativen Zusammenhang zur CDU/CSU-Wahl.

---

[53] Ebda., S. 379ff.
[54] Ebda., S. 377.
[55] Ebda.

Auf dieser Konfliktlinie scheint die regionale Verteilung der Sozialgruppen dem Angleichen der Wahlnormen auf der individuellen Ebene entgegenzuwirken.

Schließlich ist noch zum Stadt-Land-Gegensatz anzumerken, daß der bereits von Conradt diagnostizierte „clear trend towards ruralization"[56] sich seit den sechziger Jahren fortsetzte. So belegt es zumindest die Operationalisierung über die Bevölkerungsdichte. Die Bedeutung des landwirtschaftlichen Charakters der Wahlkreise veränderte im Untersuchungszeitraum dagegen zweimal die Richtung des Zusammenhangs mit dem CDU/CSU-Wahlergebnis. In den sechziger Jahren kam es zum Umschlagen der negativen Abhängigkeitsbeziehung in eine positive. Ab der Bundestagswahl von 1969 blieb dann der Einfluß relativ konstant[57]. Erst zur letzten Bundestagswahl ging die Stärke des positiven Zusammenhangs wieder um die Hälfte zurück[58]. Offenbar zeichnen sich auch in Hinblick auf den Stadt-Land-Gegensatz gewisse Differenzierungen zwischen landwirtschaftlichen und ländlichen Interessen ab.

Die Analyse des Einflusses der Sozialstruktur auf das Wählerverhalten hat gezeigt, daß der Einfluß der räumlichen Dimension des Cleavagesystems auf das CDU/CSU-Wählerverhalten nach wie vor groß ist. Der Einfluß einzelner Konfliktlinien unterliegt im Analysezeitraum einigen Wandlungsprozessen, die besonders im ökonomischen Konfliktbereich teils gleich-, teils gegenläufige Tendenzen zum individuellen Wahlverhalten zeigen und als verstärkende bzw. abschwächende Kontexteffekte für das CDU/CSU-Wahlverhalten interpretiert werden können.

5. Ergebnisse

Nach den empirischen Analysen für den Zeitraum von 1949 bis 1987 muß das CDU/CSU-Wählerverhalten je nach Aggregationsebene unterschiedlich beurteilt werden: Im nationalen Durchschnitt blieb das CDU/CSU-Wählerpotential zwischen 1953 und 1983 in hohem Maße stabil, und zwar sowohl bei Berücksichtigung aller Wahlkreise als auch bei der jeweils getrennten Betrachtung der Diaspora- und Hochburgenwahlkreise. Für die nationale Ebene kann also in diesem Zeitraum weder von einem Hochburgenabbau noch von einem bemerkenswerten Ausbau der Wählerposition in den Minderheitsgebieten gesprochen werden.

Auf der Ebene einzelner Wahlkreise und Stimmregionen fanden dagegen z. T. erhebliche Wählerbewegungen statt. Bei relativ konstanter Zahl der Mehrheits- und Minderheitswahlkreise änderte sich also die regionale Zusammensetzung der Wahlkreise mit über- und unterdurchschnittlichen Wahlergebnissen. Bei den Minderheitsgebieten verlagerte sich der Schwerpunkt von Niedersachsen (in den

---

[56] David P. *Conradt:* Social Structure, S. 208.
[57] Für die Bundestagswahl 1972 stand das Merkmal nicht zur Verfügung.
[58] Vgl. Pavel *Uttitz,* a.a.O., S. 208.

50er Jahren) ins Ruhrgebiet und nach Köln (seit der Bundestagswahl 1965). Die Zahl der Hochburgenwahlkreise ging außerhalb Bayerns zurück. Am linken Niederrhein, im Münsterland und Teilen Ostwestfalen-Lippes, in Rheinland/Hessen-Nassau und im südlichen Baden verlor die CDU ihre im Vergleich zu den anderen Wahlkreisen exponierte Wählerposition. Die CSU baute dagegen in den 70er Jahren vor allem in Franken und Oberbayern ihre Hochburgenposition deutlich aus. Darüber hinaus konnte festgestellt werden, daß die sozialstrukturelle Zusammensetzung der Wählerschaft von 1961 bis zur Bundestagswahl 1980 eher eine zunehmende Bedeutung gewann und erst seitdem an Erklärungskraft verliert.

Beide Ergebnisse — sowohl der Nachweis der vom nationalen Verlauf abweichenden Entwicklung der Wählerunterstützung als auch die hohe Konstanz des sozialstrukturellen Einflusses auf das regionale Wählerverhalten — werfen Fragen im Hinblick auf regionalspezifische Vermittlungsstrukturen zwischen Parteien und Wählern auf. Ist die gleichbleibend hohe Wählerunterstützung (der CDU und CSU) in einigen Wahlkreisen auf eine entsprechende Stabilität der Sozialstruktur zurückzuführen oder verstanden es lokale Parteiorganisationen, ein hohes Niveau der Wählerzustimmung auch unter den Bedingungen des Wandels der Sozialstruktur durch entsprechend hohe Anpassungsleistungen aufrechtzuerhalten? Wie kommt es, daß in anderen Wahlkreisen die CDU und vereinzelt auch die CSU über vier Jahrzehnte hinweg ein weit unter dem Durchschnitt liegendes Wahlergebnis erzielte? Gehen die in bestimmten Wahlkreisen drastischen Veränderungen der Wählerunterstützung zugunsten wie zuungusten der CDU bzw. CSU auf einen Wandel in lokalen Parteieinheiten zurück oder werden sie durch eine Umorientierung in der Wählerschaft hervorgerufen, die nicht mit lokalen Parteiorganisationen zusammenhängt? Wahl- und Sozialstrukturanalysen können zwar zur Identifikation typischer regionaler Entwicklungsmuster im Wählerverhalten beitragen, die Analyse regionalspezifischer Partei-Wähler-Beziehungen als Nachweis regional typischer politischer Milieubildungen vermögen sie allerdings nicht zu ersetzen.

Anhang: Datenbasis

Zur Zeit steht kein Datensatz zur Verfügung, mit dem eine zeitvergleichende Analyse der Bundeswahlergebnisse von 1949 bis 1987 auf einem einheitlichen Gebietsstand EDV-gestützt durchgeführt werden könnte[59]. Daher war es

---

[59] Nach Abschluß dieses Manuskripts erschien die Ankündigung von Klaus A. *Fischer:* Wahlhandbuch für die Bundesrepublik Deutschland. Daten zu Bundes-, Landtags- und Europawahlen in der Bundesrepublik Deutschland, in den Ländern und Kreisen, 2 Teile, Paderborn 1990. Damit liegt erstmals eine Dokumentation aller Bundestagswahlergebnisse bis 1987 auf einheitlichem Gebietsstand vor. Allerdings wurden nach Auskunft des Autors die Daten nicht maschinenlesbar aufbereitet.

notwendig, mit drei Datensätzen auf einem unterschiedlichen Gebietsstand für die Bundestagswahlkreise zu arbeiten.

Für den Zeitraum von 1949 bis 1969 steht ein vom Institut für angewandte Sozialforschung (INFAS) aufbereiteter Datensatz zur Verfügung, der Bundestags- und Landtagswahlergebnisse sowie die wichtigsten Volkszählungsdaten von 1961 auf dem Gebietsstand der Bundestagswahlkreise von 1965 enthält[60].

Darüber hinaus standen mir „Aggregatdaten für die Wahlkreise der Bundesrepublik (1972-1976) in der Einteilung der Bundestagswahl von 1972" zur Verfügung. Auch dieser Datensatz enthält neben den Bundestagswahldaten einige zentrale Sozialstrukturvariablen aus der Volkszählung von 1970. Er wurde zusammengestellt von P. Hoschka und H. Schunck.

Schließlich verwendete ich für die Bundestagswahlen 1976 und 1980 in der Wahlkreisgliederung von 1980 einen Datensatz von D. Hänisch, den ich um die Bundestagswahlkreisergebnisse von 1983 und 1987 ergänzt habe, da seitdem nur unwesentliche Wahlkreisänderungen vorgekommen sind[61]. Sämtliche maschinenlesbar aufbereiteten Daten wurden vom Zentralarchiv für empirische Sozialforschung (Köln) zur Verfügung gestellt. Sie sind dort katalogisiert unter den ZA-Nummern 950, 951 und 1184.

---

[60] Dieser Datensatz ist dokumentiert in Fritz *Sänger* und Klaus *Liepelt* (Hrsg.): Wahlhandbuch 1965, Frankfurt a.M. 1965.

[61] Vgl. Statistisches Bundesamt (Hrsg.): Wahl zum 11. Deutschen Bundestag am 25. Januar 1987, Heft 5. Textliche Auswertung der Wahlergebnisse, Wiesbaden 1988, S. 12.

Regionale politische Traditionen und CSU-Hegemonie in Bayern

Von *Alf Mintzel*

1. Gehen Bayerns Uhren wirklich anders?

Unter dem Aspekt „Parteien und regionale politische Traditionen in der Bundesrepublik Deutschland" drängen sich der Freistaat Bayern und die CSU als weiß-blaue „Besonderheit" geradezu auf. In Bayern gibt es augenscheinlich noch immer sehr verschiedene Regionen, und dennoch wirkt Bayern heutzutage als eine politisch-kulturelle Einheit. Wer von Norden nach Süden oder von Südosten nach Nordwesten durch das größte Bundesland (70 533 km²) fährt, erlebt die unterschiedlichen Panoramen seiner Naturgeographie, die Vielgestaltigkeit seiner kulturellen Landschaften und den Wechsel der Dialekte. Auf der Durchreise ist die kulturelle Vielgestaltigkeit Bayerns zum Beispiel an den alten Gebäuden und Kirchtürmen abzulesen: am Muschelkalkgemäuer der mainfränkischen Winzerdörfer, an den Fachwerkhäusern, an den Sandsteinen und spitzen Türmen der Kirchen des protestantischen Franken, an den Zwiebeltürmen der altbayerischen Barockkirchen, an den Grundformen der alten Bauernhöfe, an den Schlössern und Rathäusern, an den Wegkreuzen und Kapellen. Jedem geübten Beobachter fällt der Wechsel der kulturellen Landschaften Bayerns auf, doch wer kann noch die heterogenen *politisch*-kulturellen Traditionen erkennen?

Das *politische* Erscheinungsbild Bayerns ist heutzutage im Kontrast zur Vielgestaltigkeit seiner geologisch-geomorphologischen und kulturellen Landschaften ein ganz anderes: Bayern stellt sich als eine politische Einheit dar, wird als eine Gesamt-Hochburg der CSU erlebt, als CSU-Staat. Von Hof an der Saale bis nach Lindau am Bodensee, von Aschaffenburg bis Passau, von Rothenburg ob der Tauber bis an die Grenze zur Tschechoslowakei regiert die CSU. Nur kleine „rote" Inseln zeugen noch davon, daß es in Bayern auch eine SPD gibt, die *bayerische* SPD — wie sie sich selbst nennt, nicht die SPD in Bayern. Der Eindruck trügt nicht: Bayern ist ein Land der CSU geworden, die CSU hat Bayern in *eine* politische Region umgewandelt. Dafür sprechen die Tatsachen.[1]

---

[1] Die Geschichte der CSU, die Organisationsdichte ebenso wie die Geschichte ihrer Politik, Programmatik und spezifischen Leistung ist von mir in mehreren Büchern, Sammelbänden und zahlreichen Aufsätzen umfassend und detailliert dargestellt worden. Siehe unter anderem Alf *Mintzel:* Die CSU in Bayern, in: Jürgen Dittberner/Rolf

Im Freistaat Bayern stieg die CSU zur bayerischen Staats- und Hegemonialpartei auf. Seit 1970 gewann sie in jeder Landtagswahl die absolute Mehrheit (siehe Tab. 1). Aus den Bundestagswahlen ging die CSU in Bayern bereits seit 1957 mit absoluter Mehrheit hervor (siehe Tab. 2). Ungeachtet der leichten Abschwächung der absoluten Mehrheit 1987 bleibt die Tatsache bestehen, daß die CSU in Bayern etwa 30 Jahre lang eine schier uneinnehmbare Vormachtstellung innehat. Das ist immerhin die Zeitspanne einer Generation. Daran hatte sich auch in den achtziger Jahren nichts durch die Parteiwerdung der „Grünen" geändert. „Die Grünen" konnten charakteristischerweise hauptsächlich dort an Boden gewinnen, wo die SPD ihre Basen und Rekrutierungsfelder hatte.[2] „Die Grünen" schwächten in Bayern die ohnehin schwache Opposition und konnten doch gegen die erdrückende Übermacht des konservativen Parteikolosses noch weniger ausrichten als die schwache Sozialdemokratie. Selbst eine oppositionelle Addition von SPD, FDP, Grünen und „Sonstigen" hätte in Bayern nicht die CSU-Hegemonie brechen können. Jede „balance of power" schien in Bayern auf lange Zeit außer Kraft gesetzt zu sein. Jeder wußte, daß schon allein die

---

Ebbinghausen (Hrsg.): Parteiensystem in der Legitimationskrise. Studien und Materialien zur Soziologie der Parteien in der Bundesrepublik Deutschland, Opladen 1973, S. 349-426; Alf *Mintzel:* Die CSU. Anatomie einer konservativen Partei 1945-1972, Opladen 1972; Alf *Mintzel:* Geschichte der CSU. Ein Überblick, Opladen 1977; Alf *Mintzel:* Gesellschaft, Staat und Parteiorganisation. Ein analytisches Stenogramm der Entwicklung Bayerns und der CSU, in: Wolf-Dieter Narr (Hrsg.): Auf dem Weg zum Einparteienstaat, Opladen 1977, S. 173-212; Alf *Mintzel:* Die Christlich-Soziale Union in Bayern e. V:, in: Richard Stöss (Hrsg.): Parteienhandbuch. Die Parteien der Bundesrepublik Deutschland 1945-1980, Bd. I, Opladen 1983, S. 661-718; Alf *Mintzel:* Die Christlich-Soziale Union: Bollwerk Bayern, in: Peter Haungs und Eckhard Jesse (Hrsg.): Parteien in der Krise? In- und ausländische Perspektiven, Köln 1987, S. 109-114; Alf *Mintzel:* Die Rolle der CSU-Landesgruppe im politischen Kräftespiel der Bundesrepublik Deutschland, in: Politische Studien, Sonderheft 1 (1989), S. 113-134; Alf *Mintzel:* Die Christlich-Soziale Union in Bayern, in: Alf Mintzel/Heinrich Oberreuter (Hrsg.): Parteien in der Bundesrepublik Deutschland. (Bundeszentrale für politische Bildung), Bonn 1990, S. 199-236; Alf *Mintzel:* Political and Socio-Economic Development in the Postwar-Era: The Case of Bavaria, 1945-1989, in: Karl Rohe (Hrsg.): Elections, Parties and Political Traditions, Oxford 1990, S. 145-178; Die Geschichte der CSU stellte außerdem dar Peter *Haungs:* Die Christlich-Demokratische Union Deutschlands (CDU) und die Christlich-Soziale Union in Bayern (CSU), in: Hans-Joachim Veen (Hrsg.): Christlich-demokratische und konservative Parteien in Westeuropa, Bd. 1, Paderborn 1983, S. 9-194; Günter *Müchler:* CDU/CSU. Das schwierige Bündnis, München 1976.

[2] Dies geht zum Beispiel aus meinen Organisationsanalysen hervor, die im Jahre 1991 unter dem Titel „Parteien in Bayern" veröffentlicht werden; vgl. hierzu zum Beispiel Wahl zum Bayerischen Landtag am 10. Oktober 1982, Gemeindewahlergebnisse, Heft 400 der Beiträge zur Statistik Bayerns, herausgegeben vom Bayerischen Landesamt für Statistik und Datenverarbeitung, München 1983; Wahl zum Bayerischen Landtag am 12. Oktober 1986, Heft 416 der Beiträge zur Statistik Bayerns, herausgegeben vom Bayerischen Landesamt für Statistik und Datenverarbeitung, München 1987; Wahl zum 11. Deutschen Bundestag in Bayern am 25. Januar 1987, Heft 418 der Beiträge zur Statistik Bayerns, herausgegeben vom Bayerischen Landesamt für Statistik und Datenverarbeitung, München 1987.

Imagination einer solchen Addition ein kabarettistisches Denkspiel darstellte. Selbst das traditionell unionsdominierte Baden-Württemberg kannte nicht ein derartiges Ungleichgewicht der Kräfte, wie es in Bayern seit Jahrzehnten in Erscheinung trat.

Der Aufstieg der CSU zur bayerischen Staats- und Hegemonialpartei und das jahrzentelange Ungleichgewicht von CSU-Übermacht und oppositioneller Ohnmacht in Bayern bedürfen der sozialwissenschaftlichen Erklärung. Man behalf sich mit der schönen und griffigen Uhren-Metapher, wonach *Bayerns Uhren wirklich anders gehen* sollen.[3] Wäre dies richtig, so hätten wir es in Bayern mit einer regionalen politischen Tradition zu tun, die sich von allen anderen politischen Traditionen in der Bundesrepublik in wichtigen Momenten unterscheidet, vor allem in der Gangart ihrer Entwicklung.

Trotz vieler bayerischer Auffälligkeiten und Besonderheiten scheint die Uhren-Metapher, so griffig sie sich als Summenformel anbietet, zu beliebig und unscharf zu sein, um das „Phänomen Bayern" zu fassen.[4] Aufgrund der deutschen Geschichte und regionalen Teilgeschichten gehen die Uhren in jedem Bundesland ein bißchen anders. Viele Studien weisen auf die regionale Vielgestaltigkeit der westdeutschen Parteienlandschaft hin. Auch in anderen Bundesländern gibt es, nicht zuletzt institutionell abgestützt durch das föderale Gefüge, noch immer historisch-politische Teilkulturen und Identität stiftende historische Zusammenhänge, Regionalkulturen und Ortskulturen, die sich in

---

[3] Siehe zu dieser Diskussion Jürgen W. *Falter:* Bayerns Uhren gehen wirklich anders. Politische Verhaltens- und Einstellungsunterschiede zwischen Bayern und dem Rest der Bundesrepublik, in: Zeitschrift für Parlamentsfragen 13 (1982), S. 504-521; Jürgen W. *Falter:* Die bayerische Landtagswahl vom 15. 10. 1978: Anti-Strauß-Wahl oder Modernisierungsschwächen einer „Staatspartei", in: Zeitschrift für Parlamentsfragen 10 (1979), S. 50-64; Alf *Mintzel:* Gehen Bayerns Uhren wirklich anders? in: Zeitschrift für Parlamentsfragen 18 (1987), S. 77-93; Jürgen W. *Falter:* Wie gehen sie nun wirklich, die bayerischen Uhren? Einige Anmerkungen zu Alf Mintzel: Zurückweisung einer falschen These, in: Zeitschrift für Parlamentsfragen 19 (1988), S. 113f.; Alf *Mintzel:* Besonderheiten der politischen Kultur Bayerns. Facetten und Etappen einer politisch-kulturellen Homogenisierung, in: Dirk Berg-Schlosser und Jakob Schissler (Hrsg.): Politische Kultur in Deutschland. Bilanz und Perspektiven der Forschung, Opladen 1987, S. 295-308.

[4] Siehe hierzu zum Beispiel Dorothee *Buchhaas*/Herbert *Kühr:* Von der Volkskirche zur Volkspartei — Ein analytisches Stenogramm zum Wandel der CDU im rheinischen Ruhrgebiet, in: Herbert Kühr (Hrsg.): Vom Milieu zur Volkspartei, Königstein/Ts. 1979, S. 135-232; Wolfgang *Behr:* Sozialdemokratie und Konservatismus: Ein empirischer und theoretischer Beitrag zur regionalen Parteianalyse am Beispiel der Geschichte und Nachkriegsentwicklung Bayerns, Hannover 1969; Karl-Heinz *Naßmacher:* Zerfall einer liberalen Subkultur — Kontinuität und Wandel des Parteisystems in der Region Oldenburg, in: Herbert Kühr (Hrsg.): S. 29-134; Karl *Rohe* und Herbert *Kühr* (Hrsg.): Politik und Gesellschaft im Ruhrgebiet. Beiträge zur regionalen Politikforschung, Königstein/Ts. 1979; Karl *Rohe:* Vom Revier zum Ruhrgebiet. Wahlen, Parteien, politische Kultur, Essen 1986; Peter *Steinbach:* Regionale Parteigeschichte, historische Wahlforschung und moderne Landesgeschichte, in: Hessisches Jahrbuch für Landesgeschichte 26 (1976), S. 200-266.

Tabelle 1: **Landtagswahlergebnisse 1946–1986 nach Regierungsbezirken**

		1946	1950	1954	1958	1962	1966	1970	1974	1978	1982	1986
Ober-bayern	CSU	48,2	22,1	31,7	40,1	41,3	42,2	52,1	59,6	57,6	55,7	54,3
	SPD	28,7	29,8	30,3	34,6	38,8	39,0	36,9	31,5	30,7	32,2	25,2
	FDP	5,0	6,3	6,3	4,5	5,9	5,8	5,9	6,2	8,1	4,7	4,9
	BP	—	22,0	18,0	11,1	7,4	6,3	2,1	1,2	0,8	1,0	1,0
	Grüne	—	—	—	—	—	—	—	—	—	5,2	9,5
Nieder-bayern	CSU	60,9	29,8	38,4	47,7	53,0	56,5	68,0	72,0	68,5	66,7	60,6
	SPD	25,5	17,9	20,0	20,8	26,6	29,3	24,6	23,1	24,6	25,3	24,4
	FDP	2,1	2,6	2,6	1,9	1,6	1,8	1,4	2,2	3,3	2,6	3,4
	BP	—	27,4	24,5	18,0	10,3	7,5	3,2	1,0	0,4	0,8	0,7
	Grüne	—	—	—	—	—	—	—	—	—	3,6	5,5
Ober-pfalz	CSU	62,7	33,9	47,9	55,8	58,4	58,5	65,3	68,3	63,2	61,9	54,3
	SPD	26,3	25,5	27,5	27,4	31,8	31,6	27,7	24,2	29,4	29,5	31,8
	FDP	1,9	3,8	4,5	3,5	3,2	2,9	2,6	2,9	4,3	2,3	2,4
	BP	—	20,9	9,7	5,6	2,6	1,9	1,5	1,1	0,5	0,7	0,7
	Grüne	—	—	—	—	—	—	—	—	—	4,5	6,3
Ober-franken	CSU	42,9	19,8	31,5	41,1	44,4	44,6	53,0	58,5	55,5	56,8	55,0
	SPD	36,5	32,1	33,5	36,8	41,4	41,7	39,0	35,6	37,6	36,6	32,8
	FDP	10,9	8,6	9,6	5,6	5,4	4,1	4,1	3,9	4,4	2,3	2,3
	BP	—	17,5	10,9	5,6	2,4	1,4	0,4	0,3	0,3	0,3	0,4
	Grüne	—	—	—	—	—	—	—	—	—	3,0	5,2

Regionale politische Traditionen und CSU-Hegemonie in Bayern

Region	Partei											
Mittel-franken	CSU	38,7	24,0	34,4	39,6	42,6	40,7	46,1	53,7	51,1	51,2	49,6
	SPD	33,9	36,4	33,6	37,7	38,8	38,1	35,3	35,2	38,2	38,5	32,5
	FDP	10,8	13,0	13,2	12,1	11,2	9,0	12,4	8,4	7,6	3,7	4,1
	BP	—	7,8	5,1	2,3	1,1	—	0,5	0,3	0,1	0,1	0,2
	Grüne	—	—	—	—	—	—	—	—	—	5,0	8,3
Unter-franken	CSU	61,5	39,6	49,0	55,4	55,2	55,5	61,7	64,8	61,1	60,7	60,1
	SPD	23,7	26,5	25,0	26,2	31,4	32,2	31,0	29,2	30,5	31,0	26,7
	FDP	3,4	6,7	8,3	5,9	6,1	5,3	4,5	4,3	5,4	3,1	3,5
	BP	—	12,3	5,5	3,0	1,6	0,4	0,0	0,1	0,3	0,1	0,3
	Grüne	—	—	—	—	—	—	—	—	—	4,0	6,1
Schwaben	CSU	59,6	30,9	43,3	49,5	50,2	52,6	61,8	66,3	63,5	62,8	61,2
	SPD	23,0	23,9	22,8	24,7	31,0	31,7	30,1	26,3	27,4	27,3	23,3
	FDP	3,6	7,6	5,5	4,7	5,5	4,1	4,4	4,9	5,7	3,4	3,3
	BP	—	15,8	14,3	9,1	5,5	3,4	0,8	0,9	0,2	0,3	0,5
	Grüne	—	—	—	—	—	—	—	—	—	5,1	7,0
Bayern (gesamt)	CSU	52,3	27,4	38,0	45,6	47,5	48,1	56,4	62,1	59,1	58,3	55,8
	SPD	28,6	28,0	28,1	30,8	35,3	35,8	33,3	30,2	31,4	31,9	27,5
	FDP	5,6	7,1	7,2	5,6	5,9	5,1	5,5	5,2	6,2	3,5	3,8
	BP	—	17,9	13,2	8,1	4,8	3,4	1,3	0,8	0,4	0,5	0,6
	Grüne	—	—	—	—	—	—	—	—	—	4,6	7,5

Vom Verfasser aus der Wahlstatistik des Bayerischen Landesamtes für Statistik und Datenverarbeitung, München, zusammengestellt.

Tabelle 2
Bundestagswahlergebnisse der CSU

Wahljahr	Stimmen absolut	in Prozent (in Klammern: Bundesrepublik)		Mandate
1949	1 380 448	29,2	(5,8)	24
1953	2 427 387	47,8	(8,8)	52
1957	3 015 892	57,2	(10,5)	53
1961	3 014 471	54,9	(9,6)	50
1965	3 136 506	55,6	(9,6)	49
1969	3 115 652	54,4	(9,5)	49
1972	3 615 183	55,1	(9,7)	48
1976	4 027 499	60,0	(10,6)	53
1980	3 908 459	57,6	(10,3)	52
1983	4 140 865	59,5	(10,6)	53
1987	3 715 827	55,1	(9,8)	49

den jeweiligen räumlichen „Parteien-Verhältnissen", politischen Parteien-Konstellationen und parteipolitischen Stärkeverhältnissen „ausdrücken".[5] Es bedürfte eines höchst aufwendigen (Länder-) vergleichenden Super-Forschungsprogramms mit NASA-Format, um darauf in einem theoretisch und empirisch anspruchsvollen Sinne präzise Antworten zu erhalten. Bayerns Uhren gehen, wie zum Beispiel seine ökonomische und sozio-ökonomische Entwicklung zum High-Tech-Industrieland und zur modernen Industriegesellschaft zeigt, gleichgerichtet mit den Makroprozessen sich entwickelnder und entwickelter Industriegesellschaften.[6] Es lassen sich überdies auch in anderen Bundesländern Tendenzen der regionalen Vereinheitlichung über die jeweilige Dominanzpartei nachweisen. Die Uhren Bayerns gehen schon gar nicht gegenläufig, wie es die Zifferblätter altbayerischer Folklore-Uhren vortäuschen.[7] Es soll hier aber die Uhren-Metapher nicht weiter strapaziert werden.

Die strukturelle Hegemonie der CSU, die Asymmetrie der politischen Stärkeverhältnisse in Bayern und die gewichtige Sonderstellung der CSU in Bonn, die Rolle der Politik der CSU-Landesgruppe im politischen Kräftespiel der Bundesrepublik lassen sich weder allein aus dem status quo, noch allein aus der Unionsgeschichte nach 1945, noch allein aus der ökonomischen und sozio-ökonomischen Entwicklung Bayerns erklären, noch dem Populismus des verstorbenen Franz Josef Strauß zuschreiben. Zum Verständnis der weiß-blauen Besonderheiten und ihrer Genese bedarf es des historischen Rückblicks, der weit vor das Jahr 1945 und vor 1933 zurückreicht.

[5] Vgl. Karl *Rohe:* Wahlanalysen im historischen Kontext. Zu Kontinuität und Wandel von Wahlverhalten, in: Historische Zeitschrift 234 (1982), S. 337-357.

[6] Siehe Alf *Mintzel:* Gehen Bayerns Uhren wirklich anders? (Anm. 3), S. 83.

[7] Im altbayerischen Raum werden in Souvenirläden bayerische, meist weiß-blau dekorierte Folklore-Uhren verkauft, deren Ziffern entgegen der Uhrzeigerrichtung angeordnet sind.

Die politische Kultur Bayerns — wie sie heutzutage in Erscheinung tritt — ist in einem langen Prozeß der inneren Homogenisierung entstanden. Sie ist Produkt langfristiger, durch die gut 180jährige territoriale Kontinuität Bayerns begünstigter politisch-kultureller Homogenisierungsstrategien und -prozesse. Bayern erlebte nach 1945 einen ungeheuren, rapiden Modernisierungs- und Säkularisierungsschub, Bayern wurde erst in den letzten Jahrzehnten zu der regionalen *Einheit,* als die es sich heute präsentiert. Aber in dieser Einheit lebt immer noch die Vielgestaltigkeit seiner alten Regionen fort.

2. Historischer Hintergrund: Heterogenität und Vereinheitlichung

2.1. Historisch-politische Traditionszonen, soziokulturelle Milieus, Ortskulturen

Das heutige Erscheinungsbild Bayerns als einer CSU-dominierten Einheit, als CSU-Staat und moderne Industriegesellschaft ist sehr jungen Datums und darf nicht darüber hinwegtäuschen, daß Bayern unter ökonomischen, sozioökonomischen und politisch-kulturellen Gesichtspunkten heterogene Gebietsteile einschloß, die erst im Laufe einer mehr als 180jährigen Geschichte zu einer Einheit verschmolzen wurden. Der analytische und historische Begriff der Region[8] ist für Bayern problematisch, weil Bayern regional mehrfach fragmen-

---

[8] „Region" wird hier im Sinne von politisch-kulturellem Traditionsraum gebraucht. Die theoretisch-analytische und empirische Problematik der „Region" ist wohl im Rahmen der Soziologie, der politischen Kulturforschung als auch im Rahmen der Kulturgeographie ausführlich diskutiert worden; vgl. hierzu Dirk *Berg-Schlosser* und Jakob *Schissler* (Hrsg.): Politische Kultur in Deutschland. Bilanz und Perspektiven der Forschung, Opladen 1987; Dirk *Gerdes:* Regionalismus als soziale Bewegung. Westeuropa, Frankreich, Korsika: Vom Vergleich zur Kontextanalyse, Frankfurt/New York 1985; Gerhard *Hard:* Auf der Suche nach dem verlorenen Raum, in: Manfred M. Fischer und Michael Sauberer (Hrsg.): Gesellschaft, Wissenschaft, Raum. Beiträge zur modernen Wirtschafts- und Sozialgeographie, Festschrift für Karl Stiglbauer. Arbeitskreis für neue Methoden in der Regionalforschung, Wien 1987, S. 24-38; Wolfgang *Lipp:* Heimatbewegung, Regionalismus. Pfade aus der Moderne?, in: Friedhelm Neidhardt/Rainer Lepsius/Johannes Weiss (Hrsg.): Kultur und Gesellschaft (Kölner Zeitschrift für Soziologie und Sozialpsychologie, Sonderheft 1986), Opladen 1986, S. 331-355; Hans-Peter *Meier-Dallach:* Räumliche Identität, Regionalistische Bewegung und Politik, in: Information zur Raumentwicklung 5 (1980), S. 301-313; Hans *Nobielski:* Sozialräumliche Entfremdung und Verhäuslichung sozialen Lebens, in: Johannes Horstmann (Hrsg.): Organisationsgesellschaft und Sinndimension (Kath. Akademie Schwerte), Dortmund 1985, S. 27-42; Eckhart *Pankoke:* Polis und Regio. Sozialräumliche Dimensionen kommunaler Kultur, in: Sociologia Internationalis 15 (1977), S. 31-61; Manfred H. *Blotevogel,* Günter *Heinritz,* Herbert *Popp:* Regionalbewußtsein — Überlegungen zu einer geographisch-landeskundlichen Forschungsinitiative, in: Bundesforschungsanstalt für Landeskunde und Raumordnung. Informationen zur Raumentwicklung 7/8 (1987), Regionalbewußtsein und Regionalentwicklung, S. 409-418; Peter *Schöller:* Territorialität und Räumliche Identität, in: Berichte zur deutschen Landeskunde 58 (1984).

tiert war und die politischen (Teil-)Regionen Bayern lange Zeit politisch strukturierten.

Das „Neue Bayern" war ein Produkt der Politik Napoleons I. und entstand mit der Proklamation des Kurfürstentums Bayern zum Königreich am 1. Januar 1806. Nach der Gründung des Königreiches und der Ausgestaltung Bayerns zu einem europäischen Mittelstaat durch territoriale Abtretungen und Arrondierungen (bis 1816) erhielt der neue Staat seine heutige Gestalt.[9] Nach dem Zweiten Weltkrieg verlor Bayern seinen ehemals achten Regierungsbezirk, die Rheinpfalz. Die Rheinpfalz kam am 10. Juli 1945 zur französischen Besatzungszone und wurde am 30. August 1946 Teil des neuen Bundeslandes Rheinland-Pfalz.[10]

Mit der Gründung des „Neuen Bayerns" zu Beginn des 19. Jahrhunderts wurde eine Mehrzahl heterogener und verwaltungsmäßig abgegrenzter „politischer Kulturen", die ihrerseits in eine Vielzahl soziokultureller Milieus gegliedert waren, in dem neuen Staatsgebilde zusammengeschlossen. Das Königreich Bayern umfaßte drei große historische Traditionszonen (siehe Schaubild 1): die fränkische (in den späteren Regierungsbezirken Ober-, Mittel- und Unterfranken), die schwäbische (im heutigen Regierungsbezirk Schwaben) und die altbayerische (in den Grenzen der heutigen Regierungsbezirke Ober- und Niederbayern sowie der Oberpfalz). In diesen neuen Raumeinheiten, vor allem in den fränkischen Regierungsbzirken und in Schwaben, waren viele bunte Trümmer des alten Reiches zusammengeschlossen worden (siehe Schaubild 2). Die fränkischen und schwäbischen Räume waren eine Bündelung vielfach abgestufter Hoheitsrechte gewesen, konfessionell uneinheitlich und wirtschaftsstrukturell disparat.[11] Davon rührte noch bis in die jüngste Zeit die konfessionelle Grundstruktur Bayerns her. Bei näherer Betrachtung der historisch-politischen Fundamente könnte man auch von vier oder fünf Traditionszonen

---

[9] Einen knappen Überblick bieten: Ernst *Deuerlein,* Benno *Hubensteiner,* Georg Wilhelm *Sante,* Gerd *Zimmermann,* Wolfgang *Zorn:* Geschichte Bayerns, Würzburg 1975; Benno *Hubensteiner:* Bayerische Geschichte. Staat und Volk, Kunst und Kultur, München 1977; Karl *Bosl:* Bayerische Geschichte, München 1974; Peter Claus *Hartmann:* Bayerns Weg in die Gegenwart. Vom Stammesherzogtum zum Freistaat heute, Regensburg 1989; Max *Schindler* (Hrsg.): Handbuch der Bayerischen Geschichte, Bd. IV/Teilband 1, Das neue Bayern 1800-1970, München 1977.

[10] Peter Claus *Hartmann:* Bayerns Weg in die Gegenwart (Anm. 9), S. 542 u. 531 f.

[11] Zur Beschreibung der drei dynastisch-territorialen Traditionszonen dient vor allem das Werk von Max *Schindler* (Hrsg.): Handbuch zur bayerischen Geschichte, Bd. I, II, III/1 und III/2, München 1961 (I), 1966 (II), 1971 (III/1 und III/2), 1974 (IV/1). Zur Problematik der Abgrenzung landesgeschichtlicher Räume siehe Walter *Schlesingers* Rezension des Bd. III des genannten Handbuchs von Max *Schindler,* in: Historische Zeitschrift 218 (April 1974), H. 2, S. 489 ff.; Max *Schindler* (Hrsg.): Bayerischer Geschichtsatlas, München 1969; vgl. auch Hanns Hubert *Hofmann:* Mittel- und Oberfranken am Ende des Alten Reiches (1792), München 1954; Hanns Hubert *Hofmann:* Franken seit dem Ende des Alten Reiches. Mit 8 Karten und 1 Beilage, München 1955.

sprechen. So läßt sich Franken wiederum zumindest in zwei größere Teilregionen gliedern, in das überwiegend katholische und in das überwiegend evangelische Franken (siehe Schaubild 1).

Schaubild 1:
Die drei großen Traditionszonen Bayerns

Der Freistaat Bayern ist in 7 Regierungsbezirke eingeteilt: Unterfranken, Mittelfranken, Oberfranken (=fränkische Traditionszone mit zwei großen konfessionellen Teilgebieten: röm.-kath. Mainfranken und protestantischer „Korridor"); Oberbayern, Niederbayern und Oberpfalz, (=Altbayern/Kurbayern mit territorialen Besonderheiten in der Oberpfalz); Regierungsbezirk Schwaben (=schwäbische Traditionszone). Die Traditionszonen sind stark generalisiert.

134 Alf Mintzel

Schaubild 2:
Bayern und die darin aufgegangenen Herrschaftsgebiete rechts des Rheins

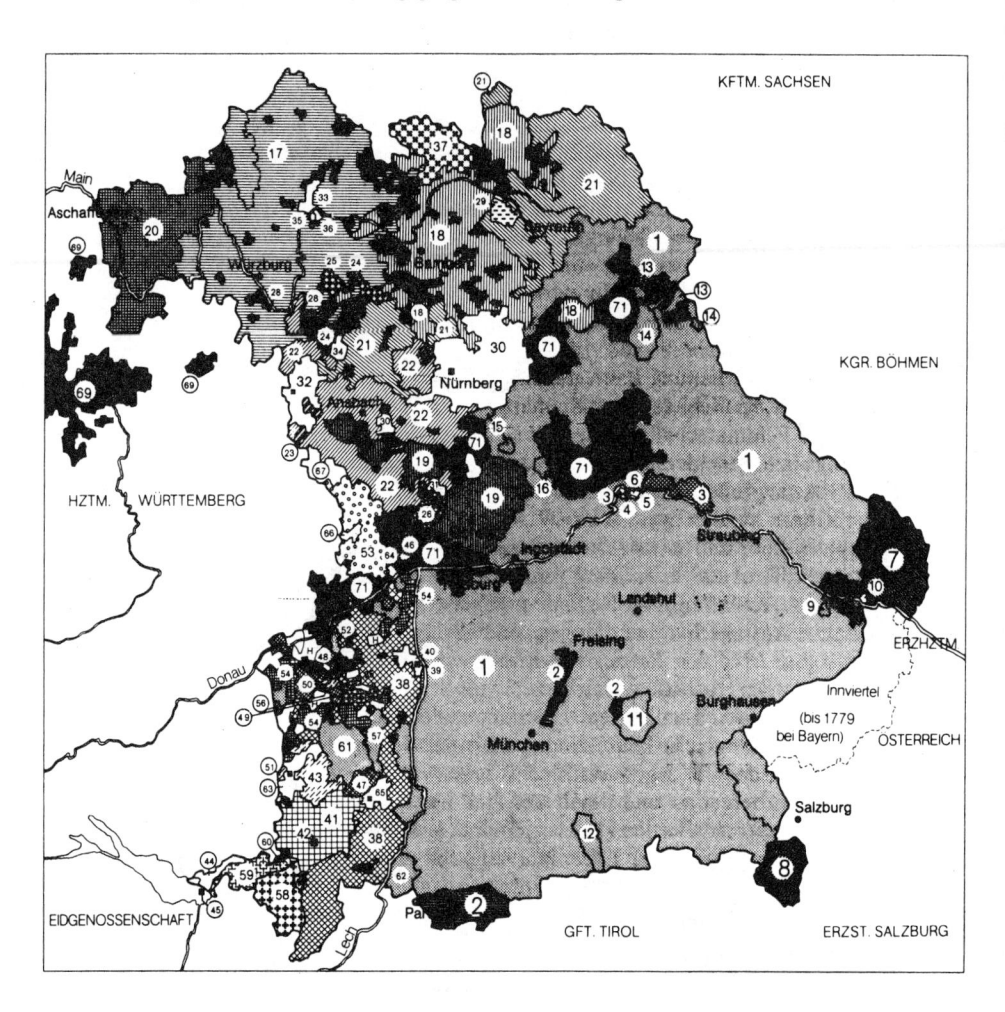

Die Karte gibt den Stand des Jahres 1789 in den Grenzen des späteren Königreichs und Freistaats wieder. Um die territoriale Entwicklung deutlicher sichtbar zu machen, sind aber auch jene Gebiete einzeln ausgewiesen, die schon früher im Herzog- bzw. Kurfürstentum Bayern aufgegangen waren. Die einzelnen Herrschaftsgebiete sind durch Nummern und Raster unterschieden. Bei verstreuten Besitzungen einer Herrschaft sind kleinere Teilgebiete manchmal nicht durch die Ordnungszahl, sondern nur durch gleiche Rasterung gekennzeichnet. Von den zahlreichen reichsritterschaftlichen Gebieten sind nur die größeren, und zwar ohne nähere Kennzeichnung, schwarz wiedergegeben. Reichsstädtische Gebiete sind ohne Raster dargestellt.

Quelle: Geschichte Bayerns von Ernst Deuerlein u. a.: Würzburg 1975, S. 42 f.

Legende zu Schaubild 2
Bayern und die darin aufgegangenen Herrschaftsgebiete rechts des Rheins

H in Flächen ohne Raster bezeichnet habsburgische Besitzungen.
■ Reichsstadt
● landsässige Stadt. Die Auswahl dient nur der geographischen Orientierung.

Die Zahlen bedeuten:

Bayern

1 Kurfürstentum Bayern
2 Hochstift Freising
3 Hochstift Regensburg
4 Reichsstift St. Emmeram
5 Reichsstifte Ober- und Niedermünster
6 Reichsstadt Regensburg
7 Hochstift Passau
8 Fürstpropstei Berchtesgaden
9 Grafschaft Ortenburg
10 Grafschaft Hals
11 Grafschaft Haag
12 Grafschaft Hohenwaldeck
13 Grafschaft Störnstein
14 Landgrafschaft Leuchtenberg
15 Herrschaft Sulzbürg-Pyrbaum
16 Herrschaft Breitenegg

Franken

17 Hochstift Würzburg
18 Hochstift Bamberg
19 Hochstift Eichstätt
20 Fürstentum Aschaffenburg
    (1803 geschaffen; zuvor gehörte das Gebiet zum Kurfürstentum und Erzstift Mainz.)
21 Markgraftum Bayreuth
22 Markgraftum Ansbach
23 Fürstentümer Hohenlohe
24 Fürstentümer Schwarzenberg
25 Grafschaft Castell
26 Grafschaft Pappenheim
27 Herrschaft Wiesentheid
28 Herrschaft Speckfeld
    (Grafschaft Limpurg-Speckfeld)
29 Herrschaft Thurnau
30 Reichsstadt Nürnberg
31 Reichsstadt Weißenburg
32 Reichsstadt Rothenburg

33 Reichsstadt Schweinfurt
34 Reichsstadt Windsheim
35 Reichsdorf Gochsheim
36 Reichsdorf Sennfeld
37 Sachsen-Coburg

Schwaben

38 Hochstift Augsburg
39 Reichsstift St. Ulrich und Afra
40 Reichsstadt Augsburg
41 Reichsstift Kempten
42 Reichsstadt Kempten
43 Reichsstift Ottobeuren
44 Reichsstift Lindau
45 Reichsstadt Lindau
46 Reichsabtei Kaisheim
47 Reichsabtei Irsee
48 Reichsabtei Wettenhausen
49 Reichsabtei Ursberg
50 Reichsstift Roggenburg
51 Reichskartause Buxheim
52 Marktgrafschaft Burgau
53 Grafschaften Öttingen
54 Reichsgrafen Fugger und Reichsfürsten Fugger-Babenhausen
55 Grafschaft Thannhausen
56 Grafschaft Edelstetten
57 Grafschaft Schwabegg
58 Grafschaft Rothenfels
59 Grafschaft Bregenz
60 Grafschaft Trauchburg
61 Reichsherrschaft Mindelheim
62 Herrschaft Hohenschwangau
63 Reichsstadt Memmingen
64 Reichsstadt Donauwörth
65 Reichsstadt Kaufbeuren
66 Reichsstadt Nördlingen
67 Reichsstadt Dinkelsbühl Pfalz

Pfalz

71 Fürstentum Pfalz-Neuburg

Mit dem Anschluß der markgräflich-brandenburgischen Gebiete Ansbach (im heutigen Regierungsbezirk Mittelfranken) und Bayreuth (heutiges *östliches* Oberfranken und östliche Teile Mittelfrankens) und der reichsstädtischen Territorien (Nürnberg, Rothenburg o. d. Tauber, Windsheim und Weißenburg) war im neuen Bayern ein fränkisch-protestantischer „Korridor" entstanden, der vom nördlichen Oberfranken, von Hof/Saale über die Achse Nürnberg/Fürth bis nach Rothenburg o. d. Tauber an der westlichen Grenzlinie Mittelfrankens reichte (siehe Schaubild 1). Dieser „Korridor" mit betont protestantisch-reformatorischer Tradition teilte das zu zwei Dritteln römisch-katholische Bayern in das katholische Mainfranken (Unterfranken und *westliches* Oberfranken mit Teilen des früheren Kurfürstentums Mainz und mit den Bistümern Würzburg und Bamberg) und in ein vorwiegend katholisches Südost- und Südbayern (Altbayern und Teile Schwabens).

In den heutigen Regierungsbezirken Ober- und Niederbayern lag der Kern des ehemaligen konfessionell geschlossenen, damals rein agrarischen Kurbayern. Allein in dieser Raumeinheit, in Altbayern, konnte von einer bayerischen politischen Kultur die Rede sein, eben von der kurbayerischen (siehe Schaubilder 1 und 2). Kurbayern war ein katholisches Kraftzentrum der gegenreformatorischen Bewegung gewesen.

Aufgrund der staatlichen Entstehungsgeschichte am Anfang des 19. Jahrhunderts und der politisch-kulturellen „Subregionen" gab es in Bayern bis in die jüngste Zeit nicht *die* „politische Kultur Bayerns", sondern *mehrere* regionale politische Kulturen mit einer Vielzahl von soziokulturellen Milieus. „Die politische Kultur Bayerns" war, sofern von ihr im Sinne einer ganz Bayern umfassenden, geschichtlich gewachsenen, lebensweltlichen Einheit die Rede war, eine ideologische Fiktion.[12] Diese Fiktion hatte im offiziellen Sprachgebrauch die staatspolitische Funktion der Integration der Teilgebiete.

Die fränkisch-protestantischen Gebiete hoben sich sowohl vom katholischen Mainfranken als auch vom altbayerischen Agrarraum durch ihre besonderen wirtschaftsstrukturellen und sozioökonomischen Gegebenheiten ab. Der Nürnberger Raum und Nordostoberfranken hatten schon im 18. Jahrhundert eine beachtliche Manufakturdichte erreicht. Im protestantischen Franken gab es sowohl agrarisch-kleingewerbliche als auch frühindustrialisierte, klassenstrukturell schärfer konturierte Sozialmilieus. Die Gewerbepolitik der markgräflichen Regierungen hatte im 18. Jahrhundert eine Besiedelung mit österreichischen und französischen Glaubensflüchtlingen gefördert, deren Abwehrhaltung gegenüber dem gegenreformatorischen Katholizismus, ihrem konfessionspolitischen Schicksal entsprechend, stark gewesen war.[13]

Politisch-kulturelle Heterogenität und Vielfalt und eine Vielzahl psychosozialer Symbol- und Bewußtseinswelten kennzeichneten also die innere Situation Bayerns. Die historisch gewachsenen Kontraste zwischen den drei Traditionszo-

---

[12] Diese Fiktion klingt noch immer durch und nach in den Formeln „bayerisches Volk", „besonderes bayerisches Menschsein" etc. Vgl. hierzu zum Beispiel Karl *Bosl:* Bayerische Geschichte (Anm. 9), S. 265; Benno *Hubensteiner:* Bayerische Geschichte (Anm. 9), S. 486.

[13] Vgl. zum Beispiel Eckart *Schremmer:* Die Gewerbeförderung in den Markgrafentümern Ansbach und Bayreuth, in: Max Schindler (Hrsg.): Handbuch der bayerischen Geschichte, Bd. III/1.

nen, die grosso modo auch Dialektlandschaften waren (und noch sind: Ostfränkisch mit einer westlichen, östlichen und südlichen Variante in der fränkischen Traditionszone, Nord- und Mittelbayerisch in Altbayern und Schwäbisch im Regierungsbezirk Schwaben), existieren als versteinerte Architektur, vertonte (Musik/Lied) und regionalspezifische Symbol- und Bewußtseinswelten fort. Mit ihnen wurde auch die Glaubensspaltung tradiert, protestantisch-religiöse und katholisch-religiöse Lebenswelt.

Das markgräflich-brandenburgische evangelisch-lutherische Franken war nach seiner Eingliederung in den neuen bayerischen Staat in eine konfessionelle Minderheitenposition gegenüber dem Katholizismus Altbayerns und Mainfrankens geraten und bezog demgegenüber eine politisch-kulturelle Defensivposition. Die bayerische Annexion der markgräflich-brandenburgischen und der reichsstädtischen Gebiete war dort eine der historischen Schlüsselerlebnisse und kollektiven Erfahrungen der sog. Beutebayern gewesen.[14] Erst diese Erlebnisse und Erfahrungen hatten einen partiellen fränkischen „Eigensinn" dieser Gebiete erzeugt, ohne daß es zu einem „gesamtfränkischen Bewußtsein" gekommen wäre. Dafür waren sich wiederum die katholisch-mainfränkischen und die protestantischen mittel- und oberfränkischen Gebiete gegenseitig zu fremd gewesen. Nicht einmal im Kontrast zur relativ homogenen und historisch über viele Jahrhunderte gewachsenen „politischen Kultur" Altbayerns entstand so etwas wie eine gesamtfränkische Identität.

2.2. Die regional fragmentierte Parteienlandschaft

Als gegen Mitte des 19. Jahrhunderts das Staatsvolk ein eigenständiges verfassungspolitisches Gewicht erhielt und sich parteipolitisch zu formieren begann, wurde in der bayerischen Parteienlandschaft und in den bayerischen Parteienkonstellationen die Langlebigkeit und Vitalität der politischen Kulturen in den drei Traditionszonen prägnant sichtbar.[15] Der fränkisch-protestanti-

---

[14] Vgl. zu diesem Punkt Jürgen W. *Falter*: Bayerns Uhren gehen wirklich anders (Anm. 3), S. 521.

[15] Siehe ausführlich und detailliert hierzu Dietrich *Thränhardt*: Wahlen und politische Strukturen in Bayern 1848-1953, Düsseldorf 1973; Thränhardt teilt in seinen „historisch-soziologischen Untersuchungen zum Entstehen und zur Neuerrichtung eines Parteiensystems Bayern in „politische Regionen" und charakterisiert diese nach „sozialistischen, katholischen und bürgerlich-protestantischen Subkulturen". Er unterteilt Bayern nach seinem historischen Entstehungsprozeß in das „protestantische Franken", das „katholische Franken und Schwaben" und in „Altbayern". Methodisch erklärt er hierzu: „So können auch für Bayern historisch tradierte Differenzierungen bei der Wahlanalyse wiedergefunden werden, vor allem in bezug auf konfessionelle und territoriale Traditionen. Zwar verlieren sie mit fortschreitender Industrialisierung und Mobilität immer mehr an Erklärungswert, sie differenzieren aber bis heute das Wahlverhalten"; ebd., S. 21. Bei seinen Organisationsanalysen ist der Verfasser schon Ende der sechziger/Anfang der siebziger Jahre auf diese konfessionellen und territorialen Beharrungstendenzen in der Organisationswirklichkeit der CSU gestoßen. Zur Verdeutlichung des „Traditionsüber-

sche „Korridor" wurde in Teilen zu einem politischen Traditionsgebiet sowohl des Nationalliberalismus (insbesondere Westmittelfranken) als auch der Sozialdemokratie. Er bildete lange Zeit quasi ein fränkisch-protestantisches „Sperrgebiet" für eine bayerisch-katholische Partei. Im katholischen Bayern resultierten aus der territorialen Entstehungsgeschichte zwei politische Grundströmungen des Katholizismus, eine bäuerlich-kleinbürgerliche, prononciert katholisch konservative, bayerisch-patriotische im altbayerischen Raum und eine mehr „reichsorientierte" in Schwaben und Mainfranken. In den urbanen Industrieinseln (Augsburg, Neu-Ulm, Nürnberg, München, Schweinfurt, Hof, Selb und Münchberg) des Agrarlandes entwickelten sich sozialdemokratische und nationalliberale Zentren und Hochburgen. Die bayerische Parteienlandschaft blieb lange Zeit stark regionalisiert. Eine in allen Traditionszonen annähernd gleichermaßen verankerte *„gesamt*bayerische" Partei gab es nicht. Das neue Bayern wurde weiterhin vor allem über seinen zentralistischen Verwaltungsstaat integriert.

In der Weimarer Republik (1918-1933) war die 1918 gegründete Bayerische Volkspartei (BVP) niemals — ähnlich wie später zunächst auch die CSU — zu einer *gesamt*bayerischen oder bayerischen Staats- und Hegemonialpartei geworden.[16] Die BVP konnte weder die politischen Strömungen des altbayerischen Raums integrieren noch im fränkisch-protestantischen „Korridor" fester Fuß fassen. Die BVP blieb hauptsächlich eine altbayerische Partei mit relativ starken subregionalen Verankerungen im katholischen Mainfranken. Sie hatte im „Bayerischen Bauernbund" und im „Bayerischen Bauern- und Mittelstandsbund" landespolitisch gewichtige Kontrahenten und Konkurrenten.

In der fränkisch-protestantischen Traditionszone hatte die DNVP und später die NSDAP ihre Hochburgen.[17] Die SPD war in bezeichnender Weise eine

---

hangs" im organisatorischen Erscheinungsbild der CSU ist der Verfasser methodisch einen ähnlichen Weg gegangen wie Thränhardt. Es besteht daher eine gewisse Komplementarität der Forschungsergebnisse. Die bei seinen Wahlanalysen veranschaulichten „politischen Regionen" differenzieren in vieler Hinsicht das Bild, das in der hier vorgelegten Arbeit mittels der „drei großen bayerischen Traditionszonen" skizziert wird. Es wird folglich hier generell auf die Arbeit von Dietrich *Thränhardt* verwiesen. Auf „die Koinzidenz von regionaler politischer Tradition, Konfession und sozio-ökonomischer Lebenslage" im deutschen Parteiensystem hat auch Rainer *Lepsius* in seinem anregenden Beitrag: Parteiensystem und Sozialstruktur. Zum Problem der Demokratisierung der deutschen Gesellschaft, in: Wirtschaft, Geschichte und Wirtschaftsgeschichte. Festschrift zum 65. Geburtstag von Friedrich Lütze, hrsg. von Wilhelm *Abel* u.a. Stuttgart 1966, hingewiesen. Das „relativ geschlossene Sozialmilieu" (Rainer Lepsius) als Bedingung der Stabilität einzelner Parteien bzw. des Parteiensystems ist auch für Bayern charakteristisch. Es sei hier auch auf einen literarischen Beitrag hingewiesen von Margret *Boveri:* Fränkisches in der Welt, in: Merkur 23 (1969), S. 1125ff.

[16] Ausführlich hierzu Dietrich *Thränhardt:* Wahlen und politische Strukturen in Bayern 1848-1953 (Anm. 15). S. 142-180; Peter Claus *Hartmann:* Bayerns Weg in die Gegenwart (Anm. 9), S. 463-509.

[17] Ausführlich hierzu Dietrich *Thränhardt:* Wahlen und politische Strukturen in Bayern 1848-1953 (Anm. 15), S. 123-188, sowie die in Anm. 64 genannte Literatur.

Partei der frühindustrialisierten Gebiete in den protestantischen markgräflichen Traditionsräumen (vor allem in Nordost-Oberfranken) und in den bayerischen (urbanen) Industrieinseln (München, Nürnberg-Fürth, Augsburg, Sulzbach-Rosenberg, Schweinfurt u. a.). Die BVP konnte aufgrund dieser historisch-strukturellen Rahmenbedingungen bei Wahlen im Landesdurchschnitt in der Regel die 30-Prozent-Marke kaum übersteigen und wurde nur in katholischen Gebieten zur *dominanten* Mehrheitspartei. Sie war deshalb immer, obschon Mehrheitspartei, zur Regierungsbildung auf Koalitionspartner angewiesen. Die ultra-konservativ orientierte BVP bildete Koalitionen mit der DNVP und dem Bayerischen Bauernbund.

2.3. Die staatspolitische Aufgabe der Vereinheitlichung

Das Königreich Bayern (1806-1918) und seine Nachfolgestaaten, der 1. und der 2. Freistaat Bayern (1918-1933; seit 1945) hatten immer vor der zentralen Aufgabe gestanden, die ehemals buntscheckige Territorialwelt Frankens und Schwabens sowie das ehemalige Kurbayern in eine gesamtbayerische Einheit zu verwandeln. Die obersten Prinzipien des bayerischen aufgeklärten Staatsabsolutismus lauteten Vereinheitlichung und Zentralisierung nach innen und Festigung der Souveränität nach innen und außen.[18]

Unter der Führung einer bürokratischen Elite wurde der zentralistische Verwaltungsstaat Bayern zum Instrument der verwaltungsmäßigen Integration der überkommenen Territorialwelt. Das sog. Montgelas-System, getragen von einer fachlich hochqualifizierten und kompetenten, in der Mehrheit liberal und reformerisch ausgerichteten und in Maßen spätaufklärerisch antiklerikal gesinnten, aus allen Landesteilen rekrutierten Beamtenschaft, bereitete verwaltungsmäßig den Boden für die Entwicklung einer *gesamtbayerischen* politischen Kultur und Identität vor. Die ministerialbürokratischen und verwaltungsmäßigen Strategien politisch-kultureller Generalisierung (Säkularisierung, Staatskirchenpolitik, bayerisches Heer, Generierung einer „Neubayern" und „Altbayern" verbindenden staatsbayerischen Identität) des „Montgelas-Systems" stießen jedoch in den verschiedenen Räumen des neuen Staats- und Verwaltungsgehäuses noch lange Zeit auf die Vitalität und damit die Barrieren und Reaktionen der überkommenen historisch-politischen Kulturen und soziokulturellen Kleinmilieus. Noch heute schwingen in den Klagen Frankens gegen den „Münchener Zentralismus" und die angebliche Bevorzugung des oberbayerischen Raumes alte Reminiszenzen und Ressentiments der „Neubayern" mit.

---

[18] Vgl. hierzu zum Beispiel Jürgen *Gebhardt:* Bayern. Deutschlands eigenwilliger Freistaat. Historisch gesellschaftliche Aspekte der politischen Kultur in Bayern, in: Rainer A. Roth (Hrsg.): Freistaat Bayern. Die politische Wirklichkeit eines Landes der Bundesrepublik Deutschland (Bayerische Landeszentrale für politische Bildungsarbeit), 3. überarbeitete Aufl., München 1982, S. 83-104. Karl *Bosl:* Bayerische Geschichte (Anm. 9), S. 215-242.

Mit der Gründung des Deutschen Reiches 1870/71 mußte die bayerische Staatsregierung die staatspolitische Doppelaufgabe der Integration nach innen und der Integration in das Deutsche Reich bewältigen. Die inzwischen in Bayern gegründeten politischen Parteien waren mehr Ausdruck der historisch-strukturellen und mentalen Heterogenität sowie des großen Spannungsverhältnisses zwischen „Bayerntreue" und „Reichstreue" denn der innerbayerischen Integration. Die Integration wurde nach wie vor kontinuierlich von der bayerischen Verwaltungselite vorangetrieben.

In diesem langen Prozeß der innerbayerischen Integration und der politisch-kulturellen Homogenisierung wurde die starke Staatsbürokratie selbst zu einem maßgeblichen Traditionsfaktor: Territoriale und historisch-politische Kontinuität über mehr als 180 Jahre förderten diesen Prozeß. Nicht zuletzt darin liegt auch eine der historischen Besonderheiten und „Geheimnisse" der heute entwickelten *gesamt*-bayerischen politischen Kultur.

Die verwickelte, in sich vielfältige Homogenisierung Bayerns, die im 19. Jahrhundert vor allem von einer bürokratischen Elite durch verwaltungsmäßige Strategien politischer Generalisierung vorangetrieben worden war, führte erst nach 1945 zu einer wirklich fundamentalen „Flurbereinigung". Es war dann die 1945 neugegründete CSU, die mit einer Art „Doppelstrategie", über Staat *und* Partei, die politische Homogenisierung vorantrieb und mit großem Erfolg Bayern in *eine* politische Landschaft verwandelte.

Die entscheidende Voraussetzung für die Fortsetzung der politisch-kulturellen Homogenisierung Bayerns sowie für die Hegemonialisierung Bayerns durch die CSU war die territoriale und staatliche Kontinuität bzw. Wiederherstellung Bayerns. Es war die amerikanische Besatzungsmacht, die diese Voraussetzungen schuf und Bayern auf seinem alten Territorium eine staatliche Fortexistenz ermöglichte. Mit der Proklamation Nr. 2 der US-Militärregierung vom 19. September 1945 wurde der Staat Bayern wiederhergestellt.[19] Darin liegt ein weiteres „Geheimnis" des heutigen „Phänomens Bayern". Während andere Länder der späteren Bundesrepublik 1945/46 besatzungspolitische *Neu*bildungen waren und wie Bayern zu Beginn des 19. Jahrhunderts vor neuen Integrationsproblemen standen, konnte im 2. Freistaat Bayern 1945/46 auf einem breiten und tief verankerten historischen Fundament mit dem Wiederaufbau und der Errichtung einer demokratischen Republik begonnen werden.

2.4. Die Ausgangslage nach 1945: Revitalisierung politisch-kultureller Vielfalt

Allerdings war mit der Wiederherstellung des bayerischen Staates und seiner verfassungspolitischen Ausgestaltung zum 2. Freistaat Bayern auch die Revitalisierung überkommener innerbayerischer Strukturen und Kräfte und das Wiederaufbrechen latenter innerbayerischer Spannungen möglich. Die poli-

---

[19] Peter Claus *Hartmann:* Bayerns Weg in die Gegenwart (Anm. 9), S. 542.

tisch-kulturelle Heterogenität und Vielfalt Bayerns und die regionalen „cleavages" zeigten sich nach 1945 abermals in den Parteigründungen und Parteikonstellationen sowie in den *regionalen* Schwerpunkten und Hochburgen.[20] Auch nach 1945 blieben — sieht man von der Phase der „Besatzungsdemokratie" mit einer besatzungspolitisch kanalisierten Parteienentwicklung ab — noch bis in die sechziger Jahre „die geographischen Verteilungsmuster prägnanter als die soziographischen".[21] Erneut stand Bayern vor der Aufgabe seiner inneren Integration und Vereinheitlichung.

Die Traditionszonen und ihre Milieus hatten auch das NS-Regime überdauert. Obschon die Destruktionswirkungen auf die noch vorindustriell-ständisch geprägten bäuerlichen und handwerklichen Strukturen und auf die zahlreichen institutionellen Gebilde der überkommenen Honoratiorenmilieus nicht zu gering veranschlagt werden dürfen, hatte die egalisierende „Planierraupe" der NSDAP die Lebenskräfte der Traditionszonen nur verformt und gelähmt, nicht aber gänzlich zerstört. Bayern, 1945/46 noch überwiegend Agrarland, bildete ein besonders anschauliches Beispiel für die Revitalisierung und Reorganisation historisch überkommener Milieustrukturen. Besonders das katholische soziokulturelle Milieu revitalisierte und reorganisierte sich nach 1945 rasch und politisch überaus wirksam.[22]

Mit der Wiederherstellung des bayerischen Staates waren nach 1945 sofort die Fragen der staatlichen Gestaltung Bayerns und der zukünftigen verfassungspolitischen Eingliederung des zweiten Freistaates in einen neuen deutschen Gesamtstaat in den Mittelpunkt der innerbayerischen politischen Auseinandersetzungen gerückt. Auf dem historischen Boden Bayerns hatten die Kräfte, die sich als genuin staatsbayerische Kräfte und Traditionsverwalter verstanden, erst ihren Streit über den „richtigen" bayerischen Kurs austragen müssen. Die innerbayerischen Spannungen und Auseinandersetzungen hatten in dem „Bruderzwist" *zwischen* der CSU und der Bayernpartei (BP) und in den erbitterten Flügelkämpfen *in* beiden Parteien ihren spektakulären Ausdruck gefunden. Die bereits 1946 gegründete, aber erst 1948 auf Landesebene zugelassene BP hatte sich als Nachfolgerin der Bayerischen Volkspartei verstanden und der CSU den staatsbayerischen Führungsanspruch streitig gemacht.[23]

---

[20] Ausführlich hierüber Dietrich *Thränhardt:* Wahlen und politische Strukturen in Bayern 1848-1953 (Anm. 15), S. 189-327 sowie die in Anm. 1 und Anm. 22 genannte Literatur.

[21] Infas-Report Wahlen: politogramm Nr. 39/40, Oktober 1974: A 3. Hinter der zitierten lapidaren Feststellung der Wahlanalytiker lagen die Lebenswelten der stark segmentierten politischen Traditionsräume, der überkommenen politischen Strukturen Bayerns.

[22] Ausführlich hierzu zum Beispiel Ilse *Unger:* Die Bayernpartei. Geschichte und Struktur 1945-1957, Stuttgart 1979; Dietrich *Thränhardt:* Wahlen und politische Strukturen in Bayern 1849-1953 (Anm. 15), S. 191-327, siehe die in Anm. 1 genannte Literatur.

Als die amerikanische Besatzungsmacht ihre Lizensierungspolitik lockerte und 1950 beendigte, kamen jene alten innerbayerischen Gegensätzlichkeiten und Konflikte wieder mit Kraft und Farbigkeit zum Vorschein, personifiziert von populistischen Charakterdarstellern des kleinen bayerischen „Welttheaters". Die CSU, bis 1948/49 besatzungspolitisch verordnete bürgerliche Integrationspartei, geriet von 1948 bis 1952/53 mit der abermaligen politischen Spaltung des katholischen Bayerns in eine akute Parteikrise. Die Bayernpartei entwickelte sich vor allem in Altbayern zu einer gefährlichen landespolitischen Konkurrentin.

Hinzu kam, daß viele Flüchtlinge, die in der Zeit der „Besatzungsdemokratie" in den Lizenzparteien von 1945/46 besatzungspolitisch zwangsintegriert waren, in Flüchtlingsparteien abwanderten.[24]

Die bayerische SPD blieb weitgehend die Partei der früh- und schon hochindustrialisierten fränkisch-protestantischen Gebiete und der städtischen Industrieinseln, wo sie auch Teile der katholischen Arbeiterschaft integrierte, ohne hierdurch ihren dominant protestantischen, aber zugleich relativ kirchenabständigen Charakter zu verlieren.[25]

Noch ausgeprägter war in Bayern die FDP in antiklerikaler Tradition eine Partei des protestantisch-besitzmittelständischen Frankens, vor allem der mittelfränkisch-protestantischen Bauern und Handwerker, aber auch der Städte geblieben. FDP-Hochburgen bildeten die ehemaligen Markgrafschaften Ansbach und Bayreuth, das erst 1920 eingegliederte protestantische Coburg und — quasi insular — einige städtische Dienstleistungszentren und Verdichtungsgebiete mit einem hohen Anteil an höheren Beamten und Angestellten.[26]

Die fundamentale innerbayerische „Flurbereinigung", zu der die zur Hegemonialpartei Bayerns aufsteigende CSU nach 1945 ansetzte, begann erst allmählich, aber dann mit einer landesweiten Dynamik zu greifen.[27]

---

[23] Dieser „Bruderkampf" zwischen CSU und BP ist bereits ausführlich dargestellt worden. Siehe Ilse *Unger:* Die Bayernpartei (Anm. 22). Alf *Mintzel:* Die CSU (Anm. 1), S. 168-193; Alf *Mintzel:* Geschichte der CSU (Anm. 1), S. 94-110; Alf *Mintzel:* Die Bayernpartei, in: Richard Stöss (Hrsg.): Parteienhandbuch. Die Parteien der Bundesrepublik Deutschland 1945-1980, Bd. I: AUD bis EFP, Opladen 1983, S. 395-489.

[24] Ausführlich hierzu Dietrich *Thränhardt:* Wahlen und politische Strukturen in Bayern 1848-1953 (Anm: 15), S. 277-280, S. 325-327.

[25] Siehe Wolfgang *Behr:* Sozialdemokratie und Konservativismus (Anm. 4).

[26] Ausführlich hierzu Berthold *Mauch:* Die bayerische FDP. Portrait einer Landespartei 1945-1949, München 1981; Dietrich Thränhardt: Wahlen und politische Strukturen in Bayern 1848-1953 (Anm. 15).

[27] Vgl. Alf *Mintzel:* Political and Socio-Economic Developments in the Postwar-Era: The Case of Bavaria, 1945-1989 (Anm. 1), S. 145-178; Alf *Mintzel:* Gehen Bayerns Uhren wirklich anders? (Anm. 3), S. 77-93.

3. Politisch-kulturelle Homogenisierung nach 1945

3.1. Der Aufstieg der CSU zur Hegemonialpartei und die Modernisierung Bayerns

In einem umfassenden, phasenweise hochdramatischen politisch-kulturellen Wandlungsprozeß entwickelte sich unter Führung der zur bayerischen Hegemonialpartei aufsteigenden CSU erst in den letzten Dezennien so etwas wie *eine* politische Kultur Bayerns. Der CSU gelang mit zunehmender Integrationskraft eine politisch-kulturelle Flurbereinigung größten Ausmaßes. Sie penetrierte in Schüben alle Regionen. Die Parteien- und Wahllandschaft Bayerns färbte sich seit den fünfziger Jahren flächendeckend „schwarz" (siehe die Schaubilder 3, 4, 5 und 6). Die ehemals stark segmentierten politisch-kulturellen Verhältnisse, die alten Traditionszonen und ihre soziokulturellen Milieus verschwanden zwar nicht ganz von der wahl- und parteiengeographischen Landkarte, verloren aber weitgehend ihre politisch strukturbestimmende Kraft. Die politischen Kulturen der alten historischen Fundamente wurden je nach Bezugsebene zu Kulturen „zweiter", „dritter" oder „vierter Ordnung", wirksam nur noch in lokalen und kleinräumigen Handlungsorientierungen und Identitäten. Die von der CSU geprägte staatsbayerische bzw. gesamtbayerische Hegemonialkultur ist also ein sehr junges, maßgeblich *von Funktionseliten* mitgeformtes historisches Produkt. Sie fand ihren augenfälligsten Ausdruck darin, daß ganz Bayern zu einer CSU-Hochburg wurde.

Dieser fundamentale Prozeß der politisch-kulturellen Homogenisierung Bayerns gehört zu den wirklich dramatischen regionalspezifischen Entwicklungen in der Bundesrepublik. Der Untergang der fränkischen und städtischen Wählerhochburgen der SPD durch die Eroberungen der CSU und das weit weniger dramatische Abschleifen der CSU-Hochburgen in den altbayerisch-ländlichen Räumen bedeutete eine gesamtbayerische Nivellierung der politischen Landschaft Bayerns auf einem CSU-Niveau oberhalb der 50 Prozent-Marke. Die CSU durchdrang als moderne, ressourcenreiche Großpartei und politischer Hauptagent der späten Vollindustrialisierung mit gesellschaftsgestaltender Kraft historisch Überkommenes und Verfestigtes und prägte eine neue gesamtbayerische politische Hegemonialkultur. Die CSU, selbst Resultante überkommener Strukturen und Kräfte, wurde zu einer wirklich gesamtbayerischen Partei — und dies ist *ein Novum in der neueren bayerischen Landes- und Parteiengeschichte.*

Es steht außer Frage, daß diese gelungene „Landnahme" der CSU von dem erfolgreichen Prozeß der späten Vollindustrialisierung und der wirtschaftlichen Prosperität begünstigt und abgestützt wurde. Die langanhaltende wirtschaftliche Prosperität der Adenauer-Ära und die besondere politische Aktionsgemeinschaft mit der CDU in Bonn halfen der CSU in Bayern dabei, ihre Absorptions- und Integrationskraft zu entfalten und günstige Rahmenbedingungen zu nutzen. Dem Bundesland Bayern blieben nach 1945 — und das ist das

Typische seiner späten Vollindustrialisierung und industriegesellschaftlichen Entwicklung — die „großen Schrecken" bzw. früheren „sozialen Kosten" solcher Prozesse erspart. Bayern nahm im bundesrepublikanischen Rahmen an der wohlfahrtsstaatlichen Weiterentwicklung aller westeuropäischen Industriestaaten teil. Die großen sozialpolitischen Errungenschaften waren bereits erkämpft, die globale Konstellation und die Prosperität ließen soziale Spannungen und Konflikte abfangen, mildern und neutralisieren. Es entstand im Entwicklungsverlauf zur Industriegesellschaft kein Industrieproletariat, schon gar nicht im ehemaligen Agrarraum. Die im Agrarraum freigesetzten Arbeitskräfte konnten lange Zeit zum großen Teil in der Industrie und im Dienstleistungssektor unterkommen.[28]

Bayern wurde zum „Sonderfall einer werdenden spätindustriellen Gesellschaft mit dem eingeübten normativen Verhalten einer Besitzmittelstandsgesellschaft".[29] Die ökonomische Strukturpolitik und die Gesellschaftspolitik der CSU, die sich unter diesen besonderen Bedingungen zur „geborenen" bayerischen Mehrheits- und Staatspartei entwickeln konnte, waren darauf ausgerichtet, die mittelständische Strukturfestigkeit Bayerns zu erhalten. Subventionistische Befriedungs-, Harmonisierungs- und Entwicklungsstrategien dienten dazu, den umfassenden rapiden ökonomischen und gesellschaftlichen Wandlungsprozeß im konservativen „Griff" zu halten. Die politische Steuerung, nicht zuletzt auch die damit verbundene bayerische Kulturpolitik, wurde insbesondere in den spätindustrialisierten katholisch-konservativen Räumen Bayerns durch die Fortdauer spezifisch mittelständisch-konservativer Verhaltensmuster und durch bayerische politisch-kulturelle Identifikationsmuster erleichtert und erfolgsträchtig.

Trotz gewisser destruktiver Begleiterscheinungen und trotz problemträchtiger Interessengegenläufigkeiten des ökonomischen und gesellschaftlichen Umbruchs gelang es der politischen Hauptagentin der späten Vollindustrialisierung und der Modernisierung Bayerns, der CSU, auf dem Boden einer mehr als 180-jährigen Staatstradition und im Rückenwind der Prosperität und globalen Nachkriegskonstellation, Überkommenes und moderne Industriegesellschaft in einer spezifisch bayerischen Prägung miteinander zu verbinden. Das macht heutzutage im wesentlichen das „Phänomen Bayern" aus.

Bayern wurde erst nach 1945 vollends zu *einer* politischen „Region"[30] der Bundesrepublik Deutschland. Erst vor dem historisch-genetischen Hintergrund und erst auf der Folie der historisch-politischen Strukturbilder der bayerischen Parteienlandschaft(en) wird der fundamentale Prozeß der politisch-kulturellen

---

[28] Klaus *Schreyer:* Bayern — ein Industriestaat. Die importierte Industrialisierung. Das wirtschaftliche Wachstum nach 1945 als Ordnungs- und Strukturproblem, München/Wien 1969; Zur ökonomischen Entwicklung in Bayern im Zusammenhang mit der CSU siehe meine in Anm. 1 und 3 genannten Beiträge.

[29] Klaus *Schreyer:* Bayern — ein Industriestaat (Anm. 28), S. 17.

[30] Zur Problematik des Begriffs Region siehe die in Anmerkung 8 genannte Literatur.

Homogenisierung Bayerns nach 1945 überhaupt in seinem ganzen Ausmaß und in seiner Bedeutung erkennbar. Zum erstenmal in der Parteiengeschichte Bayerns wurde eine politische Partei neben der bayerischen Staatsverwaltung zum *Hauptakteur* der innerbayerischen politisch-kulturellen Integration und Vereinheitlichung. Und zum erstenmal in der rund 150jährigen Parteiengeschichte Bayerns gelang es einer politischen Partei, zu einer *gesamt*bayerischen Hegemonialpartei aufzusteigen. Dies war und ist noch immer die spezifische Leistung der CSU.

3.2. Homogenisierung der Wahllandschaften

Analysieren wir die frühere Wahlgeographie Bayerns, so fällt auch noch für die Zeit nach 1945 (bis in die sechziger Jahre) ein relativ scharf konturiertes territoriales regionales Verteilungsmuster der Mehrheiten auf. Schon mit dem einfachen Verfahren, die Strukturbilder mehrerer und verschiedener Wahlergebnisse (zum Beispiel von Landtags- und Bundestagswahlen) auf höherer Aggregatdatenebene und unter dem Gesichtspunkt relativer und absoluter Mehrheiten zu mehreren Zeitpunkten zu vergleichen, können in diesen Strukturbildern (vgl. die Schaubilder 3-6) in groben Umrissen die alten Traditionszonen und ihre Teilregionen zum Vorschein gebracht werden. Dies gilt vor allem im Hinblick auf den nordbayerischen Raum. Projizieren wir politisch-historiographische Karten, die die Zugehörigkeit der regionalen (Teil-)Einheiten zu früheren Herrschaftsgebieten etwa für die Mitte des 18. Jahrhunderts genau festhalten, auf die Wahlgeographie Bayerns nach dem zweiten Weltkrieg, dann kommt für den Zeitraum bis in die sechziger Jahre noch eine frappierende Deckung der Wahlgeographie der jüngsten Gegenwart mit den alten dynastisch-territorialen Räumen zum Ausdruck.[31] Es liegt also die Annahme nahe, daß in der Wahlgeographie Bayerns noch bis in die sechziger Jahre so etwas wie ein „traditionsräumlicher/territorialer Faktor" dominant wirksam war. In der Tat konnte in einer Pilotstudie (1988) dieser Faktor nachgewiesen werden.[32] Allerdings zeigen neuere Analysen, daß dieser Faktor inzwischen viel von seiner früheren Wirksamkeit einbüßte.

---

[31] Auf diese Tatsache habe ich schon sehr früh aufmerksam gemacht; siehe Alf *Mintzel:* Die CSU in Bayern: Phasen ihrer Entwicklung, in: Politische Vierteljahresschrift 13 (1972), S. 216; Alf *Mintzel:* 21 Thesen zur Entwicklung der CSU: Ergebnisse einer parteiensoziologischen Analyse, in: Zeitschrift für Parlamentsfragen 6 (1975), S. 224; ausführlich und detailliert Alf *Mintzel:* Die CSU (Anm. 1), S. 390-422 mit Karten, Schaubildern und Statistiken. Im Grunde handelt es sich bei diesem vorliegenden Beitrag um eine Art Fortschreibung unter dem Gesichtspunkt der Homogenisierung und Hegemonialisierung Bayerns durch die CSU.

[32] Arbeitsgruppe Parteienforschung: Parteien in Bayern: Organisation und Wahlergebnis im gesellschaftlichen Kontext, Lehrstuhl für Soziologie an der Universität Passau, Passau 1988. Die Pilotstudie wurde unter meiner Leitung 1987/88 von der am Lehrstuhl für Soziologie 1987 gebildeten „Arbeitsgruppe Parteienforschung" durchgeführt. Folgende Mitglieder sind Mitautoren der Pilotstudie: Sigrid Hann von Weyhern, Susanne Koch, Alf Mintzel, Bernd Villwock und Arno Zurstraßen. Die Pilotstudie war im Sommersemester 1988 zugleich Bestandteil des Kurses „Methoden und Techniken der empirischen

Schaubild 3:
Mehrheiten nach dem Landtagswahlergebnis 1950

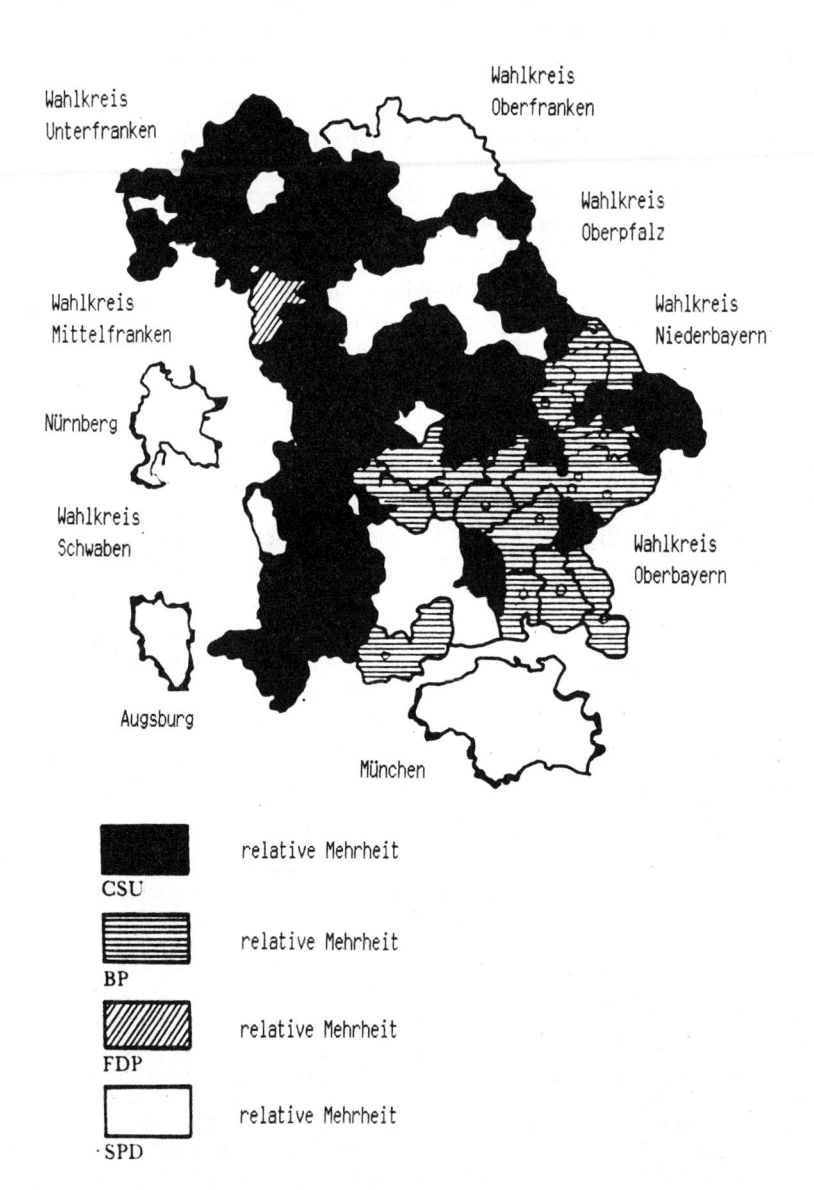

- ■ CSU — relative Mehrheit
- ☰ BP — relative Mehrheit
- ▨ FDP — relative Mehrheit
- ☐ SPD — relative Mehrheit

Regionale politische Traditionen und CSU-Hegemonie in Bayern 147

Schaubild 4:
Mehrheiten nach dem Bundestagswahlergebnis 1953

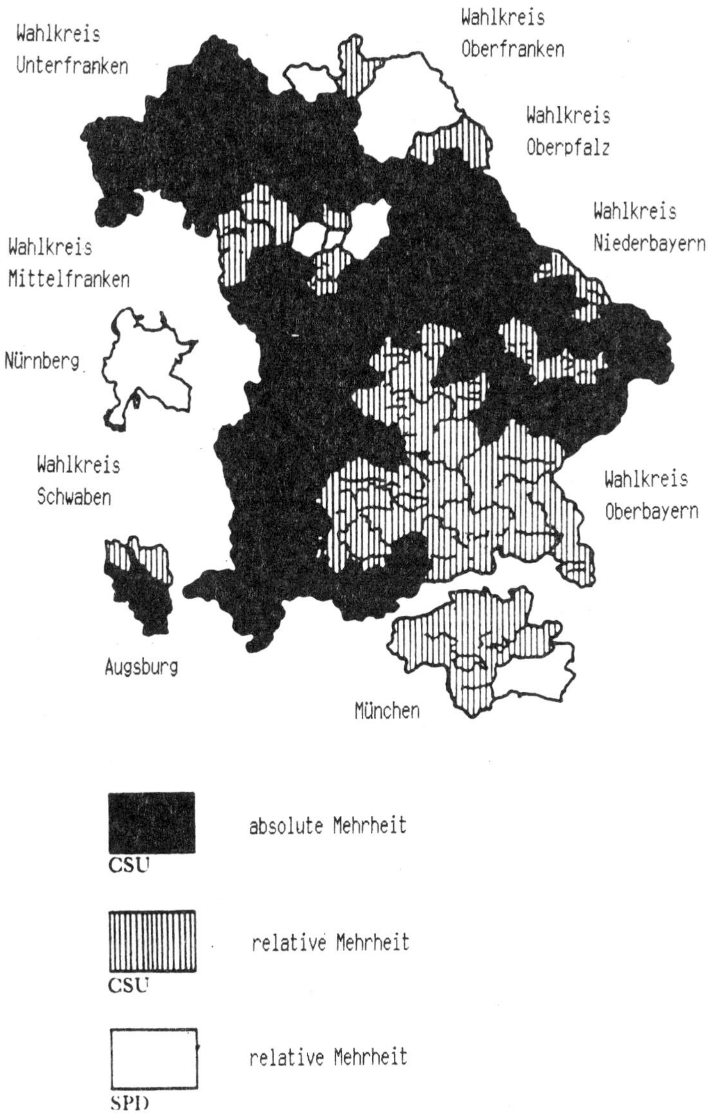

- ■ CSU — absolute Mehrheit
- ▥ CSU — relative Mehrheit
- □ SPD — relative Mehrheit

Schaubild 5:
Mehrheiten nach dem Landtagswahlergebnis 1974

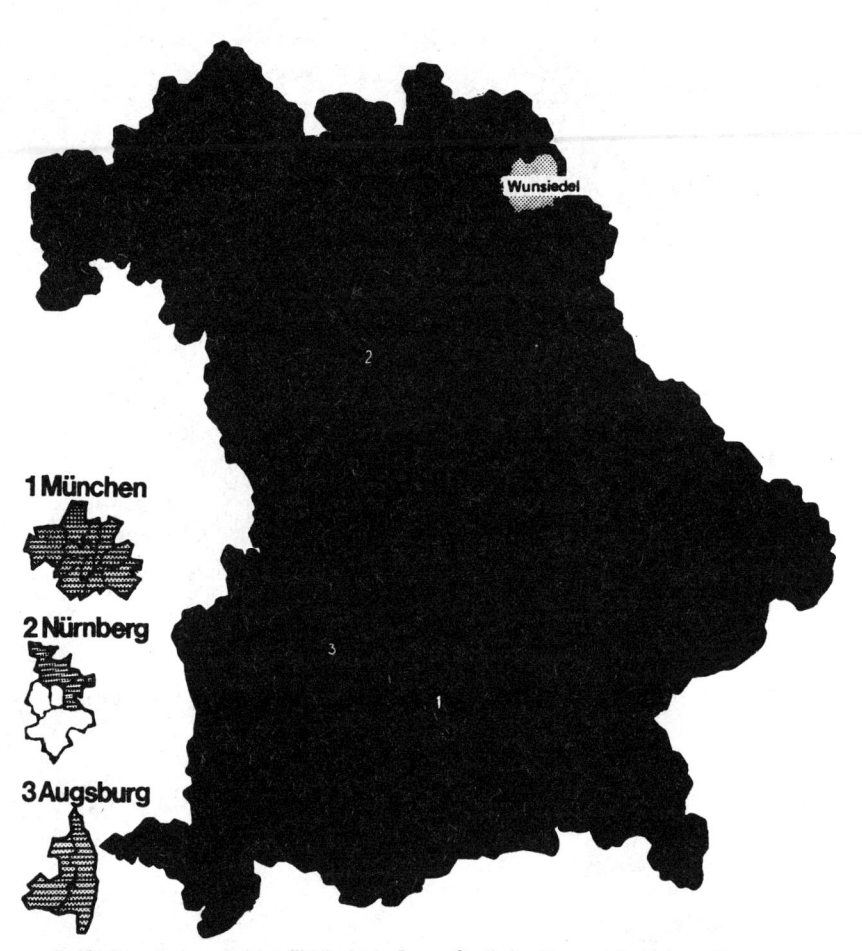

In 104 Stimmkreise und sieben Wahlkreise ist Bayern für die Landtags- und Bezirkstagswahlen 1974 eingeteilt.

absolute M. — CSU
relative M. — CSU
relative M. — SPD

Regionale politische Traditionen und CSU-Hegemonie in Bayern 149

Schaubild 6:
Mehrheiten nach dem Landtagswahlergebnis 1986

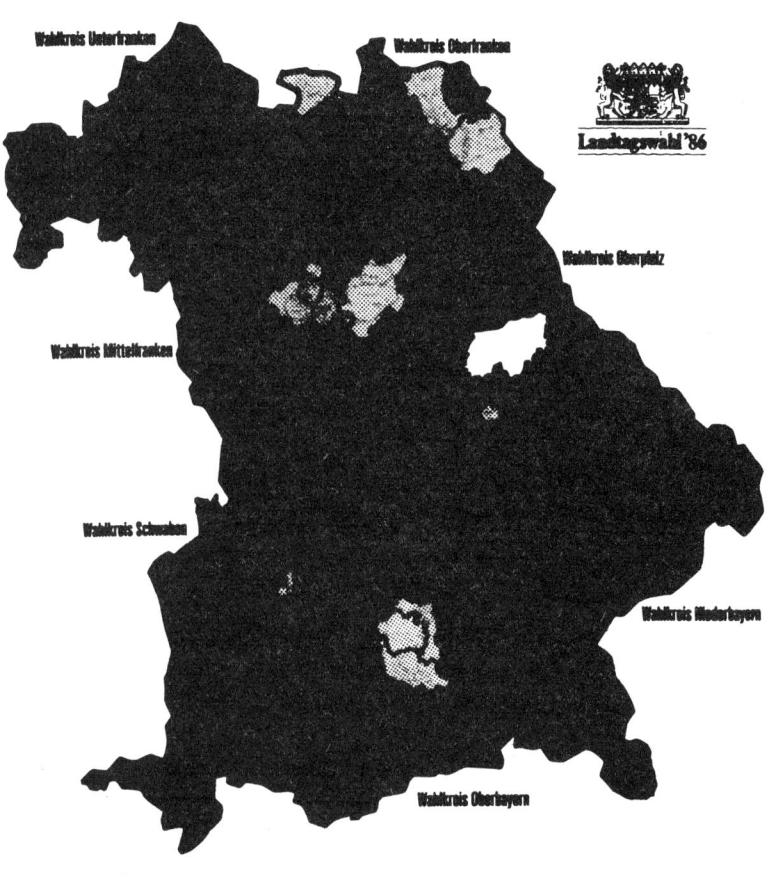

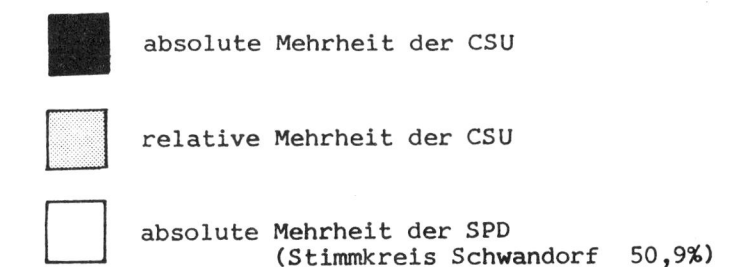

absolute Mehrheit der CSU

relative Mehrheit der CSU

absolute Mehrheit der SPD
(Stimmkreis Schwandorf 50,9%)

Die politische Landnahme der CSU vollzog sich, vereinfacht dargestellt, in zwei großen Schüben. Der erste fundamentale Hauptschub erreignete sich im altbayerischen Raum in der Auseinandersetzung mit der BP. Der zweite Hauptschub erfolgte mit der Durchdringung und weitgehenden Eroberung des fränkisch-protestantischen Traditionsraumes. Die CSU mußte von Ende der vierziger bis Mitte der sechziger Jahre erst ihre gefährliche innerbayerische Konkurrentin, die Bayernpartei, niederringen.

Der CSU gelang es in einer ebenso heftigen wie scharfen Auseinandersetzung, den innerbayerischen „Bruderzwist" zu ihren Gunsten zu entscheiden. Sie fand einen mittleren Weg zwischen traditionsgebundener „Bayerntreue" und notwendiger Öffnung und Modernisierung Bayerns, und sie schlug nach harten internen Flügelkämpfen den Kurs eines gemäßigten, zum Ausgleich geneigten Födcralismus ein. Die Bayernpartei, die sich hauptsächlich auf die alteingesessene Landbevölkerung Altbayerns stützte und deren ideologische und traditionalistische Bindung vertrat, scheiterte hingegen an ihrer partikularistischen Verteidigung überkommener Strukturen und Traditionen „Alt"-Bayerns. Ihr partikularistischer Kurs und ihr verstockter radikalföderalistischer Provinzialismus verhinderten einen Durchbruch zu einem mittleren, gemäßigten Kurs zwischen herkömmlicher „Bayerntreue" und der Öffnung gegenüber neuen Entwicklungen.

Der mit Schärfe ausgefochtene bayerische Richtungsstreit tobte vor allem im altbayerischen Traditionsgebiet und — gemäßigter — im katholischen Mainfranken. In der damaligen Wahlgeographie Bayerns erwies sich der altbayerische Raum und dort insbesondere Ober- und Niederbayern als eine besondere politische „Wetterecke" des bayerischen „Welttheaters". Die Bayernpartei konnte in der Landtagswahl 1950 im ersten Anlauf 27,4% der Stimmen auf sich vereinigen und den Stimmenanteil der CSU im Vergleich zur 1. Landtagswahl 1946 glatt halbieren. Ähnlich hart wurde die CSU in Oberbayern und in der Oberpfalz dezimiert (vgl. oben Tab. 1). Die größte „Bewegungsmasse" zwischen CSU und Bayernpartei finden wir mit 42,2 Prozentpunkten (Vergleich der Landtagswahlergebnisse 1950 und 1974) in Niederbayern, wo die Bayernpartei bezeichnenderweise ihre meisten Anhänger und Wähler hatte (vgl. Tab. 3). Es kostete die CSU im Zeitraum von vier Legislaturperioden große Mühe, insbesondere in Altbayern, um die relativen und schließlich absoluten Mehrheiten zurückzugewinnen. Erst mit der Landtagswahl 1966 war die BP endgültig niedergerungen.[33]

Sozialforschung", geleitet von Wolfgang *Ludwig* (München); vgl. die Untersuchungen von Bernd *Villwock:* Lokale Parteiorganisation und Wahlergebnis der CSU 1970 und 1987 — Zur Bedeutung regionaler Kulturen in Bayern, Magisterarbeit im Fach Soziologie, Universität Passau 1990; Arno *Zurstraßen:* Die FDP in Bayern. Eine empirische Untersuchung von Parteiorganisation und Wahlergebnissen 1970 und 1987, Magisterarbeit im Fach Soziologie, Universität Passau 1990.

[33] Vgl. Alf *Mintzel:* Geschichte der CSU (Anm. 1), S. 53-57 und S. 415-441; Alf *Mintzel:* Die Bayernpartei (Anm. 23), S. 395-489.

Regionale politische Traditionen und CSU-Hegemonie in Bayern   151

Tabelle 3
Höchst- und Tiefststände der CSU in den Landtagswahlergebnissen von 1946 bis 1986 und die Differenzen in Prozentpunkten (nach Regierungsbezirken)

Ausgangssituation	1946	tiefster Stand		höchster Stand		Prozentpunkte Differenz tiefster/höchster Stand	1986	Abstand von der Ausgangssituation (in Prozentpunkten)	Abstand vom Höchststand (in Prozentpunkten)
Regierungsbezirk		Prozent	(Jahr)	Prozent	(Jahr)				
Oberbayern	48,2	22,1	(1950)	59,6	(1974)	37,5	54,3	+ 6,1	− 5,3
Niederbayern	60,9	29,8	(1950)	72,0	(1974)	42,2	60,6	− 0,3	− 11,4
Oberpfalz	62,7	33,9	(1950)	68,3	(1974)	34,4	54,3	− 8,4	− 14,0
Oberfranken	42,9	19,8	(1950)	58,5	(1974)	38,7	55,0	+ 12,1	− 3,5
Mittelfranken	38,7	24,0	(1950)	53,7	(1974)	29,7	49,6	+ 10,9	− 4,1
Unterfranken	64,7	39,6	(1950)	64,8	(1974)	25,2	60,1	− 4,6	− 4,7
Schwaben	59,6	30,9	(1950)	66,3	(1974)	35,4	61,2	+ 1,6	− 5,1
Bayern insges.	52,3	27,4	(1950)	62,1	(1974)	34,7	55,8	+ 4,5	− 6,3

Der zweite große (Homogenisierungs-)Schub erfolgte — wieder grob vereinfacht gesprochen — nach Bildung der sozialliberalen Koalition in Bonn (22. 10.1969). Danach gelangen der CSU, und dies korrespondierte mit ihrer organisatorischen Expansion, große Einbrüche in weite Teile des fränkisch-protestantischen Raumes und die weitgehende Durchdringung des fränkisch-protestantischen „Korridors" (der ehemaligen markgräflich-brandenburgischen und reichsstädtischen Gebiete sowie des Coburger Landes), wo die Hochburgen und Sozialmilieus der SPD und der FDP gelegen hatten. In Oberfranken und in Mittelfranken stiegen auf der Ebene der Regierungsbezirke die CSU-Landtagswahlergebnisse 1970 und nochmals 1974 überproportional an (vgl. oben Tab. 1).

Hatte die katholisch-bayerische „Flurbereinigung" und die Absorption der Kriegsfolge-Parteien (DG; BHE/GB) die CSU wieder an die 50-Prozent-Grenze gebracht (die sie schon einmal in der Augangssituation 1946 als besatzungspolitisch abgestützte bürgerliche Integrationspartei erreicht hatte), so kam sie in der zweiten Phase, vor allem nach 1969, weit über diese Marke hinaus. In der Landtagswahl 1974 erreichte die CSU in allen bayerischen Regierungsbezirken die absolute Mehrheit und den Höchststand ihrer Wahlergebnisse (siehe Tab. 3).[34] In den Regierungsbezirken Oberpfalz, Niederbayern, Unterfranken und Schwaben errang sie 1974 sogar eine Zweidrittelmehrheit (vgl. Tab. 1). Hatte die CSU in der ersten Phase überproportionale („Rück-")-Gewinne in Altbayern und dort vor allem in Niederbayern verzeichnen können, so waren in der zweiten Schubphase die großen Zugewinne aus Ober- und Mittelfranken (vgl. Tab. 3) gekommen.

Der Untergang der fränkischen und städtischen Wählerhochburgen der SPD und FDP durch die „Landnahme" der CSU und das weit weniger dramatische Abschleifen der CSU-Hochburgen in den altbayerisch-ländlichen Räumen bedeuteten, wie gesagt, *eine gesamtbayerische Nivellierung der Wahllandschaft Bayerns auf dem Niveau der absoluten Mehrheit.*

Zusammenfassend läßt sich sagen: Die Homogenisierung der Wahllandschaften wurde in den Landtagswahlergenissen in zweifacher Weise sichtbar. Erstens überstieg die CSU 1970 bzw. 1974 (Mittelfranken) in allen bayerischen Regierungsbezirken die 50-Prozent-Marke. Sie konnte bis auf Mittelfranken ihre absolute Mehrheit seit 1970 überall behaupten und zum Teil sogar noch weiter ausbauen. Der Homogenisierungsprozeß drückte sich zweitens darin aus, daß die ehemals großen Disparitäten zwischen den einzelnen Regierungsbezirken bezüglich des CSU-Stimmenanteils weitgehend abgebaut wurden. Diese Nivellierung der Wahlergebnisse auf der Ebene der Regierungsbezirke läßt sich an der Abweichung der CSU-Stimmenanteile in den einzelnen Regierungsbezirken vom gesamtbayerischen (CSU-)Ergebnis in den einzelnen Landtagswahlen

---

[34] Siehe Alf *Mintzel:* Die bayerische Landtagswahl vom 27. Oktober 1974. Triumph einer konservativen Partei: ein wahlsoziologischer Sonderfall?, in: Zeitschrift für Parlamentsfragen 6 (1975), S. 429-446; Alf *Mintzel:* Geschichte der CSU (Anm. 1), S. 429-439.

ablesen (vgl. Tab. 4). Nach deutlichen Schwankungen im Zeitraum von 1946 bis 1970 verschwanden seit 1970 die großen Disparitäten zwischen den einzelnen Landesteilen.

Tabelle 4
Mittlere Abweichung der CSU-Stimmenanteile in den sieben Regierungsbezirken Bayerns vom gesamtbayerischen Ergebnis der CSU in den Landtagswahlen 1946 bis 1986

1946	1950	1954	1958	1962	1966	1970	1974	1978	1982	1986
9,4	5,8	6,1	6,0	6,9	6,8	5,4	5,4	4,7	4,3	3,5

3.3. Die Homogenisierung im Strukturbild der Parteiorganisation

Die CSU hatte Mitte der sechziger Jahre in den damals rd. 7100 politischen Gemeinden rd. 3200 Ortsverbände. Rein statistisch betrachtet war sie damals folglich in rd. 45 Prozent der Gemeinden Bayerns organisiert.[35] Unter Berücksichtigung der Tatsache, daß auf die 48 kreisfreien Städte rd. 220 Ortsverbände entfielen, dürfte die Organisationsdichte bei etwa 43 Prozent gelegen haben. Die CSU war Mitte der sechziger Jahre nicht einmal in der Hälfte der bayerischen Gemeinden organisiert. In vielen Gemeinden hatte sie lediglich sog. Ortsvertrauensleute, aber keinen Ortsverband.[36]

Sehr viel schärfer als in der Wahllandschaft zeichneten sich im Strukturbild der CSU-Organisation bis weit in die sechziger Jahre hinein die früheren dynastisch-territorialen Gebietseinheiten in markanter Weise und hiermit die konfessionell-territoriale Heterogenität ab (vgl. Schaubild 7). Die Organisationsdaten aus dem Zeitraum 1952 bis 1972 lassen die Verhältnisse in der Feststellung zusammenfassen, daß die CSU unter dem Gesichtspunkt ihrer lokalen und regionalen organisatorischen Verankerung (Präsenz eines Ortsverbandes in einer politischen Gemeinde) eine Partei des ehemals gegenreformatorischen, also römisch-katholischen Bayern war. Die katholischen Herrschaftsgebiete der historischen Landkarten kamen von Gemeinde zu Gemeinde mit der Organisationsbasis der CSU in einer unerwartet klaren Weise zur Deckung.[37]

---

[35] Ausführlich und detailliert mit zahlreichen Statistiken und traditionsräumlichen Angaben über die Organisationsverhältnisse der 60er Jahre Alf *Mintzel:* Die CSU in Bayern, in: Jürgen Dittberner/Rolf Ebbinghausen (Hrsg.): Parteiensystem in der Legitimationskrise (Anm. 1), S. 360-374 (insbesondere S. 369-371).

[36] Siehe Alf *Mintzel:* Die CSU in Bayern (Anm. 1), S. 369-371.

[37] Eine erste ausführliche Analyse dieser „zweiten Organisationswirklichkeit" der CSU habe ich bereits 1975 in meiner großen Organisationsdarstellung vorgelegt; siehe Alf *Mintzel:* Die CSU (Anm. 1), S. 386-422. In den dortigen detaillierten und belegten Ausführungen über den dynastisch-territorialen und den sozio-ökonomischen Faktor in der Organisationswirklichkeit der CSU sind zahlreiche Tabellen, Karten und Schaubilder, die die damaligen Verhältnisse dokumentieren. Im folgenden wird aus Raumgründen auf spezielle Hinweise auf diese älteren Analysen verzichtet.

Schaubild 7:

ORGANISATIONSDICHTE
ZAHL DER UNIONSORTSVERBÄNDE IN v.H. DER POLITISCHEN GEMEINDEN.

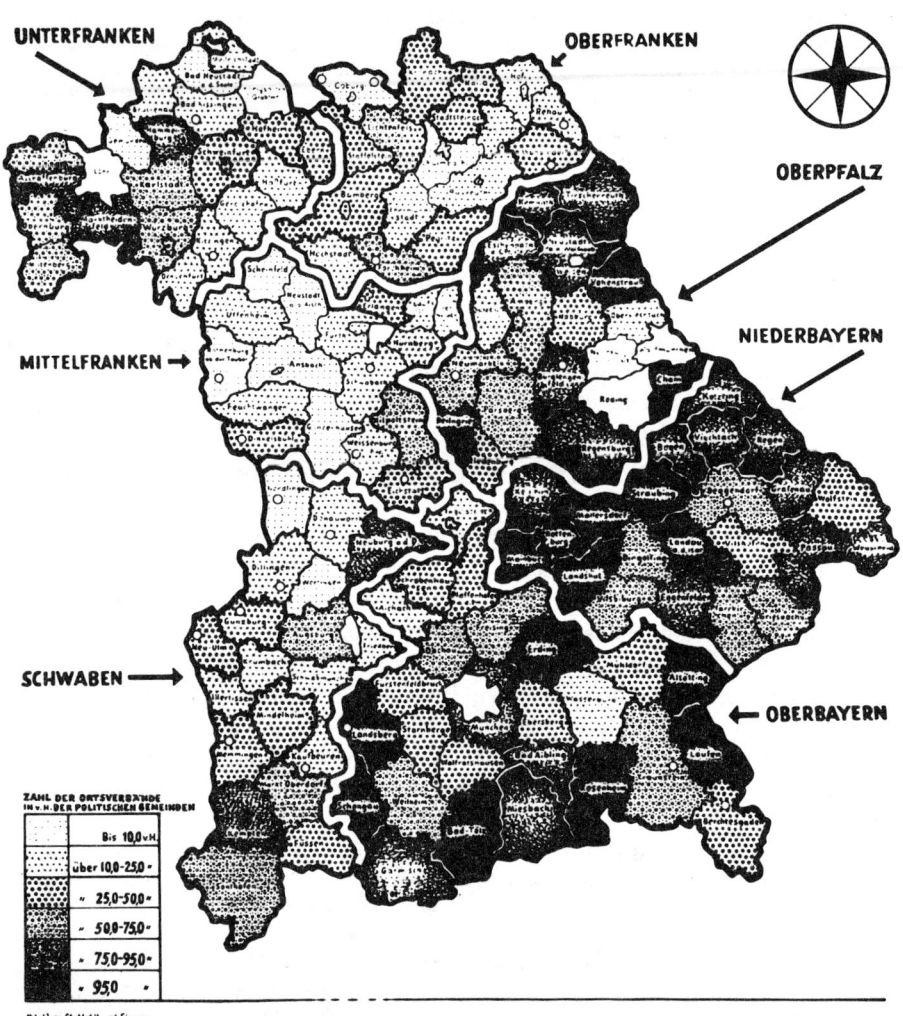

Nach: Abteilung Statistik und Finanzen
der Landesgeschäftsstelle der CSU
Stand Ende 1947

Dieser katholische Charakter des Organisationsgebildes wurde überdies durch die konfessionelle Zusammensetzung der CSU-Mitgliederschaft bestätigt. Rund 90 Prozent der CSU-Mitglieder gehörten der römisch-katholischen Konfession an.

Ende der sechziger, Anfang der siebziger Jahre hatte ich aus den Unterlagen der CSU-Geschäftsstellen in ganz Bayern für den Zeitraum 1952—1972 (bis zur Gebietsreform) die real bestehenden Ortsverbände und deren Mitgliederzahlen ermittelt, diese Daten auf die dynastisch-territorialen Gebietseinheiten des 18. Jahrhunderts im heutigen Bayern projiziert und kartographisch festgehalten. Die frappierenden Ergebnisse waren von mir im weiteren Forschungsprozeß durch landes- und sozialgeschichtliche Studien und in der Feldforschung durch zahlreiche, wiederholte offene Interviews mit hauptamtlichen Organisatoren der CSU interpretativ überprüft worden. Auf diese Weise waren aus einer Vielzahl unterschiedlicher, aber unter systematischen Gesichtspunkten gesammelter Informationen bzw. Daten unter Einbeziehung einfacher quantitativer Verfahren der deskriptiven Statistik strukturelle Situationsbilder der CSU-Organisation entstanden. Diese kartographischen Strukturbilder waren viel aussagekräftiger als die rein formale, ahistorische Organisations- und Mitgliederstatistik. Erst durch die systematische Einbeziehung der historischen Dimension in die Analyse durch Zurhilfenahme der dynastisch-territorialen Zuschreibung der politischen Gemeinden gewinnen wir gesicherte Auskünfte über die möglichen Nachwirkungen regionaler politischer Traditionen der heutigen Organisationswirklichkeit von Parteien.

Der in der Landesgeschichte kundige Beobachter sah im damaligen Strukturbild der CSU-Organisation deutlich die Umrisse der größeren Territorien des 18. Jahrhunderts hervortreten. Die CSU war noch in den sechziger Jahren unter dem Blickwinkel ihres historischen Organisationsfundamentes in stark ausgeprägter Weise eine Partei der ehemaligen geistlichen Territorien, also der Fürstbistümer, Fürststifte, der Domkapitel und Propsteien. Innerhalb ihrer ohnehin im überwiegend katholischen Konfessionsraum gelegenen Hochburgen Unterfranken (siehe auch die Schaubilder 8, 9, 10), Schwaben und Altbayern bilden die ehemaligen geistlichen Territorien nochmals besondere organisatorische Verdichtungsgebiete mit großen Mitgliederballungen. Auf dem Boden der ehemaligen protestantischen Herrschaftsgebiete war sie hingegen von Anfang an schwach oder gar nicht organisiert. Das Prinzip der Feudalzeit „cuius regio eius religio" traf also noch auf die Organisationswirklichkeit der CSU zu. In der Variable Konfession steckte somit in Bayern in der Regel eine historisch-territoriale, über die bloße Aggregatdatenanalyse nicht zugängliche Komponente, die insbesondere in der Parteiorganisation wirksam wurde.

Es ließen sich die historischen Landschaften Bayerns Teil für Teil und Ort für Ort organisationsanalytisch durchwandern und nachweisen, daß dort, wo die Konfessionsgrenzen nicht den alten Territorialgrenzen gefolgt waren (zum Beispiel in den Grenzgebieten der Oberpfalz zum Nürnberger Territorium — in

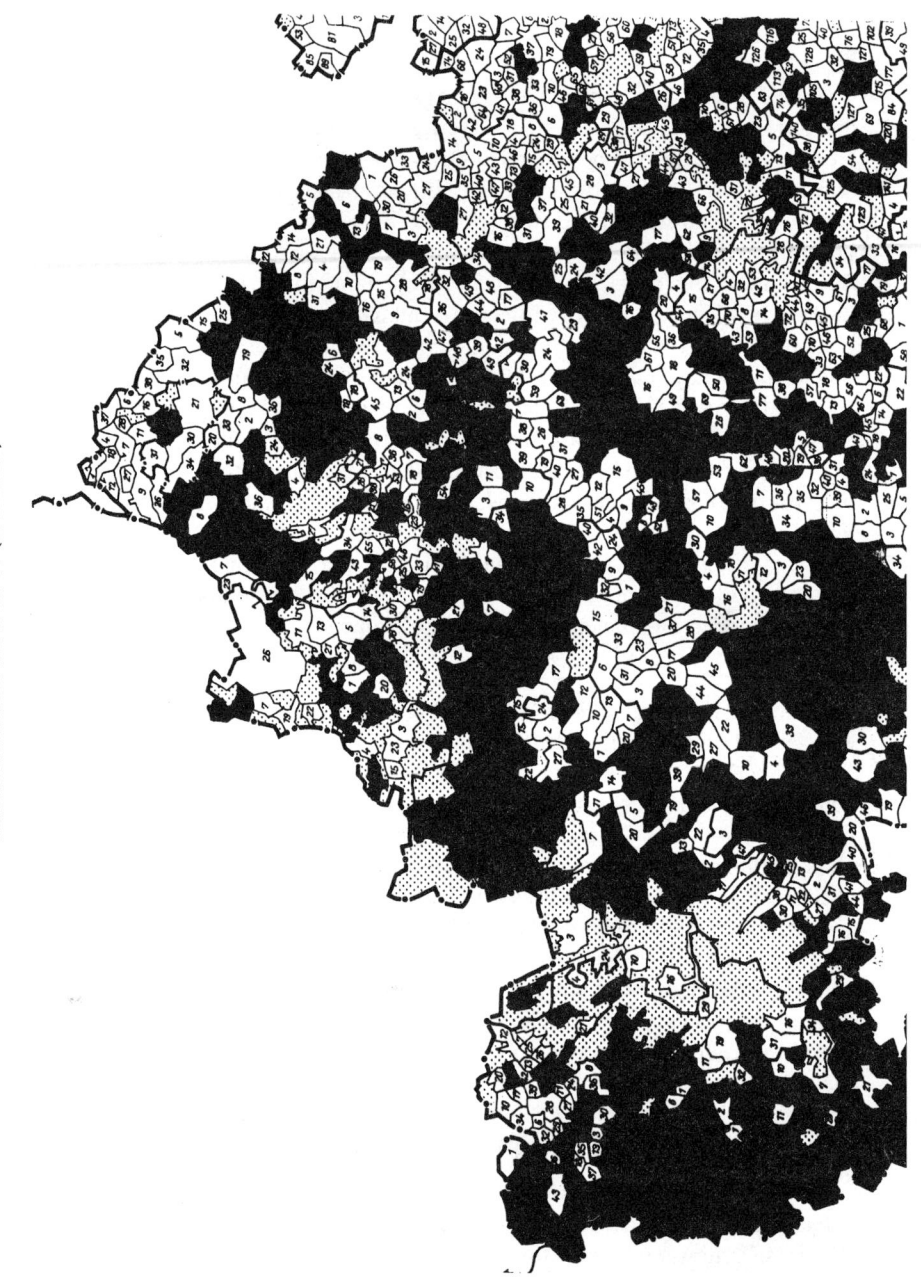

Schaubild 8:
CSU-Organisationsbasis in Unterfranken und in Westmittelfranken um 1965/66 (A. Mintzel)

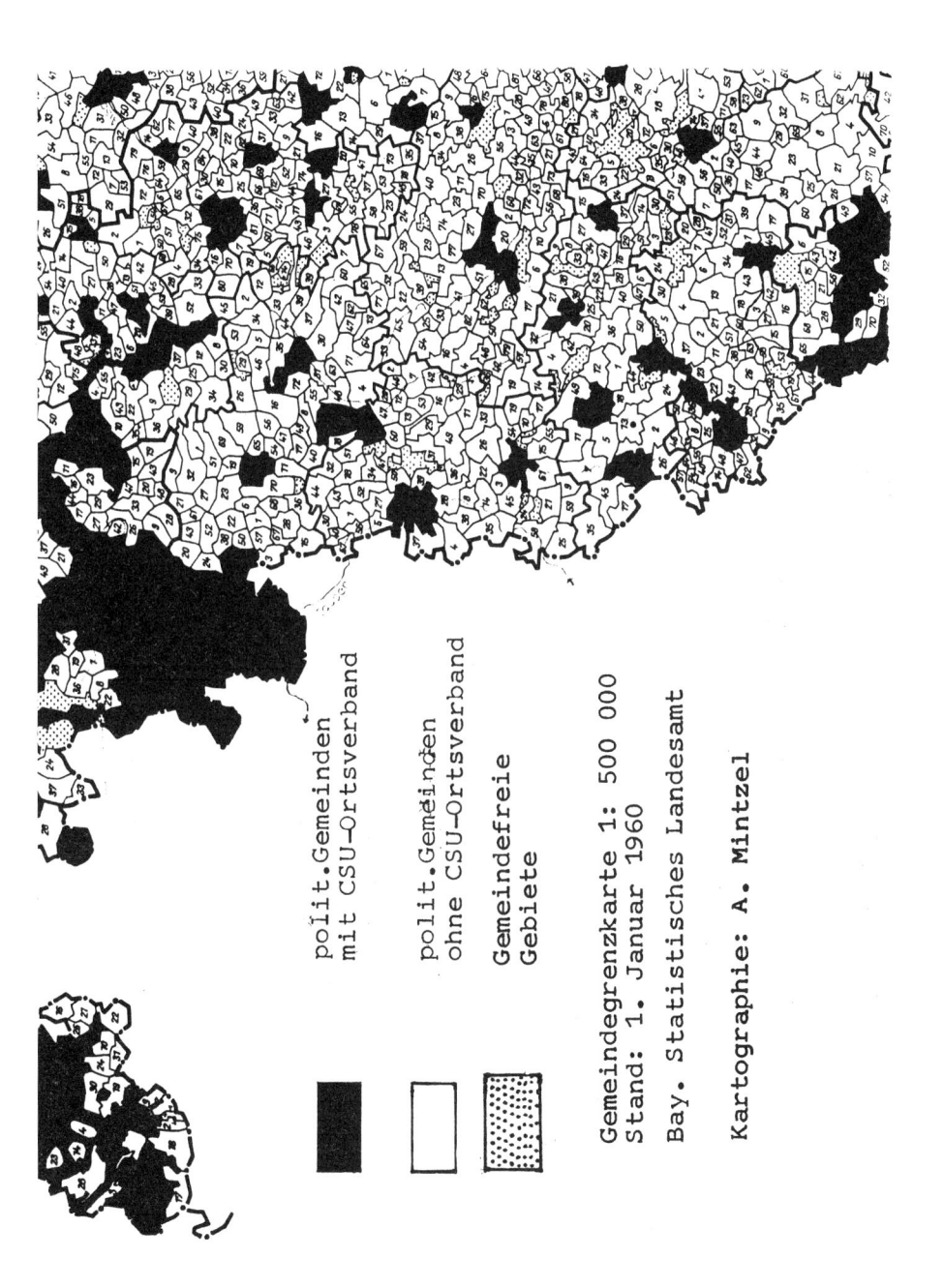

Regionale politische Traditionen und CSU-Hegemonie in Bayern 157

polit.Gemeinden mit CSU-Ortsverband

polit.Gemeinden ohne CSU-Ortsverband

Gemeindefreie Gebiete

Gemeindegrenzkarte 1: 500 000
Stand: 1. Januar 1960
Bay. Statistisches Landesamt

Kartographie: A. Mintzel

158 Alf Mintzel

Schaubild 9:
Verteilung der CSU-Ortsverbände (●) im Regierungsbezirk Unterfranken nach der Organisationsstatistik 1985

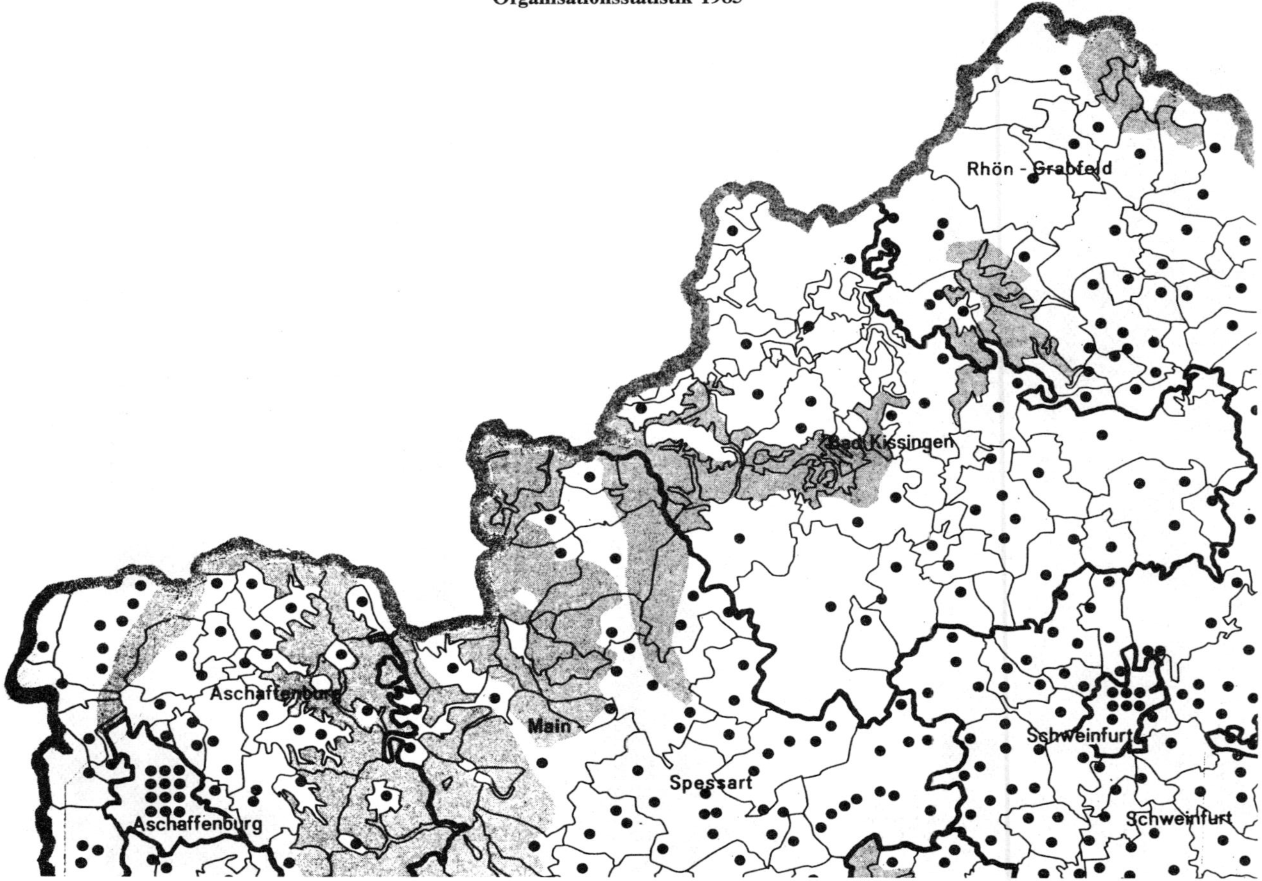

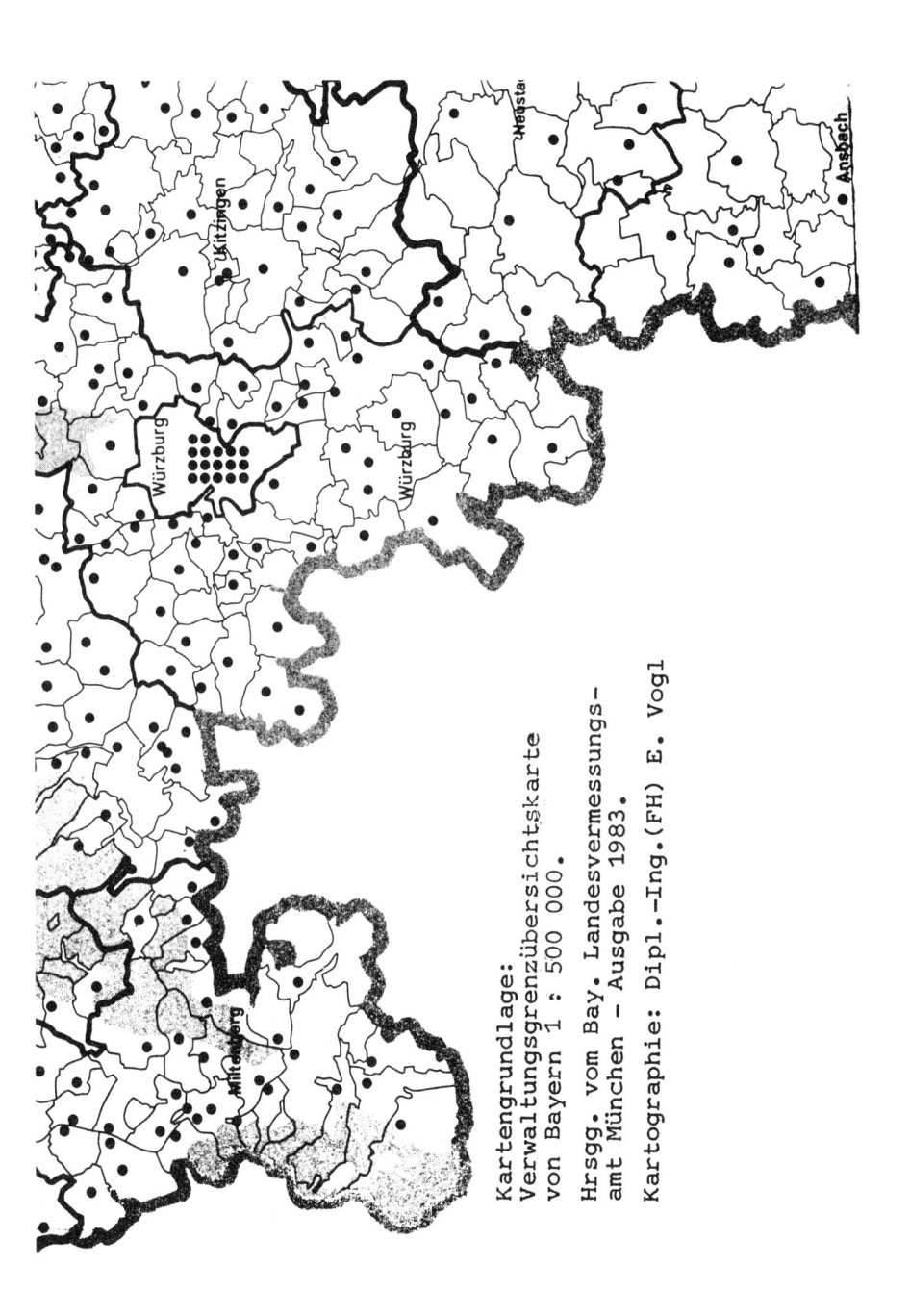

Kartengrundlage:
Verwaltungsgrenzübersichtskarte
von Bayern 1 : 500 000.

Hrsgg. vom Bay. Landesvermessungs-
amt München - Ausgabe 1983.

Kartographie: Dipl.-Ing.(FH) E. Vogl

Schaubild 10:
CSU-Ortsverbände in Bayern 1985
Ortsverbände der CSU gestaffelt nach Mitgliederstärke
im Regierungsbezirk Unterfranken 1985
Kartographie: A. Mintzel

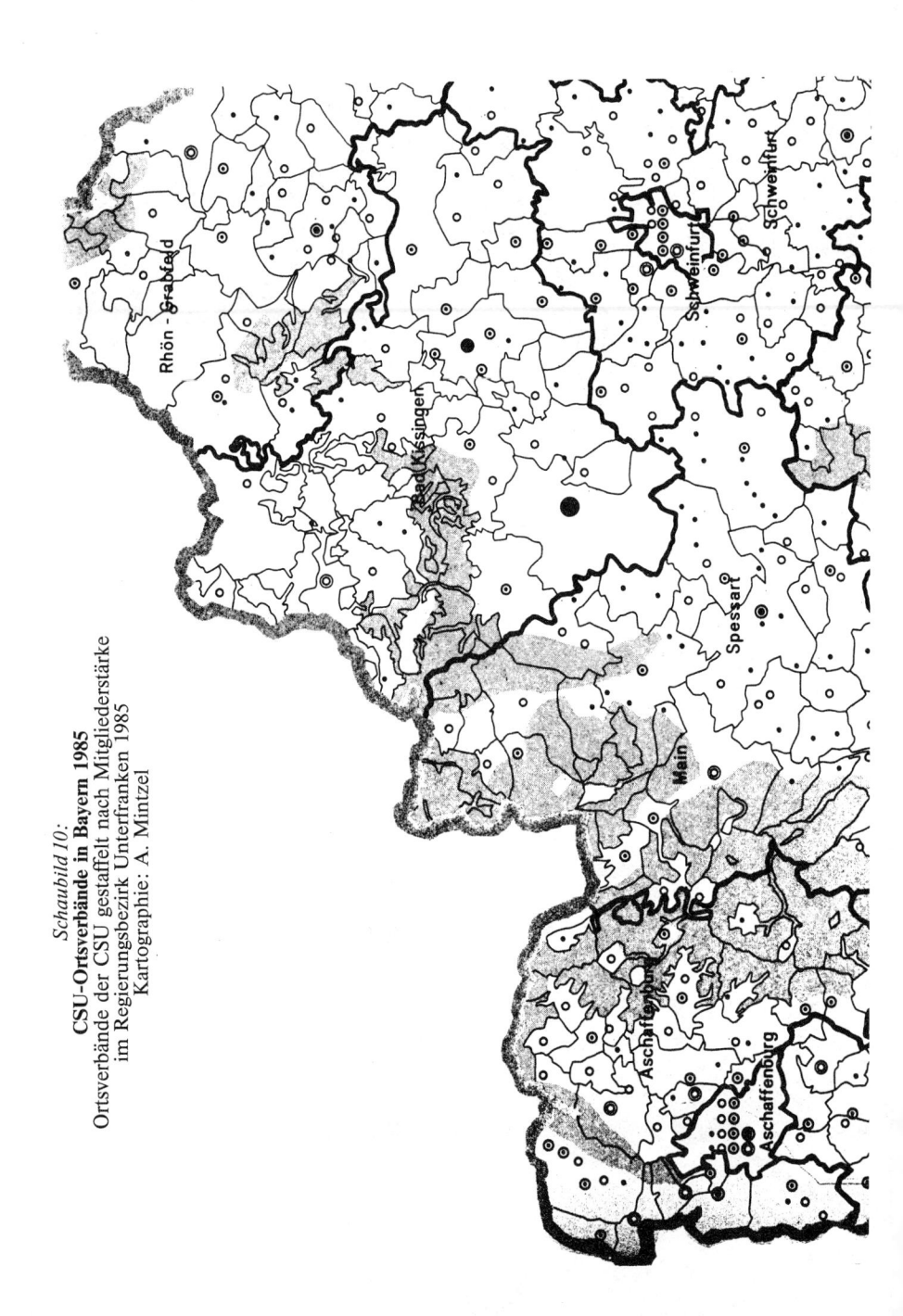

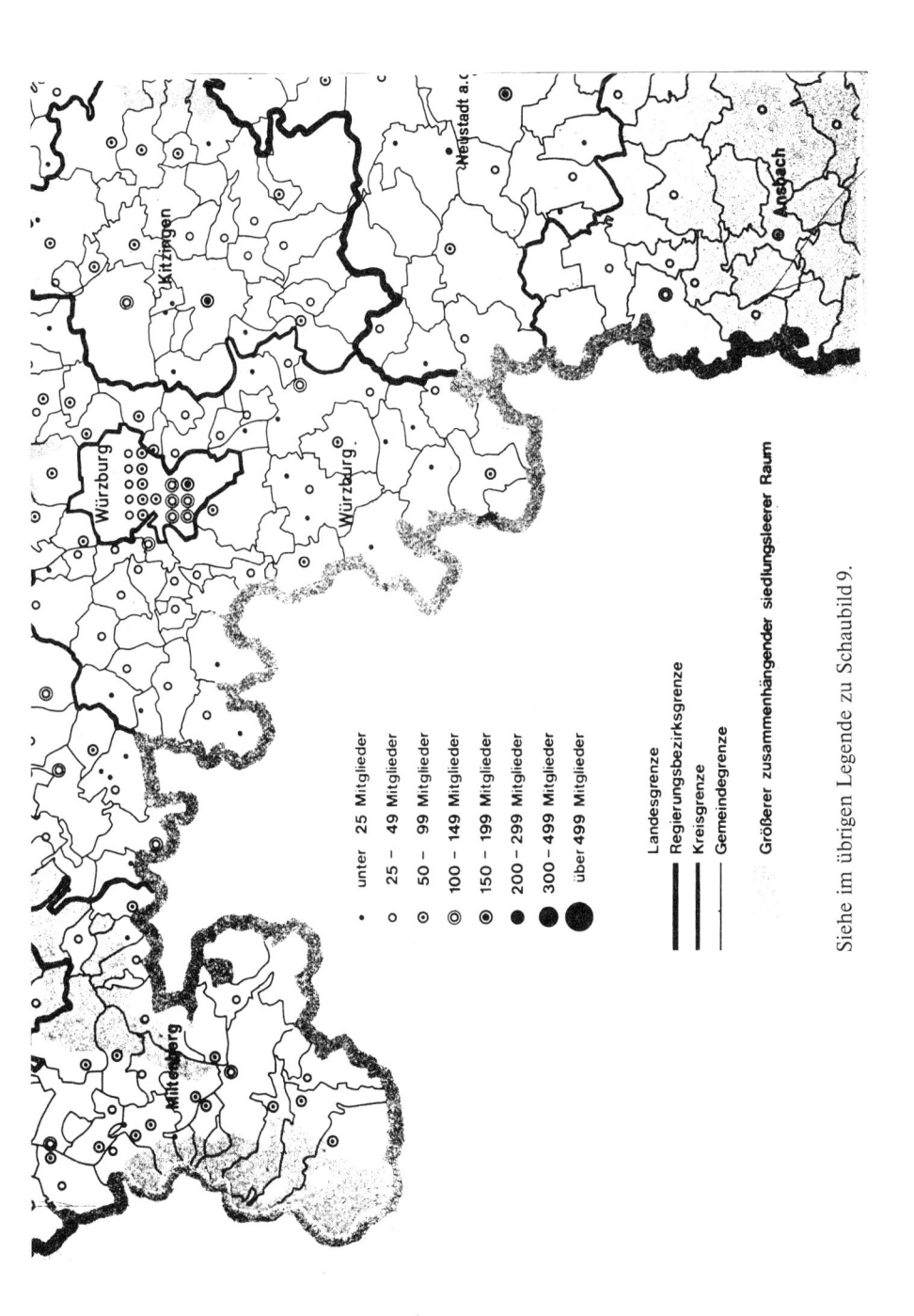

Regionale politische Traditionen und CSU-Hegemonie in Bayern 161

- unter 25 Mitglieder
○ 25 – 49 Mitglieder
⊙ 50 – 99 Mitglieder
◎ 100 – 149 Mitglieder
● 150 – 199 Mitglieder
● 200 – 299 Mitglieder
● 300 – 499 Mitglieder
● über 499 Mitglieder

Landesgrenze
Regierungsbezirksgrenze
Kreisgrenze
Gemeindegrenze

Größerer zusammenhängender siedlungsleerer Raum

Siehe im übrigen Legende zu Schaubild 9.

den Landkreisen Sulzbach-Rosenberg und Neumarkt i.d. Opf.), die CSU entweder schwach oder stark organisiert war. Ein historischer Landschaftsausschnitt, das westliche Mainfranken, mag hier als Beispiel genügen. In der räumlichen Verteilung der CSU-Ortsverbände und in der Organisationsdichte zeichneten sich im katholischen Mainfranken das Kurfürstentum Mainz, das Hochstift Würzburg und das Hochstift Bamberg deutlich ab (vgl. die Schaubilder 2, 8, 9, 10). Auf dem heutigen bayerischen Territorium des Kurfürstentums Mainz, im sogenannten oberen Erzstift (heutige Landkreise Aschaffenburg und Miltenberg) wies die CSU in den sechziger Jahren eine so gut wie geschlossene Organisationsdecke auf. Die schwarze Organisationsfläche der CSU auf dem Gebiet des ehemaligen Hochstifts Würzburg zeichnete sich im Süden scharf von der so gut wie CSU-organisationsfreien Gebietsfläche des alten Markgrafentums Ansbach ab (siehe Schaubild 8). Ebenso deutlich, ja scharf zeichneten sich auf dem Boden des heutigen Oberfranken die Verhältnisse ab. Das Kerngebiet des Hochstiftes Bamberg erwies sich als gutes Organisationsgebiet der CSU. Die alte Grenze zwischen dem Markgrafentum Ansbach und dem Hochstift bildete offenbar eine starke Organisatonsbarriere.

Wie die Wahllandschaft, so färbte sich auch die Organisationslandschaft flächendeckend schwarz — ein weiterer harter Indikator für die Homogenisierung Bayerns unter der CSU-Vorherrschaft. Bis zum Jahre 1985 gelang es der CSU, den gesamten bayerischen Raum organisatorisch zu durchdringen und sich in so gut wie allen bayerischen Gemeinden zu verankern. Mit rund 2900 Ortsverbänden war die CSU im Jahre 1985 nicht nur in fast 100 Prozent der rund 2000 politischen Gemeinden präsent, sondern sie hatte darüber hinaus noch in vielen alten Gemeinden bzw. heutigen Ortsteilen ihre Ortsverbände bestehen lassen.[38] Die CSU bewahrte folglich ihre angestammte katholische Parteibasis und wuchs mehr und mehr in die ehemals liberalen (bzw. deutschnationalen) und sozialdemokratischen Milieus hinein (vgl. die Schaubilder 7, 11 und 12). Zum erstenmal in der Geschichte Bayerns gelang es einer Partei, ihre Organisation völlig flächendeckend über alle Traditionsräume und ehemaligen territorial-konfessionellen Herrschaftsgebiete auszudehnen. Der Vorgang dieser Penetration und Landnahme seitens der CSU wird nicht nur im Kontrast zur vorherigen Organisationssituation, sondern gerade auch im Kontrast zur sozialdemokratischen Konkurrenzpartei besonders deutlich.

Die SPD zählte 1984/85 in 1283 politischen Gemeinden Bayerns nur 1317 Ortsvereine und war somit nur in 62 Prozent der politischen Gemeinden Bayerns organisiert.[39] Regional, zum Beispiel im Regierungsbezirk Schwaben, hatte die

---

[38] Angaben auf der Grundlage der internen Organisationsstatistik der CSU 1984/85, die dem Verfasser von der CSU für die Analysen zur Verfügung gestellt worden ist.

[39] Angaben basieren auf der internen Organisationsstatistik der SPD 1984/85, die dem Verfasser für Analysen zur Verfügung gestellt worden ist; vgl. zur Organisationssituation der SPD in der zweiten Hälfte der 80er Jahre Oskar *Kramer*: Bestandaufnahme 1987. Die bayerische SPD und ihre Organisation vor Ort, 1987. Die Differenz zwischen der Zahl der

Regionale politische Traditionen und CSU-Hegemonie in Bayern   163

Schaubild 11:
Organisatorische Hochburgen der CSU 1985:
kreisfreie Städte und Landkreise Bayerns mit einer Organisationsdichte über 90 Prozent

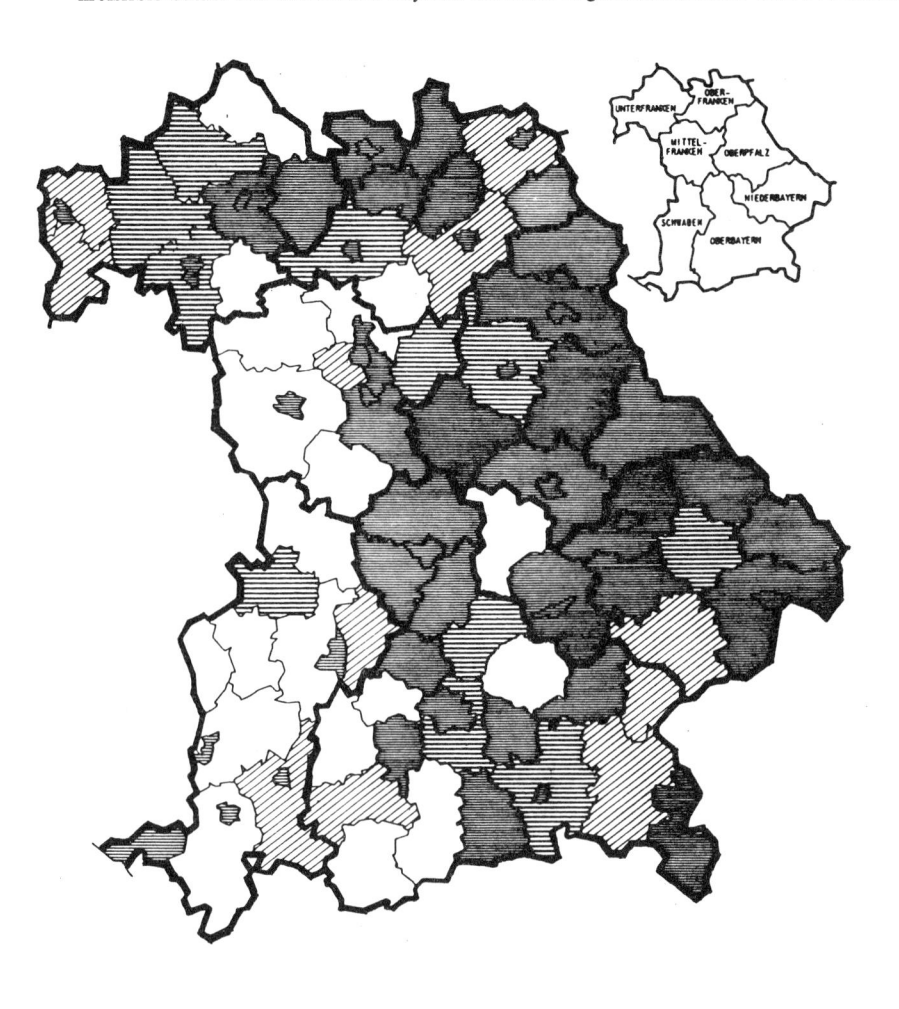

☐	bis u. 90,0%	Anteil der mit CSU-Ortsvereinen besetzten politischen Gemeinden in %
▨	90,0 bis u. 95,0%	
▤	95,0 bis u.100%	Kartographie: A. Mintzel
▦	100%	

164 Alf Mintzel

Schaubild 12:
CSU-Organisationsgebiete (Kreisverbände) mit einer Organisationsdichte unter 95,0 Prozent nach Landkreisen 1985 (Prof. Dr. A. Mintzel)

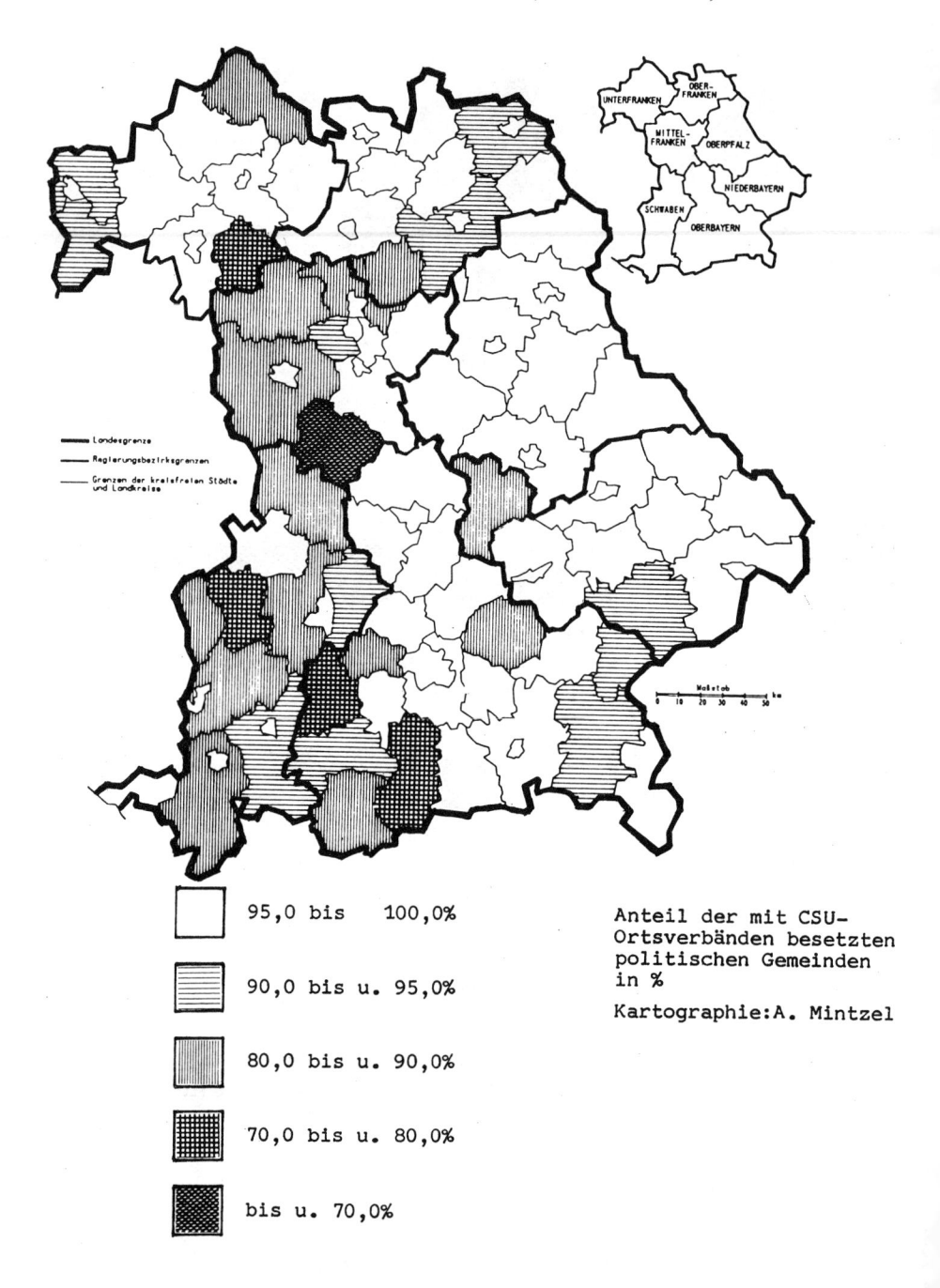

☐ 95,0 bis 100,0%	Anteil der mit CSU-Ortsverbänden besetzten politischen Gemeinden in %
▤ 90,0 bis u. 95,0%	
▦ 80,0 bis u. 90,0%	Kartographie: A. Mintzel
▨ 70,0 bis u. 80,0%	
▧ bis u. 70,0%	

SPD 1985 nur in 40 Prozent der politischen Gemeinden Ortsvereine. Es springt ins Auge, daß sich bei der SPD gerade die Ära nach der sozial-liberalen Koalition in Bonn (1969-1983), vor allem aber die Zeit nach der Bundestagswahl 1972, in Bayern als eine Phase der organisatorischen Destabilisierung erwies. Organisationspolitisch konnte die SPD in Bayern damals nicht von der für die SPD somit günstigen politischen Großwetterlage profitieren. Die rapiden Mitgliederverluste der SPD gingen in die Tausende (1974-1981 rd. 12000), die Ortsvereine verringerten sich fast um ein Viertel, und die personelle Decke wurde immer schmaler.[40] Der Rückgang der SPD-Wahlergebnisse unter die 30-Prozent-Marke (Landtagswahl 1986: 27,5%; Bundestagswahl 1987 27,0%; Europawahl 1989: 24,2%) und somit unter den Stand der Landtagswahl 1950 (28%) und die organisatorische Destabilisierung waren die Kehrseite der Homogenisierung und Hegemonialisierung Bayerns durch die CSU.

Allerdings gilt es bei beiden Parteien, bei CSU und SPD, die besonderen Effekte zu berücksichtigen, die der kommunalen Gebietsreform zuzuschreiben sind.[41] Ein Teil der Verringerung der SPD-Ortsvereine von rd. 2000 vor der Gebietsreform auf rd. 1320 (1985) und ein Teil der Verringerung der ehemals rd. 3200 CSU-Ortsvereine auf rd. 2900 waren eine Begleiterscheinung der kommunalen Gebietsreform. Bei dem positiven Verdichtungseffekt auf seiten der CSU handelte es sich teilweise um einen Scheineffekt der kommunalen Gebietsreform. Indem die Zahl der politischen Gemeinden sich von rd. 7100 (1970) auf rund 2050 (1981) verringerte, erhöhte sich in einigen Gebietsteilen automatisch die Organisationsdichte der CSU. Doch darf dieser Scheineffekt nicht darüber hinwegtäuschen, daß der CSU tatsächlich die organisatorische Durchdringung auch mit zahlreichen Ortsverbandsgründungen in den ihr bisher verschlossenen Gebieten gelang.

---

politischen Gemeinden und der Zahl der SPD-Ortsvereine ergibt sich daraus, daß in den kreisfreien Städten und größeren politischen Gemeinden mehrere Ortsvereine existieren.

[40] Siehe in bezug auf den SPD-Bezirk Franken (in den Regierungsbezirken Ober-, Mittel- und Unterfranken): Mitgliederpartei und Ortsvereine im SPD-Bezirk Franken. Auswertung einer Struktur- und Modalitätsanalyse, Institut für angewandte Sozialforschung (infas), Bad Godesberg 1981; Hans F. *Hollederer*: Die bayerische SPD und ihre Organisationsreform 1971. Untersuchung zu Sturkturproblemen einer regionalen Parteigliederung, Magisterarbeit, Ludwig-Maximilians-Universität München, München 1982; Alf *Mintzel*: Organisationspolitische Entwicklung und Situation der SPD in Bayern, Referat gehalten auf einem Seminar der Friedrich-Ebert-Stiftung (31.11.-4.12.1987) Heimhochschule Haus Frankenwarte zur „Geschichte und Organisation der bayerischen Arbeiterbewegung", Würzburg, 2.12.1987, 120 Seiten (Typoskript).

[41] Siehe zur Gebietsreform in Bayern Karl *Ruppert*, Peter *Gräf*, Franz X. *Heckl*, Peter *Lintner*, Roland *Metz*, Reinhard *Paester* und Thomas *Polensky*: Bayern. Eine Landeskunde aus sozialgeographischer Sicht. Mit 98 Tabellen und 65 Abbildungen im Text sowie 47 Karten, davon 23 farbig im Anhang, Darmstadt 1987, S. 12-17; siehe unter parteisoziologischen Gesichtspunkten Alf *Mintzel*: Geschichte der CSU (Anm. 1), S. 267-271.

3.4. Parteiorganisation und Wahlergebnis im gesellschaftlichen Kontext

Obschon die Strukturbilder eine hohe Plausibilität besitzen und auf die wahrscheinliche Wirksamkeit traditionsräumlicher Faktoren hinweisen, so sind sie doch nicht vor gewichtigen theoretisch-analytischen und methodischen Einwänden gefeit. Die hohe Plausibilität hat im Sinne szientistischer analytischer Modelle und Meßverfahren keine Beweiskraft, obschon die Tatsache der erfolgreichen Penetration, Landnahme und Homogenisierung nicht ernsthaft bezweifelt werden kann. Aber welche Faktoren zu welcher Zeit in welchem Maße in diesem komplexen Wirkungszusammenhang tatsächlich im Spiel waren und wie sie sich analytisch und meßtechnisch in ihren Wechselwirkungen dinghaft machen lassen, das wäre erst zu beweisen. Dies muß aber speziellen Studien vorbehalten bleiben.

„Parteiorganisation" bzw. die Organisationswirklichkeit einer Großpartei wie der CSU ist hochkomplex, multidimensional und hochdifferenziert. Die komplexe Organisationswirklichkeit ist von zahlreichen Faktoren abhängig, die nicht allein im gesellschaftlichen Kontext zu suchen und zu finden sind. Insofern wäre auch eine Beschränkung auf Kontextvariablen wie zum Beispiel Gemeindegröße, Konfessionsverteilung, sektorale Wirtschaftsstruktur und Bildungsstruktur, eine problematische Verengung. Neben solchen gesellschaftlichen Kontextvariablen gibt es eine Vielzahl von Variablen anderer Art, die in einem „Zusammenhangsmodell" berücksichtigt werden müßten: Zum Bespiel die Wettbewerbssituation mit anderen freiwilligen gesellschaftlichen Organisationen/Vereinen; mögliche (partei-)funktionale Substitute und „Zubringer"-Organisationen wie ökonomische Interessenorganisationen oder Kirchen; sozialpsychologische Dispositionen und Barrieren; organisationspolitische Maßnahmen; Parteiaktivitätsniveaus; finanzielle, materielle und personelle Ressourcen; Wettbewerbssituationen unter den politischen Parteien; Qualifikation, Engagement und Kompetenz der politischen Akteure; zentrale Organisationsstrategien; der Einfluß der Medien usw.

Wir haben wenig wissenschaftlich gesichertes Wissen über die Wechselbeziehungen zwischen der lokalen und regionalen Organisationswirklichkeit von Parteien und Wahlergebnissen. Wir wissen noch wenig über die Zusammenhänge zwischen Strukturen auf einer niedrigen/kleinräumigen Aggregatdatenebene, individuellem Verhalten und demographisch-ökologischen sowie (partei-)organisatorischen Tatsachen. Die Parteienforschung, vor allem die politischzeitgeschichtliche, bleibt in der Regel auf der Ebene der formalen Organisationsanalyse und blendet dabei wichtige andere Aspekte der komplexen Organisationswirklichkeit von Parteien aus.[42]

---

[42] Zu den Defiziten und besonderen Schwierigkeiten der Parteienforschung siehe Alf *Mintzel:* Hauptaufgaben der Parteienforschung, in: Österreichische Zeitschrift für Politikwissenschaft 16 (1987), S. 221-240.

Die Wahlsoziologie, ein besonders hochentwickelter Teil der Parteienforschung, „übersieht" bei ihrer einseitigen Konzentration auf den „Wähler" bzw. „die Wählerschaft" als Aggregat und die sozialstrukturellen Faktoren ebenfalls die komplexe Organisationswirklichkeit von Großparteien: Für die Wahlforschung bleiben die Parteiorganisationen weitgehend „black boxes", strukturlose, ahistorische Generalakteure, die auf den verschiedenen Ebenen der parteienstaatlich-demokratischen Herrschaftsorganisation (Bund, Land, Bezirk, politische Gemeinde) Wählerstimmen gewinnen (wollen) und Wahlergebnisse hervorbringen. Die wahlsoziologische Parteienforschung ist zudem weitgehend auf der Bundes- und Landesebene konzentriert. Die Analyse von hochaggregierten Wahldaten eröffnet aber mitnichten einen systematischen Zugang zur traditionsräumlichen Struktur von Wahlergebnissen, auch nicht über die Variable Konfession. Hierzu bedarf es der systematischen Einbeziehung historisch-demographischer bzw. dynastisch-territorialer Sachverhalte.

Die unterschiedlichen Organisationen von Parteien, das Entscheidungshandeln und die Kommunikation von Parteieliten auf verschiedenen Ebenen und in verschiedenen Sektoren, die Parteiaktivitäten, die intermediären Unterstützungspotentiale, die unterschiedlichen Einflußpotentiale, Gewichte und Dominanzen konkurrierender Organisationen sind bisher weder von der organisationssoziologischen noch von der parteiensoziologischen Wahlforschung, wenn überhaupt, hinlänglich systematisch berücksichtigt worden. In der Lüftung der undurchsichtigen Schleier der komplexen Organisationswirklichkeit der Parteien und der vielfältigen Wechselbeziehungen der Parteiorganisation zu ihrer Umwelt liegen besondere Schwierigkeiten der Parteienforschung.

3.5. Politisch-gesellschaftliche Hegemonie als Mentalitätsgeschichte

Der Prozeß der innerbayerischen Vereinheitlichung und der Ausprägung *einer* gesamtbayerischen politischen Kultur war immer zugleich ein Mentalitätsprozeß.[43] Theodor Geiger verwandte den Mentalitätsbegriff für seine „Sozial-Charakterologien".[44] Er verstand unter Mentalität geistig-seelische Disposi-

---

[43] Darauf wies zu Recht und mit Nachdruck Klaus *Tenfelde* in seinem Vortrag „Aufbruch in bessere Zeiten. Die Entstehung der bayerischen Industriegesellschaft" hin, gehalten am 3. Juni 1989 auf dem Wissenschaftlichen Kongreß des Historischen Arbeitskreises der SPD „Freiheit im Freistaat? Der bayerische Weg in die Moderne", München im Künstlerhaus am Lenbachplatz. Diesem Vortrag, der sich in zentralen Punkten mit meinen eigenen „Eindrücken" und Überlegungen deckte, verdanke ich bekräftigende Hinweise, die ich an dieser Stelle mitverarbeitet habe; vgl. aber auch Alf *Mintzel*: Besonderheiten der politischen Kultur Bayerns (Anm. 3), S. 306.

[44] Siehe Theodor *Geiger*: Die soziale Schichtung des deutschen Volkes. Soziographischer Versuch auf statistischer Grundlage, Stuttgart 1967, S. 5 u. S. 77f.: „Die Mentalität ist geistig-seelische Disposition, ist unmittelbare Prägung des Menschen durch seine soziale Lebenswelt und die von ihr ausstrahlenden, an ihr gemachten Lebenserfahrungen"; „Mentalität ist subjektiver Geist" im Gegensatz zur Ideologie und Theorie; „Mentalität ist ein Begriff der Sozial-Charakterologie".

tion, unmittelbare Prägung des Menschen durch seine soziale Lebenswelt und die von ihr ausstrahlenden, in ihr gemachten Lebenserfahrungen. Mentalität begriff er als etwas Fließendes, als geistig-seelische Haltung und Bestimmtheit, als Lebensrichtung in der Alltagsatmosphäre.

Die bayerischen Lebenswelten und „Heimat"-Atmosphären waren kleinbürgerlich, weitgehend ländlich, irrational-ängstlich gegenüber Neuem, ultrakonservativ, anti-progressiv, in Altbayern barock-katholisch, in den fränkisch-protestantischen Teilen befangen in einem engstirnigen Protestantismus mit scharf antikatholischer Frontstellung. Soweit man von einem Mentalitätssyndrom im Sinne der Geigerschen Sozial-Charaktereologie sprechen mag, war das bayerische Mentalitätssyndrom gekennzeichnet durch Anti-Einstellungen: anti-Großstadt, anti-(Groß-)Industrie, anti-liberal, anti-preußisch, anti-intellektuell, anti-katholisch (im protestantischen Franken) und anti-protestantisch (im katholischen Bayern). Insbesondere der altbayerischen Mentalität wohnte ein tiefsitzendes Inferioritätsgefühl gegen die vermeintliche preußische (zum Teil sprachliche) Überlegenheit inne. Zum Teil hing dieses Inferioritätsgefühl mit dem damaligen Nord-Süd-Bildungsgefälle zusammen und mit dem im Agrarland Bayern unterentwickelten höheren Bildungssystem. Das früher prägnant durch Anti-Einstellungen und durch Inferiorität geprägte bayerische Mentalitätssyndrom verwandelte sich seit den 50er Jahren zunehmend in eine Mentalität des bayerischen Stolzes, in ein *neues,* nunmehr positiv bestimmtes „Wir-Bayern-Gefühl". Bayern wurde unter der Führung der Staats- und Hegemonialpartei eine „Größe" in der deutschen und europäischen Politik, auf die man stolz ist. Allem Anschein nach wichen die Unterlegenheitsgefühle einem neuen Selbstbewußtsein, obschon sich charakteristische „Anti"-Einstellungen des bayerischen Mentalitätssyndroms im konservativen Raum Bayerns erhielten.

Der CSU gelang es tatsächlich, in der Öffentlichkeit — und dies nicht nur im bayerischen Raum — das Bild einer weitgehenden Identität von CSU und Bayern zu vermitteln. Diese Identität ist heute nicht bloß ein propagandistisches Kunststück und Kunstprodukt der CSU, kein den Bürgern nur eingeredetes Wunschbild der Staatspartei, sondern ein Stück bewußtseinsmäßiger Realität, an das die parteiliche Propaganda und staatliche Bayern-Image-Pflege anknüpfen kann. Die Partei, die das „schöne Bayern geschaffen" hat, hält im Rückgriff auf die bayerische Staatstradition sprachliche und bildliche Symbole besetzt. Sie führt Löwe und Raute als Embleme der Partei, es bedarf nicht einmal mehr des Zusatzes des Parteinamens. Jeder weiß, welche Partei gemeint ist. „Wir in Bayern CSU '82", „Politik für Bayern, Deutschland, für Europa" sind griffige, symbolträchtige Formeln. Die positiv besetzte Assoziationskette läuft so: Schönes Bayern — CSU — (vor seinem Tod) Strauß — moderne Industrie. Das „schöne Bayern", die „Landschaft" ist Kristallisationspunkt für verschiedene, auch gegensätzliche politische Philosophien. Die „bayerische Landschaft" hat Symbolkraft für konservative wie für progressiv/alternativ orientierte Menschen, steht für Geborgenheit im bekannten Alten, in der Tradition einerseits und für konkrete Utopie, für romantischen Rückzug und Ökologie anderseits.

Die „Revierheger" und neuerdings so apostrophierten „Landschaftspfleger", die Forstbeamten und Forst- wie Landwirte wählen wahrscheinlich — wie viele konservative Ökologen — ihre Staatspartei, die CSU. Es wäre falsch, in Bayern die ökologische Bewegung und die Umwelten schützenden Bestrebungen vollends nur mit „Den Grünen" zu identifizieren.[45]

Die mentale und emotionale Eingestimmtheit großer Teile der Bevölkerung blieb stark traditionsgebunden. Auch die Mehrheit der bayerischen SPD-Anhänger liebte konservative Rituale, den deftigen Spruch, das bayerische Sprach-Barock oder die derb-fränkische Ausdrucksweise, das Waden-Beißen, die imponierende Machtzelebrierung und den religiös-rituellen Weihrauch dazu. Die großen Staatsereignisse der letzten Jahre legten dafür beredte Zeugnisse ab, die jeder im Fernsehen verfolgen und bestaunen konnte. Staatspartei, Staat und katholische Kirche zelebrierten 1984 den Tod und das Begräbnis von Marianne Strauß und 1988 den Tod und das Begräbnis von Franz Josef Strauß.[46] In die pompösen Rituale wurden selbst die intimsten Gegner miteinbezogen umd mithineingezogen. Bayerische Staatsfeiern und Staatsbegräbnisse ließen bildhaft werden, daß es sich bei dem „Machtkartell" von Staat, Staatspartei und katholischer Kirche um ein geschmeidiges, mentalitätsgetragenes Ineinander und Miteinander politischer, religiös-kultureller und kirchlich-institutioneller Lebens- und Ordnungsbereiche handelt. Da drei Viertel der Bevölkerung Bayerns der römisch-katholischen Kirche angehören, blieb das Verhältnis von CSU und katholischer Kirche traditionsgemäß geradezu symbiotisch. In dem Maße, in dem sich die CSU zur wirklich christlich-interkonfessionellen Mehrheitspartei entwickelte, befreite sie sich allerdings von dem Odium, in „klerikaler Abhängigkeit" zu stehen. Bei großen Staatsereignissen und Begräbnissen wird indes in Bayern wie wohl in keinem anderen Bundesland dreierlei sichtbar: die katholische Kirche als „Doublette bürgerlicher Sicherheiten"[47], der barocke Triumphalismus der Kirche[48] und die ungebrochene bayerische Staatstradition.

Nicht zuletzt in den genannten Staatsereignissen präsentierte sich Bayern als politisch-kulturell einheitliche Region. Bei keinem Ereignis zeigte sich in solcher Prägnanz die CSU-Hegemonie.

---

[45] Vgl. Alf *Mintzel:* Besonderheiten der politischen Kultur Bayerns (Anm. 3), S. 306; Alf *Mintzel:* Politisch-kulturelle Hegemonie und „Gegenkulturen" in Bayern, in: Walter Landshuter und Edgar Liegel (Hrsg.): Beunruhigung in der Provinz — Zehn Jahre Scharfrichterhaus, Passau 1987, S. 79-92.

[46] Vgl. Alf *Mintzel:* Keine falschen Hoffnungen: Die CSU verkommt nicht zur Provinzpartei (Anm. 4), S. 189 f.; siehe die Berichterstattung in der Passauer Neue Presse Nr. 229 vom 4. 10. 1988, S. 1-7; in der Münchner Abendzeitung Nr. 232/40 vom 6. 10. 1988, S. 1 f.; im Report der Züricher Sonntagszeitung vom 9. 10. 1988, S. 1. Jeder Leser wird sich an die TV-Sendungen erinnern.

[47] So Hans *Maier:* Das Salz des christlichen Glaubens ist schal geworden. Hans Maier ruft in seiner Abschiedsrede als Katholikentagspräsident zur (Re-)Missionierung der Gesellschaft auf, in: Frankfurter Rundschau Nr. 272 (22. 11. 1988), S. 10.

[48] Hans *Maier:* ebenda.

3.6. Residuen der Traditionszonen

Die These lautete: Die alten Traditionszonen, ihre politischen (Teil-)Kulturen, sozialkulturelle Milieus und Submilieus wurden zwar weitgehend im Sinne einer Gesamt- bzw. staatsbayerischen Hegemonialkultur durchdrungen, verwandelt und in vielen Bereichen vereinheitlicht, aber dennoch nicht völlig aufgelöst. Sie verloren aber im fundamentalen Prozeß der Homogenisierung Bayerns nachweislich ihre ehemals politisch strukturbestimmende Kraft.

Wahrscheinlich ließe sich selbst noch in der heutigen Wahlgeographie und an den heutigen organisatorischen Strukturbildern der CSU (und der SPD), wenngleich nur mehr schwach, ein „territorialer" oder „regionaler politisch-historischer Faktor" nachweisen. Je weiter wir in Wahlanalysen von den hochaggregierten Ebenen hinabsteigen zur lokalen Ebene, desto deutlicher kommen in der kleinräumigen Betrachtung noch regionale und subregionale Wahllandschaften zum Vorschein. Noch immer weisen zum Beispiel die Gesamtstimmenergebnisse der Landtagswahlen unterdurchschnittliche CSU-Wahlergebnisse in den Stimmkreisen Coburg und Wunsiedel aus, noch immer treten in Nordostoberfranken, wenngleich nurmehr schemenhaft, die Markgrafentümer Kulmbach-Bayreuth und Ansbach in Erscheinung.[49]

Noch immer weisen *auch* die Organisationsdichte (siehe Tab. 5) und die Mitgliederdichte der CSU auf die besonders starken CSU-Fundamente des altbayerisch-katholischen, des schwäbisch-katholischen und des fränkisch-katholischen Raums hin. Noch immer scheinen in den fränkisch-protestantischen Gebietsteilen die alten Herrschaftsgebiete hervor.

Die Mitgliederdichte (= Mitglieder pro Wahlberechtigte in einer politischen Gemeinde) ist ein Parameter, mit dem sich die Variable lokaler Organisationsstärke zumindest unter dem Gesichtspunkt ihrer regionalen Verteilung *bayernweit* aufzeigen läßt. Mehr noch als die dichotome Variable Organisation (Präsenz/Nicht-Präsenz in einer politischen Gemeinde) gibt die Mitgliederstärke Auskünfte über relativ „gute" oder relativ „schlechte" Organisationsgebiete: Noch immer sind die altbayerischen und die überwiegend katholisch-bayerischen Traditionsräume „dicht" mit Organisation besetzt, noch immer weisen diese Räume eine deutlich höhere Mitgliederdichte der CSU aus (vgl. Schaubilder 9 und 10 für das mainfränkische Gebiet).[50]

---

[49] Vgl. hierzu Bernd *Villwock:* Lokale Parteiorganisation und Wahlergebnis der CSU 1970 und 1987 (Anm. 23).

[50] Auch mit der Pilotstudie 1988 ließen sich für 1978 immer noch regionale Differenzen und „Merkwürdigkeiten" nachweisen, die auf traditionsräumliche Zusammenhänge hinweisen. Hatte sich ergeben, daß der Anteil der Katholiken in den protestantischen Regionen Mittelfrankens sich besonders förderlich auf das CSU-Wahlergebnis auswirkte, so wandelte sich sein Einfluß in derselben Region in bezug auf die Organisationsvariable zum Negativen: Je höher der Katholikenanteil einer Gemeinde des protestantischen Mittelfrankens ist, desto schlechter ist die CSU-Organisation. Für dieses Ergebnis ist noch keine plausible Begründung gefunden worden. Interessanterweise stellte sich in der

Tabelle 5
Organisationsdichte der CSU und SPD 1985 in Bayern insgesamt und in den drei Traditionszonen (Anteil der Ortsverbände bzw. Ortsvereine in v. H. der politischen Gemeinden nach Landkreisen)

CSU 1985

Organisations-dichte in %	Bayern insges.	*Traditionszonen* Altbayern	Schwaben	Franken
95–100	69,1	79,6	42,9	66,7
90–u. 95	10,6	6,8	14,3	13,9
80–u. 90	14,9	9,1	35,7	13,9
70–u. 80	4,3	4,6	7,2	2,8
0–u. 70	1,1	0,0	0,0	2,8

SPD 1985 zum Vergleich

95–100	32,0	25,1	28,8	41,7
90–u. 95	7,4	4,6	0,0	13,9
70–u. 90	13,8	13,6	7,2	16,7
60–u. 70	18,1	25,0	0,0	16,7
50–u. 60	10,6	15,9	14,3	2,8
40–u. 50	7,4	9,1	7,2	5,6
0–u. 40	10,6	6,8	42,9	2,8

Zusammengestellt aus den Organisationsdaten und -analysen des Verfassers.

Die kleinräumigen Aggregatdaten- und Kontextanalysen lassen noch auf andere für die Parteienforschung interessante Tatsachen stoßen: Eine Reihe von Kleinparteien sind weit unterhalb der CSU-Hegemonie gewissermaßen traditionsräumliche *„Restevertreter"*[51]: die Bayernpartei (BP), die Bayerische Staats-

---

Pilotstudie die Existenz von SPD-Ortsvereinen, also die organisatorische Präsenz der sozialdemokratischen Konkurrenz- und Oppositionspartei als ein (organisations-) „verstärkender Faktor" heraus. Dies mag auch mit Organisationsstrategien der CSU zusammenhängen, gerade dort, wo die Konkurrenzpartei organisatorisch verankert ist, über organisatorische Präsenz im Sinne der Penetration und Landnahme erfolgreich zu sein.

[51] Auf diese systemische Funktion von „Resteverwertung" und die damit gegebenen Wechselbeziehungen habe ich jüngst in zwei Beiträgen besonders hingewiesen: Alf *Mintzel:* Großparteien im Parteienstaat der Bundesrepublik, in: Aus Politik und Zeitgeschichte. Beilage zur Wochenzeitung Das Parlament B 11 (10. März 1989), S. 12 f.; Alf *Mintzel:* Auf der Suche nach der Wirklichkeit der Großparteien in der Bundesrepublik Deutschland, in: Hans-Dieter Klingemann/Wolf Luthard (Hrsg.): Wohlfahrtsstaat, Sozialstruktur und Verfassungsanalyse. Festschrift für Jürgen Fijalkowski, Opladen 1990 (im Erscheinen).

partei (BSP) und die Christlich Bayerische Volkspartei (C.B.V.) bezeichnenderweise auf lokaler Ebene in Altbayern[52], die F.D.P. in den markgräflich-fränkischen Gebieten. Im heutigen Regierungsbezirk Oberfranken ist die F.D.P. bezeichnenderweise in politischen Gemeinden und Landkreisen präsent[53], die sich dynastisch-territorial und somit politisch traditionsräumlich genau dem Markgrafentum Bayreuth zuordnen lassen (vgl. Schaubild 13). Unterhalb des dominanten Parteiensystems (CSU und SPD) bzw. unterhalb der CSU-Hegemonie befindet sich ein regionales Kleinparteien-System der „unteren Ebenen".

Doch bedürfte es minuziöser kleinräumiger Analysen, unter methodisch-systematischer Einbeziehung des historisch-politischen Faktors der räumlichen Zugehörigkeit zu ehemaligen Herrschaftsgebieten, um diese Zusammenhänge ermitteln und kartographisch besser verdeutlichen zu können. Durch die verwaltungsmäßige „Flurbereinigung" Bayerns durch die große Gebietsreform von 1972 und die kommunale Gebietsreform der siebziger Jahre dürfte ein solches Forschungsvorhaben allerdings auf die größten methodischen Schwierigkeiten stoßen.

4. Parteieliten, Strategien, Institutionen

4.1. Elitenentscheidungen und -strategien

Sowohl Max Kaase als auch Karl Rohe haben in bezug auf den Wandel von Traditionsräumen unter dem Blickwinkel der politischen Kulturforschung (Max Kaase)[54] und unter dem Blickwinkel der historischen Wahlforschung (Karl Rohe)[55] die Rolle der Funktionseliten (Parteieliten, Verwaltungseliten, Wirtschaftseliten usw.) und die Bedeutung der Art und Weise der „Vermittlung" betont. Auf der Grundlage meiner Analysen kann ich bekräftigen, was Karl Rohe zur „Wahlanalyse im historischen Kontext" sagt: „stets lassen sich ... eine Sozialstrukturebene, eine Bewußtseins-/Einstellungsebene und eine Vermitt-

---

[52] Siehe zur Geschichte und heutigen Existenz der BP, der BSP und der C.B.V. Alf *Mintzel:* Die Bayernpartei, in: Richard Stöss (Hrsg.): Parteien-Handbuch. Die Parteien der Bundesrepublik Deutschland 1945-1980, Bd. I: AUD bis EFP, Opladen 1983, S. 395-489.

[53] Angaben und Kartographie basieren auf der internen Organisationsstatistik der F.D.P., die dem Verfasser seit Jahren für Analysen zur Verfügung gestellt wird, sowie auf der kommunalen Wahlstatistik.

[54] Siehe Max *Kaase:* Sinn oder Unsinn des Konzepts „Politische Kultur" für die vergleichende Politikforschung oder auch: Der Versuch, einen Pudding an die Wand zu nageln, in: Max Kaase/Hans-Dieter Klingemann (Hrsg.): Wahlen und politisches System. Analysen aus Anlaß der Bundestagswahl 1980, Opladen 1983, S. 154 u. S. 163.

[55] Siehe Karl *Rohe:* Wahlanalysen im historischen Kontext. Zu Kontinuität und Wandel von Wahlverhalten, in: Historische Zeitschrift 234 (1982), S. 337-357.

Schaubild 13:
Organisation F.D.P. im Regierungsbezirk Oberfranken 1985
Kartographie: A. Mintzel

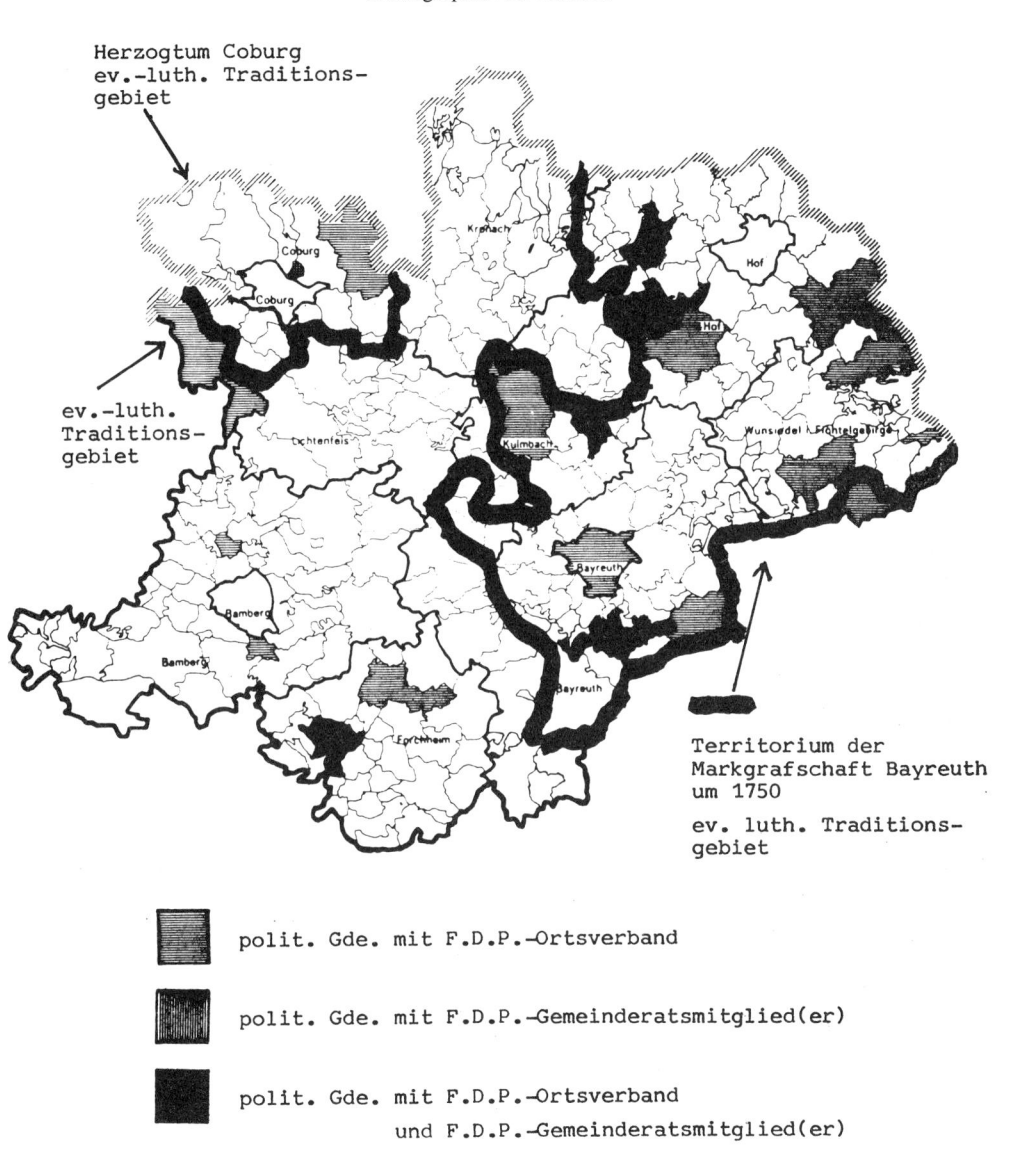

Herzogtum Coburg
ev.-luth. Traditions-
gebiet

ev.-luth.
Traditions-
gebiet

Territorium der
Markgrafschaft Bayreuth
um 1750

ev. luth. Traditions-
gebiet

▪ polit. Gde. mit F.D.P.-Ortsverband

▪ polit. Gde. mit F.D.P.-Gemeinderatsmitglied(er)

▪ polit. Gde. mit F.D.P.-Ortsverband
und F.D.P.-Gemeinderatsmitglied(er)

lungsebene unterscheiden. Alle drei Ebenen unterliegen historisch-dynamischen Veränderungen, bewegen sich dabei aber keineswegs notwendig im gleichen geschichtlichen Rhythmus. Die Beziehungen dieser Ebenen untereinander und deren Verhältnis zur Politik müssen deshalb als variable Größe gehandelt werden, die sich im Laufe der Zeit entscheidend verändern können".[56] Die Einlösung eines solchen Forschungsdesigns liefe wie immer auf eine Mehrebenenanalyse im Rahmen eines unbezahlbaren Großprojekts hinaus.

Die Umwandlung und Neuformung der historisch gewachsenen Strukturen hing maßgeblich auch von den politischen und institutionellen Strategien der lokalen, regionalen und obersten Funktionseliten ab. Es kam darauf an, wie flexibel die zahlreichen traditionellen klein- und mittelstädtischen Honoratiorengesellschaften und ihre kommunalen Eliten auf den umfassenden sozioökonomischen Strukturwandel reagierten und in diese Makro- und Mikroprozesse intervenierten, ob sie zur Abkapselung oder Anpassung neigten. Den strategischen Konzepten von regionalen „Einflußgruppen" und Funktionseliten und deren Kooperationsformen untereinander sowie dem institutionellen Set, das sie in Teilen eigens für die Zwecke ihrer Homogenisierungsstrategien schufen (z. B. Parteiautonomie der CSU-Landesgruppe in der Fraktionsgemeinschaft der CDU/CSU; bayerische Kulturpolitik; geschlossene katholische Territorialkirche; Bayerische Akademie der Wissenschaften usw.) muß deshalb besondere Aufmerksamkeit geschenkt werden. Regionale politische Traditionen und Muster manifestieren sich nicht nur im Wahlverhalten, in Einstellungen und in Lebensstilen, sondern auch in Institutionen, in institutionellen Sets und Identifikationsmustern, in politisch-kulturellen Strategien, im Sozialprofil von Funktionseliten (bis zum Typus des Parteimanagers). Die politisch-institutionellen Gestaltungsstile selbst sind politisch-kulturelle Ausdrucksformen. Die Hegemonie der CSU bliebe ohne diese politisch-institutionellen Homogenisierungsstrategien und politisch-institutionellen Gestaltungsstile, die bis zum Briefkopf reichen, unverständlich.[57]

Die in den letzten Jahrzehnten entstandene (gesamt-)bayerische bzw. staatsbayerische Hegemonialkultur ist zu einem Gutteil Resultat strategischen Entscheidungshandelns der regierenden bayerischen Funktionseliten, Resultat ziel- und zweckgerichteter gesellschaftlicher und politischer Gestaltung. Es gelang den CSU-Eliten tatsächlich, die verschiedenen historisch gewachsenen Traditionszonen und Sozialmilieus zu integrieren, zu ihren Bedingungen zu nivellieren und mit gesellschaftsgestaltender Kraft zu einer neuen staatsbayerischen (Teil-)Gesellschaft zu verschweißen.

Die adaptive Entwicklung der CSU zu einem politischen Agenten der Modernisierung und die Selbstadaption zur modernen Partei mit gesellschaftsgestaltender Kraft zeigt, daß die „Bastion Bayern", die *neue* politische *Gesamtregion* Bayern nicht nur als etwas in historischen Zeiträumen quasi naturwüchsig Gewachsenes, Überkommenes angesehen werden kann, sondern in Teilaspekten als etwas Geschaffenes, als Produkt einer zielgerichteten, auf Herrschaftsabsicherung und Herrschaftserweiterung abzielenden staatlichen und parteilichen Politik betrachtet werden muß.

---

[56] Ebd., S. 354.

[57] Vgl. Alf *Mintzel:* Gehen Bayerns Uhren wirklich anders? (Anm. 3), S. 85; Alf *Mintzel:* Besonderheiten der politischen Kultur Bayerns (Anm. 3), S. 293-308.

4.2. Die institutionelle Doppelrolle der CSU

Historische Tradition und aktuelle Situation führten nach 1945 erneut zu einer bayerischen Sonderentwicklung im neuentstehenden westdeutschen Parteiensystem und zu einer gesonderten parlamentarischen „Repräsentanz Bayerns" im Deutschen Bundestag. Die CSU schloß auf der Parteiebene mit der CDU in den Jahren 1947 bis 1949 lediglich eine lockere Arbeitsgemeinschaft und in den Vertretungskörperschaften des entstehenden westdeutschen Teilstaates nur eine Fraktionsgemeinschaft. Als die CDU 1950 ihre Bundesorganisation gründete, war in der CSU die Aufrechterhaltung der Parteiautonomie bereits zur Selbstverständlichkeit geworden. Die bayerische raison d'être, das innerbayerische Ringen um den „richtigen" bayerischen Kurs in der Nachkriegspolitik, führte 1949 im Deutschen Bundestag lediglich zu einer Fraktionsgemeinschaft der CSU-Landesgruppe mit der CDU, allerdings in einer neuartigen und effektiven Organisation.[58]

Die landes- und bundespolitische Stoßkraft und die Wirkung der CSU resultieren seit der Gründung der Bundesrepublik gerade aus ihrer institutionellen und politischen Doppelrolle als autonomer Landespartei mit besonderem Bundes-Charakter. Diese Doppelrolle ermöglicht es der CSU, als die Bayern schlechthin verkörpernde Landespartei in Erscheinung zu treten (und nicht als Annex der CDU) und im Bundesparlament über die Landesgruppe und andere Institutionen als „Bundespartei" mit besonderer Rücksichtnahme auf bayerische Belange bundesweit Einfluß zu nehmen. Die CSU kann in dieser Doppelfunktion nicht nur den besonderen gesellschaftlichen, kulturellen und wirtschaftlichen Entwicklungsbedingungen Bayerns besonders gut Rechnung tragen, sondern auch im Sinne des staatsbayerischen Mitspracheanspruchs und Gestaltungsauftrages in der deutschen und europäischen Politik in besonderer Weise Einfluß nehmen. Die CSU-Landesgruppe nimmt folglich eine strategisch-operative Schlüsselstellung ein und ist in dieser Schlüsselstellung ein eminent wichtiges Instrument der Durchsetzung und Verwirklichung der von ihr beschlossenen und mitgetragenen Politik. In der Institution der CSU-Landesgruppe haben die CSU und Bayern, historisch gesehen, ein neues, sehr effektives Instrument der staatsbayerischen Selbstdarstellung und innerbayerischen Integration entwickelt. Die Institution der Landesgruppe steht in historischer Perspektive in der Tradition der Sonder- und Reservatsrechte Bayerns im deutschen Kaiserreich.

---

[58] Zu den folgenden Ausführungen zur institutionellen Doppelrolle der CSU-Landesgruppe in Bonn siehe Alf *Mintzel*: Der Fraktionszusammenschluß nach Kreuth: Ende einer Entwicklung?, in: Zeitschrift für Parlamentsfragen 8 (1977), S. 58-76; Alf *Mintzel*: Franz Josef Strauß und die CSU-Landesgruppe im Deutschen Bundestag, in: Friedrich Zimmermann (Hrsg.): Anspruch und Leistung. Widmung für Franz Josef Strauß, Stuttgart 1980. S. 281-307; Alf *Mintzel*: Geschichte der CSU (Anm. 1), S. 345-414; Alf *Mintzel*: Die Rolle der CSU-Landesgruppe im politischen Kräftespiel der Bundesrepublik Deutschland, in: Politische Studien, Sonderheft 1 (1989), S. 113-134.

Die in der deutschen Parteien- und Parlamentsgeschichte einzigartige und bayerisch eigentümlich institutionelle Konstruktion ermöglichte sowohl politisch-institutionelle Integration in die große Politik als auch staatspolitische Selbstbehauptung und „eigensinnige" Abgrenzung. Parteiautonomie und Sonderstatus boten den Vorteil, als Plattformen für den defensiven Rückzug und für operative „Ausfälle" dienen zu können. Franz Josef Strauß benutzte diese Hebel und Plattformen virtuos, wennglich strapaziös für die Union, für Rückzüge und für Attacken. Hierin zeigte sich das Zusammenwirken und das Zusammenspiel der Wirkkraft des „großen Mannes" und der Wirkkraft der Institutionen. Die Institutionen, Parteiautonomie, ideologisch-programmatisches Profil und parlementarischer Sonderstatus verstärkten die Wirkung des Parteiführers und seiner Mitstreiter, der Parteiführer verstärkte unter Mithilfe seiner Mitstreiter die politische Hebelkraft der Institutionen. Eine Voraussetzung hierfür war allerdings die „innere Solidarität und innere Kohäsion" der CSU (-Landesgruppe), mit anderen Worten auch das einheitliche Erscheinungsbild der CSU in Bonn.

Spezifische historisch-gesellschaftliche und politische Rahmenbedingungen und industriegesellschaftliche Entwicklungsformen haben nach 1945 zu einem besonderen politischen „Bayerneffekt", zu bereichs- bzw. dimensionsspezifischen Retardations- und Akzelerationsprozessen geführt. Diese Spezifika und die Parallelität und Dualität von staatlicher Verwaltung und CSU-Organisation sowie die genuin bayerisch geprägte institutionelle Doppelrolle der CSU haben der CSU gegenüber ihren innerbayerischen Konkurrenzparteien einen nicht einholbaren politischen Effizienz-Vorteil gebracht, der bayerischen SPD einen politisch-institutionellen Nachteil. Die CSU wurde als bayerische „Staatspartei" gewissermaßen eine späte Erbin der aufgeklärten Regierung Montgelas.[59]

4.3. Lokale und regionale Traditionspflege

Neben der Homogenisierungsthese wurde im bisherigen Gang der Argumentation und Darstellung die These formuliert, die auf den alten Herrschaftsgebieten historisch überkommenen politischen Kulturen seien zu Kultur „dritter" oder „vierter Ordnung" geworden und kämen nur noch in lokalen und kleinräumigen Handlungsorientierungen, Identitäten und Organisationsformen zum Ausdruck. Die ehemaligen politischen Kulturen und ihre soziokulturellen Milieus seien nicht gänzlich verschwunden, *hätten aber ihre politisch-strukturbestimmende Kraft verloren.* Sie würden als lokale und regionalspezifische Kulturen „dritter" und „vierter Ordnung" *unterhalb* der staatsbayerischen Hegemonialkultur sogar zum Teil mit offizieller Unterstützung und politischem Nachdruck kräftig „gepflegt" und „gehegt" und „postmodern" wiederbelebt.

---

[59] Siehe Jürgen *Gebhardt:* Bayern. Deutschlands eigenwilliger Freistaat (Anm. 18), S. 13.

„Bayern ist vorn" auch in der Stillung der Heimatgefühle und -sehnsüchte. Auf einer nicht mehr primär politisch bindenden, unterhalb parteilicher Grundorientierungen gelegenen Ebene bilden die kulturellen Submilieus und Ortskulturen „unpolitische" oder zumindest politisch entschärfte Plattformen für lokale und regionale Geschichts- und Traditionspflege. Auf dieser politisch entschärften und parteipolitisch gewissermaßen neutralisierten Ebene werden die überkommenen Regionalkulturen und ihre historisch gewachsenen Sozialmilieus im Rahmen lokaler und regionaler Traditionspflege von Heimatvereinen, von genealogischen Vereinigungen, von lokalen und regionalen Kulturtagen, von historischen Vereinen[60], von Bezirksheimatpflegern, regionalen Rundfunkprogrammen weiterhin „kultiviert" und hierdurch lokale und regionale Identifikationsmöglichkeiten auf einer überparteilichen Plattform ermöglicht.[61] Die quasi museale Existenz dieser politisch entschärften, parteipolitisch neutralisierten innerbayerischen Regionalkulturen mit ihren „überparteilichen" Bürgerplattformen zeugen im Grunde eben von der Wirksamkeit der politisch-kulturellen Homogenisierung. Sie stabilisieren, und dies ist das Politische am vermeintlich Unpolitischen, die politisch-kulturelle Hegemonie. Sie sind folglich nicht „Gegenkulturen" gegen die „politische Hegemonie", sondern integrierende Elemente und Stabilisatoren.

Diese intimen Wechselbeziehungen zwischen entpolitisierten Regionalkulturen und politisch-kultureller Hegemonie zeigen sich sehr deutlich in der Entwicklung der regionalen Fernsehberichterstattung in Bayern und neuerdings in der Entwicklung lokaler Rundfunkstationen.[62] Der Bayerische Rundfunk institutionalisierte in den siebziger Jahren unter dem Stichwort „Bayern Regional" (Bayern II) sechs Regionalredaktionen: (1) München, (2) Oberbayern, (3) Niederbayern/Oberpfalz, (4) Schwaben, (5) Mittelfranken/Oberfranken und (6) Mainfranken. Die letzte Institutionalisierung war das Münchner Mittagsmagazin im Jahre 1979. Diese Regionalredaktionen fungieren als

---

[60] Siehe hierzu exemplarisch: Alf *Mintzel:* 350 Jahre Mintzel-Druck, in: Beilage 350 Jahre Mintzel-Druck/175 Jahre Hofer Anzeiger, Hofer Anzeiger (Tageszeitung für Oberfranken) Nr. 138 (10. 11. 1976); Alf *Mintzel:* Die Stadt Hof in der Pressegeschichte des 16., 17. und 18. Jahrhunderts. Mit 105 Abbildungen. 28. Bericht des nordoberfränkischen Vereins für Natur-, Geschichts- und Landeskunde, Hof 1979; Alf *Mintzel:* Hofer Einblattdrucke und Flugschriften des 16. und 17. Jahrhunderts, in: Wolfenbüttler Barock-Nachrichten. Im Auftrag des internationalen Arbeitskreises für deutsche Barockliteratur, hrsg. von der Herzog August Bibliothek 10 (1983), S. 5-21; Alf *Mintzel:* Studien zur frühen Presse- und Verlagsgeschichte der Städte Hof und Bayreuth, in: Archiv für Geschichte von Oberfranken 64 (1984), S. 197-286; Alf *Mintzel:* Bayreuther und Hofer Kleinverleger des 18. Jahrhunderts und ihre Verlagswerke, in: Archiv für Geschichte von Oberfranken 66 (1986), S. 77-189.

[61] In den heutigen Lebenswelten kommen die traditionsräumlichen Rückbindungen immer noch in den identitätsstiftenden Mittelstädten und alten Reichs- und Hauptstädten zum Ausdruck. Noch immer verstehen sich altansässige Bevölkerungsgruppen und -teile als „Nürnberger", „Laufer", „Coburger", „Hofer", „Bayreuther" oder als „Oberpfälzer".

[62] Zu den Kommunikationsgebieten des Bayerischen Hörfunks siehe Alf *Mintzel:* Politisch-kulturelle Hegemonie und „Gegenkulturen" (Anm. 45), S. 89.

dezentralisierte, regionalkulturelle Kommunikationsröhren, die in den verschiedenen innerbayerischen „Provinzen" bis hinab in die einzelnen lokalen Milieus Themen aufgreifen und mit relativer Autonomie behandeln. So holt zum Beispiel die Regionalwelle Mainfranken ihre Stoffe aus dem kulturellen Traditionsgebiet der Rhön und des Spessart, aus der sog. Mainmetropole Würzburg und aus den Haßbergen.

Die bayerische Medienpolitik der CSU unterläuft damit keineswegs ihre politischen gesamtbayerischen Homogenisierungsstrategien, sie ist vielmehr ein weiteres und neues Instrument der Integration durch (neue) Medien. Bayern wurde in sechs soziokulturelle Kommunikationsräume gegliedert, innerhalb deren die alten historisch-kulturellen Regionen und subkulturellen Gebietseinheiten mit ihrem Sozialbewußtsein und ihren Traditionselementen kommunikativ auf einer Ebene „dritter" und „vierter Ordnung" fortleben und koexistieren. In den regionalkulturellen Kommunikationsbereichen wurden noch immer die alten Traditionsräume respektiert, das katholische Mainfranken, das markgräfliche Franken, Schwaben und Kurbayern mit den Teilregionen Oberbayern und Niederbayern/Oberpfalz, wenngleich neue funktions-räumliche Faktoren hier mit im Spiel sind. Letztendlich bilden diese Regionalwellen im Sinne gesamtbayerischer Homogenisierungsstrategien der Funktionseliten über den Bayerischen Rundfunk Instrumente der gesamtbayerischen Integration und Identität: *Kulturelle Vielfalt in der bayerischen Einheit.* Kommunikative Regionalisierung bewirkt Teilhabe der historisch-überkommenen soziokulturellen Räume an der gesamtbayerischen Integration. Die Regionalwelle Mainfranken feierte im Januar 1987 ihr 10jähriges Bestehen charakteristischer Weise unter dem Motto „Wo Bayern beginnt".

Eine Repolitisierung der alten politisch-kulturellen Regionen, zum Beispiel altindustrialisierter protestantischer Gebiete Frankens etwa im Sinne einer sozialdemokratischen „Gegenkultur", scheint nicht mehr möglich zu sein. Solche Versuche könnten bestenfalls nur insulare Bedeutung gewinnen. Für eine „gegenkulturelle" Landespolitik wären die alten Traditionsräume untaugliche Plattformen.

5. CSU-Hegemonie am Ende?

Bayern geht in eine neue Phase seiner Geschichte

Der Prozeß der Homogenisierung und Hegemonialisierung Bayerns durch die CSU scheint nun am Ende des 20. Jahrhunderts an seine Grenzen gestoßen zu sein. Vollindustrialisierung, demographische Verdichtungen, Technisierung und Breitenwirkung der Massenmedien waren starke Erosionskräfte, die die altgewachsenen politischen Kulturen und ihre Sozialmilieus mit abschliffen und nivellierten. Die Homogenisierungsstrategien der Funktionseliten und die strukturellen Nivellierungstendenzen der ökonomischen und sozioökonomischen Prozesse wirkten zusammen. Bayerns Landschaften nahmen in vieler Hinsicht die Physiognomie einer modernen westlichen Industrielandschaft an. Das ländlich-katholische Sozialgefüge unterlag einem breiten Destruktions- und Umgestaltungsprozeß. Bisher wurde die spezifisch bayerische Entwicklung zum modernen Industriestaat und industriellen Wachstumsland in der Bundesrepublik letzlich als eine bayerische Leistung und als ein bayerischer Erfolg propagiert und gesehen. Dies half das gesamtbayerische Identitätsmuster zu festigen.[63]

Die Ergebnisse der Bundestagswahl 1987 bestätigen noch einmal die gelungene gesamtbayerische Nivellierung der Parteienlandschaft Bayerns auf einem CSU-Gesamtniveau oberhalb der 50-Prozent-Marke — mit Ausnahme Mittelfrankens, wo die CSU erstmals wieder unter die 50-Prozent-Marke auf 47,9 Prozent fiel (1983: 52,6%). Trotz der durchschnittlichen Verluste um 4,4 Prozentpunkte blieb die politisch-kulturelle Hegemonie der CSU als bayerische Besonderheit erhalten. Bayern blieb nach wie vor eine bayerische Gesamthochburg der CSU, während die prekäre Situation der SPD, die auf 27,0 Prozent sank (1983: 28,9%), erneut deutlich wurde.

Dennoch: Hatte schon das Bundestagswahlergebnis 1987 Bedrohungen der CSU-Hegemonie signalisiert, so wurde nach dem Tod von Franz Josef Strauß (3. 10. 1988) im Ausgang der Europawahl 1989 eine neue Bedrohung sichtbar, die Bedrohung durch die Republikaner. Es ist hier nicht der Platz, diese Bedrohung zu analysieren. Das Europawahlergebnis zeigte eine auffallend neue regionale Verteilung des Rechtspotentials in Bayern. Während früher das Rechtspotential „traditionsgemäß" vor allem im fränkisch-protestantischen Raum anzutreffen gewesen war[64], zeigte es im Europawahlergebnis eine relative Gleichverteilung über ganz Bayern. Überall in Bayern erreichten die Republikaner zweistellige Wahlergebnisse. Auch dies ist ein Indikator für eine gewandelte Situation.

Das gewandelte Bayern steht 45 Jahre nach dem zweiten Weltkrieg am Ende des 20. Jahrhunderts vor neuen Problemen der politischen Integration — nach innen und in das neue Europa. Hier sei abschließend nur eine Perspektive der gegenwärtigen Entwicklungsrichtung skizziert:

---

[63] Vgl. Alf *Mintzel:* Gehen Bayerns Uhren wirklich anders? (Anm. 3), S. 92f.

[64] Siehe hierzu Jürgen W. *Falter:* Der Aufstieg der NSDAP in Franken bei den Reichstagswahlen 1924 bis 1933. Ein Vergleich mit dem Reich unter besonderer Berücksichtigung landwirtschaftlicher Einflußfaktoren, in: German Studies Review 9 (1986), S. 293-318; Jürgen W. *Falter,* Thomas *Lindenberger* und Siegfried *Schumann:* Wahlen und Abstimmungen in der Weimarer Republik. Materialien zur Dokumentation und Analyse des Wahlverhaltens 1919 bis 1933, München 1986; Alfred *Milatz:* Wähler und Wahlen in der Weimarer Republik (Schriftenreihe der Bundeszentrale für Politische Bildung, H. 66), Bonn 1965; Willibald *Fink:* Die NPD bei den bayerischen Landtagswahlen 1966: Eine ökologische Wahlstudie (Berichte und Studien der Hanns-Seidel-Stiftung e. V. Bd. 2), München 1969.

Die Phase der nahezu ausschließlich erfolgreichen politisch-kulturellen Homogenisierung ist beendet. Die langfristigen Folgeprobleme der rapiden Spätindustrialisierung, zum Beispiel die mit der Umformung des landwirtschaftlichen Sektors verbundenen Destruktionen, treten immer deutlicher zutage. Der gesellschaftliche Umbruch Bayerns zur Industriegesellschaft geht in eine Phase neuer sozialer und interessenmäßiger Feindifferenzierungen über. Modernisierung und politisch-kulturelle Homogenisierung fordern ihren späten Preis. Bayern erlebt gegenwärtig ein „take-off" in eine neue Phase seiner gesellschaftlich-politischen Geschichte. Diese Entwicklungen stellen neue Anforderungen an das Programm, an das institutionelle Set und an die Funktionseliten der CSU. Es scheint, als könnten die gegenwärtigen „Charakterdarsteller" des gewandelten „bayerischen Welttheaters" und der politisch-kulturellen Hegemonie nicht mehr selbstverständlich mit der gewohnten Zustimmung rechnen.[65]

---

[65] Vgl. Alf *Mintzel:* Gehen Bayerns Uhren wirklich anders? (Anm. 3), S. 92f.; Alf *Mintzel:* Die Christlich-Soziale Union in Bayern, 1990 (Anm. 1), S. 236.

Volksparteien auf dem Prüfstand:
Die SPD und ihre regionalen politischen Traditionen

Von *Ursula Feist und Klaus Liepelt*

1. Nachlassende Bindungskraft der Volksparteien

In den achtziger Jahren hat sich das Parteiensystem der Bundesrepublik nachhaltig geändert. Noch bei der Bundestagswahl 1976 vereinigten die beiden großen Parteien CDU/CSU und SPD 91,6 Prozent aller Stimmen auf sich. Nach einer langen Phase der Konzentration hin auf zwei Parteien, seit Kriegsende kontinuierlich vollzogen, erlebten wir in den späten siebziger und in den achtziger Jahren eine erneute Pluralisierung. Dabei stabilisierte sich, mit der FDP in der Mitte als Mehrheitsbeschaffer, zunächst ein Dreiparteien-System. Dann besetzte eine vierte Partei, die GRÜNEN, mit neuen Positionen einen Teil des linken Spektrums. Bei der Europawahl 1989 schließlich traten dann die Republikaner als fünfte Partei am rechten Rand des politischen Kontinuums auf den Plan. Mit dem Ergebnis: Nur noch 75,1 Prozent der Stimmen entfielen, zusammengenommen, auf die beiden großen Parteien.

Zwischen den Polen rechts und links scheint sich damit eine gewisse Symmetrie herausgebildet zu haben. Weder CDU/CSU noch SPD können heute als strukturelle Mehrheitspartei gelten. Sollte damit ein Stück Normalität in das bundesdeutsche Parteiensystem eingekehrt sein? Heute läßt sich noch nicht sagen, inwieweit auch dieser Zustand nur transitorisch ist.

Auf die Frage: „Welcher Partei trauen Sie am ehesten Ehrlichkeit und Unbestechlichkeit zu?" antworteten bei einer repräsentativen Telefon-Umfrage, die infas im Januar 1989 in neun Großstädten gleichzeitig durchgeführt hat, die insgesamt 4375 befragten Personen wie folgt:

CDU	9 Prozent
SPD	14 Prozent
GRÜNE	6 Prozent
FDP	1 Prozent
Keine Partei	47 Prozent
Keine Angabe	23 Prozent

Nachdem die Integrationskraft der beiden großen Parteien so nachhaltig geschwunden ist, kann man nicht ausschließen, daß die zentrifugalen Kräfte weiter wirken.

Wie auf dem Zeitschriftenmarkt eine gewisse Schwäche der großen Titel Raum geschaffen hat für Special-Interest-Blätter mit kleineren Auflagen, so könnte auch am politischen Markt noch die eine oder andere Ein-Thema-Partei auftreten und den Anteil der beiden Großen weiter verringern. Denkbar wären politische Interessenvereinigungen von Rentnern (wie in Luxemburg), von Steuerpflichtigen (wie in Dänemark), von Bauern (wie Frankreichs Poujadisten), von Aussiedlern (wie der BHE der fünfziger Jahre), von Alten (wie von den Grauen Panthern geplant), von Frauen (wie dann und wann schon versucht).

Wir wollen, insbesondere am Beispiel der SPD, untersuchen, was bei diesem Wandel an politischen Traditionen geblieben ist und wo sich neue Kräfte durchsetzen, wie weit sie alte Traditionen und bisherige Bindungskräfte in Frage stellen.

2. Föderalismus als Moderator des politischen Wandels

Unsere These ist: Beide Volksparteien der Bundesrepublik, die linke wie die rechte, haben einen Strukturwandel durchgemacht; schon lange keine Klassenparteien mehr, aber auch nicht zu Catch-all-Parteien transformiert, sind sie auf dem Wege zu Interessenvertretungen neuen Stils: Noch integrieren sie die traditionellen Konfliktlinien der Gesellschaft, aber geraten dadurch selbst in Konflikt. Ihre eigene Zukunft definieren sie nämlich anders. Sie wollen die Bedürfnisse von Grenzwählern nach moderner Ideologie aggregieren, und sie orientieren sich an den Lebensstilen der Mittelschichtengesellschaft.

Der Föderalismus in der Bundesrepublik, der politische Gestaltungsmöglichkeiten eingebüßt und immer mehr Kompetenzen an zentrale Institutionen abgegeben hat, war gleichwohl lebendig genug, um diesen Transformationsprozeß der Parteien zu moderieren. Dabei schwächte sich der Einfluß traditioneller, häufig auch kommunal verankerter Partei-Domänen zugunsten eines größeren, übergreifenden Gewichts politischer Strömungen — sowohl der ganzen Republik als auch der Bundesländer mit ihrer jeweils spezifischen Kultur, politischen Symbolik, wirtschaftlichen Dynamik und regionalen Lebensqualität.

Dieser Prozeß der Föderalisierung des Parteiensystems tritt heute verstärkt neben die sozialkulturellen Bestimmungsgründe des Wählerverhaltens und die spezifischen Kommunikationsprozesse, die vor einer Wahl ablaufen. Er ist zu einem selbständigen Einflußfaktor am Wählermarkt geworden.

2.1 Bundesländer und ihre politische Entwicklung

In den Gründerjahren der Bundesrepublik waren die Wähler der beiden großen Parteien nach einem bestimmten Muster, welches die Determinanten regulierte, die unser Parteiensystem konstituiert haben, über die Bundesländer verteilt: Die SPD war bei der Bundestagswahl 1949 in den Stadtstaaten sowie in

Hessen und in Niedersachsen, die Union im Süden und im Westen der Republik überdurchschnittlich stark vertreten.

Eine Generation später, bei der Bundestagswahl 1987, sah die politische Landkarte anders aus: Die SPD hat nun ein überdurchschnittliches Gewicht in Nordrhein-Westfalen erlangt, auch in Schleswig-Holstein, an der Saar, und, mit Einschränkungen, in Rheinland-Pfalz, während ihre einst starke Position zwischen Waterkant und Hessenland abgeflacht ist. In Bayern und Baden-Württemberg schließlich blieb die SPD trotz allen Strukturwandels eine Partei in der Diaspora, nicht anders als früher.

Auf dem Höhepunkt ihrer Macht verfügte die CDU/CSU bei der Bundestagswahl 1957 über fast 50 Prozent der Stimmen. Von dem Auf und Ab der folgenden dreißig Jahre einmal abgesehen, halten die Unionsparteien mit 44,3 Prozent 1987 im Vergleich zu 1957 5,5 Prozentpunkte weniger. Entsprechend zugenommen hat bis zur Bundestagswahl 1987 die SPD (+ 5,2); sie steht heute wieder deutlich unter dem Niveau von 1972, als das Pendel so weit ausschlug, daß zum ersten und einzigen Male die CDU/CSU überrundet wurde.

So stabil die langfristige Verschiebung im Gewicht der Großparteien bundesweit auch erscheinen mag — so unterschiedlich verlief die Entwicklung zwischen 1957 und 1987 in den einzelnen Bundesländern. Drei typische Muster sind zu erkennen.

In Schleswig-Holstein, Nordrhein-Westfalen, Rheinland-Pfalz und im Saarland baute sich die CDU-Dominanz langfristig ab; die SPD rückte immer näher heran; zwischen den großen Parteien bildete sich teilweise ein Gleichgewicht heraus.

Ein Gleichgewicht besteht auch in Niedersachsen. Dort aber, abweichend vom Muster, baute nicht nur die SPD langfristig auf; auch die CDU festigte ihre Position.

Anders in Baden-Württemberg und Bayern: Die SPD hatte in dreißig Jahren nur unerhebliche Zugewinne und konnte daher die starke Position von CDU/CSU nicht ernsthaft gefährden.

In den SPD-Hochburgen Hamburg, Bremen und Hessen schließlich stagniert die Stimmenentwicklung der Sozialdemokraten.

Noch stärker und typischer kontrastieren die Bundesländer, wenn man die Entwicklung der Landtagswahlen seit Kriegsende betrachtet: Stagnation bis Abstieg in den SPD-Traditionsländern; steiler Anstieg zur Macht oder wenigstens bis nahe daran in den „Schwellenländern", und eine schier hoffnungslose Position der SPD im Süden der Republik.

2.2 Traditionelle parteipolitische Schwerpunkte

Bekanntlich hatte das Parteiensystem in den Nachkriegsjahren zunächst an die wahlgeographischen Schwerpunkte der Weimarer Republik angeknüpft.

Tabelle 1
Regionale Gewichtsverschiebung der Volksparteien: 1957 und 1987 (Bundestagswahlen)

Bundesländer	SPD 1957 %	SPD 1987 %	Diff.	CDU/CSU 1957 %	CDU/CSU 1987 %	Diff.
Saarland	33,5*)	43,5	+10,0	49,0*)	44,3	− 4,7
Nordrhein-Westfalen	33,5	43,2	+ 9,7	54,4	40,1	−14,3
Schleswig-Holstein	30,8	39,8	+ 9,0	48,1	42,0	− 5,9
Niedersachsen	32,8	41,4	+ 8,6	39,1	41,5	+ 2,4
Rheinland-Pfalz	30,4	37,0	+ 6,6	53,7	45,1	− 8,6
Baden-Württemberg	25,8	29,3	+ 3,5	52,8	46,7	− 6,1
Bayern	26,5	27,0	+ 0,5	57,2	55,2	− 2,0
Hessen	38,0	38,7	+ 0,7	40,9	41,3	+ 0,4
Bremen	46,2	46,5	+ 0,3	30,4	28,9	− 1,5
Hamburg	45,8	41,2	− 4,6	37,5	37,4	− 0,1
Bundesrepublik	31,8	37,0	+ 5,2	49,8	44,3	− 5,5

* 1961, nach der Stabilisierung des Parteienspektrums, das 1957 noch, rückgliederungsbedingt, nach Befürwortern und Gegnern der Rückgliederung polarisiert war.

Trotz massiver Zerstörungen, wirtschaftlichen Umbruchs, Bevölkerungsbewegungen großen Ausmaßes und angesichts eines Generationenwechsels, bei dem ganze Jahrgänge dezimiert worden waren, kamen in der parteipolitischen Nachkriegslandschaft dennoch die Strukturen der zwanziger Jahre wieder zum Vorschein. Die Nachkriegs-SPD wurde also dort stark, wo seinerzeit SPD und KPD, die Nachkriegsunion dort, wo Zentrum, Bayerische Volkspartei und Deutschnationale ihre Hochburgen hatten. Und die Liberalen fanden sich konzentriert an den Schwerpunkten von DVP und DDP wieder.

Regionale parteipolitische Traditionen waren also über alle Diskontinuitäten hinweg zwanzig Jahre lang lebendig geblieben; sie gaben den politischen Parteien Anknüpfungspunkte bei ihrem politischen Neubeginn nach der Hitlerzeit.

Der zeitliche Abstand zum demokratischen Neubeginn von 1949 ist heute mehr als doppelt so lang wie der Abstand von den ersten freien Wahlen der Bundesrepublik zu den letzten der Weimarer Demokratie. Vergleichsweise harmonisch, ohne krisenhafte Umbrüche, ist seither die politische Entwicklung verlaufen. Gravierend dennoch sind die dargestellten Verschiebungen in den landsmannschaftlichen Schwerpunkten der Parteien, die sich in der Bundesrepublik während einer Generation, vielfach unbemerkt, vollzogen haben.

3. Informelle Kontaktnetze pluralisieren sich

Die Kontinuität des Nachkriegs-Wählerverhaltens im Vergleich zur Weimarer Republik basierte auf der Stabilität politischer Kleinkulturen — von

Entwicklung der Volksparteien in den Landtagswahlen nach 1949
Stadtstaaten und SPD-Traditionsländer

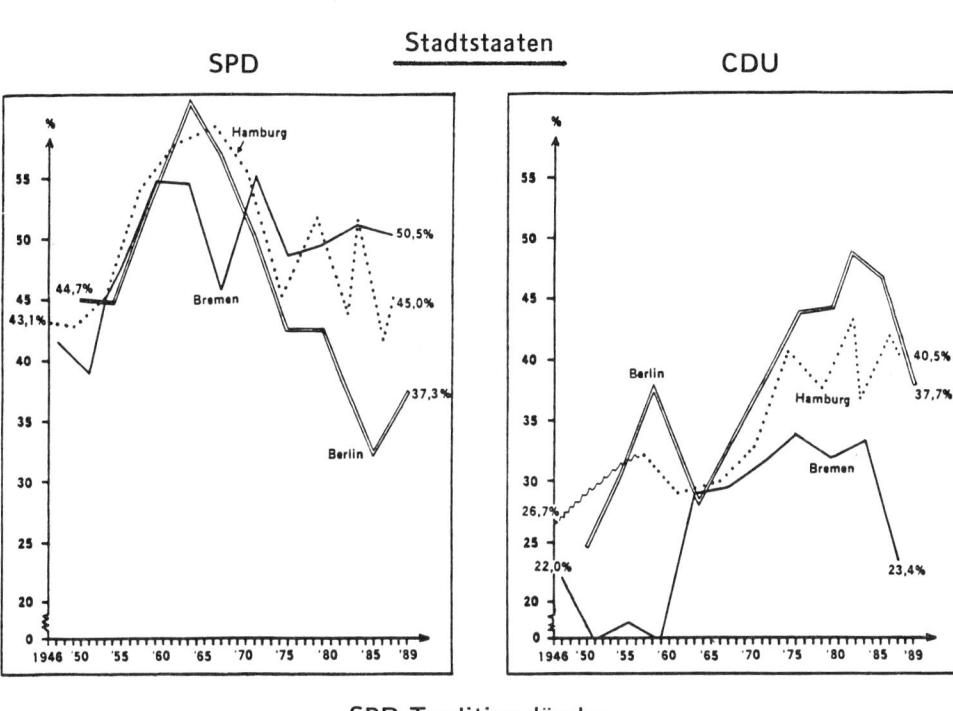

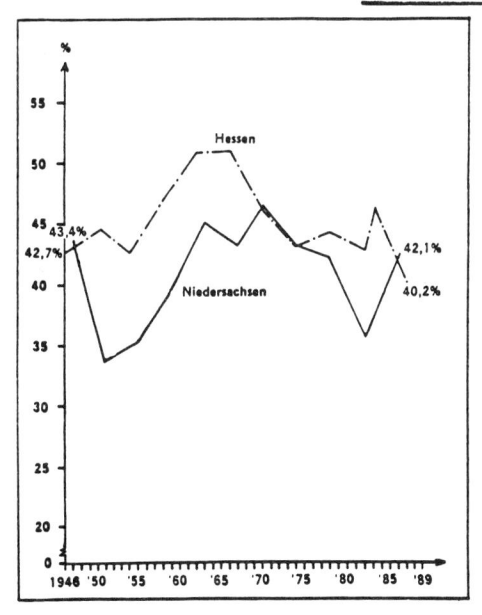

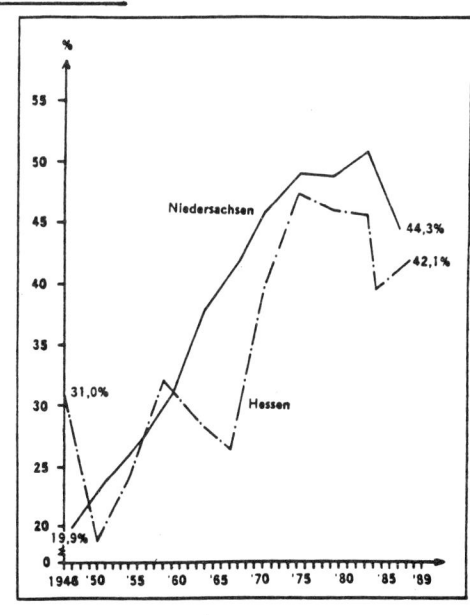

Entwicklung der Volksparteien in den Landtagswahlen nach 1949
Schwellenländer und CDU/CSU-Traditionsländer

Schwellenländer

SPD — Nordrhein-Westfalen 54,8; 52,1; 49,2; Schleswig-Holstein 38,8%; Rheinland-Pfalz; Saarland; 34,3; 32,3; 20,1%

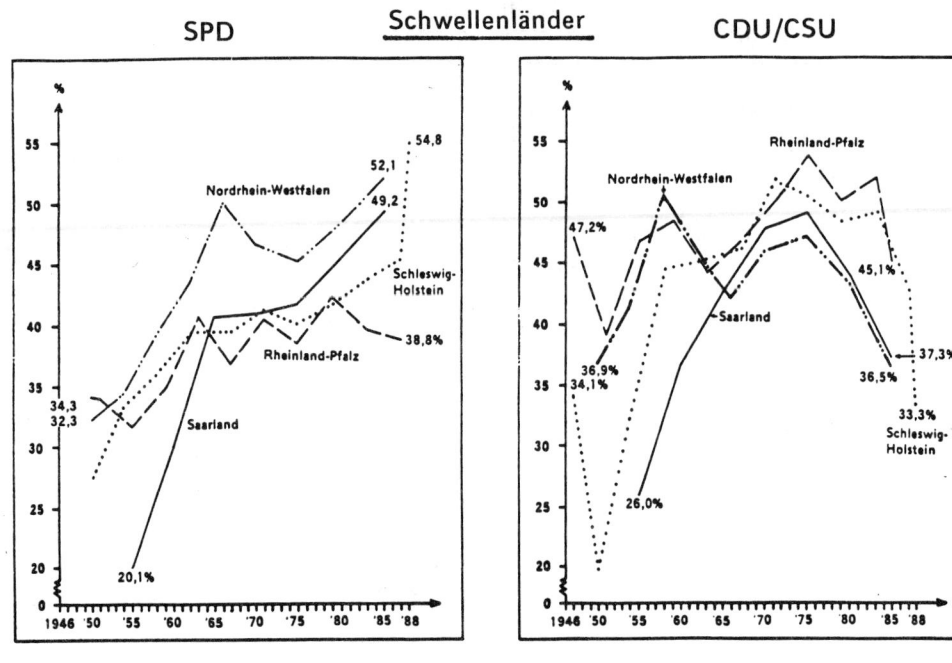

CDU/CSU — Rheinland-Pfalz 45,1%; Nordrhein-Westfalen; Saarland 37,3%; 36,9%; 36,5%; 34,1%; 33,3% Schleswig-Holstein; 26,0%; 47,2%

CDU/CSU-Traditionsländer

Baden-Württemberg 32,0%; Bayern 27,5%; 28,0%

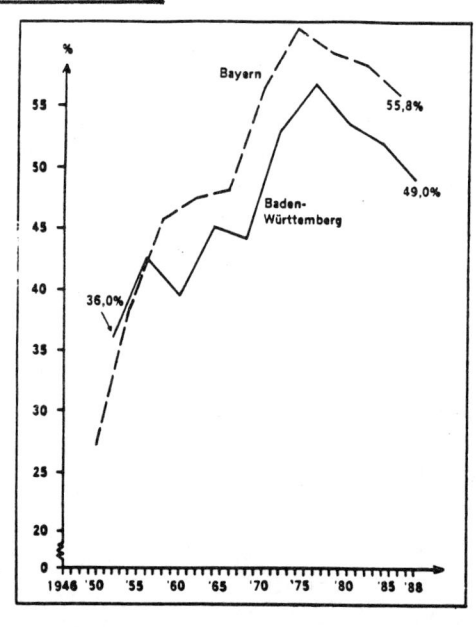

Bayern 55,8%; Baden-Württemberg 49,0%; 36,0%

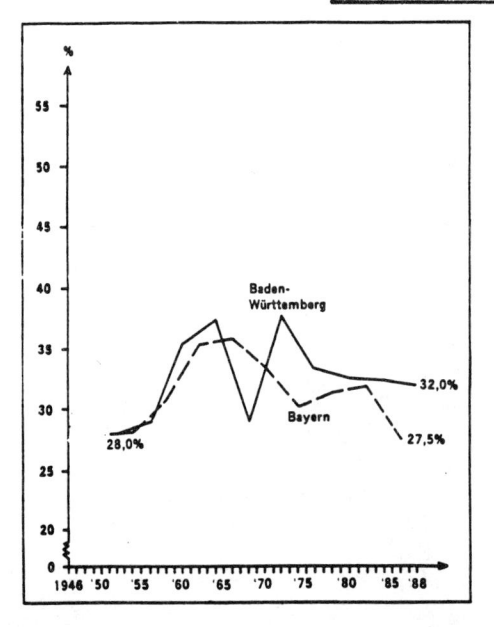

Kommunikationsnetzen, die auf gleichen gesellschaftlichen Erfahrungen und zeitgeschichtlichen Abhängigkeiten beruhen, wodurch diese auch immer vermittelt sein, ob durch konfessionelle, industrielle oder kommerzielle Konflikte. Derart geprägte Strukturen und Lebensweisen bedingen das Wählerverhalten noch heute. Sie wurden 1957 in der ersten Wahluntersuchung nach dem Kriege empirisch aufgespürt[1], und seither treten sie immer wieder meßbar hervor. Allerdings sind diese Kontaktsphären heute vielleicht nicht mehr so mächtig und weitreichend, jedenfalls nicht mehr so ausschließlich wie in der Vergangenheit.

Fünf relativ homogene Wählerbereiche hat *infas* seinerzeit durch Segmentationsanalyse für die frühen sechziger Jahre ermittelt und über fast eine Generation hinweg in ihrer Konsistenz beobachtet. Die Traditionsbereiche sind nach wie vor katholisch und bürgerlich geprägte Milieus auf der Seite der CDU/CSU, gewerkschaftliches und Arbeitermilieu auf der Seite der SPD, während in der gesellschaftlichen Mitte, dort, wo sich die sozialen Kreise kreuzen, auch im privaten Umfeld eine zum Teil heftige Konkurrenz der beiden Volksparteien die Erlebniswelt beherrscht.

Im Laufe der letzten 20 Jahre wurden die von der CDU/CSU einerseits und der SPD andererseits beeinflußten Kontaktnetze kleiner: Der Rückgang der industriellen Arbeitsplätze zugunsten von Handels- und Dienstleistungsberufen hat die Zahl der Wahlbürger schrumpfen lassen, die einem gesellschaftlichen Segment angehören, in dem die Traditionen der Arbeiterschaft gepflegt werden. Die zunehmende Säkularisierung des katholischen Bevölkerungsteils hat andererseits die bewußt katholisch orientierte Kontaktsphäre kleiner werden lassen. 1968 gehörten 52 Prozent der Bevölkerung einer dieser beiden Kontaktsphären an; für 1988 beträgt der Vergleichswert nur noch 41 Prozent. Abgesehen von diesen quantitativen Veränderungen sind die politischen Verhaltensdispositionen, gemessen an den Parteipräferenzen, in beiden Bereichen aber erstaunlich stabil geblieben.

Mit anderen Worten: Die langfristigen Verluste der SPD in den großen Städten und die der CDU/CSU in den katholischen Landgebieten haben den Radius der parteinahen Einflußzonen von Kirchtürmen einerseits und Fabrikschornsteinen andererseits reduziert. Insoweit haben langfristige Strukturänderungen zu den Stimmenverlusten beigetragen. Innerhalb der Kontaktnetze aber scheinen die informellen Beziehungsstrukturen heute noch ähnlich zu funktionieren wie in der Vergangenheit. Die Relation SPD zu CDU/CSU in diesen Gruppen hat sich über die Jahrzehnte hinweg wenig geändert.

Quantitativ wie qualitativ verändert hat sich dagegen das politische Mittelfeld. Insbesondere die Zahl derer, die wir der „Neuen Mittelschicht" zurechnen, also aufgestiegene oder aufstiegsorientierte Arbeitnehmer, ist von 11 Prozent auf 19 Prozent gewachsen.

---

[1] Klaus Liepelt, Wolfgang Hartenstein, Günter Schubert: Die Septemberdemokratie. Ein Beitrag zur Soziologie der Bundestagswahl, in: „Die neue Gesellschaft", 1958, Heft 1, S. 9ff.

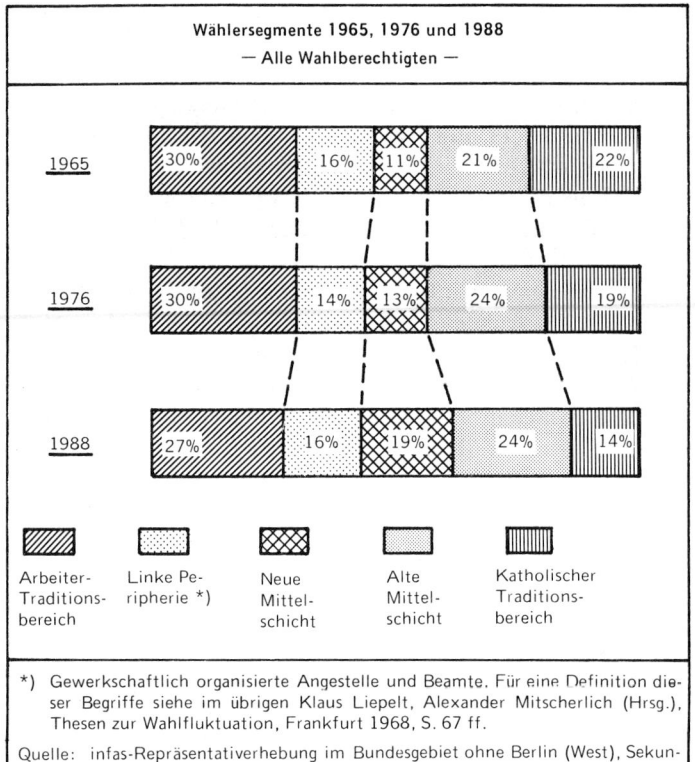

Wählersegmente 1965, 1976 und 1988
— Alle Wahlberechtigten —

Jahr	Arbeiter-Traditionsbereich	Linke Peripherie*	Neue Mittelschicht	Alte Mittelschicht	Katholischer Traditionsbereich
1965	30%	16%	11%	21%	22%
1976	30%	14%	13%	24%	19%
1988	27%	16%	19%	24%	14%

*) Gewerkschaftlich organisierte Angestellte und Beamte. Für eine Definition dieser Begriffe siehe im übrigen Klaus Liepelt, Alexander Mitscherlich (Hrsg.), Thesen zur Wahlfluktuation, Frankfurt 1968, S. 67 ff.

Quelle: infas-Repräsentativerhebung im Bundesgebiet ohne Berlin (West), Sekundäranalyse für 1965, 1976 und 1988

In diesen Gruppen des politischen Mittelfeldes ist der Anteil der Unionsparteien langfristig deutlich zurückgegangen — nicht zuletzt, aber auch nicht allein zugunsten der SPD. Der gesellschaftliche Strukturwandel hat also nicht nur die Zahl der Wähler vermehrt, die in die für politische Konkurrenz eher offenen Kontaktnetze eingebettet sind. Er hat auch die Flexibilität der Wähler zunehmen lassen; die Bindung an die konservativen Wertvorstellungen der alten Mittelschichten garantiert heute nicht mehr eine Stimmabgabe für die CDU/CSU. Wer andererseits im Angestellten- und Beamtenbereich gewerkschaftliche Bindungen hat, ist ebenfalls für politischen Wechsel offener geworden — derzeit drängen fraglos viele Einflüsse in Richtung SPD, aber einen „Umsteigefahrschein" haben hier viele in der Tasche: Das grüne Wählerpotential ist an der „linken Peripherie" besonders groß.

Parteipräferenz nach Kommunikationsnetzen 1965 und 1988

Bereich	Jahr	SPD-Anhänger	CDU/CSU-Anhänger
Arbeiterbereich	1965	60%	24%
Arbeiterbereich	1988	61%	19%
Linke Peripherie	1965	46%	38%
Linke Peripherie	1988	54%	26%
Neue Mitte	1965	34%	41%
Neue Mitte	1988	40%	31%
Alte Mitte	1965	21%	49%
Alte Mitte	1988	31%	38%
Katholischer Bereich	1965	13%	71%
Katholischer Bereich	1988	17%	67%

Quelle: infas-Repräsentativerhebungen im Bundesgebiet ohne Berlin (West), Sekundäranalyse aus der Datenbank, 1965/66: 18.496 Fälle; 1988/89: 21.464 Fälle

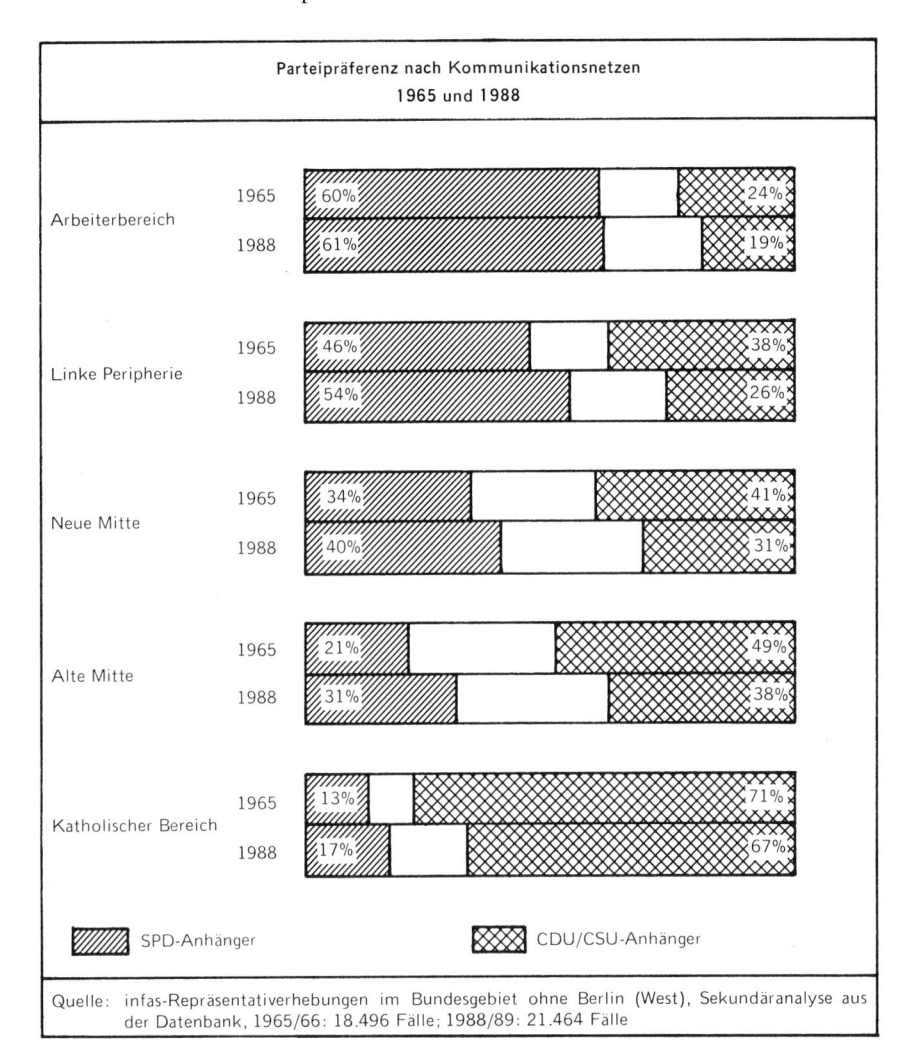

4. Strukturwandel bricht sich an Ländergrenzen

Die Traditionsbereiche schrumpfen zur Mitte hin — ein langfristiger Trend, der sicher weiter geht. Kein Wunder also, daß SPD wie CDU/CSU es in ihren jeweiligen Traditionsländern immer schwerer haben, ihre strukturelle Dominanz zu behaupten.

In den alten SPD-Hochburgen nördlich der Mainlinie ist die Strukturentwicklung der letzten zwanzig Jahre vor allem durch eine Zunahme der neuen, aufstiegsorientierten Mittelschichten und durch das Schrumpfen des Arbeiterbereichs gekennzeichnet; die katholischen Kreise waren hier ohnehin nur schwach vertreten; deren Reduktion erschloß der SPD also kaum neue Reserven.

Zwei Fragen stellen sich dabei für die regionale Verankerung der SPD: Vermochte sie bei schrumpfendem Arbeiterbereich die quantitativen Verluste längerfristig durch überdurchschnittliche Gewinne bei den in diesem Bereich verbliebenen oder neu nachwachsenden Wählern anderer Kommunikationskreise wettzumachen? Und hat sie es fertiggebracht, jedenfalls einem Teil dieser Wähler in deren neue Lebenswelten zu folgen und eine Beschäftigung mit der SPD in dem mittleren Wählersegment anzuregen?

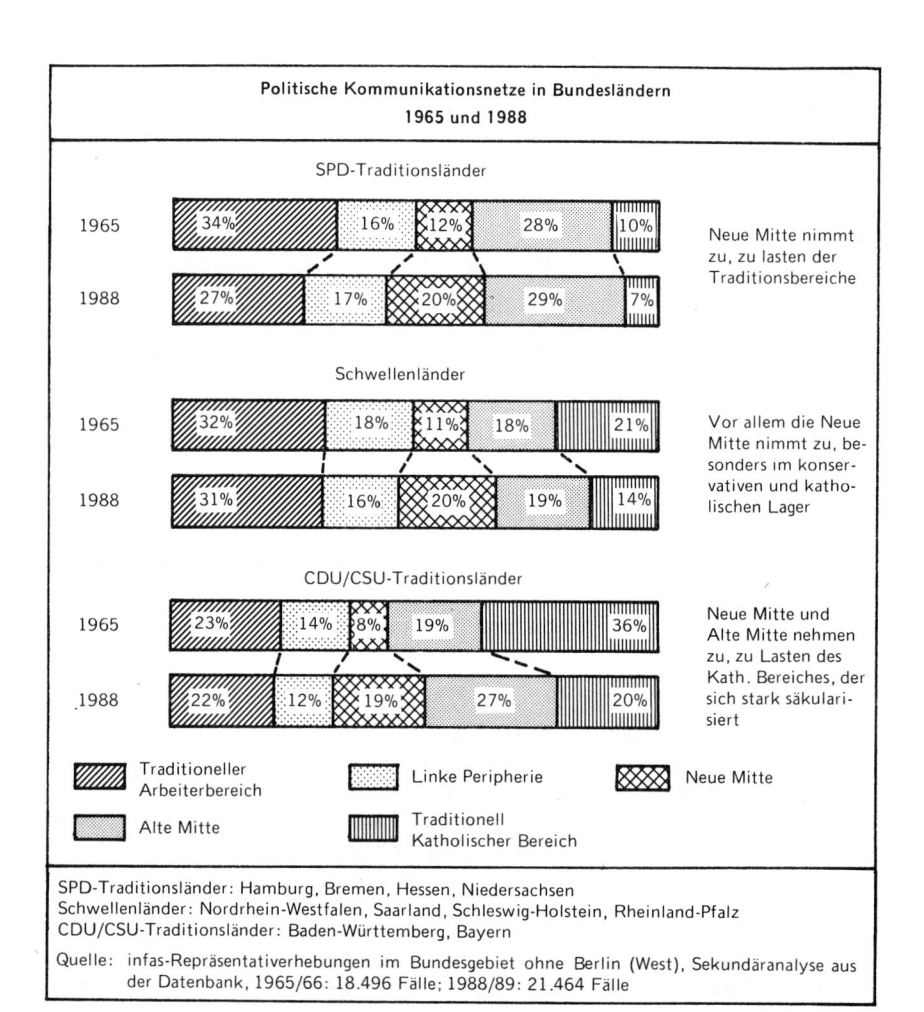

Politische Kommunikationsnetze in Bundesländern 1965 und 1988

SPD-Traditionsländer

Jahr	Traditioneller Arbeiterbereich	Linke Peripherie	Neue Mitte	Alte Mitte	Traditionell Katholischer Bereich
1965	34%	16%	12%	28%	10%
1988	27%	17%	20%	29%	7%

Neue Mitte nimmt zu, zu lasten der Traditionsbereiche

Schwellenländer

Jahr	Traditioneller Arbeiterbereich	Linke Peripherie	Neue Mitte	Alte Mitte	Traditionell Katholischer Bereich
1965	32%	18%	11%	18%	21%
1988	31%	16%	20%	19%	14%

Vor allem die Neue Mitte nimmt zu, besonders im konservativen und katholischen Lager

CDU/CSU-Traditionsländer

Jahr	Traditioneller Arbeiterbereich	Linke Peripherie	Neue Mitte	Alte Mitte	Traditionell Katholischer Bereich
1965	23%	14%	8%	19%	36%
1988	22%	12%	19%	27%	20%

Neue Mitte und Alte Mitte nehmen zu, zu Lasten des Kath. Bereiches, der sich stark säkularisiert

SPD-Traditionsländer: Hamburg, Bremen, Hessen, Niedersachsen
Schwellenländer: Nordrhein-Westfalen, Saarland, Schleswig-Holstein, Rheinland-Pfalz
CDU/CSU-Traditionsländer: Baden-Württemberg, Bayern

Quelle: infas-Repräsentativerhebungen im Bundesgebiet ohne Berlin (West), Sekundäranalyse aus der Datenbank, 1965/66: 18.496 Fälle; 1988/89: 21.464 Fälle

Die Antwort auf die erste Frage ist nein. Die Präferenzen für die SPD im Arbeiterbereich pendeln unverändert an der 60-Prozent-Marke. Die Abwanderung von peripheren Arbeitern hat kein höheres SPD-Konzentrat zurückgelassen. Mit anderen Worten: Die Kommunikationsstrukturen unter den Verbliebenen haben sich im Prinzip nicht geändert.

Die zweite Frage dagegen kann mit ja beantwortet werden. Die Zunahme des gewerkschaftlichen Organisationsgrades in den sich ausdehnenden großstädtischen Dienstleistungsberufen hat doch informelle Kontaktstrukturen entstehen lassen, die die SPD, jedenfalls auf den ersten Blick, begünstigen.

In den Schwellenländern des Westens dagegen wird der Trend zur Mitte vor allem durch das sich säkularisierende katholische Wählerreservoir gespeist. Im Saarland, in Rheinland-Pfalz und Nordrhein-Westfalen sind Stimmenverluste der CDU vor allem dort der SPD zugute gekommen, wo durch Ansiedlung von Industrie und Gewerbe in katholisch geprägten Gemeinden die Lebensstile der Konsumgesellschaft Einzug hielten. In Schleswig-Holstein schließlich sind die Strukturen traditionell konservativer Tradition weithin durch Attitüden der neuen Mittelschichten ersetzt worden, für die die Parteien zunehmend austauschbar geworden sind.

Ganz anders dort, wo die Union offenbar stark genug war, die unvermeidliche Säkularisierung ihres eigenen Wählerpotentials durch Einbrüche in die SPD-Wählerschaft zu kompensieren. Deutlich zu registrieren ist ein Rückgang der SPD-Nähe gerade in den der SPD von Hause aus eher zugänglichen Wählersegmenten: im traditionellen Arbeiterbereich ebenso wie an der linken Peripherie und in den neuen Mittelschichten. Eine gewisse Stabilisierung der Wählerbasis der Union wurde auch dadurch erreicht, daß die fortschreitende Säkularisierung konfessionell bestimmter Bevölkerungskreise deren Bindungen an das Bürgertum nicht ausgelöscht und damit auf einer zweiten Stufe die Rückkoppelung mit den Botschaften der Unionsparteien gesichert hat.

Hinzu kommt die mangelnde Verankerung der SPD im Süden der Bundesrepublik, die es ihr offenbar zunehmend schwerer macht, ihre in der Vergangenheit aufgebauten sozialen Positionen erfolgreich zu verteidigen. Die SPD ist inzwischen selbst in den Kontaktnetzen in die Defensive geraten, wo sie eigentlich ein „Heimspiel" hätte.

Alles in allem läßt sich festhalten: Vor 20 Jahren, also vor dem ersten Machtwechsel in der Bundesrepublik, war die politische Struktur der Bundesländer kein die Kommunikationsnetze moderierender Faktor. Die Einflußnetze bestimmten, wie jemand wählte, gleich, wo er wohnte. Heute dagegen scheint die Mainlinie auch eine politische Grenze zu sein: In den südlichen Bundesländern kann sich die SPD auch und in zunehmendem Maße in den der Union ferner liegenden Netzen informeller Kommunikation nicht behaupten.

SPD-Präferenz nach Kommunikationsnetzen und Bundesländern 1965 und 1988

Arbeiterbereich

	SPD-Traditionsländer	Schwellenländer	CDU/CSU-Traditionsländer
1988	62%	69%	56%
1965	59%	63%	48%

Linke Peripherie

	SPD-Traditionsländer	Schwellenländer	CDU/CSU-Traditionsländer
1988	54%	57%	47%
1965	45%	45%	49%

Neue Mittelschicht

	SPD-Traditionsländer	Schwellenländer	CDU/CSU-Traditionsländer
1988	44%	41%	31%
1965	32%	35%	33%

Alte Mittelschicht

	SPD-Traditionsländer	Schwellenländer	CDU/CSU-Traditionsländer
1988	26%	32%	26%
1965	20%	22%	20%

Traditionell Katholischer Bereich

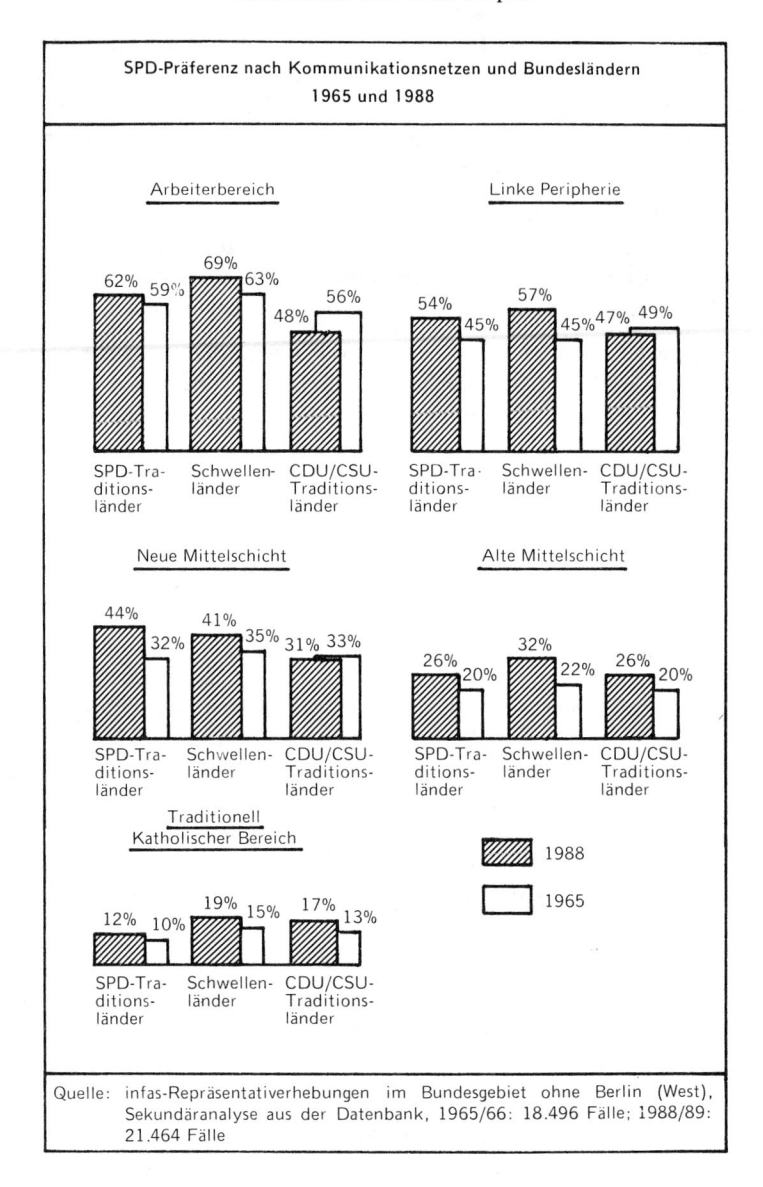

	SPD-Traditionsländer	Schwellenländer	CDU/CSU-Traditionsländer
1988	12%	19%	17%
1965	10%	15%	13%

Quelle: infas-Repräsentativerhebungen im Bundesgebiet ohne Berlin (West), Sekundäranalyse aus der Datenbank, 1965/66: 18.496 Fälle; 1988/89: 21.464 Fälle

5. Die Integrationsfunktion der sozialen Milieus blieb erhalten

Der Strukturwandel hat die Gewichte der informellen Kommunikationsnetze in den verschiedenen Teilen der Bundesrepublik modifiziert. Er hat aber eine alte Regelung nicht außer Kraft gesetzt: Gerade in der Zeit vor den Wahlen, wenn der Tag zur Entscheidung zwischen den Parteien immer näher kommt, binden die sozialen Milieus ihre Wähler immer von neuem in ihre Sphäre ein. Die persönlichen Kontaktnetze, in denen millionenfach informelle Gespräche geführt werden, beleben traditionelle Orientierungen. Das ist heute nicht anders als gestern, und auch morgen dürfte dies so sein, sofern und soweit die bekannten Milieus lebendig bleiben und nicht andere an ihre Stelle treten.

Allerdings haben die altbekannten Milieus nicht mehr die gleiche Steuerungsfähigkeit über ihre Mitglieder wie ehedem. Obwohl die Integrationsfunktion der sozialen Netze im Grunde erhalten geblieben ist, sind die Inhalte, über die kommuniziert wird, heute längst nicht mehr so einseitig wie ehedem. Denn die Homogenität der kleinen Gruppen hat nachgelassen; die netzüberschreitenden Kommunikationsstrukturen, die Kirchen, Gewerkschaften, Berufsverbände sind immer stärker in die gesellschaftliche Pluralität eingebunden worden. Sie haben damit an Gewicht und Hegemonie in ihren traditionellen „Kraftfeldern" eingebüßt. So herrschen die Gewerkschaften in der ihnen vorgelagerten Kontaktsphäre heute nicht mehr unumstritten, und daher können sie diese auch nicht mehr so leicht wie früher gegen konservative Impulse abschirmen. Die katholische Kirche andererseits kann dort, wo sie besonders Gehör findet, nicht mehr jeden Vorstoß aus dem sozialistischen Lager lautlos verhallen lassen.

6. Kontaktnetze können auch „fremde" Botschaften transportieren

Ein Beispiel für die wechselseitige Durchdringung der Kontaktnetze ist der Bundestagswahlkampf 1983: Damals kamen die Wendeparteien CDU/CSU und FDP während des Wahlkampfs dadurch aus der Defensive in die Offensive, daß die Regierung in der öffentlichen Diskussion einen Themenwechsel durchsetzen konnte: weg von den Begleitumständen des „Wendemanövers" und der Problematisierung des „Verrats" an Helmut Schmidt hin zu einem Wirtschaftswahlkampf, der die Enttäuschungen und Ängste der letzten Monate der sozialliberalen Koalition wiederbelebte und diesen das Prinzip Hoffnung dagegensetzte.

So schwenkten viele Wähler des SPD-Traditionsbereiches — in einer Zeit, in der das gewerkschaftlich beeinflußte Kontaktnetz wegen des Neue-Heimat-Skandals ohnehin geschwächt war — ins Regierungslager und trugen dazu bei, daß eine deutliche Wählermehrheit die politische Wende ratifizierte.

Die hegemoniale Deutungsmacht eines traditionellen Wählermilieus mit seiner interpersonalen Kommunikation wurde also von der übergreifenden Symbolik gouvernementaler Kommunikation benutzt, um den von der Gegenseite in Umlauf gesetzten Gesprächsstoff durch ein neu lanciertes Thema zu verdrängen. Ein Vorgang, der in dieser Form in den fünfziger und sechziger Jahren kaum denkbar gewesen wäre.[2]

---

[2] Siehe auch: Ursula Feist, Klaus Liepelt: Massenmedien und Wählerverhalten, in: „Rundfunk und Fernsehen", Heft 3-4, 1983, S. 305.

Dieses von uns analysierte Beispiel zeigt den Mechanismus, durch den Regierungen, auf Bundes- wie auf Landesebene, hierzulande politische Kommunikation in Gang setzen und sich die informellen Netzwerke auch über die Köpfe der Steuerleute hinweg zu Diensten machen können. Die staatliche Ebene hat damit für die Herausbildung politischer Präferenzstrukturen neben den politischen Parteien Prägekraft erlangt. Die alten Mechanismen sind nicht außer Kraft. Sie setzen sich, je näher der Wahlkampf kommt, letztlich sogar durch. Sie werden aber, ohne daß sie es wollen, von „parasitären" Symbolen in Anspruch genommen, und sie können sich, ohne daß sie dieses stets reflektieren, zu Transportarbeitern für eine veränderte Symbolik machen.

Dies freilich wäre kaum möglich, gäbe es dafür nicht auch das geeignete Transportmittel: die elektronischen Medien, die ohne Ansehen der Milieus in jeden Haushalt dringen, Nachrichten universell verbreiten und damit für aktuellen Gesprächsstoff sorgen. Dabei spielt für unsere These eine große Rolle, daß diese universellen Eigenschaften der Elektronik im Zuge der Regionalisierung der Medienlandschaft nun auch für föderale, regionale, lokale, sogar parochiale Informationsvermittlung zur Geltung kommen und entsprechendes Bewußtsein schaffen.

Es kommt hinzu, daß beide großen Volksparteien ihre Milieus inzwischen auch durch eigenes Verhalten zunehmend irritiert, damit die Parteiverdrossenheit insgesamt gefördert und die Möglichkeit, die ihnen näherstehenden Kontaktnetze über politische Vorfeldorganisationen zu steuern, weiter eingeschränkt haben.

7. Destabilisierung durch regionale Wahlen

Einen wesentlichen Beitrag zur „Immunschwäche" der traditionellen Wählermilieus und zum Integrationsdefizit der Volksparteien, oder, anders gesagt, zur Emanzipation der Wähler von der einseitigen Abschirmung durch interpersonale Kontaktsphären hat ein Mechanismus geleistet, der in unser politisches System durch die Verfassungswirklichkeit gleichsam hineinprogrammiert worden ist: Das System zeitlich und regional gestaffelter Kommunal- und Landtagswahlen, das während einer Legislaturperiode immer wieder neue öffentlich behandelte Zustandsbeschreibungen des politischen Systems hervorbringt — und zwar auf dem Wege der Medienberichterstattung auch dort, wo gerade nicht gewählt wurde. Neben die traditionelle Sozialisierung durch die Milieus trat so zunehmend eine aktuelle Politisierung der Wähler durch die Berichterstattung der Medien.

Dabei ist eine Destabilisierung des Systems auch dadurch eingetreten, daß die Wählermilieus bei verschiedenen Wahlen nicht immer in gleichem Maße mobilisiert sind. Als Regel dabei kann gelten, daß jeweils die Partei, die in Bonn die Oppositionsrolle innehat, in den Landtags- und Gemeindewahlen dieses Zeitabschnitts die größere Chance erhält, ihre Wähler zum Urnengang zu

Volksparteien auf dem Prüfstand: Die SPD

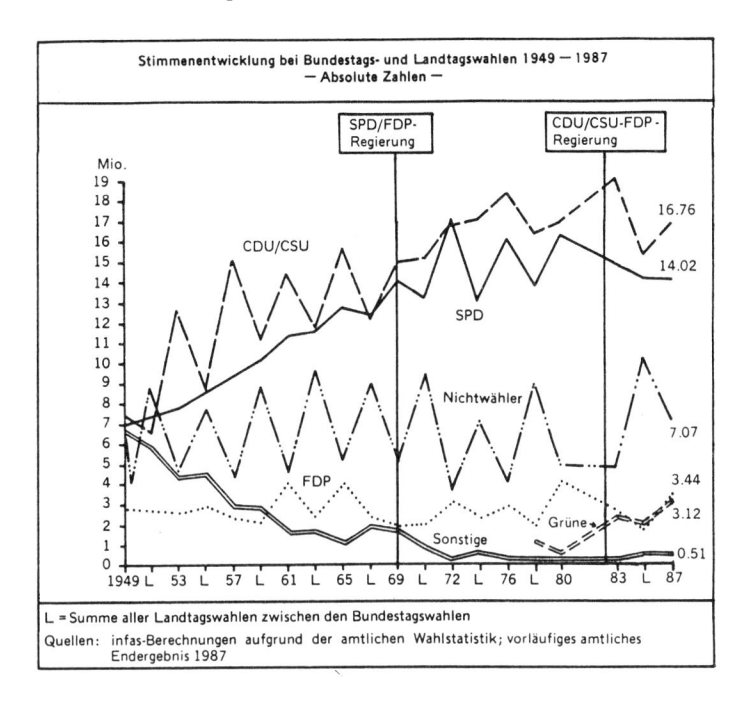

Stimmenentwicklung bei Bundestags- und Landtagswahlen 1949 – 1987
— Absolute Zahlen —

SPD/FDP-Regierung | CDU/CSU-FDP-Regierung

CDU/CSU: 16.76
SPD: 14.02
Nichtwähler: 7.07
FDP: 3.44
Grüne: 3.12
Sonstige: 0.51

1949 L 53 L 57 L 61 L 65 L 69 L 72 L 76 L 80 L 83 L 87

L = Summe aller Landtagswahlen zwischen den Bundestagswahlen
Quellen: infas-Berechnungen aufgrund der amtlichen Wahlstatistik; vorläufiges amtliches Endergebnis 1987

motivieren, während Anhänger der Bonner Regierung, wo es nicht ums Ganze geht, eher schon zu Hause bleiben.

Auf diese Weise vermochten sich die SPD in den fünfziger und sechziger, die CDU/CSU in den siebziger Jahren länderweise Schritt für Schritt nach vorn zu arbeiten. So wurden, über mehrere Legislaturperioden hinweg, bundesweite Regierungswechsel vorbereitet, mal von der einen, dann von der anderen Seite her. Die politischen Milieus sind dabei, wegen ihrer unterschiedlichen Aktivierungsgrade, quasi Helfer eines dialektischen Prozesses, der sich als Systemkraft jenseits der Entscheidung des einzelnen Bürgers durchsetzt und seit Bestehen der Bundesrepublik schon zweimal für Machterwerb und Machtwechsel gesorgt hat.

Gleichzeitig aber wurde das politische Gewicht der Bundesländer gestärkt, wie auch deren Verhandlungsmacht — sowohl untereinander als auch gegenüber dem Bund. Nicht nur während eines Wahlkampfes, sondern während der gesamten Legislaturperiode läuft die netzübergreifende politische Kommunikation aus den Landeshauptstädten — eine von den Vätern des Grundgesetzes in dieser Form sicher nicht vorausgesehene, im Interesse der Demokratie aber nicht unerwünschte Nebenfolge unseres politischen Systems.

Diese Prozesse setzen die traditionellen politischen Milieus in Bund und Ländern einem ständigen Druck aus: sich zu flexibilisieren, zu pluralisieren und zu emanzipieren.

13*

8. Großstädtischer Machtverfall der SPD

Die Prägekraft des politischen Föderalismus ist ein Faktor, der die Wirksamkeit der politischen Milieus verändert; ein anderer ist der Strukturwandel der Parteien. Wie bereits erwähnt — vielfach beachtet wurde in den letzten Jahren der Machtverfall der SPD in Großstädten einerseits, der Abbau der CDU/CSU-Hegemonie in den katholisch-ländlichen Gebieten andererseits.

Beide Prozesse sind häufig auf den sozialen und wirtschaftlichen Strukturwandel zurückgeführt und damit geradezu als zwangsläufig bezeichnet worden.

Wir wollen hier jedoch die Frage stellen, ob sich diese Destabilisierung der politischen Milieus links wie rechts nicht auch an Ländergrenzen bricht und damit Ausdruck föderaler Strukturen und unterschiedlicher Kulturen der politischen Parteien ist, letztlich also auf die jeweilige Verfassung der Parteiorganisationen selbst zurückgeht.

Die alte Großstadtpartei SPD scheint heute eher ein Mythos zu sein; denn besonders in den Städten der Bundesrepublik, deren Wirtschaftsstruktur durch dramatisches Anwachsen des tertiären Sektors gekennzeichnet ist, hatte die SPD in letzter Zeit große Stimmenverluste. Schon bei der Bundestagswahl 1972, als die Partei überall in der Bundesrepublik auf dem Vormarsch war (Zugewinn von durchschnittlich 3,1 Punkten gegenüber 1969), gingen ihre Wähleranteile in einigen Städten, besonders in München (−0,7) und Frankfurt (−1,6), zurück.

Bedingt waren diese Trendabweichungen durch zunehmende Abwendung der Bürger von der sozialdemokratischen Kommunalpolitik. Symptomatisch für viele andere Städte mag gewesen sein, daß die SPD in München und Frankfurt schon in den siebziger Jahren vom innerparteilichen Konflikt zwischen den traditionellen, gewerkschaftlich orientierten Führungsgruppen und einer machtbewußten, besonders von Jungakademikern getragenen „Gegenelite" gekennzeichnet war — mit all den Belastungen, die solche Machtkämpfe für die informellen Kommunikationsnetze mit sich bringen. Viele Wähler, überfordert von dem Konflikt zwischen unterschiedlichen Lebens- und Führungsstilen, zogen sich still zurück oder wandten sich verärgert ab. Die natürliche Transmission von der Partei zur Wählerschaft war gestört.

Mit der zunehmenden Bedeutung, die die Dienstleistungsberufe im Wirtschaftsleben erlangt haben, hat die Minderheit der Besitzer von gut dotierten Arbeitsplätzen mit ihren besonderen Fähigkeiten, sich öffentlich zu artikulieren, auch und gerade innerhalb der SPD an Gewicht gewonnen. Die große Mehrheit der weniger gut ausgebildeten und weniger hoch bezahlten Arbeiter- und Angestelltenbevölkerung verlor an Einfluß, nachhaltiger und schneller als man dies bei ihrer Zahl hätte erwarten können. Die dadurch bedingte Schwächung der SPD mit den prekären Folgen für die informellen Kommunikationsstrukturen im Vorfeld der Partei war vor allem eine Erscheinung der großen Städte.

Bei der Bundestagswahl von 1980 schließlich, die der CDU/CSU im Zeichen der Auseinandersetzung zwischen Helmut Schmidt und Franz-Josef Strauß bundesweit einen deutlichen Rückschlag brachte, blieb der Zugewinn der SPD im Saldo minimal (+ 0,3). Der Grund: In den von den parteiinternen Veränderungen besonders betroffenen großen Städten hatten sich die Rückschläge fortgesetzt, und die Zugewinne auf dem flachen Land waren nicht groß genug, um das nachhaltig zu überspielen.

Die Stimmenverluste der SPD bei den Kommunalwahlen indessen waren häufig noch dramatischer als bei den Bundestagswahlen — ein Indiz dafür, daß der Machtverfall der SPD spezifisch örtliche Ursachen hatte und nicht allein auf den Strukturwandel zurückzuführen war.

Der Abbau der SPD-Bastionen in den Großstädten vollzog sich in charakteristischen Etappen. Die andere Volkspartei CDU/CSU profitierte von diesen Verlusten allenfalls während ihrer Bonner Oppositionsjahre; und die Partei der Nichtwähler wurde gestärkt. Bald aber speiste der Verfall der Wählerbasis der SPD die aufkommende Grün-Bewegung; und, so paradox das klingen mag, in jüngster Zeit auch die Republikaner — jene Partei, die sich auf Unzufriedenheit und Angst spezialisiert und damit auf jene Bevölkerungsteile zielt, die sich zunächst von der einen, dann von der anderen der beiden großen Parteien vernachlässigt fühlten. Solche Wählergruppen haben mit ihrem Stimmzettel mal das eine, mal das andere versucht und dabei häufig schon das ganze politische Spektrum durchlaufen. Die Wählerbewegungen waren dabei um so größer, je tiefer die Einschnitte in die traditionellen Kontaktnetze ausgefallen sind.

Tabelle 2
Großstädte im Vergleich 1969-1987

	SPD-Entwicklung				Grüne
	1969 %	Differenz 1976-1969	1987 %	Differenz 1987-1969	1987 %
München	48,7	−8,2	30,9	−17,8	13,4
Frankfurt	49,5	−5,2	33,7	−15,8	13,3
Stuttgart	46,9	−3,7	31,8	−15,1	12,7
Hamburg	54,7	−2,1	41,2	−13,5	11,0
Nürnberg	48,7	−1,1	36,6	−12,1	10,2
Hannover	53,9	−3,0	43,4	−10,5	10,6
Köln	51,9	−2,1	43,0	− 8,9	11,2
Düsseldorf	47,2	−1,9	40,5	− 6,7	9,7
Bremen	52,0	−2,1	46,5	− 5,5	14,5
Dortmund	58,7	+0,8	55,2	− 3,5	8,0
Essen	55,3	+0,8	52,0	− 3,3	7,4
Duisburg	56,8	+4,2	59,4	+ 2,6	8,3
Bundesrepublik	42,7	−0,1	37,0	− 5,7	8,3
Dienstleistungszentren	50,6	−3,7	38,0	−12,6	12,4

Quelle: Politische Wahlen in Großstädten und Bundesländern 1949-1985, Arbeitsheft 6, herausgegeben vom Ausschuß Wahlforschung, Verband Deutscher Städtestatistiker, sowie infas-Wahlberichterstattung im Auftrag der ARD.

Wie die hier wiedergegebenen Wahlergebnisse zeigen, ist der Prozeß der „Säkularisierung" der SPD-nahen Kommunikationsnetze in den großen Städten bundesweit nicht überall der gleiche gewesen. Er brach sich ebenfalls an Ländergrenzen.

In den alten SPD-Traditionsgebieten, ob Stadtstaaten wie Berlin und Hamburg oder Flächenländer wie Hessen und Teile von Niedersachsen, hat die SPD zwar nicht überall ihre kommunale Hegemonie eingebüßt, aber der politische Markt ist heute vielerorts offen. Denn dort, wo schon in den fünfziger Jahren die SPD über Mehrheiten und politische Gestaltungsmöglichkeiten verfügte, wurde die Auseinandersetzung zwischen den Technokraten der Machtausübung und den ideologischen Vorkämpfern für eine andere Richtung ohne Rücksicht auf die Fähigkeit geführt, Wählermehrheiten hervorzubringen.

Ähnlich war das aber auch in jenen Bundesländern, in denen die Union fest im Sattel saß: In Stuttgart, München, Nürnberg unterscheiden sich die negativen Wählertrends der SPD nicht von denen aus Hamburg, Hannover oder Frankfurt.

9. Abweichungen vom Trend sind kein Zufall

In den „Schwellenländern" indessen, wo die Stärkeverhältnisse zwischen den großen Parteien es der SPD nahegelegt haben, sich mit den Problemen von Machterwerb und Machterhaltung strategisch auseinanderzusetzen, haben die Sozialdemokraten den Trend zur Dienstleistungsgesellschaft offenbar organisatorisch abzufangen vermocht. Dortmund, aber auch die meisten anderen Städte an Rhein und Ruhr, sind beredte Beispiele dafür.

Sei es, daß die Landesebene hier vermittelnd gewirkt hat, sei es, daß die traditionellen Milieus anpassungsfähiger waren — jedenfalls wurde der Prozeß der Modernisierung von Wirtschaft und Gesellschaft mit einer halbwegs intakten Parteiorganisation überstanden.

Dabei war der Trend zur Dienstleistungsgesellschaft in Dortmund beispielsweise kaum weniger dynamisch als in anderen Städten. Auch in dieser alten Industriestadt ist zwischen den beiden Volkszählungen (von 1970 bis 1987) der Anteil der in der Industrie Beschäftigten stark zurückgegangen, und der Generationenwechsel mit der Tendenz zu immer qualifizierterer Ausbildung indiziert auch in Dortmund eine dramatische Umgestaltung der Arbeitsanforderungen.

Nicht nur beim Trend zur Dienstleistungsgesellschaft, auch bei der Stimmenentwicklung unterscheidet sich Dortmund kaum nennenswert von den anderen SPD-Hochburgen in Nordrhein-Westfalen. Eine lokal abgestützte landesspezifische politische Kultur scheint dafür gesorgt zu haben, daß die parteipolitischen Strukturen stark genug geblieben sind, um die Entwicklung der Wählerstimmen mit dem Prozeß des wirtschaftlichen Wandels in Einklang zu halten.

Wirtschaftszweige
Stadt Dortmund

1970
- Landwirtschaft 0.9%
- Andere Dienste 23.9%
- Produktion 53.1%
- Handel, Verkehr 22.1%

1987
- Landwirtschaft 0.9%
- Andere Dienste 38.1%
- Produktion 40.3%
- Handel, Verkehr 20.7%

Nordrhein-Westfalen

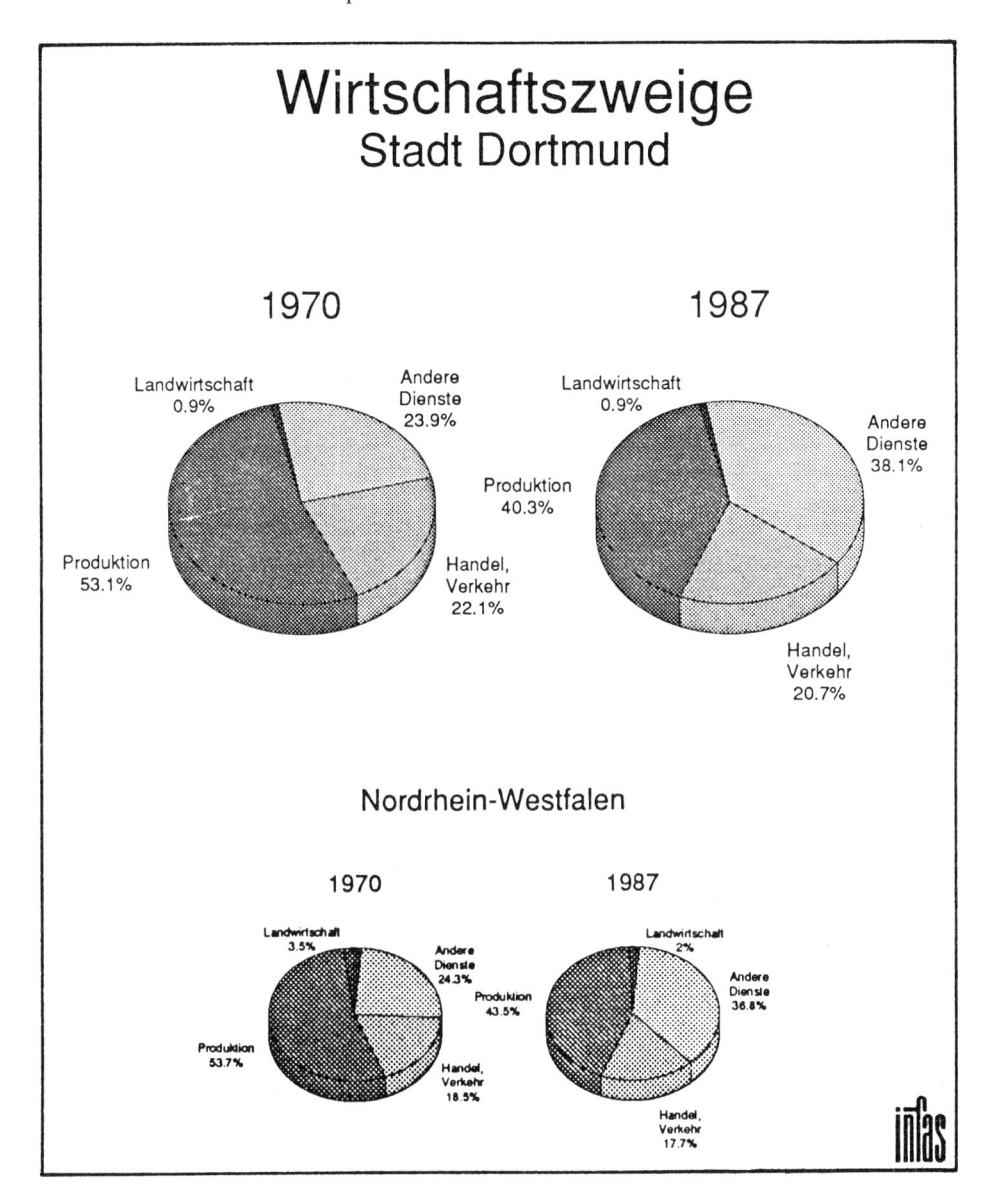

1970
- Landwirtschaft 3.5%
- Andere Dienste 24.3%
- Produktion 53.7%
- Handel, Verkehr 18.5%

1987
- Landwirtschaft 2%
- Andere Dienste 36.8%
- Produktion 43.5%
- Handel, Verkehr 17.7%

Daß selbst in einem so starken SPD-Milieu wie im Ruhrgebiet das Landesbewußtsein zusätzlich stabilisierend wirkt, während die Identifikation mit der Bundes-SPD durch die politischen Gegenwelten der Bonner Politik beeinträchtigt ist, zeigt der Vergleich der Wählerentwicklung bei Bundestags- und Landtagswahlen, die für die SPD-Hochburgen in Nordrhein-Westfalen über einen langen Zeitraum hinweg recht einheitlich verlaufen ist.

SPD-Stimmenanteile
Stadt Dortmund und SPD-Hochburgen

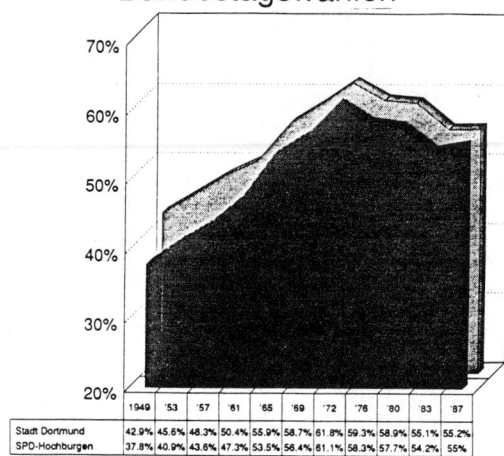

Bundestagswahlen

	1949	'53	'57	'61	'65	'69	'72	'76	'80	'83	'87
Stadt Dortmund	42.9%	45.6%	48.3%	50.4%	55.9%	58.7%	61.8%	59.3%	58.9%	55.1%	55.2%
SPD-Hochburgen	37.8%	40.9%	43.6%	47.3%	53.5%	58.4%	61.1%	58.3%	57.7%	54.2%	55%

Landtagswahlen

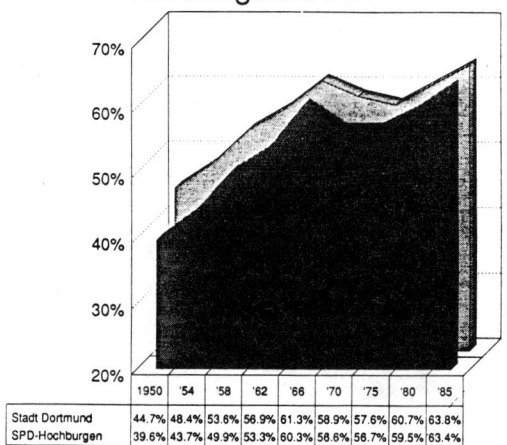

	1950	'54	'58	'62	'66	'70	'75	'80	'85
Stadt Dortmund	44.7%	48.4%	53.6%	56.9%	61.3%	58.9%	57.6%	60.7%	63.8%
SPD-Hochburgen	39.6%	43.7%	49.9%	53.3%	60.3%	58.6%	56.7%	59.5%	63.4%

Kommunalwahlen

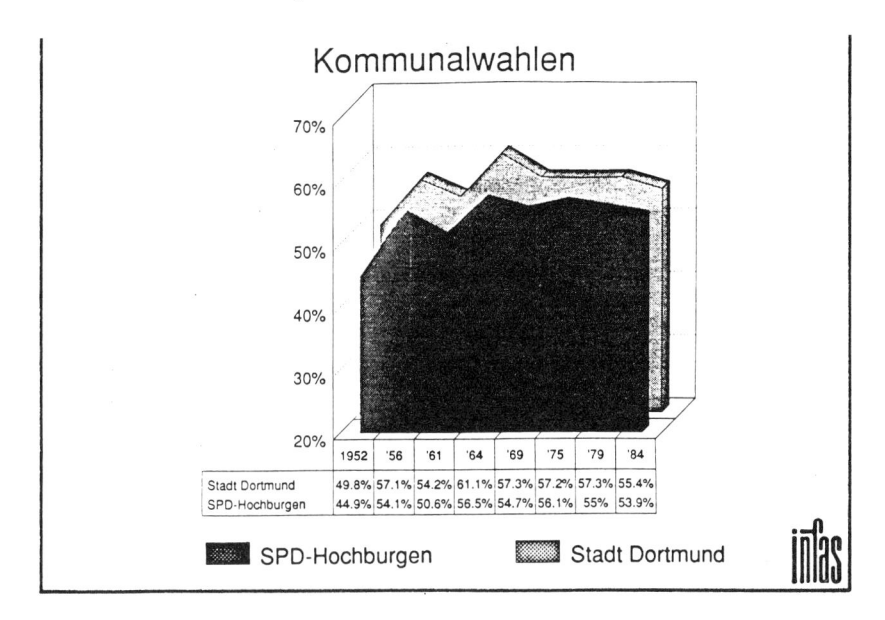

	1952	'56	'61	'64	'69	'75	'79	'84
Stadt Dortmund	49.8%	57.1%	54.2%	61.1%	57.3%	57.2%	57.3%	55.4%
SPD-Hochburgen	44.9%	54.1%	50.6%	56.5%	54.7%	56.1%	55%	53.9%

In Nordrhein-Westfalen lebt die Prägekraft der Landesebene von relativ intakten SPD-nahen Milieus. Sie besteht aus Pragmatismus und Basisnähe — Kräften also, die geeignet sind, der oft beklagten Unglaubwürdigkeit der Politik gegenzusteuern.

Allerdings sind auch Warnsignale nicht zu übersehen. In der Kommunalpolitik ist seit zwei Jahrzehnten Stagnation angesagt. Und bei aller Stabilität der politischen Milieus hat die Mitgliederstruktur der SPD mit dem Generationenwechsel nicht Schritt gehalten. Dortmund mit seiner extrem hohen Mitgliederdichte ist in dieser Hinsicht besonders betroffen: Immerhin wies der SPD-Unterbezirk Dortmund in 1987 nach eigenen Angaben der Partei 42 Mitglieder auf 1 000 Wahlberechtigte aus, bei einem Ruhrgebietsdurchschnitt von 36.

Weit mehr als die Hälfte aller Dortmunder SPD-Mitglieder (55,7%) haben das 50. Lebensjahr überschritten. Nur 29,2 Prozent rechnen zu den mittleren Altersjahrgängen von 35 bis 49 Jahren.

Die Durchschnittswerte für das ganze Land sind weniger dramatisch; aber sie weisen in die gleiche Richtung: Wenn es der SPD nicht gelingt, die überaltete Struktur ihrer treuen Anhängerschaft in den kommenden Jahren zu korrigieren bzw. zu ergänzen, wird sich, trotz aller Besonderheiten einer landesweiten Identifikation, irgendwann auch an Rhein und Ruhr die Frage nach der Überlebensfähigkeit der traditionellen politischen Kommunikationsmilieus stellen.

SPD-Mitgliederstruktur
Stadt Dortmund
Alter

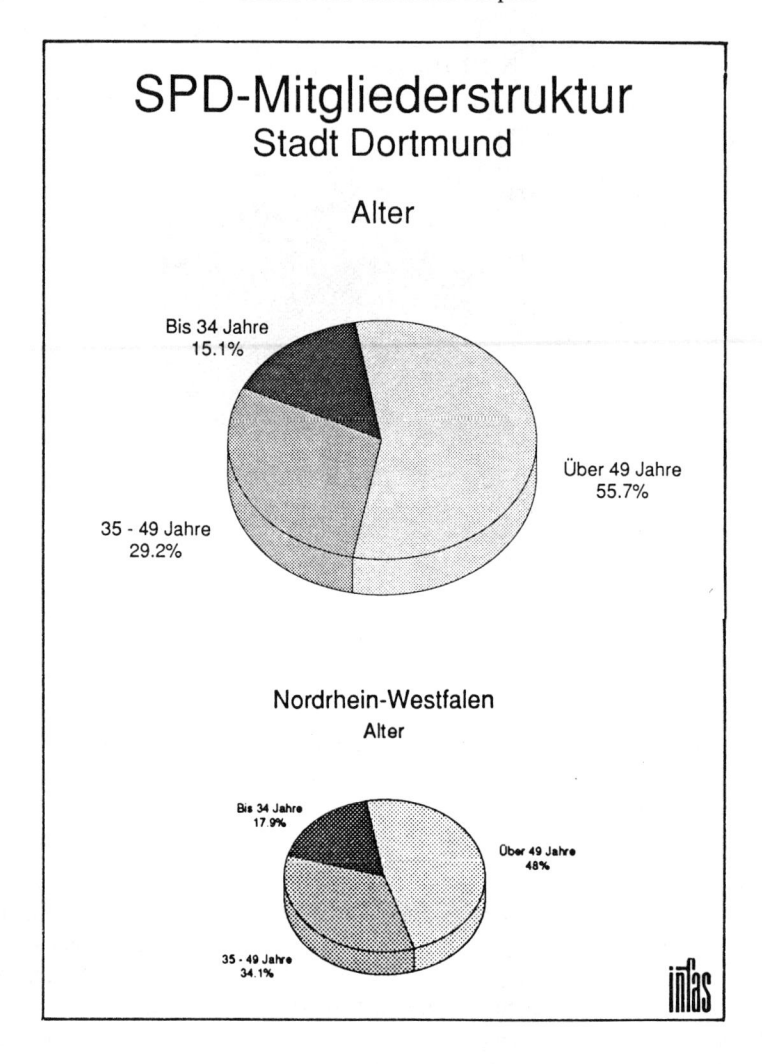

Bis 34 Jahre 15.1%
Über 49 Jahre 55.7%
35 - 49 Jahre 29.2%

Nordrhein-Westfalen
Alter

Bis 34 Jahre 17.9%
Über 49 Jahre 48%
35 - 49 Jahre 34.1%

infas

10. Alte SPD-Regionen im Abstieg

In den alten sozialdemokratischen Schwerpunktregionen, in den Stadtstaaten wie auch in Hessen und Teilen Niedersachsens, hat die SPD dagegen ihren Zenit seit längerem überschritten. Sie hatte sich zunehmend der Konkurrenz durch andere Parteien, zunächst von CDU und FDP, zu erwehren. Das Aufkommen der Grünen-Bewegung und die Schwächung der urbanen sozialdemokratischen Milieus fielen nicht von ungefähr zusammen — waren doch die Leitbilder der jungen Ökologen des Grünen Lagers und der jungen Akademikerschaft in der SPD weithin die gleichen.

Die ideologische Scheidelinie zwischen links und rechts trennte damit nicht mehr die Anhänger der SPD von denen der CDU/CSU, sie verlief vielmehr durch das SPD-Lager und zog dort einen tiefen Graben zwischen der einflußreichen akademischen Minderheit von allenfalls 10 Prozent einerseits und der großen, 90prozentigen gewerkschaftlich orientierten Wählermehrheit andererseits. Daß dies nicht ohne Folgen für die Wahlergebnisse bleiben konnte, liegt nahe.

Unterschiedliche Stärken und Belastbarkeiten der politischen Milieus reflektieren die Art und Weise, wie die Parteien jeweils Macht angestrebt, ausgeübt und gesichert haben.

Dabei gab es selbst bei Regierungen gleicher Couleur von Bundesland zu Bundesland unterschiedliche Konstellationen, zuweilen mit recht farbigen Charakteren. Es wurden ganz verschiedenartige Ziele mit divergierenden Stilen verfolgt. Ideologische Debatten wurden hier geführt, dort vermieden. Dann und wann wurden zum Machterhalt auch Filz und Korruption nicht gescheut. All dies prägte die Geschichte der Bundesländer.

Mit anderen Worten: Ob links, ob rechts, ob groß, ob klein — die Parteien haben sich länderspezifisch entwickelt und einen kaleidoskopischen Regionalismus entstehen lassen. Diese föderale politische Kultur, nicht bloß Folklore, sondern eine Folge der Machtausübung, wirkt nun ihrerseits auf die politischen Milieus zurück. Sie vermag deren nachlassende parteipolitische Bindungswirkung durch eigene Symbole zu ersetzen oder zu ergänzen und damit in ihrer Bedeutung für den demokratischen Prozeß der Herausbildung von Wählermeinungen zu erhalten.

Die Länderebene ist am Wählermarkt also als eine konkurrierende Institution mit eigener Kraft neben die traditionellen Vorfeldorganisationen der politischen Parteien wie Kirchen, Gewerkschaften, Verbände getreten.

11. Kleine Parteien auf einem Sonderweg

Überraschend ist indessen, daß, bei so viel föderalistischem „Druck" auf die großen, die kleinen Parteien sich dem Trend zur Regionalisierung bislang stärker widersetzen konnten als die großen. Wo sie lokal agieren, treten sie mit dem Anspruch auf, von überregionaler Bedeutung zu sein — also bundesweit spezielle Interessen abzudecken, die von SPD oder CDU/CSU nicht befriedigt werden.

So hat die FDP den Verlust ihrer regionalen Verankerung, ihrer alten konservativen Traditionsgebiete (mit DVP-Charakter) in Oldenburg, Nordhessen, Nordwürttemberg bis auf einen Restbestand in Kauf genommen. Auch in Städten, in denen es eine besondere Tradition linksliberalen Bürgertums (mit DDP-Charakter) gegeben hat, wie Bremen, Frankfurt, Wiesbaden, Wuppertal, Solingen, wurden die Schwerpunkte längst abgeschliffen.

Vorstellungen von der idealen Gesellschaft

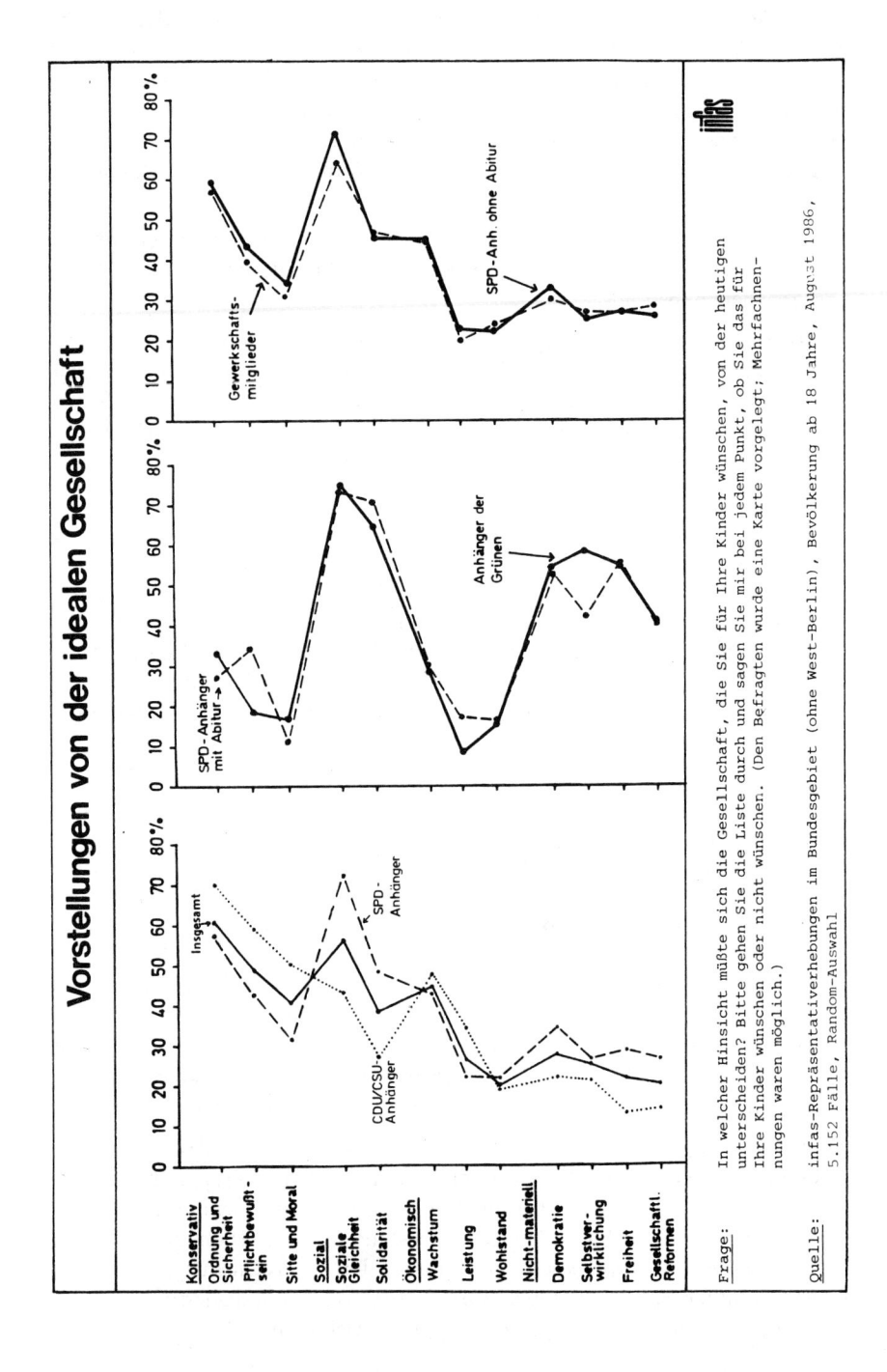

Frage: In welcher Hinsicht müßte sich die Gesellschaft, die Sie für Ihre Kinder wünschen, von der heutigen unterscheiden? Bitte gehen Sie die Liste durch und sagen Sie mir bei jedem Punkt, ob Sie das für Ihre Kinder wünschen oder nicht wünschen. (Den Befragten wurde eine Karte vorgelegt; Mehrfachnennungen waren möglich.)

Quelle: infas-Repräsentativerhebungen im Bundesgebiet (ohne West-Berlin), Bevölkerung ab 18 Jahre, August 1986, 5.152 Fälle, Random-Auswahl

Hingegen ist der bundesweite Einfluß der FDP als Scharnier zwischen den beiden Großparteien stark gewachsen. Auf dem Wege von einer nationalliberalen oder linksliberalen Milieupartei mit regionalen Schwerpunkten hat sich eine bundesweite Organisation entwickelt, die über Jahre hinweg von einer Schlüsselstellung lebte, die noch immer, sofern Mehrheitsverhältnisse und Wählerbasis das gestatten, Steigbügelhalter für eine der Großparteien und damit Instrument des Machtwechsels sein kann.

Die Grünen haben als neue „Milieupartei" in zahlreichen Städten den Abstieg der SPD beschleunigt und ihren innerparteilichen Konflikt belebt. Auch haben sie ganze SPD-Milieus beerbt. Trotz scheinbarer regionaler Verankerung sind die Grünen eine bundesweite Bewegung, die dort eine lokale Wählerbasis findet, wo über die von ihnen aufgeworfenen Fragen am meisten kommuniziert wird: über die ganze Republik hinweg, an den Standorten von Hochschulen und anderen großen Bildungseinrichtungen. Das heißt — die Grünen haben sich zu einer überregionalen Lobby für eine „neue Politik" entwickelt. Sie haben ihren festen Platz im bundesdeutschen Parteiensystem durch eine primär soziale, nicht eine lokale Basis.

Die Republikaner indessen nehmen demgegenüber eine Zwitterstellung ein. Einerseits haben sie sich als Partei auf der rechten Seite des Parteienspektrums als Herausforderung für die konservativen Randgruppen des Unionslagers etabliert. Sie sind dort, wie die Schwerpunkte Bayern und Baden-Württemberg zeigen, regional tief in die bürgerlich-konservativen Kommunikationsnetze eingedrungen und haben Teile davon okkupiert. Andererseits reicht ihr Einfluß bundesweit in unzufriedene Wählerschichten hinein; damit beeinträchtigen sie das Wechselspiel zwischen den beiden großen Parteien und gefährden das alte Modell der Mehrheitsfindung.

Gerade weil die kleinen Parteien davon leben, daß sie in erster Linie bundespolitisch verankert sind, ist das Wechselspiel zwischen politischen Milieus und föderalen Strukturen eine Herausforderung vor allem an die beiden großen Parteien SPD und CDU/CSU. Dennoch müssen sich die kleinen Parteien von Landtagswahl zu Landtagswahl an der Fünf-Prozent-Grenze bewähren, so daß auch sie — entgegen ihren eigenen Strategien — in die Notwendigkeit eingebunden sind, Landesidentifikationen zu entwickeln.

Somit sind die Bundesländer — nach vierzig Jahren Wahlgeschichte der Bundesrepublik — heute ein umfassender institutioneller Faktor bei der Steuerung des politischen Marktes.

Die FDP als Regionalpartei

Von *Karl-Heinz Naßmacher*

Die Freie Demokratische Partei (F.D.P.) kann heute bei Wahlen bundesweit und in jedem einzelnen Bundesland je nach „politischer Großwetterlage" einen Stimmenanteil zwischen fünf und zehn Prozent erzielen. Gelegentliche Abweichungen nach oben oder unten kommen vor, sind aber für den politisch interessierten Beobachter nicht weiter überraschend; sie bestätigen eher die Gesamttendenz, gehören also gewissermaßen dazu. Auch beim Vergleich der einzelnen Länder zeichnen sich keine nennenswerten Unterschiede ab.

1. Problemaufriß

Das Verschwinden der Partei aus einem Landtag war bisher stets vorübergehend. Die genannte Spannweite nach oben überschreitende Wahlergebnisse sind selten und in keinem Bundesland von Dauer. Öffentliche Aufmerksamkeit gewinnt die F.D.P. durch ihre Position zur jeweils führenden Regierungspartei (Koalitionsaussage vor der Wahl), spektakuläre Veränderungen ihres Führungspersonals und den gelegentlich aktualisierten innerparteilichen Konflikt zwischen Parteiflügeln, deren politische Aufmerksamkeit vorrangig der Sicherung individueller Freiheitsrechte im Daseinsvorsorgestaat bzw. der wirtschaftlichen Entfaltung des Einzelnen in einem marktmäßig organisierten Kontext gilt.

1.1 Vorherrschende Interpretationen

Prägend für diese Perspektive waren der Wahlerfolg von 1961, die Koalitionen im Bund und in den Ländern während der Jahre 1961 bis 1966 und schließlich der Anteil am „Machtwechsel" des Jahres 1969. Die FDP erschien dabei zunächst als eine Partei, deren vorrangige Aufgabe es war, für „bürgerliche" Wähler die im Zeitablauf der Regierungstätigkeit unvermeidbare Unzufriedenheit mit der größten Regierungspartei aufzufangen und in Koalitionsverhandlungen notwendige Korrekturen der Regierungspolitik durchzusetzen. Zu dieser Systemfunktion als „liberales Korrektiv" (meist der Union, in einzelnen Ländern auch der SPD) trat dann 1966 und 1969 die Aufgabe, durch veränderte Koalitionsbildung politische Innovationen („Machtwechsel") herbeizuführen.

Die Existenz unterschiedlicher Parteiflügel (in ideologischer Hinsicht) und eine Programmatik, die auf manchen Politikfeldern die Zusammenarbeit mit der SPD, auf anderen eine Koalition mit den Unionsparteien ermöglicht, stützen diese Systemfunktion innerparteilich ab. Die Ansprache der Wähler erfolgt individuell und ad hoc. Regionale Hochburgen der Wählerschaft haben in diesem strategischen Konzept keinen besonderen Platz. Sie könnten vorkommen, ihr Fehlen stört aber nicht die erfolgreiche Wahrnehmung der Systemfunktion und damit das politische Überleben im Wettbewerb mit den beiden großen Parteien und der neuen „Friedens- und Umweltpartei".

So rücken auch wissenschaftliche Betrachtungen zur F.D.P. und ihrer Rolle im Parteiensystem der Bundesrepublik Deutschland meist funktional-systemische oder programmatisch-inhaltliche Perspektiven in den Mittelpunkt. Programmatisch-inhaltlich wird nach „liberalen" Politikentwürfen oder -komponenten gefragt[1]. Die Erörterung der Funktion einer, zeitweise sogar *der* Drittpartei in dem durch die Konfrontation von zwei großen Massenparteien geprägten, wenn auch keineswegs dominierten, westdeutschen Parteiensystem berührt vorrangig die Bedeutung ihrer Existenz als Instrument des Machtwechsels, liberales Korrektiv oder programmatischer Motor deutscher Politik. Der „Funktionsansatz"[2] vermag (mit Ergebnissen der Umfrageforschung) auch gute Argumente für das Überleben der F.D.P., insbesondere in den für die Partei „kritischen" Bundestagswahlen 1972 und 1983 zu liefern.

Zum traditionellen Bild des politisch organisierten Liberalismus gehört auch der Gegensatz zwischen wirtschaftsnahen Rechtsliberalen und verfassungszentrierten Linksliberalen. Als in den fünfziger Jahren die Partei durch heftige Auseinandersetzungen zwischen mehr „nationalen" Kräften und „demokratischen" Traditionalisten erschüttert wurde, ließen sich noch „regionale" Gegensätze erkennen: Die schwäbischen und hanseatischen „Demokraten" standen im Gegensatz zu den „national" eingestellten Landesverbänden Niedersachsen, Nordrhein-Westfalen und Hessen[3]. Die mehr als zehn Jahre später geführte Auseinandersetzung um die politische Neuorientierung der Partei (insbesondere in der Ostpolitik) wurde gleichermaßen im Bund wie in den einzelnen Landesverbänden ausgetragen. Eine regionale Komponente ließ sich nicht identifizieren: F.D.P. und FDP unterschieden sich nach Sozialstruktur ihrer Wähler und Mitglieder, nach programmatischen Festlegungen auf wichtigen

---

[1] Peter *Juling:* Programmatische Entwicklung der FDP 1946 bis 1969, Meisenheim am Glan 1978; Kurt *Körper:* FDP — Bilanz der Jahre 1960-1966, Köln 1968; Rüdiger *Zülch:* Von der FDP zur F.D.P.: Die dritte Kraft im deutschen Parteiensystem, Bonn 1972; z.T. auch Heino *Kaack:* Die F.D.P. — Grundriß und Materialien zu Geschichte, Struktur und Programmatik, 3. Aufl., Meisenheim a.G. 1979.

[2] Jürgen *Dittberner:* FDP — Partei der zweiten Wahl, Opladen 1987, S. 11, 13, 22, 151 f.

[3] Jörg Michael *Gutscher:* Die Entwicklung der FDP von ihren Anfängen bis 1961, 2. Aufl., Königstein/Ts. 1984, S. 134-166 (textgleich mit der 1. Aufl., Meisenheim a.G. 1967).

Politikfeldern und durch spezifische Koalitionsoptionen, nicht aber durch ihre Bedeutung in einzelnen Regionen.

Mit diesen, vermutlich verbreiteten Vorstellungen und Problemzugriffen begann ich zur Bundestagswahl 1976 ein Projekt des „forschenden Lernens", das einen Prozeß des Umdenkens auslöste. Die bundesweit etwa ein Zehntel der Wähler repräsentierende Partei stellte noch damals in Westerstede den Bürgermeister. Nicht etwa als Zugeständnis im Rahmen einer Absprache, sondern als die (relativ) stärkste Partei am Ort (bei der Kommunalwahl 1972). Die weitere Beschäftigung mit der politischen Entwicklung des Ortes förderte zunächst zutage, daß hier der Bürgermeister der Jahre 1946 bis 1972 für die FDP von 1947 bis 1967 den Landtagswahlkreis direkt gewinnen konnte[4]. Für die Region Nord-Oldenburg erwies sich dieser Beispielfall zwar als extrem, nicht aber als einmalig. In einer großen Anzahl von kleinen und größeren Orten hatte die FDP bis zum Ende der sechziger Jahre den Bürgermeister gestellt; in einer Gemeinde des Gebietes hat noch heute ein Vertreter des „liberalen Hochadels" das Amt inne. Dieser „Entdeckungszusammenhang" veranlaßte mich in den folgenden Jahren, eine offensichtliche Forschungslücke zu bearbeiten[5].

Die meisten Gesamtdarstellungen zum politischen Liberalismus verzichten für die Zeit nach dem Zweiten Weltkrieg auf eine regionale Perspektive. Selbst dort, wo die Entwicklung einzelner Landesparteien im Mittelpunkt steht, unterbleibt die regionale Differenzierung innerhalb des jeweiligen Bundeslandes. Zur Wieder- bzw. Neugründung der deutschen Parteien in den Jahren 1945/46 wurden vorrangig die verschiedenen städtischen Zentren untersucht. Die Interpretationen dieser Arbeiten greifen entweder nicht über die unmittelbar betrachteten Gebiete hinaus oder die Ergebnisse solcher Arbeiten gelten als repräsentativ für die Gesamtentwicklung. In vielen Arbeiten zur Parteigeschichte wird die regional*un*spezifische Rolle der bundesweit agierenden Partei in den Mittelpunkt gestellt. Auf den ersten Blick scheint die Literaturlage für die niedersächsische FDP zwar besser zu sein[6], aber Hein bestätigt mit seinen

---

[4] Der letzte, von einem FDP-Kandidaten direkt gewonnene Bundestagswahlkreis war Saarbrücken-Stadt im Wahljahr 1957 unter den für die dortige FDP/DPS besonders günstigen Bedingungen nach Eingliederung des Saarlandes.

[5] Karl-Heinz *Naßmacher*: Zerfall einer liberalen Subkultur, in: Herbert Kühr (Hrsg.): Vom Milieu zur Volkspartei, Königstein 1979, S. 29 ff.; ders.: Regionale Tradition als Bestimmungsfaktor des Parteiensystems, in: Wolfgang Günther (Hrsg.): Sozialer und politischer Wandel in Oldenburg, Oldenburg 1981, S. 153 ff.; ders.: Hie Welf, hie Freisinn, in: Der Bürger im Staat 34 (1984), S. 160–166 (abgedruckt in: Hans-Georg Wehling u.a.: Regionale politische Kultur, Stuttgart u.a. 1985, S. 36–57). Abschließend jetzt: Karl-Heinz *Naßmacher* u.a.: Parteien im Abstieg. Wiederbegründung und Niedergang der Bauern- und Bürgerparteien in Niedersachsen, Opladen 1989.

[6] Vgl. Dieter *Hein*: Zwischen liberaler Milieupartei und nationaler Sammlungsbewegung, Düsseldorf 1985; Heinz Georg *Marten*: Die FDP in Niedersachsen, o.O. (Göttingen oder Hannover) 1972; Ders.: Die unterwanderte FDP, Göttingen 1978; Karsten *Schröder*: Die FDP in der britischen Besatzungszone 1946-1948, Düsseldorf 1985.

knappen Aussagen über diesen Landesverband den eher unbefriedigenden Forschungsstand. Marten legte neben einer kleineren Skizze auch eine umfangreiche Geschichte der niedersächsischen FDP vor, die im wesentlichen auf Informationen über den Landesverband beruht. Schröder hat auch Niedersachsen im Rahmen seiner Geschichte der FDP in der britischen Zone umfassend berücksichtigt. Beiden entgehen jedoch die strukturell bedingten Unterschiede zwischen der regionalen FDP im Nordwesten des Landes und der Parteiführung in der Landeshauptstadt Hannover.

Die skizzierte Wahrnehmung der F.D.P. im heutigen Parteiensystem und die Betrachtung ihrer Entwicklung „von oben" oder als sehr kleinräumige Einzelfallanalyse verstellt aber den Zugang zu einem wichtigen Element in der politischen Tradition des organisierten Liberalismus, seinen regionalen Hochburgen. Falter hat für die Bundestagswahl 1949 herausgearbeitet, daß ihr Ergebnis wesentlich durch Traditionen aus der Weimarer Republik geprägt ist[7]. Zumindest für die frühe Nachkriegszeit erscheint es daher angemessen, regionale Schwerpunkte einzelner Parteien zum Ausgangspunkt für die Parteienforschung zu machen.

1.2 Andere Deutungsansätze

Die Frage nach den Grundlagen der Existenz einer liberalen Partei, genauer nach den politisch-strukturellen Bedingungen ihres Fortbestehens, hat als erster Rohe[8] aufgeworfen. Darin angelegt war auch die Anregung, nach Regionen zu suchen, in denen (aus traditionellen Gründen) eine liberale Wählerbasis vorhanden ist. Offenbar inspiriert durch einen Vergleich mit der britischen Entwicklung formuliert Rohe im Zusammenhang mit seiner Analyse von historischen Traditionen des Wahlverhaltens im Ruhrgebiet und dem weitgehenden Schwund der liberalen Wählerschaft in dieser Region die These vom transitorischen und peripheren Charakter des politischen Liberalismus. Akzentuierend zusammengefaßt geht es um den Hinweis, daß die politisch-soziale Bewegung des Liberalismus zu ihrer Entfaltung einer gewissen Modernisierung der Gesellschaft bedarf. Das liberale Programm der verfassungsrechtlichen und ökonomischen Freiheit des Einzelnen kann nur dort Resonanz finden, wo die gesellschaftliche Entwicklung der individuellen Entfaltung des städtischen oder ländlichen Bürgertums entsprechend Raum gibt. Die fortschreitende Modernisierung schränkt dann mit der Entwicklung verfestigter Interessenorganisationen und bürokratischer Entscheidungsstrukturen die soziale Basis des politisch organisierten Liberalismus wieder ein. Der zunächst auch in den politischen und

---

[7] Jürgen W. *Falter:* Kontinuität und Neubeginn — Die Bundestagswahl 1949 zwischen Weimar und Bonn, in: PVS 22 (1981), S. 236-263.

[8] Karl *Rohe:* Liberalismus und soziale Struktur. Überlegungen zur politischen Gesellschaft und zur politischen Kultur des Ruhrgebietes (I und II), in: Liberal 18 (1976), S. 43-56, 113-121.

ökonomischen Zentren verbreitete Liberalismus bildet sich zu einer politischen Repräsentanz peripherer Hochburgen zurück. Die regionale Schwerpunktbildung der liberalen Wählerschaft ist Ausdruck und Folge der durch liberale Politik vorangetriebenen Modernisierung.

Einen anderen Zugriff auf regionale Schwerpunktbildung (Hochburgen) der politischen Partei des organisierten Liberalismus in der Bundesrepublik Deutschland erschließt das von Lepsius entwickelte Milieukonzept. Seine Analyse von Kontinuitäten im deutschen Parteiensystem erbrachte u. a. die Einsicht, daß politisch-soziale Bewegungen des 19. Jahrhunderts als unterschiedliche politisch-soziale Milieus noch im 20. Jahrhundert prägende Bedeutung für die Parteienstruktur und das Wählerverhalten entfaltet haben. Die Parteien blieben auf einmal politisch mobilisierte Gesinnungsgemeinschaften fixiert, ihre Stabilität schien auf der unmittelbaren Verbindung mit relativ geschlossenen Sozialmilieus zu beruhen: „Die Parteien waren die politischen Aktionsausschüsse dieser in sich höchst komplex strukturierten sozialmoralischen Milieus ... und blieben auch in ihrer politischen Aktivität in der Komplexität der Interessen ihres Milieus verfangen"[9]. Der Begriff des Milieus beschreibt stets ein sozio-kulturelles Gebilde, das durch die spezifische Zuordnung verschiedener Dimensionen zu einem bestimmten Bevölkerungsteil bestimmt wird. Gemeint ist die Zugehörigkeit zu einer Bezugsgruppe, die weder durch Verwandtschaft noch durch Beitritt begründet wird. Soziales Lernen durch ähnliche Erfahrungen und Lebenslagen schafft eine im Wortfeld Lebenskreis, Heimat, Gemeinde angesiedelte symbolische Gruppenbezogenheit, die weder durch Interesse, noch durch Ideologie, allenfalls durch enge Kommunikation und soziale Kontrolle vermittelt erscheint[10]. Gerade als Milieupartei waren auch die Liberalen regionalen Traditionen verbunden, weil sie für die Mobilisierung ihrer Wähler von örtlichen Sozialgebilden abhingen[11]. Regionale Hochburgen gehören ebenso zu diesem Parteityp wie ein spezifisches Organisationskonzept.

Als „bürgerliche" Partei der Nachkriegszeit hat zwar auch die FDP das organisatorische Modell der Mitgliederpartei prinzipiell als Leitbild akzeptiert und durch seine Festschreibung im Parteiengesetz kanonisiert. Der organisationspolitischen Praxis lag freilich eher das traditionelle Konzept einer Honoratiorenpartei zugrunde. Für diesen Parteityp ist typisch, daß sich in einzelnen Wahlkreisen lokale Komitees bilden, die einen Kandidaten aufstellten und für ihn den Wahlkampf bestreiten. Meist handelt es sich um relativ geschlossene

---

[9] M. Rainer *Lepsius:* Parteiensystem und Sozialstruktur: Zum Problem der Demokratisierung der deutschen Gesellschaft, in: Wilhelm Abel u. a. (Hrsg.): Wirtschaft, Geschichte und Wirtschaftsgeschichte, Stuttgart 1966, S. 381.

[10] Heiner *Treinen* (Symbolische Ortsbezogenheit, in: KZfSS 17 (1965), S. 274 spricht von „ökologischen Milieus" mit eigenem Symbolcharakter, die durch Sozialisation tradiert werden und zur Verhaltenssicherheit beitragen.

[11] *Lepsius:* a. a. O., S. 381.

Gruppen, die bei Bedarf durch Kooptation um andere Personen ergänzt wurden[12]. Die aktiven „Kader" stammen aus der traditionellen Elite der örtlichen Gesellschaft. Geht man davon aus, daß in Honoratiorenparteien Personen der Bezugspunkt politischer Integration sind, so wächst diesen eine zentrale Bedeutung zu. Diese Repräsentanten sind auf verschiedenen Ebenen tätig. Kirchheimer hat in seiner Darstellung zur Entwicklung der „Allerweltspartei" am Rande den Hinweis auf Probleme dieses organisationspolitisch bedeutsamen Merkmals der „Doppelbasis" gegeben, indem er mögliche Diskrepanzen in den örtlichen Aktivitäten und „den damit kaum koordinierbaren Operationen der Parlamentsfraktionen und Fraktiönchen"[13] andeutete. Die These, daß die Verbindung zwischen überörtlichen Parteien und ihren örtlichen Repräsentanten wie Anhängern zusammenbrechen kann, bietet sich an. Eine solche Entfremdung zwischen Vertretern und Vertretenen scheint dann wahrscheinlich, wenn den Akteuren der „Doppelbasis" die Bindungswirkungen einer dauerhaften Organisation oder einer gemeinsamen Weltanschauung nicht zur Verfügung stehen.

Die Peripherie-These, das Milieu-Konzept und das Honoratioren-Prinzip bieten unterschiedliche, prinzipiell aber miteinander kompatible Erklärungsansätze für Fragen zu den regionalen Hochburgen der FDP in den vierziger bis sechziger Jahren. Sie sind mit den empirischen Materialien aus einem längerfristigen Forschungsprojekt (in einem niedersächsischen Teilraum) und den Hinweisen aus der Literatur für andere Regionen konfrontiert worden. Dabei geht es darum nachzuweisen, warum in peripheren Gebieten der Bundesrepublik zunächst günstige Bedingungen für eine personalintegrierte Milieupartei unter dem liberalem Markenzeichen FDP bestanden. Im jeweiligen Kontext ist erst dann zu ermitteln, welche Bedingungen dafür zunächst maßgebend waren, aber später wegfielen. Damit wäre die sachliche Voraussetzung für die Beantwortung einer weiteren Untersuchungsfrage gegeben: Warum verfügt die heutige F.D.P. nicht mehr über außergewöhnliche Wählerresonanz in den ländlichen Traditionsgebieten des politischen Liberalismus? In diesem Zusammenhang läßt sich dann auch herausarbeiten, welche Wirkungen der Wandel der FDP zur F.D.P. in den sechziger und siebziger Jahren in den ehemaligen Hochburgen nach sich gezogen hat.

---

[12] Maurice *Duverger:* Die politischen Parteien, Tübingen 1959, S. 82 und Sigmund *Neumann:* Die Parteien der Weimarer Republik, 5. Aufl., Stuttgart 1985, S. 105; Manfred *Hättich:* Zur Typologie politischer Parteien (1967), in: Gilbert Ziebura (Hrsg.): Beiträge zur allgemeinen Parteienlehre, Darmstadt 1969, S. 398; Sigmund *Neumann:* Zum vergleichenden Studium politischer Parteien (1955), in: Ziebura: a.a.O., S. 233.

[13] Otto *Kirchheimer:* Der Wandel des westeuropäischen Parteiensystems, in: PVS 6 (1965), S. 21.

2. FDP als Peripheriepartei

Die Hochburgen der Liberalen waren im Kaiserreich und während der Weimarer Republik über das ganze Reich verstreut: In Ostpreußen, Schleswig-Holstein, Württemberg, Baden, Hessen, Mecklenburg-Schwerin, Hamburg und Oldenburg erhielten sie noch 1912 mehr als 30 Prozent der Stimmen[14]. Dieser Hinweis erschließt für relativ große Gebietseinheiten (Provinzen, Einzelstaaten) regionale Schwerpunkte des Wählerpotentials für liberale Parteien, verdeckt aber Tendenzen in der Entwicklung der konkreten Wählerresonanz einzelner liberaler Parteien in konkreten Wahlen. Der Versuch, Hochburgen der FDP in der Nachkriegszeit mit Hilfe von Wahlkreisergebnissen der Bundestagswahlen 1949 und 1953 zu bestimmen, muß sich bewußt sein, daß Wahlkreisgrenzen eher wahladministrativen Bedürfnissen als Kriterien einer historischen Wahlsoziologie entsprechen. Dennoch signalisieren FDP-Anteile, die mehr als das Doppelte des Bundesdurchschnitts oder gar ein Mehrfaches des Landesdurchschnitts erreichen, daß diese Partei in bestimmten Teilräumen über erstaunliche Hochburgen der Wählerresonanz verfügte.

2.1 Traditionelle Hochburgen

Besser geeignet für eine genauere Abgrenzung der Hochburgengebiete wäre freilich ein stärker historisierendes Vorgehen. Die wahlsoziologische Bedeutung der konfessionellen Spaltung Deutschlands kann hier gleichermaßen als bekannt und fortbestehend vorausgesetzt werden. Hochburgen der FDP sind also nur in solchen Territorien zu suchen, deren (evangelische/protestantische) Fixierung in konfessioneller Hinsicht sich über die territoriale Neuordnung an der Wende vom 18. zum 19. Jahrhundert hinaus zurückverfolgen läßt. Die Grenzen für das Fürstentum Ostfriesland, die Grafschaft Oldenburg, das Fürstentum Waldeck, die Landgrafschaft Hessen-Kassel, das Kurfürstentum Pfalz, die Markgrafschaft Baden, das Herzogtum Württemberg sowie die Markgrafschaften Ansbach und Bayreuth bieten bessere Annäherungen an den Bereich regionaler Hochburgen der FDP in den vierziger und fünfziger Jahren als die Grenzen der damaligen Bundestagswahlkreise.

Generell lassen sich für Kaiserreich und Weimarer Republik auch sozialstrukturelle und regionale Differenzen in der Wählerbasis rechts- und linksliberaler Parteien identifizieren, die wiederum sowohl mit Kontinuität (so etwa die Stellung des Freisinns in Württemberg) als auch mit Diskontinuität verbunden sein können. Ein Beispiel für Diskontinuität bietet das ehemalige Land Oldenburg: Als Reaktion auf die Schutzzollpolitik, die von nationalliberalen Reichstagsabgeordneten unterstützt wurde und für die Viehzucht treibenden

---

[14] Vgl. Gerd *Honhorst,* Jürgen *Kocka,* Gerhard A. *Ritter* (Hrsg.): Sozialgeschichtliches Arbeitsbuch II. Materialien zur Statistik des Kaiserreichs 1880-1914, München 1978, S. 177.

Landwirte Oldenburgs eine Verteuerung der Futtermittel bewirkte, vollzog sich bei der Reichstagswahl 1881 ein „Übergang der Bevölkerung Nord- und Mitteloldenburgs vom Nationalliberalismus zum Linksliberalismus"[15].

So abrupt solche Wechsel in einzelnen Regionen stattgefunden haben, so schleichend gestaltet sich der Abbau von Hochburgen. Die liberalen Parteien der Weimarer Zeit, DDP und DVP, verlieren nach beträchtlichen Anfangserfolgen, erst der DDP, dann der DVP, schon 1928 ihre Bedeutung. Gleichzeitig setzt in den Gemeinden mit liberaler Tradition ein Siegeszug zunächst spezifischer Interessenparteien, später der Nationalsozialisten ein. Bezogen auf die Zahl der Wahlberechtigten liegen die NSDAP-Stimmenanteile in der Endphase der Weimarer Republik im liberalen Bereich jedoch teilweise ziemlich niedrig.

Der tiefe Einbruch der NSDAP in die Wählerschaft mit liberaler Tradition signalisiert zunächst nur Diskontinuität[16]. Dennoch belegt bereits eine Gegenüberstellung der zusammengefaßten Ergebnisse von Vor- und Nachkriegswahlen eine beachtliche Kontinuität in den Hochburgenregionen. Aus der eigenen Arbeit können Einzelheiten dazu nur aus Oldenburg/Ostfriesland berichtet werden. Hier wurden alle Kreise Nord-Oldenburgs und der ostfriesische Kreis Wittmund als regionale Hochburgen der FDP im nordwestlichen Niedersachsen in eine Aggregatdatenanalyse auf Gemeindebasis einbezogen (und entsprechend definierten Räumen mit welfischer bzw. katholischer Tradition gegenübergestellt). Der dramatische Abstieg der liberalen Parteien in der Krise der Weimarer Republik und die allmähliche Auszehrung der FDP-Wählerschaft zwischen 1945 und 1970 lassen sich exemplarisch an den Wahlergebnissen einzelner Gemeinden demonstrieren[17]: Die durch Handel und Gewerbe geprägte Kreisstadt Jever, die aus Zentralort und agrarischem Umland bestehende Großgemeinde Westerstede sowie das überwiegend agrarische Wiefelstede bieten Beispiele für die tendenziell spiegelbildliche Entwicklung von Liberalen und NSDAP einerseits sowie FDP und CDU andererseits.

Der globale Vergleich von Stimmenanteilen für das gesamte Untersuchungsgebiet mit vorwiegend liberaler Tradition bestätigt die strukturelle Schwäche der FDP: In den Nachkriegsjahren 1947 bis 1955 lag ihr Stimmenanteil im Traditionsgebiet zwischen 12 und 16 Prozent der Wahlberechtigten (durch-

---

[15] Bernhard *Ehrenfeuchter:* Politische Willensbildung in Niedersachsen zur Zeit des Kaiserreichs, phil. Diss. Göttingen 1951, S. 135. Für die weitere Entwicklung in dieser Region s. Armin *Steyer:* Die Entwicklung der liberalen Parteien in Oldenburg, in: Wolfgang Günther (Hrsg.): Parteien und Wahlen in Oldenburg, Oldenburg 1983, S. 21- 63.

[16] Als Parteien des protestantischen Mittelstandes fielen sowohl die liberalen Parteien Weimars (DDP und DVP) als auch die welfische DHP der Wählerwanderung zur Sammlungspartei NSDAP zum Opfer; so Jürgen W. *Falter:* Wählerwanderungen vom Liberalismus zu (rechts-) extremen Parteien, in: Lothar Albertin (Hrsg.): Politischer Liberalismus in der Bundesrepublik, Göttingen 1980, S. 115.

[17] Vgl. *Naßmacher* u. a.: a. a. O., S.132. — Über Parallelitäten in beiden Entwicklungen s. *Falter:* Wählerwanderungen, S. 101 ff.

schnittlich 14 Prozent), während ihre Vorläuferparteien DDP und DVP 1920 und 1924 gemeinsam zwischen 19 und 38 (durchschnittlich 28) Prozent der Wahlberechtigten mobilisieren konnten. Vereint erreichten die Liberalen nach dem Zweiten Weltkrieg selbst in ihren traditionellen Hochburgen nur noch etwa die Hälfte der Wählerresonanz ihrer Vorläuferparteien nach dem Ersten Weltkrieg.

Im Vergleich zu den katholischen und welfischen Traditionsgebieten ist das liberale ziemlich heterogen. Die durchschnittliche Wählerresonanz der FDP liegt hier mit weniger als einem Sechstel der Wahlberechtigten noch unter derjenigen der DZP, die sich bereits mit einer „katholischen" Konkurrenzpartei auseinandersetzen muß. Ursache dafür ist einerseits die traditionell geringe Wahlbeteiligung in liberalen Gemeinden[18], andererseits die wechselseitige Durchdringung von liberaler und sozialistischer Tradition in Übergangsbereichen. Die Ansätze industrieller Ballung in Nord-Oldenburg, also die Städte Delmenhorst, Wilhelmshaven und Nordenham sowie einige Umlandgemeinden, in denen die SPD eine beträchtliche Anhängerschaft hat[19], verzerren das wahlstatistische Bild bereits für die Zeit der Weimarer Republik: Mit einer durchschnittlichen Wählerresonanz von etwa einem Fünftel aller Wahlberechtigten erreicht die SPD im — hier als traditionell liberal etikettierten — Teilraum fast soviele Wähler wie die beiden liberalen Parteien (DVP und DDP) zusammen.

Mit der traditionellen Stellung der SPD in den Städten des liberalen Traditionsbereichs korrespondieren durchschnittlich höhere Stimmenanteile der FDP in den kleineren Gemeinden. Die Betrachtung der Hochburgen läßt die Vermutung zu, daß die FDP in den kleinen Gemeinden Frieslands und der Wesermarsch sowie im ostfriesischen Landkreis Wittmund jeweils größere Stimmenanteile verzeichnen kann als in den Großgemeinden rund um Oldenburg, aus denen andererseits die Masse ihrer Wähler kommt.

Aus der Betrachtung der durchschnittlichen Stimmenanteile der FDP in den Wahlen aller Ebenen von 1947 bis 1965 kann festgehalten werden, daß die Partei in ihren Hochburgen (119 Gemeinden) offenbar andere Wählergruppen mobilisieren und somit absolut höhere Erfolge erzielen kann als im gesamten Untersuchungsraum (500 Gemeinden). Die große Zahl der kleinen Gemeinden in den Traditionsgebieten von DZP und DP, in denen die FDP bis zum Ende der

---

[18] Diese z. B. im Kreis Ammerland und der Stadt Oldenburg feststellbar niedrige Beteiligung bei den Nachkriegswahlen 1947-1949 (durchschnittlich 54,4% bzw. 56,3%) im Vergleich zum niedersächsischen Durchschnitt (71,3%) hat neben dem erschwerten Anknüpfen an liberale Traditionen auch historische Wurzeln. Günther weist für die Wahlen von 1912 und 1919 einen negativen statistischen Zusammenhang zwischen dem Anteil der Protestanten in einer Gemeinde (= Kernwählerschaft der liberalen Parteien) und der Höhe der Wahlbeteiligung nach; vgl. Wolfgang *Günther:* Wahlen, Wahlsystem und politische Partizipation, in: Günther: Parteien und Wahlen, S. 115.
[19] Zur lokalen Verortung des sozialistischen, aber auch der übrigen Milieus im Untersuchungsraum s. *Naßmacher:* Regionale Tradition, S. 229f.

fünfziger Jahre praktisch chancenlos ist, läßt die Partei zunächst als Repräsentantin der urbanisierten Gebiete erscheinen. Ihr Rückhalt in den oldenburgischen Großgemeinden, anfänglich auch in den deutlich kleineren Gemeinden des Kreises Wittmund macht sie jedoch zur Partei der ländlichen Bevölkerung.

Wie stabil die regionale Verankerung der FDP während der Jahre 1947 bis 1965 einzuschätzen ist, machen Korrelationsberechnungen der Stimmanteile auf Landes- und Bundesebene deutlich. Im gesamten Untersuchungsraum zeigt sich (mit Ausnahme des Jahres 1951) im Vergleich zu vorangegangenen und zu den nachfolgenden Wahlen eine beachtliche Kontinuität im Wahlerfolg der Partei (Mindestwert r = 0,87). Die Korrelationsberechnung zwischen FDP-Anteilen der Bundes- und Landesebene einerseits und der kommunalen Ebene andererseits bietet ein ähnliches Bild. Auch hier liegen die Koeffizienten relativ hoch, bei den Kreistagswahlen jedoch zum Teil erheblich höher als bei den Gemeinderatswahlen.

2.2 Sozialstrukturelle Grundlagen

Aus der Korrelation zwischen den durchschnittlichen Stimmanteilen der Partei und sozialstrukturellen Merkmalen aller 500 Untersuchungsgemeinden gingen nur wenige signifikant reagierende Variablen hervor. Die relativ hoch negativen Werte für den Katholikenanteil verwundern nicht, ergibt sich doch auch bei der Betrachtung anderer Regionen ein enger Zusammenhang zwischen dem konfessionellen Gegensatz und dem Wahlerfolg der liberalen Partei. Auffällig sind die relativ hohen, negativen Werte bei der Variablen Hackfruchtanbau bis 1953[20] und die hohen positiven Koeffizienten beim Anteil der Futtermittelproduktion. In der Art der landwirtschaftlichen Produktion (Kartoffel- und Zuckerrübenanbau vs. Viehzucht und Futtermittelanbau) liegt jenes Unterscheidungskriterium, das den liberalen Bereich deutlich von den Hochburgen der welfischen DP abgrenzt und das somit einen Erklärungsansatz für die unterschiedliche Parteipräferenz in konfessionell ähnlichen, landwirtschaftlich strukturierten Räumen liefern kann.

Für das Traditionsgebiet der FDP ergibt sich eine Vielzahl von hoch korrelierenden Sozialindikatoren, die ein differenziertes Bild jener Gemeinden erschließen, deren kollektive Eigenschaften eine hohe Zustimmung für die liberale Partei begünstigen: Negativ korreliert die Bevölkerungsdichte mit dem Wahlerfolg der Partei; dies bestätigt den Eindruck, daß die FDP schwerpunktmäßig eine Partei des ländlichen Bereichs ist, also größeren Zuspruch in Bauerndörfern findet[21]. Die Anteile der Selbständigen und der mithelfenden

---

[20] Dies deckt sich mit den Ergebnissen der Diskriminanzanalyse, nach denen sich das liberale und das welfische Traditionsgebiet in der Art der landwirtschaftlichen Produktion unterscheiden. Zu Einzelheiten s. Waltraud *Kreutz-Gers;* Wählerresonanz der Milieuparteien, in: Naßmacher u. a.: a.a.O., S. 145, 149-156.

[21] Diese Feststellung gilt keineswegs für die gesamte FDP-Anhängerschaft der damaligen Zeit, vgl. *Gutscher:* a.a.O., S. 81.

Familienangehörigen an den Erwerbstätigen, der Land- und Forstwirtschaft unter den Wirtschaftsbereichen sowie der Bauernhäuser am Gebäudebestand der Gemeinden weisen die FDP deutlich als eine Partei aus, die dort erfolgreich ist, wo die bäuerliche Mittelschicht (die landwirtschaftlichen Betriebe mittlerer Größe korrelieren allerdings nur 1949 und 1963 signifikant positiv) einen entscheidenden Anteil an der örtlichen Bevölkerung hat.

Mit den Indikatoren, die auf Urbanisierungs-, Industrialisierungs- und Modernisierungstendenen in den Gemeinden hindeuten — wie Beamten- und Angestellten- bzw. Arbeiteranteil, Anteil von Industrie und Handwerk sowie Dienstleistungen, Beschäftigtenzahl pro Betrieb, Steuermeßbetrag pro Wohngebäude, Anteil der Mehrfamilienhäuser und Mietwohnungen — korreliert der Wahlerfolg der FDP teilweise hoch negativ. Da diese Indikatoren gesellschaftlicher Modernisierung auch im Untersuchungsraum während des betrachteten Zeitraums immer mehr an Bedeutung gewinnen, unterstützt dieser Sachverhalt die These, daß sich die Regionalpartei FDP dem sozialen Wandel in ihrem eigenen Traditionsbereich nur ungenügend anpassen kann und bis zum Ende der sechziger Jahre zur Partei jener Bevölkerungsgruppen wird, deren Bedeutung als Wählerreservoir durch die ökonomische und soziale Entwicklung relativ zurückgeht.

Konzentriert man den Blick auf das Landtagswahljahr 1951, so wird bei fast allen Korrelationen mit Sozialvariablen eine Nivellierung der Werte erkennbar, d.h. das bisher klare politisch-soziale Profil der FDP erscheint verschwommen. Dies deutet auf eine gravierende, allerdings nur auf diesen Zeitpunkt bezogene, ohne erkennbare langfristige Auswirkungen gebliebene Störung in den Beziehungen von Partei und Traditionsgebiet hin. Diese Irritation wird sowohl durch den Erfolg der neofaschistischen SRP (als parteipolitischer Alternative rechts von der FDP) als auch durch den Alleingang des profilierten FDP-Repräsentanten Wächter in der Wesermarsch belegt. Beide Ereignisse verweisen nicht zuletzt auf organisatorische Schwächen der FDP.

Die FDP hatte in den Anfangsjahren der Bundesrepublik deutlich abgrenzbare regionale Schwerpunkte. Veränderungen der Sozialstruktur im ländlichen Raum, eine erhöhte regionale Mobilität und der Umstrukturierungsprozeß in der Landwirtschaft[22], verbunden mit einer Freisetzung von Arbeitskräften und deren Hinwendung zu den städtischen Zentren und gewerblich-industriellen Berufen, haben einen einschneidenden Wandel bewirkt. Die Ergebnisse der eigenen Untersuchung in Niedersachsen entsprechen den Befunden anderer Arbeiten für die Hochburgengebiete.

---

[22] Dagegen sieht *Allerbeck* als Ursache für die Verluste der FDP in Baden-Württemberg den Attraktivitätsverlust der FDP bei weitgehender struktureller Kontinuität (Klaus *Allerbeck:* Die alte und die neue FDP. Historische Vergleichsdaten zur Entwicklung der Wählerschaft in Baden-Württemberg, in: Albertin: a.a.O., S. 153, 163, 164). Diesen sieht Allerbeck durch Richtungsstreitigkeiten bzw. das Image einer „Umfaller- oder Pendlerpartei" verursacht.

Mintzel hat bereits auf die Sonderstellung des protestantischen Korridors der fränkischen Traditionszone innerhalb des Freistaates Bayern hingewiesen[23]. Im Regierungsbezirk Mittelfranken erreichte die FDP (bis 1962 einschließlich) den nach dem damaligen Landtagswahlgesetz notwendigen Mindestanteil von 10% der gültigen Stimmen. Hochburgen der Wählerresonanz in einzelnen Kreisen und Gemeinden garantierten einen entsprechenden Durchschnittswert.

Für die baden-württembergischen Wahlen der Jahre 1961 bis 1976 hat Mielke im Rahmen einer flächendeckenden Aggregatdatenanalyse „weitreichende Umschichtungen der Wählerschaft"[24] nachgewiesen. Die räumliche Verteilung der liberalen Wähler und auch die sozialstatistischen Indikatoren der Wählerresonanz haben sich in diesem Zeitraum grundlegend verändert. Alte Hochburgen als Partei des protestantischen, handwerklich-gewerblichen und bäuerlichen (alten) Mittelstandes in den Dörfern und Kleinstädten der ländlichen Regionen Baden-Württembergs gingen verloren[25]. Solche Hochburgen waren auch Bestandteil des von Klingemann im Zusammenhang mit der Bundestagswahl 1961 untersuchten Wahlkreises. Seine für diese Betrachtung wesentlichen Befunde lassen sich (verkürzend) in zwei Sätzen zusammenfassen: Im Wahlkreis Heilbronn agierte die FDP als Trägerin einer regionalen, eher konservativen (nationalliberalen, agrarischen) Tradition[26]. Nach den sozialstrukturellen Merkmalen ihrer Wähler war die FDP noch 1961 eine Partei des protestantischen selbständigen Mittelstandes im ländlichen Raum; unter ihren Wählern in den traditionellen Hochburgen überwogen Landwirte, Handwerker und Händler[27].

Auch in Hessen-Kassel und Waldeck bestätigte sich die Beobachtung, daß FDP-Hochburgen der Nachkriegszeit nicht unbedingt liberale Traditionsgebiete sein mußten, wohl aber durch einen überwiegend agrarischen Besitzmittelstand geprägte Regionen[28]. In deutlicher Abgrenzung gegen die (katholische) CDU und die (sozialistische) SPD haben solche Regionen offenbar ein für sie

---

[23] Alf *Mintzel:* Das traditionskräftige und staatlich selbstbewußte Bayern, in: Wehling: a.a.O., S. 146ff.

[24] Gerd *Mielke:* Sozialer Wandel und politische Dominanz in Baden-Württemberg. Eine politikwissenschaftlich-statistische Analyse des Zusammenhangs von Sozialstruktur und Wahlverhalten in einer ländlichen Region, Berlin 1987, S. 139 (vgl. ebenda, S. 133f., 146, 148, 151, 159, 170, 210, 212, 227, 268/274).

[25] Ebenda, S. 143, 170, 172f., 176, 208-210, 215, 221, 244.

[26] Hans D. *Klingemann:* Bestimmungsgründe der Wahlentscheidung. Eine regionale Wahlanalyse, Meisenheim 1969, S. 10, 20, 23, 53, 144.

[27] Ebenda, S. 52, 94, 134-137, 147.

[28] Wolfgang *Haseloff:* Die politischen Parteien und die Wahlen in Waldeck 1867-1953, phil. Diss. Marburg 1955; Erwin *Knauß:* Entwicklung und Strukturen des Kreises Gießen, Gießen 1961; David *Schoenbaum:* Ein Wahlkreis wählt „verkehrt", in: Erwin Scheuch, Rudolf Wildenmann (Hrsg.): Zur Soziologie der Wahl, 2. Aufl., Köln und Opladen 1968, S. 330ff.; Walter *Mühlhausen:* Parteien im Wiederaufbau — Strukturen und Tendenzen in Hessen 1945/46, in: Archiv für hessische Geschichte und Altertumskunde N. F. 41 (1983), S. 281-334.

akzeptables, von der Besatzungsmacht zugelassenes Parteietikett genutzt, um ihre politische Grundeinstellung zum Ausdruck zu bringen. Im Gegensatz zur politischen Entwicklung in anderen Hochburgengebieten bewirkte in Nord-Hessen die Abspaltung des „Ministerflügels", der späteren FVP, im Jahre 1956 bereits einen deutlichen Schwund der traditionellen FDP-Wählerschaft in der Bundestagswahl 1957 und der Landtagswahl 1958. Es wäre reizvoll, den lokalen Bedingungen dieser „vorauseilenden Sonderentwicklung" in einer Hochburgenregion gesondert nachzugehen. Besondere Aufmerksamkeit käme dabei der Verankerung der FDP im Milieukontext zu.

3. FDP als Milieupartei

Für die später bundeseinheitlich als Freie Demokratische Partei bezeichnete liberale Parteiorganisation gestaltete sich der Gründungsprozeß besonders schwierig: die liberalen Traditionsgebiete waren am Ende der Weimarer Republik von der NSDAP dominiert, viele Sympathisanten durch eine NS-Vergangenheit belastet. Liberale Politiker wollten auch nicht an alle Traditionen ihrer politischen Strömung anknüpfen; die Gründer der FDP sahen die politische Notwendigkeit zur Zusammenfassung freisinniger/demokratischer und nationalliberaler/volksparteilicher Positionen[29].

3.1 Verknüpfungen der Gründungsphase

Neben den für die Nachkriegszeit besonders problematischen Verkehrsverbindungen und eingeschränkten Kommunikationsmöglichkeiten als generellen Rahmenbedingungen waren für das politische Geschehen am Ort vor allem drei bewegende Kräfte maßgebend:

— Vorgaben der britischen Besatzungsmacht: einerseits einschränkende Wirkungen des Entnazifizierungsprozesses und der Lizenzierung von Parteitätigkeit, andererseits stimulierende Bedeutung der bereits 1946 durchgeführten Kommunalwahlen.

— Überörtliche Aktivitäten zur Neu- bzw. Wiederbegründung politischer Parteien, wie sie in der parteigeschichtlichen Literatur ausführlicher dargestellt sind.

— Örtliche Traditionen und örtliche Initiativen, die hier im Mittelpunkt der Betrachtung stehen.

Der Ablauf örtlicher Gründungsprozesse zeigt zwar kein einheitliches Bild. Nicht nur für die niedersächsische FDP gilt, daß Parteiorganisationen „eher isoliert und sporadisch als untereinander abgestimmt und synchron" entstan-

---

[29] *Hein:* a.a.O., S. 193. Vgl. auch *Knauß:* a.a.O., S. 80f. (für den oberhessischen Kreis Gießen); Gerhard *Ott: Thomas Dehler,* Hof 1985, S. 90f.; *Mühlhausen:* a.a.O., S. 282.

den[30]. Typisch ist allerdings, daß angeknüpft wurde an das, was früher war: „Kleine Gründungskreise, die sich meist aus ‚Traditionsträgern' der Parteien zusammensetzen, und etablierte Organisationen hatten ... einen zeitlichen Vorsprung, sie konnten die Namen, die Programme und die provisorische Führung der Ortsparteien bestimmen, die dann meist auch weiterhin prägend wirkten."[31] Mauch beschreibt dies für einen (städtischen) FDP-Kreisverband (in Bayern): „Verschiedene Gruppen dachten an die Gründung einer liberalen Partei. Ein Diplom-Kaufmann hatte als ehemaliger Häftling des Konzentrationslagers ... Zugang zur Militärregierung. Während des Krieges hatten sich bei ihm regelmäßig NS-Gegner getroffen. Einige waren DDP-Mitglieder gewesen, andere hatten keiner Partei angehört. Diese Männer(!) trafen im Sommer 1945 wieder zusammen, um Anhänger zu sammeln. Jemand machte einen ihm persönlich bekannten Industriellen namhaft, ein anderer seinen Freund, der zur DVP gehört hatte. Dieser sprach seinerseits weitere Leute an."[32]

In den Regionen Oldenburg und Ostfriesland betrieben Jann Berghaus und Theodor Tantzen sen. zunächst den Versuch einer bürgerlichen Sammlung, die beide Strömungen des politischen Liberalismus umfassen, aber auch für andere Vertreter des Bürgertums offen sein sollte. Für diese Bestrebungen wählten sie (wie Schlange-Schöningen in Schleswig-Holstein) die Bezeichnung „Demokratische Union". Berghaus und Tantzen verkörperten die demokratischen Traditionen ihrer Heimatgebiete[33]. Beide hatten während der Weimarer Republik zentrale Positionen im öffentlichen Leben Oldenburgs bzw. Ostfrieslands inne: Regierungspräsident in Aurich (Berghaus) und Ministerpräsident für Oldenburg (Tantzen). Bei den Gründern auf Kreis- und Ortsebene brachten viele Aktivisten der ersten Stunde eigene politische Erfahrungen (die meisten aus den beiden liberalen Parteien der Weimarer Republik) in die neugegründete Partei ein.

Für die soziale Zusammensetzung der Gründerkreise läßt sich generalisierend sagen, daß neben Landwirten, Handwerkern und Einzelhändlern Inhaber solcher Berufe, die in großem Umfang Kontakte zu anderen Menschen mit sich bringen, unter den politischen Aktivisten der ersten Stunde (insbesondere den dauerhaften Inhabern politischer Führungspositionen für die örtlichen und

---

[30] *Marten:* FDP in Niedersachsen, S. 21 und ders.; Die unterwanderte FDP, S. 133.

[31] Dietrich *Thränhardt:* Wahlen und politische Strukturen in Bayern 1848-1953. Historisch-soziologische Untersuchungen zum Entstehen und zur Neuerrichtung eines Parteiensystems, Düsseldorf 1973, S. 210f.

[32] Berthold *Mauch:* Die bayerische FDP. Porträt einer Landespartei 1945 bis 1949, München 1981, S. 19 (bzw. phil. Diss. Erlangen—Nürnberg 1965, S. 25f.). Ähnlich wird die Gründung der FDP in Franken beschrieben (Ott: a.a.O., S. 88, 90, 92).

[33] Dieser Sachverhalt wird bei länderorientierter Betrachtung meist übersehen. So nennt Wolfgang *Treue* (Die deutschen Parteien, 2. Aufl., Wiesbaden 1962, S. 67) nur die Hansestädte und Württemberg als Beispiele liberaler Hochburgen. *Körper:* a.a.O., S. 140, erwähnt Hannover und Braunschweig als ehemalige Hochburgen des Liberalismus in Niedersachsen.

regionalen Parteiverbände) auffallend häufig vertreten sind: Rechtsanwälte, Lehrer und Landhändler, aber auch ein Schmiedemeister, ein örtlicher Vertreter der Brandkasse und der Leiter einer Raiffeisen-Genossenschaft[34]. Neben der Bedeutung berufsbedingter Kommunikationsmöglichkeiten und dem ausgeprägt „bürgerlichen" Charakter der örtlichen Gründerkreise ist auch die enge persönliche Bindung an die spezifischen politischen Traditionen der jeweiligen Region besonders hervorzuheben. Die Entscheidung für eine bestimmte Partei (genauer: Parteibezeichnung) entsprach entweder dem familiären Hintergrund der Beteiligten oder den politischen Traditionen der Region. Alle von Zeitzeugen genannten Parteigründer stammten aus alteingesessenen Familien.

In wenig urbanisierten Regionen mit vormodernen Traditionen kommt örtlichen Autoritäten für den politischen Wiederaufbau eine besondere Bedeutung zu. Eine Position, die gesellschaftliches und politisches Ansehen (also Autorität) am Ort begründet, stellt das Amt des Bürgermeisters dar. In der unmittelbaren Nachkriegszeit wurden örtliche Bürgermeister entweder von der britischen Besatzungsmacht selbst eingesetzt oder in deren Auftrag (durch den von der Militärregierung ernannten Landrat) berufen. Etliche der noch vor der ersten Gemeinderatswahl 1946 von der Besatzungsmacht ernannten Bürgermeister wurden nach (mehr oder weniger) kurzer Amtszeit im Zusammenhang mit der „Entnazifizierung" wieder aus dem Amt entfernt.

Wo der neuernannte Bürgermeister sich bis zum Herbst 1946 im Amt halten konnte (z. T. auch als kommissarischer Amtsinhaber), wurde er vom gewählten Gemeinderat im Amt bestätigt und behielt es für ein ganzes Jahrzehnt oder länger. Andere Führungskräfte gelangten erst nach dem Ausscheiden früherer Amtsinhaber (fast immer wegen gewisser Belastungen aus der NS-Zeit) in ihre Führungsposition. Nach der Wahl des ersten Gemeinderates und des ersten Kreistages läßt sich dann eine erstaunliche Kontinuität des politischen Führungspersonals beobachten. Während also anfangs der häufige Wechsel dem Aufbau von Amtsautorität entgegenstand, war in den von der FDP dominierten Untersuchungsgemeinden von den vierziger bis in die siebziger Jahre die Amtsautorität des (ehrenamtlichen) Bürgermeisters um so ausgeprägter.

3.2 Verankerung im Milieukontext

Wo die FDP im Gemeinderat dominierte, war sie mit den wirtschaftlichen Interessenverbänden am Ort aufs Engste verknüpft. In rein landwirtschaftlich orientierten Gemeinden war dies vor allem der Landvolkverband, dessen hoher Organisationsgrad der örtlichen Honoratiorenpartei eine wichtige Stütze bot[35].

---

[34] Mit ähnlichen Befunden Stein *Rokkan,* Derek W. *Urwin:* Economy, Territory, Identity. Politics of West European Peripheries, London 1983, S. 161. Bei den Landesvorsitzenden ermittelt *Hein* (S. 193) Angehörige der wirtschaftlichen Oberschicht.

[35] Wolfgang *Rudzio:* Wahlverhalten und kommunalpolitisches Personal in ausgewählten Oldenburger Gemeinden, in: Günther: Sozialer und politischer Wandel, S. 261.

Mit zunehmender Verbreitung kleinstädtischer Elemente in der lokalen Wirtschaftsstruktur wuchs dann die Bedeutung anderer Standesorganisationen: Handels- und Gewerbevereine, Handwerksinnungen und die Kreishandwerkerschaft bildeten organisatorische Stützen für Milieuparteien. In besonderer Weise gilt dies für die Kreisstädte und für Gemeinden mit eigener Zentralitätsfunktion. Zu Veranstaltungen der Westersteder FDP wurde beispielsweise durch die Kreishandwerkerschaft eingeladen. In Wiefelstede ersetzten Versammlungen des Landvolkverbandes entsprechende Parteiveranstaltungen. Zugleich stellten die Repräsentanten immer wieder ihre berufsbedingten Kommunikationsmöglichkeiten und Kontaktnetze in den Dienst ihrer politischen Arbeit.

Die Verankerung der kommunalen Repräsentanten in der örtlichen Vereinsstruktur trat hinzu. Für die jeweiligen Identifikationspersonen der FDP war es durchaus üblich, die lokale Präsenz der regionalen Milieupartei nicht nur in den Organisationen des Erwerbslebens, sondern auch in Freizeitvereinigungen (Reit- und Fahrverein, Sportvereinen oder Schachclubs), bei der Freiwilligen Feuerwehr und im Kirchenrat zu manifestieren. Die Verbindung zwischen den lokalen Führungskräften der Regionalpartei FDP und den örtlichen Organisationen des Arbeits- und Wirtschaftslebens wurde durch Rollenkumulation hergestellt: Zwischen Partei und Interessenorganisationen bestand in den Führungsspitzen „Personalunion". Dies läßt sich für die liberalen Untersuchungsgemeinden besonders anschaulich darstellen: Der FDP-Landrat des Kreises Wittmund, Reinhard Onken, war ebenso Vorsitzender des Landvolkverbandes wie der Wiefelsteder FDP-Bürgermeister Heinrich Klarmann. Die FDP des Ammerlandes repräsentierten der Kreishandwerksmeister Kruse und der Obermeister der Herrenschneiderinnung Meiners. In Jever vereinigte der FDP-Repräsentant Johann Albers als Landtagsabgeordneter, Landrat und Bürgermeister drei politische Funktionen mit den Aufgaben als Kreishandwerksmeister und Vorstandsmitglied des Landvolkverbandes.

Nicht nur die Nutzung berufsbedingter Kontakte und die aktive Mitarbeit der Parteivertreter in den lokalen Organisationen markieren milieuinterne Kommunikationsstränge. Erhebliche Bedeutung für die ständige Verbindung zwischen politischen Repräsentanten und ihrem Milieu kam auch den kleinräumig verbreiteten Massenmedien, den Heimatzeitungen, zu. Zumindest in der Wesermarsch und im Ammerland trugen die Heimatzeitungen wesentlich dazu bei, den Bürgern der Landkreise die politischen Aktivitäten der FDP-Repräsentanten zu verdeutlichen. Dadurch gewannen aber auch ihre Verleger erhebliche Bedeutung für die Regionalpartei: Für fünf untersuchte Gemeinden wurden immerhin zwei Zeitungsverleger als wichtige Repräsentanten der Milieupartei benannt.

Die örtliche Parteigründung war nicht identisch mit dem Bestreben, eine dauerhafte Organisation aufzubauen. Dies gilt auch für die traditionellen Hochburgengebiete. Der unter dem Parteietikett formierte soziale Kommunikationszusammenhang diente vor allem dazu, angesehene Personen als Repräsentanten für die ersten Nachkriegswahlen zu gewinnen. Selbst dort, wo der FDP-Ortsverband beachtliche Mitgliederzahlen aufwies (z. B. in Jever), lag die tatsächliche Parteiarbeit bei wenigen aktiven Personen. Auch die frühe Konstituierung der Partei auf der Kreisebene (Wesermarsch, Friesland, Ammerland, Wittmund) darf nicht darüber hinwegtäuschen, daß damit nur ein kommunikatives Gerüst, aber keine funktionsfähige Parteiorganisation geschaffen war. Wo die FDP mit ihrer nur lückenhaft ausgebauten oder unzureichend ausdifferenzierten Parteiorganisation sich nicht als „reiner Wahlverein" präsentierte, war dies dem Engagement und dem Improvisationsvermögen weniger zu verdanken.

Die bereits in der Nachkriegszeit erkennbare Skepsis der regionalen Parteigründer gegenüber dem normativen Leitbild „Mitgliederpartei" verdeutlicht die Formulierung, eine „möglichst klein zu haltende Ortsgruppe (solle — KHN) als Organisationsgrundlage und Ausgang aller Arbeit" dienen[36]. Diese Position beschreibt das tatsächliche Verhalten der lokalen FDP-Repräsentanten; ein Interesse an der Werbung von Mitgliedern war gerade bei den Aktivisten der Partei (man könnte fast von den örtlichen Verwaltern des Markenzeichens sprechen) nicht vorhanden. In Jever blieb die örtliche Parteiführung ziemlich gleichgültig; man brauchte niemanden zu werben, „die kamen von allein". Wenn tatsächlich einer kam, war er freilich keineswegs immer willkommen: Als etwa ein späterer Kreisvorsitzender 1958 den Wunsch äußerte, der Ammerländer FDP beizutreten, vergingen zwei Jahre, bis ihm der Bezirksgeschäftsführer mitteilte, man habe ihn aufgenommen. Die Einstellung der führenden FDP-Repräsentanten in Wiefelstede und Westerstede zu dieser Frage war eindeutig: „Was sollen wir mit den jungen Leuten?" (Klarmann), „Der Schuh ist geschenkt zu teuer, den laß man laufen" (Meiners).

Zumindest für die unmittelbare Nachkriegszeit ist zu berücksichtigen, daß sich auch für potentielle Mitglieder beachtliche subjektive Vorbehalte ergaben: Mitgliedschaft als Bindung an eine Partei war nicht erwünscht, da viele Mitbürger „gebrannte Kinder" waren. Aus der Sicht der Parteien war es schier unmöglich, jüngere Einwohner zur Mitarbeit zu gewinnen, da diese als „Kriegsgeneration" jede parteipolitische Bindung ablehnten[37]. Angesichts der Tatsache, daß gerade im liberalen Traditionsbereich die NSDAP ausgeprägte Hochburgen besessen hatte, sind solche Einstellungen durchaus verständlich.

4. FDP als Honoratiorenpartei

Die zentrale Bedeutung von Rollenkumulationen bei den lokalen und regionalen Repräsentanten der Milieupartei FDP erschließt die Bedeutung von Honoratioren für die politische Präsenz vorrangig personalintegrierter Milieus.

---

[36] Konzept für die Demokratische Union, Kreisorganisation Wesermarsch (1945).
[37] Ähnlich *Knauß:* a.a.O., S. 138 (für eine oberhessische FDP-Hochburg) und *Mauch:* a.a.O. (1965), S. 22 (für die oberfränkische Stadt Coburg) sowie *Hein:* a.a.O., S. 109, 117, 195.

In parteiensoziologischer Perspektive rückt damit die Frage nach organisationspolitischen Problemen und Risiken in den Blick. Nicht die Verankerung der Parteieliten im Milieukontext, sondern die Sicherung einer kommunikativen Grundlage für die politische Alltagsarbeit beider Elemente der Doppelbasis steht jetzt im Mittelpunkt der Betrachtung. Als Indikatoren dafür wurden im nordwestlichen Niedersachsen Kriterien und Verfahren der Kandidatenauswahl sowie sozialstatistische Merkmale (insbesondere Beruf und Alter) lokaler und überregionaler Repräsentanten der FDP untersucht.

Der Versuch, die organisatorische Gesamtstruktur der Regionalparteien (in Niedersachsen) von ihren örtlichen Gruppierungen her zu erschließen, führt zunächst zu einer Bestätigung von Kirchheimers „Doppelbasis"-Hypothese für Honoratiorenparteien: Die politische Arbeit der verschiedenen Organisationsebenen vollzog sich weitgehend unabhängig voneinander; FDP-Repräsentanten im Gemeinderat, im Kreistag, im Landtag und im Bundestag arbeiteten jeweils für sich allein. Ein Informationsaustausch zwischen den Repräsentanten der Partei auf verschiedenen Organisationsebenen des politischen Systems hat praktisch nicht stattgefunden; er wurde offenbar auch nicht vermißt. Landes- und Bundesgeschäftsstellen der FDP standen zwar im Kontakt mit den Kreisverbänden; im wesentlichen beschränkte sich dieser jedoch auf die Bereitstellung von Propagandamaterial für den Wahlkampf und Auftritte prominenter Bundespolitiker als Wahlkampfredner. Für die örtlichen Repräsentanten ergaben sich weitere Möglichkeiten der Kommunikation mit Funktionären der überörtlichen Parteiorganisation vor allem aus Anlaß von Parteitagen.

4.1 Repräsentanten in der Kommunalpolitik

Als zentrale Bedingung für die erfolgreiche Gemeinderatskandidatur auf einer FDP-Liste wurde von befragten Zeitzeugen immer wieder der Bekanntheitsgrad des einzelnen Kandidaten in seiner Gemeinde genannt. Aktive Mitarbeit in milieuspezifischen Organisationen, berufsbedingtes Sozialprestige sowie wirtschaftlicher und beruflicher Erfolg der selbständigen Kaufleute, Handwerker und Landwirte dienten als wesentliche Indikatoren für den Bekanntheitsgrad. Die flächendeckend angelegte, quantifizierende Untersuchung wichtiger sozialstatistischer Merkmale führte zu den gleichen Ergebnissen wie Gespräche mit örtlichen Vertretern der Regionalpartei.

In einzelnen Gemeinden bemühte sich die FDP, ihre örtliche Dominanz abzusichern, indem sie auf ihrer Kandidatenliste Konzessionen gegenüber Gruppen machte, die nicht, noch nicht oder nicht ausreichend in den milieuspezifischen Kommunikationszusammenhang integriert erschienen. Dies war jedoch nur in zentralen Orten der Fall, wo sich die Partei auch um eine Integration der Vertriebenen kümmerte. Dagegen agierte die FDP in den Landgemeinden als Partei der Einheimischen. Dort bildeten die Vertriebenen eigene politische Gruppen (teils als CDU, teils als BHE, gelegentlich auch als gemeinsame Liste beider Parteien).

Im Verhältnis der Teilorte/Bauernschaften achtete man besonders darauf, daß jeder durch einen eigenen Kandidaten auf der Liste vertreten war[38]. Aus den einzelnen Bauernschaften wurden fast ausschließlich Landwirte nominiert. In Kleinstädten sind die örtlichen Politiker vor allem Gewerbetreibende und Handwerker. Selbst dort, wo die personelle Identität zwischen Landvolkverband und FDP-Gemeinderatsfraktion das vorherrschende Merkmal der Lokalpolitik war, vertraten ein Bäckermeister und ein Holzkaufmann die Gewerbetreibenden der „urbanisierten" Ortsteile. Die lokalen Repräsentanten entstammten nahezu ausschließlich den gehobenen Schichten der jeweiligen Bevölkerung.

Gegenüber der Orientierung an einer ausgewogenen Berufs- und Regionalstruktur des Kandidatenangebots trat die Frage nach der Parteimitgliedschaft deutlich zurück. Dieses Kriterium läßt sich auf FDP-Listen für die Kommunalwahlen der Jahre 1948-1964 nur ausnahmsweise anwenden. Informelle Einflüsse und ritualisierte Abläufe sind dagegen von Bedeutung. Regelmäßig verfügten ein bis zwei Personen über eine herausgehobene Stellung innerhalb der lokalen Repräsentanten. Die vielfältigen formellen und informellen Bindungen der herausragenden Repräsentanten eröffneten die Möglichkeit, Einflüsse, Interessen, ja sogar Sympathiekundgebungen aus dem Milieukontext in geeigneter Weise zu berücksichtigen. Nur in Einzelfällen wurden formalisierte Interaktionen zwischen örtlich dominierenden Parteien und Standesorganisationen des Milieus bekannt (Listenverbindung mit dem Handels- und Gewerbeverein in Jever 1952).

Im Zeitablauf lassen sich für die Struktur der Repräsentanten auf der Gemeindeebene kaum eindeutige Tendenzen der Veränderung erkennen. Der Anteil der Landwirtschaft fällt bei der FDP in den ersten drei Wahlperioden auf 41 Prozent, danach nimmt er wieder zu, ohne jedoch den Höchststand von 1948 (61 Prozent) erneut zu erreichen. Auf der Kreisebene zeigen sich für insgesamt fünf Wahlperioden bei der FDP im nordwestlichen Niedersachsen relativ durchgängig die festgestellten Dominanzen sozialer Merkmale:

— bei den Wirtschaftsbereichen dominiert durchgehend die Land- und Forstwirtschaft,

— nach der Stellung im Beruf sind stets die Selbständigen überrepräsentiert,

— hinsichtlich der Vorbildung überwiegen durchweg die Nichtabiturienten.

Die Analysen zu Gründungsprozeß und Organisationsalltag erbrachten bereits erste Hinweise auf mögliche Probleme bei der Altersstruktur von Parteieliten: Söhne und Schwiegersöhne eingesessener Familien wurden eher ausnahmsweise in die politische Arbeit einbezogen. Einem allmählichen Gene-

---

[38] Vgl. Karl-Heinz *Naßmacher,* Wolfgang *Rudzio:* Das lokale Parteiensystem auf dem Lande, dargestellt am Beispiel der Rekrutierung von Gemeinderäten, in: Wehling, Hans-Georg (Hrsg.): Dorfpolitik, Opladen 1978, S. 138-142.

rationswechsel durch Rekrutierung neuer Aktivisten legten die Eliten der untersuchten Ortsparteien kein besonderes Gewicht bei[39]; ein problemloser Wechsel in den kommunalen Führungspositionen kam nicht zustande. Die quantitative Analyse der Parteieliten bestätigt solche Einzelbeobachtungen zur Altersstruktur: Besonders bei den Kreistagsmitgliedern der FDP läßt sich ein deutlicher Überalterungsprozeß erkennen; seit 1948 stellen die über 55jährigen durchgängig mehr als die Hälfte der Kreistagsabgeordneten dieser Partei; der Anteil der Älteren zeigt eher steigende, der der Jüngeren fallende Tendenz.

Lediglich in einzelnen Gemeinden bewältigte die FDP den politischen Generationswechsel. In Westerstede trat 1972 ein Vermessungsbeamter die Nachfolge eines Landwirts als FDP-Bürgermeister an. In Jever wurde in den Jahren 1959 bis 1961 der Schmiedemeister Albers in seinen lokalen Ämtern durch den Studienrat Ommen abgelöst. Da der neue Bürgermeister bis 1972 amtierte, hat selbst der abrupte Amtswechsel von einem Vertreter des „alten" Mittelstandes zu einem Repräsentanten des „neuen" Mittelstandes die Vorherrschaft der FDP in Jever nicht entscheidend beeinflußt. Allerdings konnte auch dort, wo der Generationswechsel frühzeitig und augenfällig vollzogen wurde, die traditionelle Milieupartei FDP ihre Führungsposition in den siebziger Jahren nicht mehr behaupten.

4.2 Parlamentarier als überörtliche Eliten

Eine deutlich andere Struktur als die Repräsentanten in der Kommunalpolitik haben die FDP-Führungseliten auf der Landes- und Bundesebene[40]. Abweichungen zeigen sich vor allem im Hinblick auf die nicht-landwirtschaftlichen Bereiche: der Landwirtschaftsanteil unter ihren Landtagsabgeordneten beträgt nicht einmal mehr 20 Prozent, dagegen stellt der Bereich „Handel und Verkehr" über 40 Prozent der FDP-Landtagsabgeordneten. Die Selbständigen bilden zwar die absolut stärkste Gruppe, allerdings ist der Anteil der Beamten unter den Landtagsmitgliedern höher, derjenige der Angestellten deutlich höher als bei Gemeinderat und Kreistag. Auf der Bundesebene setzt sich dieser Trend fort: Der Anteil der Landwirte geht weiter zurück, der Anteil der Selbständigen sinkt weiter ab, obgleich diese Gruppe noch die relative Mehrheit bildet. Der Anteil der Angestellten ist ebenfalls gefallen. Bemerkenswert dagegen scheint die Zunahme der Beamten, die bei der FDP (einschließlich des Bereiches „Schule und Hochschule") mehr als ein Drittel aller Abgeordneten stellen. Das Bildungsniveau steigt auf den höheren Ebenen deutlich an. Der Anteil der „Vollakademiker" erreicht im Landtag 30 Prozent, im Bundestag sogar 50 Prozent.

---

[39] Für die bundesweite Sicht dieses Problems vgl. *Körper:* a.a.O., S. 46ff. *Hein* (a.a.O., S. 192) weist auf die Überalterung der Gründer hin (70-80jährige) bei gleichzeitig dünner Personaldecke, was allerdings für den Untersuchungsraum so pauschal nicht zutrifft.

[40] Zu Einzelheiten s. Waltraud *Rudzio:* Sozialstruktur der Parteieliten, in: Naßmacher u.a.: a.a.O., S. 192-216.

Die abweichende Elitenstruktur auf den höheren Systemebenen (weniger milieuadäquate Vertreter und stärkere Professionalisierung) ermöglicht strukturell eine Entfremdung zwischen Wählern und Gewählten einerseits sowie zwischen lokalen und überlokalen Vertretern andererseits. Wird Entfremdung zwischen Milieu und überörtlichen Repräsentanten nicht als abrupt aufbrechende Konsequenz eines fortdauernden Zustandes, sondern als die allmählich eintretende Folge eines Entwicklungsprozesses verstanden, dann ist die zeitliche Dimension unverzichtbarer Bestandteil der Untersuchung von Parteieliten. Gerade die Unterschiede zwischen den Kreistagsabgeordneten und den Landtagsabgeordneten haben sich im Laufe der Zeit gravierend verstärkt. Eine Entfremdungstendenz signalisiert im Gegensatz zu den anderen Sozialstrukturindikatoren vor allem die akademische Vorbildung. Der Anteil der Nichtabiturienten unter den Abgeordneten der FDP nimmt im Laufe der Zeit stetig ab, während der Anteil der „Vollakademiker" steigt; bei den niedersächsischen Bundestagsabgeordneten ist er besonders hoch (60 Prozent und mehr).

Auch die Altersstruktur und deren Veränderung können Hinweise auf Distanz zwischen örtlichen und überörtlichen Eliten geben. Eine eindeutige Tendenz zur Überalterung — wie auf der lokalen Ebene — läßt sich bei den Landtags- und Bundestagsabgeordneten der FDP nicht erkennen. 1963 ging der Anteil der älteren Landtagsabgeordneten radikal zurück; mit dem hohen Mandatsgewinn 1963 kamen vor allem neue Abgeordnete (55 Jahre und jünger) hinzu[41]. Da fast alle aus der Landesliste gewählt wurden, sind die Ursachen für den Regenerationsprozeß weniger im Milieugebiet als im FDP-Landesvorstand zu suchen. Zur Entwicklung der Altersstruktur bei den Bundestagsabgeordneten fällt auf, daß anders als in den Kreistagen und im Landtag die „Erstmannschaft" sehr jung war, der Anteil der unter 46jährigen nahm im Zeitablauf jedoch — unabhängig von veränderten Mandatszahlen — stark ab; schließlich verschwindet diese Altersgruppe ganz. Das „Pensionsalter" von 65 Jahren hat allerdings keiner der niedersächsischen FDP-Abgeordneten im Bundestag überschritten.

Offenbar bestand in den über die Landesliste entscheidenden Gremien ein Interesse an flächendeckender Vertretung aller Landesteile, teilweise sogar an der Ausdehnung in „Diaspora-Gebiete". In der Landespartei dominierte während der frühen fünfziger Jahre der „nationale" Flügel (Landesvorsitzender Stegner), in den späten sechziger Jahren der „sozialliberale" Flügel (Landesvorsitzender Groß). Beide hatten kein besonderes Interesse an milieuadäquaten Kandidaten für die regionalen Traditionswähler. Zudem hat die Partei ihre organisatorischen Schwerpunkte überwiegend im städtischen Bereich Niedersachsens, also außerhalb des ländlichen Traditionsgebietes. Somit zielte das Kandidatenaufgebot auch für die Bundes- und Landesebene mehr auf städtische

---

[41] Daten zur Altersstruktur der FDP-Abgeordneten im Landtag enthält auch *Marten:* Die unterwanderte FDP, S. 373; zur Sozial- und Altersstruktur vgl. auch *Gutscher:* a. a. O., Tab. III und IV.

Wähler. Darin kam ein Kurswechsel an der Spitze zum Ausdruck; Friktionen zwischen Parteiführung und Basis waren angelegt.

5. Von der FDP zur F.D.P.

Für die Wiederbegründung einer milieuspezifischen Sonderpartei scheint der ausgeprägt agrarische Charakter förderlich gewesen zu sein. Nicht auszuschließen ist auch, daß der Flüchtlingszustrom bei Parteigründungen als „Katalysator" diente; zumindest die lokale Gründung der Regionalpartei wurde von „einheimischen" Eliten betrieben. Die wichtigsten Veränderungen der Sozialstruktur im Untersuchungsgebiet ergeben sich aus Zustrom und Abwanderung der Vertriebenen einerseits und dem allgemeinen Rückgang des Agraranteils (damit verbunden auch der Anteile von Selbständigen und mithelfenden Familienangehörigen an den Erwerbstätigen) andererseits. Trotz gelegentlicher Erholungsphasen bei der Wählerresonanz ist eine Auszehrung der sozialen Grundlagen des (liberalen) Milieus zu konstatieren, die wiederum einen Milieuverzicht der um das eigene politische Überleben ringenden Parteiführung als konsequent erscheinen läßt.

Die organisationssoziologischen Ursachen dafür sind allerdings in der Struktur der Partei angelegt. Das politische Überleben einer traditionellen Honoratioren- oder Repräsentationspartei, zu deren bedeutsamen Merkmalen ihre Doppelbasis in der kommunalen Politik und in den Parlamentsfraktionen gehört, kann davon abhängen, ob es den beiden Organisationskernen gelingt, unter dem weiten Mantel eines gemeinsamen Parteietiketts geeignete Formen „friedlicher Koexistenz" zu finden und (arbeitsteilig) die Mobilisierung der Wählerschaft für die Stimmabgabe bei den verschiedenen Wahlen sicherzustellen. Innerparteiliche Entfremdung zwischen den organisatorischen Kernen sowie ein Auseinanderleben zwischen örtlicher Anhängerschaft und lokalen Eliten bilden wesentliche Risikofaktoren für den Bestand von Honoratiorenparteien.

Die quantifizierende Analyse der Repräsentanten hat gezeigt, daß die Führungseliten auf den verschiedenen Ebenen deutlich voneinander abwichen. Dies gilt vor allem in bezug auf Berufsausbildung und Altersstruktur. Professionalisierungstendenzen in der überörtlichen Politik können als weiterer Verstärker zum Auseinanderleben beigetragen haben. Schließlich dominierten überörtlich Berufspolitiker mit Hochschulabschluß. Im kommunalen Bereich war und blieb die Regionalpartei FDP im Hinblick auf ihre Repräsentanten bis zu ihrem Niedergang eindeutig Milieupartei: Sie spiegelte die soziale Elite der von ihr vertretenen Teile der Gesellschaft wider, ungeachtet des auch im Untersuchungsgebiet ablaufenden sozialen Wandels.

Darüber hinaus haben offenbar Entscheidungen der jeweiligen Parteiführung in Land und Bund über Strategien und Koalitionen nicht oder zu wenig den milieugebundenen Charakter der Ortsparteien und die daraus resultierenden

Bedingungen politischer Mobilisierung respektiert oder reflektiert. Eine systematische Artikulation regionalspezifischer Sonderinteressen hat die FDP offenbar nirgendwo als ihre Aufgabe angesehen. Der FDP-Landesvorstand in Niedersachsen stellte sich in den Grundlinien der von ihm verfolgten Politik geradezu als Führungsgremium einer betont nichtregionalen Partei dar. Von Anfang an versuchte die Landespartei den Charakter als Regionalpartei eher zu leugnen. Angesichts dieser Grundorientierung der Parteiführung ist es nicht überraschend, daß weitreichende soziale Veränderungen in den Hochburgengebieten von Landes- und Bundespartei nicht im Sinne der traditionellen Wählerschaft verarbeitet wurden. Dies zeigt, daß die Vermittlungsmechanismen zwischen Zentrum und Peripherie nicht funktionierten[42]. Auf Veränderungen, die für die wirtschaftliche Existenzgrundlage ihrer traditionellen Wählerschaft bedeutsam waren, reagierten die Bundes- und Landesführung der liberalen Milieupartei durch Abwendung von den berufsständischen Interessen des agrarischen und kleingewerblichen „alten Mittelstandes".

Für „friedliche Koexistenz" der Doppelbasis in Honoratiorenparteien scheint ein Minimum an ideologischer Übereinstimmung notwendig. Die FDP hatte in Anti-Sozialismus und Anti-Klerikalismus einen ideologischen Minimalkonsens, der von Führungseliten auf allen Ebenen politisch vertreten wurde. Dieser verlor erst nach dem Niedersachsen-Konkordat (1965) erheblich an politischer Bedeutung. Das Fehlen einer sicheren, politisch relevanten und allen Repräsentanten gemeinsamen ideologischen Grundlage ließ jedoch den Konsens zwischen Parteispitze und Basis jeweils dann auseinanderbrechen, wenn Aktionen der Parlamentsfraktionen den örtlichen Repräsentanten nicht mehr einsehbar waren und akzeptabel erschienen.

Unter dem Druck politischer und sozialer Veränderungen mußten überörtliche Parteiführer Entscheidungen treffen, um das politische Überleben der Partei zu sichern. Von den in der politikwissenschaftlichen Literatur für die Konzentration des deutschen Parteiensystems genannten Einflußfaktoren kommt vor allem der Fünf-Prozent-Klausel als Rahmenbedingung des Parteienwettbewerbs erhebliche Bedeutung zu. Die (seit 1953) mit der Sperrklausel des Bundeswahlgesetzes verbundene Gefahr für (bundesweit gesehen) kleinere Parteien (also auch solche mit regionalen Hochburgen) kann als Auslöser sowohl für strategische Entscheidungen der Parteiführung auf Bundesebene als auch für den taktischen Parteiwechsel einzelner Repräsentanten identifiziert werden. Die von der FDP-Führung aus bundespolitischen Erwägungen gewählte Strategie wirkte vorrangig auf das Wählerverhalten und erst sekundär auf die lokalen Eliten ein.

Weiterhin sind die Aktionen der FDP in den Jahren 1966 bis 1969 zu nennen. Die Motive ihres Handelns konnte (oder wollte) die Bundesparteiführung den Repräsentanten der örtlichen Milieus in peripheren Regionen nicht vermitteln.

---

[42] Zu den Vermittlungsmechanismen zwischen Zentrum und Peripherie s. *Rokkan/Urwin:* a.a.O., S. 132f.

Der Honoratiorencharakter der regionalen FDP bot keinen Ansatzpunkt, um dieses Kommunikationsdefizit zu kompensieren. Die bereits in unterschiedlichen sozialen Merkmalen der (ebenenspezifischen) Repräsentanten angelegte soziale Distanz innerhalb der Doppelbasis von Parlamentsfraktionen und Lokaleliten steigerte sich zur politischen Entfremdung.

Der mit dem Blick auf ein schrumpfendes Wählerpotential von der Parteiführung betriebene Wandel der FDP zur F.D.P. bedingte, daß im Jahre 1969 der beachtliche Wählerschwund und die Beteiligung der eigenen Partei am „Machtwechsel" für viele örtliche Repräsentanten nicht mehr akzeptabel war. Diesem letzten Einbruch der Wählerresonanz waren allerdings verschiedene (offene oder verdeckte, auf die Eliten beschränkte oder auch die Wählerschaft erfassende) Krisen gerade der niedersächsischen FDP vorausgegangen[43]. Die lokalen Eliten der alten Milieupartei traten zur CDU über oder schieden aus der Politik aus.

In der Absicht, möglichst große Teile des „neuen Mittelstandes" in den Ballungsräumen für sich zu gewinnen, entwickelte die F.D.P. ihre wichtigsten politischen Positionen auf den Themenfeldern Ostpolitik bzw. Bildungsreform[44]. Die 1969 gebildete sozial-liberale Koalition in Bonn war eine konsequente Folge dieser Neuorientierung. Den „bürgerlich" (altliberal) eingestellten Traditionswählern erteilte die F.D.P. zwar keine deutliche Absage; die Bundes- und Landespartei überließen es jedoch den örtlichen Repräsentanten, die kognitiven Dissonanzen der dem liberalen Milieu verbliebenen Anhänger argumentativ zu verarbeiten.

Die FDP war (trotz ihrer regionalen Hochburgen) stets eine bundesweit etablierte Partei. Mit dem Peripherwerden ihrer sozialen Basis, des alten Mittelstandes, gelang der Parteiführung das Umsteigen auf eine neue Wählerklientel. Dabei veränderte die tradierte Organisation ihr Gesicht dramatisch, verschwand weitgehend und verlor dabei ihre peripheren Hochburgen, aber die Partei selbst überlebte, wenn auch (1969 und 1983) nur knapp. Besondere Auswirkungen der bundesweit veränderten Wahlkampfstrategie (Spitzenkandidaten, „Kanzlerfrage") oder der öffentlichen Parteienfinanzierung lassen sich nicht nachweisen. Aber hier können für das politische Überleben der F.D.P. nützliche Absicherungswirkungen vermutet werden.

---

[43] Vgl. dazu u. a. Jürgen *Dittberner:* Die Freie Demokratische Partei, in: Richard *Stöss* (Hrsg.): Parteien-Handbuch, Band 2, Opladen 1984, S. 1330ff.

[44] *Zülch* betont die ideologischen, personellen und situativen Elemente dieses Prozesses gegenüber den sozialstrukturellen Dimensionen, die nur am Rande deutlich werden (a. a. O., S. 35f., 52f., 71, 86-91). Weitere Argumente für die sozialliberale Koalition bietet *Dittberner:* Partei der zweiten Wahl, S. 109.

Die Grünen in den Bundesländern

Das regionale Erscheinungsbild der Partei und ihrer Wählerschaft 1979-1988

Von *Helmut Fogt*

1. Einleitung

Regionale Besonderheiten und Unterschiede haben bei der Entstehung und Entwicklung der Grünen eine ungleich größere Rolle gespielt als bei allen anderen heute in der Bundesrepublik bestehenden Parteien. Nur wenn man den Regionalismus als beherrschendes Strukturmuster im Organisationsaufbau der Grünen in den Blick nimmt, wird man die Funktionsweise und Entwicklung dieser Partei zureichend verstehen können.

Die grün-alternative Wahlbewegung ist Ende der siebziger Jahre nur wenig koordiniert in einzelnen Städten und Landkreisen der Bundesrepublik entstanden. Sie wurde jeweils von ganz unterschiedlichen Gruppen und Personen getragen, die nicht selten kraß gegensätzliche politisch-ideologische Positionen vertraten. Die entsprechenden Konfliktkonstellationen verliehen den einzelnen Landesverbänden der späteren Bundespartei der Grünen ihr eigenes, unverwechselbares Gepräge. Wie die bis heute anhaltenden innerparteilichen Querelen zeigen, ist den Grünen eine übergreifende „Synthese" dieser regional angelegten, ideologisch begründeten Divergenzen bis heute nicht gelungen.

Die Grünen bekennen sich ganz ausdrücklich zu einem regionalen Pluralismus als entscheidendem Strukturprinzip ihres Parteiaufbaus. Bereits der zweite Satz in der Präambel des Bundesprogramms spricht davon, man sei aus einem „Zusammenschluß" verschiedener grüner, bunter und alternativer Listen und Parteien hervorgegangen.[1] Deren Eigenständigkeit wird in der Satzung der Bundespartei ausdrücklich festgeschrieben: Als Voraussetzung einer „dezentrale(n) Parteigliederung und Basisdemokratie" wird dort die „größtmögliche Autonomie der Orts-, Kreis- und Landesverbände" bezeichnet (§ 10). Kreis- und Landesverbände haben bei den Grünen „Programm-, Satzungs-, Finanz- und Personalautonomie".[2]

Angesichts dessen ist es erstaunlich, daß die einschlägige politikwissenschaftliche Forschung die Grünen bislang kaum in ihrem Charakter als ausgeprägte

---

[1] Die Grünen: Das Bundesprogramm, Bonn o.J., S. 4.
[2] Satzung der Bundespartei Die Grünen, Bonn o.J. (1983).

Regionalpartei zur Kenntnis genommen hat. Solide politikwissenschaftliche Analysen zu den einzelnen Landesverbänden der Grünen liegen bislang kaum vor.[3] Den vergleichsweise besten Überblick über die Entstehung der Grünen in den einzelnen Bundesländern bietet der Artikel von Lilian Klotzsch und Richard Stöß in dem von Stöß 1984 herausgegebenen „Parteienhandbuch".[4] Abgesehen von einer (in entscheidenden Punkten unzureichenden) Darstellung der innerparteilichen Vorgänge beim Gründungsprozeß der Grünen unternimmt dieser Beitrag jedoch keine systematische Darstellung der Partei- und Wählerstrukturen der Grünen in den Bundesländern und behandelt die weitere Entwicklung in den achtziger Jahren nur sehr knapp. Neben diesem Handbuchartikel existieren eine Reihe von Insiderberichten aus den einzelnen Landesverbänden der Grünen, die aber nur von begrenztem analytischen und systematischen Interesse sind.[5]

Was für derartige Beschreibungen und Analysen gilt, gilt auch für die (wenigen) anspruchsvolleren politikwissenschaftlichen Theorieansätze, mit denen die tieferliegenden Ursachen für das Auftreten der Grünen im Parteiensystem der Bundesrepublik ergründet werden sollen: Sie geben zur Erklärung der regionalen Differenzierungen bei den Grünen nichts her.[6] Eine Ausnahme bietet lediglich die von Hans-Joachim Veen breiter entfaltete Sichtweise, der zufolge die Grünen als eine besondere Variante der aus der älteren Parteigeschichte bekannten sogenannten *„Milieuparteien"* zu gelten haben.[7]

---

[3] Eine Ausnahme z. B. Ralf *Heidger:* Die Grünen: Basisdemokratie und Parteiorganisation. Eine empirische Untersuchung des Landesverbandes der Grünen in Rheinland-Pfalz, Berlin 1987.

[4] Lilian *Klotzsch* und R. *Stöß:* Die Grünen, in: Richard Stöß (Hrsg.), Parteienhandbuch. Bd. 2, Opladen 1984, S. 1509-1598.

[5] Eine Reihe derartiger Berichte auf dem Stand von 1982 vereinigt z. B. Jörg R. *Mettke* (Hrsg.): Die Grünen. Regierungspartner von morgen?, Reinbek 1982.

[6] Die einschlägigen theoretischen Bemühungen kreisten insbesondere um die Frage, ob das Engagement für die Grünen in erster Linie als Ausfluß „postmaterialistischer" Einstellungen jüngerer Angehöriger der „neuen Mittelklasse" aus dem Dienstleistungssektor zu interpretieren sei oder als Folge „nicht berücksichtigter Interessenlagen" beruflich (noch) nicht stabil verankerter Jungakademiker (Bürklin) oder ob die entscheidenden Erklärungsfaktoren nicht anderswo, jedenfalls nicht in der Mittelschichtzugehörigkeit von Grün-Wählern als solcher, zu suchen seien. Vgl. Helmut *Fogt* und P. *Uttitz:* Die Wähler der Grünen 1980-1983: Systemkritischer neuer Mittelstand?, in: ZParl 15 (1984), S. 210-226; Wilhelm P. *Bürklin:* Grüne Politik, Opladen 1984, bes. S. 200ff.; Horst W. *Schmollinger:* Die Wahl zum Berliner Abgeordnetenhaus vom 10. März 1985. Zunehmende Mobilisierungs- und Integrationsschwäche des Parteiensystems, in: ZParl 16 (1985), S. 351f.

[7] Hans-Joachim *Veen:* Die Anhänger der Grünen — Ausprägungen einer neuen linken Milieupartei, in: Manfred Langner (Hrsg.): Die Grünen auf dem Prüfstand. Analyse einer Partei, Bergisch Gladbach 1987, S. 60-127; ders.: Die Grünen als Milieupartei, in: Hans Maier u. a. (Hrsg.): Politik, Philosophie, Praxis. Festschrift für W. Hennis, Tübingen 1988, S. 454-476. Vgl. auch Bernd *Guggenberger:* Umweltschutz und neue Parteibewegung, in: Christian Graf v. Krockow (Hrsg.): Brauchen wir ein neues Parteiensystem? Frankfurt 1983, bes. S. 80f., und Heinrich *Oberreuter:* Parteien — zwischen Nestwärme und Funktionskälte, Zürich 1983, bes. S. 70ff.

In einer eigentümlichen Gegenbewegung zu den modernen Volksparteien, die ihre traditionelle Verankerung in bestimmten „Sozialmilieus"[8] immer mehr einbüßen, haben sich die Grünen nach dieser These „immer ausgeprägter zur Milieupartei entwickelt, verwurzelt in einer spezifischen gesellschaftlichen Struktur, deren parteipolitischer Ausdruck die Partei heute weithin ist".[9] Diese gesellschaftliche Struktur, das „linksalternative Milieu", präge sich „vor allem politisch-ideologisch, sozial-moralisch und sozial-kulturell, d. h. als Gesinnungsgemeinschaft" aus. Soziologisch gesehen, besitze das Grünen-Milieu weniger klar ausgebildete Strukturen, gleichwohl sei es „auch bildungs- und berufsstrukturell eindeutig abgrenzbar". Das klassische Milieumerkmal räumlicher und lokaler Konzentration werde dagegen „weithin nicht erfüllt", auch wenn Veen konzediert, „gewisse räumliche Verdichtungen des Grünen-Milieus" seien in manchen Groß- und Universitätsstädten „unübersehbar".[10]

Diese Interpretation der Grünen als einer neuen „Milieupartei" verweist insoweit immerhin auf die Bedeutung lokaler und regionaler Schwerpunktbildungen und Besonderheiten der Parteientwicklung, auch wenn Veen derartigen Phänomenen selbst nicht weiter nachgeht.

Der folgende Beitrag unternimmt den Versuch, die lokale und regionale Struktur des Parteiaufbaus der Grünen herauszuarbeiten, und zwar differenziert nach der Ebene der Anhänger und Wähler der Partei, der ihrer Mitglieder und der ihrer führenden Repräsentanten — soweit dies auf der Basis des erreichbaren Materials möglich ist.

Im folgenden 2. Abschnitt wird hierzu zunächst die Entstehung der Landesverbände der Grünen in den einzelnen Bundesländern zwischen 1977 und 1980 dargestellt. Besonderes Augenmerk gilt dabei dem jeweiligen politisch-ideologischen Erscheinungsbild dieser Verbände. Der 3. Abschnitt gibt eine systematische Übersicht über die innerparteiliche Situation in diesen Landesverbänden.

Im 4. Abschnitt wird dann die Struktur der Wähler- und Anhängerschaft der Grünen auf regionaler Ebene eingehend analysiert. Der Abschnitt gibt einen Überblick über die Wahlergebnisse der Grünen auf Länderebene; es werden die regionalen Hochburgen der Partei und deren strukturelle Merkmale vorgeführt; und es werden auf der Basis der amtlichen Repräsentativstatistik sowie der einschlägigen Umfrageforschung die sozialstrukturellen Merkmale und politischen Grundeinstellungen der Grün-Wähler selbst regional verglichen.

---

[8] Den Begriff expliziert M. Rainer *Lepsius:* Parteiensystem und Sozialstruktur: Zum Problem der Demokratisierung der deutschen Gesellschaft, in: Wilhelm Abel u. a. (Hrsg.): Wirtschaft, Geschichte und Wirtschaftsgeschichte. Festschrift zum 65. Geburtstag von F. Lütge, Stuttgart 1966, S. 371-393.
[9] *Veen:* Die Grünen, S. 454.
[10] *Veen:* Die Anhänger, S. 64f.

Abschnitt 5 behandelt die regionalen Unterschiede in der Mitgliederstruktur der Grünen, Abschnitt 6 Unterschiede zwischen den Abgeordneten der Partei, die in den einzelnen Landesverbänden seit 1979 nominiert wurden.

2. Das regionale Erscheinungsbild der Grünen in der Phase der Parteigründung 1977-1980

Das organisatorische und politisch-ideologische Erscheinungsbild der Ende der siebziger Jahre auf lokaler und regionaler Ebene gegründeten grün-alternativen Listenverbindungen und Parteien wurde von zahlreichen, sehr heterogenen Gruppierungen und Organisationen bestimmt. Das Spektrum dieser Gruppierungen reichte von einzelnen, eher auf der Rechten beheimateten Splitterparteien, Gruppen aus der anthroposophischen Bewegung, Umwelt- und Naturschützern, den verschiedensten Bürger- und Protestinitiativen über SPD-Dissidenten und undogmatischen Sozialisten bis hin zu eindeutig verfassungsfeindlichen, linksextremistischen Kaderorganisationen, wie dem „Kommunistischen Bund" (KB), der „Kommunistischen Partei Deutschlands" (KPD) und dem „Kommunistischen Bund Westdeutschland" (KBW).[11]

Diese Gruppen waren regional in ganz unterschiedlichem Maße am Aufbau der neuen Partei beteiligt. Die linksradikalen und linksextremen Organisationen übten in den ehemaligen Hochburgen der Studentenbewegung (Berlin, Hamburg, Frankfurt, aber auch Heidelberg, Freiburg, Göttingen, Bonn) entscheidenden Einfluß auf die dort entstehenden „bunten", „alternativen" und grünen Listenverbindungen aus. Die bürgerlich-ökologischen Kräfte dominierten dagegen zunächst in Regionen, in denen größere Bevölkerungsteile von industriellen Großvorhaben, wie dem Bau von Kernkraftwerken, unmittelbar persönlich betroffen waren.

So entstand 1977 in *Niedersachsen* die erste landesweite grüne Listenverbindung als unmittelbare Reaktion auf das Scheitern des direkten und gewalttätigen Vorgehens gegen den Bau von Kernanlagen („Schlacht von Grohnde" im März 1977), wie es von örtlichen Bürgerinitiativen gemeinsam mit angereisten Linksextremisten bis dahin praktiziert worden war.[12] Während aus dem Zusammenschluß einzelner bürgerlich-gemäßigter Gruppierungen der Anti-Kernkraft-Bewegung die niedersächsische „Grüne Liste Umweltschutz" (GLU) hervorging, sammelten sich insbesondere Mitglieder des „Kommunistischen Bundes" und der linksextremen „Sozialistischen Arbeitsgruppe" (SAG) in der „Wählergemeinschaft Atomkraft — Nein Danke" (WGA).

---

[11] Vgl. hierzu Helmut *Fogt:* Die Grünen und die Neue Linke. Zum innerparteilichen Einfluß des organisierten Linksextremismus, in: Langner (Hrsg.): a.a.O., S. 129-208.

[12] Der folgende Überblick stützt sich, soweit nichts anderes angegeben ist, insbesondere auf *Klotzsch/Stöß:* a.a.O., S. 1513-1533; *Fogt:* Die Grünen und die Neue Linke, S. 135-146, 152-156.

In der GLU brachen schon bald schwere Konflikte über die gegenüber den linksextremen Kräften einzunehmende Haltung aus. Mehrheitsverschiebungen, bedingt durch den Eintritt zahlreicher WGA-Mitglieder in die GLU, ermöglichten im Juli 1978 die Wahl eines neuen, diesen Kräften gegenüber sehr viel aufgeschlosseneren GLU-Vorstandes.

Im April 1978 gelang der niedersächsischen GLU überraschend die Gründung eines Schwesterverbandes im benachbarten *Hessen*. Zwei Monate später zog auch hier die Linke nach: in *Frankfurt* wurde eine „Grüne Liste — Wählerinitiative für Umweltschutz und Demokratie" (GLW) gegründet, an der sich neben dem KB, der maoistischen KPD und dem revolutionär-marxistischen „Sozialistischen Büro" insbesondere die sogenannten „Spontis" beteiligten, Gruppen aus der gewalttätigen Frankfurter Hausbesetzer- und Chaotenszene. Auch die GLU engagierte sich zunächst für diese „Wählerinitiative", ein Zusammenschluß von GLW und GLU in der „Grünen Liste Hessen" (GLH) schlug allerdings bereits nach zwei Wochen fehl. Die bürgerlich-gemäßigten Kräfte kehrten dem Bündnis den Rücken und überließen damit einer linksradikalen Mehrheit im späteren hessischen Landesverband der Grünen das Feld.

Ganz ähnlich stellt sich die Vorgeschichte des grünen Landesverbandes in *Nordrhein-Westfalen* dar. Dort war im Sommer 1978 ebenfalls ein Ableger der niedersächsischen GLU aufgetreten, deren Mitglieder ein halbes Jahr später zum größten Teil in die damals gegründete, später bedeutungslose bürgerlich-konservative „Grüne Aktion Zukunft" (GAZ) des ehemaligen CDU-Abgeordneten Herbert Gruhl übertraten. Der GAZ standen in Nordrhein-Westfalen wenig später auf regionaler und lokaler Ebene eine Vielzahl bunter und alternativer Listen gegenüber, so u. a. in Bielefeld und Münster (unter Regie des KB), in Köln und Dortmund (dirigiert von der KPD), in Bonn und Essen. Obwohl die GAZ in Nordrhein-Westfalen ihren mitgliederstärksten Landesverband besaß, errangen die linksextremen Kräfte in diesem Bundesland bald ein klares Übergewicht: Bei der Gründung des nordrhein-westfälischen Landesverbandes der Grünen in Hersel bei Bonn (Dezember 1979) wurde ein Abgrenzungsbeschluß gegenüber Mitgliedern kommunistischer Organisationen mit 335 zu 226 Stimmen verworfen; ehemalige Mitglieder der KPD erhielten herausgehobene und einflußreiche Positionen in dem neuen Landesverband.

In *Hamburg* stand die grün-alternative Wahlbewegung dagegen von Beginn an unter der alleinigen Regie der extremen Linken. Dort wurde im März 1978 auf Initiative des „Kommunistischen Bundes" und der „Bürgerinitiative Umweltschutz Unterelbe" (BUU), die dem KB als Vorfeldorganisation diente, die „Bunte Liste — Wehrt Euch" gegründet — die entscheidende Vorläuferin des späteren Hamburger Landesverbandes der Grünen. Formal bestand die Bunte Liste zwar aus einer Vielzahl von Einzelinitiativen, besonders aus dem Alternativ- und Randgruppenbereich, dem Anti-Kernkraft- und Umweltbereich; de facto liefen die Fäden für die grün-alternative Wahlbewegung in ganz Norddeutschland (und darüber hinaus) jedoch beim Kommunistischen Bund bzw. ab Ende 1979 bei seiner Abspaltung, der „Gruppe Z" (wie „Zentrumsleitung", mit Zentrum war die Stadt Hamburg im Gegensatz zu ihrem Umland gemeint), zusammen. Die Gruppe Z bildete „das politisch-organisatorische Rückgrat der Hamburger Grünen".[13]

Über die von ihm dirigierte „Bürgerinitiative Umweltschutz Unterelbe" versuchte der Hamburger KB gleichzeitig, auch in *Schleswig-Holstein* Fuß zu fassen. In der aus zwei lokalen Wählergemeinschaften im Mai 1978 hervorgegangenen „Grünen Liste Schleswig-Holstein" trafen die KB-Aktivisten jedoch auf den entschiedenen Widerstand bürgerlich-konservativer Umweltschützer. Auf einer Mitgliederversammlung im September des gleichen Jahres wurde mit 98 gegen 78 Stimmen den Mitgliedern kommunistischer Organisationen der Zutritt zu der gerade gegründeten Partei verwehrt — 60 Anwesende verließen daraufhin den Saal. 1980 gelang den Linksextremisten in Schleswig-Holstein gleichwohl der entscheidende Durchbruch, als ein Mitglied der „Gruppe Z" in den dreiköpfigen Landesvorstand der Grünen einrückte.

Neben Hamburg und Frankfurt bildet *Berlin* das dritte Entstehungszentrum der grün-alternativen Wahlbewegung. Dort wurde im Oktober 1978 die „Alternative Liste — Für Demokratie und Umweltschutz" (AL) gegründet. An der Gründung waren u. a. der Kommunistische Bund, das Sozialistische Büro und die trotzkistische „Gruppe Internationale Marxisten" (GIM) beteiligt. Als „tragende organisatorische Kraft" (Ernst Hoplitschek) fungierte die maoistische KPD; Kenner der Szene schätzten, daß die AL Anfang der achtziger Jahre von maximal 50 Aktiven aus dieser konspirativ vorgehenden Kaderorganisation gesteuert wurde.[14] Praktizierende Mitglieder kommunistischer Organisationen waren in der AL von Anfang an willkommen; entsprechende Unvereinbarkeitsbeschlüsse werden in Berlin bis heute abgelehnt. Bei der Gründung der grünen Bundespartei weigerte sich die Berliner Alternative Liste, wie andernorts in einem Landesverband der Grünen aufzugehen — sie hätte dann das in der Satzung der Grünen verankerte Prinzip der Gewaltfreiheit anerkennen müssen. Politisch gemäßigte Umweltschützer sind in Berlin kaum in Erscheinung getreten.

Den ersten parlamentarischen Durchbruch auf Länderebene erreichte eine grüne Listenverbindung in *Bremen*. Dort hatten Anfang 1979 zwei prominente SPD-Dissidenten eine Wählergemeinschaft, die „Bremer Grüne Liste" (BGL) gegründet, die in einem breiten Spektrum von rechts bis links insbesondere Protestwähler anzusprechen versuchte und sich hierbei entschieden von kommunistischen Gruppen abgrenzte. Die BGL erhielt bei den Wahlen im Oktober 1979 5,1% der Stimmen und zog mit vier Abgeordneten in die Bremer Bürgerschaft ein. Eine konkurrierende, vom Kommunistischen Bund beherrschte „Alternative Liste" blieb bei einem Stimmenanteil von 1,4% hängen.[15]

---

[13] Lothar *Bading:* Soziale Bewegungen — politische Strömungen und Verallgemeinerungen — Wahlen, in: Marxistische Studien 5 (1982), S. 124.

[14] Volker *Skierka* in der Süddt. Zeitung v. 24. 4. 1981.

An der bald darauf erfolgten Gründung eines Landesverbandes der grünen Bundespartei haben sich die Aktivisten der BGL dennoch in der Mehrzahl nicht beteiligt: Sie überließen damit auch in Bremen langfristig der radikalen Linken das Feld.

In *Baden-Württemberg* entstand zu dieser Zeit ebenfalls zunächst ein eher „wertkonservativer", allenfalls linksreformistisch zusammengesetzter Landesverband. Neben Naturschützern und Mitgliedern einzelner Bürgerinitiativen wurde er im wesentlichen von drei Gruppierungen getragen: der GAZ Herbert Gruhls; der „Aktionsgemeinschaft Unabhängiger Deutscher" (AUD), einer Kleinstpartei ursprünglich rechtskonservativ-nationalistischer Herkunft, die sich Ende der sechziger Jahre dem linken Studentenprotest öffnete und in den siebziger Jahren den Umweltschutz als Betätigungsfeld entdeckte; schließlich dem „Achberger Kreis", benannt nach einem Zentrum der anthroposophischen Bewegung am Bodensee, dessen Mitglieder (wie die der AUD) für einen „dritten Weg", jenseits von Kapitalismus und Sozialismus, eintraten.[16] Zumal die AUD nahm gegenüber den linksradikalen Kräften in der sich formierenden grünen Partei eine sehr aufgeschlossene Haltung ein; gerade in Baden-Württemberg verstanden sich einige AUD-Repräsentanten selbst als undogmatische Sozialisten. Wenig später fanden auch zahlreiche Aktivisten linksradikaler Organisationen aus den Universitätsstädten Baden-Württembergs (besonders aus Heidelberg, Freiburg, Karlsruhe) in die neu gegründete Partei.

Ein womöglich noch stärkeres Gewicht als in Baden-Württemberg übte die AUD auf die Gründung des grünen Landesverbandes in *Bayern* aus: Hier gelang es ihr im Oktober 1979, die Ämter des Vorsitzenden, die seiner beiden Stellvertreter und das des Schatzmeisters der Grünen zu besetzen. Auch in Bayern kamen linksextreme Gruppierungen erst später verstärkt zum Zuge.

Die beiden kleinsten Landesverbände der Grünen im *Saarland* und in *Rheinland-Pfalz* wiesen ein eher diffuses ideologisches Profil auf. Im saarländischen Verband dominierte überwiegend eine bürgerlich-ökologische Strömung, in Rheinland-Pfalz mußten sich die Grünen mit Versuchen einer rechtsradikalen Einflußnahme auseinandersetzen.

Was das politisch-ideologische Erscheinungsbild und die entsprechenden innerparteilichen Auseinandersetzungen in der Gründungsphase anlangt, so lassen sich die Landesverbände der Grünen demnach zu vier Gruppen *zusammenfassen,* wobei ein gewisses Nord-Süd-Gefälle deutlich wird:

Da sind zum ersten die beiden Stadtstaaten Hamburg und Berlin, wo die linksextremen Kräfte von vornherein ein erdrückendes Übergewicht in der grün-alternativen Wahlbewegung besaßen, Aktivisten aus kommunistischen

---

[15] S. Anna *Hallensleben:* Wie alles anfing... Zur Vorgeschichte der Partei Die Grünen, in: Thomas Kluge (Hrsg.): Grüne Politik, Frankfurt 1984, S. 154-165.

[16] Jörg R. *Mettke:* „Auf beiden Flügeln in die Höhe". Grüne, Bunte und Alternative zwischen Parlament und Straße, in: ders. (Hrsg.): Die Grünen. S. 13.

Kaderorganisationen die entsprechenden bunten und alternativen Wählergemeinschaften unangefochten dirigierten.

Die zweite Gruppe bilden Landesverbände wie die in Hessen und Nordrhein-Westfalen, wo sich die linksradikale Strömung zumindest zahlenmäßig ebenfalls von vornherein in einer Mehrheitsposition befand, die bürgerlich-gemäßigten Gruppierungen allerdings einen gewichtigen Faktor darstellten, mit dem zumindest anfänglich zu rechnen war.

In einer dritten Gruppe von Bundesländern, zu denen Niedersachsen und Bremen, aber auch Schleswig-Holstein zählen, besaßen diese bürgerlich-ökologischen Gruppierungen anfangs einen mehr oder weniger ausgeprägten zeitlichen und auch zahlenmäßigen Vorsprung gegenüber der Linken. Sie gerieten allerdings ebenfalls schrittweise in eine Minderheitenposition, meist nach einem sich wiederholenden Muster: Ein Teil der gemäßigten Kräfte weigerte sich, den gezielten Eintritts- und Unterwanderungsbewegungen von seiten der Linken offensiv entgegenzutreten; der andere Teil resignierte daraufhin und trat aus der Partei wieder aus.

In einer vierten Ländergruppe, zu denen insbesondere die beiden süddeutschen Flächenstaaten Bayern und Baden-Württemberg zählen, besaßen die bürgerlich-gemäßigten Kräfte zunächst ein stabiles Übergewicht gegenüber einer schwachen bunt-alternativen Konkurrenz, wobei sich diese allerdings durch die beschriebene Politik der Offenhaltung und Toleranz als bedeutsame (lokale) Minderheit in den betreffenden Landesverbänden auf Dauer festsetzen konnte.

Insgesamt hat sich die Allianz von Bürgerprotest und linksradikalem APO-Erbe, durch die die Gründung der Grünen erst möglich wurde und auf die sich viele Hoffnungen richteten, als außerordentlich instabile Konstellation erwiesen: Die westdeutsche Linke übte schon bald unangefochten die *Hegemonie* über die neue Partei aus.

3. Das regionale Erscheinungsbild der Grünen heute

Im Verlauf der achtziger Jahre haben sich gegenüber der Gründungsphase nicht unerhebliche Verschiebungen im politisch-ideologischen Profil der einzelnen Landesverbände der Grünen und im dort jeweils vorherrschenden Kräfteverhältnis der verschiedenen innerparteilichen Strömungen ergeben.

Es kristallisierten sich in den achtziger Jahren in dieser Hinsicht zwei große Gruppen grüner Landesverbände heraus: Zum ersten eine Gruppe *profiliert linksradikaler Verbände,* in denen führende Linksextremisten aus kommunistischen Kleinparteien noch heute eine starke Stellung einnehmen. Zum zweiten die *gemäßigteren, „realpolitisch" ausgerichteten Landesverbände,* in denen ein vergleichsweise pragmatisches Politikverständnis anzutreffen ist, so z.B. die prinzipielle Bereitschaft, Koalitionen mit der SPD einzugehen.

Derart „realpolitisch" orientierte Minderheiten sind neuerdings auch in den radikalen Landesverbänden der Grünen aufgetreten. Das bürgerliche Element selbst ist heute allerdings fast vollständig aus der Partei verschwunden — auch die gemäßigteren Landesverbände der Grünen verstehen sich als Teil der (radikalen) Linken in der Bundesrepublik.

Die „Grün-Alternative Liste" (GAL) in *Hamburg* zählt bis heute unverändert zu den radikalsten Landesverbänden der Grünen. Trotz einer weitreichenden Erosion des ehemals engen organisatorischen Zusammenhalts der kommunistischen „Kader" beherrschen frühere Funktionäre des Kommunistischen Bundes (KB) weiterhin die Hamburger GAL. Das Interesse der extremen Linken an der grünen Partei hat allerdings bedeutend nachgelassen: Bereits 1988 erschienen teilweise nur mehr 60 von 2400 GAL-Mitgliedern auf den Parteiversammlungen.[17] Dieser Umstand ermöglichte es vor kurzem einem kleinen Kreis gemäßigter Parteiaktivisten, sich als Fraktion „Grüne in der GAL" (sic!) zu konstituieren und bei den Vorstandswahlen im Februar 1989 drei der dreizehn Vorstandssitze zu erhalten.[18] Der spektakuläre Austritt der populären Umweltschützerin Thea Bock aus der GAL zeigt jedoch, daß diese „realpolitische" Minderheit von der radikalen Mehrheit nur aus Imageüberlegungen und nur auf Widerruf im Landesverband geduldet wird.

Auch in *Schleswig-Holstein* haben ehemals führende KB-Funktionäre unverändert Schlüsselpositionen als Geschäftsführer oder als Spitzenkandidaten inne. Dem gemäßigteren, „realpolitischen" Flügel gelang es nicht, seine starke Stellung aus der Gründungsphase der schleswig-holsteinischen Grünen zu halten. Erst im Frühjahr 1988 räumte die linksradikale Mehrheit der „realpolitischen" Minderheit unter dem Druck einer insgesamt bedrohlich nachlassenden Beteiligung der Mitglieder an der Parteiarbeit in größerem Umfang Plätze auf der Landesliste der Grünen ein.[19]

Die Alternative Liste in *Berlin* muß von ihrer Programmatik, Vorgehensweise und personellen Zusammensetzung her bis heute ebenfalls unverändert als eine linksradikale Organisation angesehen werden. Auch die im Gefolge der Wahlen zum Abgeordnetenhaus Anfang 1989 mit der SPD eingegangene Koalition vermag hierüber nicht zu täuschen. Diese vermeintliche „realpolitische" Wende ist das Ergebnis jahrelanger Machtkämpfe in der AL, die im Herbst 1987 zum Austritt der gesamten Arbeitsgruppe für Berlin- und Deutschlandpolitik, damit zugleich zum Austritt ehemaliger Funktionäre der aufgelösten maoistischen KPD, führte.[20] Die alte Politik der KPD: gleicher Abstand gegenüber Ost und West, gleichermaßen Kritik des östlichen Staatssozialismus wie des westlichen Kapitalismus, war in der Berliner AL über die Jahre immer stärker in die Defensive gedrängt worden.

---

[17] Der Spiegel v. 21. 11. 1988.
[18] FAZ v. 13. 2. 1989.
[19] taz v. 9. 1. 1988; FAZ v. 19. 4. 1988.
[20] taz v. 1. 10. 1987; Der Spiegel v. 8. 2. 1988.

Das Ruder übernahm ein Flügel in der AL, der sich (neben Mitgliedern der trotzkistischen „Gruppe Internationale Marxisten" (GIM)) insbesondere aus ehemaligen und weiterhin aktiven Mitgliedern der SEW (dem Westberliner Ableger der ostdeutschen SED) und des Kommunistischen Bundes (KB) zusammensetzte. Es handelt sich dabei um eine einseitig anti-amerikanische, pro-sowjetische Strömung, die der DDR-offiziellen Theorie von den drei unabhängigen deutschen Staaten (Bundesrepublik/DDR/West-Berlin) anhängt und für West-Berlin langfristig einen Status völliger Autonomie anstrebt.[21]

Das Bündnis mit der SPD bedeutet für diese mittlerweile in der AL dominierende Strömung keine Konversion zu einem kompromißbereiten, demokratischen Politikverständnis: Sie will damit nur die letzten Hürden abbauen, die dem seit langem angestrebten breiten Bündnis, das von der extremen, verfassungsfeindlichen Linken über gemäßigtere Gruppen bis weit hinein in die SPD und die Gewerkschaften reicht, noch entgegenstanden, ein Bündnis, das sich für die Schwesterpartei DKP im Bundesgebiet bisher erst in Ansätzen abzeichnet.[22]

Auch unter den Grünen in *Bremen* spielen heute Mandatsträger eine herausragende Rolle, die (wie der derzeitige Bürgerschaftsabgeordnete Martin Thomas oder der frühere Abgeordnete und neugewählte Sprecher im Bundesvorstand der Partei, Ralf Fücks) aus den K-Gruppen der siebziger Jahre (KPD, KBW) stammen. Grundsätzlich sind die Bremer Grünen zu einem Bündnis mit der SPD bereit, aber nur unter kaum erfüllbaren Bedingungen und nur solange die feste Verankerung in der „außerparlamentarischen Arbeit" nicht gefährdet wird.[23] Im Herbst 1987 wurde das gemäßigte Gründungsmitglied der Bremer Grünen, Christine Bernbacher, nicht in den Vorstand gewählt, da sie sich geweigert hatte, im Rahmen der von der Partei verordneten Zwangsrotation die Bürgerschaft zu verlassen.

Die Landespartei der Grünen in *Nordrhein-Westfalen* wird heute angesichts eines überaus geringen Engagements der Mitglieder von ihrem eigenen Sprecher als „total marode" bezeichnet.[24] 20 bis 30 Aktivisten, Exponenten einer aus Traditionssozialisten, „Ökosozialisten" und „Unabhängigen Linken" zusammengesetzten Strömung, bestimmen den Kurs der Partei. „Realpolitisch" orientierten Kräften ist es bislang nicht gelungen, entscheidende Positionen im nordrhein-westfälischen Landesverband auf Dauer zu halten. Eine Umfrage über Stimmungen und Trends an der Parteibasis, an der sich 1987 500 Mitglieder beteiligten, blieb unter Verschluß — das Stimmungsbild fiel den Parteiaktivisten offenbar zu „realpolitisch"-gemäßigt aus.[25]

---

[21] FAZ v. 5. 10. 1987 und v. 25. 3. 1988.
[22] FAZ v. 14. 5. 1988, v. 8. 10. 1988 und v. 6. 3. 1989.
[23] Weser-Kurier v. 5. 11. 1985; FAZ v. 26. 5. 1987.
[24] Der Spiegel v. 19. 12. 1988.
[25] Die Zeit v. 26. 2. 1988; taz v. 3. 6. 1986 und v. 1. 12. 1987.

Diesen fünf profiliert *linksradikalen Landesverbänden* der Alternativpartei stehen heute sechs eher *gemäßigte, „realpolitisch" orientierte Verbände* gegenüber.

So herrscht etwa bei den Grünen in *Niedersachsen* bis heute im wesentlichen ungebrochen eine politisch vergleichsweise moderate Strömung vor, die sonst üblichen Grabenkämpfe der innerparteilichen Flügel sind eher ausgeblieben. Allerdings haben sich einzelne „Ökosozialisten", wie der aus dem „Kommunistischen Bund" übergewechselte Landtagsabgeordnete Jürgen Trittin, eine starke Stellung im Landesverband bewahren können. Sie haben in der Vergangenheit mit einem gewissen Erfolg versucht, den Preis für das in Aussicht genommene Bündnis mit der SPD möglichst hochzutreiben.[26]

Nachdem die bürgerlichen Kräfte bald nach der Gründung des grünen Landesverbandes in *Hessen* aus der Partei verdrängt waren, begann die verbliebene linksradikale Mehrheit in zwei Richtungen auseinanderzudriften: Eine Gruppe, deren Basis hauptsächlich die Grünen-Fraktion im Frankfurter Stadtparlament bildete („Römer-Grüne"), geführt von Jutta Ditfurth, Manfred Zieran und Jan Kuhnert, die sich selbst als „Radikalökologen" bezeichnen, geriet ihrerseits schrittweise in eine Minderheitenposition.[27] Der hessische Landesverband wurde von einer rivalisierenden Gruppe um den früheren Bundestagsabgeordneten Joschka Fischer und den ehemaligen APO-Führer Daniel Cohn-Bendit („Fischer-Gang") mit taktischem Geschick auf „realpolitischen" Kurs gebracht. Die Richtungsänderung ermöglichte es den Grünen erstmals, eine Koalition mit der SPD einzugehen. Die hessischen Radikalökologen (heute „Linke in den Grünen") sind demgegenüber mittlerweile selbst im Frankfurter Römer in der Minderzahl.[28]

Nach einer Zeit relativ stabiler Vorherrschaft des gemäßigten Parteiflügels unter den Grünen in *Baden-Württemberg* reicht das politische Spektrum im dortigen Landesverband mittlerweile von linksradikalen Kräften aus den Universitätsstädten des Landes (dort meist der „Sponti"-Bewegung zugehörig), die häufig unter den Parteifunktionären zu finden sind, bis zu den sogenannten „Ökolibertären", die aus den Grünen eine pragmatische Reformpartei machen wollen.[29] Der gemäßigte Flügel in der Stuttgarter Landtagsfraktion sorgte im Herbst 1987 mit seinem Vorschlag, Lothar Späth gegebenenfalls mit zum Ministerpräsidenten zu wählen, und durch sein Eintreten für eine „Kultur wechselnder Mehrheiten" für Furore (der Vorschlag wurde mit fünf zu vier Stimmen verworfen).[30] Neuerdings haben die profiliert linksradikalen Kräfte unter den baden-württembergischen Grünen weiter an Einfluß gewinnen

---

[26] Stuttgarter Zeitung v. 9. 12. 1985.
[27] S. taz v. 2. u. 3. 3. 1987.
[28] Frankfurter Rundschau v. 1. 4. 1987.
[29] taz v. 27. 2. 1988.
[30] Frankfurter Rundschau v. 11. 9. 1987.

können: In der 1988 gewählten Parlamentsfraktion sind sie mit mindestens drei Abgeordneten vertreten.[31]

Der Landesverband der Grünen in *Bayern* gilt trotz einiger linksradikaler Einsprengsel unverändert als pragmatisch, Auseinandersetzungen spielen sich überwiegend zwischen Vertretern eines gemeinsamen „realpolitischen" Kurses ab.[32] Auch in *Rheinland-Pfalz* überwiegt bei den Grünen unverändert eine gemäßigte Ausrichtung, eine Koalition mit der SPD wird von einer Mehrheit im Verband angestrebt. Nicht wesentlich anders liegen die Verhältnisse im *Saarland*.[33]

Freilich darf nicht übersehen werden, daß auch derartige gemäßigte Positionen in einem Spektrum lokalisiert sind, das insgesamt eindeutig links von der SPD verortet ist.

4. Regionale Differenzen der Wähler- und Anhängerschaft der Grünen

4.1 Die Wahlergebnisse der Partei in den einzelnen Bundesländern 1978-1988

Die Europawahl vom 10. Juni 1979 bot erstmals eine Gelegenheit, die Wähleranteile, die die Grünen in den einzelnen Bundesländern jeweils für sich mobilisieren konnten, miteinander zu vergleichen (Tab. 1, 2). Damals erzielte die „Sonstige Politische Vereinigung" „Die Grünen" im Stadtstaat Bremen ihren höchsten Stimmenanteil (4,7%), gefolgt von Baden-Württemberg, Niedersachsen und Hamburg. Am schlechtesten schnitten die Grünen im Saarland ab (2,3%), nur wenig besser in Rheinland-Pfalz, in Schleswig-Holstein und in Hessen.

Auch bei den folgenden vier bundesweiten Wahlen, zu denen die Grünen seither angetreten sind (Bundestagswahlen 1980 und 1983, Europawahl 1984, Bundestagswahl 1987) bestätigte sich diese regionale Verteilung: Die besten Ergebnisse erzielte die Alternativpartei jeweils in den Stadtstaaten Bremen und Hamburg sowie in Baden-Württemberg, auf Platz 4 löste Hessen Niedersachsen ab (Niedersachsen rutschte dann bei der Bundestagswahl 1987 auf den vorletzten Platz unter den Landesverbänden). Neben dem Saarland und Rheinland-Pfalz fanden sich die Grünen in Bayern und in Nordrhein-Westfalen regelmäßig auf den hinteren Plätzen.

Diese anhand der Stimmenanteile gemessene regionale Kräfteverteilung zwischen den grünen Landesverbänden ließ sich auch bei allen Landtagswahlen beobachten, angefangen bei den Wahlen von 1978, an denen sich erstmals organisatorische Vorläufer der späteren Bundespartei der Grünen beteiligten. Die Wahlen zum Berliner Abgeordnetenhaus zeigten, daß auch die dortige

---

[31] FAZ v. 21. 3. 1988.
[32] dpa v. 25. 5. 1987.
[33] taz v. 12. 6. 1987; dpa v. 17. 5. 1987; Saarbrücker Zeitung v. 31. 1. 1987.

Tabelle 1 **Wahlergebnisse der Grünen/Alternativen seit 1978 nach Bundesländern**[+]

	LTW 1978/80	EW 1979	BTW 1980	LTW 1981/82	BTW 1983	LTW 1983/86	EW 1984	BTW 1987	LTW 1987/89
Hamburg	4,5[a]	3,5	2,3	7,9/6,8[e]	8,2	10,4	12,7	11,0	7,0
Niedersachsen	3,9	3,6	1,6	6,5	5,7	7,1	8,2	7,4	–
Hessen	2,0[b]	2,8	1,8	8,0	6,0	5,9	7,8	9,4	9,4
Bayern	1,8	2,9	1,3	4,6	4,7	7,5	6,8	7,7	–
Berlin	3,7[c]	–	–	7,5[f]	–	10,6	–	–	11,8
Rheinland-Pfalz	–	2,4	1,4	–	4,5	4,5	6,6	7,5	5,9
Schleswig-Holstein	2,4	2,7	1,4	–	5,2	3,6	8,2	8,0	3,9/2,9
Bremen	6,5[d]	4,7	2,7	–	9,7	5,4	11,8	14,5	10,2
Baden-Württemberg	5,3	4,5	1,8	–	6,8	8,0	10,1	10,0	7,9
Saarland	2,9	2,3	1,1	–	4,8	2,5	6,6	7,1	–
Nordrhein-Westfalen	3,0	3,0	1,2	–	5,2	4,6	8,0	7,5	–
Bundesgebiet		3,2	1,5		5,6		8,2	8,3	

[+] LTW = Landtagswahl, EW = Europawahl, BTW = Bundestagswahl
[a] Bunte Liste 3,5%   [e] 6. 6. 1982: Grün-alternative Liste 7,7%
[b] Grüne Liste Umweltschutz 1,0%   Ökologisch-demokratische Partei 0,2%
    Grüne Aktion Zukunft 0,9%   19.12.1982:
    Grüne Liste Hessen 1,1%   Grün-alternative Liste 6,8%
[c] Alternative Liste 5,1%   [f] Alternative Liste 7,2%
[d] Bremer Grüne Liste 1,4%   Grüne Liste Berlin 0,3%

Quelle: Wahlstatistik des Statistischen Bundesamtes.

Tabelle 2 **Wahlergebnisse der Grünen/Alternativen seit 1978 nach Bundesländern (in 1000 Stimmen)**

Land	LTW 1978/80	EW 1979	BTW 1980	LTW 1981/82	BTW 1983	LTW 1983/86	EW 1984	BTW 1987	LTW 1987/89
Hamburg	43[a]	29	25	75/71[j]	90	100	92	115	69
Niedersachsen	158[b]	133	77	273	279	304	275	354	–
Hessen	69[c]	74	65	278	219	200	186	334	311
Bayern	101[d]	131	89	275	324	429	251	518	–
Berlin	48[e]	–	–	94[k]	–	132	–	–	142
Rheinland-Pfalz	–	51	33	–	113	114	137	184	128
Schleswig-Holstein	38[f]	34	24	–	91	61[l]	93	136	60/45
Bremen	26[g]	16	12	–	45	22	34	62	39
Baden-Württemberg	241[h]	167	99	–	390	372	320	559	383
Saarland	20[h]	15	8	–	36	18	42	51	–
Nordrhein-Westfalen	291[i]	243	136	–	581	431	597	813	–
Bundesgebiet	–	894	570	–	2167	–	2026	3126	–

LTW = Landtagswahl, EW = Europawahl, BTW = Bundestagswahl (für EW + BTW: Zweitstimme)

[a] Bunte Liste
[b] Grüne Liste Umweltschutz   33 279
[c] Grüne Liste Umweltschutz   10 061
[d] Grüne Aktion Zukunft   30 787
[e] Alternative Liste
[f] Grüne Liste Schleswig-Holstein
[g] Bremer Grüne Liste
[h] Alternative Liste
[i] Die Grünen   37 758
[j] Die Grünen   274
[k] Grüne Partei Deutschlands
[l] Union konkreter Umweltschutz

[j] 6.6.1982:
  Grün-alternative Liste   73 404
  Ökologisch-demokratische Partei   1 666
 19.12.1982:
  Grün-alternative Liste   70 501
[k] Alternative Liste   90 653
  Grüne Liste Berlin   3 765
[l] Die Grünen   59 358
  Demokratische Grüne Liste   1 506

BTW 1983: 20 909; 5 516; 231 379; 38; 200
(LTW Bayern: Zweitstimme)

AUD – Die Grünen

Quelle: Wahlstatistik des Statistischen Bundesamtes

„Alternative Liste" zur Gruppe der überdurchschnittlich erfolgreichen grünen Landesverbände gehört.

In jüngster Zeit haben sich jedoch einige bedeutsame Abweichungen von diesem Grundmuster ergeben:

(1) In den Bundesländern Niedersachsen, Berlin, Nordrhein-Westfalen, im Saarland und in Bayern konnten die Grünen bis in die jüngste Zeit hinein leichte Stimmenzuwächse erzielen, die allerdings nicht an die früher gekannten Steigerungsraten heranreichten. (2) In Bremen, Hessen, Rheinland-Pfalz und Baden-Württemberg hatten die Grünen in jüngster Zeit mehr oder weniger ausgeprägte Stimmenverluste hinzunehmen, bestenfalls stagnierten ihre Wahlergebnisse. (3) Für die beiden radikalen Landesverbände von Hamburg und Schleswig-Holstein kam es neuerdings zu scharfen Stimmeneinbußen, die Hamburger GAL verlor bei der Bürgerschaftswahl am 9. 11. 1987 gegenüber der Vergleichswahl 1982 über 30 Prozent ihrer damaligen Wähler.

Diese neuerlichen Entwicklungsmuster lassen sich nur schwer auf einen gemeinsamen Nenner bringen. Mit den leichten Zuwächsen im Saarland, in Nordrhein-Westfalen und in Bayern machten die dortigen Grünen lediglich den bestehenden strukturellen Rückstand gegenüber den anderen Landesverbänden wett. Im übrigen dürften unterschiedliche regionale Faktoren bestimmend sein.

4.2 Regionale Hochburgen der Grünen und deren Merkmale

Die unterschiedlichen Wahlerfolge einer Partei auf der Ebene der einzelnen Bundesländer bilden freilich nur das Grobgerüst ihrer regionalen Struktur. Ein wesentlich differenzierteres Bild bietet sich auf der Ebene einzelner Wahlkreise und Stimmbezirke. Die strukturellen Merkmale dieser Wahlkreise geben wichtige Hinweise zur Erklärung parteipolitischer Affinitäten der dortigen Wählerschaft.

Gerade die Grünen besitzen in einzelnen ausgeprägten „Hochburgen" einen überproportionalen Rückhalt bei den Wählern. Bei der Bundestagswahl 1987 lag der Wahlkreis mit dem höchsten Stimmenanteil für die Grünen (München-Mitte mit 19,2%) immerhin um 10,9 Prozentpunkte über dem Bundesdurchschnitt der für die Partei abgegebenen Stimmen; der Wahlkreis mit dem niedrigsten Grünen-Anteil (Weiden mit 4,4%) lag 3,9 Punkte darunter.

Die 20 Wahlkreise, in denen die Grünen bei der *Bundestagswahl 1987* ihre höchsten Stimmenanteile verbuchen konnten, liegen allesamt in elf größeren Städten der Bundesrepublik — jede von ihnen Sitz einer Universität oder einer Technischen Hochschule (Tab. 3). Daneben lassen sich drei weitere interessante *Merkmale dieser Wahlkreise* beobachten: (1) Bei vier dieser elf Städte liegt — meist bedingt durch einen entsprechenden Studentenanteil — der Anteil der 18- bis 35jährigen deutlich über dem Bevölkerungsdurchschnitt (extremes Beispiel: Münster mit 37,8 Prozent, Bundesdurchschnitt: 26,2 Prozent). (2) In neun dieser

Tabelle 3 Hochburgen der Grünen bei der Bundestagswahl 1987

Platz	Wahlkreis		Zweitstimmen Grüne %	Anteil 18-35 Jahre 1984 %	Arbeitnehmer 1985 tätig in Land-/Forstwirtschaft %	Produzierendes Gewerbe %	Dienstleistungsbereich %	Ausländeranteil 1985 %
1.	203	München-Mitte[a]	19,2	27,0	0,3	36,3	63,4	16,9
2.	185	Freiburg	18,4	32,2	0,9	35,1	64,0	5,9
3.	050	Bremen-Ost	16,2	25,3	0,5[b]	35,5[b]	64,0[b]	6,4
4.	140	Frankfurt a. M. III[c]	15,5	25,4	0,2	31,4	68,4	22,6
5.	194	Tübingen	15,1	35,8	1,1	51,0	47,9	8,5
6.	178	Heidelberg	14,9	36,0	0,5	39,2	60,3	8,2
7.	139	Frankfurt a. M. II[c]	s. o.	s. o.	s. o.	s. o.	s. o.	s. o.
8.	014	Hamburg-Eimsbüttel	14,7	24,5[d]	0,4[d]	28,2[d]	71,4[d]	10,3
9.	162	Stuttgart I[e]	14,4	26,5	0,4	42,7	57,0	17,5
10.	051	Bremen-West	14,4	26,3	s. o.[b]	s. o.[b]	s. o.[b]	7,7
11.	059	Köln I[f]	14,3	28,0	0,3	36,4	63,2	15,0
12.	099	Münster	14,2	37,8	1,2	23,9	74,9	4,6
13.	012	Hamburg-Mitte	13,3	s. o.[d]	s. o.[d]	s. o.[d]	s. o.[d]	18,6
14.	204	München-Nord[a]	12,9	s. o.	s. o.	s. o.	s. o.	s. o.
15.	143	Darmstadt	12,9	27,4	0,5	44,6	54,9	9,4
16.	015	Hamburg-Nord	12,7	s. o.[d]	s. o.[d]	s. o.[d]	s. o.[d]	6,8
17.	052	Bremerhaven/Bre.-Nord	12,6	25,7	s. o.[b]	s. o.[b]	s. o.[b]	7,0
18.	013	Hamburg-Altona	12,6	s. o.[d]	s. o.[d]	s. o.[d]	s. o.[d]	12,4
19.	205	München-Ost[a]	12,5	s. o.	s. o.	s. o.	s. o.	s. o.
20.	207	München-West[a]	12,3	s. o.	s. o.	s. o.	s. o.	s. o.
Bundesdurchschnitt			8,3	26,2	1,2	49,1	49,8	6,9

[a] Keine getrennten Angaben für die Münchner Wahlkreise
[b] Keine getrennten Angaben für die Bremer Wahlkreise
[c] Keine getrennten Angaben für die Frankfurter Wahlkreise
[d] Keine getrennten Angaben für die Hamburger Wahlkreise
[e] Keine getrennten Angaben für die Stuttgarter Wahlkreise
[f] Keine getrennten Angaben für die Kölner Wahlkreise

Quelle: Statistisches Bundesamt

elf Fälle handelt es sich um ausgeprägte Dienstleistungszentren (extremes Beispiel wiederum Münster mit einem Anteil im Dienstleistungssektor beschäftigter Arbeitnehmer von fast 75%, Bundesdurchschnitt: 49%). (3) Schließlich besitzen diese Städte in sechs von elf Fällen einen hohen Ausländeranteil (extremes Beispiel: Frankfurt mit 22,6%, Bundesdurchschnitt: 6,9%).

Bei den Bundestagswahlen von 1980 und 1983 fanden sich außer den genannten Wahlkreisen auch die Wahlkreise Lüneburg-Lüchow-Dannenberg, Groß-Gerau, Lörrach-Müllheim, Emmendingen-Lahr und Waldshut unter den Hochburgen der Grünen. Es handelte sich hierbei um Wahlkreise, die mit besonderen Umweltbelastungen durch geplante industrielle Großanlagen und Infrastruktureinrichtungen zu rechnen hatten (Lüchow-Dannenberg durch eine geplante Wiederaufbereitungs- und Entsorgungsanlage für Atommüll in Gorleben, Groß-Gerau durch den Ausbau des Frankfurter Flughafens, die drei letztgenannten badischen Wahlkreise durch Kernkraftanlagen). Anders als die genannten Grünen-Hochburgen aus der Bundestagswahl 1987 besaß keine dieser älteren Grünen-Hochburgen einen überdurchschnittlichen Anteil jüngerer Wähler, einen breiter entwickelten Dienstleistungssektor oder (mit Ausnahme von Groß-Gerau) einen überproportionalen Ausländeranteil.

Kaum etwas kennzeichnet die Wandlungen, die die Grünen in den letzten Jahren durchgemacht haben, treffender als die Tatsache, daß keiner der ökologisch sensiblen Wahlkreise heute mehr zu den ausgesprochenen Hochburgen der Grünen zählt (Lüchow-Dannenberg, bei der Europawahl 1979 noch mit 14,4 Prozent der erfolgreichste Wahlkreis für die Grünen, lag bei der Bundestagswahl 1987 in der entsprechenden Rangfolge auf Platz 57, Waldshut auf Platz 58).

Einen noch etwas detaillierteren Aufschluß über die Verteilung der grünen Wählerschaft innerhalb der einzelnen Bundesländer gibt der Blick auf ihre *Hochburgen bei der jeweils letzten Landtagswahl*.[34] In den acht *Flächenstaaten* der Bundesrepublik liegen diese Hochburgen überwiegend in großen Städten, für die folgende drei Merkmale zutreffen: (1) Diese Städte sind durchweg Sitz einer Universität, einer Technischen Hochschule, einer Gesamthochschule oder doch wenigstens einer großen Fachhochschule; (2) bei diesen Städten handelt es sich meist um die Dienstleistungs- und Verwaltungszentren des jeweiligen Bundeslandes, reine Industriestädte befinden sich nicht darunter; (3) häufig hat sich im Gefolge der Studentenbewegung in diesen Städten eine lokale „Alternativszene" etabliert. Die Merkmale (1) und (2) sind uns bereits bei der Durchsicht der Grünen-Hochburgen aus der Bundestagswahl 1987 begegnet.

Die genannten drei Bedingungen gelten für sämtliche Hochburgen der Grünen in Nordrhein-Westfalen (die westfälischen Zentren Münster und

---

[34] Grundlage der folgenden Übersicht sind diejenigen zehn Wahlkreise in jedem Bundesland, in denen die Grünen bei der jeweils letzten Landtagswahl ihr bestes Stimmenergebnis erzielten. In den meisten Bundesländern bestand die Verteilung dieser Hochburgen im wesentlichen unverändert seit Anfang der achtziger Jahre.

Bielefeld, die Städte entlang der „Rheinschiene": Düsseldorf, Köln, Bonn; daneben Aachen und Wuppertal), in Baden-Württemberg (Heidelberg, Karlsruhe, Stuttgart, Tübingen, Freiburg mit dem Kreis Breisgau-Hochschwarzwald, Konstanz) und für fast alle Hochburgen der Partei in Hessen (Kassel, Marburg-Biedenkopf, Frankfurt, Darmstadt, Wiesbaden). In Schleswig-Holstein zählen zu diesen typischen Grünen-Hochburgen die Landeshauptstadt Kiel sowie (mit Einschränkungen) Lübeck; in Niedersachsen die Universitätsstädte Göttingen, Hannover und Oldenburg; in Rheinland-Pfalz Mainz, Trier und Kaiserslautern. Von den zehn Wahlkreisen, in denen die Grünen bei der letzten bayerischen Landtagswahl am besten abschnitten, liegen allein sieben in der Landeshauptstadt München, dazu kommt die Hochburg Erlangen.

Andere Wahlkreise mit einem überdurchschnittlichen Anteil von Grün-Wählern liegen im *näheren Einzugsbereich* eines derartigen Universitäts- und Dienstleistungszentrums: In Schleswig-Holstein die sechs südlichsten Wahlkreise rund um Hamburg, von Elmshorn bis Lauenburg; in Niedersachsen zwei Wahlkreise in der unmittelbaren Nachbarschaft von Bremen; in Hessen die Grünen-Hochburg Offenbach im Frankfurter Einzugsbereich; und in Bayern der im Münchener Einzugsbereich gelegene Wahlkreis Starnberg.

Ökologische Problemgebiete bilden heute nur noch in drei Bundesländern herausragende Hochburgen der Grünen: Im äußersten Nordwesten Schleswig-Holsteins der an der nordfriesischen Küste gelegene Wahlkreis Südtondern, wo der Schutz des Wattenmeeres ein derartiges Problem darstellt; in Niedersachsen der unmittelbar an der DDR-Grenze gelegene, bereits erwähnte Wahlkreis Lüchow-Dannenberg mit der geplanten Atomlagerstätte Gorleben (allerdings auch bei Landtagswahlen mittlerweile nur noch Platz 9 der Grünen-Hochburgen in Niedersachsen); schließlich in Bayern der Wahlkreis Freising, zu dessen Gebiet der im Bau befindliche neue Münchener Großflughafen im Erdinger Moos gehört.

In Rheinland-Pfalz und im Saarland besitzen die Grünen kaum ausgeprägtere Hochburgen: in Rheinland-Pfalz außer den Universitätsstädten Mainz, Trier und Kaiserslautern allenfalls noch Landau und Speyer; im Saarland weist der ländlich geprägte Süden ebenso wie der stärker industrialisierte Nordwesten um Merzig leicht überdurchschnittliche Werte für die Grünen auf.

Innerhalb der drei *Stadtstaaten* Berlin, Hamburg und Bremen und der *übrigen städtischen Hochburgen* der Grünen differiert der Rückhalt, den die Partei bei den Wählern findet, wiederum beträchtlich zwischen den einzelnen *Stadtvierteln*. Damit ist die in der Wahlforschung diskutierte Frage angesprochen, ob die überdurchschnittlichen Wahlerfolge der Grünen eher von den mittelständischen Wohngegenden, in denen die neue Mittelschicht der akademischen Dienstleistungsberufe zu Hause ist, ihren Ausgang nehmen,[35] oder ob nicht vielmehr die

---

[35] So z.B. in Analysen zur Landtagswahl in Baden-Württemberg 1984: Dieter *Oberndörfer* und Gerd *Mielke* (FAZ v. 30. 3. 1984); Manfred *Berger,* Wolfgang G. *Gibowski* und Dieter *Roth* (Die Zeit v. 30. 3. 1984); früher bereits: Horst-Dieter *Rönsch:*

dichtbesiedelten Altbauviertel mit ihren schlechten Wohnverhältnissen die eigentlichen lokalen Hochburgen der Alternativpartei darstellen.[36] Um dieser Frage nachzugehen, werden im folgenden die *innerstädtischen Hochburgen* der Grünen in Berlin, Hamburg, Bremen, Frankfurt sowie in Freiburg näher betrachtet.

Zu den zehn Wahlkreisen *Berlins,* in denen die „Alternative Liste" bei den Wahlen zum Abgeordnetenhaus 1989 ihre höchsten Stimmenanteile erzielte, gehören die vier Kreuzberger Wahlkreise, gefolgt von drei Schöneberger und zwei Charlottenburger Wahlkreisen sowie einem Wahlkreis im Bezirk Tiergarten. Diese Wahlkreise erstrecken sich keilförmig vom Kurfürstendamm im Westen bis in den äußersten, schon weit nach Ost-Berlin hineinragenden Teil Kreuzbergs am Schlesischen Tor. Es handelt sich dabei durchwegs um alte Arbeiterviertel, immer noch dicht besiedelt, mit schlechten Wohnverhältnissen, meist sind es ausgesprochene Sanierungsgebiete.[37] Hier sind vornehmlich sozial Schwache und Ausländer, auch viele Studenten zu Hause, dies ist der Sitz der Berliner „Alternativszene", hier liegen die Domänen der Hausbesetzer (der Winterfeldtplatz in Schöneberg, der Heinrichplatz in Kreuzberg) und der „Autonomen". Welchen Grad der Gettobildung diese „Szene" bereits angenommen hat, kann man der Tatsache entnehmen, daß die AL in einem Stimmbezirk Schönebergs 1989 55,2 Prozent der Stimmen erhielt, in neun weiteren Stimmbezirken zwischen 45 und 55 Prozent.[38]

Der Ausländeranteil in den vier genannten Kreuzberger Wahlkreisen schwankte 1987 zwischen 15,6 und 39,7 Prozent (Gesamtanteil in der Stadt: 11,1%); der Anteil der 18- bis 35jährigen lag zwischen 33,2 und 41,2 Prozent (1985 lag er in fast allen Stimmbezirken mit überdurchschnittlichem AL-Ergebnis sogar über 50 Prozent; Gesamtanteil für Berlin 1989: 25,2 Prozent); zwischen 6,2 und 9,8 Prozent der Bewohner Kreuzbergs waren Studenten (Bevölkerungsanteil: 3,9%); der Erwerbslosenanteil war mit 14,4 bis 20,6 Prozent überdurchschnittlich hoch (Gesamtanteil in Berlin 1989: 8,5%). Auch in den übrigen genannten Hochburgen der AL lagen die Quoten der jüngeren und der ausländischen Bewohner, der Studenten sowie der Erwerbslosen zum Teil erheblich über dem Durchschnitt.

In der Hansestadt *Hamburg* sind die Hochburgen der dortigen Grün-Alternativen Liste (GAL) ringförmig um die eigentliche Altstadt am Hafen gruppiert: von Ottensen über Altona und St. Pauli (dem eigentlichen Zentrum

---

Die Wählerbasis der Grünen — Sozialstruktur und Einstellungen, in: Lutz Metz und U. Wolter (Hrsg.): Die Qual der Wahl, Berlin 1980, S. 39f.

[36] S. insbesondere *Schmollinger:* a.a.O., S. 351f.; Klaus G. *Troitzsch:* Die Landtagswahlen im Jahre 1978: Keine Vorentscheidung für 1980, in: ZParl 10 (1979), S. 110.

[37] Ein Viertel der Kreuzberger Wohnungen haben weder Bad noch Toilette in den Räumen, drei Viertel nur Ofenheizung; s. FAZ v. 29.4.1989; vgl. *Schmollinger:* a.a.O., S. 352.

[38] Diese und die folgenden Daten nach Angaben des Statistischen Landesamtes Berlin.

der GAL), Eimsbüttel, Rotherbaum bis St. Georg und Klostertor. Auch diese Viertel sind dicht besiedelt, es überwiegt ältere Bausubstanz, die Bewohner haben meist einen niedrigen Sozialstatus,[39] einige Viertel haben als soziale Problemgebiete zu gelten. Die Ausländeranteile liegen in fast allen dieser Viertel über dem städtischen Durchschnitt (1988: 11,7%), in einzelnen Hochburgen der GAL erreichen sie extreme Werte (St. Georg: 43,7%, Klostertor: 43,2%, St. Pauli: 36,1%). Einige der genannten GAL-Hochburgen sind Sitz der lokalen „Alternativszene", der Wahlkreis Rotherbaum umschließt das unmittelbare Einzugsfeld der Universität, einer der größten im Bundesgebiet.

Insbesondere die übrigen GAL-Hochburgen Hoheluft und Eppendorf weisen allerdings ein eher heterogenes Sozialprofil mit insgesamt mittlerem Sozialstatus der Bewohner auf.[40] Typische ökologische Probleme bestehen nur in einer Hochburg der GAL: dem von einer geplanten Hafenerweiterung betroffenen ländlichen und dünn besiedelten Wahlkreis Altenwerder/Moorburg.

Auch in *Bremen* liegen die Hochburgen der Grünen in erster Linie im Ortsteil Ostertor, dem Zentrum der lokalen „Alternativszene", sowie in der östlichen Vorstadt (Steintor, Peterswerder) und in der Neustadt auf der anderen Seite der Weser (Hohentor, Buntentor). Die eher bildungsbürgerlich geprägten Ortsteile Bürgerpark und Schwachhausen fanden sich bei Bürgerschaftswahlen zwar ebenfalls unter den zehn erfolgreichsten Wahlkreisen der Grünen, 1987 rangierten sie allerdings nur auf den Plätzen 7 und 9.

Ähnlich wie in Hamburg gruppieren sich auch in *Frankfurt* die Hochburgen der Grünen ringförmig um die Altstadt: die Ortsteile Gutleut- und Bahnhofsviertel, Innenstadt, Bockenheim, Westend und Nordend, Bornheim und Ostend, schließlich auf der anderen Seite des Mains Sachsenhausen-Nord. Den Spitzenplatz bei der Landtagswahl von 1987 belegten die beiden Wahlkreise im Nordend mit einem Stimmenanteil für die Grünen von über 25 Prozent; auch in Bockenheim und in Westend-Süd, dem Einzugsbereich der Universität, kam die Partei auf über 20 Prozent der Stimmen. Einen Extremwert erzielten die Grünen im Universitätsviertel mit 43,9 Prozent der Wählerstimmen.[41]

Auch bei den Frankfurter Grünen-Hochburgen handelt es sich großenteils um soziale Problemgebiete mit hohem Altbaubestand und entsprechend billigen Mieten, in denen überdurchschnittlich viele jüngere Wähler, zumal Studenten, leben und in denen der Ausländeranteil hoch ist, zum Teil sogar extrem hoch (Gutleutviertel: 70,2%, Bahnhofsviertel: 81,2%, Innenstadt: 48,7%). Das Nordend bildet mit einer entsprechenden „Infrastruktur" an Betrieben, Läden und Kneipen das Zentrum der Frankfurter „Alternativszene".

---

[39] S. Hamburg in Zahlen (1987), S. 93; (1987), S. 201.

[40] S. ebd.

[41] Alle Angaben lt. Amt für Statistik, Wahlen und Einwohnerwesen der Stadt Frankfurt a.M.

Für die sehr viel „provinziellere" badische Universitätsstadt *Freiburg* gelten Sonderbedingungen: Die Stadt hat nicht nur die höchste Arbeitslosenquote unter allen Stadtkreisen Baden-Württembergs, in ihrem Umland häufen sich auch die ökologischen Probleme (Ansiedlung von Kernkraftwerken, Probleme des Landschaftsschutzes und der Verkehrsplanung). Zu den innerstädtischen Hochburgen der Grünen gehören traditionell die Altstadt mit der Universität, die gründerzeitlichen Wohnviertel Wiehre, Oberau und Herdern sowie etwas außerhalb der Stadtteil Littenweiler, wo die Pädagogische Hochschule ihren Sitz hat.

Bei der Bundestagswahl 1987 erzielten die Grünen in einigen dieser Stadtbezirke Spitzenergebnisse von 36,1 Prozent (Altstadt-Ring) und 34,7 Prozent (Unterwiehre-Nord), in keinem lagen sie unter 23 Prozent.[42] Durchweg sind dies die bevorzugten Wohnquartiere der Studenten und der jüngeren Angehörigen akademischer Berufe (Studentenanteil 1980 Altstadt und Littenweiler: rd. 20%, Wiehre und Oberau: bis zu 18%, Herdern-Süd: 12%). Einige dieser Stadtbezirke sind Sanierungsgebiete; hier hat sich eine städtische Alternativszene mit einem harten Kern gewaltbereiter „Autonomer" und Hausbesetzer fest etabliert.

Die Grünen finden demnach bis heute ihren ausgeprägtesten Rückhalt in den *Altbauvierteln* der genannten Universitätsstädte und Dienstleistungszentren, soweit in diesen Vierteln ein von gravierenden sozialen Problemen gekennzeichnetes Milieu anzutreffen ist, das sich zugleich als Entfaltungsraum für eine eigenständige „Alternativszene" und deren Infrastruktur eignet. Charakteristisch für die Situation in diesen Vierteln ist, daß dort eine umfangreiche Population aus Studenten und Jungakademikern unvermittelt auf Mitbewohner mit niedrigem Sozialstatus, zumal Ausländer trifft. Die jeweilige links-alternative „Szene" ist dabei jeweils auf eine lokale „APO"-Tradition zurückzuführen.

4.3 Soziale Merkmale der Anhängerschaft der Grünen in den Bundesländern

Nicht weniger bedeutsam als die Frage, wie sich die Wählerschaft der Grünen rein quantitativ zwischen den Bundesländern und innerhalb der Bundesländer in einzelnen Hochburgen verteilt und welche strukturellen Merkmale diese Hochburgen aufweisen, ist die Frage, ob es regionale Unterschiede in der *sozialen Zusammensetzung* der Wählerschaft selbst gibt. Entsprechende Angaben zur Zusammensetzung der Grün-Wähler nach Geschlecht und Alter lassen sich der amtlichen Repräsentativstatistik entnehmen; darüber hinausgehende Informationen vermag nur die Umfrageforschung zu liefern. Da jeweils mehrere solcher Umfragen kumuliert werden müssen, um überhaupt eine Feinanalyse bei den Anhängern einer Kleinpartei wie der Grünen zu ermöglichen, beschränken wir uns im folgenden auf drei häufig erhobene Standardvariablen: Bildung, Beruf und Konfession.

---

[42] Daten lt. Amt für Statistik und Einwohnerwesen der Stadt Freiburg i. Br.

Was das Wahlverhalten der *Geschlechter* angeht, so kann man als Daumenregel formulieren, daß sich männliche Wähler im allgemeinen „experimentierfreudiger" verhalten, eher bereit sind, für eine neu auftretende, radikale Partei zu stimmen, während Frauen sich als Wähler in der Regel vorsichtiger, „konservativer" verhalten, lieber für eine „etablierte" Partei stimmen. Es ist daher nicht verwunderlich, daß sich bei der Bundestagswahl 1980 unter den Wählern der Grünen in fast allen Bundesländern zwischen 5 und 10 Prozent mehr Männer als Frauen fanden (Bundesdurchschnitt: 7,8%; s. Tabelle 4). Dieses Verhältnis hat sich in den letzten Jahren jedoch umgekehrt: Bei der Bundestagswahl 1987 war in der Grünen-Anhängerschaft ein leichter Frauenüberhang zu beobachten (+ 2,0%).

Dieser Frauenüberhang ist heute, zumal wenn man die jeweilige Ausgangslage mitberücksichtigt, in Bremen (52,3%) und Hessen (51,8%) am ausgeprägtesten. Ausgerechnet in Hamburg, wo die Grünen 1986 und 1987 mit reinen Frauenlisten zur Bürgerschaftswahl angetreten sind, verzeichnet die GAL dagegen als einziger grüner Landesverband immer noch einen ausgeprägten Männerüberhang (53,2%). Dieser Überhang hatte dort 1980 10,9 Prozent betragen, mehr als in jedem anderen Bundesland; bis 1987 schmolz er lediglich auf die Hälfte. In Berlin hatten 1981 sogar 15 Prozent mehr Männer als Frauen für die dortige Alternative Liste gestimmt, ein Übergewicht, das 1985 noch mit 6,8 Prozent zu Buche schlug und auch 1989 in wenig verminderter Form fortbestand. Gerade die pointiert linksradikalen Landesverbände der Grünen haben es somit bis heute nicht vermocht, ihre unterdurchschnittliche Attraktivität für die weiblichen Wähler des linken Spektrums wettzumachen.

Die Grünen sind ursprünglich als reine *Jungwählerpartei* hervorgetreten. Bei der Bundestagswahl 1980 waren nicht weniger als 43,3 Prozent ihrer Wähler zwischen 18 und 25 Jahren alt, gehörten also der „Alternativ-Generation" der siebziger Jahre an (Tab. 4).[43] Unter den Wählern der übrigen Bundestagsparteien bewegte sich der Anteil dieser Altersgruppe damals lediglich zwischen 9,4 Prozent (CDU) und 14,3 Prozent (SPD).

Spitzenanteile erreichte die Altersgruppe der 18- bis 25jährigen 1980 wiederum unter den Grün-Wählern im Saarland, in Rheinland-Pfalz, auch in Niedersachsen, wo sie fast jeden zweiten Wähler dieser Partei stellte. Besonders niedrig lagen die Anteile dieser jüngsten Wählergruppe damals in Bayern (38,7%), Baden-Württemberg (41,1%) und Hessen (41,5%).

Im Wahljahr 1987 stellten die mittlerweile nachgewachsenen Jungwähler dagegen nur noch die zweitgrößte Altersgruppe unter den Grün-Wählern dar (23,2%). Die vergleichsweise größten Anteile hielt die neue Jungwählergruppe der 18- bis 25jährigen 1987 wiederum in Niedersachsen (24,8%) und Rheinland-Pfalz (24,6%), außerdem in Hamburg (25,0%) und in Baden-Württemberg

---

[43] Zur Einteilung der neueren Jugendgenerationen in der Bundesrepublik vgl. Helmut *Fogt:* Politische Generationen, Opladen 1982, bes. S. 127.

Tabelle 4 **Wähler der Grünen bei Bundestagswahlen nach Alter und Geschlecht**

	Bundesgebiet			Schleswig-Holstein			Hamburg			Niedersachsen			Bremen			Nordrhein-Westfalen		
	1980 %	1983 %	1987 %	1980 %	1983 %	1987 %	1980 %	1983 %	1987 %	1980 %	1983 %	1987 %	1980 %	1983 %	1987 %	1980 %	1983 %	1987 %
Frauen	46,1	47,6	50,5	47,3	46,9	51,3	44,5	46,8	46,7	44,7	48,9	50,2	45,0	47,8	52,3	45,1	47,0	50,3
Männer	53,9	52,4	49,5	52,6	53,1	48,6	55,4	53,2	53,2	55,2	51,1	49,7	55,0	52,2	47,7	54,8	53,0	49,6
18–25 Jahre	43,3	33,1	23,2	44,5	33,5	22,7	43,7	32,3	25,0	45,9	34,9	24,8	42,7	29,0	21,8	45,6	33,8	23,1
25–35 Jahre	27,2	34,3	38,1	28,9	32,4	34,5	30,9	35,3	37,8	26,5	34,5	39,3	26,7	33,2	33,0	26,9	35,0	38,1
35–45 Jahre	12,1	14,6	19,3	11,5	16,3	22,0	11,3	15,2	23,6	11,4	14,0	18,9	13,6	17,1	21,4	11,1	13,4	18,9
45–60 Jahre	11,0	11,9	13,3	9,5	11,8	15,1	8,6	11,0	8,8	10,1	11,1	11,8	11,3	12,2	15,3	10,4	12,1	13,5
60 Jahre u. ä.	6,5	6,1	6,1	5,6	6,0	5,7	5,5	6,3	4,8	6,0	5,5	5,3	5,7	8,4	8,5	6,0	5,7	6,4

	Hessen			Saarland			Rheinland-Pfalz			Baden-Württemberg			Bayern		
	1980 %	1983 %	1987 %	1980 %	1983 %	1987 %	1980 %	1983 %	1987 %	1980 %	1983 %	1987 %	1980 %	1983 %	1987 %
Frauen	46,0	47,2	51,8	51,5	46,0	50,6	45,7	45,4	50,5	46,7	49,0	49,5	47,8	47,3	51,2
Männer	54,1	52,8	48,2	48,5	54,0	49,6	54,3	54,5	49,4	53,3	51,0	50,5	52,2	52,6	48,8
18–25 Jahre	41,5	31,9	21,7	48,5	33,6	23,3	48,9	37,1	24,6	41,1	33,0	24,6	38,7	30,4	21,1
25–35 Jahre	30,2	36,7	40,0	20,9	34,2	34,9	23,3	33,5	37,3	27,5	33,9	38,8	25,8	32,8	37,7
35–45 Jahre	11,5	15,2	20,5	14,1	13,4	19,1	10,2	12,3	17,6	12,2	15,1	17,7	15,0	16,4	19,9
45–60 Jahre	11,3	10,5	12,5	10,8	13,5	16,2	12,2	11,3	13,7	11,5	12,3	13,4	12,5	12,6	14,1
60 Jahre u. ä.	5,5	5,7	5,3	5,7	5,2	6,5	5,5	5,8	6,8	7,8	5,7	5,6	7,9	7,9	7,2

Quelle: Repräsentative Wahlstatistik des Statist. Bundesamtes

(24,6%); die niedrigsten wie 1980 in Bayern (21,1%) und Hessen (21,7%).[44] Die Unterschiede zwischen den Bundesländern haben sich insofern gegenüber 1980 angeglichen: 1980 betrug der Abstand zwischen dem Land mit dem höchsten und dem mit dem niedrigsten Jungwähleranteil noch 10,2 Prozentpunkte, 1987 nur mehr 3,9 Prozentpunkte.

Die Vermutung, daß die besonders radikalen grünen Landesverbände auch die mit einem besonders hohen Jungwähleranteil sind, wird von den Daten nicht bestätigt. Von dem bundesweit über die Partei hereingebrochenen Jungwählerschwund wird nicht nur der radikale Hamburger Verband weniger berührt, sondern auch der gemäßigte Landesverband der Grünen in Baden-Württemberg. Es handelt sich offensichtlich um einen allgemeinen Trend: Die Grünen besitzen bei der zwischenzeitlich nachgewachsenen *neuen Generation der achtziger Jahre* erheblich weniger Anziehungskraft, als dies noch bei der vorhergehenden „Alternativ-Generation" der siebziger Jahre der Fall war.

Bei dieser älteren Generation der siebziger Jahre hält die Attraktivität der Grünen nahezu unvermindert an: 1987 nun meist 25 bis 35 Jahre alt, stellt sie mit einem Anteil von 38,1 Prozent noch immer die größte Altersgruppe unter der Anhängerschaft der Grünen dar. 1987 war sie am stärksten in Hessen vertreten (40,0%; Frankfurt 41,4%), gefolgt von Niedersachsen (39,3%) und Baden-Württemberg (38,8%).

Anders die heute drittälteste Gruppe, zu der im wesentlichen die Geburtsjahrgänge der *„APO-Generation",* die in der Ära der westdeutschen Studentenbewegung der sechziger Jahre herangewachsen sind, zählen. 1980 war diese Generation im wesentlichen in der Gruppe der damals 25- bis 35jährigen zu finden (Gesamtanteil unter den Grün-Wählern: 27,2%). Diese Generation fand sich 1980 wie 1987 unter den Grün-Wählern in Hamburg, Schleswig-Holstein, Hessen und Bremen besonders stark vertreten, prozentual und in absoluten Stimmen gemessen erhielten die dortigen Landesverbände bis 1987 aus dieser Jahrgangsgruppe überproportionalen Zulauf. Diese relativ ausgeprägte Verteilung dürfte ebenfalls auf eine fortbestehende regionale APO-Tradition zurückzuführen sein.

Was die entsprechende Zusammensetzung der Wählerschaften nach dem Grad ihrer *Schulbildung* angeht, so haben die Grünen die FDP als die traditionelle Partei der höher Gebildeten eindeutig abgelöst. Heute besitzen rd. 40 Prozent der Grün-Wähler das Abitur oder haben studiert (Bundesbürger insgesamt: 17%; s. Tabelle 5).[45] Zumal die radikalen Landesverbände der

---

[44] Den niedrigsten Jungwähleranteil unter den Zentren der grün-alternativen Bewegung hatte 1987 Frankfurt zu verzeichnen: 17,0 Prozent.

[45] Für die folgenden Tabellen wurden jeweils vier bundesweite Umfragen des SFK kumuliert, einmal mit rund 10 150 Befragten (Befragungszeitpunkte: Januar 1983, Oktober 1983, März 1984, Oktober 1984), einmal mit rund 11 100 Befragten (Befragungszeitpunkte: April 1986, Oktober 1986, Januar 1987, März 1987), außerdem drei Berliner Umfragen von 1983 (Februar, Juni, Oktober 1983) mit 4730 Befragten; die Berliner Umfrage von 1985 wurde im Januar mit 2670 Befragten durchgeführt.

Tabelle 5 **Bevölkerung und Wähler der Grünen nach ihrem Bildungsgrad 1986/87**

	Bundesgeb. o. Berlin		Schleswig-Holstein		Hamburg u. Bremen		Nieder-sachsen		Nordrhein-Westfalen		Hessen		Rheinland-Pfalz u. Saarland		Bayern		Baden-Württemberg		Berlin 1985	
	Ges. %	Grüne %	Ges. %	Grüne %	Ges. %	Grüne %	Ges. %	Grüne %	Ges. %	Grüne %	Ges. %	Grüne %	Ges. %	Grüne %	Ges. %	Grüne %	Ges. %	Grüne %	Ges. %	Grüne %
Volksschule (ohne Lehre)	19	8	16	2	13	6	20	5	16	7	17	6	27	8	21	13	21	11	12	5
Volksschule (mit Lehre)	42	23	35	24	33	12	40	28	44	22	42	13	40	34	43	27	42	28	27	8
Mittl. Reife	22	30	31	44	28	32	25	40	20	22	23	34	19	28	20	25	23	30	26	18
Abitur/Stud.	17	39	18	30	26	50	15	27	19	49	18	47	13	28	16	34	14	31	35	69

Quelle: SFK, Archiv-Nr. 8601, 8603, 8701, 8702 (kumuliert); Berlin: 8551

Grünen wiesen 1987 auch im Vergleich zur übrigen Bevölkerung nochmals überdurchschnittliche Anteile höher gebildeter Wähler auf: Berlin mit 69 Prozent, Hamburg und Bremen mit 50 Prozent sowie Nordrhein-Westfalen mit 49 Prozent. Aber auch die ehemalige APO-Hochburg Hessen hielt 1987 einen überproportionalen Anteil von Grün-Wählern mit Abitur oder Studium (47%). Umgekehrt waren Wähler mit Volksschulbildung insbesondere in Berlin, Hamburg, Bremen und Hessen stark unterdurchschnittlich vertreten.

Grün-Wähler mit Abitur oder Studium sind dagegen in den eher gemäßigten Landesverbänden Niedersachsen, Rheinland-Pfalz, Saarland, Baden-Württemberg und Bayern, aber auch im radikalen Schleswig-Holstein, auch im Vergleich zur übrigen Bevölkerung der betreffenden Bundesländer deutlich seltener zu finden als im Bundesdurchschnitt (zwischen 27% und 34% gegenüber insgesamt 39%). Mit rd. 40 Prozent halten Rheinland-Pfalz und Saarland, Baden-Württemberg und Bayern verhältnismäßig hohe Anteile von Wählern mit niedrigen Bildungsgraden.

Die Zusammensetzung der Grün-Wähler nach den einzelnen *Berufsgruppen* differiert ebenfalls zum Teil erheblich von der der Bevölkerung insgesamt (Tab. 6).[46] Überwiegend altersbedingt sind in Ausbildung befindliche Personen unter den Wählern der Grünen im Bundesgebiet stark überrepräsentiert, Hausfrauen und Rentner dagegen stark unterrepräsentiert. Ein gewisses Übergewicht unter Grünen-Anhängern haben außerdem Angestellte und Beamte, aber auch Arbeitslose.

Faßt man die einzelnen Bundesländer schärfer ins Auge, so zeigt sich, daß insbesondere unter den Grün-Wählern der radikalen, überwiegend „ökosozialistisch" orientierten Hamburger und Bremer Landesverbände der Arbeiteranteil auch im Vergleich zur übrigen Bevölkerung nochmals deutlich unter dem Durchschnitt liegt (6% gegenüber insgesamt 12%), im gemäßigten Baden-Württemberg ebenso deutlich über dem Durchschnitt (19%).

In Hamburg, Bremen und Berlin, aber auch in Baden-Württemberg, liegt dafür der Selbständigenanteil unter der grünen Wählerschaft mit jeweils 10 oder 11 Prozent auffallend hoch, in den beiden erstgenannten Bundesländern auch der der Arbeitslosen (16%). Zumindest für die drei Stadtstaaten dürfte dies darauf zurückzuführen sein, daß diese Gruppen dort ein relativ ausdifferenziertes und etabliertes „Milieu" aus alternativ-ökonomischer Schattenwirtschaft und alternativ-kultureller „Szene" vorfinden, in dem sie ihr Auskommen finden können. Die Gruppe der Angestellten und Beamten und die in Abnahme befindliche Gruppe der Lehrlinge, Schüler und Studenten sind dagegen relativ gleichmäßig über die Bundesländer verteilt.

---

[46] Vgl. hierzu Hans-Joachim *Veen* und P. *Gluchowski:* Sozialstrukturelle Nivellierung bei politischer Polarisierung — Wandlungen und Konstanten in den Wählerstrukturen der Parteien 1953-1987, in: ZParl 19 (1988), S. 5-9.

Tabelle 6 **Bevölkerung und Wähler der Grünen nach ihrem Berufsstatus 1986/87**

	Bundesgeb. o. Berlin		Schleswig-Holstein		Hamburg u. Bremen		Niedersachsen		Nordrhein-Westfalen		Hessen		Rheinland-Pfalz u. Saarland		Bayern		Baden-Württemberg		Berlin 1985	
	Ges. %	Grüne %	Ges. %	Grüne %	Ges. %	Grüne %	Ges. %	Grüne %	Ges. %	Grüne %	Ges. %	Grüne %	Ges. %	Grüne %	Ges. %	Grüne %	Ges. %	Grüne %	Ges. %	Grüne %
Arbeiter	14	12	13	15	9	6	16	15	13	12	11	10	16	12	16	11	17	19	10	10
Angestellte/Beamte	26	32	26	46	25	31	26	34	25	28	27	36	24	32	27	31	24	33	31	36
Selbständige	6	4	6	6	7	10	5	3	5	3	5	2	5	5	8	10	6	3	7	11
In Ausbildung	9	28	10	12	11	22	8	23	11	32	9	36	9	28	7	24	8	25	8	29
Arbeitslos	3	6	2	5	5	16	4	5	3	8	3	3	4	3	3	7	3	3	4	5
Hausfrau/Rentner	42	17	42	17	44	16	41	21	43	17	45	13	42	20	38	16	42	16	41	8

Quelle: SFK, Archiv-Nr. 8601, 8603, 8701, 8702 (kumuliert); Berlin: 8551

Was die *Konfessionsstruktur* der Grünen-Anhänger anlangt, so finden sich unter ihnen im Vergleich zu den Bundesbürgern insgesamt verhältnismäßig wenige Katholiken (34% gegenüber sonst 45%) und vergleichsweise viele konfessionell ungebundene Wähler (15% gegenüber sonst 6%; s. Tabelle 7). Protestanten sind unter den Grün-Wählern nur knapp überdurchschnittlich vertreten (50% gegenüber sonst 48%).

Regional zeigen sich hierbei Unterschiede. In den Bundesländern, in denen die Grünen ein ausgesprochen linksradikales Profil besitzen (und in denen die Anteile der Konfessionslosen und der Protestanten unter der Gesamtbevölkerung hoch liegen), wie in Schleswig-Holstein, Hamburg, Bremen und Berlin, finden sich unter den Grünen-Anhängern viele Konfessionslose (Schleswig-Holstein: 31%, Hamburg und Bremen: 36%, Berlin: 33%), dagegen im Vergleich zur Gesamtbevölkerung verhältnismäßig wenige Protestanten (Schleswig-Holstein: 69% gegenüber 80% = − 11%; Hamburg und Bremen: 56% gegenüber 74% = −18%; Berlin: 53% gegenüber 60% = −7%). In denjenigen Bundesländern, wo die Grünen ein eher gemäßigtes Profil aufweisen, wie in Niedersachsen, in Rheinland-Pfalz und im Saarland, in Bayern und in Baden-Württemberg, finden sich dafür zum Teil mehr Protestanten unter den Grün-Wählern als im entsprechenden Landesdurchschnitt.

Bei den Grünen-Anhängern verschiebt sich regional somit die in den einzelnen Bundesländern vorherrschende Konfessionsstruktur in Richtung auf die jeweils politisch „radikalere" Glaubensgemeinschaft bzw. Weltanschauung: von den Katholiken zu den Protestanten, von den Protestanten zu den Konfessionslosen.

Für die pointiert linksradikal orientierten grün-alternativen Landesverbände lassen sich demnach folgende Feststellungen treffen: Die APO-Generation bildet nicht den größten, aber den verläßlichsten und einen zahlenmäßig überproportional weiter wachsenden Teil unter ihrer Wählerschaft; der Anteil der höher Gebildeten unter den Grün-Wählern ist in diesen Landesverbänden noch größer als in anderen Bundesländern; der Arbeiteranteil liegt nochmals niedriger, der der selbständig Tätigen und der Arbeitslosen dafür höher als anderswo; der Anteil der Konfessionslosen erreicht in diesen Verbänden Spitzenwerte; die Attraktivität für weibliche Wähler ist nach wie vor geringer als in den gemäßigteren Regionalverbänden.

4.4 Politische Einstellungen der Anhängerschaft der Grünen in den Bundesländern

Für eine relativ junge Partei wie die der Grünen ist es nicht weiter erstaunlich, daß ihr Stammwähleranteil hinter dem der übrigen Parteien zurückbleibt. Immerhin gaben aber in den vergangenen Jahren fast 50 Prozent aller Grün-Wähler an, bei der letzten Wahl für die Alternativpartei gestimmt zu haben (Tabelle 8). Im übrigen läßt sich die *parteipolitische Herkunft* der grünen

Tabelle 7 **Bevölkerung und Wähler der Grünen nach ihrer Konfessionszugehörigkeit 1986/87**

	Bundesgeb. o. Berlin		Schleswig-Holstein		Hamburg u. Bremen		Niedersachsen		Nordrhein-Westfalen		Hessen		Rheinland-Pfalz u. Saarland		Bayern		Baden-Württemberg		Berlin 1985	
	Ges. %	Grüne %	Ges. %	Grüne %	Ges. %	Grüne %	Ges. %	Grüne %	Ges. %	Grüne %	Ges. %	Grüne %	Ges. %	Grüne %	Ges. %	Grüne %	Ges. %	Grüne %	Ges. %	Grüne %
Evangelisch	48	50	80	69	74	56	64	67	41	41	58	62	21	44	25	29	48	56	60	53
Katholisch	45	34	6	0	9	6	30	16	52	44	35	26	77	46	70	56	45	29	19	11
Andere	1	1	1	0	1	0	2	0	2	2	1	0	0	0	2	1	2	2	2	3
Keine	6	15	12	31	16	36	4	17	5	13	6	12	2	8	3	14	4	13	18	33

Quelle: SFK, Archiv-Nr. 8601, 8603, 8701, 8702 (kumuliert); Berlin: 8551

Helmut Fogt

Tabelle 8 **Politische Herkunft der Wähler der Grünen**

	Bundesgeb. o. Berlin		Schleswig-Holstein		Hamburg u. Bremen		Nieder-sachsen		Nordrhein-Westfalen		Hessen		Rheinland-Pfalz u. Saarland		Bayern		Baden-Württemberg		Berlin	
	83/84 %	86/87 %	83/84 %[a]	86/87 %	83/84 %[b]	86/87 %	83/84 %	86/87 %	83/84 %	86/87 %	83/84 %	86/87 %	83/84 %	86/87 %	83/84 %	86/87 %	83/84 %	86/87 %	1983 %	1985 %
CDU/CSU	10	8	(3)	3	(6)	5	9	11	10	7	6	4	20	13	14	14	9	10	1	2
SPD	25	27	(24)	28	(19)	23	29	24	27	25	18	31	24	30	23	29	29	28	14	19
FDP	4	3	(3)	8	(17)	0	2	4	5	5	0	1	0	3	5	2	2	3	3	4
Grüne	48	47	(55)	50	(44)	64	45	46	44	50	69	53	43	38	46	38	48	38	57	36
Andere Parteien	0	1	(0)	0	(0)	0	0	0	0	1	0	0	0	10	0	2	0	2	0	1
Erstwähler	9	8	(6)	11	(11)	2	13	7	9	9	8	3	2	5	10	12	7	14	10	23
Nichtwähler	5	5	(12)	0	(3)	7	2	7	6	3	2	8	7	3	3	3	5	7	16	15

[a] n=39   [b] n=37

Quelle: SFK, Archiv-Nr. 8302, 8307, 8401, 8405 (kumuliert); 8601, 8603, 8701, 8702 (kumuliert); Berlin: 8351ff, 8551

Anhängerschaft folgendermaßen aufschlüsseln: Zusammen über 10 Prozent haben zuletzt eine der beiden bürgerlichen Parteien gewählt, ein reichliches Viertel ist von der SPD abgewandert, acht bis neun Prozent waren jeweils Erstwähler, fünf Prozent haben sich zuvor in Wahlenthaltung geübt.

Die radikalen Landesverbände der Grünen in Berlin, Schleswig-Holstein sowie Hamburg und Bremen, aber auch die hessischen Grünen verzeichnen jeweils nur unterdurchschnittliche Anteile ehemaliger Unionswähler unter ihren Anhängern (2 bis 5%). Dagegen stammen in Bayern, in Rheinland-Pfalz und im Saarland sowie in Niedersachsen überdurchschnittlich viele Grün-Wähler von der Union (11 bis 14%).

Die Zugewinne von der SPD verteilen sich relativ gleichmäßig über die Bundesländer. Allerdings hat der Anteil ehemaliger SPD-Wähler unter den Anhängern der Grünen in Hessen, in Rheinland-Pfalz, im Saarland, in Bayern und in Berlin in den letzten Jahren überdurchschnittlich zugenommen (zwischen +13% und +5%).

Der Stammwähleranteil der Grünen liegt besonders hoch in Hamburg und Bremen (64%) sowie in Hessen (53%). Besonders niedrig fällt er aus in Berlin, in Rheinland-Pfalz und im Saarland, in Bayern und in Baden-Württemberg (36% bzw. 38%), wobei er in diesen Bundesländern gegenüber 1983/84 zudem stark rückläufig ist.

Die Erstwähleranteile liegen in den ehemaligen Grünen-Hochburgen Hamburg und Bremen sowie Hessen deutlich unter dem Durchschnitt,[47] in Berlin und Baden-Württemberg deutlich darüber. Dies bestätigt nochmals die These, wonach das unterschiedliche ideologische Profil der einzelnen grünen Landesverbände in keinem Zusammenhang mit dem neuerdings aufgetretenen Jungwählerdefizit der Partei steht. Für ehemalige Nichtwähler scheint nur die Berliner Alternative Liste von überdurchschnittlicher Attraktivität zu sein.

Unter den Anhängern der Grünen dominieren heute unangefochten Wähler, die sich im politischen Spektrum eindeutig *links von der Mitte* einordnen: Ihr Anteil stieg in den letzten Jahren von 46 Prozent auf 53 Prozent. Ein erheblicher Teil der Grün-Wähler ordnet sich dabei links von der Parteianhängerschaft der SPD ein (Abb. 1a u. b). Ein ausgeprägt linkes Profil weisen insbesondere die Anhängerschaften der Grünen in Hamburg und Bremen, in Schleswig-Holstein und Hessen auf (Anteilswerte auf Platz 1 bis 4 der elfstufigen Links-Rechts-Skala von 61% bis 68%). Schwächer ausgeprägt ist diese ideologische Ausrichtung in Rheinland-Pfalz und im Saarland, aber auch in Bayern und Baden-Württemberg (35% bis 49%).

---

[47] Die Repräsentativstatistik zur Bundestagswahl 1987 erbrachte hinsichtlich der Altersgruppe der 18- bis 25jährigen (die mit der Gruppe der Erstwähler nicht identisch ist) für Bremen relativ niedrige, für Hamburg relativ hohe Anteilswerte; s. o. Tabelle 4.

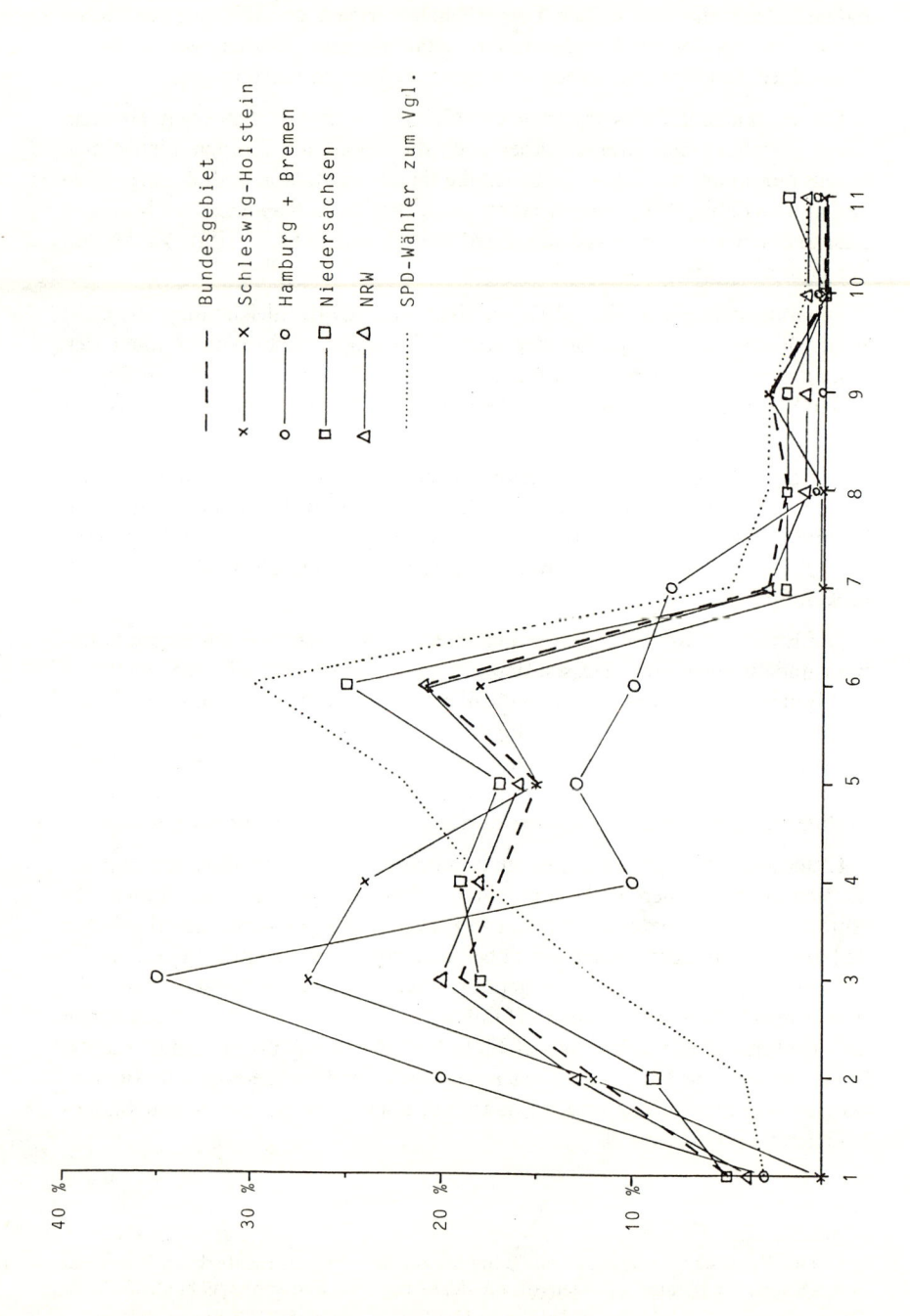

Die Grünen in den Bundesländern 263

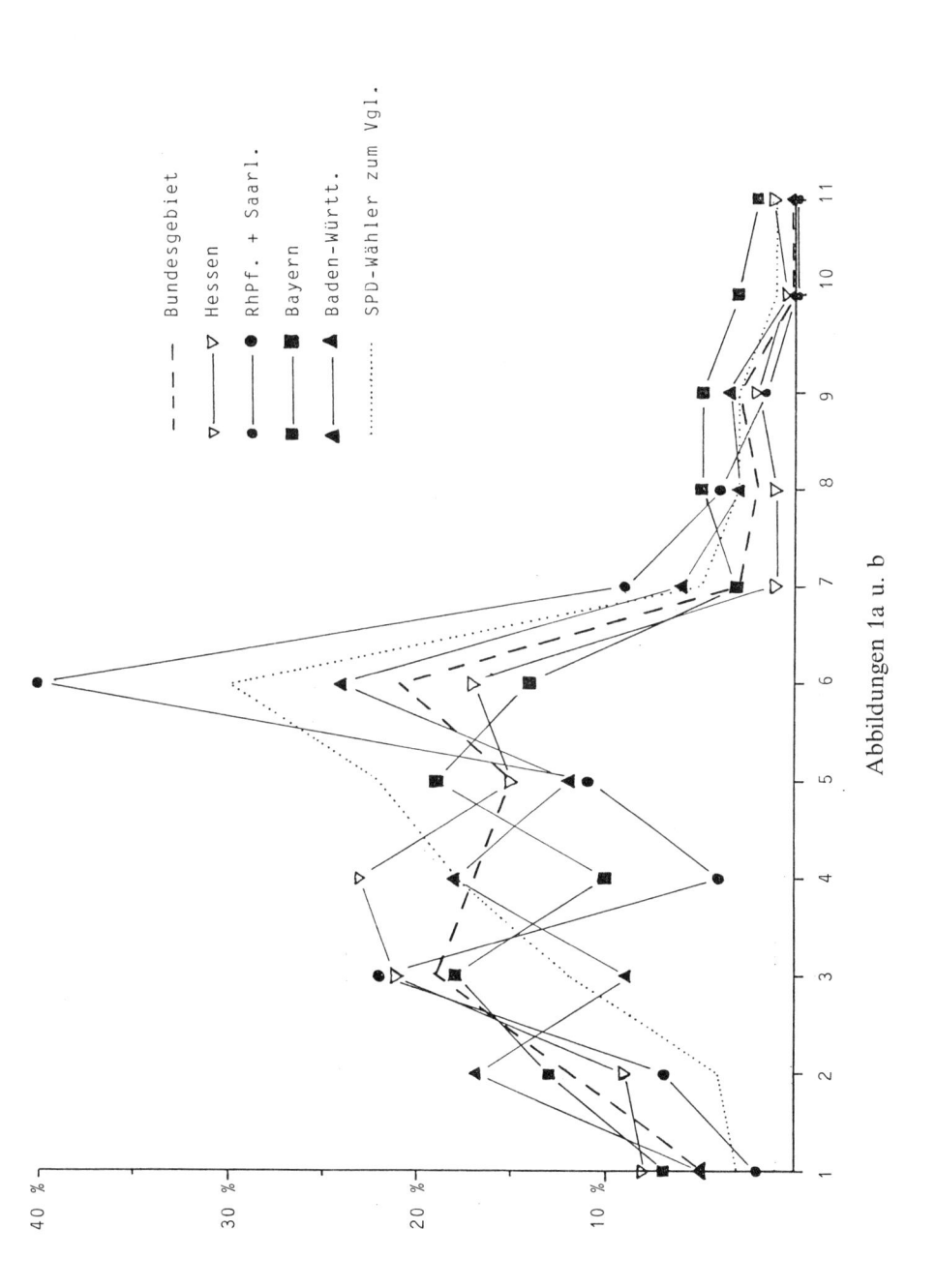

- - - - Bundesgebiet
▽ Hessen
● RhPf. + Saarl.
■ Bayern
▲ Baden-Württ.
.... SPD-Wähler zum Vgl.

Abbildungen 1a u. b

Das linke Spektrum verzeichnete allerdings gerade unter den Grün-Wählern in Baden-Württemberg in den letzten Jahren eine überproportionale Zunahme (+12%), vergleichbar nur mit der Situation in Nordrhein-Westfalen (+14%). Rückläufig war der linkspositionierte Wähleranteil außer in Rheinland-Pfalz und im Saarland nur in Hessen: Dort fiel er um 8 Prozentpunkte.

Besondere Bedeutung kommt bei den Grünen dem *radikal linken Flügel* zu, dessen Anteil unter der Wählerschaft (Selbsteinstufung auf Platz 1 und 2 der Links-Rechts-Skala) bundesweit in den letzten Jahren von 12 auf 17 Prozent angewachsen ist. Dieser radikale Flügel ist besonders stark in Hamburg und Bremen vertreten, interessanterweise aber auch in Baden-Württemberg und Bayern (Anteilswerte 20 bis 23%), in diesen vier Bundesländern ist er auch seit 1983/84 besonders stark angewachsen (+11% bis +14%). Dagegen hat die radikale Linke, der sich in Hessen noch 1983/84 nicht weniger als ein Drittel der Grün-Wähler zurechnete, seither ihre dominante Stellung in diesem Bundesland eingebüßt (1986/87: 17%). Wähler aus dem rechts der Mitte gelegenen Spektrum sind nur unter den bayerischen Grünen mit einem nennenswerten Prozentsatz (14%) vertreten.

Eng verwandt mit der politisch-ideologischen Grundhaltung der Wähler ist die Frage der individuellen *Demokratiezufriedenheit*. Die Grünen verzeichnen insgesamt einen erheblich höheren Anteil von Wählern, die mit der Demokratie in der Bundesrepublik unzufrieden sind, als dies unter den Bundesbürgern sonst festzustellen ist (23% gegenüber sonst 8%, Differenz: 15 Prozentpunkte; s. Tabelle 9). Entsprechend geringer ist unter ihren Wählern der Anteil vertreten, der sich über die Funktionsweise unseres politischen Systems sehr zufrieden äußert.

Zumal in den radikalen grünen Landesverbänden von Schleswig-Holstein, Hamburg, Bremen und Nordrhein-Westfalen liegt der Unzufriedenen-Anteil nochmals *über* dem Bundesdurchschnitt der Partei (und zwar 19 bis 20 Prozentpunkte über dem jeweiligen Bevölkerungsdurchschnitt), in den gemäßigten Verbänden von Niedersachsen, Rheinland-Pfalz und dem Saarland entsprechend darunter. Eine 1983 in Berlin durchgeführte Umfrage erbrachte sogar einen Unzufriedenenanteil unter den dortigen AL-Wählern von 55 Prozent.[48]

Zwischen den Landesverbänden der Partei zeichnet sich in der Frage der Demokratiezufriedenheit eine verstärkte Polarisierung ab: In den radikalen Regionalverbänden hat sich in den letzten Jahren die bestehende Unzufriedenheit mit unserem politischen System weiter verstärkt, in den gemäßigteren Verbänden hat sie sich weiter abgeschwächt.

Zur Erforschung grundlegender *Werthaltungen* in der Wählerschaft werden von der Sozialforschung unterschiedliche Typologien eingesetzt. Die meisten dieser Wertetypologien orientieren sich dabei an der zuerst von Ronald

---

[48] SFK, Archiv-Nr. 8351.

Tabelle 9 **Bevölkerung und Wähler der Grünen nach dem Grad ihrer Demokratiezufriedenheit 1986/87**

	Bundesgeb.		Schleswig-Holstein		Hamburg u. Bremen		Niedersachsen		Nordrhein-Westfalen		Hessen		Rheinland-Pfalz u. Saarland		Bayern		Baden-Württemberg	
	Ges.	Grüne	Ges.	Grüne	Ges.	Grüne	Ges.	Grüne	Ges.	Grüne	Ges.	Grüne	Ges.	Grüne	Ges.	Grüne	Ges.	Grüne
	%	%	%	%[a]	%	%[b]	%	%	%	%	%	%	%	%	%	%	%	%
sehr zufrieden	28	9	31	(0)	24	(6)	31	12	30	13	28	9	31	6	24	5	24	11
einigermaßen zufrieden	64	67	61	(73)	65	(59)	60	73	62	60	63	66	62	80	68	67	70	70
nicht zufrieden	8	23	8	(27)	11	(32)	9	15	7	27	9	25	7	15	9	27	7	19

[a] n=33   [b] n=34

Quelle: SFK, Archiv-Nr. 8601, 8603, 8701, 8702 (kumuliert)

Inglehart getroffenen Unterscheidung „materialistischer" und „postmaterialistischer" Grundhaltungen des Individuums. Wir legen im folgenden eine im Forschungsinstitut der Konrad-Adenauer-Stiftung weiterentwickelte Operationalisierung dieser beiden „Werthaltungen" zugrunde, wonach als „Materialist" bezeichnet wird, wer sich eine Gesellschaft wünscht, in der in erster Linie Bewährtes geschätzt und geachtet wird, wo man es durch Leistung zu etwas bringen kann und wo Recht und Gesetz geachtet werden; als „Postmaterialisten" hingegen, wer eine Gesellschaft bevorzugt, in der die Bürger an allen Entscheidungen beteiligt werden, die für neue Ideen und geistigen Wandel offen ist und wo der Mensch mehr zählt als das Geld.

Vergleicht man die Landesverbände der Grünen im Hinblick auf diese Grundhaltungen, so zeigt sich, daß die Grün-Wähler in Hamburg und Bremen sowie in Schleswig-Holstein, wo die Partei ein ausgeprägtes linksradikales Profil aufweist, im Vergleich zur übrigen Bevölkerung überdurchschnittlich für politische Partizipation, neue Ideen und eine nicht-materialistische Gesellschaft eingenommen sind (Differenz der „Postmaterialismus"-Werte von 47 bzw. von 39 Prozentpunkten gegenüber 33 Prozentpunkten im Bundesdurchschnitt; s. Tabelle 10). In den gemäßigteren Landesverbänden Niedersachsen, Bayern und Baden-Württemberg sind diese Differenzen zwischen Bevölkerung und Grün-Wählern am geringsten entwickelt (+29% bzw. +27%), dort stehen die Grün-Wähler der Tradition, dem Leistungsgedanken und dem Rechtsgehorsam noch am aufgeschlossensten gegenüber. Diese sogenannten „materialistischen" und „postmaterialistischen" Werthaltungen besitzen demnach eine enge Affinität zu politisch-ideologischen Grundpositionen der jeweiligen Wählerschaften.[49]

5. Regionale Differenzen in der Mitgliederschaft der Grünen

Die Grünen führen aus verschiedenen Gründen keine detaillierte Mitgliederstatistik auf Bundesebene, allenfalls existieren rudimentäre Aufschlüsselungen in einzelnen Landes- oder Kreisverbänden. Einigermaßen verläßlich sind nur die rein *quantitativen* Angaben zur Mitgliederentwicklung der Bundespartei und ihrer einzelnen Landesverbände.

Bei ihrer Gründung im Januar 1980 verfügte die Bundespartei der Grünen, gestützt auf die verschiedenen Vorläuferorganisationen, bereits bundesweit über rund 10 000 Parteimitglieder. Diese Zahl schwoll bis zum Jahresende rasch auf etwa 18 000 Mitglieder an. Der weitere Ausbau der Mitgliederbasis ging dann deutlich langsamer voran: Ende 1982 waren ca. 25 000 Mitglieder gewonnen, 1983 29 000 Mitglieder; Ende 1987 schließlich zählten die Grünen 43 500

---

[49] Die Ausdrücke „Materialismus" und „Postmaterialismus" sind ohnehin letztlich falsch gewählt. In der Form, wie sie in die wissenschaftliche Diskussion eingeführt wurden, erfassen sie keineswegs zwei konsistente Werthaltungen, sondern umschließen jeweils ein Bündel durchaus heteronomer politisch-weltanschaulicher Prinzipien, deren Wesensgehalt sie auch nicht annähernd auf den Begriff zu bringen vermögen.

Tabelle 10 Bevölkerung und Wähler der Grünen nach ihren „Werthaltungen" 1986/87

	Bundesgeb.		Schleswig-Holstein		Hamburg u. Bremen		Nieder-sachsen		Nordrhein-Westfalen		Hessen		Rheinland-Pfalz u. Saarland		Bayern		Baden-Württemberg	
	Ges. %	Grüne %	Ges. %	Grüne %	Ges. %	Grüne %	Ges. %	Grüne %	Ges. %	Grüne %	Ges. %	Grüne %	Ges. %	Grüne %	Ges. %	Grüne %	Ges. %	Grüne %
„Materialisten"	22	7	21	7	25	0	22	6	22	5	21	8	18	11	24	7	20	9
Mischtypen	55	37	50	24	45	24	57	43	54	37	54	31	60	33	58	47	55	40
„Postmaterialisten"	23	56	29	68	30	77	21	50	24	58	25	61	22	56	18	45	24	51

Quelle: SFK, Archiv-Nr. 8601, 8603, 8701, 8702 (kumuliert)

eingeschriebene Mitglieder (Tabelle 11). Der mitgliederstärkste Landesverband der Grünen ist heute der in Nordrhein-Westfalen (9 194 Mitglieder), gefolgt von den Landesverbänden in Baden-Württemberg (7 250 Mitglieder), Bayern (6 880 Mitglieder) und Niedersachsen (5 450 Mitglieder). Schlußlichter bilden Bremen (470 Mitglieder) und das Saarland (523 Mitglieder).

Tabelle 11
Mitgliederzahlen der Grünen[a]

Landesverband	1983	1984	1985	1986	1987
Baden-Württemberg	4 900	5 038	6 000	6 317	7 250
Bayern	4 300	5 500	5 116	5 500	6 880
Bremen	292	320	320	380	470
Hamburg	1 675[b]	1 720[b]	1 987	2 200	2 280
Hessen	2 785	3 000	4 259	4 130	4 750
Niedersachsen	3 728	3 800	4 232	4 566	5 450
Nordrhein-Westfalen	5 867	6 500	8 368	8 001	9 194
Rheinland-Pfalz	1 100	1 450	1 764	1 700	1 768
Saarland	475	500	525	450	523
Schleswig-Holstein	1 100	1 300	1 422	1 820	1 997
AL-Berlin	2 800[c]	2 950	3 031	3 106	2 981
Bundespartei	29 022	32 078	37 024	38 170	43 543

[a] Lt. Mitteilung vom 11.5.1988
[b] Lt. Mitteilung vom 5.9.1983 und vom 20.4.1983 (Grüne und AL)
[c] Lt. Mitteilung vom 5.9.1983

Aussagekräftiger als der absolute Mitgliederbestand einer Parteigliederung ist ihr spezifischer *Organisationsgrad*. Zur Berechnung des Organisationsgrades wird die Mitgliederzahl des betreffenden Parteiverbandes in Relation gesetzt zu der Anzahl der Wählerstimmen, die bei der letzten Wahl auf diesen Verband entfallen sind. Die entsprechende Maßzahl gibt dann an, wieviel Prozent der Wähler einer Partei zugleich auch eingeschriebenes Mitglied in dieser Partei sind. Der Organisationsgrad kann demnach als Index für die Organisations- und Integrationsfähigkeit einer Partei angesehen werden.

1983 lag der entsprechende Organisationsgrad der grünen Bundespartei, bezogen auf das Stimmenergebnis der Grünen bei der Bundestagswahl vom gleichen Jahr, bei 1,29 Prozent (Tabelle 12). Bis 1987 stieg der Organisationsgrad der Partei langsam auf 1,89 Prozent an. Legt man den bei der Bundestagswahl 1987 gewonnenen, sehr viel größeren Wähleranteil zugrunde, so fällt der Organisationsgrad der Grünen allerdings wieder auf 1,34 Prozent ab. Die Grünen liegen mit diesen Indexwerten in jedem Fall weit hinter der Organisationsstärke der beiden großen Volksparteien zurück (CDU/CSU: 5,13%, SPD: 6,31%), sie erreichen kaum die traditionell schwache Mitglieder-Wähler-Relation der FDP (1987: 1,82%).

Tabelle 12 **Organisationsgrad der Grünen nach Bundesländern im Vergleich zu anderen Parteien[a]**

	Grüne[b]					CDU/CSU	SPD	FDP
	1983[c] %	1984[c] %	1985[c] %	1986[c] %	1987[d] %	1987[e] %	1987[e] %	1987[e] %
Bundesdurchschnitt	1,29	1,42	1,61	1,66	1,34 (1,89)	5,13	6,31	1,82
Schleswig-Holstein	1,21	1,43	1,56	2,00	1,47 (2,19)	5,52	5,52	1,95
Hamburg	1,86	1,91	2,20	2,44	1,99 (2,53)	3,91	5,61	1,63
Bremen	0,66	0,72	0,72	0,85	0,76 (1,05)	3,19	6,87	1,75
Niedersachsen	1,34	1,36	1,52	1,64	1,54 (1,96)	5,40	5,88	1,97
Nordrhein-Westfalen	1,01	1,12	1,44	1,38	1,13 (1,58)	5,83	6,06	2,12
Hessen	1,27	1,37	1,95	1,89	1,42 (2,17)	4,71	8,91	2,38
Rheinland-Pfalz	0,97	1,28	1,56	1,50	0,96 (1,56)	6,98	7,83	2,25
Saarland	1,33	1,40	1,47	1,26	1,02 (1,46)	9,74	11,40	6,54
Bayern	1,33	1,70	1,58	1,70	1,33 (2,12)	4,96	6,20	1,10
Baden-Württemberg	1,26	1,29	1,54	1,62	1,30 (1,86)	3,65	4,02	1,13
Berlin[f]	3,09	3,25	2,29	2,34	2,25	2,70	6,58	2,03

[a] Anzahl der Parteimitglieder in v. H. der bei der letzten Wahl für die Partei abgegebenen Zweitstimmen.
[b] Hamburg: GAL, Berlin: AL.
[c] Vergleichsbasis: Zweitstimmenergebnis bei der Bundestagswahl 1983 im betreffenden Bundesland (außer Berlin).
[d] Vergleichsbasis: Zweitstimmenergebnis bei der Bundestagswahl 1987 im betreffenden Bundesland (außer Berlin); in Klammern: Vergleichsbasis 1983.
[e] Vergleichsbasis: Zweitstimmenergebnis bei der Bundestagswahl 1987 im betreffenden Bundesland; Berlin: LTW 1985.
[f] Vergleichsbasis: Landtagswahl 1981 (für 1983 u. 1984) bzw. Landtagswahl 1985 (ab 1985).

Noch ausgeprägter als die Liberalen präsentieren sich die Grünen parteisoziologisch gesehen bis heute als „Wahlverein", als schwach organisiertes Bündnis einzelner Parteiaktivisten, dessen Funktion sich weitgehend in der Teilnahme an Wahlen und der Vergabe der dabei errungenen Mandate erschöpft. Von dem Gegenmodell, das die Vision von der grünen „Basisdemokratie" eigentlich nahelegt, der „Massenintegrationspartei", die die gesamte Anhängerschaft möglichst umfassend mobilisiert und organisiert, sind die Grünen jedenfalls denkbar weit entfernt.[50]

Den höchsten Organisationsgrad, die ausgeprägteste Integrationsfähigkeit besitzen die linksradikalen Landesverbände der Grünen und Alternativen in Berlin (2,25%), Hamburg (1,99%) und Schleswig-Holstein (1,47%). Aber auch in Niedersachsen (1,54%) und Hessen (1,42%) verfügt die Partei über Landesverbände, die relativ gut in der jeweiligen Wählerschaft verankert sind. Die entsprechende Organisationsstärke dieser Parteigliederungen läßt sich meist schon 1983 (und früher) beobachten, im Falle der Berliner AL besteht sie allerdings heute nicht mehr im damaligen Umfang. Das Schlußlicht bilden in dieser Hinsicht wiederum die Landesverbände der Grünen in Bremen, Rheinland-Pfalz und im Saarland.

6. Regionale Unterschiede in der Zusammensetzung der grünen Parteielite

Trotz aller „basisdemokratischen" Absichtserklärungen haben sich bei den Grünen von Anfang an linksalternative Berufspolitiker und Daueraktivisten in den führenden Positionen etabliert, die mittlerweile eine relativ geschlossene Kaste bilden und deren Zusammensetzung anderen Regeln folgt, als sie für die breite Anhängerschaft der Partei zutreffen.[51] Zu prüfen ist, ob und in welchem Umfang die für die Grün-Wähler in den einzelnen Bundesländern festgestellten Tendenzen (insbesondere Zusammenhänge mit dem politisch-ideologischen Profil der betreffenden Landesverbände, mit der regionalen APO-Tradition) auch bei der jeweiligen Parteielite zu beobachten sind. Hierzu wurden sämtliche 294 Abgeordnete, die die Grünen seit Bestehen der Partei bis Ende 1987 in eines der deutschen Länderparlamente oder über eine Landesliste in den Deutschen Bundestag entsandt haben, nach vier Merkmalen untersucht: Alter, Berufszuge-

---

[50] Entsprechende organisatorische Anstrengungen werden von den Grünen ganz bewußt nicht unternommen — die informellen Aktivisten-Cliquen, die bis heute unangefochten und unkontrolliert über den Kurs der Partei bestimmen, wollen offensichtlich unter sich bleiben. S. hierzu Bundesgeschäftsführer *Walde* lt. dpa v. 20. 1. 1986; Helmut *Fogt*: Basisdemokratie oder Herrschaft der Aktivisten?, in: PVS 25 (1984), S. 97-113.

[51] S. hierzu Helmut *Fogt*: Zwischen Parteiorganisation und Bewegung. Die Rekrutierung der Mandatsträger bei den Grünen, erscheint in: Heinrich Oberreuter (Hrsg.): Wie kommt man in die Parlamente? Zur Auswahl des politischen Führungspersonals in der Bundesrepublik, Baden-Baden (Nomos).

hörigkeit, politische Herkunft und Zugehörigkeit zu einer der neueren Protestbewegungen in der Bundesrepublik.[52]

Mit einem *Durchschnittsalter* von 38,6 Jahren waren die Abgeordneten der Grünen bei ihrem Mandatsantritt rund zehn Jahre jünger als die Gesamtheit aller Abgeordneten des Deutschen Bundestages (11. Wahlperiode: 49,3 Jahre; s. Tabelle 13). Zwei bis drei Jahre älter als der Durchschnitt der Grünen-Abgeordneten waren die Mandatsträger der Partei in den Landtagen bzw. auf den Landeslisten von Bayern (41,8 Jahre) und Niedersachsen (40,7 Jahre), entsprechend jünger die Mandatsträger in Rheinland-Pfalz und im Saarland (36,3 Jahre) sowie in Hessen (36,6 Jahre).

Ein genaueres Bild liefert die Aufschlüsselung der Abgeordneten nach Geburtsjahrgängen bzw. einzelnen politischen *Generationen*. Zahlenmäßig insgesamt am stärksten besetzt ist unter den Mandatsträgern der Grünen die APO-Generation der späten sechziger Jahre (42%). Unter den Abgeordneten im 11. Deutschen Bundestag ist diese Jahrgangsgruppe dagegen nur mit 14 Prozent vertreten. Umgekehrt sind die beiden Altersgruppen, aus denen sich die Bundestagsabgeordneten überwiegend rekrutieren, die Generation der Adenauer-Ära (46%) und die der Kriegs- und Nachkriegszeit (38%), unter den Grünen-Abgeordneten deutlich geringer vertreten (28% bzw. 11%).

Das höhere Durchschnittsalter der grünen Mandatsträger aus Bayern und Niedersachsen ist auf den überdurchschnittlichen Anteil der Kriegs- und Vorkriegsgenerationen unter den Spitzenrepräsentanten der Partei in diesen Bundesländern zurückzuführen (zusammen 23% bzw. 19%). Dies wiederum erklärt sich daraus, daß Vertreter politisch gemäßigter Bürgerinitiativen bzw. der rechtsneutralistischen „Aktionsgemeinschaft Unabhängiger Deutscher" (AUD), meist in mittlerem und höherem Alter, besonderen Einfluß auf die Entwicklung dieser beiden Landesverbände nahmen.

Das vergleichsweise niedrige Durchschnittsalter und der hohe Anteil der jüngsten Generation aus den siebziger Jahren unter den Abgeordneten in Rheinland-Pfalz und im Saarland (30%) dürfte auf die in beiden Landesverbänden virulenten Rekrutierungsprobleme zurückzuführen sein, die dazu zwingen, mangels verfügbarem Personal auch schon Studenten und Jugendliche mit Spitzenkandidaturen zu betrauen. Dies dürfte auch für die ähnlich hohen Anteile der jüngsten Generation unter den Mandatsträgern in Nordrhein-Westfalen (32%) und Bayern (26%) ursächlich sein.

Die „APO"-Generation der Geburtsjahrgänge von ca. 1946 bis 1953 dominiert, so wie das dort auch schon für die breite Anhängerschaft der Grünen beobachtet werden konnte, unter den Spitzenrepräsentanten der Partei in Bremen und Hessen (70% bzw. 57%). In diesen beiden Bundesländern wirkt

---

[52] Vgl. Helmut *Fogt:* Die Mandatsträger der Grünen. Zur sozialen und politischen Herkunft der alternativen Parteielite, in: Aus Politik und Zeitgeschichte B 11 (1986), S. 16-33; ders.: Die Grünen und die Neue Linke, S. 160 ff.

Tabelle 13 **Abgeordnete der Grünen nach Durchschnittsalter und politischen Generationen**

	Hambg. u. Schl.-Holstein	Bremen	Berlin	Nieder-sachsen	Nord-rhein-West-falen	Hessen	Rhein-land-Pfalz u. Saarland	Bayern	Baden-Würt-temberg	Alle Länder	z. Vergl. alle Abgeord. d. 11. Dt. B.tages[*)]
Durchschnittsalter in Jahren bei Mandatsantritt	37,9	38,9	38,1	40,7	38,2	36,6	36,3	41,8	37,9	38,6	49,3
Generationen: Geb.jahrgang:	%	%	%	%	%	%	%	%	%	%	%
„Alternativ-bewegungen" 1954–	21	–	18	11	32	20	30	26	16	18	1
APO-Ära 1946–1953	32	70	42	39	27	57	40	30	47	42	14
Adenauer-Ära 1935–1945	44	22	32	31	23	17	30	22	25	28	46
Kriegs- und Nachkriegszeit 1922–1934	3	9	8	19	18	7	–	19	13	11	38
Weimar und NS-Zeit –1921	–	–	–	–	–	–	–	4	–	1	1
Anzahl	n=34	n=23	n=50	n=36	n=22	n=30	n=10	n=27	n=32	n=264	n=519

* Jahrgangseinteilung weicht geringfügig ab; Quelle: Datenhandbuch Bundestag 1980–1987, S. 166f.

offensichtlich eine regionale Tradition aus den Zeiten der '68er-Bewegung noch am ungebrochensten fort.

Eigentümlicherweise ist die APO-Generation unter den grünen Mandatsträgern in Schleswig-Holstein und Hamburg nur relativ schwach vertreten (32%). Dort dominiert stärker als in allen anderen Landesverbänden die Generation, die in der Adenauer-Ära herangewachsen ist (44%). Z. T. mag dies an der insbesondere von der Hamburger GAL geübten Praxis liegen, bei Wahlen politisch weniger radikal profilierte ältere „Vorzeigekandidaten" zu präsentieren, z. T. daran, daß die führenden Linksextremisten, die bei den Grünen im Norden bis heute die Fäden ziehen, meist dieser älteren, und nicht der APO-Generation selbst, angehören.

Was den *Berufsstatus* angeht, so erreichen die Dienstleistungsberufe der Angestellten und Beamten unter den Abgeordneten der Grünen in Bund und Ländern nahezu dasselbe Übergewicht (63%), das sie auch unter den zum Vergleich herangezogenen Abgeordneten im 11. Deutschen Bundestag besitzen (64%; s. Tabelle 14). Unter den Mandatsträgern der Grünen finden sich allerdings deutlich mehr Angestellte (40% statt 27%), während unter den Bundestagsabgeordneten umgekehrt die Beamten überwiegen (37% statt 23%). Beamte sind unter den Spitzenrepräsentanten der Grünen relativ häufig in Niedersachsen (31%), Bremen (30%) und Baden-Württemberg (28%) vertreten. Selbständige finden sich unter den Mandatsträgern der Grünen deutlich seltener (15%), nicht oder nur unregelmäßig Berufstätige deutlich häufiger (17%) als in der Vergleichsgruppe der Bundestagsabgeordneten (29% bzw. 2%).

Fast jeder zweite Abgeordnete der Grünen aus dem Bundestag oder einem der Landtage (46%) war vor seinem Eintritt in die Alternativpartei bereits in einer *anderen politischen Partei oder Organisation* aktiv gewesen (s. Tabelle 15). Aus der SPD kamen insgesamt 14 Prozent der späteren Mandatsträger der Grünen, überdurchschnittlich viele waren es unter den baden-württembergischen und den niedersächsischen Grünen (22% bzw. 19%). In Bayern und in Nordrhein-Westfalen sind relativ viele ehemalige Unionsmitglieder unter den Spitzenrepräsentanten der Grünen zu finden (11% bzw. 9%), in Bremen gab es eine gewisse Abwanderung von der FDP zu den Grünen (9%). Es handelt sich hierbei allerdings ausschließlich um Vorgänge auf der Eliten-Ebene, in der grünen Wählerschaft der betreffenden Bundesländer lassen sich diese Zusammenhänge nicht beobachten (vgl. oben Tab. 8).

Aktivisten aus der bereits erwähnten „Aktionsgemeinschaft Unabhängiger Deutscher" (AUD) sind überwiegend in Bayern und Baden-Württemberg zu den Grünen übergewechselt (Anteile von 11% bzw. 9%). Bemerkenswert hoch ist auch der Anteil ehemaliger Mitglieder der orthodox-kommunistischen DKP unter den führenden Repräsentanten der Grünen im Südwesten (13%).

Unter den nicht parteiförmig verfaßten Organisationen, aus denen ein Teil der grünen Abgeordneten stammt, ist zunächst der „Sozialistische Deutsche Studentenbund" (SDS) zu nennen, die linksextreme Avantgardeorganisation

Tabelle 14 **Abgeordnete der Grünen nach ihrer beruflichen Stellung**

	Hambg. u. Schl.-Holstein %	Bremen %	Berlin %	Nieder-sachsen %	Nord-rhein-West-falen %	Hessen %	Rhein-land-Pfalz u. Saarland %	Bayern %	Baden-Würt-temberg %	Alle Länder %	z. Vergl. alle Abgeord. d. 11. Dt. B.tages*) %
Arbeiter	3	-	4	-	5	-	20	4	3	3	2
Angestellte	41 ⎤ 68	17 ⎤ 47	62 ⎤ 76	39 ⎤ 70	27 ⎤ 50	60 ⎤ 73	40 ⎤ 60	30 ⎤ 56	22 ⎤ 50	40 ⎤ 63	27 ⎤ 64
Beamte	27 ⎦	30 ⎦	14 ⎦	31 ⎦	23 ⎦	13 ⎦	20 ⎦	26 ⎦	28 ⎦	23 ⎦	37 ⎦
Selbständige	12	30	8	19	9	10	-	22	22	15	29
Nicht/unregelmäßig berufstätig	18	22	12	8	27	13	20	15	25	17	2
Sonstige/nicht zu ermitteln	-	-	-	3	9	3	-	4	-	2	3
Anzahl	n=34	n=23	n=50	n=36	n=22	n=30	n=10	n=27	n=32	n=264	n=519

* ohne Regierungsmitglieder; Quelle: Datenhandbuch Bundestag 1980–1987, S. 194.

Tabelle 15 **Abgeordnete der Grünen nach ihrer politischen Herkunft*)**

	Hamburg u. Schl.-Holstein %	Bremen %	Berlin %	Nieder-sachsen %	Nordrh.-Westf. %	Hessen %	Rheinl.-Pfalz u. Saarland %	Bayern %	Baden-Württemberg %	Alle Länder %
Frühere Mitgliedschaft in:										
SPD	15	17	10	19	14	10	20	7	22	14
CDU/CSU	–	–	–	3	9	–	–	11	6	3
FDP	3	9	2	–	5	–	–	4	3	3
Aktionsgemeinschaft Unabhängiger Deutscher (AUD)	–	–	–	3	–	7	–	11	9	3
DKP	6	4	4	3	–	7	–	7	13	5
SDS/Republikanischer Club	–	–	8	–	5	20	–	–	3	5
K-Gruppen	32	13	32	6	–	13	10	4	9	16
Undogmatische Neue Linke	9	–	12	11	14	20	–	–	9	10
Anarchistische Gruppen/ Terrorismus-Umfeld	–	–	12	–	–	13	–	–	3	4
Keine frühere Mitgliedschaft/ nicht feststellbar	47	65	42	64	59	47	70	50	50	54
Anzahl	n=34	n=23	n=50	n=36	n=22	n=30	n=10	n=27	n=32	n=264

* Mehrfachnennungen, daher addieren sich die Spaltenprozente nicht zu 100%.

der Studentenbewegung der sechziger Jahre. Dies war insbesondere die Ausgangsposition für einen erheblichen Teil der hessischen Mandatsträger (20%), die ihr politisches Engagement dann in den siebziger Jahren überdurchschnittlich häufig in Organisationen der sog. „undogmatischen Neuen Linken" (z. B. dem „Sozialistischen Büro", Offenbach) fortsetzten (Hessen ebenfalls 20%).[53]

Nicht weniger als jeweils ein Drittel (32%) aller Abgeordneten der Grünen aus Hamburg und Schleswig-Holstein sowie aus Berlin waren z. T. bis in die achtziger Jahre hinein in einer dogmatischen marxistisch-leninistischen K-Gruppe wie dem „Kommunistischen Bund", der „Kommunistischen Partei Deutschlands" oder dem „Kommunistischen Bund Westdeutschlands" organisiert. Ein nicht unerheblicher Teil der Mandatsträger aus Berlin und Hessen war daneben in anarchistischen Gruppen oder im Umfeld des westdeutschen Terrorismus aktiv (12% bzw. 13%).

Die Grünen verstehen sich als „Bewegungspartei", als parlamentarisches Sprachrohr der verschiedenen, seit den sechziger Jahren in der Bundesrepublik aufgekommenen politischen und gesellschaftlichen *Protestbewegungen*. Dies findet, in unterschiedlicher regionaler Ausprägung, auch seinen Niederschlag in den einschlägigen Affinitäten und Verbindungen, die die Spitzenrepräsentanten der Grünen zu diesen Protestbewegungen aufweisen.

So waren insgesamt 17 Prozent der untersuchten Abgeordneten der Grünen bereits in der „Außerparlamentarischen Opposition" (APO) und Studentenbewegung der späten siebziger Jahre engagiert, wobei dieser Traditionsstrang wiederum am ausgeprägtesten in Hessen (30%) und Berlin (25%) zu beobachten ist (s. Tabelle 16).

Niedersachsen und Hessen können, was das einschlägige Engagement der grünen Spitzenpolitiker anlangt, eindeutig als Hochburgen des Protests gegen die Atomkraftwerke und der Umweltschutzbewegung ganz allgemein gelten (Zugehörigkeitsanteile bei den Mandatsträgern in Niedersachsen: 44% und 42%, in Hessen: 43% und 60%). In der Umweltschutzbewegung aktiv sind auch erhebliche Teile der Grünen-Abgeordneten in Bayern sowie in Rheinland-Pfalz und im Saarland (44% bzw. 40%).

Ein ganz minimales Engagement sowohl in der Anti-Atomkraft-Bewegung als auch in der Umweltschutzbewegung läßt sich dagegen für die AL-Abgeordneten im Berliner Abgeordnetenhaus feststellen (2% bzw. 6%). Nun mögen im Falle Berlins einfach zu wenige lokale Anlässe für ein derartiges Engagement bestehen; die ebenfalls unterdurchschnittliche Beteiligung der grünen Spitzenvertreter aus Nordrhein-Westfalen und Baden-Württemberg an der dortigen Anti-AKW-Bewegung (14% bzw. 16%) und das geringe Interesse der Grünen aus Hamburg und Schleswig-Holstein sowie aus Bremen an der

---

[53] Vgl. hierzu insbesondere *Fogt:* Die Grünen und die Neue Linke.

Tabelle 16 Abgeordnete der Grünen nach ihrer Zugehörigkeit zu Protestbewegungen[*]

Zugehörigkeit zu:	Hamburg u. Schl.-Holstein %	Bremen %	Berlin %	Niedersachsen %	Nordrh.-Westf. %	Hessen %	Rheinl.-Pfalz u. Saarland %	Bayern %	Baden-Württemberg %	Alle Länder %
"Außerparlamentarische Opposition" 60er Jahre	12	17	25	14	9	30	10	15	13	17
Anti-AKW-Bewegung	27	30	2	44	14	43	30	30	16	25
Umweltschutzbewegung	15	22	6	42	37	60	40	44	28	30
Sonst. Bürgerinitiative	12	13	14	11	14	13	20	14	16	14
Frauenbewegung	27	4	12	14	27	10	–	11	6	13
Alternativbewegung i. e. S.	–	4	24	8	9	17	–	11	13	11
Friedensbewegung	9	26	10	19	32	27	60	33	31	23
3. Welt-Bewegung	3	9	2	6	14	10	–	11	16	8
Bürgerrechtsbewegung	6	13	16	8	27	13	10	11	13	13
Randgruppen-Initiative	15	13	26	17	32	37	20	19	28	24
Keine Mitgliedschaft/ nicht feststellbar	27	48	20	11	–	13	10	15	19	19
Anzahl	n=34	n=23	n=50	n=36	n=22	n=30	n=10	n=27	n=32	n=264

[*] Mehrfachnennungen.

regionalen Umweltschutzbewegung (15% bzw. 22%) läßt sich damit jedoch nicht erklären. Abgesehen von Baden-Württemberg kommt hier zweifellos ein ausgeprägtes Desinteresse der linksextrem beeinflußten grünen Landesverbände am Thema Ökologie zum Vorschein, das dort nur als propagandistisches Vehikel zum Transport der traditionellen neomarxistischen Ideologie benutzt wird.

Die neue Frauenbewegung ist demgegenüber unter den Mandatsträgern der linksradikal profilierten Landesverbände von Hamburg und Schleswig-Holstein sowie von Nordrhein-Westfalen überdurchschnittlich stark vertreten (jeweils 27%). Berlin, aber auch Hessen, können, wie bereits mehrfach beobachtet, auch hinsichtlich der einschlägigen Verankerung der Spitzenvertreter der Partei als Hochburgen der Alternativbewegung gelten (Anteilswerte unter den Mandatsträgern von 24% und 17%).

Mitglieder und Aktivisten der Friedensbewegung waren insbesondere unter den Abgeordneten der Grünen in Rheinland-Pfalz und im Saarland, in Bayern und Baden-Württemberg sowie in Nordrhein-Westfalen stark vertreten (zwischen 60% und 32%). Zum einen waren das die Bundesländer, die von den Protestanlässen der Friedensbewegung (Raketenstandorte, aber auch Tiefflug- und Manövergebiete) besonders betroffen waren. Zum anderen ist dies aber ein erneuter Beleg dafür, daß die einzelnen Protestbewegungen, bis hin zum persönlichen Engagement der führenden Parteivertreter, in den gemäßigteren Landesverbänden der Grünen sehr viel ernster genommen werden als in den profiliert linksradikalen Verbänden.

Überhaupt fällt auf, daß es gerade in den linksradikalen Landesverbänden der Grünen erheblich weniger personelle Verflechtungen zwischen der Partei und den neueren politischen Bewegungen gibt, als man zunächst vermuten würde. Die entsprechenden Anteile einschlägig engagierter Spitzenvertreter der Grünen liegen in Hamburg und Schleswig-Holstein (ausgenommen dort die Frauenbewegung), in Berlin (ausgenommen dort die Alternativbewegung) und in Bremen jeweils deutlich unter dem bundesweiten Durchschnitt.

7. Resümee

Was ihren Rückhalt in der Wählerschaft anlangt, so ist das regionale Erscheinungsbild der Grünen bis heute von einer ausgeprägten Hochburgen-Struktur gekennzeichnet. Die Partei findet unverändert ihren stärksten Rückhalt in Universitäts- und Dienstleistungsstädten mit einem hohen Ausländeranteil und einer etablierten „Alternativszene", dort wiederum besonders in Altbau- und sozialen Problembezirken.

Die Grünen sind aus den dort lokalisierten linksalternativen Milieutraditionen hervorgegangen, Traditionen, die ihre Wurzeln durchwegs in der Zeit der „Außerparlamentarischen Opposition" und Studentenbewegung gegen Ende der sechziger Jahre haben. Die Kenntnis der „Topographie" dieser studentischen Protestbewegung und der weiteren Entwicklung ihrer Schwerpunkte in den siebziger Jahren vermag entscheidend zum Verständnis der regionalen Ausdifferenzierungen bei den Grünen beizutragen.

Diese „Topographie" des Linksradikalismus in der Bundesrepublik bestimmte entscheidend über die Ausgangssituation bei der Gründung der Grünen zu Anfang der achtziger Jahre: Dort, wo eine solche lokale und regionale Tradition vorhanden war, standen die bürgerlichen Ökologen gegenüber den linksradikalen Gruppierungen und Zusammenschlüssen innerparteilich von vornherein auf verlorenem Posten.

Auch die weitere Entwicklung der grünen Partei in den achtziger Jahren wurde durch die regionale Verteilung traditioneller Protesthochburgen in der Bundesrepublik entscheidend bestimmt. Neben Nordrhein-Westfalen und Schleswig-Holstein weisen insbesondere die drei Stadtstaaten Berlin, Hamburg und Bremen bis heute ein ausgeprägt linksradikales politisches und ideologisches Profil auf.

Die Wählerschaft dieser Landesverbände der Grünen zeichnet sich durch einen hohen Anteil von Angehörigen der APO-Generation, einen durchschnittlich höheren Bildungsgrad, einzelne Ungleichgewichte der Berufsstruktur sowie radikale, systemkritische Grundeinstellungen aus. Der Organisationsgrad dieser Landesverbände liegt deutlich über dem Bundesdurchschnitt der Partei. Ihre führenden Repräsentanten stammen zu einem erheblichen Teil aus linksextremen, verfassungsfeindlichen Parteien und Organisationen der siebziger Jahre. Bemerkenswert ist das ausgeprägte Desinteresse dieser Parteifunktionäre an der gesamten Ökologie- und Umweltschutzbewegung, aber auch an anderen populären Protestbewegungen.

Für die regionale Parteistruktur der Grünen hat der Gegensatz zwischen den profiliert linksradikalen und den eher gemäßigten Landesverbänden zweifellos vorrangige Bedeutung, wobei ein gewisses Nord-Süd-Gefälle zu beobachten ist. Daneben bestehen freilich eine Vielzahl weiterer regionaler Abweichungen und Unterschiede. Die innerparteiliche Entwicklung der Grünen hat sich in den einzelnen Landesverbänden relativ isoliert und abgeschottet von der in den anderen Bundesländern vollzogen. Übergreifende Zusammenhänge sind in der Regel auf die gemeinsame Herkunft aus denjenigen Organisationen und Strömungen zurückzuführen, aus denen die Grünen insgesamt hervorgegangen sind (K-Gruppen, undogmatische Sozialisten, Sponti-Bewegung u.a).

Der gemäßigtere, „realpolitisch" orientierte Parteiflügel scheint sich neuerdings zunehmend gegenüber den radikalen Kräften in den Grünen durchzusetzen. Im Zuge dieser Entwicklung könnte es zu einer Einebnung der regionalen Unterschiede und zu einer Homogenisierung der Parteistruktur der Grünen kommen. Die überkommene Topographie der bundesdeutschen Protestbewegungen wird dadurch aber wohl kaum in Frage gestellt: In den Hochburgen der linksalternativen Bewegung wird heute bereits das Projekt eines neuen linkssozialistischen Zusammenschlusses jenseits der Grünen diskutiert.

III. Fallstudien zur Bedeutung regionaler Traditionen für Entwicklung und Struktur des Parteiensystems

Die unterschiedlichen Wahlerfolge der NSDAP in Baden und Württemberg: Ergebnis differierender Sozialstruktur oder regionalspezifischer Faktoren?

Von *Jürgen W. Falter* und *Hartmut Bömermann*

1. Fragestellung und Vorgehensweise

Die NSDAP erzielte zwischen 1928 und 1933 in den beiden benachbarten, heute in einem Bundesland vereinigten Reichsländern Baden und Württemberg sehr unterschiedliche Wahlergebnisse. Schon bei der Reichstagswahl 1928 gelang es den Nationalsozialisten, in Baden deutlich besser abzuschneiden als in Württemberg.[1] Während in der Folgezeit in Baden die NSDAP-Wahlergebnisse typischerweise leicht über dem Reichsdurchschnitt lagen, bewegten sich die NSDAP-Erfolge in Württemberg durchweg klar unter dem Reichsdurchschnitt. Eine Ausnahme stellt hier nur die Juli-Wahl von 1932 dar. Erst bei der schon nicht mehr ganz regulär verlaufenden, immerhin aber doch noch nach Bracher „halbfreien" Reichstagswahl von 1933 gelang es den Nationalsozialisten in Württemberg, ein fast reichsdurchschnittliches Wahlergebnis zu erzielen (Tabelle 1).

Tabelle 1
NSDAP-Wahlergebnisse in Baden, Württemberg und im Reich

	1924A	1924B	1928	1930	1932A	1932B	1933
Baden	4,8	1,9	3,4	19,2	36,9	34,1	45,4
Württemberg	4,1	2,1	1,9	9,4	30,3	26,2	42,0
Reich insg.	6,5	3,0	2,6	18,3	37,3	33,1	43,9

Es stellt sich die Frage, worauf diese Unterschiede zwischen den beiden Reichsländern zurückzuführen sind, ob eher auf die sozialstrukturellen Differenzen beider Länder oder eher auf landesspezifische, nicht auf die Sozialstruktur zurückzuführende Faktoren. Im Gegensatz zu Württemberg ist der Fall Baden empirisch relativ gut untersucht, wie die Analysen von Weber, Wahl,

---

[1] Hier und im folgenden wird unter „Württemberg" der Wahlkreis 31 verstanden, der auch Hohenzollern, d.h. den preußischen Regierungsbezirk Sigmaringen einschließt.

Faris und Grill belegen.[2] Das Wahlgeschehen in Württemberg dagegen ist erst in jüngster Zeit durch die Arbeiten von Thomas Schnabel stärker ins Blickfeld gerückt worden.[3] In beiden Fällen jedoch, dem badischen wie dem württembergischen, ist der Zugang der Wahlanalytiker eher traditioneller Natur. Selbst die häufig zitierte Arbeit von Alexander Weber ist empirisch-statistisch recht einfach gehalten; so analysiert sie beispielsweise die Wählerwanderungen zum Nationalsozialismus nicht überzeugend, arbeitet durchweg mit Kategorisierungen, die die Interpretation im allgemeinen eher erschweren als erleichtern etc. Das Datenmaterial wurde von dieser wahlhistorischen Untersuchung bei weitem nicht ausgeschöpft. Ein ausführlicher Vergleich des Aufstiegs des Nationalsozialismus in beiden Ländern bei Wahlen ist aus der Sicht der historischen Wahlforschung unseres Wissens bisher nicht vorgelegt worden. Die vorliegende kleine, bewußt atheoretisch angelegte Untersuchung möchte diese Lücke, soweit dies aufgrund der vorhandenen bzw. verfügbaren Daten im Rahmen eines kurzen Artikels überhaupt möglich ist, etwas verkleinern und damit den Raum für die unabdingbare Arbeit des zumeist qualitativ vorgehenden Regionalhistorikers abstecken.

Zu diesem Zwecke soll zunächst die Stärke und die Entwicklung der Stimmenanteile der übrigen Parteien neben der NSDAP untersucht werden. Wie Tabelle 2 belegt, existieren zwischen Baden und Württemberg sowohl Unterschiede hinsichtlich der SPD als auch hinsichtlich der Zentrumsanteile, der Anteile der Agrarparteien, die in Württemberg im Vergleich zum Reichsdurchschnitt erstaunlich stark waren und in Form des Bauern- und Weingärtnerbundes bis 1933 überlebten, sowie nicht zuletzt der Nichtwähleranteile. Bei den übrigen Parteien bestehen hingegen keine ausgeprägten Diskrepanzen, wie wiederum der Blick auf Tabelle 2 belegt, die im Gegensatz zu Tabelle 1 auf die Wahlberechtigten prozentuiert ist, um auch die Nichtwähler in den Blick zu bekommen und die Ergebnisentwicklung unabhängig von Wahlbeteiligungsschwankungen darzustellen.

In einem ersten Analyseschritt soll dann, mit Hilfe ökologischer Regressionsanalysen, die parteipolitische Herkunft der NSDAP-Wähler in beiden Ländern untersucht werden. Danach ist zu fragen, ob die festgestellten Unterschiede

---

[2] Vgl. Alexander *Weber:* Soziale Merkmale der NSDAP-Wähler. Eine Zusammenfassung bisheriger empirischer Untersuchungen und eine Analyse in den Gemeinden der Länder Baden und Hessen, Phil.-Diss. Freiburg i. Br. 1969; Ellsworth *Faris:* Take-off Point for the National Socialist Party: The Landtag Election in Baden, 1929, in: Central European History 8 (1975), S. 140-171; Johnpeter H. *Grill:* The Nazi Party in Baden 1920-1945, Ph. D.-Diss. Michigan 1975; Alfred *Wahl:* Confession et comportement dans les campagnes d'Alsace et de Bade 1871-1939. Catholiques, protestants et juifs. Demographie, dynamisme, économique et social, relations et attitude politique, Strasbourg 1980.

[3] Thomas *Schnabel* (Hrsg.): Die Machtergreifung in Südwestdeutschland. Das Ende der Weimarer Republik in Baden und Württemberg 1928-1933, Stuttgart 1982; ders.: Württemberg zwischen Weimar und Bonn 1928-1945/46, Stuttgart 1986.

zwischen den beiden Ländern in erster Linie sozialstrukturell bedingt sind, also auf die unterschiedliche konfessionelle, wirtschaftliche und soziale Struktur Badens und Württembergs zurückgeführt werden können, oder ob andere Faktoren, etwa die badische Grenzlandsituation, die anders ausgeprägte Haltung des Klerus in Württemberg und Baden zum Nationalsozialismus, unterschiedliche Besitzstrukturen etc. hierfür ausschlaggebend sind. Dieser Frage wollen wir uns in mehreren Schritten nähern: Zuerst soll berechnet werden, welcher NSDAP-Stimmenanteil in Baden und Württemberg allein aufgrund der Sozialstruktur zu erwarten gewesen wäre, dann die Bindekraft des badischen und württembergischen Katholizismus miteinander verglichen werden, um schließlich durch Konstanthaltung sozialer Merkmale festzustellen, inwieweit die Differenz beider Länder sich durch die herangezogenen sozialen, wirtschaftlichen und konfessionellen Unterschiede erklären läßt. Hierbei werden sowohl Daten, die auf Gemeindeebene vorliegen, als auch Informationen, die nur für die Stadt- und Landkreise beider Länder verfügbar sind, für die Analyse herangezogen.[4]

Tabelle 2
Der Anteil der Parteien an den Wahlberechtigten in Württemberg und Baden

	Württemberg								Baden							
	1919	20	24 A	24 B	28	30	32 A	32 B	33	1919	20	24 A	24 B	28	30	32 A	32 B	33
KPD/USPD	2	12	9	6	5	8	9	10	8	–	9	7	5	5	7	9	11	8
SPD	31	12	12	15	16	16	14	11	13	29	15	10	14	14	14	11	10	10
DDP	22	11	7	8	7	8[a)]	2	2	2	18	9	5	7	4	7[b)]	2	2	1
CVP/Z	20	18	17	17	14	17	17	15	15	31	27	24	25	20	23	23	21	22
DVP	–	3	3	4	4	–	1	1	1	–	5	5	7	6	–	1	2	1
DNVP	12[e)]	7	8	8	4	3	3	4	4	6	9	5	6	5	2	2	3	3
Bauernbund[c)]	–[e)]	14	15	13	12	10	5	6	5	–	–	5	4	–	–	–	–	–
Sonstige	0	–	3	1	6	10	4	4	3	–	–	4	2	6	8	2	2	2
NSDAP[d)]	–	–	3	2	1	8	23	20	36	–	–	3	1	2	15	29	25	39
NW	11	23	22	26	32	21	23	28	14	16	27	32	29	38	24	21	26	15

[a] Einheitsliste DDP/DVP.
[b] Einheitsliste DVP/Deutsche Staatspartei.
[c] in Württemberg Bauern- und Weingärtnerbund, in Baden Landbund.
[d] in Koalition mit den Völkischen 1924A als Deutsch-Völkische Freiheitspartei, 1924B als Nationalsozialistische Freiheitsbewegung (Baden) bzw. als Völkisch-Sozialer Block (Württemberg).
[e] 1919 in Listenverbindung mit der DNVP und der Bürgerpartei.

---

[4] Streng genommen handelt es sich bei dem für die Zwecke dieser Untersuchung ausgewerteten Material nicht um einen vollständigen Gemeindedatensatz, da die verfügbaren statistischen Unterlagen für Württemberg nur Gemeinden ab 2000 Einwohnern aufwärts getrennt ausweisen. Dagegen liegen für Baden zwar für sämtliche Gemeinden

2. Zur parteipolitischen Herkunft der NSDAP-Wähler in Baden und Württemberg

Entsprechend den oben skizzierten Stärkeverhältnissen der verschiedenen Parteien beider Länder ist die parteipolitische Herkunft der NSDAP-Wähler in Baden und Württemberg recht unterschiedlich, wie aus Tabelle 3A hervorgeht. In dieser Tabelle werden anhand der verfügbaren Gemeindedaten die Wählerwanderungen zur NSDAP und die parteipolitische Herkunft der NSDAP-Wähler mittels sogenannter ökologischer Regressionsanalysen statistisch geschätzt.[5] In den Tabellen 3A und 3B sind die Ergebnisse dieser Analysen für zwei Wahlpaare dargestellt, nämlich für die Wahl 1928/30 und für das (fiktive) Wahlpaar 1930/1933. Dieser Bogen von 1930 nach 1933 ist deshalb notwendig, da auf Gemeindeebene im Falle Württembergs für die beiden Wahlen von 1932 keine Ergebnisse mehr ausgewiesen worden sind. Eine Berechnung von Übergangswahrscheinlichkeiten auf der Ebene der Stadt- und Landkreise, für die für beide Länder die Wahlergebnisse lückenlos dokumentiert sind, erscheint hingegen wegen der geringen Fallzahlen als nicht sinnvoll.

Tabelle 3A zeigt, daß in Baden sowohl 1928/30 als auch 1930/33 ehemalige Nichtwähler unter den NSDAP-Zuwanderern erheblich stärker repräsentiert waren als in Württemberg. Dort ist dagegen der Anteil ehemaliger Wähler der „Sonstigen" an den NSDAP-Wählern, wozu auch der erwähnte Württembergische Bauern- und Weingärtnerbund zählt, deutlich stärker als in Baden. Konkret bedeutet dies, daß unseren Ergebnissen nach ungefähr jeder zweite badische, aber nur rund jeder dritte württembergische NSDAP-Wähler von 1930 im Jahre 1928 nicht gewählt hätte. Von den württembergischen NSDAP-Wählern des Jahres 1933 wären ferner rund ein Drittel aus dem Lager der „Sonstigen" zugewandert. Diese Gruppe der Zuwanderer würde damit die

---

Wahlergebnisse vor, die wir in einem eigenen Datensatz erfaßt haben. Wir konnten diesen jedoch erst nach Abschluß der Auswertungen für die vorliegende Untersuchung fertigstellen. Aus diesem Grunde bezieht sich unsere Analyse auf unseren schon länger vorliegenden, sich über das gesamte Reich erstreckenden Gemeindedatensatz. Entsprechend der Struktur dieses über das Zentralarchiv für empirische Sozialforschung in Köln zugänglichen Datensatzes gehen die Gemeinden unter 2 000 Einwohnern in Form synthetischer Restgemeinden in die Analyse ein. Diese synthetischen Restgemeinden wurden aus der Differenz des Stimmenergebnisses der einzelnen Parteien auf Kreisebene und der aufsummierten Gemeindeergebnisse über 2 000 Einwohnern für jeden Kreis und jede Partei gesondert gebildet. Durch entsprechende Gewichtung mit den Wahlberechtigtenzahlen erhalten sie das ihnen zustehende Gewicht, obwohl für jeden Kreis naturgemäß nur eine derartige synthetische Restgemeinde vorliegt.

[5] Das Verfahren der ökologischen Regressionsanalyse können wir hier aus Platzgründen nicht schildern. Vgl. hierzu beispielsweise Jürgen W. *Falter* und Reinhard *Zintl*: Weltwirtschaftskrise und NSDAP-Wahlerfolge. Ein Erklärungsversuch mit Hilfe eines rationalistischen Ansatzes und ökologischer Regressionsanalysen, in: Jürgen W. Falter/Hans Rattinger/Klaus Troitzsch (Hrsg.): Wahlen und politische Einstellungen in der Bundesrepublik Deutschland. Neuere Entwicklungen der Forschung, Frankfurt usw. 1989, S. 122-174, insbes. S. 168ff.

Tabelle 3A
Die parteipolitische Herkunft der NSDAP-Wähler in Baden und Württemberg 1928–33

	1928–30		1930–33	
	Württemberg	Baden	Württemberg	Baden
KPD	4	2	1	0
SPD	10	6	00	00
DDP	5	4	9	7
ZENTRUM	9	2	10	10
DVP	8	14	–	–
Sonstige	12	5	35	15
DNVP	12	9	3	3
NSDAP	5	4	14	29
Nichtwähler	36	54	29	37

Gleiche Anmerkungen und Datenbasis wie in Tabelle 3B.
Lesehilfe: Von den württembergischen NSDAP-Wählern von 1930 hatten 1928 rund 36%, von den badischen NSDAP-Wählern rund 54% nicht gewählt.

Tabelle 3B
Die (statistisch geschätzten) Wählerwanderungen zur NSDAP in Baden und Württemberg 1928–33

	1928–30		1930–33	
	Württemberg	Baden	Württemberg	Baden
KPD	6	7	4	1
SPD	5	7	00	00
DDP	5	12	39	36
ZENTRUM	5	2	21	17
DVP	15	35	–	–
Sonstige	5	12	62	69
DNVP	20	27	33	47
NSDAP	28	31	67	77
Nichtwähler	8	20	49	58

Werte anhand des Gemeindedatensatzes mittels ökologischer Regressionen nach Goodman berechnet. Negativschätzer mittels proportional fitting bereinigt.
Die doppelte Null im Falle der SPD repräsentiert ein Kunstprodukt dieser Anpassungsprozedur.
Mangels Wahldaten auf Gemeindeebene für die beiden Wahlen von 1932 wurden für die vorliegende Tabelle die Übergangswahrscheinlichkeiten für das fiktive Wahlpaar 1930/ 1933 geschätzt. Hier ist die DVP nicht explizit im Schätzmodell enthalten, sondern als Teil der Sonstigen berücksichtigt.
Lesehilfe: Bei der Reichstagswahl 1930 wechselten in Württemberg 15%, in Baden dagegen 35% der DVP-Wähler von 1928 zur NSDAP.

größte Einzelquelle der NSDAP-Wähler von 1933 (vor den ehemaligen Nichtwählern) in Württemberg darstellen. Dagegen sind in Baden beim gleichen „Wahlpaar" die Nichtwähler wiederum die stärkste Zuwanderergruppe vor den NSDAP-Wählern von 1930. Bei den übrigen Parteien bestehen zwischen den beiden Ländern keine so starken Diskrepanzen. Diese unterschiedliche parteipolitische Zusammensetzung der NSDAP-Zuwanderer in beiden Ländern ist zum einen durch die unterschiedlichen Ausgangsstärken der einzelnen politischen Gruppen bedingt, was u. a. auch den höheren Anteil ehemaliger NSDAP-Wähler unter den badischen NSDAP-Wählern von 1933 erklärt, zum anderen durch die unterschiedliche Anfälligkeit der Parteilager in Baden und Württemberg. In Tabelle 3 B, die in umgekehrter Perspektive die Übergangswahrscheinlichkeiten von den einzelnen Parteien zur NSDAP angibt, zeigt sich beim Wahlpaar 1928/1930 durchweg eine etwas höhere relative Anfälligkeit der badischen Wähler jeder politischen Provenienz — mit Ausnahme des Zentrums — zur NSDAP. Dies wird vor allem bei den Nichtwählern von 1928 deutlich, von denen unseren Schätzungen nach jeder Fünfte zwischen 1928 und 1930 in Baden zur NSDAP ging, während es in Württemberg nur jeder Zwölfte gewesen zu sein scheint. Zwischen 1930 und 1933 ist bei einigen württembergischen Parteien hier ein leichtes Aufholen zu beobachten, doch bleibt im „rechten" Spektrum und bei den Nichtwählern der badische „Vorsprung" in der Anfälligkeit gegenüber der NSDAP erhalten.

3. Sozialstrukturelle Faktoren

Es stellt sich die Frage, ob die festgestellten Unterschiede zwischen den beiden Ländern in erster Linie sozial bedingt sind, also auf die unterschiedliche konfessionelle, wirtschaftliche und soziale Struktur Badens und Württembergs zurückgeführt werden kann, oder ob andere Faktoren hierfür ausschlaggebend sind. Ein Blick auf mögliche Ausprägungsdifferenzen derartiger sozialstruktureller Erklärungsfaktoren zwischen Baden und Württemberg zeigt jedoch zunächst einmal keine allzu großen Unterschiede zwischen den beiden Ländern (vgl. Tabelle 4). Sie sind sich, zumindest im oberflächlichen Vergleich, bis auf zwei Merkmale, nämlich die Konfession und die Arbeitslosigkeit, recht ähnlich. Allerdings ist Baden deutlich „katholischer" als Württemberg, das bei der Volkszählung 1933 mit 33% Katholiken ziemlich genau dem Reichsdurchschnitt entsprach, während in Baden 58% der Bevölkerung katholisch waren. Die Arbeitslosenquote liegt in Baden mit 16% zwar klar unter dem Reichsdurchschnitt von 27%, sie ist aber signifikant höher als in Württemberg, wo sie nur 9% erreichte.

Es liegt der Gedanke nahe, daß die festgestellten Unterschiede zwischen beiden Ländern auf diese beiden Merkmale zurückgeführt werden können. Beide Faktoren sind aber im Reichsdurchschnitt, wie wir aus anderen Studien wissen, für den NSDAP-Aufstieg eher hemmend als fördernd. Wo der Katholikenanteil hoch ist, ist die NSDAP tendenziell schwach gewesen und

Tabelle 4
Einige sozialstrukturelle Merkmale Badens und Württembergs

	Kath.	Dorf	Arb.	Selbst.	Wirt.-Abt. I	II	III	Alos.
Baden	58	55	35	36	35	40	25	16
Württemberg	33	58	34	39	41	39	20	9
Reich insgesamt	32	44	39	27	29	42	29	27

Dorf: Prozentsatz der Bevölkerung in Gemeinden mit bis zu 5000 Einwohnern (VZ 1933).
Arb.: Prozentsatz der Arbeiter und erwerbslosen Arbeiter an allen Berufspersonen (VZ 1933).
Alos.: Prozentsatz der Arbeitslosen an allen Berufspersonen (VZ 1933).
Wirt.-Abt.: I = Landwirtschaft; II = Industrie und Handwerk; III = Dienstleistungen und übrige Wirtschaftssektoren. Prozentsatz der im jeweiligen Sektor Erwerbstätigen an allen Erwerbstätigen (VZ 1925).

umgekehrt, für die Arbeitslosigkeit gilt im Prinzip, wenn auch in abgeschwächter Form das gleiche. So sollte man aufgrund der Konfessionsverteilung beispielsweise für die Juli-Wahl 1932 einen gegenüber dem Reich unterdurchschnittlichen NSDAP-Stimmenanteil von rund 30% erwarten, in Württemberg dagegen von rund 37%, falls wir eine gleiche Wahlbeteiligung von Protestanten und Katholiken voraussetzen. Tatsächlich waren es aber genau umgekehrt knapp 37% in Baden und 30% in Württemberg. In Tabelle 5 erfolgt eine Gegenüberstellung von erwartetem und tatsächlichem NSDAP-Ergebnis, das wir wiederum, wie im folgenden nun durchgehend, auf die Wahlberechtigten prozentuiert haben. Die Ergebnisse von Tabelle 5 zeigen, daß die badischen NSDAP-Resultate bei sämtlichen hier betrachteten Wahlen über dem Erwartungswert lagen, während sie in Württemberg klar unter dem Erwartungswert lagen. Anders ausgedrückt bedeutet dies, daß im Vergleich zu konfessionell ähnlich strukturierten Gebieten des Reiches die badischen NSDAP-Wahlresultate über- und die württembergischen NSDAP-Erfolge unterdurchschnittlich ausfielen. Hätten wir die Arbeitslosigkeit in die Schätzgleichung von Tabelle 5 mit aufgenommen, so würde dies sogar noch eine Vergrößerung der Diskrepanz bedeuten. Die Ausgangsfrage stellt sich also sozusagen verschärft: Welche Faktoren sind verantwortlich für die unterschiedlichen Wahlergebnisse der NSDAP in den beiden Ländern? Und welche Bedingungen führen dazu, daß unter sozialstrukturellen Gesichtspunkten das erwartete und das tatsächliche Wahlergebnis in beiden Ländern sich so stark unterscheidet?

Eine mögliche Antwort auf diese Frage könnte vielleicht in einer geringeren Bindungskraft des badischen politischen Katholizismus als im Reich liegen. Tabelle 6 belegt jedoch, daß die Ausschöpfungsquoten des Zentrums in Baden fast identisch sind mit denen des Reiches, während die analogen Ausschöpfungsquoten in Württemberg wesentlich höher liegen. Als „Ausschöpfungsquote" definieren wir hierbei den Anteil der Zentrumsstimmen an den Wahlberechtigten, bezogen auf den Anteil der Katholiken an der Wohnbevölkerung.

Tabelle 5
Aufgrund der Konfessionsverteilung zu erwartendes und tatsächliches NSDAP-Wahlergebnis in Baden und Württemberg (Angaben in Prozent der jeweils Wahlberechtigten)

	1928	1930	1932A	1932B	1933
Baden erwartet	2	13	25	21	36
Baden real	2,1	14,6	29,3	25,3	38,7
Württemberg erwartet	2	15	31	26	39
Württemberg real	1,3	7,5	23,4	18,8	36,0

Schätzwerte ermittelt durch (bivariate) ökologische Regression. Vgl. Jürgen W. Falter/ Reinhard Zintl: The Economic Crisis of the 1930's and the Rise of National Socialism, in: Journal of Interdisciplinary History 1988, S. 55-85.

Tabelle 6
Die Ausschöpfungsquote des Zentrums in Württemberg, Baden und im Reich

	1919	1920	1924A	1924B	1928	1930	1932A	1932B	1933
Württemberg	61,3	55,2	51,0	52,5	42,4	51,9	50,9	44,5	46,0
Baden	52,7	45,8	40,5	42,2	34,5	39,1	39,8	35,7	37,4
Reich	51,1	44,1	40,2	42,9	35,9	35,4	41,3	37,8	38,6

„Ausschöpfungsquote" = Anteil der Zentrumsstimmen an den Wahlberechtigten/Anteil der Katholiken an der Wohnbevölkerung x 100.

Daß dieses Verhältnis auch in den verschiedenen sozialen Untergruppen erhalten bleibt, daß also die Ausschöpfungsquote des Zentrums in Württemberg, bezogen auf die dort lebenden Katholiken, in praktisch allen hier untersuchten Gebietseinheiten unabhängig von ihrer sozialen Zusammensetzung erheblich höher ist als in Baden, belegt der Kontrastgruppenvergleich in Tabelle 7. Dies bedeutet, daß die unterschiedliche Ausschöpfungsquote nicht ohne weiteres auf Differenzen in der Sozialstruktur beider Länder zurückgeführt werden kann.

Die Logik des Kontrastgruppenvergleichs in Tabelle 7 entspricht der einer mehrdimensionalen Kreuztabelle. Man gewinnt die Kontrastgruppen dadurch, daß die Gesamtzahl aller badischen bzw. württembergischen Gemeinden in einem ersten Aufteilungsschritt nach der Konfession in zwei Kontrastgruppen mit über- bzw. unterdurchschnittlichem Katholikenanteil zerlegt werden. Der Katholikenanteil in den überwiegend evangelischen Gemeinden Württembergs beträgt dann knapp 14%, während er in überwiegend katholischen Gemeinden bei 84% liegt. In Baden sind die entsprechenden Mittelwerte 33% im Falle der überwiegend evangelischen und 83% im Falle der überwiegend katholischen Orte. Im nächsten Schritt werden diese beiden konfessionellen Kontrastgruppen

Tabelle 7
Kontrastgruppenvergleich des Einflusses von Konfession, Gemeindegröße und der in der Landwirtschaft Beschäftigten auf die Ausschöpfungsquote des badischen und württembergischen Zentrums

Konfession		Gemeindegröße	Agrarbevölkerung	N
Wahl	24 24 28 30 33 A B	24 24 28 30 33 A B	24 24 28 30 33 A B	
rk.	W 57 59 47 59 49 B 43 44 36 41 38	(1) W 60 61 50 64 50 B 45 46 39 45 40	(+) W 60 61 50 64 50 B 45 46 38 45 39 (−) W − − − − − B 49 48 42 45 43	23 24 0 4
		(2) W 54 56 43 52 49 B 42 42 34 38 37	(+) W 68 71 63 72 59 B 46 50 37 41 35 (−) W 53 56 43 51 49 B 41 41 34 37 37	3 15 39 93
		(3) W 47 51 39 48 48 B 42 38 30 34 36	(+) W − − − − − B − − − − − (−) W 47 51 39 48 48 B 42 38 30 34 36	0 0 6 8
ev.	W 41 44 37 45 47 B 34 37 31 34 37	(1) W 54 55 49 58 53 B 46 49 45 49 45	(+) W 55 55 50 60 54 B 48 51 49 52 48 (−) W 51 54 39 45 47 B 37 39 27 32 32	32 8 8 3
		(2) W 33 36 30 39 43 B 42 46 39 41 45	(+) W 31 35 20 17 26 B 48 47 49 45 42 (−) W 33 36 30 38 43 B 42 46 38 40 45	5 11 100 63
		(3) W 34 38 30 48 42 B 28 31 25 28 32	(+) W − − − − − B − − − − − (−) W 34 38 30 48 42 B 28 31 25 28 32	0 0 15 8
Alle	W 51 52 42 52 46 B 40 42 34 38 37	W 51 52 42 52 46 B 40 42 34 38 37	W 51 52 42 52 46 B 40 42 34 38 37	231 237

Anmerkung: Gleiche Kategorien wie in Tabelle 9.

dann nach der Gemeindegröße zerlegt, und zwar in Tabelle 7 in jeweils drei Ortsgrößenkategorien, die in der ersten Gruppe Ortschaften bis 2000 Einwohner, in der zweiten Gruppe Ortschaften zwischen 2000 und 10000 Einwohnern und in der dritten Gruppe Ortschaften mit über 10000 Einwohnern umfassen. Man erhält auf diese Weise im zweiten Aufteilungsschritt bereits sechs sogenannte Kontrastgruppen und im dritten Schritt, wo nochmals eine Aufteilung nach dem Anteil der Agrarbevölkerung in diesen Ortsgruppen stattfindet, insgesamt 12 Kontrastgruppen, die jedoch nicht alle besetzt sind, da es weder in Baden noch in Württemberg Gemeinden über 10000 Einwohner mit einem relativen Übergewicht des Agrarsektors gibt. Innerhalb der einzelnen Kontrastgruppen wird dann, für die einzelnen Wahlen getrennt, in Tabelle 7 die Ausschöpfungsquote des badischen und württembergischen Zentrums berechnet, die wie gesagt die Relation von Zentrums- und Katholikenanteil wiedergibt.

Bei einer näheren Betrachtung von Tabelle 7 fällt auf, daß auf allen drei Aufteilungsstufen in Württemberg, mit Ausnahme einer einzigen Verzweigung, stets deutlich höhere Ausschöpfungsquoten für das Zentrum festzustellen sind als in Baden; dies bedeutet mit anderen Worten, daß in Baden im Durchschnitt weniger Katholiken das Zentrum gewählt haben als in Württemberg. Weiter fällt auf, daß im katholischen Bereich die Differenzen zwischen den beiden Ländern etwas stärker sind als im evangelischen Bereich. Am stärksten sind sie in den katholischen Kleinstgemeinden, wo sie bis zu 19 Prozentpunkten (im Jahre 1930) betragen. Die einzige Ausnahme von dieser Regelmäßigkeit ist die Umkehrung in überwiegend evangelischen Gemeinden mit 2000 bis 10000 Einwohnern, wobei diese Umkehr unabhängig von der Ausprägung des Agrarsektors ist. Diese vom generellen Verteilungsmuster abweichenden „Ausreißer" sind ohne zusätzliche, hier nicht verfügbare Informationen schwierig zu interpretieren. Möglicherweise ist die Ursache für diese Unregelmäßigkeit darin zu suchen, daß in Württemberg in den entsprechenden Kontrastgruppen eine extreme katholische Diaspora mit weniger als 6% Katholikenanteil vorliegt, während in Baden in diesen Kontrastgruppen immerhin noch 24% der Bevölkerung katholisch sind.

Es wäre sicherlich interessant, die Ergebnisse von Tabelle 7 weiter zu analysieren, doch würde uns dies im Rahmen der hier verfolgten Fragestellung nicht unbedingt weiterführen. Wichtig für unsere Zwecke ist, daß für die höheren Ausschöpfungsquoten des Zentrums in Württemberg die in Tabelle 7 berücksichtigten sozialstrukturellen Kategorien keine Erklärung zu liefern vermögen. Vielleicht sollte man, wenn man dieser Frage nachgehen möchte, stärker auf historisch bedingte Unterschiede in den Siedlungsformen, der Diasporasituation der Katholiken bzw. der Protestanten in Baden und Württemberg und auf die unterschiedliche Haltung des badischen und württembergischen Klerus zum Nationalsozialismus abheben. Dies ist jedoch sowohl aus Platz- als auch aus Materialgründen im Rahmen dieser kurzen Analyse nicht möglich.

4. Sozialstrukturelle Korrelate der NSDAP-Wahlerfolge in Baden und Württemberg

Nach diesem kleinen Exkurs in die Erfolgsbedingungen und die Ausschöpfungsquoten des Zentrums in beiden Ländern ist implizit bereits die weitere Vorgehensweise vorgezeichnet: Im folgenden soll durch Konstanthaltung bzw. statistische Kontrolle sozialstruktureller Merkmale festzustellen versucht werden, inwieweit die Differenz beider Länder in bezug auf die NSDAP-Erfolge von Unterschieden in der Sozialstruktur abhängt. Zunächst soll dies im bivariaten, d.h. nur zwei Merkmale gleichzeitig berücksichtigenden Modell unternommen werden.

Tabelle 8A untersucht für die Wahlen von 1928-1933 auf der Ebene der Stadt- und Landkreise, wie die NSDAP in Gebieten unterschiedlicher Konfessionsstruktur, Urbanisierung und Arbeitslosigkeit in den beiden Ländern abgeschnitten hat. Zu diesem Zwecke wurden die 59 württembergischen bzw. 40 badischen Kreise in 3 bzw. im Falle der Urbanisierung 2 Gruppen zerlegt und, analog zu der oben geschilderten Logik des Kontrastgruppenvergleichs, auf das Abschneiden der NSDAP in den jeweiligen Kreiskategorien hin untersucht. Diese Prozentauszählung belegt, daß der auf der Ebene des Gesamtgebietes auftretende Unterschied zwischen Baden und Württemberg auch dann erhalten bleibt, wenn man in den Kreisen die Konfession, Urbanisierung oder die Arbeitslosigkeit konstant hält, wie dies in Tabelle 8A geschieht. In jeder einzelnen Unterteilung ist die NSDAP vor 1933 in Baden stärker als in Württemberg. Dies gilt auch für die Arbeitslosigkeit, die vor 1933 in beiden Ländern auf die NSDAP-Stärke keinen systematischen und 1933 sogar einen negativen Einfluß auszuüben scheint. Letzteres entspricht früheren Erkenntnissen, die für die Ebene des gesamten Reiches ermittelt worden sind.[6]

In Tabelle 8B werden für die Prozentauszählungen von Tabelle 8A und einige weitere Variablen (der Prozentsatz der in Industrie und Handwerk Beschäftigten, der in der Dienstleistung Beschäftigten, der Selbständigen und Mithelfenden und die landwirtschaftliche Verschuldung) Korrelationskoeffizienten berichtet. Es handelt sich um einfache, bivariate Korrelationen der NSDAP-Wahlberechtigtenanteile mit den Sozialvariablen. Ein positives Vorzeichen weist darauf hin, daß der NSDAP-Anteil in den Kreisen im Durchschnitt um so höher liegt, je stärker das jeweilige Sozialmerkmal ausgeprägt ist und umgekehrt. Ein negatives Vorzeichen gibt an, daß im Durchschnitt der NSDAP-Anteil um so niedriger ist, je stärker ausgeprägt das jeweilige Merkmal ist. So zeigt sich

---

[6] Vgl. Jürgen W. *Falter* u.a.: Arbeitslosigkeit und Nationalsozialismus. Eine empirische Analyse des Beitrags der Massenerwerbslosigkeit zu den Wahlerfolgen der NSDAP 1932 und 1933, in: Kölner Zeitschrift für Soziologie und Sozialpsychologie 35 (1983), S. 525-554 sowie Jürgen W. *Falter:* Politische Konsequenzen von Massenerwerbslosigkeit. Neue Daten zu kontroversen Thesen über die Radikalisierung der Wählerschaft am Ende der Weimarer Republik, in: Politische Vierteljahresschrift 25 (1984), S. 275-295.

Tabelle 8A
Die Wahlerfolge der NSDAP 1928-1933 in Gebieten unterschiedlicher Sozialstruktur

	Württemberg						Baden					
	28	30	32A	32B	33	N	28	30	32A	32B	33	N
Konfession												
protestantisch	1	8	25	20	37	30	4	21	38	35	47	6
gemischt	2	10	24	19	36	11	2	16	31	27	38	10
katholisch	1	5	16	14	32	18	1	11	24	20	35	24
Stadt/Land												
ländlich	1	7	23	19	38	53	2	14	28	25	40	34
städtisch	2	9	24	19	32	6	2	16	30	25	37	6
Arbeitslose												
1. Terzil	1	7	23	19	39	29	2	13	28	24	40	24
2. Terzil	1	7	24	19	35	22	2	16	30	26	39	10
3. Terzil	1	8	21	18	31	8	2	15	29	25	36	6

Analyseebene: Stadt- und Landkreise. Zellbesetzungen: NSDAP/Wahlberechtigte x 100.

Tabelle 8B
Soziale Korrelate der NSDAP-Wahlberechtigtenanteile in Württemberg und Baden (Pearsons r x 100)

Partei/Wahl	NSDAP 28	NSDAP 30	NSDAP 32A	NSDAP 32B	NSDAP 33
Württemberg					
% rk	−30	−29	−65	−57	−38
% Urb	27	21	00	03	−40
% IndHand	33	23	−13	−11	−46
% Dienstleistg.	23	23	06	09	−29
% SelbMh	−34	−25	08	04	47
% A'los	11	15	−12	−11	−42
Landw. Schulden	−14	−20	−24	−22	−10
Baden					
% rk	−46	−65	−76	−75	−45
% Urb	−01	15	01	−03	−38
% IndHand	−11	01	01	−01	−33
% Dienstleistg.	05	23	−03	−07	−39
% SelbMh	07	−10	04	08	45
% A'los	04	18	−02	02	−36
Landw. Schulden	−22	−39	−45	−45	−39

beispielsweise, wie auch schon aus den Prozentverteilungen abzulesen war, daß die negative Beziehung zwischen dem Katholikenanteil und den NSDAP-Wahlerfolgen 1933 stark nachläßt. Dies deutet darauf hin, daß es der NSDAP nach den Juli-Wahlen von 1932 in Württemberg und nach den Novemberwahlen des gleichen Jahres in Baden gelungen ist, auch in katholischen Landesteilen etwas stärker Fuß zu fassen. Dies muß nicht unbedingt zu Lasten des Zentrums erfolgt sein, sondern kann, wie andernorts auch, auf eine stärkere Mobilisierung bisheriger Nichtwähler in diesen überwiegend katholischen Kreisen zurückgeführt werden.[7] Für den hier untersuchten Zusammenhang interessant ist die scheinbare Diskrepanz zwischen Prozentwerten und Korrelationskoeffizienten in Württemberg und Baden: Trotz insgesamt deutlich geringerer NSDAP-Erfolge in den katholischen Gebieten Württembergs ist die (negative) Korrelation beider Merkmale für die badischen Kreise stärker als für Württemberg. Dies ist auf die insgesamt niedrigere Anfälligkeit beider Konfessionen gegenüber dem Nationalsozialismus in Württemberg zurückzuführen. In Württemberg sind nicht nur die Bewohner katholischer, sondern auch die Einwohner evangelischer Kreise gegenüber dem Nationalsozialismus insgesamt weniger anfällig gewesen als in Baden.

Tabelle 9, die wiederum einen Kontrastgruppenvergleich repräsentiert, verdeutlicht nochmals diesen Zusammenhang. Es wird hier das Zusammenspiel verschiedener Sozialfaktoren im Hinblick auf das Abschneiden der NSDAP in beiden Ländern untersucht. Die Logik ist die gleiche wie in Tabelle 7, allerdings enthält Tabelle 9 keine Ausschöpfungsquoten, sondern die durchschnittlichen Stimmenanteile der NSDAP in den jeweiligen Kontrastgruppen. Die Aufteilung der Untersuchungsgemeinden nach der Konfession, der Gemeindegröße und dem Anteil der Agrarbevölkerung belegt, daß der badische Vorsprung vor Württemberg hinsichtlich der NSDAP auch bei sozusagen verschärfter Prüfung erhalten bleibt. Zwar üben die bekannten Einflußfaktoren in beiden Ländern weiter ihre fördernde oder hemmende Wirkung auf den NSDAP-Aufstieg aus, doch bleiben die Differenzen zwischen Baden und Württemberg in allen hier betrachteten Untergruppen bestehen. Ein Vergleich mit dem Reich insgesamt demonstriert dabei, daß im Jahre 1930 die NSDAP-Wahlerfolge in Baden nicht über, sondern in Württemberg deutlich unter dem Reichsdurchschnitt lagen. Ihre größten Wahlerfolge konnte die NSDAP 1933 in überwiegend evangelischen Klein- und Mittelgemeinden mit einem hohen Anteil der Agrarbevölkerung erzielen, während die nationalsozialistische „Diaspora" bei der gleichen Wahl in überwiegend katholischen Gemeinden mit einem eher niedrigen Anteil der Agrarbevölkerung zu finden war.

---

[7] Vgl. Jürgen W. *Falter* u.a.: Wahlen und Abstimmungen in der Weimarer Republik. Materialien zum Wahlverhalten 1919-1933, München 1986, S. 196, 200 und 201.

Tabelle 9
Kontrastgruppenvergleich des Einflusses von Konfession, Gemeindegröße und der in der Landwirtschaft Beschäftigten auf den Stimmenanteil der NSDAP

Konfession				Gemeindegröße				Agrarbevölkerung				N
Wahl		24 24 28 30 33				24 24 28 30 33				24 24 28 30 33		
		A B				A B				A B		
				(1) W		1 0 1 5 32		(+) W		1 0 1 5 32		23
				B		2 1 1 10 39		B		1 1 1 10 41		24
								(−) W		− − − − −		0
								B		2 1 0 9 28		4
rk.	W	1 1 1 6 31		(2) W		2 1 1 7 29		(+) W		1 0 0 3 27		3
	B	2 1 1 11 36		B		2 1 1 11 32		B		1 0 1 14 41		15
								(−) W		2 1 0 7 29		39
								B		2 1 1 11 31		93
				(3) W		2 1 1 6 28		(+) W		− − − − −		0
				B		3 1 1 12 32		B		− − − − −		0
								(−) W		2 1 1 6 28		6
								B		3 1 1 12 32		8
				(1) W		3 1 1 6 44		(+) W		3 1 1 6 47		32
				B		4 2 4 20 53		B		4 2 5 22 55		8
								(−) W		2 1 1 6 35		8
								B		4 1 2 15 49		3
ev.	W	4 2 1 8 38		(2) W		4 2 1 8 38		(+) W		2 1 1 5 43		5
	B	4 2 3 18 41		B		5 3 3 20 43		B		6 2 6 29 60		11
								(−) W		4 2 1 8 38		100
								B		5 3 3 19 42		63
				(3) W		5 1 2 10 31		(+) W		− − − − −		0
				B		3 1 2 16 36		B		− − − − −		0
								(−) W		5 1 2 10 31		15
								B		3 1 2 16 36		8
Alle	W	3 2 1 8 36		W		3 2 1 8 36		W		3 2 1 8 36		231
	B	3 1 2 15 39		B		3 1 2 15 39		B		3 1 2 15 39		237

Diese Ergebnisse von Tabelle 9, deren Ziel es ja war festzustellen, ob die Differenzen zwischen Baden und Württemberg auch nach der Kontrolle erklärungskräftiger Sozialfaktoren im multivariaten Modell erhalten bleiben, was der Fall ist, kann als Hinweis auf das Wirken eines Regionalfaktors verstanden werden, der wahrscheinlich nicht sozialstrukturell, sondern historisch-kulturell definiert ist. Die Tabellen 10A (für die Gemeindeebene) und 10B (für die Kreisebene) enthalten Ergebnisse einer multiplen Regressionsanalyse, in die neben den üblichen Erklärungsfaktoren der nationalsozialistischen Wahlerfolge auch ein sog. Regionaldummy für Württemberg aufgenommen wurde. Mit Hilfe dieses „Regionaldummys" läßt sich die Bedeutung dieses Faktors numerisch spezifizieren. Er ist, wenn auch je nach Erklärungsmodell und Betrachtungsebene leicht schwankend, für einen beachtlichen Teil der durch das jeweilige Modell erklärten Varianz verantwortlich. Für die Reichstagswahl 1930 ist er sogar der erklärungskräftigste der in die beiden Schätzmodelle einbezogenen Faktoren.

Es stellt sich abschließend die im Rahmen dieser kleinen Untersuchung nicht mehr zu beantwortende Frage, worin dieses Regionalresiduum bestehen könnte. Wir sind an dieser Stelle nur in der Lage, einige Hypothesen formaler Natur aufzulisten, also Erklärungsangebote zu offerieren, ohne empirische Belege dafür vorweisen zu können. Derartige Hypothesen könnten sich beispielsweise auf Unterschiede in der Organisationsstärke der NSDAP und ihrer parteipolitischen Konkurrenten in den beiden Reichsländern beziehen, ferner auf das Fortwirken bestimmter historischer Traditionen (etwa des Liberalismus, demokratischer Verwurzelung einzelner Parteien etc.), auf den Einfluß von Personen (etwa demokratischer Politiker, aber auch von Kirchenführern), bestimmter Wirtschaftslagen der beiden Untersuchungsräume, unterschiedlicher Unternehmenspolitiken (z. B. die württembergische Praxis, statt Entlassungen lieber Kurzarbeit einzuführen), der potentiell moderierende Einfluß von Landbesitz und Nebenerwerbstätigkeit als Landwirt etc. Diese Deutungsangebote, die nur auf mögliche Antworten auf die Frage nach den Gründen der länger wirksamen Resistenz der württembergischen Bevölkerung gegenüber dem Nationalsozialismus hinweisen können, müssen im Sinne einer wissenschaftlichen Arbeitsteilung von anderen näher untersucht, begründet und verworfen werden. Hier ist die „klassische", qualitativ arbeitende Regionalgeschichte stärker gefordert als der quantifizierende Wahlhistoriker, der zwar für bestimmte, aber beileibe nicht alle Fragen seines Untersuchungsgebietes empirisch besser als von der qualitativen Forschung begründete Antworten zu geben vermag und oft genug, so auch im vorliegenden Fall, nur den Rahmen für weitere Untersuchungen abstecken kann.

Anmerkung: rk = mehr als 50% katholische Wohnbevölkerung; ev. = 50% und mehr der Wohnbevölkerung sind nicht katholisch. Gemeindegröße: (1)=0-2000 Einwohner; (2) = 2000-10000 Einwohner; (3) = über 10000 Einwohner; Agraranteil: (+)=mehr als 40% der Einwohner sind im Agrarsektor tätig oder sind nichtberufstätige Familienangehörige von im Agrarsektor tätigen Personen. N = Zahl der in die jeweilige Kategorie fallenden Gemeinden bzw. Restkreise (synthetische Restgemeinden unter 2000 Einwohnern).

Tabelle 10A
Multiple Regressionsanalyse zur Bestimmung des Regionaleffekts (Gemeindedatensatz)

Zielvariable	DWürttbg.	% Kathol.	DGroß	DKlein	% Landbev.	R^2
% NSDAP 1930	−0,656 (29%)	−0,345 (12%)	0,103 (0,4%)	0,086 (0,6%)	0,154 (0,4%)	42%
% NSDAP 1933	−0,414 (14%)	−0,649 (20%)	0,124 (0,2%)	0,131 (0,3%)	0,741 (18%)	52%

Standardisierte Regressionskoeffizienten. Schrittweise Regression. Werte in Klammern: Zusätzliche Varianzreduktion bei Einführung der jeweiligen Variablen in die Regressionsgleichung. R^2 = Gesamterklärungskraft der jeweiligen Regressionsgleichung. „D" indiziert eine Dummyvariable. „DGroß" und „DKlein" = Gemeinde über 10 000 bzw. unter 2 000 Einwohner.

Tabelle 10B
Multiple Regressionsanalyse zur Bestimmung des Regionaleffekts (Kreisdatensatz; n = 99)

Zielvariable	DWürttemberg	% Kathol.	% Arbeit.	% Landwirt.	% A'lose	% Ang.	R^2
% NSDAP 1930	−748 (39%)	−390 (12%)	−129 (1%)	−055 (−)	−017 (−)	−00 (−)	52%
% NSDAP 1932A	−869 (17%)	−869 (39%)	−155 (−)	087 (11%)	−257 (−)	−021	69%
% NSDAP 1932B	−850 (24%)	−758 (20%)	−105 (−)	220 (9%)	−109 (−)	026	63%
% NSDAP 1933	−636 (28%)	−785 (20%)	−167 (−)	356 (16%)	−240 (−)	−142	65%

Standardisierte Regressionskoeffizienten. Schrittweise Regression. Werte in Klammern: Zusätzliche Varianzreduktion bei Einführung der jeweiligen Variablen in die Regressionsgleichung; bei einer Steigerung der Erklärungsleistung unter 1% = (−). R^2 = Gesamterklärungskraft der jeweiligen Regressionsgleichung. „D" indiziert eine Dummyvariable.

Alter und neuer Regionalismus:
Sozialstruktur, politische Traditionen und Parteiensystem in Baden-Württemberg

Von *Gerd Mielke*

1. Politische Traditionen im Südwesten

Baden-Württemberg ist eines jener Bundesländer, die — als politische Einheiten aus den Retorten der alliierten Militäradministration oder, um mit Theodor Heuss zu sprechen, als politische „Behelfsheime" — erst nach dem Zweiten Weltkrieg entstanden sind.[1]

Die im Anschluß an die Konferenz von Jalta in Angriff genommene Schaffung einer französischen Besatzungszone zerschnitt die traditionellen Länder Baden und Württemberg. Neben Rheinland-Pfalz, das ebenfalls neu gebildet wurde, und dem Saarland, das jedoch einen Sonderstatus innehatte, umschloß die französische Zone die südlichen Teile Badens und Württembergs sowie den vormaligen preußischen Regierungsbezirk Hohenzollern mit den beiden Kreisen Sigmaringen und Hechingen. Die Autobahn Karlsruhe–Stuttgart–Ulm bildete die Grenze zur amerikanischen Besatzungszone.

Die gegensätzlichen administrativen Interessen der Besatzungsmächte hatten die Bildung dreier politischer Einheiten auf dem Territorium des jetzigen Südweststaates zur Folge. Während die Amerikaner in ihrer Besatzungszone dazu neigten, umfassendere Einheiten zu schaffen, waren die Franzosen aufgrund ihrer deutschlandpolitischen Vorstellungen auf eine strikte Dezentralisierung und damit auf die Schaffung kleinerer Länder ausgerichtet. Folglich legten die Amerikaner die nördlichen badischen und württembergischen Landesteile zu Württemberg-Baden zusammen; hingegen entstanden in der französischen Zone die Länder Baden und Württemberg-Hohenzollern.

Diese den historischen Traditionen zuwiderlaufende Gemengelage führte zu einem jahrelangen Ringen um die angemessene politische Struktur des Südwestens. Die unterschiedlichsten Forderungen prallten aufeinander: die Wiederherstellung der vormaligen Länder Baden und Württemberg, die Akzeptanz des durch die alliierte Neuaufteilung entstandenen Status quo, die Bildung eines

---

[1] Zur Entstehungsgeschichte Baden-Württembergs siehe Th. *Eschenburg:* Die Entstehung Baden-Württembergs, in: H. Bausinger, Th. Eschenburg u. a.: Baden-Württemberg. Eine politische Landeskunde, Stuttgart etc. 1975, S. 41-63.

protestantischen Nord- und eines katholischen Südstaates, der die beiden französisch verwalteten Einheiten umfassen sollte, und schließlich die Zusammenfügung aller drei Einheiten im Rahmen eines neuen Südweststaates, die Alternative also, die sich am Ende durchsetzen sollte. Erst die Volksabstimmung vom 19. Dezember 1951, die eine Mehrheit für das neue Bundesland Baden-Württemberg ergab, beendete das verbissene Tauziehen.[2]

Die knappe Skizze der turbulenten Entstehungsgeschichte des Südweststaates zeigt vor allem eines: Die klassische Variante regionaler politischer Traditionen in Deutschland, nämlich eine aufgrund historischer Kontinuität als politische Einheit entstandene politische Identität, wird bei der Diskussion regionaler Eigenheiten der politischen Strukturen in Baden-Württemberg kaum eine Rolle spielen können. Eigenständige politische Traditionen als Bundesland haben sich erst allmählich im Verlauf der Nachkriegsgeschichte herausgebildet.[3] Dies grenzt Baden-Württemberg zum einen deutlich ab von Bundesländern mit gewachsenen Traditionen wie etwa Bayern, Hamburg, Bremen oder dem Saarland. Zum andern steht Baden-Württemberg mit seiner Entstehungsgeschichte in einer Reihe mit Nordrhein-Westfalen, Niedersachsen und Rheinland-Pfalz, die sich allesamt erst eine eigenständige politische Identität erwerben mußten.

Wenn im folgenden dennoch von regionalen Traditionen die Rede sein wird, so geht es um Regionalismen, die sich primär aus den Eigentümlichkeiten der sozial- und wirtschaftsgeschichtlichen Entwicklung und aus der Entwicklung des Parteiensystems ergeben haben. In diesen Regionalismen kommt nicht so sehr die Persistenz der politisch-geographischen Strukturen als vielmehr die bewußtseinsbildende Kraft der Ingredienzien des politischen Prozesses zum Ausdruck.

---

[2] Auch das Ergebnis dieser Volksabstimmung war im übrigen keinesfalls unumstritten. Sie ergab zwar in drei von vier Abstimmungsbezirken — Nordbaden, Nordwürttemberg und Südwürttemberg — und natürlich insgesamt eine Mehrheit für den neuen Südweststaat. Gleichwohl herrschte noch eine geraume Weile tiefe Erbitterung vor allem in den Reihen der Anhänger des badischen Ministerpräsidenten Leo Wohleb, die mit aller Macht für die Wiederherstellung der alten Länder eintraten. Es zeigte sich nämlich, daß die Abstimmungsmodalitäten das Abstimmungsergebnis in gewissem Sinne präjudiziert hatten. Wäre — so Wohlebs abgelehnter Antrag — die Volksabstimmung nicht in den Grenzen des projektierten Südweststaates, sondern jeweils auf der Grundlage der ehemaligen Länder Baden und Württemberg getrennt durchgeführt worden, so hätte sich unter einer anderen Entscheidungsprämisse eine Mehrheit der Badener gegen den Zusammenschluß mit Württemberg ausgesprochen. Siehe hierzu *Eschenburg:* a.a.O., S. 62.

[3] Siehe hierzu den Beitrag von H. *Rudolph:* Heimat — Provinz — Staat. Baden-Württemberg und die neue Identität der Bundesländer, in: H. Klatt (Hrsg.): Baden-Württemberg und der Bund, Stuttgart, Berlin, Köln 1989, S. 265-275. Wie fest die Verankerung einer baden-württembergischen Identität nun wirklich sitzt, bleibt schwer abzuschätzen. Man sollte jedenfalls die Lautstärke der von nahezu allen Landesregierungen in den letzten Jahren forciert betriebenen Propagandaaktionen zur Steigerung des jeweiligen „Wir in ...“-Gefühls nicht vorschnell als Nachweis einer neuen landsmannschaftlichen Identität bewerten.

Im Südwesten ist die politische Vormachtstellung der CDU seit der Entstehung des Bundeslandes Baden-Württemberg weder auf Landesebene noch bei Bundestagswahlen jemals in ernste Gefahr geraten. Während sich die Stimmenanteile der Union auf Bundesebene seit den fünfziger Jahren auf einem relativ konstanten Niveau einpendelten, gelang der CDU in Baden-Württemberg in den siebziger Jahren der Durchbruch zu einer absoluten Mehrheit.

Diese schmolz zwar in den Wahlen der achtziger Jahre ab, ja, gerade bei der Bundestagswahl 1987 und bei der Landtagswahl 1988 waren deutliche, zum Teil sogar dramatische Einbußen zu verzeichnen.[4] Allerdings vermochten auch diese Verluste nichts an der unangefochtenen Vormachtstellung der Union im Vergleich zu den anderen Parteien zu ändern. Demgegenüber läßt sich die Entwicklung der beiden anderen traditionellen Konkurrenten im Parteienwettbewerb, der F.D.P. und SPD, am ehesten als Niedergang und Stagnation umschreiben.[5]

Aus heutiger Sicht mutet die ungebrochene Hegemonie der CDU über die Liberalen und die Sozialdemokraten vertraut und beinahe naturwüchsig an. Aus der Perspektive der ersten beiden Jahrzehnte des Südweststaates freilich ist sie durchaus überraschend und alles andere als erwartungsgemäß verlaufen, wurden doch die Wahlergebnisse der F.D.P. bis in die sechziger Jahre der Stellung Baden-Württembergs als „Stammland des Liberalismus" gerecht und schien auch die Sozialdemokratie bis in die Phase der Großen Koalition auf Landesebene zwischen 1968 und 1972 einen dauerhaften Aufschwung mit allen Parallelen zur Entwicklung auf Bundesebene zu erleben. Diese ehrwürdigen

---

[4] Zu den Wahlen der achtziger Jahre ist eine große Zahl von Untersuchungen erschienen, in denen auch ausführlich auf die Entstehung und Entwicklung der Wählerschaft der Grünen Bezug genommen wird. Speziell auf die Landtagswahlen in diesem Zeitraum gehen ein H.-P. *Biege,* H.-J. *Mann,* H.-G. *Wehling:* Die badenwürttembergische Landtagswahl vom 16. März 1980. Spannung nur durch die Grünen?, in: ZParl 11 (1980), S. 211-221; D. *Oberndörfer,* G. *Mielke:* Die Landtagswahl 1980 in Baden-Württemberg. Analysen und Tabellen zum Zusammenhang von Sozialstruktur und Parteien. Vervielf. Manuskript, Freiburg 1980; D. *Oberndörfer, G. Mielke:* Auch die Wahlmüdigkeit nützte den Grünen, in: STUTTGARTER ZEITUNG vom 18. März 1980, S. 6; H.-P. *Biege:* Die baden-württembergische Landtagswahl vom 25. März 1984: Die Grünen etablieren sich als dritte Kraft; in: ZParl 15 (1984), S. 254-264; D. *Oberndörfer, G. Mielke:* Die FDP konnte noch nicht wieder Tritt fassen, in: FAZ vom 30. März 1984, S. 10; H.-P. *Biege:* Die baden-württembergische Landtagswahl vom 20. März 1988. Ein strahlender Verlierer und keine Gewinner, in: ZParl 19 (1988), S. 468-481; D. *Oberndörfer, G. Mielke:* Im Südwesten offenbaren sich vertraute Konturen und neuartige Wandlungsprozesse, in: FAZ vom 26. März 1988.

[5] Das Aufkommen der Grünen und ihre Verankerung in der Wählerschaft wird in diesem Beitrag nicht thematisiert. Zum einen erfolgt der Aufstieg der Grünen nach der hier in den Vordergrund gerückten Phase der Umgruppierung des traditionellen Parteiensystems; zum andern hätte eine Einbeziehung der Postmaterialismus- und Wertwandelsthematik oder aber auch eine Erweiterung des sozio-ökonomischen Konfliktmodells in der Tradition Lipsets zur Erklärung der Grünen den Rahmen dieses Beitrags gesprengt. Siehe hierzu die Literaturhinweise in Fußnote 4; regionale Aspekte der Parteientwicklung der Grünen behandelt der Beitrag von H. *Fogt* in diesem Band.

Traditionen und neu aufkeimenden Hoffnungen, die in den sechziger Jahren noch die Liberalen und die SPD beflügelten, sind mittlerweile von einer eher tristen Gegenwart überdeckt worden. Beide Traditionsparteien haben in Baden-Württemberg seit den siebziger Jahren die fortwährenden Härten einer politischen Kümmerexistenz erfahren müssen.

Während das Parteiensystem diese Konturen annahm, vollzog sich im selben Zeitraum in Baden-Württemberg eine beschleunigte Modernisierung der sozialen und wirtschaftlichen Strukturen, die dem Land — wie seinem in dieser Hinsicht recht ähnlichen Nachbarn Bayern — den Ruf des Paradefalls einer modernen Industrieregion unter den deutschen Bundesländern einbrachte. Warum aber hat von diesem rapiden Modernisierungsvorgang die vermeintlich konservativste und traditionellste politische Strömung profitiert, während die vorgeblich modernen, auf das Industriezeitalter hin angelegten Konkurrenten einen tiefgreifenden Bedeutungsverlust erlitten? Welche Besonderheiten der sozio-ökonomischen und kulturellen Traditionen, aber auch des Modernisierungsvorgangs selbst und der mit ihm verbundenen politischen Entwicklungen haben diese „Schieflage" von politischen und sozio-ökonomischen Gegebenheiten verursacht?

Diese Fragen verweisen auf die Wirkung zweier Faktorenbündel, die für die Struktur der Wählerschaft und ihr Verhältnis zu den Parteien besonders bedeutsam erscheinen. Man kann die Effekte dieser Faktorenbündel als zwei Varianten eines in der Wählerschaft wirksamen Regionalismus interpretieren, die in Baden-Württemberg besonders deutlich hervortreten. Sie spielen aber auch in anderen Teilen der Bundesrepublik eine wichtige Rolle bei der Herausbildung des Parteiensystems seit den sechziger Jahren.

Die erste Spielart des Regionalismus wurzelt in den regionalspezifischen Ausprägungen der sozialstrukturellen Komponenten, die für die Herausbildung des nationalen deutschen Parteiensystems insgesamt konstitutiv waren. Die zweite, neuere Variante des Regionalismus entsteht maßgeblich unter den politischen Konstellationen, die sich während der Nachkriegsjahrzehnte in der Bundesrepublik herausbilden. Der für unseren Zusammenhang bedeutsamste Aspekt ist die gegenüber den abrupten Zäsuren der Jahrzehnte zuvor ungebrochene Kontinuität des westdeutschen Parteiensystems mit ausgesprochen starken gouvernementalen Funktionen der Parteien, auch und vor allem auf der Ebene einzelner Bundesländer. Man kann deshalb diesen „alten" und „neuen" Regionalismus — in etwas zugespitzter Formulierung — auch als sozialstrukturellen und politischen Regionalismus bezeichnen. In der politischen Realität unserer Tage und in den empirischen Befunden zu Baden-Württemberg überlagern und durchdringen sich diese beiden Regionalismen zwar; indes ist es gleichwohl durchaus sinnvoll, sie aus analytischen Gründen voneinander abzugrenzen.

Entscheidend für die eigentümliche Struktur des baden-württembergischen Parteiensystems ist einerseits, daß die historisch vorgegebenen sozialstrukturellen Ausgangsbedingungen bürgerliche und konservative Parteien lange Zeit stark begünstigten und keinen fruchtbaren Boden für die Entstehung und den Ausbau einer starken Sozialdemokratie abgaben. Andererseits verhalfen die in der Wählerschaft greifbaren Effekte des neuen, politischen, Regionalismus der CDU, ihre Vormachtstellung zu einem Zeitpunkt zu erhalten und zu festigen, als die sozialen und wirtschaftlichen Verhältnisse in Bewegung gerieten und ihren eindeutig determinierenden und begünstigenden Charakter verloren. Die historische Etappe, in der sich diese beiden Regionalismen gleichzeitig zu manifestieren beginnen, sind die sechziger und vor allem die siebziger Jahre. In dieser Phase vollzieht sich der Umschwung von einem eher traditionellen, die Weimarer Strukturen im wesentlichen noch bewahrenden Parteiensystem zu einem genuin baden-württembergischen Parteiengefüge.

Im folgenden sollen nun in aller Kürze die Umrisse dieser beiden Regionalismen im deutschen Südwesten aus wahlsoziologischer und historischer Sicht skizziert werden.[6]

2. Alter Regionalismus: Sozialstruktur und Parteien

Bei der Betrachtung des sozialstrukturell getragenen Regionalismus in Baden-Württemberg ist es einmal mehr hilfreich, das von Lipset und Rokkan entwickelte Cleavage-Modell, das die Entstehung langfristiger Koalitionen von Wählergruppen und Parteien in Europa beschreibt, als heuristisches Hilfsmittel heranzuziehen.[7] Alle von Lipset und Rokkan beschriebenen Konflikte sind in der Sozial- und Parteiengeschichte sowie in der Wählersoziologie des deutschen Südwestens deutlich sichtbar: das distanzierte Verhältnis zweier süddeutscher Mittelstaaten zur preußischen Dominanz bei der sich anbahnenden und dann vollzogenen Reichsgründung, die Konflikte zwischen Kirche und Staat und schließlich die Gegensätze zwischen traditionell-ländlicher und modern-urbaner Lebensweise und zwischen Kapital und Arbeit. Sie prägen die sozialen und politischen Identitäten auch in Baden und Württemberg bis weit ins 20. Jahrhundert, zum Teil wirken sie bis in die Gegenwart fort. Allerdings sind diese maßgeblichen Komponenten der Sozialstruktur immer auch ganz deutlich von regionalspezifischen Elementen durchdrungen, die dann eine im Vergleich zu anderen Regionen Deutschlands oder zum Reich oder der Weimarer Republik insgesamt durchaus unterschiedliche politische Entwicklungen zur Folge haben.

---

[6] Die folgenden Ausführungen greifen auf eine breite Darstellung des Themas „Sozialstruktur und Parteiensystem" für Baden-Württemberg durch den Verfasser zurück. Sie findet sich in G. *Mielke:* Sozialer Wandel und politische Dominanz in Baden-Württemberg. Eine politikwissenschaftlich-statistische Analyse des Zusammenhangs von Sozialstruktur und Wahlverhalten in einer ländlichen Region, Berlin 1987.

[7] S. M. *Lipset,* St. *Rokkan:* Cleavage Structures, Party Systems, and Voter Alignments: An Introduction, in: Dies. (Hrsg.): Party Systems and Voter Alignments: Cross-National Perspectives, New York 1967, S. 1-64.

Der traditionellere der beiden Regionalismen im Südwesten gründet auf den regionalspezifischen Ausprägungen und Verknüpfungen von vier Komponenten, die sich alle den Lipsetschen Konfliktkonfigurationen zuordnen lassen. Es sind dies:
— die Konfessionsstruktur,
— der Industrialisierungsprozeß,
— der dominante Gemeindetypus und
— der südwestdeutsche Liberalismus.

Während die ersten drei Bereiche das Verhältnis von Kirche und Staat bzw. die wirtschaftliche und sozio-kulturelle Dimension der industriellen Revolution berühren, erscheint der Liberalismus als ein Element jener politischen Randbedingungen oder „Schwellen", die das Aufkommen von Parteien entweder erschwert oder erleichtert haben.

2.1 Die Konfessionsstruktur

In Baden-Württemberg haben sich nach dem Krieg zwei zahlenmäßig fast gleich starke Konfessionsblöcke herausgebildet, nachdem um die Jahrhundertwende auf dem Territorium des heutigen Südweststaates noch ein klares protestantisches Übergewicht geherrscht hatte. In den Vorläufern des Südweststaates gab es überdies jeweils deutliche Mehrheiten für eine Konfession, die sich auch heute noch abzeichnen: In Württemberg und Hohenzollern waren 1900 67% der Bevölkerung evangelisch und nur 31% katholisch; in Baden hingegen waren die Katholiken mit 61% gegenüber 38% Protestanten in der Mehrheit. Neben die Differenzierung in ein „katholisches" Baden und ein „protestantisches" Württemberg tritt in beiden Landesteilen noch ein zusätzliches Nord-Süd-Gefälle in bezug auf die Konfessionsstruktur. In Nordbaden und Nordwürttemberg dominieren die Protestanten, während sich die Katholiken in Südbaden und Südwürttemberg ballen.

Zwei Faktoren haben die politischen Konsequenzen aus der konfessionellen Situation in Baden und Württemberg entscheidend geprägt: der besonders dramatische Verlauf des Kulturkampfes und die vorherrschenden geistigen Strömungen im protestantischen Lager.

Während in der historiographischen Regel der Kulturkampf erst in die Jahre nach der deutschen Reichsgründung datiert wird, in denen ein protestantisch-preußischer Nationalstaat in die kirchlichen und religiösen Belange des katholischen Bevölkerungsteils massiv eingriff, war im Südwesten dies Spannungsverhältnis bereits lange vorher in der Gründungsphase des Großherzogtums Baden und des Königreichs Württemberg im Gefolge des Reichsdeputationshauptschlusses angelegt. Hier gerieten weite Gebietsteile mit katholischer Bevölkerung unter die Herrschaft jeweils protestantischer Landesfürsten. Die Identität von Staatsvolk und Kirchenvolk, die auf der Grundlage des Augsburger Religionsfriedens von 1555 zu einer weitgehenden Eindämmung der innerstaatlichen religiösen Konflikte geführt hatte, wurde dadurch aufgehoben. Besonders konfliktträchtig war die kirchenpolitische Lage in Baden, wo der protestantische Großherzog über eine Mehrheit von katholischen Untertanen herrschte.

Als Folge dieser konfessionellen Spaltung im Innern mündete der Streit zwischen Katholiken und Protestanten in eine „nicht abreißende Kette von Kämpfen der Kirche um die Erlangung der Freiheit in ihren Obliegenheiten und des Staates um die Erhaltung seiner Oberhoheit auch über kirchliche Belange."[8] Seinen Höhepunkt erreichte dieser Konflikt in den beiden Jahrzehnten nach 1860 in Baden und hier vor allem während der Amtszeit des Staatsministers Jolly. Der badische Kulturkampf war der erste in Deutschland, und gewiß trifft die Einschätzung zu, „daß die paradigmatische Bedeutung der politischen Entwicklung in Baden das reale Gewicht dieses kleinsten der deutschen Mittelstaaten bei weitem übertraf."[9] Als Folge der verbissenen Auseinandersetzungen entstanden in Baden und Württemberg jeweils besonders kompakte katholische Wählersegmente, deren Stabilität im Kaiserreich und während der Weimarer Republik, aber auch noch bis in die späten siebziger Jahre der bundesrepublikanischen Wahlgeschichte fortdauerte.[10]

---

[8] J. M. *Müller:* Das Kirchenwesen von Baden-Württemberg, in: R. Appel u. a. (Hrsg.): Baden-Württemberg. Land und Volk in Geschichte und Gegenwart, Karlsruhe 1961, S. 142.

[9] J. *Becker:* Der badische Kulturkampf und die Problematik des Liberalismus, in: J. Becker, L. Gall, u. a.: Badische Geschichte. Vom Großherzogtum bis zur Gegenwart, Stuttgart 1979, S. 86.

[10] Die in unserem Zusammenhang vor allem interessante Herausbildung eines festgefügten katholischen Wählerblocks soll freilich nicht über die viel kompliziertere Struktur des kirchenpolitischen Konflikts im Südwesten hinwegtäuschen. Nach dem Zusammenbruch der alten Kirchenverfassung und dem Verlust der macht- und verfassungspolitischen Stellung der katholischen Kirche im Gefolge der Französischen Revolution und der napoleonischen Neuordnung Deutschlands entbrannte der zuvor schon schwelende Streit über die zukünftigen innerkirchlichen Machtverhältnisse und die theologische Entwicklung mit großer Heftigkeit. Zum einen ging es um die Frage nach dem Gravitations- und Machtzentrum der katholischen Glaubenswelt. Anhänger einer päpstlichen und auf die römische Kurie ausgerichteten Prärogative standen den Verfechtern einer am nationalen Gedanken orientierten, auf die Führungsrolle des deutschen Episkopats hin aufgebauten Kirchenverfassung gegenüber. Zum andern rankte sich der Streit um die angemessene theologische und kirchenpolitische Antwort auf die geistigen Herausforderungen, die aus den philosophischen und politischen Impulsen der Aufklärung im ausgehenden 18. Jahrhundert gerade an die katholische Kirche herangetragen worden waren und diese vor eine schwere innere Zerreißprobe stellten. Auf beiden Konfliktebenen stritt der Konstanzer Generalvikar Heinrich Ignaz v. Wessenberg an vorderster Front; und er nahm auf die Entwicklung des kirchlichen Lebens in den ersten Jahrzehnten des 19. Jahrhunderts großen Einfluß. Wessenberg war ein glühender Verfechter des Gedankens einer nationalen Reichskirche und polemisierte immer wieder heftig gegen die vermeintliche Bevormundung der deutschen Katholiken durch den „kurialen Ultramontanismus". Darüber hinaus verband er das Bekenntnis zum nationalen Gedanken mit einer konsequenten Annäherung an aufklärerische Ideale und predigte der Kirche sowohl eine Hinwendung zur modernen Wissenschaft als auch eine Stärkung

Wuchsen die Katholiken in Baden und auch in Württemberg im Laufe des langen Kulturkampfes zu einer geschlossenen Gruppe mit einer klar ausgerichteten Wahlnorm zugunsten der Zentrumspartei zusammen, so treten im evangelischen Bereich verschiedene theologische Strömungen hervor — vor allem der Pfälzer Reformismus und der württembergische Pietismus —, die im Vergleich zu anderen protestantischen Strömungen gewichtige Akzente auf die Stärkung des religiösen Lebens legen und eine eher konservative Grundströmung erzeugen.[11] Fast völlig fehlt der von stark säkularisierten Elementen geprägte protestantische Bereich, der für die großstädtischen Zonen im Norden Deutschlands kennzeichnend war und einen vortrefflichen Nährboden für die Parteien der Linken abgab. Die ausgesprochen dörflich-kleinstädtische Struktur sowohl Badens als auch Württembergs schiebt einer frühzeitigen Abkehr von der Kirche einen wirksamen Riegel vor. Die geschlossene Abwehrfront des katholischen Lagers und die Lebendigkeit evangelischer Glaubenstraditionen bedeuten somit von vornherein eine erhebliche Schwächung der SPD und stärken statt dessen katholische und liberal-konservative Parteien in erheblichem Maße.

Die politische Wirkung dieser spezifischen Ausprägung des konfessionellen Gegensatzes läßt sich in Baden-Württemberg deutlich bis in die späten siebziger Jahre nachvollziehen und schwächt sich nur langsam ab.[12]

2.2 Die verspätete Industrialisierung

Nicht nur der spezifische Verlauf des Konflikts zwischen Katholiken und Protestanten, sondern auch die Strukturen des Wirtschaftslebens minderten im Südwesten die politischen Erfolgsaussichten der Sozialdemokratie, und zwar in mehrfacher Hinsicht. Erstens beschränkte sich die Herausbildung industrieller

---

der Mitwirkung der Gläubigen und Laien im kirchlichen Leben. So versuchte Wessenberg einen Brückenschlag zwischen Kirche und Aufklärung, der zumindest bis gegen 1848 für einen beträchtlichen Teil der katholischen Öffentlichkeit im Südwesten einen gangbaren Weg in die neue Zeit zu bieten schien. Franz Schnabel hat die bedeutsame Rolle Wessenbergs in seinem großen Werk „Deutsche Geschichte im neunzehnten Jahrhundert" ausgiebig gewürdigt. Sein Fazit: Unter den Anhängern Wessenbergs entstand „jene radikale, demokratische Richtung ..., die nachher seit den dreißiger Jahren das alemannische Volk gesammelt und zu einer Sturmtruppe der Revolution gemacht hat." Der Einfluß Wessenbergs ging nach der Revolution von 1848 zurück. Schon zuvor war er vom badischen Großherzog als Waffe gegen Rom bei den Konkordatsverhandlungen benutzt worden, aber nach der weitgehenden Abwehr der päpstlichen Ansprüche in den Mittelstaaten war Wessenberg dann mit seinen nationalkirchlichen Gedanken ins Abseits geraten. Die Offenheit für demokratische Ideale, die dann in der zweiten Hälfte des 19. Jahrhunderts der Politik des Zentrums zusätzliches Gewicht verlieh, wurde jedoch durch den streitbaren Gelehrten im Südwesten erheblich befördert.

[11] Siehe hierzu H. *Lehmann:* Pietismus und weltliche Ordnung in Württemberg vom 17. bis zum 20. Jahrhundert, Stuttgart 1969.
[12] Siehe hierzu *Mielke:* Sozialer Wandel und politische Dominanz, S. 239-245.

Zentren im Südwesten nur auf sehr wenige größere Städte. Weite Gebiete im Süden verharrten lange Zeit außerhalb des Industrialisierungsprozesses, allenfalls bildeten sie, in der Tradition des Pauperismus, ein Reservoir von auswanderungswilligen Arbeitskräften. Zweitens entstand, gefördert durch gezielte Industrialisierungsmaßnahmen von landesherrlicher Seite, ein breitgestreutes Netz dörflich-kleinstädtischer Gewerbe- und Industriebetriebe, die Frühformen einer eher aus mittelständischen Betrieben bestehenden Industrielandschaft, die in deutlichen Gegensatz zu den industriellen Agglomerationen des späten 19. Jahrhunderts in Schlesien, im Großraum Berlin oder im Ruhrgebiet tritt. Auf dieser Grundlage einer weitgehend dezentralisierten Gewerbestruktur vollzieht sich dann schließlich nach dem Zweiten Weltkrieg rasch ein Industrialisierungsprozeß, der eigentlich die erste, klassische Phase der Industrialisierung überspringt und überwiegend in den Bahnen der mittelständischen Gewerbetradition verläuft.[13]

2.3 Der dominante Gemeindetypus

In diesem sich über ein Jahrhundert erstreckenden, zugleich verzögerten Industrialisierungsprozeß, vor allem aber während der Modernisierungsphase nach dem Zweiten Weltkrieg spielt die fortwährende Dominanz eines dörflich-kleinstädtischen Gemeindetypus eine zentrale Rolle. Nach 1945 entsteht in Baden-Württemberg eine Wirtschaftsregion auf der Basis zahlreicher Gemeinden mit kleinen oder mittleren Einwohnerzahlen. Bis zur Gemeindereform des Jahres 1974 zählte man im Südwesten 3 381 selbständige Gemeinden; und auch nach der Gemeindereform, die ja lediglich die Verwaltungsstrukturen betraf, nicht aber die gewachsenen sozial-ökologischen Strukturen beseitigte, sind es immerhin noch 1 111 Gemeinden. Über neunzig Prozent dieser Gemeinden hatte 1980 weniger als 20 000 Einwohner, mehr als die Hälfte weniger als 5 000 Einwohner. Hinzu tritt der auffällige Befund, daß diese kleinen Gemeinden aber dennoch ein hohes Maß wirtschaftlicher und sozialer Differenzierung aufweisen.[14]

Dieser vorherrschende Gemeindetypus absorbiert einen großen Teil der soziokulturellen Folgen, die normalerweise mit der Industrialisierung einhergehen. Dies gilt zum einen für die sprunghaft ansteigende Mobilität und die daraus folgenden sozialen Invasionen in die seit langem stabilen gemeindlichen

---

[13] Aus der nahezu unüberschaubaren Fülle von Literatur zur wirtschaftlichen Entwicklung im Südwesten sei hier als besonders eindrucksvolle Studie nur herausgehoben K. *Megerle:* Württemberg im Industrialisierungsprozeß Deutschlands. Ein Beitrag zur regionalen Differenzierung der Industrialisierung, Stuttgart 1982. Einen besonders interessanten Aspekt dieses baden-württembergischen Sonderwegs bildet die starke Stellung der IG Metall in den Betrieben des produzierenden Gewerbes im Großraum Stuttgart, aber auch in anderen württembergischen Regionen, die dennoch nicht zu einer entsprechend starken Position der SPD in diesen Bereichen geführt hat.

[14] Siehe hierzu *Mielke:* Sozialer Wandel und politische Dominanz, S. 87-96.

Lebenswelten. Zwar gilt auch für Baden-Württemberg, daß diese sozialen Invasionen — gemessen über Indikatoren wie Einwohner- und vor allem Ausländerzuwachs, Veränderungen der Erwerbsquote und der Zuzugsmobilität, Verschiebung der Größenordnungen zwischen den Konfessionsgruppen — sich insgesamt eher zum Nachteil der CDU als Bezugspunkt traditioneller Lebensart auswirken und andererseits vor allem die SPD stärken. Dies gilt besonders in der Frühphase des sozialen Wandels in einer Gemeinde. Jedoch deutet vieles darauf hin, daß neue Bevölkerungsteile in diesen kleinen Gemeinden relativ zügig in die etablierten, eher konservativ-liberalen politischen Milieus integriert werden konnten.

Andererseits veränderte der ökonomische Wandel, der nach dem Zweiten Weltkrieg über Baden-Württemberg hereinbrach, die vorgegebenen sozialen Gefüge, wie sie im Vereinsleben oder in nachbarschaftlichen Beziehungen zum Ausdruck kamen, nur allmählich und relativ gleichförmig. Gewiß, der arbeitsweltliche Bereich unterliegt einem massiven Umbruch. Der Bauer wird zum Industrie- oder Gewerbebeschäftigten, der als Pendler in den Nachbarort oder in die Kreisstadt zur Arbeit fährt. Dennoch bleiben aber auch wesentliche soziale Beziehungen intakt. Im Südwesten geläufige Erscheinungen wie das „Feierabend-Bauerntum" sind Brücken in die Vergangenheit; das soziale Netz der Vereine und Nachbarschaftsbeziehungen trägt auch weiterhin. Ein grundlegender Wandel der Werte und der damit verknüpften politischen Einstellungen wird sich, wenn er denn überhaupt erfolgt, zwischen den Generationen vollziehen.

Die politischen Folgen dieser Form der Industrialisierung in einer kleingemeindlichen Region sind eindeutig: Auch die regional-spezifische Wirtschaftsentwicklung in Baden-Württemberg und der vorherrschende Gemeindetypus, die sich beide übrigens sowohl im katholischen wie auch im evangelischen Bereich in ganz ähnlichem Maße finden, begünstigen eindeutig die konservativ-bürgerlichen Parteien gegenüber der Sozialdemokratie.

2.4 Der Liberalismus im Südwesten

Gerade im Blick auf die regionalen Traditionen im deutschen Südwesten sind einige Hinweise auf die wichtige Rolle des Liberalismus unumgänglich.[15] Ursächlich für die Stärke des Liberalismus waren sowohl die Nähe zur Schweiz und Frankreich, aber dann auch die schon erwähnten sozialen Strukturen Badens und Württembergs. Sowohl der gewerbliche als auch der bäuerliche Mittelstand, vor allem aber das protestantische Element innerhalb des Kulturkampfes, stützten als sozialstrukturelle Streben den südwestdeutschen Liberalismus in hohem Maße ab, und, wie weiter oben gezeigt wurde, selbst im

---

[15] Eine ausgezeichnete Darstellung der liberalen Traditionen in Baden-Württemberg liefert H. *Fenske:* Der liberale Südwesten. Freiheitliche und demokratische Traditionen in Baden und Württemberg, Stuttgart 1981.

katholischen Bereich gab es in der Tradition der Wessenbergianer durchaus liberale Strömungen. Der Liberalismus trug sowohl in Baden als auch in Württemberg während langer Jahrzehnte des 19. Jahrhunderts die Züge einer breiten Volksbewegung, die in sich durchaus heterogen war. Darüber hinaus war der Liberalismus jedoch auch so etwas wie eine Hof- und Administrationsphilosophie in beiden Staaten, wenn auch daraus kein parlamentarisches System erwuchs, sondern selbst die zu Ministern berufenen Liberalen an den vorgegebenen konstitutionellen Prinzipien festhielten.

Als relevanter Faktor für die Entwicklung des Parteiensystems erwies sich die starke Stellung des Liberalismus bei Hofe und in der Verwaltung, weil daraus eine Herabsetzung des „threshold of representation" im Sinne der Thesen Lipsets und Rokkans eine relativ günstige Atmosphäre für die politische Arbeit der Parteien erzeugte.[16] Die einzige wirklich konsequent und über einen längeren Zeitraum diskriminierte Bevölkerungsgruppe in beiden liberalen Mittelstaaten waren die Katholiken, die sich aber, sieht man von der konfessionellen Dimension einmal ab, ansonsten in recht ähnlichen sozialstrukturellen Verhältnissen befanden wie ihr protestantischer Widerpart.

Der organisierte Liberalismus geriet nach der Jahrhundertwende in den Schatten von Zentrum und Sozialdemokratie, und in der Weimarer Republik unterlag er auch in Baden und Württemberg einem krisenhaften Niedergang, der der Entwicklung auf Reichsebene glich.

Nach dem Zweiten Weltkrieg gelang dem Liberalismus auf der Grundlage des traditionellen Konfessionsgegensatzes und einer bäuerlich-gewerblichen, dörflich-kleinstädtischen und durchweg protestantischen Anhängerschaft eine beachtliche Renaissance. Die F.D.P. stand in den ersten beiden Jahrzehnten des Südweststaates als der konfessionelle Antipode der CDU mit ihrer klar erkennbaren Zentrumstradition gegenüber. Mit dem Verblassen des Konfessionsgegensatzes erschloß sich der CDU ein beachtliches Wählerpotential, das außer in konfessioneller Hinsicht in nahezu allen anderen Aspekten den traditionellen Wählern der CDU näher stand als den Anhängern der Sozialdemokraten.

Eine weitreichende und, wie es scheint, dauerhafte Umorientierung dieser liberalen Wählergruppen zur CDU erfolgte zu Beginn der siebziger Jahre, als auf Bundesebene die sozialliberale Koalition regierte. In den protestantischen Regionen Baden-Württembergs setzte eine Auflösung der kollektiven „cross-pressure"-Situation zwischen protestantischer Loyalität und den Wahlnormen,

---

[16] Bei der Befassung mit regionalen Besonderheiten kommt diesen von Lipset und Rokkan systematisierten Randbedingungen eine erhebliche Bedeutung zu, die bislang in der Literatur zur Wahlforschung eigentlich nicht systematisch diskutiert worden ist. Die Aufmerksamkeit ruhte statt dessen immer in erster Linie auf den cleavages selber. Gerade für eine Analyse der verschiedenen Regionaltraditionen in Deutschland ließe sich eine derartige theoretische Vorklärung sehr gut zur Hypothesenbildung über spezifisch starke oder schwache Zusammenhänge zwischen einzelnen Elementen der Sozialstruktur und Parteiensystem benutzen.

die aus Berufsstatus und Schichtzugehörigkeit erwuchsen, zugunsten des Erwerbsstatus ein. Sie bildete die Grundlage für die absolute Unionsmehrheit der siebziger Jahre. Profitierte in Nordrhein-Westfalen, wie Blankenburgs Untersuchung aus dem Jahre 1967 belegt, von dieser Auflösung in erster Linie die SPD[17], so war in Baden-Württemberg eindeutig die CDU die Nutznießerin dieses Vorgangs. Überspitzt formuliert könnte man sagen, daß die Säkularisierungstendenzen der zweiten Hälfte des 20. Jahrhunderts die kulturkämpferische Verbissenheit des frühen Liberalismus im deutschen Südwesten nachträglich korrigiert hatten. Ein von dem Konfessionsgegensatz weitgehend befreiter Liberalismus mit verschiedenen Spielarten — von einer stark ordnungspolitischen Komponente bis zu einem ausgeprägten Wirtschaftsliberalismus — sollte als politische Einigungsformel für eine absolute CDU-Mehrheit tragfähig werden.

In der Zusammenschau offenbart sich in Baden-Württemberg ein Syndrom von sozio-ökonomischen Faktoren und politischen Überformungen, das bis heute in weiten Landesteilen günstige Voraussetzungen für den Unionserfolg erhält. Von besonderer Bedeutung war vor allem, daß der wirtschaftliche Wandel und seine Begleiterscheinungen auf soziale Strukturen trafen, die sich als erstaunlich stabil erwiesen und die Impulse, die für einen auch politischen Wandel zugunsten der Linken oder Liberalen hätten sorgen können, zu absorbieren vermochten.

3. Neuer Regionalismus: Politische Dominanz

Die Konturen eines neuen, „politischen" Regionalismus sind wesentlich schwerer zu ermitteln. Hier sind gerade auch noch für Baden-Württemberg weiterreichende Forschungen im Bereich der Wahlsoziologie, aber auch eine Verbindung der Wahlforschung mit einer systematischen und empirischen Mitglieder- und Organisationsforschung für den Bereich der Parteien notwendig. Gleichwohl sind einige empirisch abgestützte Hypothesen möglich.

Grundsätzlich stützt sich die Annahme, ein neuer regionaler Faktor habe sich in den Nachkriegsjahrzehnten in Baden-Württemberg herausgebildet, auf theoretische Prämissen, die bereits in einer Reihe von Studien zu Kontexteffekten[18] bei der Wahlentscheidung bzw. zu den Systembedingungen für eine Herausbildung von Parteiidentifikation[19] zum Tragen kommen. Die Einbettung

---

[17] E. *Blankenburg:* Kirchliche Bindung und Wahlverhalten. Die sozialen Faktoren bei der Wahlentscheidung in Nordrhein-Westfalen 1961 bis 1966, Olten 1967.
[18] Siehe hierzu *Mielke:* Sozialer Wandel und politische Dominanz, S. 233-276. Eine umfassende Abhandlung der Probleme der Kontextanalyse findet sich bei: F. U. *Pappi:* Sozialstruktur und politische Konflikte in der Bundesrepublik. Individual- und Kontextanalysen der Wahlentscheidung, Habil. Schrift, Köln 1978, S. 503 ff.; E. K. *Scheuch:* Social Context in Individual Behavior, in: M. Dogan, St. Rokkan (Hrsg.): Quantitative Ecological Analysis in the Social Sciences, Cambridge, Mass./London 1969, S. 133-157.

in unterschiedliche Kontexte hat, das haben zahlreiche Studien immer wieder belegt, Individuen mit ansonsten gleichen Merkmalen zu unterschiedlichen politischen Dispositionen und Verhaltensmustern geführt. Auch auf der Ebene von Aggregatdaten lassen sich diese Kontexteffekte auf die Wirkung der Determinanten des Wahlverhaltens feststellen.

Von besonderem Interesse sind in dem hier diskutierten Zusammenhang politische Kontexte. Sie lassen sich in Parametern zur Erfassung der Strukturen des Parteiensystems ausdrücken. Politische Hegemonie, politische Konkurrenz, Fraktionalisierung, wie auch immer zu operationalisieren, sind einige dieser Parameter[20]. Die Entstehung eines eigenständigen politischen Faktors in Baden-Württemberg läßt sich aus der Stärke und Persistenz dieser politischen Kontexteffekte herauslesen. Dieser politische Faktor — das zeigt eine Analyse der Entwicklung auf Gemeindeebene — überwölbt die sozialstrukturellen Effekte.

Betrachtet man diese Effekte im Zusammenwirken mit den gängigen sozialstrukturellen Determinanten im deutschen Südwesten, so zeigt sich einerseits, daß sie dazu beitragen, die Determinationskraft dieser klassischen Bestimmungsfaktoren zu stärken oder zu schwächen. Für Baden-Württemberg bedeutet dies, daß unter der in den meisten Gemeinden und Kreisen vorherrschenden CDU-Dominanz die begünstigende Wirkung des Konfessionsfaktors oder der dörflich-landwirtschaftlichen Bevölkerungsstruktur zugunsten der Union deutlich verstärkt wird. Umgekehrt läßt die Prägkraft dieser Variablen unter der Kontextbedingung der Fraktionalisierung oder der politischen Umkämpftheit der Gemeinde oder des Kreises ganz deutlich nach. Eine erste Wirkung der politischen Kontexte, die eine Dominanz der vorherrschenden Partei signalisieren, liegt also wohl darin, vorhandene traditionelle Dispositionen zu konservieren. Andererseits zeigt sich eine deutliche und eigenständige Wirkung der Kontexteffekte im Zeitverlauf. Während die Determinationskraft sozialstruktureller Erklärungsmodelle für den Stimmenanteil der Parteien in Baden-Württemberg, wie auch in anderen Bundesländern und auf Bundesebene insgesamt, seit den sechziger Jahren kontinuierlich zurückgeht, läßt sich ein wachsender Teil dieses Erklärungsverlustes durch die Einbeziehung von politischen Kontextvariablen auffangen.

---

[19] Unter den zahlreichen Arbeiten zur Frage der Übertragbarkeit und Anwendung des Konzepts der Parteiidentifikation auf das politische System und das Wählerverhalten in der Bundesrepublik sind zweifellos die Beiträge von Peter Gluchowski die konzeptuell und empirisch ausgereiftesten. Siehe also P. *Gluchowski:* Parteiidentifikation im politischen System der Bundesrepublik. Zum Problem der empirischen Überprüfung eines Konzepts unter variierten Systembedingungen, in: D. Oberndörfer (Hrsg.): Wählerverhalten in der Bundesrepublik Deutschland, Berlin 1978, S. 265-323; ders.: „Wahlerfahrung und Parteiidentifikation"; in M. Kaase, H.-D. Klingemann (Hrsg.): Wahlen und politisches System, Opladen 1983, S. 442-477.

[20] Siehe hierzu *Mielke:* Sozialer Wandel und politische Dominanz, S. 44 ff.

Man kann nun über die Frage räsonnieren, ob diese Konsexteffekte überhaupt die Grundlage für die Annahme eines neuen Regionalismus abgeben können. Nähert man sich der Problematik unter Plausibilitätsaspekten, so zeigen sich verschiedene Fragwürdigkeiten. Zum einen decken sich die Regionen, in denen die politische Dominanz der CDU besonders ausgeprägt ist, natürlich weitgehend mit den Regionen, in denen auch die sozialstrukturellen Determinanten die CDU besonders begünstigt haben. Gleichzeitig vollziehen sich aber gerade hier die rasantesten Wandlungsprozesse. Zum anderen fallen die Regionen mit politischer Dominanz der CDU nicht geschlossen zusammen, wenn sie auch weite Bereiche des Landes abdecken, noch sind sie identisch mit dem Bundesland als Ganzem. Hier eröffnen sich also gewisse Ermessensspielräume für die Vergabe des Prädikats „Regionalismus". Angesichts der flächendeckenden Effekte freilich erscheint eine Verwendung dieses Begriffs durchaus sinnvoll.

Die Gleichförmigkeit der politischen Kontexte in Baden-Württemberg, gekennzeichnet durch einen hohen bis sehr hohen Stimmenanteil der CDU, durch eine auch auf Gemeindeebene kaum jemals überwundene Hegemonie der Union über die anderen Parteien und die Durchgängigkeit dieses Musters auf allen Wahlebenen, liefert die Legitimation, in einem nächsten Schritt über die Wirkungen dieser CDU-Dominanz auf der Individualebene theoretisch abgestützte Spekulationen anzustellen. Die zentrale Problematik in diesem Bereich erwächst aus der Frage, in welchem Umfang ein langfristig stabiler und regional breiter politischer Kontext die Herausbildung eines eigenständigen Dispositionsmusters befördert, das nicht durch die Schubkraft klassischer Bestimmungsfaktoren festgelegt ist bzw. sich über die in ihrer politischen Wirkung durchaus ambivalenten sozialstrukturellen Befindlichkeiten der Individuen legt.

Hier kommen Anklänge an die Diskussion über die Entstehungsbedingungen von Parteiidentifikationen in politischen Systemen auf. Die baden-württembergischen Kontextstrukturen, die sich in den vergangenen Jahrzehnten herausgebildet haben, müssen als nahezu optimale Randbedingungen für die Entwicklung von Parteiidentifikationen gelten, die nicht aus den traditionellen Konstellationen der Konfliktmuster des 19. Jahrhunderts erwachsen. Erste Explorationen scheinen zu belegen, daß die Chance, eine Parteiidentifikation oder zumindest ein Muster aus konsistenten politischen Einstellungen zu erwerben, mit der hegemonialen Struktur des politischen Umfeldes steigt. Diese Hypothese bietet nun eine weitere Erklärung für die Dauerhaftigkeit der politischen Dominanz der CDU in Baden-Württemberg unter den Bedingungen raschen sozialen Wandels, aber sie hat gewiß auch Gültigkeit für andere politische Monokulturen wie Bayern, Bremen oder das Ruhrgebiet. Weitere Forschungen über den Zusammenhang zwischen politischen Kontexten und Parteiidentifikation sind allerdings dringend geboten, um eine breitere Datenbasis zu schaffen.

4. Fazit

Fassen wir zusammen: Regionale Traditionen treten in Baden-Württemberg in mehrfacher Weise hervor. Zum einen bestehen sie in der spezifischen Ausformung tiefgreifender sozialer und kultureller Konflikte, die sowohl die traditionellen Strukturen des Parteiensystems im Südwesten prägten als auch seinen Wandel in den siebziger Jahren stark beeinflußten. Diese Traditionen sind bis heute empirisch nachweisbar. Daneben zeichnet sich zum anderen die Herausbildung eines stärker werdenden politischen Residuums ab, das den Schluß auf einen allmählich entstehenden neuen regionalen Faktor zuläßt, der durch die Konstanz der politischen Verhältnisse in Baden-Württemberg bedingt ist.

Die Betrachtung der beiden Regionalismen, die im Wählerverhalten in Baden-Württemberg ihren Niederschlag finden, verweist über die einzelnen Aspekte traditioneller und neu entstehender regionaler Eigenheiten hinaus auf die gerade hier deutlich hervortretende Bereicherung der Wähleranalyse durch Brückenschläge in andere, benachbarte Forschungsbereiche. Eine sozial- und wirtschaftsgeschichtliche Anreicherung und Spezifizierung der Bestimmungsfaktoren des Wahlverhaltens, wie sie am baden-württembergischen Beispiel vorgeführt wurden, eröffnet zusätzliche Interpretationsmöglichkeiten empirischer Befunde. Eine Vertiefung der Suche nach durchgängig anwendbaren zusätzlichen Klassifikationen der normalerweise verwendeten Sozialstrukturvariablen mit dem Ziel, historisch ableitbare und dann auch theoretisch sinnvolle Kontexttypen zu entwerfen, wäre ein Schritt in die richtige Richtung, gerade im Bereich der Aggregatdatenforschung. Dasselbe gilt auch für die Erstellung einer entsprechenden Typologie politischer Kontexte. Die bundesrepublikanische Wahlforschung kann hier auf frühe und wertvolle Studien, wie sie etwa von Falter und Pappi vorgelegt wurden, zurückgreifen und diese weiterentwickeln. Somit unterstreicht die Analyse regionaler Eigenheiten des Wählerverhaltens in Baden-Württemberg in besonderer Weise die Notwendigkeit, die empirischen Einzelbefunde der Wahlforschung in den Erkenntnis- und Interpretationsrahmen einer synoptisch angelegten politischen Soziologie einzufügen[21].

---

[21] F. U. *Pappi:* Sozialstruktur und politische Konflikte in der Bundesrepublik, Habil.schrift, Köln o. J.; J. W. *Falter:* Faktoren der Wahlentscheidung. Eine wahlsoziologische Analyse am Beispiel der saarländischen Landtagswahl 1970, Köln 1973.

Alte und neue Wachstumsregionen:
Indikatoren zum Vergleich der politischen Entwicklung in Duisburg und Frankfurt

Von *Wolfgang Bick* und *Konrad Schacht*

1. Methodische Vorbemerkung

Die Bundestagswahlen 1987 haben eine starke regionale Differenzierung der Wahlergebnisse gebracht. So konnte die SPD in ökonomischen Krisenregionen mit traditioneller Industriestruktur besonders gute Ergebnisse erzielen, während sie in den modernen Ballungsräumen mit großem tertiären Sektor und wirtschaftlicher Prosperität zum Teil starke Verluste hinnehmen mußte. In diesen Gebieten schnitt die CDU gut ab und konnten die Grünen besonders stark zulegen. Die Ursachenforschung konzentrierte sich u. a. auf die Frage, inwieweit der Strukturwandel hin zur „Dienstleistungsgesellschaft" in diesen urbanen Wohlstandsregionen die politischen Wandlungsprozesse zuungunsten der SPD und zugunsten von CDU und Grünen begünstigt habe.

In diesem Beitrag kann diese Frage nicht beantwortet werden. Hier soll nur ein einfacher Städtevergleich durchgeführt werden, bei dem die prosperierende Dienstleistungsmetropole Frankfurt der eher traditionellen Industriestadt Duisburg gegenübergestellt wird. Die Datenbasis für diesen Vergleich ist relativ schmal. Es liegen zwar Umfragen in beiden Städten vor, sie sind jedoch kaum vergleichbar und damit für unseren Zweck weitgehend wertlos. Es soll auch nicht versucht werden, den politischen Prozeß in beiden Städten vergleichend darzustellen, da dies erhebliche „historische" Vorarbeiten erfordert hätte.

Für den Vergleich wurden die für beide Städte vorhandenen „amtlichen" Datenbestände gesammelt und gesichtet. Ökonomische, soziale und politische Indikatoren wurden zu möglichst übersichtlichen Tabellen und Trends verdichtet, die Strukturen und Wandlungsprozesse in beiden Städten transparent machen sollen. Der Vergleich der beiden Städte auf dieser Basis läßt nicht mehr zu als Beschreibungen, informierte Spekulationen und vielleicht die Formulierung neuer Hypothesen, die in weiteren Forschungsarbeiten geprüft werden müßten. Im Zentrum der Überlegungen steht die Frage, welchen Einfluß die sehr unterschiedlichen sozialen und ökonomischen Strukturen in den beiden Städten auf ihre politische Entwicklung hatten und inwieweit die lokalen Wählerstrukturen von bundespolitischen Trends beeinflußt wurden.

Tabelle 1
Wachstumskrisen in Duisburg und Frankfurt

60er Jahre	70er Jahre	80er Jahre
<td colspan="3" align="center">**DUISBURG**</td>		
Kohlekrise führt zur Akzeptanzkrise der CDU/FDP-Wirtschaftspolitik	Verbreiterung der Legitimitätsbasis sozialdemokratischer Politik	Schwere Konflikte um Stahlbetriebe
SPD kann mit aktiver staatlicher Politik Kohlekrise managen		Zukunftskrise der Stadt durch Arbeitslosigkeit
		Krisenerfahrung stabilisiert Vertrauen in klassische SPD-Konzepte
Glaubwürdigkeitsgewinn der SPD im katholischen Arbeitermilieu		Ablehnung der Bonner CDU/CSU/FDP-Wirtschaftspolitik
<td colspan="3" align="center">**FRANKFURT**</td>		
Forcierte ökonomische Wachstumspolitik der SPD-Stadtadministration	Modernisierungspolitik der SPD bringt die Stadtgesellschaft ins Ungleichgewicht	Segmentation der Stadtgesellschaft
SPD gilt als Partei umfassender Modernisierung	Bedrohung der Lebenswelt durch Wachstum erzeugt Streß, Angst und Konflikte	Weitere Tertiarisierung und Boom erzeugen individualisierte Konkurrenzgesellschaft
Hohe Priorität materialistischer Wohlfahrt sichert SPD Mehrheiten		Großes Potential an ungebundenen Wählern
Tertiarisierung bedroht Arbeitermilieus	CDU-Administration beruhigt die Stadt durch Politik der kulturellen Fassade	Grüne Subkultur stabil
		Wachsende Deprivationen in den Randgebieten der Stadt
	Symbolische Politik erzeugt positive Identifikation mit der Stadt	Rechte Radikalisierung im Unterschichtbereich und den Vororten

2. Krisenerfahrungen in Duisburg und Frankfurt

Die Bewohner beider Städte wurden und werden durch Krisenerfahrungen geprägt, die im Gefolge sehr unterschiedlicher wirtschaftlicher Wandlungsprozesse aufgetreten sind und auftreten. Diese Erfahrungen der Bürger sind jeweils politisch vermittelt, je nachdem welche Partei mit welchem Erfolg in den wirtschaftlichen Prozeß intervenierte. Die sehr unterschiedlichen Entwicklungen und Problemkonstellationen in Duisburg und Frankfurt sollen im folgenden auf relativ abstrakter Ebene skizziert werden.

In Duisburg ist die politische Erfahrung der Bevölkerung geprägt durch die Bewältigung der Kohlekrise in den 60er Jahren, bei der die CDU-geführten Regierungen in Bonn und Düsseldorf versagten und die SPD nach der Regierungsübernahme ein erfolgreiches Krisenmanagement entfalten konnte. Diese Erfahrung hat die Akzeptanz sozialdemokratischer Wirtschaftspolitik in Duisburg erhöht und der SPD gerade auch im katholischen Arbeitermilieu neue Rekrutierungsperspektiven eröffnet. Das erfolgreiche Bewältigen einer Wachstumskrise hat klassischer SPD-Politik eine langfristige Legitimationsbasis in Duisburg gesichert und die CDU strukturell geschwächt.

In Frankfurt ist die politische Erfahrung der Bürger durch massive wirtschaftliche Expansion in den 60er und 70er Jahren geprägt, die bis 1977 von einem SPD-Oberbürgermeister und bis 1987 von einer SPD-geführten Landesregierung politisch verantwortet wurde. In den 60er Jahren wurde diese Forcierung des Wachstums als Quelle privater Wohlstandssteigerung voll akzeptiert und stabilisierte das Image der SPD als Partei der wirtschaftlichen und gesellschaftlichen Modernisierung. Erst in den 70er Jahren kommt es zu einer Akzeptanzkrise der Wachstumspolitik durch einen Teil der Bürger der Stadt Frankfurt, die sich in ihrer Lebenswelt bedroht fühlen. Ein neues Gleichgewicht zwischen wirtschaftlichen Modernisierungszwängen und psychischen Stabilitätserfordernissen mußte gefunden werden. Das ab 1977 arbeitende konservative Stadtregiment scheint ein neues psychisches Gleichgewicht der Stadt nicht zuletzt durch eine offensive Kultur- und Stadtbildpolitik wiedergewonnen zu haben und kann der CDU bis 1989 absolute Mehrheiten sichern, die allerdings auch zu einem Teil als Gegenreaktion der Wähler zur Bonner SPD-Regierung zustande gekommen sind.

In den achtziger Jahren vollziehen sich in den beiden Städten sehr unterschiedliche Prozesse. In Duisburg werden die Bürger mit einer neuen wirtschaftlichen Krise konfrontiert, die weder von der Düsseldorfer SPD-Regierung noch von der Bonner CDU/CSU/F.D.P.-Regierung erfolgreich gemanagt werden kann. Es kommt zu schweren gesellschaftlichen Konflikten in der Stahlindustrie, die bundesweite Resonanz haben. Der politische Effekt ist eine weitere Stabilisierung der SPD-Position in der Stadt, da der SPD weiterhin die Kompetenz zugesprochen wird, der Bevölkerung der Stadt soziale Sicherheit zu geben. Die Krise in der Stahlindustrie stabilisiert also weiter die Legitimationsbasis des sozialdemokratischen Politikmodells in Duisburg.

In Frankfurt geht der wirtschaftliche Wachstums- und Modernisierungsprozeß weiter. Er vollzieht sich hinter der Fassade einer groß angelegten Kulturpolitik, der es gelingt, soziale und ökologische Krisenphänomene latent zu halten oder zu maskieren. Ein Effekt dieser Kulturpolitik kann auch darin gesehen werden, daß sie die intellektuellen Multiplikatoren in der Stadt so an die Politik der Administration gebunden hat, daß sie dadurch daran gehindert werden konnten, die sich zuspitzenden sozialen und ökologischen Probleme zu thematisieren und in den politischen Kommunikationsprozeß der Stadt einzubringen. Keine der beiden großen Parteien ist der Gewinner der aufbrechenden sozialen und ökologischen Folgeprobleme des Wachstums. Es zeichnet sich vielmehr ein Differenzierungsprozeß des Parteiensystems ab, der auf eine tiefgehende Segmentation der Stadtgesellschaft schließen läßt.

In beiden Städten haben die wirtschaftlichen Wandlungsprozesse sehr unterschiedliche soziale und politische Veränderungen bewirkt. In Duisburg hat die Krisenerfahrung kollektive Strukturen der Interessenwahrnehmung gestärkt. Der Bevölkerung ist bewußt, daß der individuellen Existenzsicherung und Chancensteigerung enge Grenzen gesetzt sind und daß das eigene Überleben vom politischen Solidaritätsprinzip abhängt. Den Bewohnern einer Krisenregion bleiben vor allem der Strukturpolitik treibende Staat und die Systeme der sozialen Sicherung als Rettungsperspektive.

In Frankfurt hat der wirtschaftliche Strukturwandel hin zur Angestelltengesellschaft die soziale Basis der Gewerkschaften geschwächt und haben die Aufstiegschancen einer dynamischen Wirtschaft den individuellen Konkurrenzdruck verstärkt. Die Pluralisierung der Lebensstile geht einher mit Distanz zu kollektiver Interessenwahrnehmung, wobei die Sicherungsmechanismen des Sozialstaats als selbstverständliche Dienstleistung hingenommen werden.

In Duisburg hat der wirtschaftliche Krisenprozeß die Parteiidentifikation zugunsten der SPD gestärkt, deren gesellschaftspolitische Philosophie eng mit der Lage der dort lebenden Bürger korrespondiert. In Frankfurt hat der Modernisierungsprozeß zu einer Erosion von Parteiloyalitäten geführt und das Potential der politisch ungebundenen Wähler verstärkt. In Duisburg droht die Gefahr der politischen und sozialen Stagnation, in Frankfurt droht die Gefahr einer individualisierten Konkurrenzgesellschaft, die aus dem sozialen Gleichgewicht gerät und im Extremfall anomische Prozesse hervorbringt, die politische Radikalisierungen begünstigen können. In Duisburg ist eine Konzentration des Parteiensystems bei starker Dominanz der SPD zu beobachten, in Frankfurt zeichnet sich eine Pluralisierung des Parteiensystems ab, die durch das große Potential an ungebundenen Wählern, die Existenz neuer politischer Subkulturen und auch große Frustrationen in den Randgebieten der Stadt begünstigt wird.

Diese Überlegungen zum Wandlungsprozeß in den beiden Städten sollen ergänzt werden durch einige Indikatoren, die die zu erwartenden sozialen und ökonomischen Unterschiede zwischen Duisburg und Frankfurt deutlich aufzeigen. Ein Nachteil des quantitativen Vergleichs besteht allerdings darin, daß keine subjektiven Indikatoren präsentiert werden können, die die unterschiedlichen Krisenerfahrungen der Bürger direkter vergleichbar machen. Es wäre jedoch zu begrüßen, daß in Zukunft Regionalvergleiche mit differenzierten historischen Fallstudien und entsprechenden vergleichbaren subjektiven Indikatoren durchgeführt werden können, da sie zumindest neue Fragestellungen in der politischen Soziologie aufwerfen könnten.

Die Daten bestätigen weitgehend das Bild, das man von den beiden Städten hat (Tabelle 2). Duisburg liegt auf dem Weg zur Angestelltenstadt noch weit hinter Frankfurt, obwohl der Tertiarisierungsprozeß auch hier bereits seine Dynamik entfaltet hat. In Duisburg existiert eine sehr hohe Arbeitslosigkeit, die sich zum Teil zur Dauerarbeitslosigkeit verfestigt hat. Die gewerkschaftlichen Organisationsnetze spielen bei den Arbeitnehmern in Duisburg eine wesentlich größere Rolle als im Dienstleistungszentrum Frankfurt. Dort ist die Organisation der Bürger in Sportvereinen erstaunlich hoch, die in dieser Stadt wichtige soziale Integrationsleistungen wahrzunehmen scheinen.

Ein zentraler Unterschied zeigt sich darin, daß Frankfurt einen wesentlich größeren Ausländeranteil hat als Duisburg. Auch wenn die Sozialstruktur der Frankfurter Ausländerbevölkerung statusmäßig sehr differenziert ist, muß man davon ausgehen, daß die Arbeiterschaft der Stadt Frankfurt zu einem großen Teil aus Ausländern besteht, die nicht wahlberechtigt sind, was eine weitere strukturelle Schwächung des Stimmenpotentials der SPD bedeutet.

Nach wie vor spielt in Duisburg die katholisch geprägte Arbeiterschaft eine große Rolle, die sich jedoch in wachsendem Maße zugunsten der SPD entscheidet. Die Rollenkonflikte, denen gewerkschaftlich organisierte Katholiken ausgesetzt sind, haben die Wählerdynamik in Duisburg zugunsten der Sozialdemokratischen Partei beeinflußt. Vor allem tragen die Gewerkschaften und die katholische Kirche in Duisburg dazu bei, daß der Krisenprozeß in dieser Stadt bisher nicht zu anomischen Reaktionen und politischen Desintegrationsprozessen geführt hat. In Frankfurt hat der Modernisierungsprozeß der Stadtgesellschaft zu einer starken Differenzierung des Parteiensystems geführt. Wie stark die politischen Gefährdungen einer solchen individualisierten Konkurrenzgesellschaft mit schwach ausgeprägten Solidaritätsmechanismen sein können, hat die Kommunalwahl 1989 gezeigt, bei der die NPD gerade auch bei den unteren Sozialschichten gute Erfolge erzielen konnte. Die soziale Benachteiligung führt gerade dann zu starken psychischen Deprivationen, wenn der Glanz und der Reichtum der Erfolgreichen so deutlich strahlen, wie dies in Frankfurt der Fall ist.

3. Bundestagswahlen in Duisburg und Frankfurt im Überblick

Die unterschiedliche Entwicklung der politischen Kräfteverhältnisse in den beiden Städten wird besonders deutlich, wenn man sich die Ausgangslage Mitte der 50er Jahre vergegenwärtigt: Zwischen 1956 und 1958 fanden in Duisburg und Frankfurt Wahlen zum Stadtrat (1956), zum Bundestag (1957) und zum Landtag (1958) statt. Die SPD erzielte bei diesen Wahlen in beiden Städten in etwa gleich hohe Anteile: bei der Kommunalwahl in Duisburg 56%, in Frankfurt 55%, bei der Bundestagswahl jeweils 40% und bei der Landtagswahl

48% (in Duisburg) bzw. 51% (in Frankfurt). Die CDU hingegen schnitt in Duisburg um 7 bis 10 Prozentpunkte besser ab als in Frankfurt (Kommunalwahl 1956: 32% gegenüber 25%, Bundestagswahl 1957: 50% gegenüber 42%, Landtagswahl 1958: 43% gegenüber 33%), was im wesentlichen auf den in Duisburg — wie in Nordrhein-Westfalen insgesamt — stärker vorangeschrittenen Konzentrationsprozeß zum Zwei- bzw. Dreiparteiensystem zurückzuführen ist (Tabelle 3).

Tabelle 2
Indikatoren sozio-ökonomischer Entwicklung

		Duisburg	Frankfurt
Einwohnerentwicklung	1961 – 1970	– 6,3 %	– 0,4 %
	1970 – 1987	–15,3 %	–11,6 %
Ausländeranteil	1970	4,8	10,5
	1987	11,9	20,3
Anteil Beamte/Angestellte	1950	26,0	38,2
(bezogen auf die erwerbstätige	1961	31,8	50,1
Bevölkerung)	1970	37,9	55,1
	1987	45,3	59,4
Arbeitsplatzentwicklung			
Produzierender Sektor	1961 – 1970	–20,6 %	– 1,7 %
	1970 – 1987	–37,0 %	–37,5 %
Dienstleistungssektor	1961 – 1970	–10,6 %	+21,1 %
	1970 – 1987	+18,2 %	+27,6 %
Arbeitslosigkeit			
Arbeitslosenquote	1970	0,6	0,3
	1980	6,4	2,9
	1983	14,7	7,7
	1986	15,3	8,3
	1987	16,0	8,7
1 Jahr und länger arbeitslos	1980	27,0	12,1
(in % der Arbeitslosen)	1987	42,7	27,4
DGB-Mitglieder je 100 abhängig			
Beschäftigte (geschätzt)	1986/1988	68,6	36,3
Sportvereine	1975	13,7	15,4
(Mitglieder je 100 Einw.)	1980	16,5	17,8
	1987	18,9	20,6
Katholikenanteil	1950	49,8	32,8
	1970	45,7	35,7
	1987	41,2	30,4

Tabelle 3
Ergebnisse von Bundestags- und Kommunalwahlen 1956 bis 1989

Duisburg

	Wahlbe-teiligung	SPD	CDU	F.D.P	Grüne	NPD	Sonstige
KW Okt. '56	73,5	55,9	32,2	6,8	–	–	5,1
BW Sept. '57	85,7	39,7	50,1	5,8	–	–	4,3
KW März '61	71,8	49,6	39,4	7,7	–	–	3,3
BW Sept. '61	85,6	47,1	39,9	9,4	–	–	3,6
KW Sept. '64	69,0	57,2	35,1	4,9	–	–	2,8
BW Sept. '65	84,9	53,4	37,6	5,9	–	0,9	2,3
BW Sept. '69	84,4	56,8	34,9	4,4	–	2,6	1,4
KW Nov. '69	57,1	55,1	37,9	5,3	–	–	1,7
BW Nov. '72	90,9	63,9	29,1	6,2	–	0,3	0,6
KW Mai '75[1]	83,8	59,9	33,3	5,8	–	–	1,1
BW Okt. '76	90,5	61,7	31,1	6,3	–	0,2	0,6
KW Sept. '79	61,1	57,0	36,3	5,3	–	–	1,4
BW Okt. '80	87,3	61,0	28,5	9,0	1,0	0,1	0,4
BW März '83	87,5	58,0	33,5	3,6	4,4	0,2	0,4
KW Sept. '84	56,9	57,9	30,0	2,6	8,6	0,0[2]	0,9
BW Jan. '87	83,5	59,3	28,7	4,6	6,5	0,4	0,4

Frankfurt

	Wahlbe-teiligung	SPD	CDU	F.D.P	Grüne	NPD	Sonstige
KW Okt. '56	67,4	54,5	24,9	8,9	–	–	12,4
BW Sept. '57	85,0	40,4	41,6	10,1	–	–	7,9
KW Okt. '60	68,6	50,7	30,2	12,9	–	–	6,2
BW Sept. '61	85,1	44,0	34,1	16,4	–	–	5,5
KW Okt. '64	67,0	53,5	31,1	11,6	–	–	3,8
BW Sept. '65	82,0	46,3	35,7	12,2	–	2,7	3,1
KW Okt. '68	64,1	49,5	29,9	11,2	–	5,8	3,7
BW Sept. '69	83,7	49,5	35,2	8,8	–	5,2	1,4
KW Okt. '72	73,9	50,1	39,8	7,2	–	1,0	1,9
BW Nov. '72	89,4	47,9	37,8	13,1	–	0,6	0,6
BW Okt. '76	89,0	44,7	43,1	10,5	–	0,5	1,1
KW März '77	71,8	39,9	51,3	6,0	–	0,7	2,0
BW Okt. '80	86,2	45,3	39,4	12,0	2,3	0,4	0,5
KW März '81	70,7	34,0	54,2	4,3	6,4	0,5	0,8
BW März '83	86,8	40,5	42,2	7,7	8,9	0,4	0,4
KW März '85	72,5	38,6	49,6	2,6	8,0	0,1[2]	1,2
BW Jan. '87	80,8	34,4	40,9	9,1	13,9	1,0	0,7
KW März '89	77,2	40,1	36,6	4,9	10,1	6,6	1,7

Bei Bundestagswahlen Zweitstimmenanteile
[1] Zusammen mit Landtagswahlen
[2] FAP

Die Entwicklung des Wahlverhaltens bei Bundestagswahlen wird in den *Abbildungen 1 und 2* anhand der jeweiligen Differenzen zu den Ergebnissen im Bundesgebiet dargestellt. Bleiben die Differenzen konstant, so folgen die Wahlpräferenzen dem Bundestrend. Steigen sie an, so schneidet die Partei — im Vergleich zum Bundesergebnis — besser ab. Gehen die Differenzen zurück, so verschlechtern sich die Ergebnisse relativ zum Bund. Steigende oder fallende Verläufe weisen somit auf Abkopplungen vom Bundestrend hin. Konstante Verläufe hingegen markieren Phasen, in denen die Entwicklung dem Bundestrend folgt.

Die SPD startet bei der Bundestagswahl 1957 in Duisburg mit einem um 7,9 Prozentpunkte besseren Ergebnis als im Bund, in Frankfurt mit 8,6 Punkten. 1987 liegt die SPD in Duisburg 22,3 Punkte über dem Bundesergebnis, in Frankfurt jedoch 2,6 Punkte unter dem Ergebnis im Bund. Der Negativtrend der Frankfurter SPD-Ergebnisse erfolgt jedoch nicht kontinuierlich, von Wahl zu Wahl, sondern wird einzig getragen von den Bundestagswahlen 1972 (im Vergleich zu 1969) und 1987 (im Vergleich zu 1983). In der Zeitspanne von 1957 bis 1969 und von 1972 bis 1983 folgen die Frankfurter SPD-Ergebnisse im wesentlichen dem Bundestrend der Partei. Auch die CDU erhält von den Frankfurtern bei Bundestagswahlen bis 1969 und während der sozialliberalen Koalition 1972 bis 1983 nicht mehr Zuwächse als die Bundespartei. Sie verbessert ihr Ergebnis dagegen von 1969 auf 1972 und von 1983 auf 1987 deutlich.

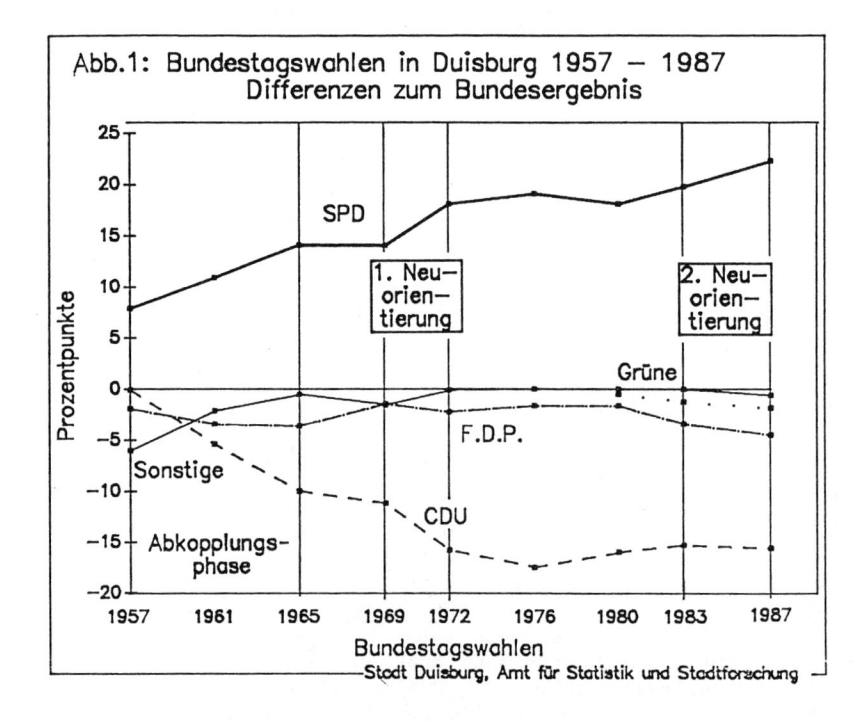

Abb.1: Bundestagswahlen in Duisburg 1957 — 1987
Differenzen zum Bundesergebnis

Stadt Duisburg, Amt für Statistik und Stadtforschung

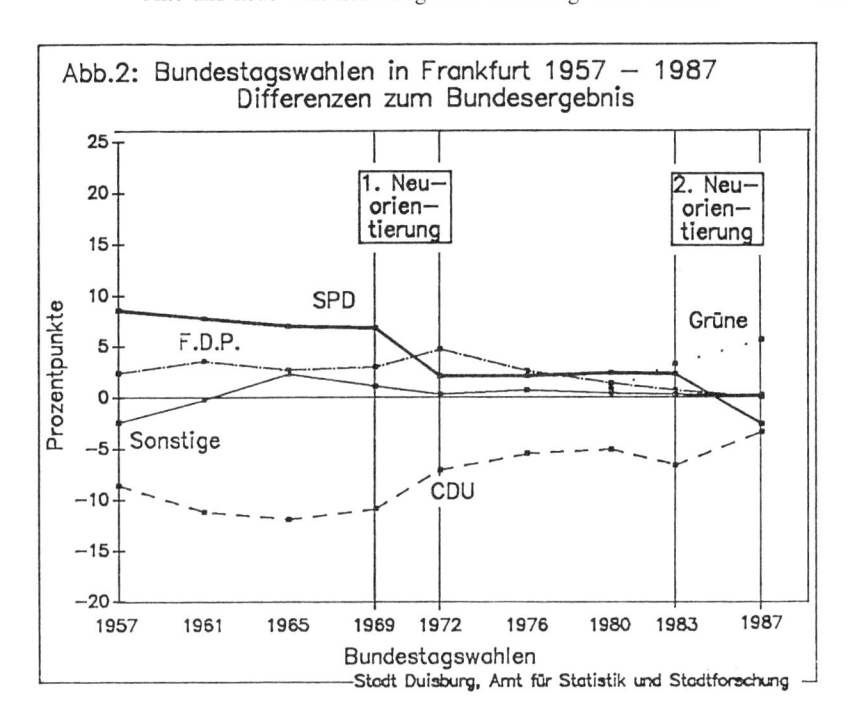

Abb.2: Bundestagswahlen in Frankfurt 1957 — 1987
Differenzen zum Bundesergebnis

[Figure: Liniendiagramm mit Prozentpunkten (-20 bis 25) über Bundestagswahlen 1957–1987, Linien für SPD, F.D.P., Sonstige, CDU, Grüne; markiert „1. Neuorientierung" (1969/72) und „2. Neuorientierung" (1983/87). Quelle: Stadt Duisburg, Amt für Statistik und Stadtforschung]

Auch in Duisburg treten die beiden Einschnitte 1969/72 und 1983/87 als entscheidende Markierungspunkte hervor, nun aber mit positivem Vorzeichen für die SPD und negativem für die CDU. Auch in Duisburg gilt, daß die Ergebnisse für SPD und CDU zwischen 1972 und 1983 im wesentlichen dem Bundestrend folgen. Im Unterschied zu Frankfurt verbessert die Duisburger SPD jedoch ihre Ergebnisse bis 1965 erheblich. Parallel hierzu schwächt sich die Position der CDU in Duisburg erheblich: Schnitt sie 1957 noch ebenso gut ab wie im Bundesgebiet, so liegt ihr Ergebnis 10 Jahre später rund 10 Prozentpunkte unter ihrem Anteil im Bund.

4. Frühe Abkopplung Duisburgs vom Bundestrend und die Neuformierung der Wählermärkte 1972 und 1987

Die überdurchschnittlichen Stimmengewinne der SPD zwischen 1957 und 1965 werden entscheidend bestimmt von der Schwächung des konservativ geprägten katholischen Arbeitermilieus und von der 1958 einsetzenden Krise des Ruhrkohlenbergbaus, die 1967 ihren Höhepunkt „mit den schwarzen Fahnen" an der Ruhr erreichte. Die Energieversorgungspolitik der Bundesrepublik unter Bundeskanzler Erhard mit ihrer marktwirtschaftlich orientierten Krisenstrategie, die den harten Widerstand der IG Bergbau hervorrief, wirkte sich zugunsten der SPD — als Oppositionspartei im Bund und in Nordrhein-

Westfalen — aus. Und nach Bildung der Großen Koalition wurde unter SPD-Wirtschaftsminister Karl Schiller und durch den Einsatz von Instrumenten der staatlichen Beschäftigungspolitik die Krise des Ruhrkohlenbergbaus erfolgreich bewältigt.

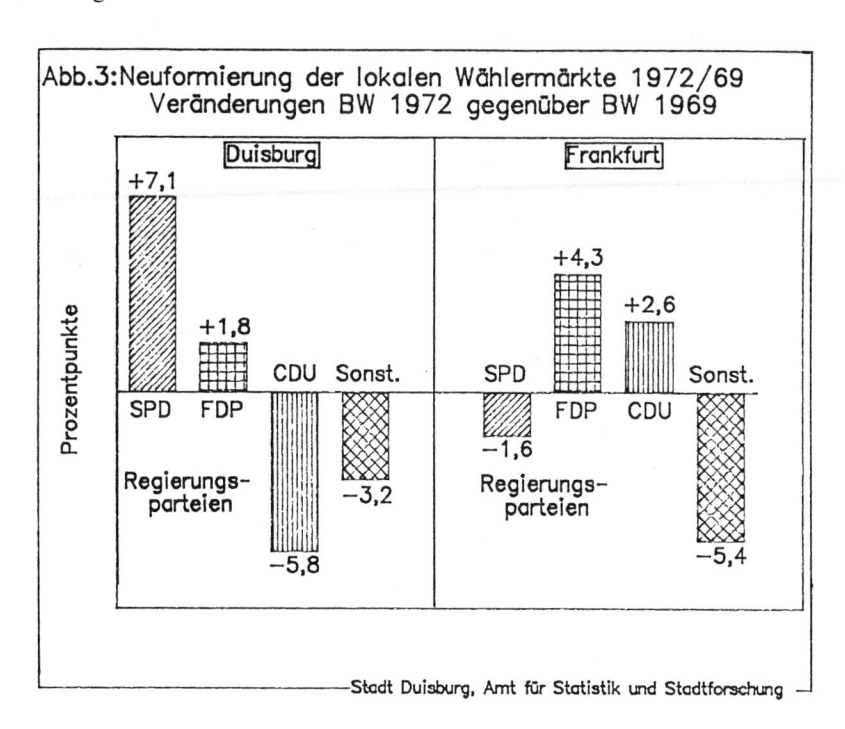

**Abb. 3: Neuformierung der lokalen Wählermärkte 1972/69
Veränderungen BW 1972 gegenüber BW 1969**

Duisburg: SPD +7,1; FDP +1,8; CDU −5,8; Sonst. −3,2; Regierungsparteien

Frankfurt: SPD +4,3; FDP +2,6; CDU −5,4; Sonst. −1,6; Regierungsparteien

Prozentpunkte

Stadt Duisburg, Amt für Statistik und Stadtforschung

Wie oben gezeigt, treten in den beiden Städten außerordentlich große Unterschiede zum Bundestrend bei der Bundestagswahl 1972 auf. In Duisburg legen die Regierungsparteien SPD und F.D.P. im Vergleich zur Wahl 1969 8,9 Prozentpunkte zu, in Frankfurt dagegen nur 2,7 Punkte (im Bund + 1,9) (Abb. 3). Der SPD-Anteil steigt in Duisburg von 56,8% auf 63,9%. In Frankfurt dagegen geht er von 49,5% auf 47,9% zurück.

Die Unterschiede in den beiden Städten bestätigen die Ergebnisse der Analyse von Kaase zur Bundestagswahl 1972: In Duisburg geht der Hauptwählerstrom von der CDU zur SPD. Den Sozialdemokraten gelingt der Einbruch in den bisher CDU wählenden Teil der Arbeiterschaft, insbesondere der ungelernten Arbeiter, die bislang gegen ihre „Klasseninteressen" votiert hatten: „Sicherlich haben die Arbeiter die Wahl von 1972 entschieden, die mit der SPD als Regierungspartei ihre ideologische Heimat endlich mit ihren manifesten Interessen in Übereinstimmung bringen konnten."[1]

---
[1] Max *Kaase:* Die Bundestagswahl 1972: Probleme und Analysen, in: PVS 14 (1973), S. 145-190.

Alte und neue Wachstumsregionen. Duisburg und Frankfurt 325

In Frankfurt profitiert die F.D.P. von sog. „Leihstimmen" von der SPD. Die SPD muß einen wesentlichen Rückschlag gerade im tertiären Sektor hinnehmen. Sie gibt wieder Stimmen von Angestellten und Beamten an die CDU ab. Der „Bürger Trend" von 1969 wird 1972 — so Kaase — wieder durch den „Genossen Trend" abgelöst.

Es ist rückblickend sehr schwer auszumachen, in welche Zeitspanne in Duisburg die Präferenzverschiebungen zugunsten der SPD fallen. Ein Indikator, der als Zeitreihe vorliegt und der Hinweise geben kann, ist die Zahl der Mitglieder je 1 000 Wahlberechtigte (Abb. 4). Der Organisationsgrad der SPD liegt im Duisburg der 50er Jahre weit unter den Vergleichswerten in Land und Bund. Mit dem Eintritt in die Große Koalition — die SPD wird erstmals Regierungspartei im Bund — setzt ein überdurchschnittlicher Aufstieg ein, der sich bis 1972 fortsetzt. Die Abkopplung vom Landes- und Bundestrend der SPD-Mitgliederentwicklung zwischen 1967 und 1972 wiederholt sich nach dem Bruch der sozialliberalen Koalition, in den Jahren 1983 bis 1986.

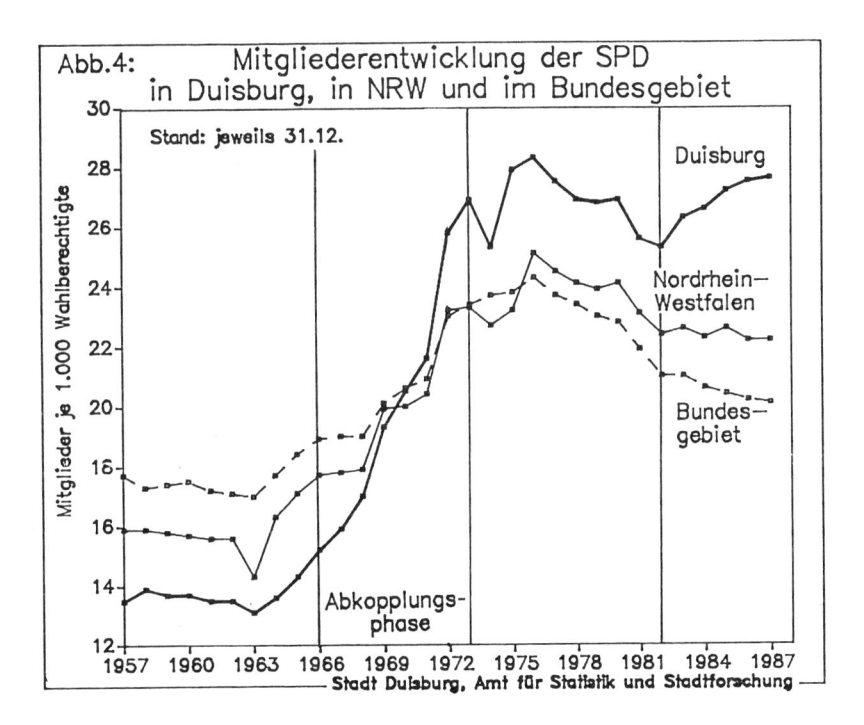

Abb. 4: Mitgliederentwicklung der SPD in Duisburg, in NRW und im Bundesgebiet

Auch im Wechsel 1983/1987 finden sich nach einer langen Phase, in der beide Städte dem Bundestrend folgen, wieder große Unterschiede im Wahlverhalten. In Duisburg verlieren die Bonner Regierungsparteien 4,8 Prozentpunkte, in Frankfurt legen sie um 0,1 Punkte zu (Bundesgebiet − 2,4). In Duisburg verliert die CDU wieder an die SPD, in Frankfurt scheint die dominante Wählerbewegung von der SPD zu den Grünen zu erfolgen (Abb. 5).

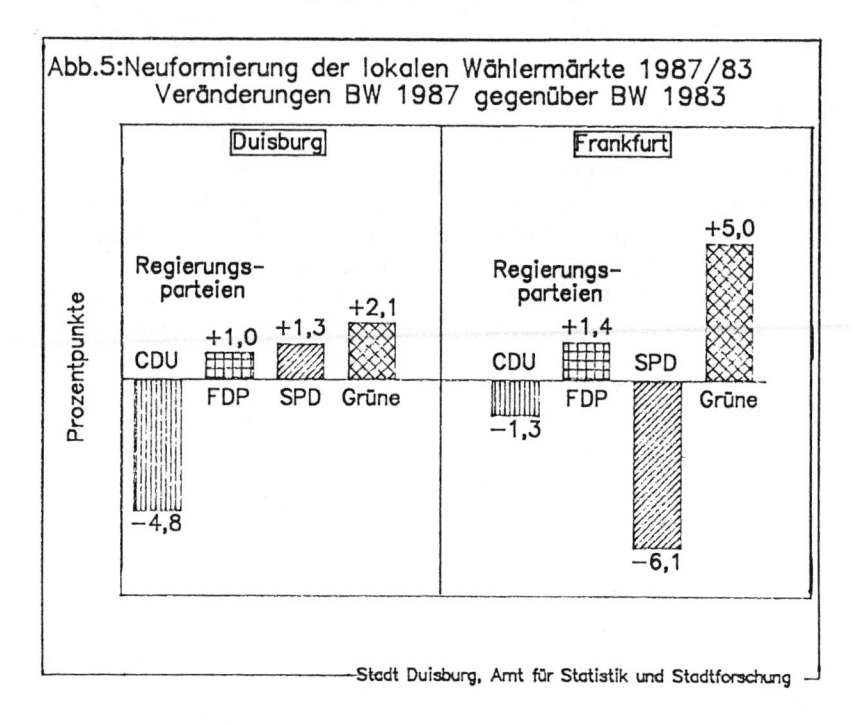

**Abb. 5: Neuformierung der lokalen Wählermärkte 1987/83
Veränderungen BW 1987 gegenüber BW 1983**

Duisburg: Regierungsparteien CDU +1,0; FDP −4,8; SPD +1,3; Grüne +2,1

Frankfurt: Regierungsparteien CDU +1,4; FDP −1,3; SPD −6,1; Grüne +5,0

Quelle: Stadt Duisburg, Amt für Statistik und Stadtforschung

Sowohl bei der Bundestagswahl 1987 — als auch bereits 1972 — kommt den kleineren Parteien damit in Frankfurt eine gewichtige Rolle zu. Dies zeigt sich auch sehr deutlich im Anteil der „gesplittet" abgegebenen Stimmen, z. B. den Differenzen zwischen Zweit- und Erststimmenanteilen (Abb. 6), die in Frankfurt für die F.D.P. 1972 und für die Grünen 1987 außerordentlich hoch ausfielen. Aber auch allgemeiner gilt, daß seit 1965 der Anteil der Frankfurter, die ihre Stimme „gesplittet" abgegeben haben, immer deutlich höher ist als in Duisburg, und dies mit stärker ansteigender Tendenz.

Zusammenfassend mag insbesondere auf dem Hintergrund der unterschiedlichen, ja gegenläufigen wirtschaftlichen Entwicklung der beiden Städte überraschen, daß die Wahlergebnisse über größere Zeitabschnitte hinweg im Bundestrend verlaufen: Die Analyse des Wahlverhaltens bei Bundestagswahlen hat gezeigt, daß — sieht man einmal von den Wahlen 1972 und 1987 ab — die Frankfurter Ergebnisse in den letzten 30 Jahren, das Duisburger Wahlverhalten seit 1965 den Wahltrends im Bund folgen. In Duisburg hatte zuvor die Kohlenkrise eine überdurchschnittliche Stärkung der SPD verursacht.

Entscheidend für die unterschiedliche Entwicklung der politischen Kräfteverhältnisse ist das Wahlverhalten bei den beiden Bundestagswahlen, die in gewissem zeitlichem Abstand den Regierungswechseln im Bund folgten: den

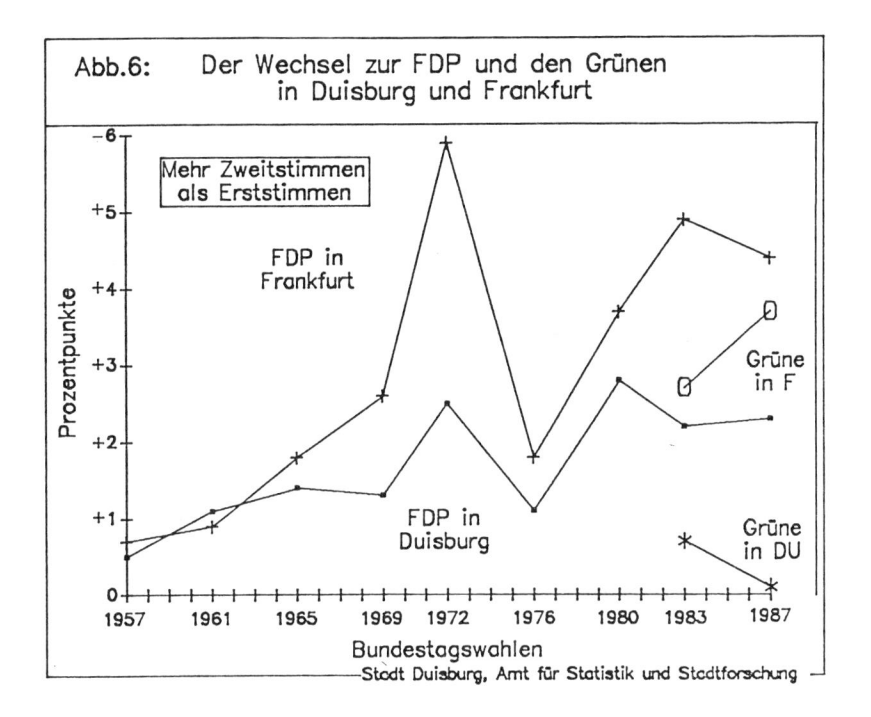

Abb. 6: Der Wechsel zur FDP und den Grünen in Duisburg und Frankfurt

Mehr Zweitstimmen als Erststimmen

FDP in Frankfurt
FDP in Duisburg
Grüne in F
Grüne in DU

Bundestagswahlen
Stadt Duisburg, Amt für Statistik und Stadtforschung

Wahlen der Jahre 1972 und 1987. Erst solche entscheidenden Zäsuren wie die Veränderungen der Bonner Regierungs-/Oppositions-Konstellation setzen Neuorientierungen der Wählerschaften frei, die im Vergleich Duisburg—Frankfurt so verschieden ausfallen, weil die lokalen Wählerstrukturen erhebliche Unterschiede aufweisen: So zeigen sich in Frankfurt eine stärkere Pluralisierung von Lebenslagen und Lebensstilen und höhere Anteile ungebundener Wähler, die ihre Stimme auch nach taktischen Gesichtspunkten und unter relativ kurzfristigen Interessenkalkülen und Politikbeurteilungen abgeben. Die Pluralisierung des Parteiensystems, die hohen Anteile bzw. Stimmengewinne der F.D.P. 1972 und der Grünen 1987 — aber auch bereits 1969 der NPD — sind Folge der größeren Differenzierung und Segmentierung des Frankfurter Wählermarktes.

In Duisburg hingegen ist der Pluralisierungstrend weniger stark fortgeschritten, die Anteile kleinerer Parteien deshalb geringer. Die SPD hat ihre Dominanz als Partei des erfolgreichen Krisenmanagements Ende der 60er Jahre gewonnen und während der Stahlkrise der letzten Jahre als Oppositionspartei im Bund festigen können. Die Neuformierung der Wählerschaften 1972 und 1987, bei der in Frankfurt der F.D.P. und den Grünen eine entscheidende Rolle zukam, findet in Duisburg direkter zwischen den beiden großen Parteien — SPD und CDU — statt.

5. Kommunalwahlen: Zur Mobilisierung von SPD- und CDU-Anhängern

Während als Erklärungsfaktoren für die Duisburger Wahlergebnisse bei Bundestagswahlen die Kohle- und Stahlkrise herangezogen worden ist, finden sich kaum Anzeichen dafür, daß sich die Krise der Modernisierungspolitik der SPD in Frankfurt in den 70er Jahren auf das Bundestagswahlverhalten — nun aber zuungunsten der SPD — ausgewirkt hat. Die Frankfurter SPD liegt bei allen Bundestagswahlen zwischen 1972 und 1983 konstant, mit 2,1 bis 2,4 Prozentpunkten, über dem Ergebnis der Bundespartei. So bleibt zu vermuten, daß sich die Akzeptanzkrise der SPD-Wachstumspolitik in Frankfurt bei den Kommunalwahlen niedergeschlagen hat. Und gerade die Wahlen zu den Stadträten in den 70er Jahren zeigen für Frankfurt dramatische Veränderungen: Bis zur Kommunalwahl 1972 erzielte die SPD einen Stimmenanteil von rund 50% (Ausnahmen 1956: 54,5% und 1964: 53,5%). Bei den Kommunalwahlen 1977 und 1981 dagegen fällt sie auf 39,9% und weiter auf 34,0% zurück. Die CDU legt zwischen 1968 und 1981 von 29,9% auf 54,2% zu.

In Duisburg dagegen — einmal abgesehen von 1961 (49,6%) — schwankt die Zustimmung für die SPD seit 1956 nahezu unverändert zwischen 55,1% und 59,9%, die Anteile der CDU zwischen 30,0% und 37,9%.

Erschwerend bei der Analyse von Kommunalwahlen ist die vergleichsweise geringe Wahlbeteiligung, die die einzelnen Parteien unterschiedlich treffen können, und für den Städtevergleich die verschiedenen Zeitpunkte der Wahlen mit möglicherweise stark abweichenden politischen Großwetterlagen. Im folgenden werden die Kommunalwahlergebnisse von SPD und CDU in Beziehung zu den „nächstgelegenen" Bundestagswahlen gesetzt. Die Stimmen bei der Bundestagswahl geben daher die Wählerpotentiale an, die bei hoher Wahlbeteiligung erzielt werden würden. Abweichungen sind dann auf Mobilisierungsdefizite zurückzuführen, ein sicherlich problematisches Verfahren, das aber die Grundzüge der Entwicklung in den vergangenen Jahrzehnten aufhellen kann.

Sowohl die Kommunalwahlergebnisse in Duisburg als auch in Frankfurt folgen der Regel der „Dialektik der Machtebenen", nach der die Bonner Kanzlerpartei bei Kommunalwahlen Stimmeneinbußen hinnehmen muß, weil sich gerade ihre Wähler der Stimme enthalten, während die Bonner Oppositionsparteien bessere Mobilisierungschancen haben. Dieser Einfluß der Regierungs-/Oppositions-Konstellation im Bund bringt bei kommunalen Wahlen im allgemeinen bis 1966 Vorteile für die SPD, zwischen 1969 und 1982 Vorteile für die CDU/CSU und danach wieder Vorteile für die SPD mit sich.

In Duisburg wirkt die „Dialektik der Machtebenen" bei jeder Kommunalwahl (Abb. 7), in Frankfurt mit nur zwei Ausnahmen (Abb. 8): Die Kommunalwahl 1972 fand einen Monat vor der Bundestagswahl in einer Phase starker bundespolitischer Mobilisierung statt, die es auch der SPD als Bonner

Alte und neue Wachstumsregionen. Duisburg und Frankfurt   329

Kanzlerpartei erlaubte, ihre Wähler an die Urne zu bringen. Und 1985 erhöht sich zwar die Mobilisierung der SPD-Anhängerschaft als Folge ihrer veränderten Rolle im Bund; sie wird aber entgegen der Regel von einer außerordentlich hohen CDU-Quote weit übertroffen, was auf die problematische Situation der Frankfurter SPD wie wohl auch auf Person und Politik des CDU-Oberbürgermeisters Wallmann zurückzuführen ist.

Im direkten Vergleich der beiden Städte fällt für die 70er Jahre nicht eine niedrige Mobilisierungsquote der Frankfurter SPD ins Auge — die Quoten der Duisburger Kommunalwahl von 1975 liegen nur so hoch, weil sie zusammen mit der Landtagswahl stattfand —, sondern die außerordentlich hohe Mobilisierung der CDU-Wähler.

Tabelle 4
Ergebnisse von Bundestags- und Kommunalwahlen 1956–1989 in Duisburg und Frankfurt für die großen Parteien in v. H. der Wahlberechtigten

Wahlart und Wahljahr	SPD				CDU			
	v. H. der Wahlberechtigten		Mobilisierungsquote KW		v. H. der Wahlberechtigten		Mobilisierungsquote KW	
	DU	F	DU	F	DU	F	DU	F
BW '57	34,0	34,3	.	.	42,9	35,4	.	.
KW '56	41,1	36,7	120,9	107,0	23,7	16,8	55,2	47,5
BW '61	40,3	37,4	.	.	34,2	29,0	.	.
KW '60/61	35,6	34,8	88,3	93,0	28,3	20,7	82,7	71,4
BW '65	45,3	38,0	.	.	31,9	29,3	.	.
KW '64	39,5	35,8	87,2	94,2	24,2	20,8	75,9	71,0
BW '69	47,9	41,4	.	.	29,5	29,5	.	.
KW '68/69	31,5	31,7	65,8	76,6	21,6	19,2	73,2	65,1
BW '72	58,1	42,8	.	.	26,5	33,8	.	.
KW '72	–	37,0	–	86,4	–	29,4	–	87,0
BW '76	55,8	39,8	.	.	28,1	38,4	.	.
KW '75/77	50,2	28,6	90,0	71,9	27,9	36,8	99,3	95,8
BW '80	53,3	39,0	.	.	24,9	34,0	.	.
KW '79/81	34,8	24,0	65,3	61,5	22,2	38,3	89,2	112,6
BW '83	50,8	35,2	.	.	29,3	36,6	.	.
KW '84/85	32,9	28,0	64,8	79,5	17,1	36,0	58,4	98,4
BW '87	49,5	27,8	.	.	24,0	33,0	.	.
KW '89	–	31,0	–	111,5	–	28,3	–	85,8

Abb.7: Mobilisierungsquoten der SPD und CDU bei Kommunalwahlen 1956 – 1984 in Duisburg

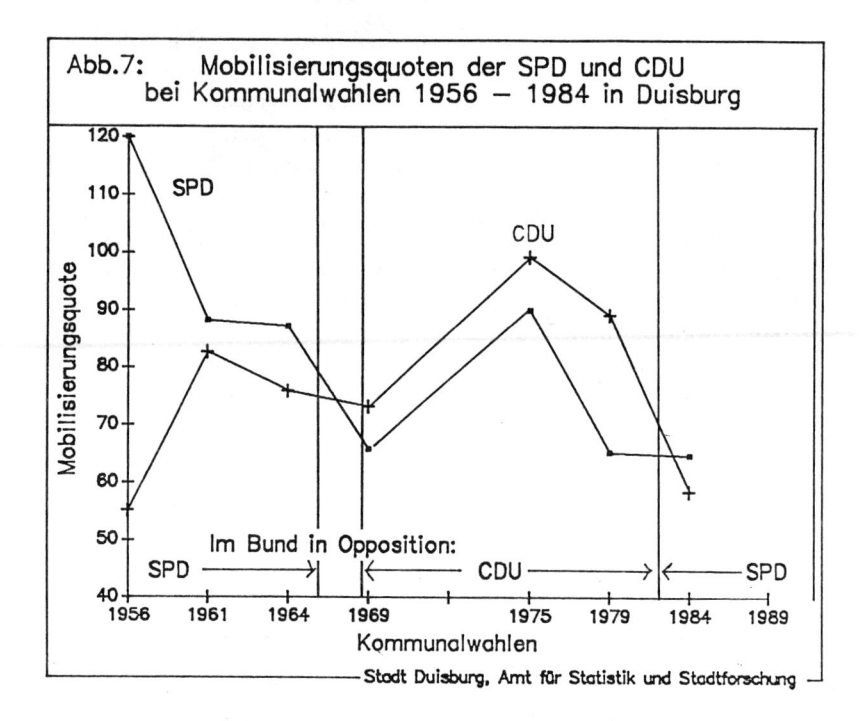

— Stadt Duisburg, Amt für Statistik und Stadtforschung

Abb.8: Mobilisierungsquoten der SPD und CDU bei Kommunalwahlen 1956 – 1989 in Frankfurt

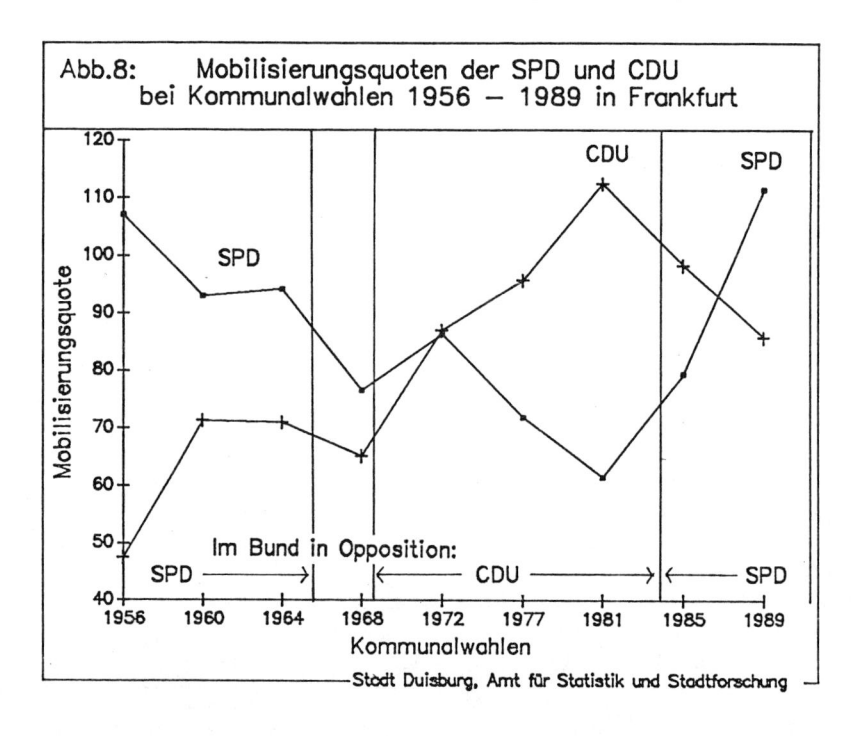

— Stadt Duisburg, Amt für Statistik und Stadtforschung

6. Schlußbemerkungen

Die Ergebnisse der Hessischen Kommunalwahlen von 1989 sind ein weiterer Beleg für die verstärkten gesellschaftlichen Segmentationsprozesse in der Frankfurter Wählerschaft und den daraus folgenden Differenzierungsprozessen des Parteiensystems. Fast jede 4. Stimme fällt auf die kleineren Parteien: 10,1% auf die Grünen, 6,6% auf die NDP, 4,9% auf die F.D.P. und weitere 1,9% auf sonstige Parteien. Sieht man von dem Umstand ab, daß nun erstmals die CDU von den Differenzierungsprozessen der Frankfurter Wählerschaft betroffen ist, so vollzieht sich die Stärkung der kleinen Parteien auf einen ansonsten gewohnten Hintergrund: Die „Dialektik der Machtebenen" begünstigt nun wieder die SPD mit einer außerordentlich hohen Mobilisierung und erschwert der CDU gute Ergebnisse (vgl. Abb. 8).

Die erheblichen Unterschiede im Ausmaß der Pluralisierung von Lebenslagen und Lebensstilen in den beiden untersuchten städtischen Elektoraten haben in den vergangenen dreißig Jahren die stark abweichenden Entwicklungen der Kräfteverhältnisse der politischen Parteien entscheidend mitbestimmt. Dabei folgt das Wahlverhalten bei Bundestagswahlen in Duisburg und Frankfurt über lange Phasen dem Bundestrend. Erst entscheidende Zäsuren, wie die veränderten Bonner Regierungs- und Oppositionskonstellationen, so 1972 und 1987, führen bei den Wählern zu neuen Orientierungen, die dann aber aufgrund der Verschiedenheit der Zusammensetzung der Bürgerschaften unterschiedlich ausfallen.

Die Analyse der Wahlergebnisse bestätigen darüber hinaus die eingangs formulierten Vermutungen, daß sich insbesondere die Krisen des Ruhrkohlenbergbaus der 60er Jahre zugunsten der SPD im Ruhrgebiet, also auch in Duisburg ausgewirkt haben. Die lokale Akzeptanzkrise der sozialdemokratischen Modernisierungspolitik in Frankfurt führt hingegen bei den Bundestagswahlen zwischen 1972 und 1983 zu keiner vom Bundestrend abweichenden negativen Sonderentwicklung. Sie schlägt sich aber sehr wohl in den kommunalen Wahlergebnissen der Jahre 1977 und 1981 nieder. Als entscheidend für die Wahlniederlagen der SPD stellen sich aber nicht besondere Mobilisierungsdefizite der eigenen Anhänger heraus, sondern die außerordentlichen Mobilisierungserfolge der CDU.

Eine Stadt — viele Welten:
Urbane Probleme im Brennspiegel der Frankfurter Kommunalwahl vom 12. 3. 1989

Von *Eike Hennig* und *Manfred Kieserling*

Anthony Downs wendet den Begriff der „rationalen" Wahl nur auf die Mittel, nicht aber zugleich auf die Ziele an.[1] „Rational" wählt demzufolge derjenige, der unter Abwägung konkurrierender Parteien für ein Maximum an Ertrag ein Minimum an Mitteln einsetzt. Ferner bindet Downs seinen Rationalitätsbegriff an eine zukunftssichere „voraussagbare Sozialordnung" bzw. an ein längerfristige Kalkulationen erlaubendes „Ordnungsfundament" (das nicht demokratisch sein muß).

Anknüpfend an diese Position ist 1989 bezüglich der Wahl einer kleinen Rechtspartei zu fragen: Welcher Aufwand ist geringer, was kostet weniger als in freier und geheimer Wahl eine Partei zu wählen, die gegenwärtig allgemeine Aufmerksamkeit verspricht und im „agenda setting" weit vorn liegt? (Zumal der diese Kostenabwägung konterkarierende Slogan: „Wer rechtsradikal wählt, wird links regiert" oder die Mahnung: „Mit seiner Stimme spielt man nicht" erst *nach* den Wahlen von Berlin und Frankfurt im Mai 1989 zur Europawahl von der CDU propagiert worden sind.)

1. Die Aufmerksamkeitsperspektive

Am Beispiel der Frankfurter Kommunalwahl vom März 1989 soll gezeigt werden, wie die am primären Ziel maximaler Aufmerksamkeit orientierte Wahlentscheidung der NPD-Wähler, d.h. der „underdogs" aller Stadtteile, das Konzept politischer Rationalität weit nach „rechts" öffnet. Die These lautet:

---

[1] Anthony *Downs:* Ökonomische Theorie der Demokratie, Tübingen 1968, hier bes. S. 11, 48f.; vgl. auch Hans-Dieter *Klingemann:* Der vorsichtig abwägende Wähler, in: ders., Max Kaase (Hrsg.): Wahlen und politischer Prozeß, Opladen 1986, S. 385-426, bes. S. 387ff., 402ff. Allerdings berücksichtigt *Klingemann,* der sich auf die Bundestagswahl 1983 bezieht, Downs' Einschränkung einer auf die Mittel bezogenen politischen Rationalität nicht.

Wenn eine kalkulierbare und im Rahmen des bestehenden politischen Systems und Parteienspektrums realisierbar gedachte Zukunftsperspektive entfällt,

wenn zusätzlich die Selbsteinschätzung nicht selbstverschuldeter, aber unzureichender Qualifikation, Teilhabe an und Repräsentation in der Entwicklung im Dienstleistungszentrum mit seinen Lebens-, Kultur- und Konsumstilen vorherrscht,

wenn sich zudem der Eindruck „ungerechtfertigter" Isolierung angesichts des demonstrativen Reichtums im City-Kern und in „yuppifizierten" Teilen der „neuen Mittelschichten" verdichtet,

wenn sich die Nicht-Trendsetter der Unter- und „alten Mittelschichten" von „allen" politischen Parteien und Eliten weitgehend „abgehängt" und vernachlässigt fühlen,

wenn also die „output"-fixierte und moralische Wahrnehmungsperspektive systemischen politischen Handelns vom demokratischen System und Parteienspektrum abgekoppelt wird,

dann kann — *im Zusammenhang aller Dimensionen in einem Deutungsmuster* — für die im Sinne der *Relativität* sozialer Ungleichheit „unterprivilegierten" und *relativ* deprivierten Schichten die Wahl einer „rechten" Partei außerhalb des etablierten Parteiensystems „rational" erscheinen.

Wesentliche Voraussetzungen dieser Wahlmöglichkeiten sind,

daß im Elektorat längerfristig schon auf der Ebene von Einstellungen (gewissermaßen in Habt-Acht-Stellung und im Wartestand) entsprechende nationalistische, autoritär-dezisionistische, antiliberale und fremdenfeindliche Einstellungen kollektiv ausgebildet sind (in Form nicht-nationalsozialistischer „Brücken nach rechts"[2]),

daß ein Generationenwechsel und parallel ein geschichtspolitischer Wechsel der Legitimation der neokonservativen Regierungsmacht durch Betonung „nationaler Konturen" (A. Dregger) die Enttabuisierung des traditionellen Nicht-Nationalsozialismus und der „Gemeinschaft der Demokraten" erleichtert[3],

---

[2] Vgl. nur die SINUS-Studie: 5 Millionen Deutsche: „Wir sollten wieder einen Führer haben...", Reinbek b. Hamburg 1981; wie umstritten diese Studie ist, so zeigt sie doch (im Kontext weiterer Untersuchungen, insbes. zur Jugendsoziologie), daß das „rechte" Meinungsspektrum seit längerem erheblich größer ist, als die Zahl organisierter Rechtsextremisten. Die jüngsten Wahlerfolge kleiner Rechtsparteien zeigen somit auf, daß sich Tabus abgeschliffen haben, daß eine Erosion der Ausgrenzung rechten Verhaltens stattgefunden hat. Vgl. dazu als Überblick über die unterschiedlichen Studien Eike *Hennig:* Expressive kulturelle und politische Jugendstile in der Bundesrepublik, in: HiMoN-DB (Universität/Gesamthochschule Siegen) 114/88, bes. S. 18ff.

[3] Dazu Eike *Hennig:* Zum Historikerstreit, Frankfurt 1988; ders.: Die „nationale Identität" einer „Versöhnungsgesellschaft"?, in: Die Neue Gesellschaft/Frankfurter Hefte 35 (1988), S. 682-686.

daß allgemeine, ebenfalls schon längerfristig wirkende Änderungen im Parteiensystem und im Wahlverhalten wahlpolitische „Experimente" und unkonventionelles Verhalten sichtlich begünstigen, weil sich die Räume des Möglichen vergrößern, so daß es auch für rechte Kleinpartien (zumal wenn sie einmal die 5%-Hürde übersprungen haben) leichter wird, gewählt zu werden und dann im Schlepptau eines ersten Erfolges (und heftiger Systemreaktionen) weitere Erfolge zu kumulieren.

Es sind also *vielschichtige* allgemeine und besondere Gründe, die die Wahl kleiner Rechtsparteien begünstigen. Im Rahmen sehr allgemeiner Trends wie der abnehmenden Parteiloyalität und -identifikation (vor allem in den „Hochburgen"), der zunehmenden Wechselwählerbereitschaft und wachsenden „Rechts"-„links"-Polarisierung bzw. der schrumpfenden „Mitte", insbesondere in der experimentierfreudigen Zeit zwischen zwei Bundestagswahlen und angesichts einer „Dialektik der Machtebenen"[4] bildet sich ein besonderes „Kleinklima" heraus, in dem sich rechte Meinungen dann auch als Wahlentscheidung manifestieren. Dieses Meinungsklima ist, wie Berlin und Frankfurt zeigen, besonders in den Randzonen von Großstädten beheimatet, es entzieht sich aber allen ökonomistischen und linearen Erklärungen, weil es gleichzeitig zu weit und zu homogen über alle Viertel der Stadt streut. Offensichtlich vollzieht sich eine Synchronisierung und Parallelschaltung unterschiedlicher Delegitimationsprozesse und antiemanzipativer Deutungen, die sich in der Schnittmenge der Wahl einer rechten Kleinpartei manifestieren. — Nach der Landtagswahl vom 20. 3. 1988 in Baden-Württemberg deutet die Europawahl vom 18. 6. 1989 (mit den bayerischen und baden-württembergischen Ergebnissen) darauf hin, daß dieser Sammlungsprozeß nunmehr auch ländliche Bereiche erreicht hat, und zugleich nochmals die Berlin-Frankfurter-Erfolgslinie(n) der kleinen Rechtspartei bestä-

---

[4] Zur „Dialektik der Machtebenen" und zum Timing zwischen den Bundestagswahlen vgl. Reiner H. *Dinkel:* Landtagswahlen unter dem Einfluß der Bundespolitik: Die Erfahrung der letzten Legislaturperioden, in: Jürgen W. Falter u. a. (Hrsg.): Wahlen und politische Einstellungen in der Bundesrepublik Deutschland, Frankfurt/Bern/New York/Paris 1989, S. 253-262, bes. S. 261.; Konrad *Schacht:* Wahlentscheidung im Dienstleistungszentrum. Analysen zur Frankfurter Kommunalwahl vom 22. März 1981, Opladen 1986, bes. S. 127 ff., 136 ff.

Zu den „globalen" Änderungstendenzen im Wahlverhalten und Parteiensystem vgl. z. B. Hans-Joachim *Veen:* Die Wähler sind wählerischer geworden, in: FAZ Nr. 240 v. 14. 10. 1988, S. 7; Dieter *Oberndörfer,* Gerd *Mielke:* Die Mitte schrumpft, die Extreme festigen sich, in: FAZ Nr. 70 v. 23. 3. 1989, S. 14/15; Forschungsgruppe Wahlen e. V.: Die Konsolidierung der Wende. Eine Analyse der Bundestagswahl 1987, in: Zeitschrift für Parlamentsfragen 18 (1987), S. 253-284, bes. S. 283f.; überdeutlich bestimmen diese Entwicklungen die „lower stimulus"-Wahlen, vgl. dazu Max *Kaase,* Wolfgang G. *Gibowski:* Die Landtagswahlen 1987/88, in: Aus Politik und Zeitgeschichte B 30-31/88, S. 3-18; Hans-Jürgen *Hoffmann,* Jürgen *Krautwig:* Die Landtagswahlen 1987/88 in der Bundesrepublik Deutschland: Kontinuität der Trends, in: Journal für Sozialforschung 2 (1988), S. 193-215.

Zur Analyse u.a. der Parteipotentiale in Hessen vgl. auch Peter *Gluchowski:* Im Wechselbad der Wählermeinung. Die CDU Hessen in der Landtagswahl 1983, in: Werner Wolf (Hrsg.): CDU Hessen 1945-1985, Köln 1986, S. 99-122.

tigt. Ferner zeigt die Europawahl — wie schon die hessischen Kreistagswahlen vom 12. 3. 1988 (z. B. im Wetteraukreis) —, daß in der Konkurrenz von DVU (NPD) und „Republikanern" die neuere, öffentlich schwächer stigmatisierte und traditionsbelastete Partei mit betont „nationalkonservativem" Zuschnitt obsiegt.

Frankfurt als Fallbeispiel:

Das wesentlichste Ergebnis der Frankfurter Kommunalwahl vom 12. 3. 1989 ist, daß 20 574 Wähler (6,6% der gültigen Stimmen und 4,99% der Wahlberechtigten) die NPD — d.h. keine der neuen und unbeschriebenen Rechtsparteien (wie DVU, „Republikaner"), sondern eine mehrheitlich seit langem als „rechtsextrem" eingestufte Partei gewählt haben.

Die Deutung dieses Wahlergebnisses wird im Folgenden in drei Schritten vorgenommen:

(1) Einleitend wird darauf hingewiesen, daß die himmelstürmenden, kulturstiftenden und politisch-symbolischen Seiten Frankfurts in so grellem Licht stehen, daß demgegenüber die „Dialektik der Moderne" mit ihren Schattenseiten kaum wahrgenommen und — wenn überhaupt — zumeist nur von oben als ein verteilungspolitisches Problem gehandhabt wird. Die FAZ bezieht dies nur auf die SPD und redet von der „Wiederkehr einer mütterlich-administrativen Versorgungspolitik" seitens „der guten ‚Tante' SPD".[5]

(2) Am Beispiel der Strategiediskussion der Frankfurter SPD in den Jahren 1986/87 wird die Weichenstellung der „neuen SPD" mit ihrer vordringlichen „Konzentration auf die Dienstleistungszentren" skizziert.[6] Die Faszination des Symbols Frankfurt als „Metropole" und als Leitmarke auch bundespolitisch interpretierter Wahltrends verdrängt damit auch die radikale Analyse seitens der rot-grünen Kritiker der neokonservativen Stadtherrschaft seit 1977. Der rechts eingefärbte illiberale und antiemanzipative Kollektivismus[7] wird übersehen bzw. (von der SPD) nur als Mobilisierungsproblem (als Pflege traditioneller Wählerschaften) angesehen. Während die „Grünen" in den entsprechenden Problembereichen sowieso kaum präsent sind, fehlt auch in der SPD der Begriff dafür, daß diese Konfliktlinien von „rechts" her politisierbar sind. Der Grund dafür sind die verkürzten Frankfurt-Analysen, die ihren Ausdruck bis in die „Regierungserklärung" des am 15. 6. 1989 gewählten sozialdemokratischen Oberbürgermeisters Volker Hauff und (vor allem) bis in das Koalitionspapier von SPD und „Grünen" vom 7. 4. 1989 finden.

---

[5] Mathias *Schreiber:* Nach dem Traum vom Turm die Rückkehr zur Idylle?, in: FAZ Nr. 57 v. 8. 3. 1989, S. 38.

[6] Martin *Wentz:* Eine neue SPD?, in: Richard Meng (Hrsg.): Modell Rot-Grün?, Hamburg 1987, S. 149-171, hier bes. S. 167ff.

[7] Vgl. die Analyse der NPD-Erfolge 1968, besonders auch unter Jungarbeitern in Frankfurt, durch Ursula *Jaerisch:* Sind Arbeiter autoritär? Frankfurt/Köln 1985, bes. S. 82ff., 104ff., 128f.

(3) Die anschließende (vorrangig als Aggregatanalyse der sozialräumlichen Wählerschwerpunkte mit ihren durchschnittlichen Zusammenhängen vorgetragene) Wahlbetrachtung geht davon aus, daß eine *Mischung* von bundesweiten Entwicklungen nach der Berliner Wahl vom Januar 1989 und von Franfurter Spezifika (wie: „fehlerhafte" Wahlkampfthemen seitens der CDU, die die Mitläufereffekte und das „agenda setting" zugunsten der NPD beeinflussen, und Persönlichkeitseffekte der Spitzenkandidaten Brück und Hauff sowie des Symbolkandidaten und Brück-„Übervaters" Wallmann) den Wahlausgang so bestimmen, daß der NPD die Politikdefizite des Parteienspektrums in Form von 20 Tausend Wählerstimmen in den Schoß fallen.

Der (abgeleitete) Wahlerfolg der NPD bestimmt somit die Aufmerksamkeitshaltung dieser Betrachtung der Stadtverordnetenwahl vom März 1989, die zunächst mit der vorangegangenen Kommunalwahl vom März 1985 verglichen wird. Angesichts einer um 4,7 Prozentpunkte gestiegenen Wahlbeteiligung[8] (von 77,2%), die deutlich über allen hessischen kreisfreien Städten liegt (ohne Frankfurt liegt der Durchschnitt bei 71,8%), eines Einbruchs der CDU um 13 Prozentpunkte, eines „Trostpreises" für die SPD (+ 1,5 Punkte) und der Kleingewinne für die „Grünen" (+ 2,1 Punkte) und die F.D.P. (+ 2,3 Punkte) ist der Wahlerfolg der NPD *das* herausragende Charakteristikum dieser Wahl.

Die SPD öffnet sich in Frankfurt zwar seit 1986/87 für „neue Themen" postmaterialistischen Zuschnitts, bleibt mit 40,1% aber „weit entfernt" von der Mehrheit (was 1987 der Frankfurter SPD-Vorsitzende Martin Wentz schon ahnt). Ohne die „Grünen" (10,1%) *und* ohne den vielfältig bedingten CDU-Aderlaß (der zu *einem* Teil Grund des NPD-Erfolges ist und jedenfalls nicht mehr zu analogen F.D.P.-Zugewinnen führt) wäre es 1989 nicht zur rot-grünen Machtaufteilung gekommen. Die Stagnation der SPD spielt deshalb ebenfalls eine wichtige Rolle, wenn die März-Wahl 1989 analysiert wird.

Über erste Auszählungen der Bevölkerung und Arbeitsstätten[9] ist die Volkszählung von 1987 in Frankfurt noch nicht hinausgelangt. Vorab sind uns (zum 2. 6. 1989) auf Stadtbezirksebene die Ergebnisse der Betriebszählung mitgeteilt worden, so daß diese Ergebnisse in die Analyse der „Hochburgen" einbezogen werden konnten. Selbst diese makrostrukturellen Kategorien, z. B. der Statusbeschreibung und Berufsposition sind aber gerade zur Analyse der „diffus" verteilten NPD-Stimmen wahlsoziologisch unzureichend, weil ihre mikrostrukturelle Vertiefung etwa bezüglich der Art des Berufes und der Arbeitsstätte, der Qualifikation, Sozialkontakte, Krisenerfahrungen usw. unbe-

---

[8] Während die Wahlbetrachtung, wenn nichts anderes angegeben wird, alle Prozentangaben auf die Wahlberechtigten bezieht, um auch die Nichtwähler-Gruppen zu erfassen, werden hier die Ergebnisse der letzten Kommunalwahl vom 10. 3. 1985 in Prozent der gültigen Stimmen als ein erstes Vergleichsmaß herangezogen.

[9] Vgl. die Berichte über erste Ergebnisse der Volkszählung 1987 im Vergleich mit derjenigen von 1970: Frankfurter Statistische Berichte (FSB) 4/88, S. 86f., 89ff., 99ff.; als Zwischenschritt vgl. auch FSB Sonderh. 34/79 zur Darstellung der Arbeitsstättenzählung zum 25. 10. 1977.

kannt ist.[10] Die politisch-soziologische Analyse der Wahl*entscheidung* kann deshalb nur „grob" durchgeführt werden, da auch die Vorwahluntersuchung der Forschungsgruppe Wahlen nur „übliche" Fragen der Zuordnung zu Themen, Parteien und Kandidaten enthält, worin sich die besondere NPD-Motivation andeutungsweise spiegelt.

Auch in dieser Wahlbetrachtung verschwindet also das tatsächliche Subjekt, der Wähler, so daß weitgehend nur von Beeinflussungsstrategien, d. h. von der Plattform und den Wahlstrategien der Parteien, und von der sozialräumlichen Verteilung des Elektorats die Rede sein wird. (Es ist ein Manko der Rechtsextremismusforschung, daß sich diese weitgehend auf die Untersuchung neonazistischer und informell-rechtsorientierter Jugendgruppen beschränkt.)

2. Die einen stehen im Lichte...

Wenn vor dem 12. 3. 1989 von Frankfurt die Rede gewesen ist, so stehen zwei Seiten (einer Medaille) im Licht und beanspruchen bis zum Realo-Flügel der „Grünen" die Aufmerksamkeit: Die Rede ist von hoch entwickelten Produktionsdiensten im „Dienstleistungszentrum" Frankfurt, von neokonservativer Kultur-/Symbolpolitik und von alternativen Lebensstilen. Bezugspunkt sind die in Frankfurt seit 1977 besonders gepflegten Ausdrucksformen wie (Re)-Produktionsstile der „neuen Mittelschichten"[11], die strukturell die SPD benachteiligen und bis zu 40 Prozent aus politisch ungebundenen Wähler bestehen (sollen).[12]

Frankfurt: „Deutschlands Finanzmagnet" (H. Börner 1986) oder „Unser Frankfurt, eine Stadt fürs Leben" mit „Wohlstand für alle" (CDU-Wahlanzeige vom Februar 1989), diese Stadt verkörpert die Segnungen technologieintensiver Dienstleistungen im Verbund mit neokonservativen Regierbarkeitsappellen. Seit 1977, seit dem sich schon 1974 ankündigenden Wahlerfolg der CDU (mit 51,3% der gültigen Stimmen gegenüber nur 39,9% für die SPD bzw. mit einem absoluten Stimmenvorsprung von 35 Tausend bzw. 8% der Wahlberechtigten)[13]

---

[10] Thomas *von Winter:* Politische Orientierungen und Sozialstruktur, Frankfurt/New York 1987, S. 228f.; als Beispiel vgl. z. B. Analyse von Defiziten der „Mobilisierung der modernen Arbeitnehmer" durch die SPD: Ursula *Feist,* Hubert *Krieger:* Alte und neue Scheidelinien des politischen Verhaltens, in: Aus Politik und Zeitgeschichte B 12/87, S. 33-47; vgl. auch die an Marktforschungs-Typologien angelehnte Analyse von Peter *Gluchowski:* Lebensstile und Wandel der Wählerschaft in der Bundesrepublik Deutschland, in: Aus Politik und Zeitgeschichte B 12/87, S. 18-32.

[11] Einen Überblick zur Ausdifferenzierung dieser Sammelkategorie gibt bes. Heinz Ulrich *Brinkmann:* Wahlverhalten der „neuen Mittelschicht" in der Bundesrepublik Deutschland, in: Aus Politik und Zeitgeschichte B 30-31/1988, S. 19-32.

[12] *Schacht:* Wahlentscheidung (Anm. 4), S. 123, 167; im März-Wahlkampf 1989 teilt Volker *Hauff* offensichtlich diese Ansicht (Der Spiegel 43/1989, S. 75), der selbst Joschka *Fischer* zuneigt (Der Spiegel 42/1988, S. 34).

[13] Zu den Frankfurter Wahlergebnissen (1946-1983, 1985) vgl. *Schacht:* Wahlentscheidung (Anm. 4), S. 177, 217ff. sowie den Beitrag von Wolfgang *Bick* und Konrad *Schacht* in diesem Band. Zum Städtevergleich: Politische Wahlen in 65 Großstädten und in

gilt die politische Zerfallszeit als überwunden. Zwerenz' Bilder der Unbewohnbarkeit und Fassbinders Polemik gegen die Müll-Stadt werden durch den Aufschwung der CDU-regierten „menschlichen Stadt" entwertet.

Die Relation von 558 852 Beschäftigten auf 618 266 Einwohner (laut Volkszählung zum 25. 5. 1987) wird als Zeichen der Prosperität herausgestellt, ebenso wie die fast 50% Ein-Personen-Haushalte und die 48% Erwerbstätigen unter den Einwohnern, von denen fast 70% (zumeist als Angestellte) im tertiären Sektor beschäftigt sind mit besonderem Zuwachs in den Wirtschaftsabteilungen Banken, Versicherungen, Nachrichtenübermittlung und Dienstleistungen (ohne Handel).[14] Neokonservative Kultur-/Symbolpolitik ist bestrebt, für den Wirtschaftsaufschwung einen angemessenen sozialkulturellen Rahmen — eben die „Stadt fürs Leben" — bereitzustellen. So referiert die Frankfurter „Zeitung für Deutschland" gern solche Studien[15], die versichern, Frankfurt sei besser als sein Ruf (als „Mainhattan" oder „Krankfurt"), und die CDU unterstreicht 1989, Frankfurt habe „seinen guten alten Namen zurückgewonnen"[16], sei wieder „Heimat" geworden.

Kulturveranstaltungen und alternative Lebens- wie Konsumstile liefern das gewünschte „menschliche Gesicht", bestimmen mit dem „urbanen Flair" der „Freßgasse" und der multikulturellen Farbigkeit in Bockenheim und dem Nordend jene umsatzfördernde „fun morality", von der die Industrie- und Handelskammer schwärmt.[17] Die öffentlich akzeptierten[18] „high-culture"-

---

Bundesländern 1949-1987, Duisburg 1987, S. 45, 109f.; Wolfgang *Bick* (Hrsg.): Kommunale Wahlstatistiken nach Alter und Geschlecht. Bundestagswahl 1983 und 1987, Duisburg 1987, S. 29ff., 54, 96f.

Zur ausführlichen Information über die letzten Wahlen zum Bundestag (25. 1. 1987), Landtag (5. 4. 1987) und zur Stadtverordnetenversammlung (12. 3. 1989) sei auf die unverzichtbaren Dokumentationen des Frankfurter Amts für Statistik, Wahlen und Einwohnerwesen hingewiesen; Frau *Schröpfer* und Herrn *Grochocki* sei für ihre Hilfsbereitschaft besonders gedankt. Vgl. bes.: Frankfurter Statistische Berichte (FSB); Sonderh. 48/88, Sonderh. 49/88; vgl. auch die als Wahlatlas zusammengestellten Strukturdaten: FSB Sonderh. 44/85, Sonderh. 50/89. Zur wichtigen Wendewahl vom 20. 3. 1977 vgl. FSB, Sonderh. 33/78.

Zur Analyse vgl. Forschungsgruppe Wahlen e. V.: Wahl in Hessen. Eine Analyse der Landtagswahl am 5. April 1987, Mannheim 1987; Rüdiger *Schmitt:* Die hessische Landtagswahl vom 5. April 1987: SPD in der „Modernisierungskrise", in: ZParl 18 (1987), S. 343-361.

[14] Vgl. Frankfurter Statistische Berichte (Anm. 9).

[15] Z. B.: FAZ Nr. 301 v. 27. 12. 1988, S. 22 („Die Stadt Frankfurt hält im internationalen Wettbewerb mit"); FAZ Nr. 82 v. 8. 4. 1989, S. 10 („Die attraktivste Stadt soll Frankfurt sein").

[16] CDU-Wahlanzeige in Form eines handschriftlichen Briefes „Ihr(es) Walter Wallmann": FAZ Nr. 58 v. 9. 3. 1987, S. 50.

[17] Vgl. FAZ Nr. 142 v. 22. 6. 1988, S. 37; FR Nr. 143 v. 23. 6. 1988, S. 13. Bei einem Bundesdurchschnitt von 100 beträgt der Kaufkraftindex Frankfurts 117,9 und ist damit deutlich niedriger als im Umland des Hoch- (129,6) und Main-Taunuskreises (123,0) bzw. in Offenbach-Land (121,3). Dort sind z. T. Konkurrenzgebiete des „trading up" entstanden, die spürbar Kaufkraft aus Frankfurt abziehen.

Offerten von Alter Oper, Schirn und dem Museumsufer, der Erlebniskonsum im postmodernen Architekturumfeld, die fortschreitende Tertiarisierung und die weitgehend entpolitisiert bewegungsverklärte Exotik alternativer Lebensstile bilden zusammengenommen die „Zuckerseite" der „Großstadt mit Lebensform" (W. Wallmann), verheißen dem Metropolenpublikum somit das Zusammenfallen von Leistung, Erfolg und Ansehen, von Arbeit, Erlebnis und Schauspiel. Tertiarisierung und „Pluralisierung" der Lebens- wie Konsumstile bestimmen das dominante Frankfurt-Bild[19], ergibt doch gerade ihre Mischung den richtigen „policy mix"[20] für die Akzeptanz von Leistung, Arbeitsproduktivität und Rentabilität gerade auch in „High-value-Unternehmen."[21]

Während solche Seiten im Licht stehen, werden die Kehr- bzw. Schattenseiten des Agglomerationsraumes in Form einer ausgeprägten sozioökonomischen Polarisierung und eines fortschreitenden Infrastruktur- und Wohlstandsgefälles zwischen Kernstadt und Umland einerseits sowie Vorstadtquartieren und verslumenden Siedlungen andererseits entweder vollständig übersehen oder lediglich traditionell wohlfahrtsstaatlich und autoritär-gouvernemental zuteilungspolitisch oder auch mokant-alternativ angesprochen.[22] Es mangelt an ‚Gespür' dafür, daß die im Schatten der „neuen Mittelschichten", der großen Kultur und der städtischen Prestigeverschuldung anwachsende Isolierung und die Nicht-Partizipation (hier im Sinn der Wahlenthaltung) einen *politischen*

---

[18] Schirn und Museumszeile haben 1988 rund 1,3 Millionen Besucher; das Historische-, Senckenberg- und Post-Museum sowie das Goethe-Haus (traditionelle Museen) zählen weitere 590 Tsd. (FSB 4/88, S. 74f.) — Jeder Frankfurter — einschließlich der 23,3% Ausländer — könnte also 1988 im Durchschnitt 3mal ein Museum besuchen.

[19] Übernommen wird dieses Bild von sich betont fachkompetent gebenden Sozialdemokraten bis hin zu den neokonservativen Versöhnungsgesellschaftern des „high tech"-Wachstums. Vgl. Ulrich *Steger:* Zukunft statt Wende. Wirtschaftspolitik für Hessen, Bonn 1986, bes. S. 17ff., 166; Lothar *Späth:* Wende in die Zukunft, Reinbek b. Hamburg 1985. — Dazu Eike *Hennig:* „Versöhnungsgesellschaft". Sozialvisionen des Neokonservatismus, in: Wieland Eschenhagen (Hrsg.): Die neue deutsche Ideologie, Darmstadt 1988, S. 163-181.

[20] *Steger:* Zukunft statt Wende (Anm. 19), S. 25, 149f., 163ff.; dazu Peter *Bartelheimer:* Unheimlich modern. Modernisierungskonsens und grüne Defizite, in: Blätter für deutsche und internationale Politik 34 (1989), S. 433-445, bes. S. 440.

[21] *Steger:* Zukunft statt Wende (Anm. 19), S. 91.

[22] Vgl. *Schacht:* Wahlentscheidung (Anm. 4), S. 168 mit Angaben zur „ ‚Tiefenstruktur' des politischen Prozesses", die die Arbeit selbst jedoch nicht auslotet. Zur erwähnten Aufmerksamkeitshaltung vgl. z. B. Winfried *Hamman:* Skyline und Til Schulz, Frankfurt — eine Metropole?, in: NG/FH 33 (1986), S. 1086-1090, 1090-1094; Rainer *Kreuzer:* Frankfurter Fassade: Spiegelglatt, in: taz v. 16. 6. 1989, S. 12; nach den 1989er Wahlen vgl. Klaus *Naumann* in: Blätter für deutsche und internationale Politik 34 (1989), S. 391-393, bes. S. 393. Die Position einer kritisch-CDU-nahen Betrachtung wird nicht aufgegeben, vgl. dazu Günter *Mick:* Von der unregierbaren Stadt zu einem blühenden Gemeinwesen, in: FAZ Nr. 115 v. 20. 5. 1989, S. 45, der letzte Absatz handelt von „ ‚gewisse(n) Ängste(n)' der Bürger" und davon, daß die CDU die „Kehrseiten ihrer Politik" inzwischen erkannt habe.

Ausdruck finden *kann*.²³ Es fehlen somit empirische Untersuchungen zu dem Fragenkomplex, unter welchen Bedingungen (der politischen wie ökonomischen „Objektivität", Perzeption, Deutung und des organisatorischen, personellen wie stilistischen Politikangebots) ein Umschlag privatistischer Unmutsäußerungen in das kollektive Verhalten z. B. einer Wahlentscheidung stattfinden kann.

Wenn überhaupt von sozialem Problemdruck oder Modernisierungsopfern die Rede ist (vor dem Berliner Wahlerfolg der „Republikaner" am 29. 1. 1989 ist dies selten genug der Fall), dann wird die Wiederholung von Konflikten der 70er Jahre beschworen (nach den von Zwerenz/Fassbinder beschriebenen Stichworten: Raumbedarf der expandierenden Dienstleistungsindustrien — Wohnraumentfremdung — Profitinteresse/Spekulation/Korruption — „Häuserkampf" — „Unregierbarkeit"). Allweihnachtlich weist ferner die „Frankfurter Rundschau" karitativ auf schlimmes Leid von Alten, Kranken, Schwachen und Einsamen hin, was ebenfalls nichts an der privatistisch-entpolitisierten Aufmerksamkeitshaltung ändert.

Als Preis für Wohlstand und Wachstum werden — mit Blick auf die „outcasts" der 4000 „Penner" und „Schnorrer" — ein „breiter Bodensatz" und eine „dumpfe Szene" mit „dumpfen Ressentiments" angeführt. Auch die „neue Armut" wird somit aus der Perspektive der Lichtseite gesehen; diejenigen, die am Rand des Wohlstands auf der Zeil oder in der B-Ebene betteln oder die Abfalleimer durchstöbern, geraten ins Blickfeld. Diese „alten" Armutsgruppen und -formen fallen zwar aus dem breiten Lichtkegel heraus, unter dem Stichwort wiederhergestellter „Regierbarkeit" wird für diese nicht (mehr) leistungsfähigen Bürger wenig getan, aber ihr Zusammentreffen mit der „Boutiquen-Bourgeoisie" und einer „Yuppifizierung" der Politik²⁴ ist nichts als ein Appell an Mildtätigkeit.

Die breite Gesellschaftlichkeit der Polarisierung und Segmentierung, d. h. der Fremdheit und Ausgrenzung vom metropolen Trend, die schon die Innenstadtperipherie — 5 km entfernt vom City-Kern — des Gallusviertels und des Randes der Riederwaldsiedlung, mehr aber noch die 10 km entfernt liegenden Vorortquartiere in Bonames, Nied und Sossenheim bestimmt, artikuliert sich nicht (bis zum 12. 3. 1989), diese unspektakuläre relative Tristesse hat keinen Aufmerksamkeits- und Bilderwert, wird also übersehen. Erste Hinweise der 1979/80 durchgeführten Sinus-Studie „Rechtsextreme politische Einstellungen in der

---

²³ Zum Begriff der Isolierung vgl. bes. Seymour Martin *Lipset:* Working class Authoritarianism, in: ders.: Political Man, Garden City 1963, S. 87-126, bes. S. 101 ff.; ferner: *Jaerisch:* Sind Arbeiter autoritär? (Anm. 7), bes. S. 34 ff., 101 f.; Eike *Hennig:* Alte Linke und Neue Rechte oder: Wer organisiert die Systemunzufriedenheit? in: Gewerkschaftliche Monatshefte 39 (1988), S. 630-644, bes. S. 640 ff.

²⁴ Diese Ausdrücke verwendet Joachim *Hirsch:* Es bröckelt nicht mehr nur am Rand, in: links 227, März 1989, S. 19 f.

Bundesrepublik Deutschland"[25] auf die Überrepräsentanz rechtsextremer Einstellungspotentiale in Hessen (und Bayern) und in den Randzonen von Großstädten werden nicht verfolgt. — Diese Studie ist vom Bundeskanzleramt in Auftrag gegeben worden, im Oktober 1980 wird der Abschlußbericht vorgelegt, am 4. 10. 1982 endet die Kanzlerschaft H. Schmidts, und die „Wende" soll beginnen. 1983 erteilt Bundesinnenminister F. Zimmermann den Auftrag für eine Gegenstudie an das Allensbacher Institut für Demoskopie, die — gestützt auf Befragungen vom März/April 1984 — im September 1984 vorgestellt wird und alle Verweise der Sinus-Studie auf sozialräumliche Problemfehler und ein bedrohliches rechtes Extremismuspotential zurückweist.[26] Also: kein Problem.

Im Zentrum der Kritik und Essayistik stehen die „Risikogesellschaft", „eine Art Schadensabwicklung" und „die Neue Unübersichtlichkeit", also die „Trendwenden des Zeitgeistes" (J. Habermas). An die Stelle der Kategorien politischer Macht und ökonomischer Herrschaft tritt als Ausdruck des kritischen Teils der „neuen Mittelschichten" der Kampf um kulturelle Hegemonie. Damit wird die der Dialektik Frankfurts entsprechende radikale Sichtweise aufgegeben, denn der Streit um die Kultur akzeptiert die neokonservative Themensetzung und findet als Streit um Definitionen und um politische Kultur statt (weitgehend jenseits der traditionellen materialistischen Konflikte in der politischen Ökonomie und mit wenig Sinn für die *relative* Deprivation an der Peripherie der Wachstumszentren).

Sozialräumlich bezogen auf Frankfurt bewegt sich die dominante Kritik in der Spannweite des Museumsufers oder (konkret) der bewegungsromantischen und multikulturellen Ausgestaltung von Straßenvierteln im Universitätsviertel (Bockenheim), im Nordend und in Sachsenhausen. Die Kritik kreist somit um den Zustand der sozialräumlichen Schwerpunkte der „Grünen", der Rest-F.D.P., der von der „neuen SPD" angesprochenen Teile der „neuen Mittelschichten" und der postmaterialistisch orientierten Teile der CDU-Wählerschaft.

In diesen Bezirken — vor allem in Bockenheim und im Nordend — feiert man z. B. den „Sieg" im „Historikerstreit"[27] und taucht ab in eine „skeptische, aber nicht-defätistische Aufklärung", „ermutigt" durch „die Tatsache..., daß sich in den Auseinandersetzungen der politischen Öffentlichkeit, ... angetrieben von

---

[25] 5 Millionen Deutsche (Anm. 2), S. 88, 117f. Die Studie zeigt vor allem aber auch, daß dieses rechte Meinungspotential weitgehend im Parteienspektrum CDU/CSU und SPD verbleibt (S. 128ff.). Dazu auch *Jaerisch* (Anm. 7), S. 93.

[26] Elisabeth *Noelle-Neumann,* Erp *Ring:* Das Extremismus-Potential unter jungen Leuten in der Bundesrepublik Deutschland (Hrsg.: Der Bundesminister des Innern), Bonn 1985, S. 52ff., 119f.

[27] Vgl. Hans-Ulrich *Wehler:* Entsorgung der deztschen Vergangenheit? München 1988, bes. S. 11, 197ff.; dagegen die „Noten zur Stornierung des ‚Historikerstreits'", in: Hennig: Historikerstreit (Anm. 3), S. 124ff.

den sozialen Bewegungen, die kulturellen Orientierungen der breiten Bevölkerung neu formieren."[28] Solche Fiktionen einer Mittelschichten-Autonomie und Unterwanderung verdoppeln schlicht abstrakt die Nichtberücksichtigung der Einwohner im Schatten der „Metropole". So wie diese „Unterprivilegierten" und Isolierten — 1989 dann die Wähler der NPD — in den Wähler-Hochburgen der „Grünen", der F.D.P. und der — laut Volker Hauff — „anständigen" CDU-Teile (etwa in Dornbusch, Sachsenhausen-Süd und in dem erst 1972 eingemeindeten Quasi-Umland von Kalbach und Nieder-Erlenbach) nicht zu Hause sind, so werden sie vom urban orientierten „rot-grünen" Projekt „politische Kultur gegen symbolische Politik" zwar nicht ausgegrenzt, aber doch vergessen und von oben verplant (Wohnungsbau als „oberste Priorität").

Die Lichtseiten sind eben nahezu allgewaltig, bis ihre Schatten im März 1989 die ebenfalls spektakuläre Form der Wahl einer allgemein stigmatisierten Partei mit tabuisierter rechter Botschaft annehmen und für überholt geltende Konfliktfelder und Themen besetzen — Themen, teils konkretistischer Art wie die Wohnungsnot, teils qualitativer Art wie die Abgrenzung gegenüber Fremden und eine populistisch vorgetragene Frage nach sozialer Gerechtigkeit und politischer Moral, die in konkretistischer Verkürzung vom politischen System eilfertig apportiert werden und — nach dem Berliner Wahlerfolg der „Republikaner" — den Frankfurter Wahlkampf bestimmen.

Einerseits ist das „Bündnis der demokratischen, ökologischen und sozialen Erneuerung"[29], das SPD und „Grüne" schließen, in der Lage, den Zwiespalt von Frankfurt als „europäische und internationale Finanzmetropole *und* als Raum für „dramatische soziale Probleme, wie wachsende Armut von Teilen der Bevölkerung, Wohnungsnot und Umweltzerstörung" zu benennen. Ziel der neuen Politik ist somit die Herstellung von Gleichzeitigkeit insbesondere in den Bereichen Tradition, Moderne und Zukunft, Wirtschaftskraft und soziale, kulturelle und ökologische Anforderungen der „Bürger", ist der Ausgleich zwischen den Realitäten einer „zunehmend multikulturellen Gesellschaft" und den „Geboten der Humanität".

Andererseits verschwimmt die angestrebte Auflösung dieser Dialektik bislang hinter einer Summe von Beschwörungsformeln. Negiert wird, daß die Probleme durch die Wahl der NPD zum *Politikum* geworden sind. Weiterhin dominiert die Haltung der karitativen und persönlichen Fürsorge, des allseits möglichen Ausgleichs und guten Willens:

„Frankfurt soll eine europäische Metropole, eine europäische Heimatstadt werden." — „Frankfurt war, ist und bleibt eine republikanische Stadt! ...

---

[28] Jürgen *Habermas:* Die neue Intimität zwischen Politik und Kultur, in: Jörn Rüsen u.a. (Hrsg.): Die Zukunft der Aufklärung, Frankfurt 1988, S. 59-68, hier bes. S. 67.
[29] So die Präambel des Frankfurter Koalitionspapiers von SPD und „Grünen": FAZ Nr. 82 v. 8. 4. 1989, S. 50; FR Nr. 82 v. 8. 4. 1989, S. 15; die folgenden Zitate entstammen ebenfalls diesem Dokument. Das Spektrum kritischer Stellungnahmen veranschaulichen: FAZ Nr. 86 v. 13. 4. 1989, S. 27, und Gerhard *Armanski,* in: links 229, Mai 1989, S. 10/11.

Freiheit bleibt eine Aufgabe der Tat in Frankfurt, nicht nur im Bequemen, sondern ... auch im Unbequemen. Daran mögen wir uns erinnern, wenn wir uns die Schattenseiten in dieser reichen Metropole bewußt machen, wenn wir die Freiheit derer bedenken, die schwach sind. Es zählt zu den Widersprüchen unserer Zeit, daß gerade in dieser reichen Stadt auch Not und Elend zur täglichen Erfahrung gehören..."[30]

Auch Opposition und Erneuerung sind letztlich dem Glanz der „europäischen" und „großartigen Metropole" verfallen.

Eine politische und politisch-ökonomische Analyse urbaner Problemzonen und der kontextuell zugehörigen politisch-kulturellen kollektiven Deutungsmuster der Isolierung und relativen Deprivation ist notwendig, damit nicht (was im Frankfurter Koalitionspapier von SPD und „Grünen" geschieht[31]) beide Perspektiven und filigranen Miniaturen wahllos vermischt werden. Einzelpunkte, wie den Flohmarkt zu „befreien", der Schutz von Streuobstwiesen, Kröten und einer 1 km langen Hecke stehen neben strategischen Zielen, wie der „Arrondierung von Ortsteilen im äußeren Stadtbereich" oder der Erstellung „ökologischer Stadtteilrahmenpläne"; alles geht in einer 53 Seiten umfassenden, breiten Sammlung dilatorischer Formelkompromisse unter.

Sogar nach der Märzwahl wird der Aufbruch vom strahlenden Schein geblendet und verbleibt bei der anmaßenden Attitüde bzw. nicht-einlösbaren Versprechung der „Regierbarkeit" und eines Pathos, das „glorreiche Zeiten" von 1918/19 und 1968 beschwört, aber von heutigen Realitäten weit entfernt ist:

„Die internationale europäische und multikulturelle Metropole Frankfurt, Ort einer liberalen bürgerlichen Tradition, Heimstatt einer traditionsreichen Arbeiter- und Gewerkschaftsbewegung und Zentrum einer intellektuellen Avantgarde, wagt heute einen neuen Weg in die Zukunft, der lebendige Traditionen und die Moderne miteinander verbindet. In diesem Geist werden wir die Stadt Frankfurt zukünftig weiterentwickeln."

3. ... und die anderen sieht man kaum

Mit Hilfe eines korrelationsanalytisch vorgestellten ökologischen Längsschnitts hat Konrad Schacht dargestellt, daß der für Frankfurts Wirtschafts- und Sozialstruktur prägende Tertiarisierungsprozeß insbesondere die Stammwählerschaft der SPD, die Arbeiterschaft, reduziert.

Von 1970 auf 1987 nimmt der Arbeiteranteil unter den Erwerbstätigen von 36 auf 31,9% ab; im Vergleich zur Abnahme aller Erwerbstätigen um 16,5 Prozentpunkte nimmt die Arbeiterzahl von 1970 bis 1987 überdurchschnittlich

---

[30] Antrittsrede des neugewählten Frankfurter OB Volker *Hauff* (SPD): FR Nr. 137 v. 16./17. 6. 1989, S. 16, das folgende Zitat entstammt ebenfalls dieser Regierungserklärung.

[31] Zum folgenden die Berichte, auf die in Anm. 29 verwiesen wird.

um 26 ab. Der Beschäftigtenanteil in der Industrie (d.h. hauptsächlich Betriebe der Chemie- und Elektroindustrie und, besonders abnehmend, des Maschinenbaus) geht kontinuierlich von 28% (1961) über 25% (1970) auf 21% (1977) zurück, 1987 zählt das verarbeitende Gewerbe noch 18,5% der Beschäftigten. 1987 sind weniger als ein Drittel der Beschäftigten im sekundären und mehr als drei Viertel im tertiären Bereich beschäftigt.

Diese Tertiarisierung trifft, so Schacht[32], die SPD, insofern ihre klassische Wählerbasis abnimmt, und sie sich „den" Angestellten als einer „neuen" Wählergruppe zuzuwenden hat.

Frankfurt insgesamt wird als „Dienstleistungsstadt" (K. Schacht) angesehen. Nach den Niederlagen in den Stadtverordnetenwahlen 1977, 1981 und 1985 will die SPD den „neuen Typ von Bürger" gewinnen, sich der „Sprache der Symbole" zuwenden und so den Wandel der „traditionellen Milieus" nachvollziehen. Parallel zur Praxis einer „Wirtschaftspolitik für den Dienstleistungssektor"[33] (mit Nischen für alternative Projekte) auf Landesebene tastet, so Martin Wentz, sich die SPD 1986/87 voran, mit dem Ziel, „Wahlen zu gewinnen", und über „die neuen, ungebundenen Schichten ... ihre Mehrheitsfähigkeit" zurückzugewinnen, wobei sie gleichzeitig doch „dieselbe" bleiben soll.[34] Dieser Versuch der Quadratur des politischen Zirkels eröffnet den Spagat einer von den Zielgruppen her zerbrechenden „Volkspartei".

Zwischen „Traditionalisten" und „Modernisierern" wird in der Frankfurter SPD heftig gestritten, wobei sich die analytisch am elaboriertesten von Konrad Schacht vertretene Position samt den von Martin Wentz daran geknüpften politischen Konsequenzen durchsetzt.[35] Vom Ergebnis und der Mehrheitsposi-

---

[32] *Schacht:* Wahlentscheidung (Anm. 4), bes. S. 103; vgl. aber auch *Feist/Krieger* (Anm. 10). Als Zusammenfassung und Reprint der anregenden Studie von *Schacht* vgl. den Aufsatz „Politischer Wandel in einer Dienstleistungsstadt" in: Verband Deutscher Städtestatistiker, Ausschuß Wahlforschung: Beiträge zur kommunalen Wahlforschung, Arbeitsh. 5, Duisburg 1985, S. 77 ff.

[33] *Steger:* Zukunft statt Wende (Anm. 19), S. 85 ff.; *Wentz:* Eine neue SPD? (Anm. 6), S. 168 ff.

[34] *Wentz:* Eine neue SPD? (Anm. 6), S. 150, 151, 167, 169 f. — Interessant wäre es, diese Position mit der Sozialstruktur der Frankfurter SPD zu verbinden. Von 1965 bis 1986 verliert die SPD 6000 von 14000 Mitgliedern (FR Nr. 100 v. 30. 4. 1986, S. 9). Gerd *Mielke* („Die Arbeitermasse als SPD-Basis ist Nostalgie", in: FR Nr. 82 v. 7. 4. 1987, S. 9) führt die Krise der SPD in Großstädten auf innerparteiliche Entwicklungen zurück, auf den Konflikt zwischen der Hauptgruppe der Mitglieder (und Wähler) unter unteren und mittleren Beamten und Arbeitern und der „neue(n) Führungselite des akademisierten Mittelstandes".

[35] Neben *Schacht:* Wahlentscheidung (Anm. 4), und *Wentz:* Eine neue SPD? (Anm. 6) vgl. Martin *Wentz:* „Es wäre ein Fehler, der alten Arbeiterpartei hinterherzulaufen". Am Beispiel Frankfurt: Der soziale Wandel der Gesellschaft und die Auswirkungen auf die Politik der SPD, in: FR Nr. 245 v. 22. 10. 1986, S. 16; Heiner Halberstadt, Bernd *Hausmann:* Im Dienstleistungszentrum „stabil" gewählt, in: FR Nr. 92 v. 21. 4. 1987,

tion her rückt das Wählerpotential der „politisch Ungebundenen" ins Aufmerksamkeitszentrum. Mit CDU und F.D.P. konkurriert die SPD um „die Wechselwähler"[36]; gleichzeitig aber sind „die Interessen aller Arbeitnehmerschichten und ihrer Familien — der traditionsbewußten wie der ungebundenen — zu artikulieren" und „also die Spaltung der Arbeitnehmerschaft in Gewinner und Opfer der Krise und des technischen Wandels nicht nachzuvollziehen."[37] Diese Kompromißstruktur unterstreicht — bereits im Vorfeld des Wahlkampfes 1989 — ein unter Volker Hauffs Vorsitz überarbeitetes SPD-Grundsatzpapier, dessen „Ja zur Leistungsgesellschaft" entsprechend um die Merkposten „soziale Verantwortung, soziale Geborgenheit und Chancengleichheit" erweitert wird.[38] Wahlpolitische Zielgruppen- und Personality-Überlegungen setzen sich (ganz im Sinne Schachts[39]) in der Frankfurter SPD durch und bereiten damit letztlich

---

S. 16; Martin *Wentz:* „Die Sozialdemokratie vermittelt heute keine Visionen mehr". Sozialer Wandel, angebundene Mittelschichten und künftige Mehrheitsfähigkeit, in: FR Nr. 195 v. 25. 8. 1987, S. 12. Zusammenfassend vgl. die Extrakte in: links 206, Mai 1987, S. 15-19, mit einem Kommentar von Joachim *Hirsch:* Auf der Suche nach der verlorenen Zielgruppe, S. 14.

Diese „Frankfurter Diskussion" verdiente eine eigene Analyse, denn sie ist von paradigmatischer Bedeutung für reformistische Politik und für die innerparteiliche Demokratie (vgl. *Mielke,* Anm. 34). Entsprechend weit ist sie (phänomenologisch) auch rezipiert worden, vgl. z. B.: Der Spiegel 6/1987, S. 35 ff.; ebd. 16/1987 (Titelstory); ebd. 25/1987, S. 37.

[36] *Schacht:* Wahlentscheidung (Anm. 4), S. 125 f., 213 ff.; die entsprechende IPOS-Studie zieht auch *Wentz* (Anm. 35) heran, der ferner auf *Schacht* verweist. Vgl. auch die Wählertypologie, die *Gluchowski* (Adenauer-Stiftung) vorschlägt (Anm. 10), oder die von SINUS vorgenommene Ausdifferenzierung der Wähler nach Sozialmilieus (Spiegel 6/1987, S. 39). Dazu Astrid *Hölscher:* Fahrstuhleffekt und neue Beweglichkeit, in: FR Nr. 255 v. 3. 11. 1987, S. 10, die solche Diskussionen und Strategien auch mit Ulrich *Becks* „Risikogesellschaft" verbindet.

[37] *Wentz:* Eine neue SPD? (Anm. 6), S. 170.

[38] Vgl. FR Nr. 280 v. 3. 12. 1987, S. 10, und Nr. 10 v. 13. 1. 1988, S. 12; FAZ Nr. 212 v. 12. 9. 1988, S. 3. — Im Sinne *Mielkes* (Anm. 34) bricht die „Frankfurter Diskussion" *nach* dem der SPD zugespielten Wahlerfolg vom März 1989 im Juli 1989 anläßlich des SPD-Parteitages wieder auf, vgl. FR Nr. 150 v. 3. 7. 1989, S. 11 f.; FAZ Nr. 150 v. 3. 7. 1989, S. 29 f.

[39] Vgl. *Schacht:* Wahlentscheidung (Anm. 4), S. 176, 179, wo der CDU-Kommunalwahlsieg 1985 mit den „taktisch und kritisch wählenden Bürgern aus der Mittelschicht" und durch die „persönliche Reputation" Wallmanns erklärt wird, zur Wirkung *Wallmanns* vgl. auch S. 142 ff., 154 f., 159; auch Erich *Helmensdorfer:* Bürgerwille und Kommunalpolitik. Das Beispiel Frankfurt, in: Werner Wolf (Hrsg.): CDU Hessen 1945-1985, Köln 1986, S. 123-136 lobt W. Wallmann als „Persönlichkeit mit Führungsqualitäten" (S. 136). Elisabeth *Noelle-Neumann* (FAZ Nr. 84 v. 9. 4. 1987, S. 12) erklärt den Landtagswahlsieg der CDU vom 5. 4. 1987 als den Sieg der „Popularität" *Wallmanns* gegen das „langsam feindseliger werdende Meinungsklima." — Zentral wird denn auch der 1989er Mißerfolg der CDU dem Oberbürgermeisterkandidaten Brück (dem Wallmann aber engagiert an der Seite gestanden hat) angelastet. Vgl. bereits FAZ Nr. 212 v. 12. 9. 1988, S. 3; *Mick:* Von der unregierbaren Stadt zu einem blühenden Gemeinwesen (Anm. 22); Gunter *Hoffmann:* Vor dem Ende einer Ära, in: Die Zeit Nr. 11 v. 10. 3. 1989, S. 2; Der Spiegel Nr. 10 v. 6. 3. 1989, S. 72-80; Hans-Helmut *Kohl:* Der Kampf um „die Stadt", in: FR Nr. 50 v. 28. 2. 1989, S. 3.

auch die angesprochenen dilatorischen Kompromisse und Perspektivdefizite des rot-grünen Koalitionspapieres vom April 1989 vor.

Begünstigt wird dies dadurch, daß die innerparteilichen Kritiker des Mittelschichtenkurses, Heiner Halberstadt und Bernd Hausmann, ebenfalls keinen Begriff der „Dialektik der Moderne" und eine angemessene gesellschaftspolitisch-konzeptionelle Strategie entwickeln. Abgesehen von ihrer völlig haltlosen Betrachtung eines linken und rechten Wählerblocks in Frankfurt (wobei die Rechte von der F.D.P. über die CDU bis zur NPD, die Linke von der SPD über die DKP bis zu den „Grünen" reicht und so jeweils alle Differenzen verwischt), wird der vorherrschenden Fiktion der „neuen Mittelschichten" und der Symbolpolitik lediglich der Ökonomismus der „bad jobs" gegenübergestellt. Zwar wird hinter dem „glitzernden Luxus" die „soziale Realität" von Alten, Ausländern, Kindern und Arbeitslosen gesehen, aber Halberstadt und Hausmann koppeln ihren Begriff des sozialen Wandels von den Änderungen der Lebensstile und Deutungsmuster ab. Z. B. weisen die Autoren in ihrer Kritik am Wentz-Papier daraufhin, die Beschäftigten der „mittleren beruflichen Qualifikationsebene", also die Sachbearbeiter, Sekretärinnen und Facharbeiter, würden „keine Pullover von Lacoste, sondern von C&A" tragen. Es wird aber nicht erwähnt, daß — um im Bild zu bleiben — diese Pullover wie die der bekannten Marken aussehen sollen.

Mit ihrer ökonomistischen Verkürzung entfalten Halberstadt und Hausmann ihr Projekt „Bekämpfung der herrschenden Ideologie durch Aufklärung" nur zur Hälfte. Sie treffen sich durchaus mit einigen Ausführungen des Koalitionspapieres oder auch von Wentz, da diese Positionen ja die „Vielfalt der SPD-Welten" (M. Wentz) nicht von sich weisen. Gerade diese „traditionalistische" Kritik bereitet das Konfliktthema und die Konfliktarena so vor, daß Volker Hauff als Integrationsfigur und als unersetzlicher Kandidat bestärkt wird.

Die ökonomistische Kritik trifft sich — bei allen Akzentdifferenzen — mit der Mehrheitslinie im Plädoyer für sozialstaatliche Politik. Beiden Ansätzen fehlt aber eine ausgearbeitete Dimension der sozialräumlichen Kritik der strukturellen Unterschiede zwischen der Glorie des City-Kerns im Vergleich zum Grau der Randquartiere. Wenn die „urbane Lebensform", die Stadt mit „Gesicht" (W. Wallmann) überhaupt angezweifelt wird, dann erfolgt dies mit Blick auf deren Verschuldung, nicht aber auf sozialräumliche Disparitäten und Ungleichzeitigkeiten.[40]

Die Aufspaltung der Stadt in ihrer ambivalenten Einheit entzieht sich gleichermaßen der Mittelschichten- und Symbolorientierung der „Modernisten" wie dem Ökonomismus der „Traditionalisten". Bestenfalls kommt es im Kontext sozialstaatlicher Fürsorge zur mehrfach schon erwähnten Gleichbe-

---

[40] Typisch für diese Glorifizierung sind die Berichte von *Helmensdorfer* (Anm. 39, S. 134ff.), *Mick* (Anm. 22) und *Schreiber* (Anm. 5); vgl. auch die Leitartikel von Hugo *Müller-Vogg:* Probefall Frankfurt, in: FAZ Nr. 51 v. 1. 3. 1989, S. 1; Fritz Ullrich *Fack:* Gleiche Lebensverhältnisse?, in: FAZ Nr. 137 v. 15. 6. 1988, S. 1.

handlung von Licht und Schatten, wobei letzterer aus Sicht der „Frankfurter Wende" mit der Alten Oper als Symbol (E. Helmensdorfer) wahrgenommen wird. Selbst Schachts ökologischer Längsschnitt bezeichnet nur das Problem[41], ohne daraus einen anderen Schluß als den zur Kompensation der modernisierungsbedingten SPD-Benachteiligung zu ziehen.

Eine generelle „Wachstumsdynamik" wird dem Rhein-Main-Gebiet insgesamt zugeschrieben (beispielsweise vom hessischen Wirtschaftsminister Steger), bzw. Frankfurt wird insgesamt (beispielsweise von Schacht) als ein Dienstleistungszentrum abgehandelt.[42] Zu sehr bleibt es bei der globalen Unterscheidung zwischen „Krisen-" und „Zukunftsregionen",[43] hinter deren geschlossenem Erscheinungsbild die internen Konfliktlagen vernachlässigt werden. Dies entspricht durchaus nicht dem Kenntnis- und Diskussionsstand.

Bereits bei der Auswertung der Frankfurter Arbeitsstättenzählung zum 25. 10. 1977 wird festgehalten, daß sich die allgemeine Tendenz des Rückgangs der Beschäftigten und Betriebe sehr unterschiedlich auf die Frankfurter Stadtteile auswirkt.[44] Der Trend zur Tertiarisierung mit dem Beschäftigtenzuwachs in den Wirtschaftsabteilungen Verkehr/Nachrichten, Banken/Versicherungen und Dienstleistungen ist auf wenige innerstädtische Standorte konzentriert. So liegen 1977 bei insgesamt 42 Ortsteilen 36,9% der Arbeitsstätten in der Innenstadt, in Sachsenhausen und im Nordend; 43,5% der Beschäftigten arbeiten ebenfalls in der Innenstadt und in Sachsenhausen sowie im Gutleut- und Gallusviertel. Der tertiäre Bereich konzentriert sich besonders auf die Innenstadt und auf Sachsenhausen (plus Flughafen); im Gallusviertel, in Bockenheim und Höchst ist demgegenüber (auch in absoluten Zahlen) der Löwenanteil des produzierenden Wirtschaftsbereichs zu finden.

Frankfurt ist ein differenzierter Agglomerationsraum, innerhalb dessen es zur besonders ausgeprägten Polarisierung der regionalen Leitmotive Leistung und Solidarität kommt.[45] Auf sozialräumliche Konfliktfelder (die jedoch bevorzugt als sektorales Ungleichgewicht abgehandelt werden) verweist auch eine vom SPD-Vorstand in Auftrag gegebene, im Januar 1989 abgeschlossene EG-Binnenmarktstudie.[46] Für die „Hochkostenregion Frankfurt" werden darin

---

[41] *Schacht:* Wahlentscheidung (Anm. 4), S. 53 ff.

[42] *Steger:* Zukunft statt Wende (Anm. 19), S. 149; *Schacht:* Wahlentscheidung (Anm. 4), bes. S. 27 ff., 168 f.

[43] Vgl. das Interview mit Konrad *Schacht* im Rahmen des Dossiers „Die neue Mitte" in: FR Nr. 255 v. 3. 11. 1987, S. 10.

[44] FSB Sonderh. 34/79, S. 59 ff.; *Schacht:* Wahlentscheidung (Anm. 4), S. 95 ff., zieht diese Quelle ebenfalls heran, liest sie aber nur von seiner Fragestellung aus.

[45] U. *Pfeiffer,* M. *Sinz:* Die SPD und der wirtschaftlich-soziale Wandel in den Agglomerationen der Bundesrepublik, MS: Bonn, August 1987, bes. S. 14. — Konrad Schacht danken wir für die Überlassung dieser Arbeit.

[46] empirica Binnenmarktstudie: Die wirtschaftlichen Auswirkungen des Binnenmarktes 1992 auf Sektoren und Regionen der Bundesrepublik Deutschland. Kurzfassung,

folgende Auswirkungen des europäischen Binnenmarktes (1992) prognostiziert: Weitere Zentralisierung der Beschäftigten in den Bereichen zentrale Unternehmensverwaltung, internationales Consulting, Werbung, Softwareentwicklung, Maklertätigkeit, Finanzen/Anlageberatung, aber keine nennenswerten Impulse für den produzierenden Bereich.

Frankfurt, so schlußfolgert diese Studie, arrondiert seine Position als „Allfinanzplatz". In diesem Bereich und wegen der allgemeinen „Zentralisierung von hochwertigen Diensten in der Region Frankfurt" kommt es zum Arbeitskräftemangel, einem Bauboom, zu Preissteigerungen und zum Wohnungsmangel. Im Januar 1989 wird genau das prophezeit, was im März die politische Gestalt der NPD-Wahl annimmt:

„Widerstände der alteingesessenen Bevölkerung gegen die Entwicklung zur Finanzmetropole aufgrund der Verteuerung von Dienstleistungen und Mieten sowie rascher Veränderung der Lebensbedingungen (sind) wahrscheinlich."[47]

Für die Frankfurter Kommunalpolitik stellen sich der Binnenmarktstudie zufolge die Aufgaben der Integration und der Risikoabsicherung durch soziale Dienste, um einen politischen Output für die Leistungs- *und* für die Solidaritätsbezirke und damit auch für die gesamte Stadt (Integration) zu erwirtschaften. Gesucht wird also eine politische Gesamtstrategie, „in der das Leistungs- und Solidaritätskonzept in einem ausgewogenen Verhältnis stehen".[48]

Ansätze (nicht mehr) finden sich, wie dargestellt, im Koalitionspapier des rotgrünen Magistrats und in der „Regierungserklärung" des neuen Oberbürgermeisters. Mangels einer stringenten Analyse drohen diese Ansätze aber im Gestus, „gesamtsympathisch daherzureden"[49], und angesichts einer prioritätslosen Eklektik wie Systemik wieder unterzugehen (schwer genug, sich zu entfalten, hätten sie es sowieso).

Bonn, Januar 1989, S. 49 ff. — Kerstin Kießler danken wir dafür, uns diesen Bericht zugänglich gemacht zu haben.

[47] Binnenmarktstudie (Anm. 46), S. 51; unter der Überschrift „Zwischen strahlender Größe und Unwirtlichkeit" berichtet die FAZ (Nr. 89 v. 17. 4. 1989, S. 33f.) zustimmend gerade über die „auseinanderklaffende Distanz", die der Kommunalpolitik (nach der Wahl) schwierige Aufgaben stellt. Für die Berichterstattung vor der Wahl vgl. *Mick* (Anm. 22), *Schreiber* (Anm. 5) und *Müller-Vogg* (Anm. 40). Bis zur Märzwahl vertritt die FAZ die Pro-CDU-Position: Frankfurt, als „Probefall", erweise das Ausmaß an „Bereitschaft einer Großstadtbevölkerung, die ‚Wachstumsbeschwerden' einer aufstrebenden Region hinzunehmen".

[48] *Pfeiffer/Sinz:* Die SPD und der wirtschaftlich-soziale Wandel (Anm. 45), S. 18. (S. 19: „Eine solche Mischung wäre hoch exportfähig.")

[49] So Claus *Gellersen* (FR Nr. 155 v. 8. 7. 1989, S. 15) über einen „talk-show"-Auftritt von Volker Hauff.

4. Was geht dem NPD-Erfolg in der Frankfurter Stadtverordnetenwahl vom 12. 3. 1989 voraus?

Eine entscheidende Forschungsfrage bezüglich der 1989er Erfolge kleiner Rechtsparteien gilt dem Zeitpunkt[50] (warum im Januar 1989?) und dem Ort (warum in Berlin?). Im Vergleich zum Ergebnis der Landtagswahlen vom März 1988 in Baden-Württemberg (wo ein Spektrum kleiner Rechtsparteien zusammen 4,9% der gültigen Stimmen erhält), müssen (1.) das Unmutspotential — die Enttäuschung über eine ausgebliebene „Wende" und über das Ensemble der im Bundestag vertretenen Parteien — und (2.) die Akzeptanz einer Rechtsalternative angewachsen sein, (3.) ist es unter den Bedingungen einer Großstadt mit stärkerer Sichtbarkeit und Öffentlichkeit der Konfliktfelder (Polarisierung, Isolierung und Entfremdung) besser möglich, entsprechende Proteststimmungen synchron und parallel anzusprechen, so daß sie gemeinsam zur Wahlentscheidung für eine kleine Rechtspartei beitragen und die 5%-Hürde abbauen.

Solche allgemeinen Prozesse kulminieren (abgesehen von der Episode in Bremerhaven am 13. 9. 1987[51]) erstmals am 29. 1. 1989 in Berlin im Wahlerfolg der „Republikaner". Der NPD-Erfolg in Frankfurt muß im Gefolge dieses „Dammbruchs" betrachtet werden. Die 20 574 Stimmen bzw. 6,6% der gültigen Stimmen bzw. 4,99% der Wahlberechtigten für die NPD verweisen darauf, daß unter den besonderen Bedingungen der Frankfurter Wahl auch eine öffentlich einhellig als „rechtsextrem" bezeichnete Partei wählbar geworden ist, sofern sie ohne die „Republikaner" kandidiert.

Der 1988 veröffentlichte hessische Verfassungsschutzbericht 1987 stellt zum DVU-Erfolg bei den Wahlen zur Bremer Bürgerschaft fest:

„Weitere Landtagswahlen werden Aufschluß geben, ob es sich in Bremen um einen Einzelerfolg gehandelt hat"[52]. Zwischenzeitlich ist diese Frage eindeutig beantwortet worden: Das politische System ist um die Dimension einer wählbar gewordenen rechten Partei erweitert, wobei selbst die NPD dann als Ausdrucksmittel akzeptiert wird, wenn eine „moderiertere" und weniger eindeutig stimatisierte Partei (z. B. die „Republikaner") nicht kandidiert. Langjährig gültige Tabus und die 5%-Barriere verlieren ihre Abschreckungswirkung.

---

[50] Insofern liefert Reinhard *Kühnl* (Der [aufhaltsame] Aufstieg rechtsextremer Parteien, in: Blätter für deutsche und internationale Politik 34 (1989), S. 280-293, hier S. 291 f.) einen richtigen Hinweis, den er selbst jedoch nicht genügend vertieft.

[51] Vgl. dazu Reinhold *Roth:* Die Bremer Bürgerschaftswahl vom 13.September 1987: Die SPD als Regierungspartei ohne Alternative?, in: ZParl 19 (1988), S. 59-70, bes. S. 60 f., 68, 69; Forschungsgruppe Wahlen e. V.: Wahl in Bremen, Mannheim 1977, bes. S. 37, 46. — Beide Berichte sprechen dem DVU-Erfolg wenig Bedeutung zu und übersehen ihn als Signal.

[52] Hess. Ministerium des Innern: Verfassungsschutz in Hessen. Bericht 1987, Wiesbaden (1988), S. 25; vgl. Der Bundesminister des Innern: Verfassungsschutzbericht 1987, Bonn 1988, S. 116 f.

Erstmals nach 1972⁵³ ziehen 1987 und 1989 wieder Abgeordnete kleiner Rechtsparteien in die Parlamente von Stadtstaaten ein; und die Frankfurter NPD-Wahl zeigt, wie weitgehend sich diese Entwicklung von bundesrepublikanischen politischen Bewertungsmaßstäben entfernt hat und (unter den Bedingungen einer demokratischen Wahl) sich als eigene rechte Wahlentscheidung manifestiert.

Die Frankfurter Stadtverordnetenwahl, im „Jahr 11 nach CDU-Zeitrechnung"⁵⁴, wird aus der Perspektive der bereits umschriebenen Aufmerksamkeitshaltung als „Produkt" von zwei Entwicklungsprozessen im Rahmen eines nach Berlin für Rechtsprotestwähler geöffneten Parteiensystems aufgefaßt. Bei den längerfristigen Prozessen handelt es sich um allgemein bundesweite und um besondere Frankfurter Entwicklungen der „Polarisierung" und der Erosion des „Oligopols" von SPD und CDU (worauf in der Stadtverordnetenwahl 1985 88,2% der gültigen Stimmen gegenüber 1989 nurmehr 76,7% entfallen).

Längerfristig wirken sich ein rechtes Einstellungspotential insbesondere unter Facharbeitern und nicht-leitenden Angestellten⁵⁵, verbunden mit einem dichotomischen Politik- wie Gesellschaftsbild, ebenso wie erste Zeichen der wahlpolitischen Manifestation seit der Europawahl 1984 zugunsten der Rechtsausweitung des Parteienspektrums aus. Seit der bayerischen Landtagswahl vom Oktober 1986 (mit 3% der gültigen Stimmen für die „Republikaner") verdichten sich die Anzeichen einer steigenden Bereitschaft, die Unzufriedenheit mit dem politischen System durch die Wahl einer rechten Kleinpartei auszudrücken. Die Abfolge von „low stimulus"-Wahlen begünstigt solches Experimentierverhalten, das seitens der Verfassungsschutzämter⁵⁶ und der etablierten Parteien weitgehend übersehen wird. Allgemein dominiert eine Aufmerksamkeitshaltung, die die Rolle der Wechselwähler in den „neuen Mittelschichten", des postmaterialistischen Wertewandels und entsprechender unkonventioneller Politikformen wie zunehmender Partizipation herausstellt. Demgegenüber wird

---

⁵³ Zu den Wahlerfolgen der NPD (1966-1968) vgl. Horst W. *Schmollinger:* Die Nationaldemokratische Partei Deutschlands, in: Richard Stöss (Hrsg.): Parteien-Handbuch, Bd. II, Opladen 1984, hier S. 1953 ff.

⁵⁴ 1988 gibt die CDU eine Broschüre „FFM 77/78" heraus, die die „CDU-Verantwortung für Frankfurt preist" und bezüglich des Wahlerfolgs vom 20. 3. 1977 vom „Jahr 10 nach CDU-Zeitrechnung" redet. Vgl. Claus *Gellersen:* Aufwendige Selbsthuldigung, in: FR Nr. 16 v. 20. 1. 1988, S. 16.

⁵⁵ Vgl. 5 Millionen Deutsche (Anm. 2), S. 117, 119, 121; *Noelle-Neumann/Ring:* Extremismus-Potential (Anm. 26), S. 53 ff., 118.

⁵⁶ Vgl. z. B. die in Anm. 52 genannten Berichte; Verfassungsfeindliche Bestrebungen — ihre ideologischen Grundlagen, Entwicklungen und Tendenzen. Rechtsextremismus. Vortrag im Rahmen des Seminars des BMI zum Thema „Der Verfassungsschutz im demokratischen Rechtsstaat" am 10. 1. 1989 in Bad Neuenahr, MS o. O. o. J., S. 20 ff.; im Informationsdienst des BMI „Innere Sicherheit" vgl. z. B. 3/87, S. 13; 5-6/87, S. 11; 2/88, S. 6 f.; 3/88, S. 11.

die mögliche Renaissance einer neuen Rechtsorientierung außerhalb des etablierten Parteienspektrums vernachlässigt oder nur apodiktisch gestreift (Strauß).

Diese allgemeine Optik ist fixiert auf die mit den „neuen Mittelschichten" verbundenen Erscheinungsformen der Dekonzentration des Parteiensystems und der Durchmischung konventioneller und unkonventioneller Partizipationsformen. Diese Wahrnehmungsausblendung der Möglichkeit einer rechten Wahlentscheidung mündet Anfang 1989 angesichts der faktischen Wahlerfolge rechter Kleinparteien in hektische Aufgeregtheit des Parteiensystems. Eine neuerliche „Pluralisierung des deutschen Parteiensystems" (Feist/Liepelt) ist nicht mehr nur auf die SPD und die „Grünen" begrenzt, sondern nährt sich auch aus dem „Spagat" (L. Späth) der CDU von der „Mitte" bis nach „rechts".

Vorherrschend mit Blick auf die SPD überwiegen die Sichtweisen, daß diese Partei in den Dienstleistungszentren den Anschluß an die „neuen Mittelschichten", an die Arbeitnehmer in technologisch-modernen Industriezweigen und an die Jungwähler verliert, daß sich unter den bildungsgeprägten Teilen der „neuen Mittelschichten" ein Wählerstamm der „Grünen" herausbildet, daß solche Entwicklungen und die sinkende Wahlbeteiligung sich in der Bundestagswahl 1987 zuungunsten der SPD auswirken.

Tabelle 1
Frankfurt: Wahlergebnisse 1983–1989
(in % der Wahlberechtigten)

		SPD	Grüne	CDU	F.D.P.	Nichtwähler
Bundestagswahl	6. 3. 1983	34,8	7,6	36,3	6,6	13,2
Landtagswahl	25. 9. 1983	33,1	7,4	31,1	5,4	21,5
Stadtverordnetenwahl	10. 3. 1985	27,7	5,7	35,5	1,8	27,5
Bundestagswahl	25. 1. 1987	27,5	11,1	32,7	7,3	19,2
Landtagswahl	5. 4. 1987	25,9	10,8	33,1	4,7	24,3
Stadtverordnetenwahl	12. 3. 1989	30,5	7,7	27,8	3,7	25,3
Europawahl	18. 6. 1989	20,1	7,9	19,0	3,1	43,0

Die längerfristigen Wahltrends in Frankfurt werden als Bestätigung der allgemeinen Entwicklung in den Dienstleistungszentren dargestellt. Frankfurt avanciert nicht zuletzt deshalb zum Symbol, weil diese Trends dort besonders maßgeblich sind. Der sozialdemokratischen politischen Mobilisierung der 60er Jahre folgt mit der Tertiarisierung eine Phase, in der die CDU in sozialräumlicher Hinsicht ihre Wählerbasis entscheidend erweitert, während die SPD stagniert.[57] Im Konflikt mit den „Grünen" wirken sich die strukturellen

---

[57] *Schacht:* Wahlentscheidung (Anm. 4), S. 82, 92f., 112, 121f., 160ff., 165ff.

Entwicklungen deshalb so ungünstig für die SPD aus, weil sie den herausragenden Mobilisierungserfolgen der CDU nichts entgegenzusetzen hat. Daß allgemein die Wahlbeteiligung bis 1987 unter starken Schwankungen abnimmt, wird nur aus Sicht der Mobilisierungsanstrengungen des Vierparteienspektrums betrachtet, ob also die anwachsenden Nichtwählerzahlen im Vergleich der Bundestagswahlen 1983 und 1987 sowie der Landtagswahlen 1983 und 1987 eine wachsende, tendenziell eher rechtsgerichtete Unzufriedenheit anzeigen, wird nicht untersucht. (Die Stadtverordneten- und Europawahl 1989 zeigen im Vergleich zu den vorangegangenen Wahlen 1985 und 1984, daß die Wahlbeteiligung um 4,7 bzw. 1,9 Prozentpunkte von 72,5 auf 77,2% bzw. von 55,1 auf 57% anwächst.) Die Korrelationen der 467 Wahlbezirke (Tab. 7) zeigen, daß diese „Politisierung" im März vor allem zu positiven Korrelationen für CDU und SPD führt (stärker als für die NPD), während in der Europawahl die Stimmabgabe für DVU, CDU und „Republikaner" (mit Koeffizienten von 0,24, 0,18 und 0,15) mit einer höheren Wahlbeteiligung zusammenfällt (gegenüber einem entsprechenden Korrelationskoeffizienten von 0,07 für die SPD).

Ebenfalls werden die Schwankungen der Frankfurter Wahlentwicklung seit 1983 lediglich mit der Tertiarisierung und der Mittelschichtenthese samt deren Unterpunkten (abnehmende Parteiloyalität, Wechselwählerverhalten / ungebundene Wähler, Mobilisierungsdefizit der SPD, sozialräumliche Stagnation der SPD bzw. Dynamisierung der CDU) verbunden. Die 1334 oder 3232 Stimmen bzw. 0,4 oder 1% der gültigen Stimmen, die in den Bundestagswahlen 1983 und 1987 auf die NPD entfallen, können diese Wahrnehmungsperspektive nicht erschüttern.

Um die rechte Radikalisierung in der Stadtverordnetenwahl vom März 1989 zu verstehen, muß die Frankfurter Wahl in den Kontext der seit der Berliner Wahl anwachsenden Rechtsakzeptanz hineingestellt werden. Ohne das prorechte „agenda setting" und Meinungsklima nach Berlin, ohne die „Panik in Bonn"[58], deren hektisches Reagieren die von rechts besetzten und initiierten Themen Ausländerpolitik und Wohnungsbau instrumentalisieren möchte (und deren Berechtigung aus rechter Sicht gerade damit bestätigt), bliebe die Wahl der NPD in Frankfurt unverständlich. Ein Seitenblick auf die Wahl zum Berliner Abgeordnetenhaus ist deshalb unumgänglich.

Am 29. 1. 1989 erhalten die „Republikaner" in Berlin 90 220 Zweitstimmen, das sind 7,5% der gültigen Stimmen oder 5,9% der Wahlberechtigten. Eine vom 23. bis 27. Januar durchgeführte Vorwahlstudie ermittelt einen Anteil von 3%, die ihre Zweitstimme den „Republikanern" geben wollen, und von 15%, die es gut fänden, wenn diese Partei ins Parlament hineingewählt würde. Die

---

[58] Vgl. den entsprechenden FAZ-Kommentar (Nr. 92 v. 20. 4. 1989, S. 1) und Joachim *Fest:* Nachbetrachtung zu Berlin, in: FAZ Nr. 45 v. 22. 2. 1989, S. 1; „Volksparteien am Ende" bzw. eine Zeit „jenseits der Volksparteien" beschwören auch Friedrich Karl *Fromme* und Ernst Günter *Vetter* (FAZ Nr. 64 v. 16. 3. 1989, S. 1, und Nr. 94 v. 22. 4. 1989, S. 13).

Wahlstatistik zeigt, daß die „Republikaner" im Stadtgebiet relativ gleichmäßig gewählt worden sind (nur in 6 von 71 Wahlkreisen liegt das Ergebnis unter der 5%-Grenze), daß sie aber dennoch über Wählerschwerpunkte unter Männern und Jungwählern im Alter von 18 bis 24 Jahren verfügen. Ferner entwickeln sich die „Republikaner"-Stimmenanteile besonders in traditionellen SPD-Hochburgen; ein hoher Arbeiteranteil, ein niedriger Selbständigenanteil und eine niedrige Schulbildung begünstigen diese Partei ebenfalls.[59] Die bereits erwähnte Vorwahlstudie stellt fest, daß die befragten 30 Sympathisanten der „Republikaner" überdurchschnittlich den Altersgruppen von 18 bis 24 und von 40 bis 49 Jahren angehören, über die Mittlere Reife oder über einen Volksschulabschluß und eine abgeschlossene Lehre verfügen, überwiegend berufstätig sind und als Facharbeiter bzw. mittlere Angestellte und Beamte arbeiten, ein Drittel ist Mitglied einer Gewerkschaft.[60] In der Mehrzahl handelt es sich um vormalige CDU-Wähler, ferner um Nicht- und Erstwähler.[61] Vor allem leben sie in Arbeiterwohngebieten mit einem niedrigen Ausländeranteil mit einfachen Nachkriegsbauten und/oder Großsiedlungen. Obwohl sie vermutlich zumeist die SPD vor 1985 gewählt haben, entscheiden sich diese Wähler 1989 für die „Republikaner".[62]

Diese Wähler verfügen über eine eigene Aufmerksamkeitshaltung, die sich von derjenigen anderer Parteien unterscheidet und die durch das Themenfeld Aussiedler / Asylanten charakterisiert wird. Daneben gibt es für die Sympathisanten der „Republikaner" mit deutlichem Abstand nur noch das Thema Mieten / Wohnungsmarkt, während die für CDU-, SPD-, AL- und F.D.P.-Wähler neben dem Wohnungsthema wichtigen Probleme Arbeitslosigkeit, Umweltschutz und Bildung kaum eine Rolle spielen.[63]

Bis Weihnachten sind die „Republikaner" praktisch unbekannt. Erst im Januar kommt es zum Meinungsumschwung, ohne daß die Meinungsforschungsinstitute in der Lage wären, die Gewinne im „rechten Wählerlager" vorherzusagen. In dem seitens der etablierten Parteien ohne „große Themen" geführten Wahlkampf bildet sich die Wahlentscheidung erst in der Schlußphase heraus. Tumulte und die Auseinandersetzung um den Fernsehspot verschaffen der Partei Aufmerksamkeit und begründen im Verbund mit der Themensetzung in den beschriebenen Wohnvierteln (z.B. in Neukölln und im Wedding) „ein politisches Kleinklima ..., das durch soziale Verunsicherung und Angst vor

---

[59] Statistisches Landesamt Berlin: Wahlen in Berlin '89, Berlin o.J., bes. S. 37, 61, 65, 71 f.

[60] Forschungsgruppe Wahlen e. V.: Blitz-Umfrage zur Wahl zum Abgeordnetenhaus in Berlin 1989, Mannheim 1989, bes. S. 153 f. — Dieter Roth danken wir für die Überlassung der Blitz-Umfragen.

[61] Ebd., S. 17.

[62] Infas-Wahlberichterstattung: Wahl zum Abgeordnetenhaus von Berlin 1989 („Parteienanteile und Wohnumfeld in Berlin"); Forschungsgruppe Wahlen e. V.: Wahl in Berlin, Mannheim 1989, bes. S. 55 ff.

[63] Blitz-Umfrage Berlin (Anm. 60), S. 103; Wahl in Berlin (Anm. 62), S. 56.

Statusverlusten gekennzeichnet ist, auf das die Parteien der politischen Mitte, CDU, F.D.P. und auch die SPD, nach Meinung der Betroffenen keine glaubwürdigen Antworten haben."⁶⁴

Das Berliner Wahlergebnis löst im Frankfurter Wahlkampf hektische Reaktionen aus. Alle Parteien, vorrangig aber die SPD, übernehmen das Wohnungsthema, und die CDU betont besonders auch das Ausländerthema („kein Wahlrecht für Ausländer in Hessen", „Asylrecht: Mißbrauch stoppen!"⁶⁵) und die von einer rot-grünen Koalition drohenden Gefahren der Unregierbarkeit, des Chaos und des wirtschaftlichen Abschwungs („Wenn die SPD mit den Grünen geht, geht es mit Frankfurt bergab!", „Stehen die Ampeln gleichzeitig auf Rot und Grün, gibt's in Frankfurt ein Verkehrschaos"⁶⁶). Nach Berlin wird der Frankfurter Wahlkampf deutlich durch Abgrenzungen im Gefolge des Ausländerthemas verschärft. Bereits im Januar gibt es allerdings von der CDU ein „Heimat"-Plakat mit der Schlagzeile: „Wir Frankfurter möchten uns auch in Zukunft in unseren Stadtteilen wohlfühlen können." Unspezifizierte Ängste um eine bedrohte Heimat werden angesprochen, um darauf hinzuweisen, daß die Frankfurter CDU diese Gefahren abhalten könne. In diesem Sinn engagiert sich auch der frühere Frankfurter Oberbürgermeister und jetzige hessische Ministerpräsident Walter Wallmann⁶⁷, auf den zugleich (in Anknüpfung an die Stadtverordnetenwahl 1981)⁶⁸ die Ausgestaltung des Ausländerthemas zurückgehen soll.⁶⁹

Dieses „agenda setting" folgt den von Berlin aus gesetzten Schwerpunkten und bestätigt damit die Aufmerksamkeitshaltung der rechtsorientierten Wähler, vermittelt es doch den Eindruck der Konsonanz. Der Versuch, die von rechts besetzten Themen durch Instrumentalisierung und Reinterpretation zurückzu-

---

⁶⁴ Wahl in Berlin (Anm. 62), S. 56.

⁶⁵ Anzeigen der CDU: FR Nr. 36 v. 11. 2. 1989, S. 13, Nr. 57 v. 8. 3. 1989, S. 6. Diese Anzeigen werden landesweit inseriert. Vgl. auch das FR-Interview mit W. Wallmann (Nr. 33 v. 8. 2. 1989, S. 4), das den Bezug zu Berlin verdeutlicht. Die initiierende Rolle der Landes-CDU unter W. Wallmann betont auch der Frankfurter CDU-Vorsitzende *Daum* (FR Nr. 159 v. 13. 7. 1989, S. 11).

⁶⁶ Anzeigen der CDU: FR Nr. 36 v. 11. 2. 1989, S. 15, Nr. 42 v. 18. 2. 1989, S. 13; vgl. auch: „Nur wenn Frankfurt regierbar bleibt, kann der Wohlstand für alle wachsen", CDU-Anzeige: FAZ Nr. 28 v. 2. 2. 1989, S. 31.

⁶⁷ *Wallmann* ist bemüht, durch Definition von Politik als Darstellung und Überzeugung an seinen alten Personalbonus anzuknüpfen (vgl. Anm. 39), um die sich seit Januar abzeichnenden CDU-Niederlagen abzuwenden. (Vgl. sein Direct mailing: FAZ Nr. 58 v. 9. 3. 1989, S. 50) Eine IPOS-Umfrage vom Januar ermittelt für die CDU 39,5%, für die SPD 42,3%, für die „Grünen" 12,9% und für die F.D.P. 4,8% sowie einen großen Popularitätsvorsprung für den SPD-Kandidaten Hauff vor dem CDU-Oberbürgermeister *Brück* (FR Nr. 20 v. 24. 1. 1989, S. 13 f.; FAZ Nr. 21 v. 25. 1. 1989, S. 33). In dieser Vor-Berlin-Studie ist von der NPD noch keine Rede.

⁶⁸ Vgl. *Schacht:* Wahlentscheidung (Anm. 4), S. 154; vgl. aber *Brück* in: FR Nr. 42 v. 18. 2. 1989, S. 14.

⁶⁹ Vgl. Anm. 65; Richard *Meng:* Ein Bild der Weltoffenheit — wären da nicht jene Plakate, in: FR Nr. 56 v. 7. 3. 1989, S. 3; FR Nr. 26 v. 31. 1. 1989, S. 13.

gewinnen, verkennt das Deutungsmuster der Wähler der kleinen Rechtsparteien, die in Frankfurt eher noch deutlicher als in Berlin bevorzugt das Ausländerthema verfolgen.[70] Hauffs moralischer Kritik an der „hemmungslosen Anti-Ausländer-Kampagne" der CDU („Das anständige Frankfurt schämt sich für die CDU"[71]) wohnt insofern Wahrheit inne, weil diese CDU-Akzentsetzung thematisch die Parteien SPD, F.D.P. und Grüne gegenüber der CDU abgrenzt. Diese Polarisierung wirkt, nicht aber die Hoffnung der CDU, ihre sich verselbständigenden Rechtswähler mit den „issues" rechter Parteien festhalten zu können. Diese Protestwähler sind auf ihrem eigenen Feld, der Ausländerpolitik, nicht mehr erreichbar.

Die von der SPD betriebene Werbung: „Wo so hoch gebaut wird, dürfen die Mieten nicht in den Himmel wachsen", deutet angesichts des Wahlergebnisses an, daß auch verteilungspolitische Absichtserklärungen nicht mehr in der Lage sind, Wähler hinzuzugewinnen. Gerade die Art, in der die SPD den Problemkomplex der Dialektik Frankfurts anspricht, zeigt, wie sehr dies aus der Optik der wachstumsorientierten Dienstleistungsindustrien geschieht und somit die Bewohner der Vorstadtquartiere ausgrenzt. Da wird „Wohnen" zur „Hauff-Sache" erklärt, und „der Reichtum Frankfurts" soll „zu einer Chance für alle" werden. Darunter wird „modernes professionelles Management" in „einer modernen, wachstumsorientierten, europäischen Metropole" verstanden. Die Segmentation der Stadt wird erwähnt und gleichzeitig übergangen; letztlich überwiegt die Wachstumsorientierung:

„Ökologische, soziale Probleme und die Wohnungsnot müssen allerdings gleichzeitig gelöst werden. Damit Frankfurt weiter wachsen kann. Als Wirtschaftsstandort von Weltgeltung. Mit Lebensqualität ‚Made in Frankfurt'." (FR Nr. 51 v. 1. 3. 1989, S. 11)

Beide großen Parteien übernehmen zwar mit unterschiedlichen Akzenten die Berliner Themen Ausländer- und Wohnungspolitik, sowohl SPD wie CDU bleiben aber den Wählern der Rechtsparteien dennoch fremd. Diejenigen Teile ihrer Kampagne, die sich an die umworbenen „neuen Mittelschichten" richten, die den „Reichtum Frankfurts" als „Chance für alle" (SPD) oder die „Wirtschaftsmetropole" als „unsere Stadt" an „der Spitze" (CDU) beschwören oder die „einen Oberbürgermeister mit Profil" für die „Stadt mit skyline" (SPD) als angemessen hinstellen, bestätigen aus Sicht der Rechtswähler die Haltung der Isolation gegenüber dem Parteiensystem (die „Grünen" eingeschlossen). Besonders die von der CDU vertretene Vereinnahmung: „Unser Frankfurt, eine Stadt fürs Leben" muß angesichts des „Krebsgeschwür(s) der Korruption"[72] auf potentielle Rechtswähler motivierend wirken.[73]

---

[70] Infas-Telefonumfrage in Frankfurt, 7./8. 3. 1989; Forschungsgruppe Wahlen e. V.: Blitz-Umfrage vor der Wahl zur Stadtverordnetenversammlung in Frankfurt 1989, Mannheim 1989, S. 78 ff.

[71] FAZ Nr. 51 v. 1. 3. 1989, S. 51; vgl. auch FAZ Nr. 62 v. 14. 3. 1989, S. 33 f.

[72] Marion Gräfin *Dönhoff:* Das Krebsgeschwür der Korruption, in: Die Zeit 8/1989, S. 1; Fritz Ullrich *Fack:* Wenn Glaubwürdigkeit verloren geht, in: FAZ Nr. 10 v.

Insgesamt gesehen leistet der hektisch die Berliner Themen aufgreifende Frankfurter Wahlkampf nichts, um potentielle Wähler kleiner Rechtsparteien zurückzugewinnen oder in ihrer Entscheidungssuche zu verunsichern. Im Gegenteil: Allgegenwärtigkeit und Kumulation besonders der Ausländerthematik können als Konsonanzfaktor wirken und gerade auch die Wähler der Rechtsparteien von der Richtigkeit und Bedeutung ihres Zentralthemas bestätigen. Jedenfalls finden diese Wähler ihr Themenfeld in den Medien und im Wahlkampf ausführlich vertreten, so daß es für sie keine Schweigespirale mehr gibt.[74] Damit wächst der Glaube an die eigene Sache, wenn man Elisabeth Noelle-Neumann folgt.

Leider liegen keine Studien vor, die im Verlauf des Wahlkampfes für Frankfurt den Aufbau eines entsprechenden „politischen Kleinklimas" belegen. Eine politische Reportage über das Gallusviertel beschreibt allerdings die Existenz einer politisch-sozialen Anomie und Isolation, die sich von den „Politikern" und „Großen" distanziert und eigene Artikulationsformen in Erwägung zieht.[75]

Eine von „psydata" vom 9. bis 12. 2. 1989 in Frankfurt durchgeführte Telefonumfrage von 546 Befragten ermittelt ein rechtsradikales Potential von 15%, 16,3% der Befragten bekunden Sympathie für die „Republikaner"; hieraus ergibt sich ein „harter Kern" des Frankfurter „Republikaner"-Potentials von 7,9%.[76] Der Auftraggeber dieser Studie, das Frankfurter

---

13. 1. 1988, S. 1; Oberbürgermeister Brück wird im Rahmen des Wahlkampfes mit Korruptionsverdächtigungen in Verbindung gebracht, vgl. z.B. FR Nr. 268 v. 17. 11. 1988, S. 10; FR Nr. 20 v. 24. 1. 1989, S. 13, FR Nr. 56 v. 7. 3. 1989, S. 10. Allgemein vgl. jetzt Rolf *Ebbighausen,* Sighard *Neckel* (Hrsg.): Anatomie des politischen Skandals, Frankfurt 1989.

[73] In der „Blitz-Umfrage Frankfurt" (Anm. 70, S. 78f.) wird Korruption als eines von 14 Themen abgefragt und spielt nur für F.D.P.-Sympathisanten eine Bedeutung. Dies verkennt aber, daß Korruption als Bestandteil eines dichotomischen und anomischen Deutungsmusters zu verstehen ist. Vgl. dazu (allerdings mit Bezug zum Neonazismus) Eike *Hennig:* „Das ist 'n ganz kriminelles System, was wir hier haben." Kultur, Gegenkultur und Rechtsextremismus in der Bundesrepublik, in: Volkmar Gessner, Winfried Hassemer (Hrsg.): Gegenkultur und Recht, Baden-Baden 1985, S. 133-165, bes. S. 160ff.

[74] Elisabeth *Noelle-Neumann:* Die Schweigespirale, München/Zürich 1980, bes. S. 244ff.; als Darstellung vgl. Anna Maria *Deisenberg:* Die Schweigespirale — Die Rezeption des Modells im In- und Ausland, München 1986.

[75] Andreas *Hoetzel,* Broka *Herrmann:* Schaffen die Rechten Frankfurt?, in: Pflasterstrand Nr. 308 v. 23. 2.-8. 3. 1989, S. 14-20. — Demgegenüber enthalten auch die ausführlichen Vorstellungen der Spitzenkandidaten Brück und Hauff keinen Hinweis, daß die Problematik der „Segmentation der Stadtgesellschaft" *(Bick/Schacht)* erkannt worden wäre. Vgl. FAZ Nr. 49 v. 27. 2. 1989, S. 35, Nr. 50 v. 28. 2. 1989, S. 37.

[76] Gerd *Koenen:* Das Potential der Republikaner in Ffm, in: Pflasterstrand Nr. 308 v. 23. 2.-8. 3. 1989, S. 22/23; psydata: Potential der Republikaner in Frankfurt, Studie 634/AF/GP, erstellt für Pflasterstrand, Frankfurt, Febr. 1989. Gerd Koenen und Arthur Fischer danken wir für die Überlassung der Studie.

„Metropolen Magazin": „Pflasterstrand", tippt auf 4% für die NPD[77]. Die Vorwahlstudie der Mannheimer Forschungsgruppe Wahlen ermittelt vom 7. bis 10. 3. 1989 auf Grundlage von 887 Interviews (darunter 23 mit NPD-Sympathisanten) 2,6% der Wahlberechtigten, die die Absicht haben, am Sonntag NPD zu wählen.[78] Daß dieser Wert angesichts der allgemeinen Stigmatisierung und wegen der entsprechenden Selbstkontrolle der Befragten zu niedrig ausfällt, zeigen die — allerdings schwer zu vergleichenden — Fragen nach den „Republikanern". 20,3% bedauern, daß diese in Frankfurt nicht kandidieren und 7,7% geben an, sie hätten eventuell die „Republikaner" gewählt.[79] Tatsächlich wählen am 12. 3. 1989 4,9% der Wahlberechtigten die NPD. Entsprechend der repräsentativen Wahlstatistik überwiegen hierunter Männer sowie die Altersgruppen der 18 bis 24jährigen und über 45jährigen.

Was läßt sich wahlökologisch über die sozialräumliche Herkunft dieser Wähler ermitteln?

5. Der Wahlerfolg der NPD in Frankfurt am 12. 3. 1989

Der Erfolg des „quer durch die Bevölkerung" gehenden „schiere(n) Protest(s)", wie Fritz Ullrich Fack den „Republikaner"-Wahlerfolg in Berlin umschreibt, wird nicht auf Berlin beschränkt bleiben, so lautete eine Prognose vom Februar 1989.[80] Der Erfolg selbst ist der Vater des Erfolges, lautet die These. Mit Staunen muß zur Kenntnis genommen werden, wie der rechte Wahlgewinner ohne organisatorischen Rückhalt und mit einem minimalen Propagandaaufwand seinen Erfolg herstellt. Aus Sicht der NPD stellt sich der Wahlerfolg als maximaler Ertrag zu minimalem Aufwand dar; dieser Selbstläufer kann als die „rationale Wahl" eines vom Parteiensystem (CDU, F.D.P., SPD und Grüne) enttäuschten Wählerspektrums aufgefaßt werden. Zentraler Inhalt ist eine kritische Haltung, für die sich die NPD lediglich als ein Vehikel mit anscheinend stimmigen Stichworten und Aufmerksamkeitswerten anbietet. So reichen für diesen abgeleiteten Protest mit seinen nationalistisch-fremdenfeindlichen und populistisch-dichotomischen Grundbestimmungen die Anwesenheit der NPD und der von Berlin her genährte Glaube an den Sprung über die 5%-Hürde aus, um insbesondere in solchen Wahlbezirken mit niedriger Wahlbeteiligung ($<70\%$), hohem Ausländeranteil ($>30\%$) und SPD-Mehrheiten der NPD überdurchschnittliche Stimmenanteile zufließen zu lassen. Die NPD ist primär als Artikulationsfocus für eine vom bestehenden Parteiensystem abgeleitete Isolation und Entfremdung präsent, ihre Präsenz als Organisation und als

---

[77] Pflasterstrand Nr. 309 v. 9. 3.-22. 3. 1989, S. 3. Für die SPD werden 43, die Grünen 9,5, die F.D.P. 5 und die CDU 38% geschätzt. Vgl. Anm. 67. — Bes. die SPD ist weit überschätzt worden.

[78] Blitz-Umfrage Frankfurt (Anm. 70), S. 3.

[79] Ebd., S. 61.

[80] Fritz Ullrich *Fack:* Mit Aufklärung ist es nicht getan, in: FAZ Nr. 38 v. 14. 2. 1989.

Wahlprogramm ist dagegen schwach. „Programmatisch" existiert die NPD streng genommen gar nicht, sondern nur als ein Signal, das die Deutungsmuster von Anomie, Isolation und Dichotomie sowie die Bereitschaft zur Manifestation dieser Haltung mobilisiert. Für diejenigen (zumeist männlichen) Wähler, die von „rechts" her und aus der antihedonistischen Sicht „kleiner Leute" skeptisch und tendenziell aggressiv gegenüber den tonangebenden politisch-kulturellen Trends der Metropolenmodernität und der von ihnen als fremd und entfernt wahrgenommenen politischen Apparate eingestellt sind, verdichtet sich die Wahl der NPD daher zum Kristallisationspunkt ihrer Anti-Haltung. Die NPD ist geeignet, das gewünschte Zeichen zu setzen. Es gibt heute keine „neue Qualität der NPD"[81], sondern eine neue Qualität der Entsprechung der NPD-Parolen und des der NPD zugerechneten Aufmerksamkeitswertes zu einer vielfältig gegenüber dem politischen System gewachsenen Entfremdung und zu der Bereitschaft, diesen Protest auch politisch als Wahlentscheidung zu manifestieren. Das ist die Konstellation, in der sich die „rationale Wahl" der NPD ausbreitet; die NPD selbst muß zunächst allein dem Kriterium solcher symbolischen Stimmigkeit entsprechen, sie muß also positiv verbunden werden können mit dem beabsichtigten Signal für Forderungen an die Arbeitswelt und das nationalistisch verstandene Gemeinwohl sowie gegen Frauenemanzipation und die Bevorzugung von „high tech" wie „high culture" im Metropolenkern. Die NPD-Organisation selbst ist dabei von sekundärer Bedeutung.

Das von der NPD vorgetragene „Album populistischer Forderungen"[82], die Präsentation parochial-identifikationsfähiger Kandidaten und (während der Wahl[83]) der bewußte Verzicht auf eindeutig rechtsextrem zu identifizierende Positionen und Begriffe[84] sind die relativ wenigen Leistungen, die die NPD

---

[81] Dies gegen den Tenor der Analyse von Siegfried *Jäger:* Die neue Qualität der NPD, 2. Aufl. Duisburg 1989.

[82] Johannes *Leithäuser:* Ein Album populistischer Forderungen. Die Republikaner und NPD in hessischen Gemeinden, in: FAZ Nr. 65 v. 17. 3. 1989, S. 5. Aus NPD/DVU-Sicht vgl. National Zeitung Nr. 11 v. 10. 3. 1989, S. 8.

[83] Vgl. z. B. *Jäger:* Neue Qualität (Anm. 81), S. 8f. Erst nach der Wahl dokumentiert die FAZ am 26. 5. 1989 (Nr. 119, S. 38) die Äußerungen des ehrenamtlichen NPD-Stadtrats Gutjahr, der — Mitglied seit 1966 — von 1981 bis 1987 Landesvorsitzender der NPD gewesen ist. Im Gespräch mit der FAZ bezeichnet Gutjahr u. a. den Bundespräsidenten als „Lump", assoziiert Ausländer mit Umweltverschmutzung, setzt „deutsche Interessen" gegen die wachsende Ausplünderung durch Juden und leugnet den Holocaust. Aufgrund der Proteste (bis hin zur NPD) verläßt Gutjahr am 29. 5. den Magistrat und die NPD. Für die Wahl aber kommt — so die FAZ — diese Entlarvung „zu spät", weil bis zur Wahl offensichtlich der populistische Katalog (bis hin zur FAZ — vgl. Anm. 84) falsch eingeschätzt wird. Vgl. FAZ Nr. 119 v. 26. 5. 1989, S. 38, Nr. 121 v. 29. 5. 1989 S. 33, Nr. 122 v. 30. 5. 1989, S. 39; FR Nr. 120 v. 27. 5. 1989, S. 1/2, 11/12, Nr. 121 v. 29. 5. 1989, S. 7, Nr. 122 v. 30. 5. 1989, S. 13, Nr. 124 v. 1. 6. 1989, S. 10.

[84] FAZ Nr. 52 v. 2. 3. 1989, S. 42 (Bericht über die NPD im Wahlkampf: „Kontakte zu den Republikanern. Die NPD sieht mit dem Thema Ausländer wieder Chancen"); *Leithäuser:* Ein Album (Anm. 82). Vgl. aber auch die vage Charakterisierung der NPD in den Verfassungsschutzberichten: Der Bundesminister des Innern (Hrsg.): Verfassungs-

selbst erbringt, und dies reicht aus, um von 20000 Frankfurtern gewählt zu werden. Die in der NPD-Wahlzeitung propagierten Schlagworte: „Frankfurt muß eine deutsche Stadt bleiben!" und: „Deutschland darf nicht zur multikulturellen Gesellschaft entarten, sondern muß ein deutsches Land bleiben" ebenso wie ein Flugblatt gegen die „Ausländerflut" schrecken offensichtlich nicht ab. Per saldo jedenfalls (gegenüber der vorangegangenen Landtagswahl vom 5. 4. 1987) verlieren CDU, „Grüne" und F.D.P. 22700, 12882 und 4418 Stimmen, und die SPD gewinnt 18223 Wähler hinzu (bei einer um 3397 anwachsenden Gesamtwählerzahl), die NPD ist mit ihren 20574 Stimmen der größte Gewinner der Stadtverordnetenwahl vom 12. 3. 1989.

Diesen ersten Eindruck verstärkt noch der Blick auf die längerfristige Entwicklung seit 1983 (vgl. oben Tabelle 1), dessen Trendlinien die Zunahme der Nichtwähler, den leichten Anstieg der „Grünen" und die Abwärtsbewegung von CDU und SPD zeigen. Diese Entwicklungen werden im März 1989 nicht aufgehoben, so daß es jedenfalls nicht die SPD und die „Grünen" sind, die davon profitieren, daß die CDU gegenüber der Landtagswahl 1987 22700 und gegenüber der letzten Kommunalwahl 1985 sogar 37794 Stimmen verliert. Die Ratio des „give and take" zwischen Regierung und Opposition, die in der Mitte zweier Bundestagswahlen normalerweise besonders ausgeprägt ist, spielt in Frankfurt gegenüber dem Aufstieg der NPD eine deutlich untergeordnete Rolle, woran auch die Gewinne von „Grünen" und F.D.P. (verglichen mit 1985, nicht aber mit den 1987er Wahlen) nichts ändern. In diesem Sinn ist die in den Medien und von SPD wie CDU zum „Probefall", zum „Kampf um ‚die Stadt'", zur Wahl in einer „Symbolstadt" etc. stilisierte Wahl zur Stadtverordnetenversammlung tatsächlich zum Zeichen geworden, das auf bedeutende Integrationsdefizite des politischen und des Parteiensystems hinweist. Die von den obwaltenden Trends und dominanten sozioökonomischen wie politisch-kulturellen Interessen der „dynamischen boomtown"[85] objektiv kaum erfaßten bzw. sich subjektiv im Abseits fühlenden Bürger, insbesondere in den peripheren Ortsteilen Sossenheim, Gallus, Nied, Heddernheim, Zeilsheim und Sindlingen, wählen die NPD, um ihre Art eines grundsätzlichen Unmuts über „das System" in der Stadtverordnetenversammlung repräsentiert zu sehen.

---

schutz 1987, Bonn 1988, S. 7, 110; Hessischer Minister des Innern (Hrsg.): Verfassungsschutz in Hessen. Bericht 1987, Wiesbaden o.J. (1988), S: 11; wenngleich er die NPD als „eine rechtsextreme Partei" charakterisiert (die Begriffe rechtsradikal und -extrem aber nicht unterscheidet), verbleibt auch *Jäger* (Neue Qualität, Anm. 81, S. 18ff.) unbestimmt (bes. S. 22f.). Vgl. auch Bayerisches Staatsministerium des Innern (Hrsg.): Verfassungsschutzbericht Bayern 1987, München 1988, S. 95ff.

[85] Gunter *Hoffmann:* Vor dem Ende einer Ära, in: Die Zeit Nr. 11 v. 10. 3. 1989, S. 2, eine Woche vor der Wahl vertritt dieser Artikel besonders pointiert die symbolhafte Stilisierung der Wahl als einer Wahl zwischen SPD und CDU; vgl. auch Hans-Helmut *Kohl:* Der Kampf um „die Stadt", in: FR Nr. 50 v. 28. 2. 1989, S. 3; Hugo *Müller-Vogg:* Probefall Frankfurt, in: FAZ Nr. 51 v. 1. 3. 1989, S. 1; selbst vor dem Europaparlament ist in diesem Sinn auf Frankfurt hingewiesen worden, vgl. Das Parlament Nr. 15 v. 7. 4. 1989, S. 9.

Was läßt sich Näheres über diese Wähler und die sozialräumliche Herkunft der NPD-Stimmen aussagen?

Die landläufige Erklärung verweist auf die Herkunft des Gros der NPD-Stimmen aus „Problembezirken", d. h. aus Quartieren mit schlechten Wohnverhältnissen, hoher Arbeitslosigkeit, hohem Ausländeranteil. Zwar wird die relative Gleichverteilung über das Stadtgebiet hervorgehoben, aber „soziale Not" oder sogar der „Einbruch der NPD in die ‚klassischen' Arbeiterschichten" stehen im Mittelpunkt, wenn die NPD-Erfolge „vor allem in alten SPD-Stadtteilen" erklärt werden sollen.[86] Eine Variante der absoluten Verelendungstheorie feiert fröhliche Urstände, um die NDP-Erfolge zu erklären, wobei dieser theoretische Rückschritt zumeist noch mit ökologischen Fehlschlüssen bei der Erklärung der NPD-Erfolge in SPD-Hochburgen verbunden ist. Zwar wählen die Sympathisanten von SPD und NPD vielfach in „Arbeitervierteln" Seit an Seit, aber es ist nicht gerechtfertigt, aus diesem Zusammentreffen auf Kausalität und Identität zu schließen. Allerdings: dort, wo der Arbeiteranteil unter den Erwerbstätigen überdurchschnittlich ist, verzeichnet die NPD besondere Erfolge, wenn diese Stadtteile nicht zugleich über ein geschlossenes sozialdemokratisches Milieu verfügen. Es ist aber grundsätzlich unklar, ob bzw. in welchem Ausmaß die NPD in diesen Vierteln von Arbeitern und Wechselwählern, die von der SPD kommen, gewählt worden ist.

Die Vorwahlstudie der Forschungsgruppe Wahlen deutet allerdings darauf hin, daß unter den NPD-Sympathisanten die Gruppen der 40- bis 49jährigen oder der über 35jährigen mit Mittelschulabschluß ebenso wie die der Facharbeiter stark vertreten sind. Bei einem Durchschnitt von 2,6% äußern Facharbeiter zu 5,4% die Absicht, NPD zu wählen. Lediglich mittlere Angestellte und Beamte liegen mit 3,1% noch über dem Durchschnitt aller Befragten, während Selbständige (2,2%), leitende Beamte oder Angestellte (0,9%) und un-/angelernte Arbeiter (0%) mehr oder weniger deutlich unter dem Durchschnitt liegen, was ihre NPD-Wahlabsicht anbelangt.[87] Diese Individualdaten in

---

[86] FAZ Nr. 86 v. 13. 4. 1989, S. 33 („DGB: Soziale Not Ursache für Wahlerfolge der NPD"); ähnlich auch Arno *Klönne:* Aufstand der Modernisierungsopfer, in: Blätter für deutsche und internationale Politik 34 (1989), S. 545-548, der (S. 546) ein entsprechendes Zitat Franz *Steinkühlers* (IGM) vorstellt; kurz vorher (Der Spiegel Nr. 12 v. 20. 3. 1989, S. 24/25) hat *Klönne* noch vom „rechten Fundamentalismus" geredet, die ideologischen Querverbindungen zu Wirtschaft und Politik betont, und die sozialen Ursprünge nur gestreift. Vgl. auch Kurt *Biedenkopf:* Vom „Deutsch-Sein" und der Suche nach Überschaubarkeiten, in: FR Nr. 145 v. 27. 6. 1989, S. 12, der das Argument sozialer Randständigkeit mit dem der Reduktion von Komplexität verknüpft. Für Frankfurt vgl. bes. Claus-Jürgen *Göpfert:* Wahlbeteiligung wie nie zuvor für den Römer, in: FR Nr. 62 v. 14. 3. 1989, S. 11, wo alle ökologischen Fehlschlüsse in klassischer Klarheit vertreten sind; FR (Höchst und westliche Stadtteile) Nr. 62 v. 14. 3. 1989, S. III; FR Nr. 64 v. 16. 3. 1989, S. 9.

[87] Blitz-Umfrage Frankfurt (Anm. 70) S. 5, vgl. S. 4, 20, 27, 62f., 145; die insgesamt 23 NPD-Sympathisanten (darunter 9 Berufstätige) erlauben nur eine näherungsweise Aussage und gar keine Aufgliederung nach Ortsteilen.

Abb. 1. Ortsteile mit den zehn höchsten Stimmenanteilen der Parteien CDU, SPD, Grüne, F.D.P. und NPD

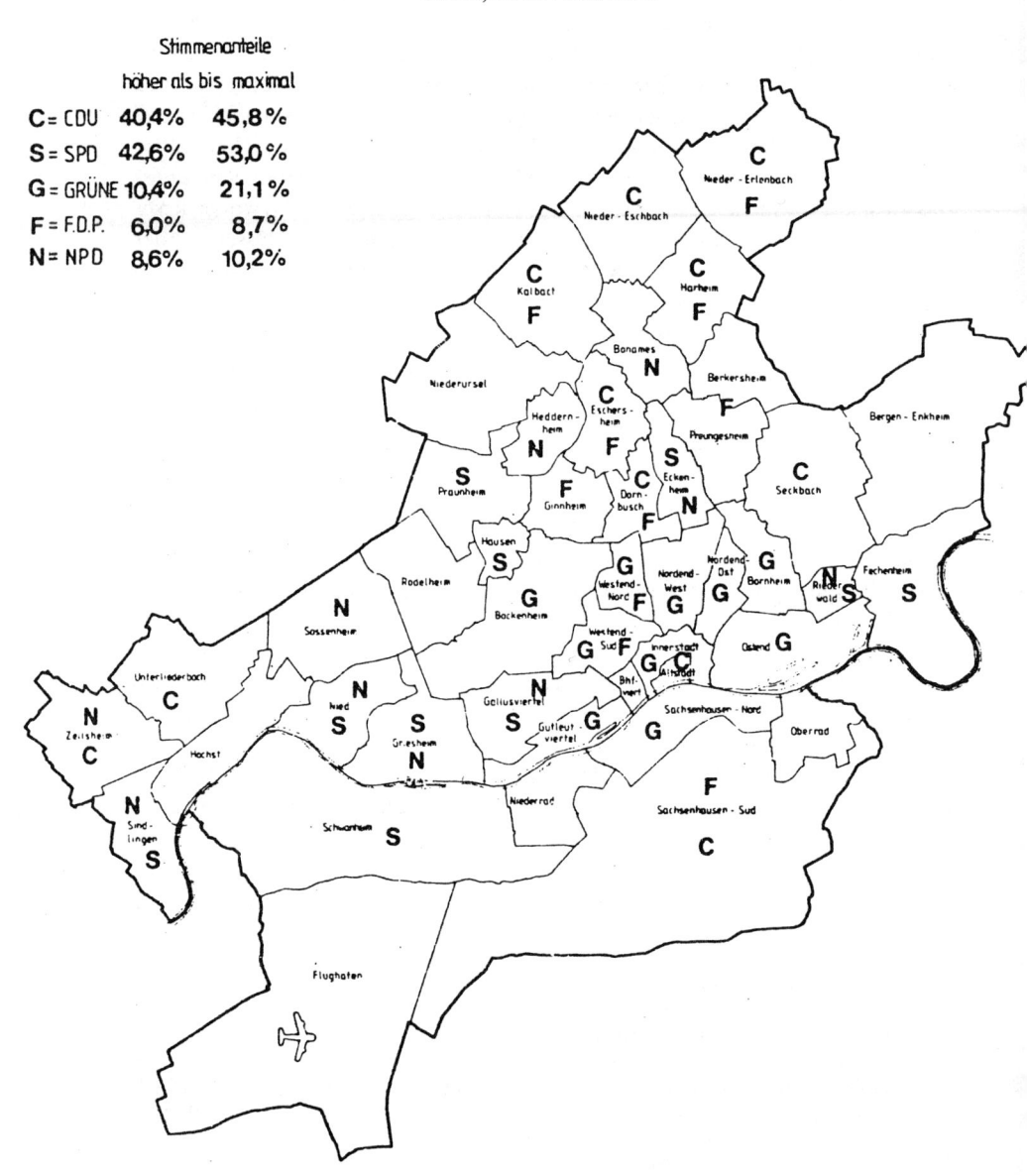

Stimmenanteile
höher als bis maximal
C = CDU 40,4% 45,8%
S = SPD 42,6% 53,0%
G = GRÜNE 10,4% 21,1%
F = F.D.P. 6,0% 8,7%
N = NPD 8,6% 10,2%

Quelle: Amt für Statistik, Wahlen und Einwohnerwesen, Stadt Frankfurt a. M., Kommunalwahlen am 12. März 1989 in Frankfurt am Main, Frankfurt 1989, S. IX.

Verbindung mit den Aggregatdaten legen den Schluß nahe, daß in solchen Ortsteilen, die über keine sozialdemokratische Hegenomie verfügen (und das ist die Mehrheit!), auch Arbeiter, die vorher CDU gewählt haben und die sich um ihren Arbeitsplatz Sorge machen[88], 1989 zu einem erheblichen Teil NPD gewählt haben können (wie schon in Berlin finden diese Wähler nicht zurück zur SPD).[89]

Die besten Wahlbezirke der SPD sind solche mit Milieubindung und mit geringeren Anteilen von Arbeitern in modernen Industriezweigen. Dies entspricht dem Allgemeinbefund, daß die SPD seit 1983 (anders als 1976 und 1980) Schwierigkeiten hat, Facharbeiter zu mobilisieren, daß sie vielmehr stärkeren Rückhalt bei an- und ungelernten Arbeitern in konjunkturgefährdeten Arbeitsmarktsegmenten findet. Offensichtlich sind dies auch Gruppen, die stärker der NPD zuneigen, wenn die Milieubindung entfällt. Bei den besten SPD-Wahlbezirken handelt es sich um Siedlungen aus der Weimarer Zeit mit unterdurchschnittlichem Ausländeranteil. Der Jungwähleranteil dieser Bezirke entspricht dem Frankfurts. Es besteht kein signifikanter Zusammenhang zwischen den Stimmenanteilen der SPD und den Ausländeranteilen (r = 0,18 oder, ohne den Ausreißer im Gallus, r = 0,16), nicht signifikant ist auch die Korrelation mit den Jungwählern (r = − 0,32), die gleichwohl darauf verweist, daß die SPD dort schlechter abschneidet, wo mehr Jungwähler wohnen.

Vergleicht man diese sozialdemokratisch dominierten Wahlbezirke mit den „Hochburgen" der NPD, dann treten einige bedeutende Unterschiede zutage.

Die NPD-„Hochburgen" sind von 1985 bis 1989 keine überdurchschnittlichen SPD-Stützpunkte, in der Landtagswahl 1987 wie in der Kommunalwahl 1989 schneidet die SPD hier sogar unterdurchschnittlich ab. Vielfach aber handelt es sich um Bezirke (in Nied und im Gallus), die an sozialdemokratische „Hochburgen" und an Reste sozialdemokratischer Hegemonie angrenzen. Der Ausländeranteil in diesen NPD-„Hochburgen" liegt (allerdings mit starken Schwankungen) deutlich über dem Frankfurter Durchschnitt (von 21,5%, bezogen auf alle Einwohner oder 23,2%, wenn nur die Einwohner mit Hauptwohnung in Frankfurt am 30. 6. 1988 berücksichtigt werden), noch deutlicher liegt er über den besten SPD-Wahlbezirken. Ein nicht signifikanter Zusammenhang zwischen NPD-Stimmen und Ausländern zeigt (r = − 0,55), daß die NPD dort schlechter abschneidet, wo mehr Ausländer wohnen. Die

---

[88] Vgl. ebd., S. 3, 7ff., 96f. — Auffällig ist (S. 96, 146), daß sich Sympathisanten von SPD, NPD und „Grünen" überdurchschnittlich viel Sorgen um den Arbeitsplatz machen im Gegensatz zu CDU- und (besonders) F.D.P.-Interessenten.

[89] Bemerkenswert dazu sind die Äußerungen von Dieter *Roth* und Konrad *Schacht* anläßlich der Vorstellung der Frankfurter Blitz-Umfrage (Anm. 70), vgl. FAZ Nr. 64 v. 16. 3. 1989, S. 42. *Schacht* tritt „entschieden" der (z. B. von der FR vertretenen) These entgegen, die NPD hätte vor allem SPD-Anhänger in den traditionellen SPD-Hochburgen gewonnen. Es seien in den 70er Jahren von der SPD zur CDU gewanderte Wähler, die jetzt die NPD wählen und so „das Vorhandensein ungelöster sozialer Probleme" anzeigen.

Tabelle 2
Die 10 besten Wahlbezirke für die SPD im März 1989

Wahlbezirk	Kennziffer	SPD % der gültigen Stimmen	SPD % der Wahlberecht.	Ausländeranteil %	Anteil der Deutschen 18-25 J. %
Gutleutviertel	151-01	64,3	43,2	19,2	5,2
Praunheim, Siedlung Westhausen	423-01	59,2	39,5	6,5	9,3
Gallus, FE Siedlung	154-02	58,2	39,7	16,7	9,5
Gallus	154-01	58,1	34,8	19,4	12,1
Praunheim, Siedlung Westhausen	423-02	57,1	41,6	6,1	9,8
Nied, Eisenbahner-Siedlung	562-01	56,5	43,5	20,2	13,3
Gallus	154-03	55,6	40,5	49,5	8,0
Gallus	154-04	55,2	35,3	8,8	9,9
Riederwald	262-01	55,1	40,1	13,6	8,2
Riederwald	262-03	54,8	36,2	14,2	10,6
Insgesamt		57,4	39,4	17,4	9,6

Korrelation mit den Jungwählern fällt — anders als im Fall der SPD — positiv aus (bezogen auf die Wahlberechtigten r = 0,18 und auf die gültigen Stimmen r = 0,46), wo mehr Jugendliche und junge Heranwachsende wohnen, erhält auch die NPD mehr Stimmen. Allerdings liegt der Jungwähleranteil in diesen besten NPD-Wahlbezirken kaum über dem von Frankfurt (9,5% am 30. 6. 1988).

Wie sehr es sich beim Wahlerfolg der NPD auf höher aggregierter Ebene um einen Erfolg vom Nullpunkt handelt, läßt sich veranschaulichen, wenn die Ergebnisse der Bundestagswahl vom 25. 1. 1987, der letzten Wahl vor dem März 1989, bei der die NPD in Frankfurt kandidiert, herangezogen werden. Die NPD erhält 1987 2 141 (= 0,6%) der Erst- und 3 232 (= 1%) der Zweitstimmen; in der Bundestagswahl 1983 sind auf sie 1 334 (= 0,4%) Zweitstimmen entfallen. Selbst in ihren 11 besten Wahlbezirken erhält die NPD 1987 nur 3,5% der gültigen Stimmen, so daß kaum mehr als 10% ihrer Wähler von 1989 als „Stammwähler" bezeichnet werden können. Mit 4,9% und 4,6% erzielt die NPD allerdings auch 1987 schon ihre besten Einzelergebnisse in Wahlbezirken von Zeilsheim und im Gallus, die 1989 ebenfalls wieder mit 13,6% bzw. 16% in der „Hitliste" auftauchen. Dies deutet darauf hin, daß der Wahlerfolg 1989 gleichzeitig singulär und ein kumulatives Ergebnis längerfristiger Entfremdungs- und Abkoppelungsprozesse ist.

Tabelle 3
Die besten NPD-Wahlbezirke im März 1989

Wahlbezirk	Kennziffer	NPD % der gültigen Stimmen	NPD % der Wahlberecht.	Ausländeranteil %	Anteil der Deutschen 18-25 J. %
Nieder-Eschbach, Ben-Gurion-Ring	670-07	17,4	11,4	32,4	12,8
Preungesheim, Karl-Kirchner-Siedlung	470-04	17,3	10,7	15,3	11,0
Sossenheim, Dunantring	632-03	15,2	10,2	22,7	9,5
Zeilsheim, Lenzenbergstraße („Hochburg" bereits 1987)	612-01	13,6	9,9	13,8	10,2
Nied, Birmingham/Coventry/ Im Sechsholder („Hochburg" bereits 1987)	561-03	14,7	9,6	21,6	11,1
Gallus, Anspacher Straße („Hochburg" bereits 1987)	165-05	16,0	9,7	37,5	9,8
Gallus, Rebstöcker-/Lahn-/ Kleyerstraße	153-01	15,4	8,7	63,4	12,2
Insgesamt		15,7	10,0	29,5	10,9

Faßt man die 467 Wahlbezirke zu 42 Ortsteilen zusammen, und untergliedert man diese Stadtteile nach homogenen Merkmalsklassen für die NPD-Ergebnisse, so wird zunächst einmal deutlich, daß die ansteigenden NPD-Ergebnisse parallel zu Verlusten von CDU, „Grünen" und F.D.P., Gewinnen der SPD und einem anwachsenden Nichtwähleranteil zustandekommen. In den besten Wahlbezirken der NPD geht sogar nahezu ein Drittel der Wähler nicht zur Wahl (30,1%).

Bei den 10 Ortsteilen mit Ergebnissen von 8,6% bis 10,2% der gültigen Stimmen oder 6,5% bis 7,5% der Wahlberechtigten für die NPD handelt es sich um Stadtrandgebiete. Mit einem Arbeiteranteil von durchschnittlich 41,6% der Erwerbstätigen handelt es sich — bezogen auf den Frankfurter Durchschnitt von 31,9% — um Ortsbezirke, die überdurchschnittlich stark von „Arbeitern" (im Sinn der Arbeitsstättenzählung 1987) bewohnt werden. Als Arbeiterviertel sind die Ortsbezirke insgesamt aber nicht (mehr) anzusprechen, zumal dort im Durchschnitt auch 46,8% der Erwerbstätigen Angestellte sind. Verglichen mit 1977 fällt auf, daß die besonderen NPD-„Hochburgen" Gallus und Sossenheim ebenso wie Sindlingen, Zeilsheim und Bonames in der Dekade bis 1987 eine besonders starke Abnahme des Arbeiteranteils aufweisen. (Inwieweit diese Ortsteile insgesamt durch horizontale und vertikale Mobilität geprägt sind, bedürfte weiterer Analysen, um genauere Aussagen über die vermutete relative Deprivation und Abwärtsmobilität in Kreisen der Wählerschaft dieser Ortsteile machen zu können.)

Tabelle 4
Das Abschneiden der SPD in den besten NPD-Wahlbezirken von 1989
(in % der Wahlberechtigten)

Wahlbezirk	Kennziffer	KW 1989	LT 1987	BT 1987	KW 1985
Nieder-Eschbach, Ben-Gurion-Ring	670-07	30,2	24,5	30,1	28,8
Preungesheim, Karl-Kirchner-Siedlung	470-04	28,2	25,4	28,4	26,1
Sossenheim, Dunantring	632-03	29,7	25,2	28,6	28,9
Zeilsheim, Lenzenbergstraße	612-01	21,5	23,0	25,4	24,0
Nied, Birmingham/Coventry/ Im Sechholder	561-03	24,7	25,1	28,6	24,4
Gallus, Anspacher Straße	165-05	27,5	26,2	28,9	29,2
Gallus, Rebstöcker-/Lahn-/ Kleyerstraße	153-01	20,6	17,2	21,5	21,4
Insgesamt		26,1	23,8	27,4	26,1
Frankfurt insgesamt		30,5	25,9	27,5	27,7

Tabelle 5
Kommunalwahl am 12.3.1989: Ortsteile nach NPD-Anteilen geordnet
(in % der Wahlberechtigten bezogen auf die Ortsteile)

| | Frankfurt/M. insgesamt | Klassen: | | | | |
		1	2	3	4	5
Ortsteile	42	8	9	7	8	10
Nichtwähler	22,8	20,5	21,4	26,1	21,9	24,0
SPD	30,5	28,8	30,0	30,4	30,9	32,5
CDU	27,8	31,3	29,5	26,2	29,3	26,2
Grüne	7,7	8,9	8,3	7,1	6,0	5,0
F.D.P.	3,7	5,0	4,3	3,1	3,8	2,6
NPD	5,0	3,4	4,2	4,8	5,6	6,9

Längerfristig (seit 1985) betrachtet, sind die „Hochburgen" der NPD vor allem solche Bezirke, in denen die „Grünen" schlecht abschneiden, eher unterdurchschnittlich (mit stärkeren Schwankungen) wird auch die CDU gewählt, während die SPD in diesen 10 Ortsteilen um 3,4% bessere Ergebnisse als im Frankfurter Durchschnitt erzielt.

Tabelle 6
Entwicklung der Stimmenanteile von CDU, SPD und Grünen in den 10 Ortsteilen mit den höchsten NPD-Anteilen
(in % der Wahlberechtigten)

	KW 1989	LT 1987	BT 1987	KW 1985
CDU	26,2	30,1	32,2	33,2
SPD	32,5	30,0	31,6	30,7
Grüne	5,0	6,8	7,8	4,0
Frankfurt insgesamt:				
CDU	27,8	33,1	32,7	35,5
SPD	30,5	25,9	27,5	27,7
Grüne	7,7	10,8	11,1	5,7

Die nicht signifikante Korrelation von $-0,11$ der SPD- und NPD-Wahlberechtigtenanteile (gegenüber $r = 0,45$ in Frankfurt insgesamt) deutet an, daß sich in diesen „Hochburgen" die SPD- und NPD-Stimmenanteile gegenläufig entwickeln: dort, wo die NPD besonders gute Ergebnisse erzielt, schneidet die SPD schlechter ab, während sich beide Parteien, bezogen auf alle 42 Ortsbezirke, parallel entwickeln. Der Regressionskoeffizient ($b = -0,92$) deutet aber auch, bezogen auf Frankfurt, daraufhin, daß die NPD im Durchschnitt dort bessere Ergebnisse erzielt, wo die SPD, etwa um den Faktor 10, schlechter abschneidet.

In den NPD-Hochburgen unterscheidet sich vor allem auch der Zusammenhang zwischen NPD und „Grünen" von demjenigen für die Gesamtheit aller Ortsbezirke. Während sich in allen 42 Ortsteilen (ebenso wie in den 467 Wahlbezirken) NPD und „Grüne" gegenläufig entwickeln (wo die NPD gut abschneidet, erzielen „Die Grünen" die schlechteren Ergebnisse), ist dieser Zusammenhang in den NPD-„Hochburgen" positiv ($r = 0,25$).

Die vorliegenden sozialstrukturellen Kategorien der Bevölkerungs- und Berufszählung 1987 entbehren der notwendigen mikrostrukturellen Vertiefung, so daß sie nur dazu taugen anzuzeigen, daß die dominante Charakterisierung des NPD-Wahlerfolges (nämlich: „sozialer Problemdruck [meldet] sich parteipolitisch zu Wort" und „deutliche Schwerpunkte der Wählerschaft der Rechtsaußenparteien [liegen] heute im Arbeitermilieu"[90]) viel zu grobschlächtig

---

[90] *Klönne:* Modernisierungsopfer (Anm. 86), S. 546.

Tabelle 7
Kommunalwahl 12. 3. 1989 – Korrelationen
(Anteile jeweils in Prozent der Wahlberechtigten)

(a) *Alle Wahlbezirke* (N = 467) (ohne Briefwähler)

	CDU	F.D.P.	Grüne	NPD	Gültige Stimmen
SPD	−0,33	−0,50	−0,30	0,46	0,44
CDU		0,53	−0,39	−0,25	0,55
F.D.P.			0,02	−0,50	0,19
Grüne				−0,42	−0,18
NPD					0,13

(b) *Alle Ortsteile* (N = 42)

	CDU	F.D.P.	Grüne	NPD	Gültige Stimmen
SPD	−0,40	−0,48	−0,36	0,45	0,08
CDU		0,71	−0,35	−0,34	0,75
F.D.P.			0,18	−0,68	0,68
Grüne				−0,57	−0,14
NPD					−0,32

(c) *NPD-Hochburgen* (= Klasse 5; N = 10)

	CDU	F.D.P.	Grüne	NPD	Gültige Stimmen
SPD	−0,73	−0,31	0,16	0,09	0,06
CDU		0,18	−0,61	−0,31	0,56
F.D.P.			0,47	−0,34	0,28
Grüne				0,25	−0,34
NPD					−0,32

(d) *NPD-Schwachstellen* (= Klasse 1; N = 8)

	CDU	F.D.P.	Grüne	NPD	Gültige Stimmen
SPD	0,39	−0,72	−0,63	0,81	0,36
CDU		0,27	−0,89	0,39	0,93
F.D.P.			−0,03	−0,61	0,16
Grüne				−0,58	−0,71
NPD					0,40

Tabelle 8 **Kommunalwahlergebnisse von NPD und SPD, Ausländeranteil und Erwerbstätige in den für die NPD besten 10 Ortsteilen**

Ortsteile	SPD (in % d. Wahlberechtigten)	NPD	Ausländer	Selbständige	Beamte (in % der Erwerbstätigen lt. VZ 1987)	Angestellte	Arbeiter
Sossenheim	28,9	7,5	16,7	6,5	4,5	50,1	38,9
Zeilsheim	31,1	6,7	14,3	4,5	2,0	42,1	50,3
Sindlingen	33,4	6,7	18,5	5,1	3,9	41,3	49,7
Nied	32,7	7,0	20,2	4,7	10,5	43,9	40,9
Riederwald	40,3	7,1	14,5	4,9	4,9	48,5	41,8
Bonames	30,0	6,5	16,3	6,5	6,3	54,9	32,3
Eckenheim	31,8	6,7	18,0	6,7	7,5	54,2	31,7
Heddernheim	31,1	6,8	15,7	7,2	7,0	55,3	30,5
Griesheim	32,1	6,7	30,6	5,0	6,9	39,4	48,8
Gallus	33,4	7,2	41,2	6,0	4,5	38,0	51,5
Frankfurt/M. insgesamt	30,5	5,0	21,8	8,8	6,9	52,5	31,9

vorgetragen wird. Zwar korrelieren SPD und NPD gleichermaßen (aber nicht signifikant) mit dem Arbeiteranteil (r = 0,20 bzw. r = 0,25), aber gerade diese Ähnlichkeit wirft die Frage auf, wodurch sich diese Ortsteile bezüglich der Arbeiter und überhaupt bezüglich ihrer sozialmoralischen Milieus bzw. Lebenswelten unterscheiden. Die Betrachtung der besten Wahlbezirke von NPD und SPD legt den Schluß nahe, daß die beschäftigungsstatistischen Kategorien allein wenig aussagen, sondern daß es der Existenz einer „sozialdemokratischen Hegemonie" in noch geschlosseneren Wohnbezirken bedarf, um diese „Arbeiter" an die SPD zu binden.

Regressionsanalysen, ob auf der Ebene der Hochburgen, aller 42 Ortsteile, der 467 Wahlbezirke oder auch der wahlpolitischen Übergänge kommen stets zu demselben Ergebnis, das die gegenläufigen Entwicklungen von NPD, F.D.P. und „Grünen" als die bedeutendste Entwicklung und als die Bestimmung der durchschnittlichen Stimmenverhältnisse ausweist: Dort wo die „Grünen" dominant sind, oder dort, wo es noch stärkere F.D.P.-Wählergruppen gibt, erzielt die NPD ihre schlechtesten Ergebnisse. Andererseits heißt dies aber auch, in den Stadtteilen, wo die Dialektik der Frankfurter Moderne zur Wahl der NPD durch verschiedene Gruppen von Modernisierungsgegnern wie -opfern führt, sind F.D.P. und „Grüne" kaum präsent. Dieser Befund deckt sich mit den Einstellungsuntersuchungen, die vor allem bei zeitgeschichtlichen und ausländerpolitischen Themen geradezu diametral zwischen den Anhängern der „Grünen" und der „Republikaner" unterscheiden.[91]

---

[91] Vgl. die vom „Spiegel" veröffentlichte EMNID-Untersuchung: Der Spiegel Nr. 14 v. 10. 4. 1989, S. 150-160, und Nr. 16 v. 17. 4. 1989, S. 151-163.

Das lokale Parteiensystem zwischen Wettbewerbs- und Konsensdemokratie: Eine empirische Analyse am Beispiel von 49 Städten in Rheinland-Pfalz

Von *Oscar W. Gabriel*

1. Problembeschreibung

Obgleich den politischen Parteien bereits in den städtischen Vertretungskörperschaften des 19. Jahrhunderts eine gewisse Bedeutung zukam, war ihre Daseinsberechtigung im lokalen politischen System Deutschlands lange Zeit umstritten. Zahlreiche Kommunalverfassungsrechtler, aber auch große Teile der politischen Führungsgruppen verstanden Parteipolitik und Kommunalpolitik als Gegensätze. In den Parteien sah man Fremdkörper, die sachfremde Konflikte und ideologische Ziele in die Kommunalpolitik einbrachten und dem Bemühen entgegenstanden, die Angelegenheiten der örtlichen Gemeinschaft durch eine einvernehmliche und sachorientierte Zusammenarbeit aller lokalen Gruppen zu regeln[1].

Nach der Gründung der Bundesrepublik erfolgte kein endgültiger Bruch mit der Vorstellung von einer partei- und konfliktfreien, rein sachbezogenen Kommunalpolitik. In Abkehr vom traditionellen Selbstverwaltungskonzept beschrieben die meisten Kommunalverfassungsrechtler die kommunale Ebene nunmehr zwar als einen integrierten Bestandteil der demokratischen Staatsorganisation, doch hielten sie an der Bezeichnung „kommunale Selbst*verwaltung*" fest und behandeln diese bis heute als einen Teil der *Exekutive*. Nicht von ungefähr ist im deutschen Verfassungsrecht von kommunaler Selbst*verwaltung* die Rede, während in den anglo-amerikanischen Demokratien das Recht zur Selbst*regierung* institutionalisiert ist.

---

[1] Vgl. hierzu die Zusammenstellung der einschlägigen Positionen bei Oscar W. *Gabriel:* Mängelanalyse des politischen Willensbildungsprozesses in der Gemeinde. Ein Beitrag zur ‚institutionellen Krise' der kommunalen Selbstverwaltung, in: Lothar Albertin u.a.: Politische Beteiligung im repräsentativen System, Bonn 1979, S. 79-212, hier S. 107ff.; ders.: Parlamentarisierung der Kommunalpolitik, in: Oscar W. Gabriel, Peter Haungs, Matthias Zender: Opposition in Großstadtparlamenten, Melle 1984, S. 101-147; Gerhard *Lehmbruch:* Der Januskopf der Ortsparteien. Kommunalpolitik und das lokale Parteiensystem, in: Helmut Köser (Hrsg.): Der Bürger in der Gemeinde. Kommunalpolitik und politische Bildung, Bonn 1979, S. 320-334; Theo *Trachternach:* Parteien in der kommunalen Selbstverwaltung, Würzburg 1976 (2. Aufl.), S. 157ff.

Im deutschen Selbstverwaltungsdenken gibt es demnach eine dezidiert antiparteiliche Tradition. Sie wirkt nicht nur im Kommunalverfassungsrecht bis heute fort, sondern sie ist darüber hinaus in den Einstellungen der Bevölkerung und der kommunalen Führungsgruppen fest verankert[2]. Auf dieser Grundlage entwickelte sich nur langsam ein funktionsfähiger lokaler Parteienwettbewerb. Erst seit etwa zwanzig Jahren verzeichnen die Parteien in der lokalen Politik einen Bedeutungsgewinn, der die traditionelle Selbstverwaltungsdoktrin in Frage stellte und wettbewerbsorientierte Formen der Konfliktregulierung mit sich brachte. Wie auf der nationalen Ebene des politischen Systems traten die politischen Parteien auch in der Kommunalpolitik zunehmend in einen Wettbewerb um die Kontrolle der wichtigsten Personal- und Sachentscheidungen ein[3].

Der folgende Beitrag beschreibt am Beispiel von 49 Städten in Rheinland-Pfalz die Strukturen lokalpolitischer Konfliktregulierung. Anhand ausgewählter empirischer Indikatoren untersucht er die Frage, ob sich die Aktivitäten der lokalen Parteiorganisationen und ihrer Ratsfraktionen eher an konkurrenzdemokratisch-parteienstaatlichen Vorstellungen ausrichten oder ob sie eher in der antiparteilichen, konkordanzdemokratischen Tradition stehen. Als systematische Grundlage der Untersuchung dient die von *Lijphart* entwickelte Typologie demokratischer Regime[4]. Sie läßt sich mit gewissen Modifikationen auf lokale politische Systeme anwenden[5].

---

[2] Belege für diese These bei Oscar W. *Gabriel:* Mängelanalyse; ders.: Parlamentarisierung; Helmut *Köser* und Marion *Caspers-Merk:* Einfluß und Steuerungspotential kommunaler Mandatsträger in Baden-Württemberg. Paper zum Kongreß der Deutschen Vereinigung für Politische Wissenschaft vom 22.-26. 9. 1988 in Darmstadt.

[3] Vgl. mit ausführlichen Literaturhinweisen Matthias *Schmitz:* Parteien als Partizipationssysteme, in: Oscar W. Gabriel u.a.: Strukturprobleme des lokalen Parteiensystems, Bonn 1975, S. 206ff., 229ff.; Oscar W. *Gabriel:* Mängelanalyse, S. 154ff., 178ff., 187ff., 217ff., 227ff., 234ff.

[4] Vgl. Arend *Lijphart:* Democracy in Plural Societies. A Comparative Exploration, New Haven, London 1977; ders.: Democracies. Patterns of Majoritarian and Consensus Government in Twenty-One Countries, New Haven, London 1984.

[5] Die der empirischen Analyse zugrundeliegenden Daten wurden im Rahmen eines vom Verfasser geleiteten und von der Stiftung Volkswagenwerk finanzierten Projektes zur kommunalen Investitionspolitik in Rheinland-Pfalz erhoben. Untersuchungsgegenstand sind die 49 verbandsfreien Gemeinden des Landes. Die Untersuchung erstreckt sich auf den Zeitraum seit dem Abschluß der kommunalen Gebietsreform. Wegen der Veränderungen des Gebietsbestandes der meisten Untersuchungseinheiten ist eine weiter zurückreichende Analyse nicht möglich.
Dem Statistischen Landesamt Rheinland-Pfalz, dem Finanzministerium sowie den Kommunalen Spitzenverbänden ist der Verfasser für die Überlassung von Daten bzw. für Hilfen bei der Datenbeschaffung zu großem Dank verpflichtet. Die Aufbereitung der Daten wurde von Monika Toman, Volker Kunz und Thomas Zapf-Schramm besorgt.

2. Mehrheits- und Verhandlungsdemokratie. Die Konzepte und ihre Relevanz für die Analyse lokaler Parteistrukturen

Die Anwendung von *Lijpharts* Typologie setzt voraus, daß die betreffende Untersuchungseinheit als demokratisch klassifiziert werden kann. Die Geltung des Demokratiegebotes von Art. 20 GG für die kommunale Ebene ist heute in der kommunalwissenschaftlichen Literatur unumstritten[6]. Die Homogenitätsklausel des Artikels 28, Abs. 1 GG, die die verfassungsmäßige Ordnung *in den Ländern* auf die Grundsätze des republikanischen, demokratischen und sozialen Rechtsstaates im Sinne des Grundgesetzes festlegt, schließt auch die Gemeinden ein[7]. Die Notwendigkeit einer demokratischen Organisation des kommunalpolitischen Willensbildungs- und Entscheidungsprozesses ergibt sich zudem aus der Vorschrift, daß das Volk in den Ländern, Kreisen und Gemeinden eine demokratisch gewählte Vertretungskörperschaft haben muß.

Das Grundgesetz legt die Willensbildungs- und Entscheidungsstruktur des lokalpolitischen Systems nur in groben Zügen fest. Es läßt offen, wie das Demokratiegebot des Grundgesetzes auf der lokalen Ebene im einzelnen zu erfüllen ist. Zunächst tendierte die bundesdeutsche Politikwissenschaft dazu, das Demokratieverständnis des Grundgesetzes mit dem anglo-amerikanischen Modell der Mehrheits- oder Wettbewerbsdemokratie gleichzusetzen, deren Logik *Lijphart*[8] folgendermaßen beschreibt: "The essence is majority rule. The model can be seen as the most obvious solution to the dilemma of what is meant by 'the people' in our definition of democracy. Who will do the governing and whose interests should the government be responsive when the people are in disagreement and have divergent preferences? One answer is: the majority of the people. Its great merit is that any other answer, such as the requirement of unanimity or qualified majority, entails minority rule—or at least minority veto—and that the government by the majority and in accordance with the majority's wishes comes closer to the democratic ideal than government by and responsive to a minority".

Die Strukturmerkmale der Mehrheitsdemokratie[9] sind ausnahmslos auf das Ziel ausgerichtet, das Mehrheitsprinzip als Entscheidungsmechanismus zu optimieren[10]. Hieraus ergeben sich bestimmte Annahmen über die Funktions-

---

[6] Vgl. z. B. Werner *Frotscher:* Stadtparlament und Stadtregierung: BVerfGE zugunsten des repräsentativ-demokratischen Prinzips auf kommunaler Ebene, in: ZParl 7 (1976), S. 494-501.

[7] Vgl. Konrad *Hesse:* Grundzüge des Verfassungsrechts der Bundesrepublik Deutschland, Karlsruhe 1985 (15. Aufl.), S. 34.

[8] Arend *Lijphart:* Democracies, S. 4.

[9] Die Begriffe Wettbewerbs- und Mehrheitsdemokratie einerseits sowie Konkordanz-, Konsens- und Verhandlungsdemokratie andererseits werden in diesem Beitrag synonym benutzt.

[10] Vgl. die Übersicht bei Arend *Lijphart:* Democracies, S. 5ff.

weise des Parteiensystems und die Rolle der Parteien bei der Besetzung exekutiver Führungspositionen. Nach *Lijphart* resultiert aus dem Zusammenspiel einer eindimensionalen politischen Konfliktstruktur mit einem relativen Mehrheitswahlrecht ein Zwei-Parteien-System, in dem eine der konkurrierenden Parteien auf Zeit die Rolle der Regierung, die andere die der Opposition übernimmt. Die Parlamentsmehrheit arbeitet eng mit der Regierung zusammen, während die Minderheit für die Dauer der parlamentarischen Wahlperiode von der politischen Führung ausgeschlossen ist. Die klare Trennung zwischen der Regierungs- und der Oppositionsfunktion begünstigt wettbewerbs- und konfliktorientierte Formen politischen Verhaltens. Dabei ist die Mehrheit in der Lage, ihre Vorstellungen durch Abstimmungen durchzusetzen. Eine annähernd gleich große Anhängerschaft der konkurrierenden Parteien sowie das Vorhandensein einer relativ großen Zahl parteipolitisch schwach gebundener Wähler ermöglicht den Wettbewerb zwischen der Regierung und der Opposition sowie das Alternieren der Regierungs- und Oppositionsrolle zwischen den Parteien.

Im Gegensatz zur Mehrheitsdemokratie beschreibt *Lijphart*[11] die Konsensdemokratie als die angemessene Organisationsform pluraler, d. h. kulturell und politisch fragmentierter Gesellschaften. In solchen Gesellschaften treten mehrere soziale Spaltungslinien gleichzeitig auf. An diesen Spaltungslinien bilden sich sozio-politische Subkulturen mit einer eigenen parteipolitischen Repräsentanz, eigenen Interessenverbänden, Massenmedien und Sozialisationseinrichtungen. Häufig stellte keine der rivalisierenden Gruppen die Mehrheit der Bevölkerung. Wegen der stabilen Verankerung der politischen Parteien in den klar voneinander abgegrenzten Subkulturen fehlt die für Wettbewerbsdemokratien typische Mobilität der Wählerschaft. Unter derartigen Bedingungen ist die Stimmabgabe bei Wahlen fast vollständig durch die Gruppenzugehörigkeit festgelegt. Ein regelmäßiger Wechsel zwischen der Mehrheits- und der Minderheitsrolle im politischen System kommt wegen der Versäulung des Parteiensystems im Regelfalle nicht zustande. Dies macht die Anwendung des Mehrheitsprinzips als Entscheidungsmechanismus weitgehend unpraktikabel, weil dies einzelne politische Gruppen in eine dauerhafte Minoritätensituation brächte[12]. Um das daraus resultierende Risiko einer Desintegration der Minderheitsgruppen zu vermeiden, entwickelt die Konkordanz- oder Verhandlungsdemokratie spezifische Mechanismen zur Regulierung politischer Konflikte, die eine möglichst breite Machtdiffusion und Partizipation der politischen Konfliktgruppen an Entscheidungen sicherstellen. Nach *Nordlinger*[13] eignen sich zur Konfliktregulierung in fragmentierten Gesellschaften sechs Verfahrensweisen:

---

[11] Ebd., S. 22f.
[12] Arend *Lijphart:* Plural Societies, S. 6ff.
[13] Eric *Nordlinger:* Conflict Regulation in Divided Societies, New Haven, Mass. 1972, S. 21ff.

(1) die Bildung dauerhafter Koalitionen unter Einschluß aller wesentlichen Konfliktparteien,
(2) das Proportionalprinzip,
(3) das Zugeständnis wechselseitiger Veto-Rechte durch die Konfliktparteien,
(4) die gezielte Entpolitisierung von Problemen oder Konflikten,
(5) der Abschluß von Kompromissen in den kritischen Fragen und
(6) Konzessionen der stärkeren Konfliktgruppen an die schwächeren.

Nach *Lijphart*[14] gehört die Bundesrepublik Deutschland zu denjenigen Staaten, in denen sich mehrheits- und verhandlungsdemokratische Formen der Konfliktregulierung miteinander vermischen. Dabei ist das nationale Parteiensystem vom Wettbewerbsprinzip bestimmt. Im Gegensatz dazu blieben auf der lokalen Ebene die von *Nordlinger* beschriebenen Formen konsensualer Konfliktregelung bis in die Gegenwart bedeutsam. Dies ergibt sich einerseits aus dem traditionellen deutschen Selbstverwaltungsverständnis, andererseits aus dem vergleichsweise langen Fortbestand lokaler Milieuparteien[15]. Im Interesse einer Begrenzung lokalpolitischer Konflikte verständigten sich die politischen Akteure häufig auf die Bildung großer Koalitionen, die Anwendung des Proportionalprinzips bei der Vergabe von Führungspositionen, den Kompromiß statt des Mehrheitsentscheides und die Entpolitisierung lokaler Streitfragen. Im lokalen Parteiensystem dominieren nach vorherrschender Auffassung konsensuale Prinzipien.

In der folgenden empirischen Analyse der Strukturmerkmale lokaler Parteiensysteme wird die Unterscheidung zwischen Mehrheits- und Konsensdemokratien an den folgenden Größen festgemacht:
(1) an der Bedeutung der explizit antiparteilich agierenden Freien Wählergruppen,
(2) an der Fraktionalisierung des lokalen Parteiensystems,
(3) an der parteipolitischen Zusammensetzung der Verwaltungsspitze und
(4) am Abstimmungsverhalten der Kommunalvertretung bei wichtigen kommunalen Entscheidungen.

---

[14] Arend *Lijphart:* Democracies, S. 37ff., 215ff.; vgl. auch Gerhard *Lehmbruch:* Parteienwettbewerb im Bundesstaat, Stuttgart 1976.
[15] Vgl. die ausführliche Darstellung bei Andreas *Engel:* Wahlen und Parteien im lokalen Kontext. Eine vergleichende Untersuchung des Basisbezugs lokaler Parteiakteure in 24 nordhessischen Kreisparteiorganisationen von CDU, FDP und SPD, Frankfurt u. a. 1987; ders.: Sozialer Kontext, Parteienwettbewerb und Organisationsstrukturen lokaler Parteien, in: Oscar W. Gabriel (Hrsg.): Kommunale Demokratie zwischen Politik und Verwaltung, München 1988, S. 157–177.

3. Die Kontrolle der Kommunalen Vertretungskörperschaft durch die politischen Parteien

3.1 Die kommunalpolitische Rolle der Freien Wählergruppen

Die Verwendung des Stimmenanteils der Freien Wählergruppen (FWG) als Indikator konsensdemokratischer Strukturen läßt sich nicht aus *Lijpharts* demokratietheoretischem Konzept, wohl aber aus der deutschen Selbstverwaltungstradition ableiten. Die mit der Kontrolle des lokalpolitischen Entscheidungsprozesses durch die Parteien verbundene dauerhafte Politisierung sozialer Konflikte, die Mehrheitsentscheide durch politische Gremien oder Verhandlungen zwischen dem Führungspersonal der Konfliktgruppen erfordert, war in der deutschen Kommunalpolitik nicht immer gegeben, und sie wurde auch nicht unbedingt als erstrebenswert angesehen: Noch nach der Gründung der Bundesrepublik konkurrierten die politischen Parteien in zahlreichen Städten und Gemeinden mit den Freien Wählergemeinschaften um die Kontrolle der lokalen Entscheidungsgremien. Der Einfluß der Wählergemeinschaften auf die Kommunalpolitik resultierte nicht zuletzt aus der Vorstellung, in der Kommunalpolitik gehe es um die Lösung reiner „Sachfragen", für die Parteiideologien und parteipolitische Konflikte nicht hilfreich seien. Aus diesem Grunde glaubte man auf die Parteien als Träger des lokalen politischen Prozesses verzichten zu können[16]. Da die Wählergemeinschaften zumeist bewußt antiparteilich agieren und eine Entpolitisierung lokaler Streitfragen anstreben, deutet ihre Stärke auf den Fortbestand konsensdemokratischer Strukturen in den Gemeinden hin. Allerdings können lokale Besonderheiten die Validität des Indikators „Stimmenanteil der FWG" bei Kommunalwahlen beeinträchtigen. So ist nicht auszuschließen, daß in einzelnen Fällen Parteien, Parteienbündnisse oder -absplitterungen unter dem Etikett einer Freien Wählergruppe auftreten, um vorhandene antiparteiliche Stimmungen für sich zu nutzen[17]. Auch dies indiziert allerdings Vorbehalte gegen mehrheits- oder wettbewerbsdemokratische Formen der Konfliktregulierung.

Die Rolle der Freien Wähler in der Kommunalpolitik wurde mehrfach empirisch untersucht[18]. Nach den bislang vorliegenden Erkenntnissen beeinflussen vor allem die Ortsgröße und regionale politische Traditionen die Erfolge der Wählergruppen. Nach *Haller*[19] spielen „bei Gemeindewahlen kommunale

---

[16] Vgl. Hans Martin *Haller:* Die Freien Wähler in der Kommunalpolitik, in: Helmut Köser (Hrsg.): Der Bürger in der Gemeinde. Kommunalpolitik und politische Bildung, Bonn 1979, S. 335-368, S. 341 ff., 355 f.; Heino *Kaack:* Parteien und Wählergemeinschaften auf kommunaler Ebene, in: Heinz Rausch, Theo Stammen (Hrsg.): Aspekte und Probleme der Kommunalpolitik, München 1972, S. 135-150, S. 137; Gerhard *Lehmbruch:* Kommunalpolitik, S. 327 ff.

[17] Vgl. Heino *Kaack,* a.a.O., S. 137.

[18] Vgl. die Übersicht bei Thomas *Möller:* Die kommunalen Wählergemeinschaften in der Bundesrepublik, München 1981.

Wählervereinigungen in Nordrhein-Westfalen und im Saarland eine ‚untergeordnete', in Hessen und Niedersachsen eine ‚respektable', in Bayern, Schleswig-Holstein und Rheinland-Pfalz eine ‚starke' und in Baden-Württemberg eine ‚herausragende' Rolle". Auf der Basis der Angaben bei *Nohlen*[20] lassen sich diese ungenauen Angaben präzisieren und zugleich in Zweifel ziehen. So betrug der von den baden-württembergischen Wählergruppen im Durchschnitt der Gemeinderatswahlen 1959/1975 erreichte Stimmenanteil 24,5 Prozent, in Bayern und Hessen lag er mit 20,2 bzw. 19,3 Prozent nicht wesentlich niedriger. Lediglich für Nordrhein-Westfalen (0,2%) trifft *Hallers* Klassifikation ohne Einschränkung zu[21].

In Rheinland-Pfalz, auf das sich diese Untersuchung bezieht, nehmen die Wählergruppen nach *Haller* sowie *Becker* und *Rüther* eine starke kommunalpolitische Position ein. Diese Aussage entspricht den tatsächlichen Gegebenheiten. Bei den seit 1948 durchgeführten Stadt- und Gemeinderatswahlen variierte der Stimmenanteil der Wählergruppen zwischen 33,6 (1952) und 15,5 Prozent (1984). Seit 1952 ging ihre Unterstützung durch die Wähler allerdings ständig zurück. Dieser Bedeutungsverlust trat in zwei großen Schüben ein, nämlich zwischen 1956 und 1960 sowie zwischen 1969 und 1974 (Abbildung 1). Während die zwischen 1956 und 1960 eingetretene Veränderung nicht ohne weiteres erklärt werden kann, gibt es plausible Gründe für die Stimmenverluste der Wählergruppen in der zweiten Teilperiode. Sie sind vor allem in der Auflösung ländlicher Kleingemeinden im Zuge der Gebietsreform[22] sowie in der zunehmenden Organisationsdichte der politischen Parteien, insbesondere der CDU, zu sehen[23]. Dieser Bedeutungsrückgang der Wählergruppen setzte sich nach dem Abschluß der Territorialreform nur noch in abgeschwächter Form fort. Bei den drei seither durchgeführten Kommunalwahlen erzielten sie im Landesdurchschnitt 17,5, 15,7 und 15,5 Prozent der Stimmen[24].

---

[19] Hans Martin *Haller*, a.a.O., S. 347; vgl. auch Alois *Becker*, Günther *Rüther*: Kommunale Wählervereinigungen, in: Konrad-Adenauer-Stiftung (Hrsg.): Materialien zur kommunalpolitischen Bildung, Bonn 1976, S. 277-308, S. 281 ff.

[20] Dieter *Nohlen:* Wahlsysteme und Wahlen in den Gemeinden, in: Heinz Rausch, Theo Stammen (Hrsg.): Aspekte und Probleme der Kommunalpolitik, München 1977 (3. Aufl.), S. 149-186, S. 178 ff.

[21] Vgl. auch die Angaben bei Manfred *Cryns*, Klaus *Hembach*: Kommunalwahlen und kommunales Wählerverhalten in Nordrhein-Westfalen, in: Uwe Andersen (Hrsg.): Kommunale Selbstverwaltung und Kommunalpolitik in Nordrhein-Westfalen, Stuttgart 1987, S. 109-131, hier S. 119, Tabelle 4.

[22] Vgl. genauere Angaben bei Heinrich *Siedentopf:* Verwaltungsreform, in: Peter Haungs (Hrsg.): 40 Jahre Rheinland-Pfalz. Eine politische Landeskunde, Mainz 1986, S. 365-382, S. 372.

[23] Vgl. Oscar W. *Gabriel:* Einleitung: Strukturprobleme des lokalen Parteiensystems, in: Oscar W. Gabriel u.a.: Strukturprobleme, S. 14 ff.; Armin *Klein*: Parteien und Wahlen in der Kommunalpolitik, in: Oscar W. Gabriel (Hrsg.): Kommunalpolitik im Wandel der Gesellschaft. Eine Einführung in Probleme der politischen Willensbildung in der Gemeinde, Königstein/Taunus 1979, S. 94-118, S. 97 ff.

[24] Vgl. Statistisches Jahrbuch für Rheinland-Pfalz, Bad Ems 1986/87, S. 195.

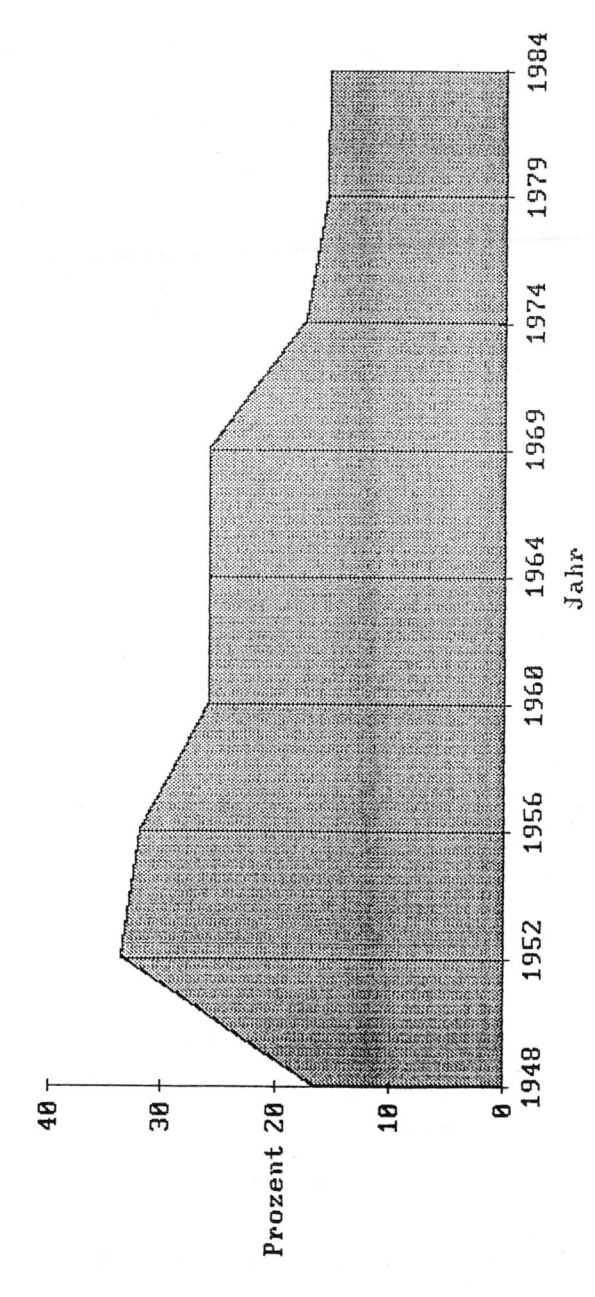

Abbildung 1: Stimmenanteile der Freien Wählergruppen 1948-1984

Da die Freien Wähler ihre großen Erfolge vornehmlich in kleinen ländlichen Gemeinden erzielen, liegt ihr Stimmenanteil in den 49 verbandsfreien Gemeinden von Rheinland-Pfalz deutlich unter dem Landesdurchschnitt. Bei den Kommunalwahlen 1974 bis 1984 erreichten sie in unseren Untersuchungseinheiten im Mittel 8,4 Prozent. Dieser Anteil blieb zwar im Zeitablauf bei einer leicht steigenden Tendenz relativ stabil, variiert aber in den einzelnen Städten und Gemeinden beträchtlich: In neun Untersuchungseinheiten traten die Wählergruppen bei keiner der drei Kommunalwahlen an. Hierzu gehörten erwartungsgemäß mit Mainz, Ludwigshafen und Koblenz drei der vier rheinlandpfälzischen Großstädte. Auch in Kaiserslautern war ihre Kandidatur zur Kommunalvertretung erfolglos. In 32 Untersuchungseinheiten lag der FWG-Stimmenanteil dagegen durchschnittlich über der bis 1984 für eine parlamentarische Repräsentanz zu überwindenden Fünf-Prozent-Marke. Davon sind vier Gemeinden als ausgesprochene FWG-Hochburgen zu bezeichnen: Hier erreichten die Wählergruppen im Durchschnitt der drei Kommunalwahlen mehr als zwanzig Prozent der gültigen Stimmen (Tabelle 1a) und waren damit teilweise die zweitstärkste Ratsfraktion.

Tabelle 1a

Der Stimmenanteil der Freien Wählergruppen bei den Stadt- und Gemeinderatswahlen in 49 Städten des Landes Rheinland-Pfalz, 1974–1984 (Angaben: absolute Zahlen)

	1974	1979	1984	MW
nicht vertreten	17	11	15	9
0,1– 4,9 Prozent	1	5	2	8
5,0– 9,9 Prozent	13	18	13	13
10,0–14,9 Prozent	9	7	8	10
15,0–19,9 Prozent	4	5	4	5
20 Prozent und mehr	5	3	7	4
Mittelwert	8,00	8,36	8,85	8,40
Standardabweichung	7,54	7,14	8,32	6,65
N	49	49	49	49

Tabelle 1b

Gewinne und Verluste der Wählergruppen in Rheinland-Pfalz, 1974–1984

	1974/79	1979/84
bis 5 Prozent Verluste	7	2
4,99 bis 0,00 Prozent Verluste	23	28
0,01 bis 4,99 Prozent Gewinne	14	13
5,00 Prozent Gewinne und mehr	5	6
Mittelwert	1,01	0,70
Standardabweichung	7,07	4,88
N	49	49

Wie im Landesdurchschnitt läßt sich in den einzelnen Städten und Gemeinden kein genereller Bedeutungsverlust der Wählergruppen feststellen. Zwar schieden sie zwischen 1974 und 1984 aus zwei städtischen Vertretungskörperschaften aus und mußten in weiteren Städten zum Teil erhebliche Stimmenverluste hinnehmen. Dem standen jedoch einzelne spektakuläre Erfolge gegenüber. In mehreren Untersuchungseinheiten gelang den Wählergruppen 1979 oder 1984 auf Anhieb der Einzug in die Kommunalvertretung, in anderen erzielten sie Stimmengewinne zwischen 10 und 20 Prozent (Tabelle 1 b). Im allgemeinen gelang es ihnen im untersuchten Zeitraum, ihre Position im lokalen politischen System zu festigen und den mit der kommunalen Gebietsreform verbundenen Schrumpfungsprozeß aufzuhalten. Der durch die Wählergruppen repräsentierte partei- und konfliktfreie Politikstil findet in einigen Städten des Landes Rheinland-Pfalz nach wie vor große Zustimmung.

3.2 Die Fraktionalisierung des lokalen Parteiensystems

Obgleich die Wählergruppen in einzelnen Städten eine starke Position einnehmen, konnten sich in den verbandsfreien Gemeinden insofern parteienstaatliche Formen der politischen Willensbildung durchsetzen, als die im Bundestag vertretenen politischen Parteien die weitaus überwiegende Zahl der Ratsmandate kontrollieren. Damit entwickelten sie sich zu wichtigen Vermittlungsinstanzen im Austauschprozeß zwischen der Bevölkerung und den lokalen Führungsgruppen. Als Einrichtungen zur Artikulation, Aggregation, Politisierung und Kanalisierung sozialer Konflikte nehmen die Parteien in Konkurrenz- und in Konkordanzdemokratien eine derart zentrale Position ein, daß man *Lijpharts* Regimetypologie in weiten Teilen als Derivat einer Theorie des Parteienkonfliktes bezeichnen kann. Nahezu alle in seiner Beschreibung demokratischer Systeme benutzten Merkmale basieren auf Eigenschaften des Parteiensystems oder stehen mit ihnen in Verbindung.

Als Merkmal zur Abgrenzung konkordanz- und mehrheitsdemokratischer Parteistrukturen benutzt *Lijphart* zunächst die Zahl der im Parlament vertretenen Parteien. Demnach zeichnen sich Mehrheitsdemokratien durch Zweiparteiensysteme, Verhandlungsdemokratien durch Vielparteiensysteme aus. Allerdings hält *Lijphart* die Unterscheidung zwischen Zwei- und Vielparteiensystemen für zu einfach. Er schlägt statt dessen vor, einen Index der „effektiven Zahl der Parteien" zu berechnen, in den neben der Zahl der im Parlament vertretenen Parteien deren Stärke eingeht. Auf diese Art und Weise erhält man differenziertere Informationen über den Wettbewerbsgrad in Zweiparteiensystemen und über das Ausmaß der Fragmentierung von Vielparteiensystemen[25]. Nach *Lijphart* sind — in Abhängigkeit von der Zahl der Konfliktlinien und der Stärke der Konfliktparteien — Wettbewerbsstrukturen zu erwarten, die zwischen den Extremen eines Ein-Parteien-Dominanzsystems und eines fragmentierten Viel-

---

[25] Vgl. Arend *Lijphart:* Democracies, S. 17, 26, 16 ff.

parteiensystems mit mehreren annähernd gleichstarken Parteien liegen. An der Zahl der in einer Gemeinde auftretenden Parteien läßt sich insoweit ablesen, wie stark das lokale politische System durch alte und neue Spaltungslinien geprägt ist und in welchem Maße zwei große Parteien ausreichen, um die vorhandenen politischen Konflikte zu kanalisieren und auf diese Weise einen klar strukturierten Wettbewerb um die politische Führung einer Gemeinde zu ermöglichen.

Die Fragmentierung des Parteiensystems läßt sich durch verschiedene Indizes messen, von denen der *Rae*-Index besonders gebräuchlich ist[26]. Er variiert zwischen den Werten 0 (Kontrolle sämtlicher Parlamentssitze oder Wählerstimmen durch eine Partei) und nahe 1 (Kontrolle jedes Parlamentssitzes durch eine andere Partei). Der Wert 0,5 indiziert das Auftreten von zwei Parteien mit gleich großer Mandats- oder Stimmenzahl[27]. Der Übersichtlichkeit halber werden nachfolgend die Rae-Werte (R) der einzelnen Städte zu vier Gruppen mit einem unterschiedlichen Fragmentierungsgrad des lokalen Parteiensystems zusammengefaßt:

(1) Städte mit einem *schwachen Parteienwettbewerb* aufgrund einer ausgeprägten Dominanz einer Partei (R < 0,45)
(2) Städte mit einem *annähernd bipolaren Parteienwettbewerbssystem* (0,45 < R < 0,55)
(3) Einheiten mit Mehrparteiensystemen, aber einer *Konzentrationstendenz auf zwei große Parteien* 0,55 < R < 0,65) und
(4) Städte mit einem *stark fragmentierten Parteiensystem* (R > 0,65).

Die durchschnittliche Fraktionalisierung der Parteiensysteme unserer 49 Untersuchungseinheiten in allen drei Wahlperioden liegt bei einem Wert von 0,575 und ist damit etwas schwächer als auf der Bundesebene (1987: 0,637, im Durchschnitt der Jahre 1949-1987: 0,640). Dies geht auf die Existenz zahlreicher CDU- und SPD-Hochburgen zurück.

Dennoch stellt das konzentrierte Vielparteiensystem, wie auf der Bundes- und Landesebene, den weitaus häufigsten Typ dar. Es zeichnet sich durch das Vorhandensein zweier großer Parteien und einer kleinen Partei aus[28]. Mit deutlichem Abstand folgen die für Mehrheitsdemokratien typischen bipolaren Wettbewerbssysteme. Dominanzsysteme und stark fragmentierte Parteiensysteme dagegen sind relativ selten. Zwischen 1974 und 1985 nahm die Fraktionalisierung des lokalen Parteiensystems nur leicht zu (Tabelle 2a). Somit kam der langfristig zu beobachtende Prozeß der Konzentration des lokalen Parteiensystems[29] in der zweiten Hälfte der siebziger Jahre zum Stillstand.

---

[26] Vgl. Douglas W. *Rae:* A Note on the Fractionalization of Some European Party Systems, in: Comparative Political Studies 1 (1968), S. 413-418.
[27] Der Wert wird folgendermaßen berechnet: $R = 1 - \sum (p_i)^2_{i\,=\,1\,\ldots\,n}$.
[28] Der ermittelte Durchschnittswert von 0,575 wird z.B. dann erreicht, wenn die stärkste Partei über 49 Prozent, die nächstgrößere über 42 Prozent der Stimmen verfügt und zudem eine kleine dritte Partei mit einem Stimmenanteil von 9 Prozent auftritt.
[29] Vgl. die Belege bei Oscar W. *Gabriel:* Strukturprobleme.

Berechnet man den Rae-Index auf der Basis der *Stimmenanteile* der Parteien und Wählergruppen, und nicht auf der Grundlage ihres *Mandatsanteiles* in den Kommunalvertretungen, dann zeigt sich die Tendenz zur Pluralisierung der lokalen Parteiensysteme etwas deutlicher (Tabelle 2b). Hinter dieser Entwicklung stehen aber zwei deutlich voneinander zu unterscheidende Prozesse: Im Zeitraum 1974/1979 konnten die Freien Wählergruppen ihre Position auf Kosten der beiden Großparteien, besonders der CDU, stabilisieren. Im zweiten Untersuchungsabschnitt etablierten sich dagegen die Grünen, was vornehmlich zu Lasten der SPD ging. Die Wählergruppen waren an der weiteren Fraktionalisierung des lokalen Parteiensystems zwischen 1979 und 1984 kaum noch beteiligt.

Die geringfügig steigende Fraktionalisierung des lokalen Parteiensystems wirkte sich aus verschiedenen Gründen nur bedingt auf die parteipolitische Zusammensetzung der Kommunalparlamente aus. Erwähnenswert ist in diesem Zusammenhang die Fünf-Prozent-Klausel, die bislang in vielen Fällen den Einzug kleiner politischer Gruppierungen in die Kommunalvertretungen verhinderte. Darüber hinaus war mit dem Erfolg der Grünen etwa in einem Drittel aller Fälle das Scheitern der FDP oder der Wählergruppen verbunden, so daß ihre parlamentarische Präsenz nicht zu einer stärkeren Fraktionalisierung der Kommunalparlamente führte. Schließlich beeinflußt auch die besondere Entwicklung in einigen Städten, in denen der Fraktionalisierungsgrad im Gegensatz zum allgemeinen Entwicklungsmuster abnahm, den Mittelwert des Rae-Indexes.

So treffen wir in den 49 Gemeinden während der drei Untersuchungsperioden recht unterschiedliche Wettbewerbsstrukturen an. Sieht man vom atypischen Fall einer Gemeinde ab, in der die CDU 1979 keinen gültigen Wahlvorschlag präsentierte, dann variiert der Rae-Index zwischen einem Minimum von 0,363 (Grafschaft, 1974) und einem Maximum von 0,697 (Sinzig, 1984). Im ersten Falle kontrollierte die CDU mehr als drei Viertel aller Ratssitze, die verbleibenden 23,8 Prozent der Mandate entfielen auf die SPD. Im zweiten Falle arbeiten in der Kommunalvertretung fünf Fraktionen, wobei die SPD und die FWG jeweils 22,2 Prozent der Ratsmandate halten (CDU 44,4, Grüne 7,4, FDP 3,7 Prozent). Trotz einer gewissen Auflockerung des lokalen Parteiensystems verloren die beiden großen Volksparteien nicht ihre führende Position in der Kommunalpolitik; denn selbst im ungünstigsten Falle kontrollierten CDU und SPD gemeinsam zwei Drittel der Ratsmandate.

Wie aus der Analyse des Stimmenanteils der Freien Wählergruppen und der Fraktionalisierung des lokalen Parteiensystems hervorgeht, verstärkten sich zwischen 1974 und 1984 die wettbewerbsdemokratischen Elemente in der kommunalen Selbstverwaltung nicht. Vielmehr besteht die konkordanzdemokratische Selbstverwaltungstradition fort. Die mit der kommunalen Gebietsreform einhergehende Umverteilung des politischen Einflusses von den Wählergruppen auf die Bundestagsparteien setzte sich nach dem Ende der Territorialreform nicht fort. Zwar kontrollieren die CDU und die SPD die meisten Sitze in

Tabelle 2a
Die Fraktionalisierung des Parteiensystems in den Kommunalvertretungen der 49 Städte des Landes Rheinland-Pfalz, 1974-1984

	1974	1979	1984	MW
Hegemonialsysteme	3	1	1	0
bipolare Wettbewerbssysteme	12	14	13	15
konzentrierte Vielparteiensysteme	30	28	29	32
fragmentierte Vielparteiensysteme	4	5	6	2
Mittelwert (Rae Index)	0,569	0,570	0,586	0,575
Standardabweichung	0,066	0,066	0,056	0,051
N	49	49	49	49

Tabelle 2b
Die Fraktionalisierung des Parteiensystems bei den Kommunalwahlen in 49 Städten des Landes Rheinland-Pfalz, 1974-1984

	1974	1979	1984	MW
Hegemonialsysteme	2	0	1	0
bipolare Wettbewerbssysteme	7	9	6	5
konzentrierte Vielparteiensysteme	31	32	28	38
fragmentierte Vielparteiensysteme	9	8	14	6
Mittelwert (Rae Index)	0,594	0,600	0,612	0,602
Standardabweichung	0,066	0,047	0,057	0,049
N	49	49	49	49

den Kommunalvertretungen der 49 rheinland-pfälzischen Städte, doch gibt es nach wie vor einige Hochburgen der Wählergruppen, in denen diese den Mandatsanteil einer der großen Parteien erreichen und vereinzelt sogar übertreffen.

Die seit 1979 erkennbare zunehmende Fraktionalisierung des lokalen Parteiensystems geht vornehmlich auf das Auftreten der Grünen zurück. Diese Entwicklung läßt sich nur bei einer oberflächlichen und formalistischen Betrachtung als Verstärkung konkordanzdemokratischer Strukturen interpretieren. Obgleich die Möglichkeit besteht, daß die Mehrheitsverhältnisse in den Kommunalvertretungen eine Zusammenarbeit zwischen den großen Parteien erzwingen, ist dies nicht zwangsläufig der Fall. Alternativ hierzu kann es auch zur Herausbildung eines bürgerlichen und eines linken Blockes in den Kommunalparlamenten kommen, in dessen Gefolge Konflikte eher intensiviert als abgebaut werden. Welche dieser beiden Konstellationen häufiger auftritt, läßt sich aufgrund der verfügbaren Daten nicht entscheiden, sondern müßte durch Einzelfallstudien geklärt werden.

4. Führungs- und Koalitionsstrukturen

Im Unterschied zur nationalen Politik hat die Kommunalpolitik nach vorherrschender Auffassung vornehmlich mit der Regelung von Sachfragen zu tun, politische Gestaltungsaufgaben oder ideologisch begründbare Richtungsentscheidungen treten demgegenüber in den Hintergrund. Dieses Verständnis der Kommunalpolitik als sachbezogener Verwaltungsarbeit betrifft nicht allein die Rolle der Parteien bei der Rekrutierung der Ratsmitglieder, sondern es beeinflußt auch deren Stellung bei der Wahl der Verwaltungsspitze. An zwei Merkmalen kann man die Relevanz der traditionellen, parteifreien und der modernen parteienstaatlich-wettbewerbsorientierten Führungsstrukturen festmachen: an der parteipolitischen Zusammensetzung der Verwaltungsspitze und an der Parteizugehörigkeit des Verwaltungschefs.

4.1 Koalitionsstrukturen

Zu den wichtigsten Merkmalen der Regimetypologie *Lijpharts* gehören die Aussagen über die Führungsstruktur des politischen Systems. Für Mehrheitsdemokratien sind demnach Ein-Parteien-Kabinette und eine Verschmelzung legislativer und exekutiver Funktionen typisch, dagegen zeichnen sich Verhandlungsdemokratien idealiter durch Allparteienkoalitionen und eine klare Macht- und Funktionstrennung zwischen Legislative und Exekutive aus. Aufgrund der Struktur des Parteiensystems sind diese modellhaften Lösungen häufig nicht realisierbar. In diesen Fällen werden die politischen Führungsgruppen in Mehrheitsdemokratien zur Bildung von Mindestgewinnkoalitionen tendieren, in Verhandlungsdemokratien wird man demgegenüber übergroßen Koalitionen den Vorzug geben. Erstere umfassen nur die zur Bildung einer Mehrheitsregierung erforderliche Mindestzahl von Partnern, letztere streben dagegen eine breitere Basis an, die häufig die beiden stärksten Parlamentsparteien einschließt[30].

In der nationalen Politik der Bundesrepublik entwickelten sich trotz eines Vielparteiensystems mehrheitsdemokratische Führungsstrukturen. Mit Ausnahme der Jahre 1966 bis 1969 war das politische Leben durch einen klaren Dualismus zwischen einem regierenden und einem opponierenden Parteienblock bestimmt. Zwar wurde das Prinzip der Bildung von Mindestgewinn-Koalitionen auch 1953 bis 1961 durchbrochen, doch blieb der Gegensatz zwischen der CDU/CSU und der SPD auch während dieser Periode das strukturbestimmende Merkmal des Parteienwettbewerbs.

Auf der lokalen Ebene ist eine derartige Konstellation alles andere als selbstverständlich. Zunächst begünstigt das traditionelle Selbstverwaltungsdenken eine Praxis, die *Grauhan*[31] etwas überspitzt, im Kern aber zutreffend, als

---

[30] Arend *Lijphart:* Democracies, S. 46 ff.

"Gesetz der Großen Koalition" beschrieb. Das Kommunalverfassungsrecht verstärkt die Tendenz zur Bildung übergroßer Koalitionen. Zwar wählt der Rat in Rheinland-Pfalz wie in den meisten anderen Bundesländern die Verwaltungsspitze, doch überschreitet deren Amtszeit die der Kommunalvertretung. Da zudem die Abwahl einzelner Mitglieder der Verwaltungsspitze relativ schwierig ist, besteht in der Kommunalpolitik kaum eine Möglichkeit, die parteipolitische Zusammensetzung der Verwaltungsspitze, wie in der nationalen Politik, sich verändernden Mehrheiten in der Kommunalvertretung anzupassen[32].

Auf der anderen Seite gibt es seit einiger Zeit Kritik am vorherrschenden Koalitionsverhalten der Lokalparteien. In der politischen Praxis wie in der Wissenschaft wird eine Diskussion über die "Parlamentarisierung der Kommunalpolitik" geführt, die die Verstärkung des Parteienwettbewerbs und die Trennung der Regierungs- von der Oppositionsfunktion thematisiert[33]. Eine stärkere Institutionalisierung von Elementen parlamentarischer Parteienregierung in der Kommunalverfassung, wie sie z. B. die Regelung der Hessischen Gemeindeordnung mit der Möglichkeit zur Abwahl hauptamtlicher Magistratsmitglieder nach einer Kommunalwahl vorsieht, entspräche der veränderten Rolle der Parteien und Fraktionen in der Kommunalpolitik und implizierte einen Bruch mit der für die deutsche Kommunalpolitik charakteristischen Form konkordanzdemokratischer Verwaltungsführung.

Trotz der institutionellen und kulturellen Restriktionen für eine Anwendung mehrheitsdemokratischer Prinzipien bei der Rekrutierung der kommunalen Verwaltungsspitze lassen sich *Lijpharts* Überlegungen über die Koalitionsmuster in Mehrheits- und Verhandlungsdemokratien auf die kommunale Ebene beziehen. In einigen Gemeinden ermöglichen die parteipolitischen Mehrheitsverhältnisse die Bildung von "Einparteienregierungen", und der Abschluß von Allparteienkoalitionen ist im rheinland-pfälzischen Kommunalrecht nicht zwingend vorgeschrieben. Aus den vorhandenen Koalitionsstrukturen ergeben sich insofern Hinweise auf die Verbreitung konkordanz- und mehrheitsdemokratischer Strukturen in der Kommunalpolitik rheinland-pfälzischer Städte.

Erstaunlicherweise zeigen sich die deutlichsten Veränderungen des lokalen Parteiensystems im Koalitionsverhalten der Lokalparteien[34]. Zwischen 1974

---

[31] Rolf Richard *Grauhan:* Der politische Willensbildungsprozeß, in: Der Bürger im Staat 21 (1971), S. 106-111, S. 108.

[32] Vgl. zu den institutionellen Rahmenbedingungen in Rheinland-Pfalz Heinz *Dreibus:* Die Bürgermeisterverfassung in Rheinland-Pfalz, im Saarland und in Schleswig-Holstein, in: Günter Püttner (Hrsg.): Handbuch der kommunalen Wissenschaft und Praxis, Bd. 2, Berlin 1982, S. 241-263.

[33] Vgl. Rainer *Frey,* Karl-Heinz *Naßmacher:* Parlamentarisierung der Kommunalpolitik, in: Archiv für Kommunalwissenschaften 14 (1975), S. 195-212; Oscar W. *Gabriel:* Parlamentarisierung; in institutioneller Perspektive: Michael *Borchmann,* Emil *Vesper:* Reformprobleme im Kommunalverfassungsrecht, Stuttgart u. a. 1976.

[34] Der Analyse der Koalitionsstrukturen und der parteipolitischen Übereinstimmung von Bürgermeister und Ratsmehrheit wurden die Gegebenheiten am Beginn der Wahlpe-

und 1984 nahm die Tendenz der Mehrheitspartei des Rates, die Verwaltungsspitze exklusiv zu kontrollieren, deutlich zu. In der Wahlperiode 1974/1979 war das Verhältnis zwischen mehrheits- und verhandlungsdemokratischen Koalitionsmustern 14 zu 27, in der vergangenen Wahlperiode dagegen war es mit 20 zu 20 Fällen ausgewogen. Besonders nahm die Neigung zu, die Verwaltungsspitze ausschließlich durch Vertreter der Mehrheitspartei zu beschicken. Dies war 1974 in sieben, 1984 bereits in 14 Städten der Fall. Gleichwohl kommen übergroße Koalitionen 1974 wie 1984 am häufigsten vor, gefolgt von den Einparteienverwaltungen (Tabelle 3). Der Begriff der Mindestgewinnkoalition ist sehr weit gefaßt. Er schließt auch Koalitionen zwischen der CDU und SPD ein, sofern keine dieser beiden Parteien über die absolute Mehrheit der Sitze verfügt. Jedoch ergibt sich auch bei einer restriktiveren Verwendung dieses Konzepts keine wesentlich andere Situation. Koalitionen mit der kleinstmöglichen mehrheitsbildenden Sitzzahl oder der kleinstmöglichen Zahl beteiligter Parteien waren 1974/1979 noch relativ häufig, in der Folgezeit jedoch nahm die Verbreitung dieses Typs von Mindestgewinnkoalitionen zugunsten der übergroßen Koalition ab.

Tabelle 3
Koalitionsstrukturen in 49 Städten des Landes Rheinland-Pfalz, 1974-1984

	1974	1979	1984
Einparteienführung	7	10	14
Mindestgewinnkoalition[a]	7	8	6
davon Mindestgrößenkoalition[b]	(4	2	1)
Übergroße Koalitionen	20	17	17
Übergroße Koalitionen[c]	(23	23	22)
Allparteienkoalition	7	6	3
keine Angaben	8	8	9
N	49	49	49

[a] jede beliebige Mindestgewinnkoalition.
[b] Minimum-Size und Bargaining Proposition Koalitionen.
[c] Bei Verwendung der restriktiveren Fassung des Mindestgewinnkriteriums.

Die parteipolitische Zusammensetzung der Koalitionen variiert stark. Sehr verbreitet sind Koalitionen zwischen der CDU und der SPD, obgleich in den betreffenden Städten vielfach auch Koalitionen einer großen mit einer kleinen Partei möglich gewesen wären. Die Verbreitung übergroßer Koalitionen hat sicherlich damit zu tun, daß die rechnerisch mögliche kleinere Mindestgewinn-Koalitionen vielfach nur über eine schmale Basis im Rat verfügten und wegen der Schwäche der FDP in der Kommunalpolitik mittel- und langfristig besonders instabil wären. Wie sich zeigt, schließt eine ideologische Distanz

---

riode des Rates zugrundegelegt. Während der Wahlperiode eingetretene Veränderungen blieben unberücksichtigt.

zwischen den nationalen Parteiorganisationen eine Zusammenarbeit ihrer Orts- bzw. Kreis-/Unterbezirksorganisationen nicht aus. Es wird vielmehr nahezu jedes mögliche Koalitionsmodell praktiziert. Von dieser Feststellung sind lediglich die GRÜNEN auszunehmen, die in keiner Stadt in die Verwaltungsführung eingebunden waren.

Bei einer Stabilisierung der Position der GRÜNEN könnte sich die beobachtbare Zunahme mehrheitsdemokratischer Arrangements, die sich gegenwärtig vornehmlich in der Installierung von Ein-Parteien-Verwaltungen manifestiert, möglicherweise verstärken. Dies ist vor allem dann zu erwarten, wenn eine Stärkung der Position der postmaterialistischen Linken in der SPD eine klarere ideologische Differenzierung in ein linkes und ein bürgerliches Lager nach sich ziehen sollte.

4.2 Die Rekrutierung der hauptamtlichen Bürgermeister

In den von *Lijphart* in Anlehnung an *Riker*[35] präsentierten Koalitionsmodellen richtet sich das Interesse auf die parteipolitische Zusammensetzung der Kabinette, die Rolle des Regierungschefs wird nicht gesondert erörtert. Wie die meisten deutschen Kommunalverfassungen zieht auch die Gemeindeordnung von Rheinland-Pfalz eine klare institutionelle Trennlinie zwischen dem Verwaltungschef und dem Rat. Beide stellen eigenständige Verwaltungsorgane dar. Die divergierenden Wahlperioden des Rates und der hauptamtlichen Verwaltungsspitze unterstreichen dies. Eine Folge hiervon ist, daß der Verwaltungschef nicht notwendigerweise der Mehrheitspartei des Rates angehört, da er auch nach einer Wahlniederlage der ihn tragenden Partei bis zum Ende seiner Wahlperiode im Amt bleiben kann. Zusätzlichen Rückhalt findet die große Selbständigkeit des Bürgermeisters in der auch heute noch weit verbreiteten Vorstellung, die Leitung einer Kommunalverwaltung sei eine rein fachbezogene Aufgabe, die man von parteipolitischen Erwägungen freihalten solle. Parteipolitischen Faktoren wird demnach eine vergleichsweise geringe Bedeutung als Rekrutierungskriterium für leitende administrative Funktionen zugeschrieben, wichtiger sind angeblich Fähigkeiten in der Verwaltungsführung und Verwaltungserfahrungen[36]. Die beschriebenen institutionellen und kulturellen Rahmenbedingungen führten in der Vergangenheit vielfach zur Wahl parteiloser Bürgermeister, einer in Baden-Württemberg auch heute noch weit verbreiteten konkordanzdemokratisch-antiparteienstaatlichen Praxis[37].

---

[35] William H. *Riker:* The Theory of Political Coalitions, New Haven 1962.
[36] Vgl. z. B. Oscar W. *Gabriel:* Mängelanalyse, 234 ff.; vgl. auch Hans Georg *Wehling:* Die Rolle des Bürgermeisters im politischen System der Gemeinde, in: Oscar W. Gabriel (Hrsg.): Kommunale Demokratie zwischen Politik und Verwaltung, München 1988, S. 221-235.
[37] Vgl. Hans Georg *Wehling,* H. Jörg *Siewert:* Der Bürgermeister in Baden-Württemberg. Eine Monographie, Stuttgart 1988 (2. Aufl.), S. 70 ff.

Etwas schwieriger zu beurteilen ist die Bedeutung der Wahl eines nicht der Mehrheitspartei des Rates angehörigen Bürgermeisters. Sie kann sowohl auf die Wirksamkeit administrationsbezogener Rekrutierungskriterien als auch auf Koalitionsabsprachen zwischen mehreren Ratsparteien im Sinne des Mindestgewinnkriteriums basieren.

In den 49 Städten von Rheinland-Pfalz stellt der parteilose Bürgermeister mittlerweile die Ausnahme dar. Lediglich in einer Stadt (Sinzig) amtierte während des gesamten Untersuchungszeitraumes ein parteipolitisch nicht gebundener Verwaltungschef. Dabei handelte es sich um eine Gemeinde mit einem stark fraktionalisierten Parteiensystem, einem hohen FWG-Stimmenanteil und einer Dominanz übergroßer Koalitionen. Im Jahre 1970 war die Wahl parteiloser Bürgermeister noch wesentlich häufiger: acht der 32 Verwaltungschefs der Mitgliedstädte des rheinland-pfälzischen Städteverbandes gehörten damals keiner Partei an[38]. In den hauptamtlich verwalteten Gemeinden trat somit gegenüber der Zeit vor der Territorialreform eine deutliche Veränderung der Rekrutierung der Bürgermeister und der Oberbürgermeister ein, die die lokalpolitische Führungsrolle der Parteien stärkte.

In etwa zwei Dritteln aller Städte gehörte der Verwaltungschef der Mehrheitspartei des Rates an, nur in fünf Städten war dies während des gesamten Untersuchungszeitraumes nicht der Fall. Diese Konstellation ergab sich in der Regel aus einem Wechsel der Ratsmehrheit bei der vorangegangenen Kommunalwahl: Der während der vorigen Wahlperiode von der Mehrheitspartei gewählte Bürgermeister blieb auch nach der Wahlniederlage seiner Partei im Amt. Insgesamt blieb die parteipolitische Übereinstimmung von Bürgermeister und Ratsmehrheit während der untersuchten Wahlperioden ziemlich konstant (Tabelle 4).

5. Das Konfliktniveau bei kommunalen Personal- und Sachentscheidungen

Hinter den bisherigen Analysen stand die Annahme, daß die Konfliktregulierung durch das Mehrheits- bzw. Verhandlungsprinzip sich in unterschiedlichen institutionellen Strukturen niederschlägt. Das verfügbare Datenmaterial gab jedoch keine Möglichkeit, die Frage zu prüfen, ob die beschriebenen Führungsstrukturen tatsächlich primär aus Verhandlungsprozessen oder aus Mehrheitsentscheidungen hervorgegangen sind. Demnach ist es wünschenswert, die Beschreibung der Strukturmerkmale des lokalen Parteiensystems durch weitere Informationen über die Bedeutung von Konflikt und Konsens in kommunalen Entscheidungsprozessen zu ergänzen.

In mehreren Arbeiten wurde auf die Neigung der Kommunalparlamente verwiesen, Entscheidungen einstimmig zu treffen[39]. Dies ist allerdings kein

---

[38] Vgl. Oscar W. *Gabriel:* Die kommunale Selbstverwaltung, in: Peter Haungs (Hrsg.): 40 Jahre Rheinland-Pfalz. Eine politische Landeskunde, Mainz 1986, S. 383-416, S. 411.

Tabelle 4a
Die Zugehörigkeit des Bürgermeisters/Oberbürgermeisters zur Mehrheitspartei der Kommunalvertretung in 49 Städten des Landes Rheinland-Pfalz, 1974-1984

	1974	1979	1984
keine Übereinstimmung	12	9	12
Übereinstimmung	35	38	34
keine Angaben	2	2	3
N	49	49	49

Tabelle 4b
Dauer der Zugehörigkeit des Bürgermeisters/Oberbürgermeisters zur Mehrheitspartei in 49 Städten des Landes Rheinland-Pfalz, 1974-1984

keine Wahlperiode	5
eine Wahlperiode	7
zwei Wahlperioden	6
drei Wahlperioden	28
keine Angaben	3
N	49

Spezifikum des Beschlußverhaltens kommunaler Organe, sondern es läßt sich auch in der Gesetzgebungstätigkeit des Bundestages feststellen. Da sich ein beträchtlicher Teil der Ratsentscheidungen auf Routineangelegenheiten bzw. auf die Regelung politisch unkontroverser administrativer Einzelfragen bezieht, sollte man das vorherrschende Entscheidungsverhalten der Kommunalvertretung nicht ohne weiteres als Indikator konsensdemokratischer Strukturen interpretieren. Sinnvoll ist eine derartige Interpretation allerdings, wenn auch bei kommunalen Schlüsselentscheidungen wie der Wahl des Bürgermeisters oder der Abstimmung über den Kommunalhaushalt das Konsensprinzip vorherrscht.

Die praktische Relevanz der Entscheidungsfelder Bürgermeisterwahl und Etatabstimmung für unser Untersuchungsthema liegt auf der Hand. Bei der Bürgermeisterwahl können die Mehrheits- und die Minderheitsparteien in den Kommunalparlamenten durch die Nominierung von Kandidaten ihren Führungsanspruch demonstrieren. Der Wettbewerbscharakter der Kommunalpolitik tritt um so deutlicher hervor, je mehr die Minderheitspartei dazu tendiert, den kommunalpolitischen Führungsanspruch der Mehrheitspartei durch ein

---

[39] Vgl. empirische Belege bei Hans Ulrich *Derlien* u.a.: Kommunalverfassung und kommunales Entscheidungssystem. Eine vergleichende Analyse in vier Gemeinden, Meisenheim am Glan 1976; Oscar W. *Gabriel*: Parlamentarisierung; Helmut *Köser* und Marion *Caspers-Merk*, a.a.O.

eigenes Kandidatenangebot zu bestreiten. An der Praxis der Beratung und Beschlußfassung über den Kommunalhaushalt als „Regierungsprogramm in Zahlen" lassen sich ebenfalls konsensuale und konfliktäre Strukturen aufzeigen: Wie in der Bundes- und Landespolitik bietet die Beratung des Haushaltes auch in den Kommunen den Minderheitsfraktionen die Möglichkeit, sich kritisch mit der Politik der Ratsmehrheit und der Verwaltung auseinanderzusetzen. Der Wettbewerb zwischen Regierung und Opposition findet auf der Bundesebene unter anderem in der Ablehnung des Bundeshaushaltes durch die Opposition seinen Ausdruck. Auch in der Kommunalpolitik ist eine derartige Konstellation vorstellbar, infolge der Verbreitung übergroßer Koalitionen allerdings weniger wahrscheinlich.

Für 44 der 49 untersuchten Gemeinden liegen Daten über das Abstimmungsverhalten der Kommunalvertretung bei den beiden genannten Schlüsselentscheidungen vor. Das Konfliktniveau bei Personalentscheidungen wurde anhand der Wahl des gegenwärtig amtierenden Oberbürgermeisters bzw. Bürgermeisters untersucht. Dabei kam es in mehr als der Hälfte aller Fälle (n = 23) zu Kampfabstimmungen um das Amt des Verwaltungschefs. Eine einstimmige Wahl war nur in vier Städten zu verzeichnen. In den verbleibenden 17 Fällen trat zwar nur ein Kandidat zur Wahl an, aber es wurden einige Gegenstimmen abgegeben. Demnach scheint die Besetzung der politisch-administrativen Führungsposition in der Mehrzahl der Untersuchungseinheiten Gegenstand parteipolitischer Konflikte zu sein.

Die für die Abstimmung der Kommunalvertretung über den Kommunalhaushalt verfügbaren Daten decken den Zeitraum 1978 bis 1984 ab. Bedauerlicherweise konnte das für unsere Fragestellung maßgebliche Abstimmungsverhalten der einzelnen Ratsfraktionen nicht ermittelt werden. Statt dessen liegen nur Informationen über die Zahl der abgegebenen Ja- und Nein-Stimmen sowie der Stimmenthaltungen vor. Auf dieser Datenbasis wurden die Entscheidungen in den sieben Jahren unter dem Gesichtspunkt der Einstimmigkeit bzw. Nicht-Einstimmigkeit klassifiziert. Dies Vorgehen leidet zwar an einer gewissen Unschärfe, die sich jedoch auch bei einer weitergehenden Differenzierung kaum vermeiden ließe.

In den untersuchten sieben Jahren variierte der Anteil einstimmiger Haushaltsentscheidungen zwischen 54,5 (1979 und 1983) und 38,6 Prozent (1982; vgl. Tabelle 5). Eine generelle Entwicklungsrichtung läßt sich im Abstimmungsverhalten nicht erkennen. Im Durchschnitt der sieben Jahre ergibt sich fast ein gleich großer Anteil konfliktärer und einstimmiger Entscheidungen (48% zu 52%). Jedoch ist das Verhältnis von Konsens und Konflikt in den 44 Städten sehr unterschiedlich ausgeprägt. In fünf Städten wurden sämtliche sieben Haushaltsentscheidungen einstimmig getroffen, in drei Städten verlief jede Abstimmung kontrovers. Die weitaus meisten Fälle konzentrierten sich auf die Skalenwerte 4 und 5 (n = 21). Somit waren bei den meisten Haushaltsentscheidungen Gegenstimmen zu verzeichnen, andererseits kamen aber auch etliche einstimmige Beschlüsse vor.

Tabelle 5a
**Das Abstimmungsverhalten der Kommunalvertretungen
bei Haushaltsentscheidungen, 1978 bis 1984**

	1978	1979	1980	1981	1982	1983	1984
einstimmig	23	24	18	19	17	24	23
nicht einstimmig	21	20	26	25	27	20	21
keine Angaben	5	5	5	5	5	5	5
N	49	49	49	49	49	49	49

Tabelle 5b
Kumulierte Abstimmungsergebnisse in den 49 untersuchten Städten, 1978 bis 1984

Zahl der konfliktären Entscheidungen:		Städte:
keine	0	5
.	1	2
.	2	6
.	3	3
.	4	10
.	5	11
.	6	4
alle	7	3
keine Angaben		5
N		49
Mittelwert		3,705
Standardabweichung		2,018
Exzeß		−0,649
Schiefe		−0,429

6. Strukturmuster lokaler Demokratie

Die Zusammenstellung von Strukturmerkmalen nationaler und lokaler politischer Systeme stellt nur einen ersten Schritt auf dem Wege zu einer Systemtypologie dar. Eine solche Typologie darf in den empirischen Wissenschaften nicht ausschließlich auf Plausibilitätsüberlegungen basieren, sondern sie hat sich darüber hinaus in der empirischen Prüfung zu bewähren. Demnach stellt sich im Anschluß an die bisherigen Erörterungen die Frage, ob die sechs Indikatoren der Mehrheits- und Verhandlungsdemokratie tatsächlich einen jeweils besonderen Strukturtyp lokaler Demokratie bilden. *Lijphart*[40] prüfte die Validität seines Konzepts durch eine Faktorenanalyse. Dabei ergab sich die Notwendigkeit, in der Analyse der Regimestrukturen neben dem Wettbewerbs-

---
[40] Arend *Lijphart:* Democracies, S. 207 ff.

prinzip die Dimension Föderalismus/Unitarismus zu berücksichtigen. Für unsere Belange ist diese Unterscheidung irrelevant. Aus diesem Grunde geht es in der folgenden Untersuchung um die Frage, ob sich die sechs bislang vorgestellten Variablen auf einer bestimmten Strukturdimension abbilden lassen und ob diese Dimension als „Mehrheits- vs. Verhandlungsdemokratie" interpretierbar ist.

Eine Hauptkomponentenanalyse über alle sechs Variablen führte in dieser Hinsicht nicht zu einem befriedigenden Ergebnis[41], da sich kein sinnvoll interpretierbares Faktorenmuster ergab. Dies liegt in erster Linie an der Unbrauchbarkeit des Indikators „Abstimmungsverhalten bei der Wahl des Bürgermeisters". Er steht mit den übrigen Indikatoren kaum in Zusammenhang, weist demzufolge nur einen niedrigen Kommunalitätenwert auf und erschwert die Interpretation der verbleibenden Beziehungen.

Nach einer Herausnahme dieser Variablen wurde mit den verbleibenden fünf Indikatoren ein zufriedenstellendes, inhaltlich gut interpretierbares Ergebnis erzielt. Zwar stützt die Hauptkomponentenanalyse grundsätzlich die der empirischen Analyse zugrundeliegenden Annahmen, relativiert sie aber auch in gewissem Umfang. Die nach *Lijpharts* Konzept zu erwartende Einfaktorenlösung schöpft die in den Daten enthaltene Varianz nur unzulänglich aus. Der erste Faktor bindet 41,8 Prozent der Varianz der fünf Variablen, nach dem Eigenwertkriterium läßt sich aber neben diesem Hauptfaktor ein weiterer Faktor mit einer Varianzreduktion von 25,3 Prozent extrahieren. In dieser Zwei-Faktoren-Lösung indiziert der erste Faktor mit hohen Ladungen auf den Variablen Koalitionsstruktur, Zugehörigkeit des Bürgermeisters zur Mehrheitspartei des Rates und Abstimmungsverhalten der Kommunalvertretung bei der Beschlußfassung über den Etat die *lokale Führungs- und Entscheidungsstruktur*, der zweite mit hohen Ladungen auf den Variablen Rae-Index und FWG-Anteil die *Struktur des Parteienwettbewerbs*. Dabei stehen die Ergebnisse der Etatabstimmung auch mit dem zweiten Faktor in einem erkennbaren Zusammenhang (Tabelle 6). Entgegen den Erwartungen korrelieren die beiden Faktoren nur äußerst schwach miteinander ($-0,09$).

Nimmt man auch die Variable Abstimmungsverhalten bei Etatentscheidungen aus der Analyse heraus, dann ergeben sich noch besser interpretierbare Faktoren. Nunmehr bindet der erste Faktor, der Führungsfaktor, 48 Prozent Varianz. Die zweite, als Parteienwettbewerb beschreibbare Dimension reduziert nochmals 30 Prozent der gemeinsamen Varianz der vier Variablen. Die vorge-

---

[41] Für die Faktorenanalyse wurden alle Variablen auf den Wertebereich 0 bis 1 normiert. Die Rohwerte des Rae-Indexes bewegen sich in diesem Bereich. Die Werte der übrigen Variablen beziehen sich auf diese Weise auf den durchschnittlichen FWG-Stimmenanteil bei den drei Kommunalwahlen, den Anteil von Ein-Parteien- oder Mindestgewinn-Koalitionen, den Anteil von Wahlperioden, in denen die Parteizugehörigkeit des Bürgermeisters mit der Ratsmehrheit übereinstimmte und den Anteil kontroverser Etatabstimmungen. Die Faktoren wurden nach der Hauptkomponentenmethode extrahiert und schiefwinklig rotiert. Hierzu wurden 27 Iterationen benötigt.

Tabelle 6
Strukturmuster lokaler Demokratie in 49 Städten von Rheinland-Pfalz – Hauptkomponentenanalyse

Ausgangswerte:

Variable Kommunalität		Faktor	Eigenwert	Varianzanteil je Faktor	kumuliert
Koalition	1,0	1	2,08798	41,8	41,8
Bgm.	1,0	2	1,26643	25,3	67,1
Abstimmung	1,0	3	0,88030	17,6	84,7
FWG-Anteil	1,0	4	0,55912	11,2	95,9
Rae-Index	1,0	5	0,20618	4,1	100,0

Faktorenmatrix:

	Faktor 1	Faktor 2
Koalition	0,74114	0,27215
Bgm.	0,64979	0,45606
Abstimmung	0,16338	0,67600
Rae-Index	−0,86517	0,24070
FWG-Anteil	−0,58416	0,68516

Endgültige Werte:

Variable Kommunalität		Faktor	Eigenwert	Varianzanteil je Faktor	kumuliert
Koalition	0,62336	1	2,08798	41,8	41,8
Bgm.	0,63002	2	1,26643	25,3	67,1
Abstimmung	0,48367				
FWG-Anteil	0,81069				
Rae-Index	0,80645				

Oblimin Rotation 1, Extraction 1, Analysis 1 – Kaiser Normalization.
Oblimin: 27 Iterationen.

Mustermatrix:

	Faktor 1	Faktor 2
Koalition	*0,72504*	−0,25355
Bgm.	*0,78743*	−0,05216
Abstimmung	*0,58972*	0,42607
FWG-Anteil	0,05638	*0,90375*
Rae-Index	−0,45688	*0,73288*

Strukturmatrix:

	Faktor 1	Faktor 2
Koalition	0,74807	−0,31940
Bgm.	0,79216	−0,12367
Abstimmung	0,55103	0,37252
FWG-Anteil	−0,02569	0,89863
Rae-Index	−0,52324	−0,77435

Faktorenkorrelationsmatrix:

	Faktor 1	Faktor 2
Faktor 1	1,00000	
Faktor 2	−0,09081	1,00000

stellten Ergebnisse erweisen sich bei einer Verwendung verschiedener Modelle der Faktorenanalyse als sehr stabil (auf die Vorlage weiterer Tabellen wird verzichtet).

Die Beschreibung der Strukturen lokaler Demokratie soll durch einige Anmerkungen zu der Frage abgerundet werden, unter welchen Bedingungen mehrheitsdemokratische und konkordanzdemokratische Arrangements wahrscheinlich werden. Weder der bisherige Stand der Theoriebildung in der lokalen Politikforschung noch die Datenlage lassen zu dieser Frage weitreichende Aussagen zu. Aus den Modernisierungstheorien von *Lipset, Cnudde/McCrone* und *Cutright*[42] ergibt sich die Hypothese, daß die sozio-ökonomische Modernisierung einer Gemeinde die Ausbildung konkurrenzdemokratischer Strukturen fördert[43]. Als Grundlage einer Analyse der Bestimmungsfaktoren von Wettbewerbs- und Verhandlungsdemokratien erscheint die Modernisierungstheorie auch deshalb sinnvoll, weil *Lijphart*[44] die Konkordanzdemokratie als eine für kulturell fragmentierte Gesellschaften typische Übergangserscheinung interpretiert. Mit der parallel zur sozio-ökonomischen Modernisierung verlaufenden kulturellen Säkularisierung und der Ablösung partikularistischer durch universalistische Wertesysteme könnten sich auch die sozialen Konflikte entschärfen, die konkordanzdemokratische Arrangements erforderlich machen. Die politische Entwicklung Österreichs und der Niederlande nach dem Zweiten Weltkrieg stützt die Plausibilität dieser Annahme.

Der Prozeß kultureller Säkularisierung kann in unserer Untersuchung nicht direkt gemessen werden. Mit der Bevölkerungskonzentration und der Dienstleistungszentralität einer Gemeinde stehen aber zumindest zwei brauchbare Indikatoren sozio-ökonomischer Modernisierung zur Verfügung[45]. Als dritter Modernisierungsindikator findet das im Zeitraum 1939 bis 1971 eingetretene Bevölkerungswachstum Berücksichtigung in der Analyse der Bestimmungsfaktoren lokaler Demokratie. Wenn die Charakterisierung der Konkordanzdemokratie als politische Organisation kulturell fragmentierter Gesellschaften mit

---

[42] Vgl. die Beiträge im Sammelband von Charles F. *Cnudde* und Deane E. *Neubauer* (Hrsg.): Empirical Democratic Theory, Chicago 1969, insbesondere Seymour M. *Lipset:* Some Social Requisites of Democracy: Economic Development and Political Legitimacy (S. 151-192); Donald J. *Cnudde,* Charles F. Mc *Crone:* Toward a Communications Theory of Political Development: A Causal Model Theory (S. 210-223); Phillips *Cutright:* National Political Development. Measurement and Analysis (S. 193-209).

[43] Ausführlicher hierzu Oscar W. *Gabriel:* Mängelanalyse. S. 245 ff.

[44] Arend *Lijphart:* Plural Societies; ders.: Democracies.

[45] Beide Konstrukte wurden durch eine Faktorenanalyse ermittelt, wobei die Verstädterung durch die Indikatoren Einwohnerzahl, Bevölkerungsdichte, Beschäftigtendichte und Wohnungsdichte gemessen wurde. Die Dienstleistungszentralität einer Gemeinde wurde über den Anteil der sozialversicherungspflichtig Beschäftigten in ausgewählten Dienstleistungsbereichen erhoben (Handel, Kreditinstitute und Versicherungen, Gebietskörperschaften und Sozialversicherungen, Organisationen ohne Erwerbscharakter, sonstige Dienstleistungen; genauere Angaben bei Oscar W. *Gabriel,* Volker *Kunz,* Thomas *Zapf-Schramm:* Bestimmungsfaktoren kommunaler Investitionspolitik, München 1990.

partikularistischen Wertsystemen zutrifft, müßten konkordanzdemokratische Strukturen vornehmlich in wenig verstädterten und nicht dienstleistungsorientierten Gemeinden auftreten.

Wie sich bei der Regression der beiden Strukturmerkmale lokaler Demokratie auf die drei Modernisierungsindikatoren zeigt, beeinflußt der Modernitätsgrad einer Gemeinde ihre Führungsstruktur nur unwesentlich (R^z 0,0781), die Struktur des Parteienwettbewerbs aber recht deutlich (R^z 0,2983). Obgleich das Modernisierungsmodell insgesamt nur wenig zur Erklärung der lokalen Führungs- und Entscheidungsstrukturen beiträgt, weisen alle drei in die Analyse einbezogenen Modernisierungsindikatoren das erwartete negative Vorzeichen auf: Konsensdemokratische Führungs- und Entscheidungsstrukturen treten in Städten mit hoher Dienstleistungszentralität und Bevölkerungskonzentration seltener auf als in den übrigen Gemeinden, das Bevölkerungswachstum dagegen spielt als Erklärungsvariable keine Rolle (Tabelle 7).

Tabelle 7
Determinanten konkordanzdemokratischer Strukturen

	Konsensuale Führung		Nichtkompetitives Parteiensystem	
	B	Beta	B	Beta
DLZ	−0,12840	−0,13043	0,47051	0,47795
Wachstum	−0,04839	−0,04781	0,11686	0,11547
Bevkonz	−0,18927	−0,20560	−0,53085	−0,57664
Konstante	−0,04116		−0,04566	
multiple Korrelation	0,27950		0,54620	
D.W.	1,72931		1,94694	

Wesentlich deutlicher beeinflußt die sozio-ökonomische Modernität die Struktur des lokalen Parteienwettbewerbs. Fragmentierte Parteiensysteme mit einem hohen Anteil der Freien Wählergruppen finden wir vornehmlich in Untersuchungseinheiten mit geringer Bevölkerungskonzentration und hoher Dienstleistungszentralität. Auch das Bevölkerungswachstum fördert die Fragmentierung des lokalen Parteienwettbewerbs. Diese Ergebnisse erscheinen auf den ersten Blick widersprüchlich, da der Dienstleistungssektor vor allem das Beschäftigungssystem stark verstädterter Gemeinden bestimmt. Allerdings gibt es in dieser Hinsicht bemerkenswerte Ausnahmen (z.B. kleine dienstleistungszentrale Städte wie Cochem oder Bitburg). Zudem lassen sich die divergierenden Einflüsse der Bevölkerungskonzentration und der Dienstleistungszentralität auf die Fragmentierung des Parteiensystems durch die Zusammensetzung des Wettbewerbsfaktors erklären. In Städten mit einer hohen Dienstleistungszentralität schneiden die FDP und die Grünen überdurchschnittlich gut ab. Dies führte zu einer Repräsentanz von mindestens vier politischen Gruppierungen in der Kommunalvertretung und zieht einen Anstieg der Werte des Rae-Indexes. Dagegen sind die Freien Wählergruppen in größeren Gemeinden nur schwach vertreten. Auf diese Weise kommt die negative Beziehung zwischen der Bevölkerungskonzentration und dem Parteienwettbewerb zustande (vgl. Tabelle 7). Das Auftreten fragmentierter Parteienwettbewerbsstrukturen ist demnach vor allem in Dienstleistungsgemeinden mit schwacher Bevölkerungskonzentration, aber einer wachsenden Bevölkerungszahl zu erwarten, bipolare Parteiensysteme mit einem geringen Anteil der Freien Wählergruppen treten demgegenüber in Städten mit einem schwach entwickelten Dienstleistungssektor, stagnierenden bzw. schrumpfenden Einwohnerzahlen und einer starken Bevölkerungskonzentration auf.

7. Zusammenfassung der Ergebnisse

Im Laufe der Entwicklung der Bundesrepublik entdeckten die politischen Parteien in zunehmendem Maße die kommunale Ebene als ihr Aktionsfeld. Sie versuchten, die Kontrolle über die kommunalen Personal- und Sachentscheidungen zu gewinnen. Damit wurde das traditionelle Selbstverständnis der Kommunalpolitik als parteifreier, sachbezogener Erledigung der Angelegenheiten der örtlichen Gemeinschaft grundsätzlich in Frage gestellt. Allerdings führte dies nicht zum Verschwinden traditioneller Strukturen kommunalpolitischer Konfliktregulierung. In der politischen Praxis scheinen sich traditionelle konkordanzdemokratische mit parteienstaatlich-konkurrenzdemokratischen Prinzipien zu verbinden, wie es im übrigen auch für die nationale Politik der Bundesrepublik charakteristisch ist. Gemessen am Ideal einer parlamentarischen Parteienregierung oder einer rein fachbezogenen Regelung der örtlichen Selbstverwaltungsangelegenheiten ist dies ein relativ unbefriedigender Zustand. Auf der anderen Seite genießt gerade der Typus der gemischten Verfassung in der empirischen Demokratietheorie eine große Wertschätzung. Auch für die kommunale Selbstverwaltung scheint die Verbindung von Tradition und Modernität ein attraktiver Weg zu sein.

Die Autoren und Herausgeber

Heinrich Best, Dr. phil., geb. 1949; Professor für Soziologie, Universität zu Köln, und Wissenschaftlicher Direktor des Informationszentrums Sozialwissenschaften in Bonn. — Veröffentlichungen u.a.: Quantitative Methoden in der historischen Sozialforschung, Stuttgart 1977 (Hrsg. mit R. Mann); Interessenpolitik und nationale Integration, Göttingen 1980; Politik und Milieu, St. Katharinen 1989 (Hrsg.); Die Männer von Bildung und Besitz. Struktur und Handeln parlamentarischer Führungsgruppen in Deutschland und Frankreich 1848/49, Düsseldorf 1990; Neue Methoden der Analyse historischer Daten, St. Katharinen 1990 (mit H. Thome).

Wolfgang Bick, Dr. rer. pol., geb. 1946; stellv. Leiter des Amtes für Statistik, Stadtforschung und Europaangelegenheiten der Stadt Duisburg, Vorsitzender des Ausschusses Wahlforschung des Verbands Deutscher Städtestatistiker; Herausgeber von Großstädte-Statistiken nach Alter und Geschlecht für Bundestags-, Europa-, Landtags- und Kommunalwahlen. — Veröffentlichungen u.a.: Landtagswahlen in Nordrhein-Westfalen von 1947 bis 1985, in: Ulrich von Alemann (Hrsg.), Parteien und Wahlen in Nordrhein-Westfalen, Köln 1985.

Hartmut Bömermann, Dipl. Soziologe, geb. 1954; wiss. Mitarbeiter im Arbeitsbereich Vergleichende Faschismusforschung der Freien Universität Berlin.

Andreas Engel, Dr. phil., geb. 1954; wissenschaftlicher Angestellter im Anwendungsschwerpunkt Sozialwissenschaft des Diplom-Studiengangs Informatik an der Erziehungswissenschaftlichen Hochschule Rheinland-Pfalz, Abteilung Koblenz. — Veröffentlichungen u.a.: Wahlen und Parteien im lokalen Kontext. Eine vergleichende Untersuchung des Basisbezugs lokaler Parteiakteure in 24 nordhessischen Kreisparteiorganisationen von CDU, F.D.P. und SPD, Frankfurt a.M./Bern/New York/Paris 1988.

Jürgen W. Falter, Dr. rer. pol., geb. 1944; Professor für Politikwissenschaft und Vergleichende Faschismusforschung, Freie Universität Berlin. — Wichtigste einschlägige Veröffentlichungen: Faktoren der Wahlentscheidung, Köln 1973; Wahlen und Abstimmungen in der Weimarer Republik, München 1986 (mit Th. Lindenberger und S. Schumann); Hitlers Wähler, München 1991.

Ursula Feist, Dipl.-Psychologin; Leiterin der Abteilung Wahlforschung von Infas und Geschäftsführerin von Media Metric, Hamburg. — Zahlreiche Veröffentlichungen zur Wahl- und Einstellungsforschung, u.a.: Votum für einen konservativen Modernisierungskurs. Analyse der Volkskammerwahl in der DDR, in: Gewerkschaftliche Monatshefte 41 (1990); „Die Früchte der Revolution in den richtigen Händen". Parteien und Wahlen in der Tschechoslowakei, in: Zeitschrift für Parlamentsfragen 21 (1990).

Helmut Fogt, Dr. rer. pol., M.A., geb. 1952; 1981 bis 1984 wiss. Assistent am Seminar für Wissenschaftliche Politik der Universität Freiburg, 1984 bis 1989 Wiss. Angestellter beim Forschungsinstitut der Konrad-Adenauer-Stiftung in St. Augustin, seit 1989

Referent für innenpolitische Grundsatzfragen im Bundesministerium des Innern. — Veröffentlichungen u. a.: Politische Generationen, Opladen 1982; zahlreiche Aufsätze zur Partei der GRÜNEN; Veröffentlichungen zur Jugendforschung und zur Geschichte der Soziologie.

Oscar W. Gabriel, Dr. phil., geb. 1947; Professor für Politikwissenschaft an der Universität Bamberg. — Veröffentlichungen u. a.: Grundkurs Politische Theorie, Köln/Wien, 1978 (Hrsg.); Bürgerbeteiligung und kommunale Demokratie, München 1983 (Hrsg.); Kommunale Demokratie zwischen Politik und Verwaltung, München 1989 (Hrsg.); Politische Kultur, Postmaterialismus und Materialismus in der Bundesrepublik Deutschland, Opladen 1986; Bestimmungsfaktoren des kommunalen Investitionsverhaltens, München 1990 (mit Volker Kunz und Thomas Zapf-Schramm).

Eike Hennig, Dr. phil., geb. 1943; seit 1981 Professor für Theorie und Methodologie der Politikwissenschaft an der Gesamtschule Kassel. — Veröffentlichungen u. a.: Bürgerliche Gesellschaft und Faschismus in Deutschland, Frankfurt 1982; Hessen unterm Hakenkreuz, Frankfurt 1983; Zum Historikerstreit, Frankfurt 1988.

Helmut Jung, Dipl.-Volkswirt, Dr. phil., geb. 1946; 1972 bis 1979 wiss. Mitarbeiter und Abteilungsleiter im Forschungsinstitut der Konrad-Adenauer-Stiftung, zugleich bis 1975 Lehrbeauftragter an der Universität Köln; 1979 bis 1984 Abteilungsleiter und zuletzt Geschäftsführer von Contest-Census, Gesellschaft für Markt- und Meinungsforschung, Frankfurt; seit 1985 Geschäftsführer von BASISRESEARCH GmbH Frankfurt und Direktor der MRB-Group London. — Veröffentlichungen u. a.: Wirtschaftliche Einstellungen und Wahlverhalten, Paderborn 1982.

Manfred Kieserling, Dipl.-Soziologe, geb. 1950; wiss. Mitarbeiter am Fachbereich Gesellschaftswissenschaften der Gesamthochschule Kassel. — Veröffentlichungen u. a.: Aktuelle Erfolge kleiner Rechtsparteien in der Bundesrepublik, in: Gewerkschaftliche Monatshefte 40 (1989) (mit E. Hennig); Die Republikaner zwischen Protest und Regierung, Frankfurt 1990 (mit E. Hennig und R. Kirchner).

Klaus Liepelt, M. A., C. P., geb. 1931; 1955 bis 1956 Assistent im Institut für Sozialforschung, Frankfurt/M.; 1957 bis 1958 wissenschaftlicher Projektleiter Wahlforschung, DIVO-Institut Bad Godesberg; Mitbegründer des infas-Instituts, Gesellschafter und Geschäftsführer seit 1959; Mitbegründer der teleskopie-Zuschauerforschung. — Zahlreiche Veröffentlichungen im Bereich der Wahlforschung.

Gerd Mielke, Dr. phil., geb. 1947; Hochschulassistent am Seminar für Wissenschaftliche Politik der Universität Freiburg. — Veröffentlichungen u. a.: Sozialer Wandel und politische Dominanz in Baden-Württemberg, Berlin 1987; Soziokultur. Entstehung und Ziele — Konzepte und Realisierungen — Bilanz und Perspektiven, in: Kulturpolitik, Stuttgart/Berlin/Köln 1989 (mit Beitr. von Wolfgang Lipp u.a.); Stabilität und Wandel in der westdeutschen Wählerschaft, Freiburg 1990 (mit Dieter Oberndörfer).

Alf Mintzel, Dr. phil., Dipl.-Soziologe, geb. 1935; seit 1981 o. Professor für Soziologie an der Universität Passau. — Veröffentlichungen u.a.: Die CSU. Anatomie einer konservativen Partei, 2. Aufl. Opladen 1978; Geschichte der CSU, 2. Aufl. Opladen 1988.Die Stadt Hof in der Pressegeschichte des 16., 17. und 18. Jahrhunderts, Hof 1979; Die Volkspartei, Opladen 1984; Parteien in der Bundesrepublik Deutschland, Bonn 1990 (Hrsg. mit H. Oberreuter).

Karl-Heinz Naßmacher, Dipl.-Kfm., Dr. rer. pol., geb. 1941; seit 1975 Professor für Politikwissenschaft mit dem Schwerpunkt westliche Demokratien und Kommunalpolitik an der Universität Oldenburg. — Veröffentlichungen u.a.: Das österreichische Regierungssystem, Opladen 1968; Politikwissenschaft I und II, 3. bzw. 2. Aufl. Düsseldorf 1977 und 1979; Kommunalpolitik in der Bundesrepublik, Opladen 1979 (mit Hiltrud Naßmacher); Parteien im Abstieg, Opladen 1989; Aufsätze vor allem zur Kommunalpolitik und zur Parteienfinanzierung in westlichen Demokratien.

Dieter Oberndörfer, Dr. phil., geb. 1929; o. Professor für Politikwissenschaft an der Universität Freiburg, Direktor des Arnold-Bergstraesser-Instituts für kulturwissenschaftliche Forschung. — Veröffentlichungen zu Themen der Wahlforschung u.a.: Wählerverhalten in der Bundesrepublik Deutschland. Studien zu ausgewählten Problemen der Wahlforschung aus Anlaß der Bundestagswahl 1976, Berlin 1978 (Hrsg.); Kirche und Demokratie, Paderborn 1983 (Hrsg. mit Karl Schmitt); Wirtschaftlicher Wandel, religiöser Wandel und Wertwandel, Berlin 1985 (Hrsg. mit Hans Rattinger und Karl Schmitt); Stabilität und Wandel in der westdeutschen Wählerschaft, Freiburg 1990 (mit Gerd Mielke).

Karl Rohe, Dr. phil., geb. 1934; seit 1972 o. Professor für Politische Wissenschaft an der Universität GH Essen, 1987 bis 1988 Gastdozentur an der Universität Oxford. — Veröffentlichungen u.a.: Das Reichsbanner Schwarz Rot Gold, Düsseldorf 1966; Krise in Großbritannien. Historische Grundlagen und aktuelle Dimensionen, 2. Aufl. Bochum 1987 (Hrsg.); Vom Revier zum Ruhrgebiet. Wahlen, Parteien, Politische Kultur, Essen 1986; Englischer Liberalismus im 19. und frühen 20. Jahrhundert, Bochum 1987 (Hrsg.); Parties, Elections and Society in Germany 1867-1987, Oxford 1990 (Hrsg.); Wählerverhalten und politische Traditionen in Deutschland, Frankfurt 1991 (in Vorbereitung).

Konrad Schacht, Dr. rer. pol., geb. 1943; Ministerialrat in der Hessischen Staatskanzlei, Lehrbeauftragter an der Universität Mainz, langjährige Tätigkeit in Sozialforschung und Verwaltung. — Zahlreiche Publikationen zur Industriesoziologie, Sozialpolitik und politischen Soziologie.

Karl Schmitt, Dr. phil., geb. 1944; seit 1986 Professor für Politikwissenschaft an der Universität zu Köln. — Veröffentlichungen u.a.: Politische Erziehung in der DDR, Paderborn 1980; Kirche und Demokratie, Paderborn 1983 (Hrsg. mit Dieter Oberndörfer); Wirtschaftlicher Wandel, religiöser Wandel und Wertwandel, Berlin 1985 (Hrsg. mit Dieter Oberndörfer und Hans Rattinger); Konfession und Wahlverhalten in der Bundesrepublik Deutschland, Berlin 1989; Wahlen, Parteieliten, politische Einstellungen, Frankfurt/Bern/New York/Paris 1990 (Hrsg.).